I0043754

LYCÉES ET COLLÈGES

DE

JEUNES FILLES

DOCUMENTS
RAPPORTS ET DISCOURS
A LA CHAMBRE DES DÉPUTÉS
ET AU SÉNAT
DÉCRETS, ARRÊTÉS, CIRCULAIRES, ETC.
RELATIFS
A LA LOI SUR L'ENSEIGNEMENT SECONDAIRE
DES JEUNES FILLES
AVEC CARTE FIGURATIVE

PRÉFACE
PAR
M. CAMILLE SÉE
Conseiller d'État.

TROISIÈME ÉDITION

PARIS
LÉOPOLD CERF, LIBRAIRE-ÉDITEUR
13, RUE DE MÉDICIS, 13
Tous droits réservés.

LES LYCÉES

ET

COLLÈGES DE JEUNES FILLES

VERSAILLES,

IMPRIMERIE CERF ET FILS,

59, RUE DUPLESSIS, 59.

LYCÉES ET COLLÈGES

DE

JEUNES FILLES

DOCUMENTS
RAPPORTS ET DISCOURS
A LA CHAMBRE DES DÉPUTÉS
ET AU SÉNAT
DÉCRETS, ARRÊTÉS, CIRCULAIRES, ETC.
RELATIFS
A LA LOI SUR L'ENSEIGNEMENT SECONDAIRE
DES JEUNES FILLES
AVEC CARTE FIGURATIVE

PRÉFACE
PAR
M. CAMILLE SÉE
Conseiller d'État.

TROISIÈME ÉDITION

PARIS
LÉOPOLD CERF, LIBRAIRE-ÉDITEUR
13, RUE DE MÉDICIS, 13
1888

Tous droits réservés.

AVANT-PROPOS

Nous ne changeons rien à notre préface de 1884. Nous la reproduisons telle qu'elle a été publiée dans notre première édition.

Nous nous bornons à exposer sommairement l'état actuel de l'enseignement secondaire des jeunes filles et à dire notre sentiment sur certaines questions que soulève la mise en pratique de cet enseignement.

Il a été créé, en exécution de la loi du 21 décembre 1880 sur les lycées et collèges de jeunes filles et de la loi du 29 juillet 1881 sur l'Ecole normale des professeurs-femmes, cinquante établissements d'enseignement secondaire de jeunes filles, à savoir :

L'Ecole normale de Sèvres,

Vingt-trois lycées,

Vingt-six collèges.

Le ministre de l'Instruction publique a, de plus, par des arrêtés, ouvert deux lycées à titre provisoire.

Les lycées créés sont au nombre de vingt-trois :

Ce sont, dans l'ordre de leur création : Montpellier, Rouen, Besançon, Montauban, Lyon, Le Havre, Amiens, Guéret, Nantes, Nice, Roanne, Charleville, Bourg, Moulins, Saint-Étienne, Paris (Fénelon), Bordeaux, Toulouse, Reims, Tournon, Mâcon, Paris (Racine), Paris-Passy [1].

Les collèges créés sont au nombre de vingt-six.

Ce sont, dans l'ordre de leur création : Auxerre, Lons-le-Saulnier, Grenoble, Saumur, Louhans, La Fère, Lille, Abbeville, Armentières, Cambrai, Vitry-le-François, Vic-Bigorre, Béziers, Agen, Tarbes, Châlon-sur-Saône, Albi, Cahors, Saint-Quentin, Valenciennes, Chartres, Marseille, Alais, Avignon, Carpentras, Oran.

Les lycées créés sont ouverts sauf ceux de Passy, Charleville, Bourg, Saint-Étienne et Mâcon.

Mais la construction des lycées de Passy, Bourg et Charleville se poursuit activement. Ils seront ouverts à la rentrée de 1888.

On est à la veille de commencer les travaux du lycée de Mâcon.

Quant au lycée de Saint-Étienne, son ouverture est subordonnée à la construction du lycée de garçons, les

---

[1] Nous considérons comme créé le lycée de Passy, bien que le décret de création n'ait pas été encore rendu. Un décret, en date du 21 avril 1884, a autorisé l'acquisition du terrain affecté au lycée.

bâtiments qu'ils occupent devant être affectés aux jeunes filles.

Les collèges créés sont ouverts sauf ceux de Cahors, Saint-Quentin, Valenciennes, dont les constructions sont près d'être achevées.

Le Conseil supérieur de l'Instruction publique s'est, dans sa dernière session, prononcé en faveur de la création de lycées de jeunes filles à Constantine, Limoges, au Puy ; d'un collège à Sedan. Les décrets seront rendus dès que les plans et devis des travaux à exécuter auront été approuvés par la Commission des bâtiments des lycées et collèges.

Les Conseils académiques de Chambéry et de Rennes ont approuvé la création de lycées de jeunes filles à Chambéry et à Brest.

Auxerre, Cambrai, Grenoble demandent la transformation de leurs collèges de jeunes filles en lycées.

Alger, Dijon, Versailles, la Roche-sur-Yon demandent la création de lycées ;

Aix, Annecy, le Mans, Cherbourg, Périgueux, Clermont, Nîmes, Angoulême, Châteauroux, la création d'un lycée ou d'un collège ;

Montbéliard, Toulon, Caen, Gap, Valence, Brives, Calais, Saint-Omer, Laon, Blois, Pamiers, la création d'un collège de jeunes filles.

Les sommes affectées à la création de l'Ecole normale de Sèvres et des lycées et collèges de jeunes filles sont considérables[1].

[1] Voici le détail de ces sommes, par établissement.

Crédit de 11,666,666 fr. 66 c.— Dépenses à la charge de l'État.

SÈVRES.

ECOLE NORMALE DESTINÉE A PRÉPARER LES PROFESSEURS-FEMMES POUR LES ÉCOLES SECONDAIRES DE JEUNES FILLES.

Dépenses engagées

En 1882.	1.616.024 38	
En 1883.	103.100	
En 1884.	25.000	
En 1885.	650.000	
TOTAL.		2.404.124 38

LYCÉES ET COLLÈGES.

Dépenses engagées.

En 1882. LYCÉES		
A savoir :		
Besançon	215.000	
Montpellier	144.749 04	
Rouen	222.500	
COLLÈGES.		516.000
A savoir :		
Louhans	4.000	
Lille	100.000	
Saumur	412.000	
En 1883. LYCÉES		1.947.285 69
A savoir :		
Paris (Fénelon)	156.242 66	

Cette somme n'est destinée qu'à l'appropriation. Le prix d'acquisition de l'immeuble, qui a coûté 1,656,000 francs, a été imputé sur le crédit de 17,000,000 affecté, à titre de subvention extraordinaire, à la caisse des lycées, collèges et écoles primaires, et appliqué, en vertu de la loi du 21 mars 1883, aux dépenses d'acquisition, de construction et d'appropriation des lycées et collèges de jeunes filles.

Les 11,666,666 fr. 66 de subventions mis par la loi du
2 août 1881 et la loi du 30 janvier 1884 à la disposition du

Bordeaux	35.015 33	
Le Hàvre	410.250	
Lyon	60.000	
Montauban	637.500	
Montpellier	3.072 70	
Moulins	27.205	
Nantes	160.000	
Toulouse	4.000	
Bourg	140.000	
Roanne	312.500	
COLLÈGES		487.473 60
La Fère	275.258	
Abbeville	176.400	
Vitry	31.500	
Montauban	4.150	
Divers	165 60	
En 1884. LYCÉES		4.351.864 80

A savoir :

Paris (Fénelon)	424.494	
Paris (Passy)	900.000	
Amiens	313.000	
Montpellier	508.745 27	
Reims	300.000	
Rouen	97.757 49	
Guéret	385.000	
Nice	579.199 91	
Toulouse	512.500	
Tournon	331.168 13	
COLLÈGES		401.000

A savoir :

Oran	325.000	
Vic-Bigorre	70.000	
Louhans	6.000	
En 1885. LYCÉES		136.507 30

Cette somme a été affectée à
l'agrandissement du lycée de
jeunes filles de Rouen.

1886. LYCÉES		507.617 04

A savoir :

Amiens	18.000	
Charleville	489.617 04	

ministre de l'Instruction Publique comme part de l'État
dans la création des établissements d'enseignement secon-

En résumé, il a été en-
gagé sur le crédit de
11,666,666 fr. 66.

En 1882.	. . . .	2.724.273 42
En 1883.	. . . .	2.538.359 29
En 1884.	. . . .	4.777.864 80
En 1885.	. . . .	136.507 30
En 1886.	. . . .	1.157.617 04
	Total	11.334.021 70

Soit un reste libre de 332,044 fr. 96
applicable à des projets en cours d'exécution et pour lesquels le Ministre a
pris des engagements.

Crédit de 10,000,000 fr. — D...ses à la charge des villes
et des dé,...t. ents.

Dépenses à la charge des villes.

LYCÉES ET COLLÈGES.

Dépenses engagées :

En 1882.	LYCÉES.	582.249 06

A savoir :

Besançon	215.000
Montpellier	144.749 06
Rouen	222.500

	COLLÈGES	663.000

Louhans	9.000
Lille.	242.000
Saumur.	412.000

En 1883.	LYCÉES.	1.684.543 03

A savoir :

Bordeaux	35.015 33
Le Hâvre	410.250
Lyon.	60.000
Montauban.	637.500
Montpellier	3.072 70
Moulins.	27.205
Nantes	160.000
Toulouse	4.000
Bourg	70.000
Roanne.	277.500

daire des jeunes filles, sont engagés. Et il en est de
même des 10,000,000 d'avances mises dans ce but, par

Collèges		230.441 57
A savoir :		
La Fère	137.628 02	
Abbeville	88.200	
Vitry	463 55	
Montauban	4.150	

En 1884.	Lycées		2.965.170 82
	A savoir :		
	Amiens	313.000	
	Montpellier	508.745 28	
	Reims	300.000	
	Rouen	97.757 50	
	Guéret	235.000	
	Moulins	172.800	
	Nice	499.199 92	
	Toulouse	547.500	
	Tournon	281.168 12	

Collèges		403.000
A savoir :		
Oran	325.000	
Vic-Bigorre	70.000	
Louhans	8.000	

En 1885.	Lycées		136.507 30
	Rouen.		

En 1886.	Lycées		533.000
	A savoir :		
	Amiens	18.000	
	Charleville	515.000	

Collèges		11.800
(Abbeville.)		

En résumé il a été engagé
par les villes :

En 1882	1.245.249 06	
En 1883	1.914.984 60	
En 1884	3.358.170 82	
En 1885	136.507 30	
En 1886	544.800	
Au total		7.199.711 78

la loi de 1884, au service des départements et des communes.

Le Ministre a consenti à ces villes sur le fonds de 10,000,000 d'avances.

En 1882. . . . . 474.000

Ainsi répartis :

Besançon	65.000
Louhans	9.000
Saumur.	400.000

En 1883. . . . . 1.730.700

Ainsi répartis :

Le Hàvre	410.200
Montauban.	630.000
Moulins.	27.200
Nantes	160.000
Roanne.	277.500
La Fère.	137.600
Abbeville	88.200

En 1884. . . . . 3.198.900

Ainsi répartis :

Amiens	313.000
Guéret	188.000
Montpellier.	508.000
Moulins.	172.800
Nice.	499.100
Reims	300.000
Toulouse	535.000
Tournon	280.000
Louhans	8.000
Oran.	325.000
Vic-Bigorre	70.000

En 1886. . . . . 526.800

Ainsi répartis :

Charleville.	515.000
Abbeville	11.000

En résumé il a été consenti aux villes sur le fonds d'avances.

En 1882.	474.000
En 1883.	1.730.700
En 1884.	3.198.900
En 1886.	526.800
AU TOTAL.	5.930.400

Il a de plus été engagé, pour les lycées de jeunes filles
de Paris, 3,600,000 francs imputés sur le crédit de

Le reste disponible est applicable à
des projets en cours d'exécution et
pour lequel le Ministre a pris des engagements.

Dépense à la charge des départements.

Dépenses engagées :

En 1883 . . . . . , ...	30.000
(Département do l'Ain).	
En 1884 . . . . % : ⌐ . .	100.000
Dont 50,000 francs pour la Creuse et 50,000 pour l'Ardèche.	

Le Ministre a consenti à ces deux départements sur le fonds de 10,000,000
d'avances.

Un emprunt de.	100,000
Le montant des sommes ordonnancées s'élève à la somme de	8.475.814 45

A savoir:

En 1882	1.101.045 22
En 1883	673.734 63
En 1884	2.777.663
En 1885	2.465.555
En 1886	1.457.816 60
Le montant des avances réalisées s'élève à la somme de .	5.965.400

A savoir:

En 1882	9.000
En 1883	537.600
En 1884	3.457.900
En 1885	935.000
En 1886	1.025.900

Etablissements d'enseignement secondaire dont la construction, la reconstruction sont à la charge de l'Etat.

(Loi du 20 juin 1885. Crédit de 12.000.000.)

Détail des dépenses engagées
pour les lycées de jeunes filles à
Paris:

En 1886	1.500.000

A savoir:

Construction du lycée de Passy (1re annuité).	800.000

12,000,000 francs affectés par la loi du 20 juin 1885 aux établissements d'enseignement secondaire dont la cons-

Construction du lycée de la rue du Rocher. 500.000
(1re annuité).

L'acquisition du terrain a de plus coûté 500.000 francs. Cette somme a été imputée sur le crédit de 17.000.000 francs. Agrandissement du lycée Fénelon.   200.000

En 1887. . . . .   2.100.000

A savoir :
Construction du lycée de Passy   1.200.000
(2e annuité).

Construction du lycée de la rue du Rocher. 500.000
(2e annuité).

Agrandissement du lycée Fénelon 200.000
(2e annuité).

Travaux divers à exécuter sans la participation des villes dans divers établissements . .   200.000
Et le projet de budget prévoit pour l'exercice 1888 une dépense de 550.000

A savoir :
Construction du lycée de Passy de la rue du Rocher, complément de mobilier, collections, etc.   350.000
Agrandissements du lycée Fénelon (3e annuité). 100.000
Travaux divers à exécuter sans la participation des villes dans divers établissements 100.000

Dépenses engagées conformément à la loi du 20 juin 1885.

Ces dépenses, d'après la loi du 20 juin 1885, la loi portant fixation du budget général des dépenses et des ressources de l'exercice 1886, la loi portant fixation du budget des recettes et du budget des dépenses pour ressources extraordinaires, se chiffrent par une somme de . . .   7.620.000
Voici le détail de cette somme, par établissement :

truction, la reconstruction, l'agrandissement sont à la charge exclusive de l'Etat. Une somme de 550,000 fr. est

Lycées.

Limoges	450.000
Marseille	600.000
Constantine	600.000
Tours	450.000
Mâcon	500.000
Chambéry	450.000
Moulins	500.000
Niort	200.000
Lyon	1.000.000
Nîmes	100.000
Troyes	400.000

Collèges.

Oran	100.000
Tarbes	400.000
Cahors	300.000
Albi	100.000
Lille (Fénelon), dépenses supplémentaires	80.000
Cambrai, dépenses supplémentaires	150.000
Valenciennes	200.000
Brives	225.000
Saint-Quentin	300.000
Alais	60.000
Grenoble	220.000
Saint-Omer	200.000
Chartres	36.000

La dépense, sauf celle du collège de Brives est faite moitié par l'Etat, moitié par les villes.

La part qui incombe à l'État est payée par annuités.

Cette part a été en 1885 de	400.000
en 1886 de	500.000
Elle est en 1887 de	696.000

Voici le détail de ces annuités.

Lycées.

Limoges	50.000
Constantine	25.000
Tours	40.000
Mâcon	50.000
Chambéry	20.000
Moulins	40.000
Lyon	50.000
Nîmes	25.000
Troyes	40.000

inscrite pour nos établissements de jeunes filles de Paris, au projet de budget de l'exercice 1888.

COLLÈGES

Tarbes	50.000
Cahors	50.000
Albi	25.000
Lille, dépenses supplémentaires. . .	15.000
Cambrai, dépenses supplémentaires .	25.000
Valenciennes	35.000
Brives	30.000
Saint-Quentin.	35.000
Alais	18.000
Grenoble	30.000
Saint-Omer	25.000
Chartres	18.000

Ajoutons que le projet de budget de l'exercice 1888 prévoit une dépense nouvelle de 1.610.000
Cette somme est répartie de la façon suivante :

LYCÉES

Bourg	20.000
Le Puy.	600.000
Auxerre	300.000

COLLÈGES.

Lons-le-Saunier	40.000
Béziers.	500.000
Abbeville	150.000

La dépense pour chacun de ces établissements doit être faite moitié par l'État, moitié par chacune de ces villes.
La part mise à la charge de l'État pour 1888 est, d'après le projet de budget, de 691,000 fr. ainsi répartis :

LYCÉES.

Limoges	30.000
Constantine	25.000
Tours	25.000
Mâcon	25.000
Chambéry	50.000
Moulins.	40.000
Niort	50.000
Lyon	50.000
Nîmes	10.000
Bourg	10.000
Le Puy.	60.000
Auxerre	25.000

Et à toutes ces sommes il faut ajouter les dépenses engagées conformément à la loi du 20 juin 1885. Elles sont de 7,621,000 francs à supporter moitié par l'Etat, moitié par les villes.

A ces dépenses, il faut ajouter celles qui figurent au projet de budget de l'exercice 1888 et qui sont évaluées à la somme de 1,610,000 francs.

Ces dépenses se réfèrent aux lycées et collèges de jeunes filles dont la création a seule été prévue par la loi.

Aucune de ces sommes n'est applicable aux *cours* que l'autorité supérieure encourage dans certaines villes.

Ces cours ont subi des phases diverses.

M. A. Villemot nous en fait le récit dans un très intéressant et très instructif ouvrage, qui constitue la monographie la plus complète et la plus détaillée qui ait été pu-

COLLÈGES.

Tarbes	10.000
Cahors	10.000
Albi.	10.000
Cambrai, dépenses supplémentaires .	25.000
Valenciennes	20.000
Brives	10.000
Saint-Quentin.	50.000
Alais	12.000
Grenoble	30.000
Saint-Omer	10.000
Chartres	12.000
Lons-le-Saulnier	20.000
Béziers	50.000
Abbeville	22.000

bliée sur l'enseignement secondaire des jeunes filles en France [1].

Ouverts en 1867, sous l'impulsion de M. Duruy ils n'ont, sauf de rares exceptions, fonctionné que quelques mois, dans quelques villes.

M. Jules Ferry, en 1879, essaya de faire revivre ces cours. Il invita les municipalités à s'entendre dans ce but avec des institutions privées et avec des associations de professeurs, à leur accorder des subsides, à leur promettre les subventions de l'Etat. L'expérience ne réussit pas mieux que celle qu'avait tentée M. Duruy.

Pendant ce temps, les Chambres, après plus de deux années d'études, votaient, en 1880, la loi sur l'enseignement secondaire des jeunes filles. On pensa que les cours pourraient jouer un rôle pendant la période qui s'écoulerait entre le vote de la loi et son exécution. On stimula de nouveau le zèle des municipalités. Elles cherchèrent à faire vivre les cours existants ; elles en rouvrirent d'anciens ; elles en ouvrirent de nouveaux. Le tout sans règle, sans guide, sans vue d'ensemble, organisant : les unes, des cours élémentaires ; les autres, des cours professionnels : celles-ci, des conférences ; celles-là, des leçons sur deux ou trois branches de l'enseignement.

L'autorité supérieure s'efforça de mettre l'ordre dans ce

[1] Etude sur l'organisation, le fonctionnement et les progrès de l'enseignement secondaire des jeunes filles en France, de 1879 à 1887. (Paris, librairie Dupont, p. 5, 16 et 18 à 45.)

désordre. Elle chercha à acclimater dans ces cours le programme de la loi nouvelle, à leur assurer une directrice ou une institutrice, un local, un mobilier, des collections, voire même à quelques-uns un internat; et pour que l'analogie avec les lycées et collèges fût plus complète on qualifia ces cours *d'établissements d'enseignement secondaire.*

On est ainsi arrivé à donner la dénomination légale, réservée aux lycées et aux collèges de jeunes filles, à des cours que la loi du 21 décembre ne reconnaît pas et qui, en fait, malgré les efforts de l'autorité supérieure pour les élever au niveau de l'enseignement, tel qu'il est organisé par la loi nouvelle, continuent, pour la plupart, à se mouvoir dans les limites étroites que leur avaient, au début, assignées les municipalités.

Les cours d'enseignement secondaire comprenant cinq années d'études sont l'exception. M. Villemot ne nous en signale que cinq: Chambéry, Alger, Versailles, Nîmes, Montbéliard. A Chambéry un lycée va être créé, le vote favorable du Conseil académique est déjà émis; à Alger, Versailles, Nîmes, Montbéliard les projets de création de lycées et de collèges sont à l'étude.

Les cours d'enseignement secondaire comprenant quatre années d'études ne fonctionnent qu'à Bourg, Mâcon, Brest, Angoulême, Clermont, Castres, Constantine, Le Mans, Pau et Douai. Les lycées de Bourg et de Mâcon sont décrétés; le lycée de Brest a été approuvé par le Conseil académique; Angoulême et Clermont demandent un lycée ou un collège.

Les autres cours ne comptent que trois ou deux années secondaires. Il en est même qui ne comptent qu'une année.

Ainsi nous ne trouvons dans la plupart des cours ni le programme, ni la durée des études de l'enseignement secondaire. Ajoutons que si quelques cours ont à leur service un local convenable il en est qui ne comptent que quatre, trois, deux salles. Il en est qui n'ont qu'une salle. Il est des cours qui n'ont pas de collections, des cours qui n'ont pas de directrice.

Nous comprenons que, pour calmer les impatiences, pour répondre au légitime désir des populations, l'autorité supérieure, en attendant la création du lycée ou du collège demandé, ait, au début, favorisé, dans certaines villes, l'ouverture des cours. Mais la mesure devait être essentiellement transitoire. Il ne fallait donner aux municipalités que le temps moral nécessaire pour étudier les projets, consentir les sacrifices, que le temps matériel nécessaire pour construire ou aménager les bâtiments; et il fallait, pendant ce temps, organiser les cours, et comme programme et comme durée des études, sur le modèle du lycée ou du collège à créer, préparer ainsi l'enseignement nouveau et la clientèle de cet enseignement.

Peut-être l'autorité supérieure s'est-elle, pendant quelque temps, laissé détourner de ce but. Peut-être a-t-elle favorisé l'ouverture ou le maintien de cours dans des villes où la création d'un lycée ou d'un collège, dans un avenir prochain, n'est ni possible ni désirable.

On courait ainsi le risque d'organiser et de perpétuer le provisoire, et le provisoire avec un programme et une clientèle qui ne sont ni le programme ni la clientèle de nos lycées et collèges de jeunes filles. Les cours en effet ne sont, le plus souvent, nous l'avons dit, que de trois et de deux années. Il en est qui ne sont que d'une année. Ils correspondent, pour la plupart, aux classes les moins élevées de nos établissements et s'adressent souvent à des élèves qui n'ont pas l'intention de faire leurs études secondaires et dont la place serait plutôt sur les bancs de l'école primaire.

L'autorité supérieure a aperçu l'écueil. Elle a retiré la subvention de l'Etat à quelques villes qui n'avaient pas chance d'être dotées d'un lycée ou d'un collège de jeunes filles.

Nous croyons qu'il faudra être de plus en plus sévère dans l'application de cette mesure. Rappelons que les cours comprenant cinq années secondaires ont disparu ou sont à la veille de disparaître pour faire place à un lycée ou à un collège de jeunes filles. Il en est de même, sauf cinq, des cours comprenant quatre années secon-

daires. Pour les cours de trois ans il en est qui vont
être supprimés pour faire place à un lycée, comme à
Limoges ou à des collèges comme à Saint-Quentin et Valenciennes. Sur les dix-neuf autres villes qui ont ouvert
des cours de trois années, nous ne voyons que Blois,
Caen, Calais, Cherbourg, Laon, Pamiers, La Roche-
sur-Yon, Saint-Omer, Toulon, qui aient mis à l'étude la
création d'un lycée ou d'un collège de jeunes filles. La
proportion est encore moindre pour les cours de deux
années. Les cours vont disparaître à Charleville, à
Cahors et à Sedan. Le lycée de Charleville est décrété.
Il en est de même du collège de Cahors. Le collège de
Sedan va être créé. Et sur vingt-six municipalités ayant
ouvert des cours, Aix, Brives, Châteauroux, Périgueux,
Valence, ont seules mis à l'étude la création d'un lycée
ou d'un collège de jeunes filles. Nous ne parlons que
pour mémoire des cours à une année. Les villes qui les ont
ouverts n'ont pas la pensée de demander un lycée ou un
collège de jeunes filles.

Dans ces conditions, la règle à suivre nous paraît
simple. Retirer les subventions et le patronage de l'Etat
aux municipalités qui ne se préoccupent pas de contribuer à la création d'un lycée ou d'un collège de jeunes
filles et, ainsi que nous le disait récemment l'honorable
directeur de l'enseignement secondaire, M. Charles
Zévort, avec l'autorité que lui donnent sa haute compé-

tence, le dévouement et l'activité infatigables qu'il a mis au service de cette loi, « n'ouvrir de cours que dans les
» villes où il y a chance de les transformer prochaine-
» ment en lycées ou en collèges, car ils ne sont et ne
» doivent être qu'une sorte de préparation à ces derniers
» établissements. Les ouvrir dans des localités qui ne
» présentent pas d'éléments sérieux pour le succès d'éta-
» blissement définitif, ce serait gaspiller les fonds de
» l'Etat et compromettre moralement par l'insuccès, l'en-
» seignement secondaire des jeunes filles. »

Sur les vingt-trois lycées créés, il en est onze, sur les vingt-six collèges créés, il en est vingt, auxquels les municipalités ont été autorisées à annexer un internat.

Les onze lycées sont ceux de Montpellier, Guéret, Roanne, Charleville, Moulins, Saint-Etienne, Bordeaux, Montauban, Toulouse, Tournon, Mâcon.

Les vingt collèges sont ceux de Saumur, Louhans, La Fère, Lille, Ab. ville, Armentières, Cambrai, Vitry-le-François, Vic-Bigorre, Béziers. Agen, Tarbes, Châlon-sur-Saône, Albi, Cahors, Chartres, Alais, Avignon, Carpentras, Oran.

Sur les onze lycées il en est six dont l'internat est ouvert, à savoir : Montpellier, Roanne, Montauban, Toulouse, Tournon et Guéret.

Sur les vingt collèges il en est douze dont l'internat

est ouvert à savoir : Saumur, Louhans, La Fère, Lille, Abbeville, Armentières, Cambrai, Vitry, Vic-Bigorre, Agen, Chartres, Oran.

Ajoutons que Lons-le-Saulnier, Avignon, [Carpentras ont, en attendant la construction des bâtiments définitifs, ouvert un internat provisoire ; remarquons enfin que la ville de Niort sera autorisée à ouvrir un internat lorsque les bâtiments définitifs seront achevés.

Les lycées d'externes sont ceux de Rouen, Besançon, Lyon, Le Hâvre, Amiens, Nantes, Nice, Bourg, Paris (Fénelon), Reims, Paris (Racine), Paris (Passy).

Les collèges d'externes sont ceux de Auxerre, Grenoble, Saint-Quentin, Valenciennes, Marseille [1].

Nous n'avons rien à ajouter à ce que nous avons dit de l'internat.

Si nous avons soutenu l'internat à la Chambre, c'est parce qu'il est nécessaire, parce qu'il est dans nos mœurs[2]. Cela est si vrai, que la loi, dans son application va de plus en plus à l'internat et que l'autorité supérieure se voit obligée de lui faire une part de plus en plus large.

Les villes qui n'ont pas demandé à annexer un internat

[1] Voir pour l'installation, les classes, le personnel, la population scolaire, les dépenses et les ressources ordinaires des lycées et collèges, M. Antoine Villemot, p. 45 à 62.

[2] Voir *Lycées et Collèges de jeunes filles*, Chambre des députés, Rapport page 152 et discussions, pages 222 et 225 à 230.

au lycée ont, sauf deux, Rouen et Nantes, ouvert un
demi-pensionnat ; et encore l'autorité supérieure pour
Rouen, Besançon, Le Havre, Amiens, Nantes et Reims
a-t-elle agréé des institutions privées qui reçoivent en
qualité d'internes, les élèves boursières.

Remarquons, ainsi que nous l'avons fait observer
dans notre préface, qu'il s'agit de grandes villes dont la
population suffît à alimenter l'externat. Elles l'ont ouvert
à meilleur marché et elles ont pu surtout l'ouvrir plus
vite que l'internat. On a vite fait de construire ou d'approprier un bâtiment pour un externat. Il n'en est pas
de même de l'internat qui exige des bâtiments coûteux
et un assez long espace de temps pour les approprier ou
les ériger. Et l'internat progressera encore à mesure
que les lycées seront ouverts dans des villes de moindre
importance, soit qu'on le crée immédiatement, soit qu'allant au plus pressé, on se contente, dans les premiers
temps, d'un externat.

Ce que nous disons des lycées est encore plus vrai
des collèges. En effet, si nous faisons abstraction du
collège de Marseille, qui sera tôt ou tard transformé en
lycée et qui rentrera dans la catégorie des établissements
ouverts dans les grandes villes, si nous négligeons les
collèges de Saint-Quentin et de Valenciennes qui ne sont
pas ouverts, nous ne comptons que deux collèges d'externat, Auxerre et Grenoble.

L'autorité supérieure a dû, pour ces deux établissements, agréer également des institutions privées pour recevoir les internes boursières. Elle a même, à Auxerre, agréer quatre institutions, et, de plus, donné des bourses familiales à des « jeunes filles logées et nourries chez » leurs parents ».

Cet exemple de bourses familiales est unique; il ne saurait être imité. Il aurait, entre autres inconvénients, celui de développer outre mesure le nombre des bourses qui seraient données moins aux élèves qu'aux institutions ou aux familles. Ajoutons qu'il est bizarre de payer à des parents le logement et la nourriture qu'ils donnent, chez eux, à leurs enfants. On n'a jamais, que nous sachions, entendu ou appliqué de la sorte le système des bourses familiales.

Mais nous croyons inutile d'insister sur les inconvénients d'un système qui n'est appliqué que dans une ville [1].

Nous croyons, de même, inutile d'insister sur les inconvénients du système qui consiste à agréer pour les élèves internes, des institutions libres.

Nous avons, à la Chambre, lors de la discussion de l'internat, critiqué ce système [2].

---

[1] Il y a, croyons-nous, une bourse familiale donnée dans les mêmes conditions, à Tournon. On a donné la bourse avant l'ouverture de l'internat. L'internat a été ouvert, mais la jeune fille a continué à demeurer dans sa famille.

[2] *Lycées et collèges de jeunes filles.* Chambre des Députés. Discussions, pages 220 à 222.

Si l'Etat a voulu décliner, comme le dit M. Louis Bauzon dans sa remarquable préface : « les délicates responsabilités[1] » que l'internat fait peser sur lui, il n'a pas atteint son but. L'Etat est responsable par le seul fait d'avoir soumis ces institutions à l'inspection de l'Université et à la surveillance des dames des bureaux d'administration. Et il est responsable d'institutions qu'en fait il ne peut pas surveiller. Ajoutons qu'elles seront amenées peu à peu à conduire toutes leurs élèves au lycée ou au collège, que ces institutions finiront par ne plus donner l'instruction et à ne plus être que des maisons chargées de loger et de nourrir les jeunes filles.

Il y a mieux à faire et dans l'intérêt des familles et dans l'intérêt de l'Etat. Il est des garanties que l'Etat seul peut offrir aux parents et qu'il doit d'autant plus s'empresser de leur donner que seules elles peuvent sauvegarder sa responsabilité.

Nous comprenons, sans l'approuver, le système qui supprime les internats ; mais nous repoussons absolument un système bâtard qui a tous les inconvénients de l'internat et n'en a pas les avantages, qui donne à l'Etat la responsabilité, et ne lui donne ni une autorité ni une action suffisantes.

L'autorité supérieure, au reste, l'a compris. C'est dans ces conditions qu'elle réglemente et qu'elle organise peu à peu l'internat, malgré les résistances de certains mem-

[1] *La loi Camille Sée* (J. Hetzel, 1881), page 10.

bres du Conseil supérieur de l'instruction publique.

Elle arrivera ainsi, dans la pratique, à corriger la loi, pour ce qui concerne l'internat, comme elle a déjà corrigé l'œuvre du Conseil supérieur, pour ce qui concerne les classes primaires que, sauf à Auxerre, elle a organisées de concert avec les municipalités, dans tous les lycées et dans tous les collèges de jeunes filles.

L'autorité supérieure arrivera de même, nous en avons l'espoir, à alléger les programmes.

Il se fait, depuis quelque temps, une campagne contre ce que l'on appelle le surmenage des jeunes gens et des jeunes filles.

La question a donné lieu, notamment dans le monde médical, à des discussions intéressantes. Elles ne sont pas exemptes d'exagération et prouvent que certaines personnes vont volontiers d'un extrême à un autre.

Nous reconnaissons que les programmes, aussi bien ceux des jeunes filles que ceux des jeunes gens, sont trop touffus.

Nos enfants n'ont plus le temps de remplir leurs deux fonctions principales, qui sont de fortifier le corps et l'esprit. Le corps s'étiole, condamné chaque jour à une longue immobilité ; l'esprit reçoit tant de leçons que le temps lui manque pour penser. La mémoire étouffe le jugement. On sait tant de choses que l'on ne sait plus rien, et on ne sait ni disposer des connaissances acquises ni en jouir.

Il y a là incontestablement un excès qui appelle la revision des programmes.

Mais remarquons qu'il y a toujours eu, qu'il y aura toujours, pour les jeunes gens, non pas surmenage, mais entraînement. Cela tient d'abord au baccalauréat et ensuite aux concours qui défendent l'entrée des carrières et qui tendent à élever sans cesse le niveau des programmes. Pour le concours, il y a entraînement pour tous, et s'il y a surmenage pour quelques-uns, cela tient à ce que des intelligences moyennes veulent entrer en lutte avec des intelligences d'élite.

Rien de semblable pour les jeunes filles. Le concours pour elles est l'exception et ne s'impose qu'à celles qui aspirent aux grades les plus élevés du nouvel enseignement. Le baccalauréat, qui est le couronnement des études des lycées et collèges, n'a pas été organisé, pour les jeunes filles, sur le modèle du baccalauréat des jeunes gens.

Ici il y a progrès. Pendant que le jeune homme fait ses études en vue d'un examen et qu'il se livre, au détriment de son intelligence et souvent de sa santé, à une véritable gymnastique mnémotechnique, la jeune fille de nos lycées et de nos collèges subit, tous les ans, en passant d'une classe à une autre, un examen sur le programme enseigné dans l'année. Ces examens n'exigent qu'une courte préparation, n'imposent aucun excès de travail et permettent de réduire l'épreuve finale constatée par le diplôme de fin d'études secondaires aux parties du programme enseignées pendant les deux dernières années.

Il n'y avait donc pas de raison de rédiger, pour les jeunes filles, ces programmes complexes que peuvent, dans une certaine mesure, excuser, pour les jeunes gens, les programmes démesurés sur lesquels reposent les concours à subir à l'entrée des carrières.

Le législateur l'a compris.

Il a, dans la loi du 21 décembre 1880, pris soin de tracer un programme modeste. L'enseignement, dit la loi, art. 4, comprend : « l'enseignement moral ; la langue française ; » la lecture à haute voix et au moins une langue vivante ; » les littératures anciennes et modernes ; la géographie » et la cosmographie ; l'histoire nationale et un aperçu » de l'histoire générale ; l'arithmétique et les éléments » de la géométrie, de la chimie, de la physique et de » l'histoire naturelle ; l'hygiène, l'économie domestique ; » les travaux à l'aiguille. »

Le Conseil supérieur ne s'est pas conformé à la volonté du législateur. Chacun des membres du Conseil chargés de rédiger les programmes n'a vu que la partie du travail qui lui était confié. Chacun de ses membres a développé outre mesure son programme. On a mis tous ces programmes bout à bout et les professeurs des lycées et des collèges ont encore, dans l'application, renchéri sur l'œuvre du Conseil supérieur.

Cette œuvre, nous l'avons critiquée dans notre préface, nous nous sommes élevé contre la surcharge des programmes et nous avons indiqué les conditions dans lesquelles elle doit être revisée.

Depuis cette époque, des pédagogues, des hommes politiques n'ont cessé de demander cette réforme. M. Jules Simon, le plus compétent de tous à ce double titre, quand il s'agit d'instruction publique, n'a cessé de la réclamer. Nous la demandons aujourd'hui comme nous l'avons demandée en 1884 au nom de la loi et du bon sens.

Nous espérons que nos vœux seront entendus et que les programmes du Conseil supérieur seront ramenés à de justes bornes.

Il ne s'agit pas de préparer les jeunes filles à être savantes. Leur mission dans le monde n'est pas de faire faire de nouveaux progrès aux mathématiques et à la chimie ni de rivaliser avec Madame Dacier. Ce n'est pas pour les exceptions, que les lycées et collèges de jeunes filles ont été fondés ; ils ont été fondés pour faire de bonnes épouses et de bonnes mères, de bonnes maîtresses de maison, sachant à la fois plaire à leur mari, instruire leurs enfants, gouverner leur maison avec économie et répandre autour d'elles les bons sentiments et le bien-être.

CAMILLE SÉE.

Octobre 1887.

PRÉFACE

Il y a trois ans, M. Louis Bauzon réunissait en un volume [1], à la suite d'une intéressante et instructive préface, les documents parlementaires relatifs à la loi sur l'enseignement secondaire des jeunes filles.

Depuis cette époque, les actes du pouvoir exécutif sont venus fournir un nouvel élément à l'étude de la question posée dans les rapports et dans les discussions du pouvoir législatif.

Il nous a paru qu'un nouveau recueil qui réunirait tous les documents serait, pour toutes les personnes appelées à appliquer la loi, une source d'utiles renseignements.

M. le secrétaire de la revue de l'*Enseignement secondaire des jeunes filles* a bien voulu se charger de ce travail.

---

[1] *La loi Camille Sée* (Hetzel, 1881).

Pour apprécier l'importance des documents que nous réunissons dans ce volume, il importe de se rappeler en quel état se trouvait l'instruction des jeunes filles au moment où la Chambre fut saisie de la proposition de loi.

Les écoles fondées par l'industrie privée ou par les congrégations religieuses étaient peu nombreuses ; elles n'étaient pas réparties selon les besoins, puisqu'elles n'avaient pas été instituées par une vue d'ensemble ; elles ne donnaient qu'une instruction très élémentaire à laquelle on ajoutait parfois les arts d'agrément. Lorsqu'une école inscrivait dans son programme certaines parties de l'enseignement secondaire, il était rare que ce programme fût autre chose qu'un appât pour séduire les familles. L'enseignement n'était pas donné, ou il l'était dans des conditions telles qu'il eût mieux valu le supprimer. Le nombre des écoles laïques était très inférieur à celui des écoles congréganistes ; et elles manquaient absolument dans un grand nombre de localités.

M. Duruy, ministre de l'instruction publique, fonda, en 1867, des cours publics d'enseignement secondaire pour les jeunes filles. Cette institution fut violemment combattue par le clergé, qui a toujours souhaité de conserver le monopole de l'enseignement des jeunes filles. On déclara qu'elle n'était pas viable. Elle a duré à Paris. Il s'est même créé à côté d'elle quelques cours laïques privés qui réunissent aussi un nombre de jeunes filles suffisant pour les faire vivre.

Quelques villes des départements avaient suivi
l'exemple de Paris, mais la plupart des cours qu'elles
avaient inaugurés n'étaient suivis que par un nombre
restreint de jeunes filles. Ils ne durèrent, au reste, que
quelques mois. En janvier 1870, ils ne subsistaient plus
que dans quatorze villes.

En 1879, ils ne survivaient plus que dans cinq villes,
y compris Paris.

Ainsi le résultat est celui-ci : dans les départements
échec complet ; à Paris succès relatif dû au mérite des
maîtres et à l'excellence de l'enseignement, mais restreint
à un si petit nombre de jeunes filles, qu'on n'en comptait
que 128 en 1879. Cent vingt-huit élèves dans une ville
telle que Paris, ce n'est rien.

L'influence du clergé entre sans doute pour beaucoup
dans ce résultat ; mais il faut dire aussi qu'excepté à
Paris, où les *cours de la Sorbonne* ont été bien organisés,
les autres cours ont été abandonnés à eux-mêmes, sans
secours, sans direction, de sorte que tout ce mouvement
n'a abouti qu'à prouver l'existence d'un besoin urgent,
sans donner les moyens de le satisfaire.

Chaque ville était, pour ainsi dire, abandonnée à elle-
même. Elle créait les cours qu'elle voulait, et les réglait
comme elle l'entendait. C'était tantôt un enseignement
élémentaire, tantôt un enseignement professionnel,
tantôt de simples conférences, faites dans certaines
villes « pour les filles des universitaires ».

Lorsque les cours ne pouvaient être rangés sous ces

dénominations, ils se bornaient à deux ou trois branches de l'enseignement. C'était dans une ville la littérature, l'histoire, les sciences; dans une autre les sciences et une langue étrangère ; il en est où l'on enseignait l'histoire, la géographie, la littérature.

Les notions de droit usuel ne figuraient que sur le programme de Lyon, l'économie domestique que sur le programme de Clamecy. A-t-elle été enseignée ? Nous en doutons ; les cours n'ont vécu que quelques semaines. Quant à l'hygiène, elle n'était inscrite sur aucun programme.

Ces cours n'avaient pas de professeurs attitrés, et, même parfois, ils n'avaient pas d'élèves. Les professeurs étaient empruntés au lycée ou au collège. Les jeunes filles assistaient au cours comme on assiste à une conférence ou à un spectacle. On n'exigeait d'elles aucune condition ni d'âge ni d'aptitude; d'où l'impossibilité pour le professeur d'approprier la leçon à son auditoire. Le professeur ne connaissait pas ses élèves; il ne leur faisait pas d'interrogation, ne leur donnait pas de devoirs.

Les cours de la Sorbonne ont peut-être fait seuls exception à la règle; là, au moins à défaut de devoirs dictés et d'interrogations la plupart des élèves rédigeaient la leçon sur les notes qu'elles avaient prises, et ces rédactions étaient ensuite corrigées par des institutrices. Et encore, l'enseignement de la Sorbonne, comme le fait observer M. Gréard, dans son mémoire présenté au Conseil académique de Paris (séance du

27 juin 1882[1]), a-t-il été dès l'origine et est-il resté
« comme un enseignement de luxe, fourni aux jeunes
» filles qui le veulent, dans la mesure où elles le veu-
» lent, avec ou sans contrôle, à leur gré ».

Dans les départements, ces cours pouvaient, dans
certaines villes, être un passe-temps; ils ne donnaient
pas une instruction véritable.

Quand même les cours auraient été bien organisés et
en nombre suffisant pour la ville où ils étaient établis, ils
ne profitaient qu'aux jeunes filles de cette ville, et laissaient sans ressources toutes celles qui n'avaient pas
d'enseignement à leur porte. Ils étaient une exception;
ils n'existaient que pour le petit nombre; ils ne donnaient
qu'une distraction et non une leçon. Ils n'avaient pas
même un but bien déterminé.

Peut-on, dans ces conditions, s'étonner de leur
insuccès et du peu d'empressement qu'après 1870 les
villes ont mis à les rétablir? Nous ne voyons guère, dans
une période de dix ans, que deux villes qui aient rétabli
leurs anciens cours : Amiens en 1875 et Limoges en
1877, et six villes qui en aient ouvert de nouveaux :
Nantes en 1873; Alger en 1875; Poitiers en 1878; Constantine, Roubaix, Castelnaudary en 1879.

Telle était, en France, la détresse, ou plutôt la nullité de l'enseignement secondaire pour les jeunes filles,
au moment où la loi a été proposée.

---

[1] Voir l'*Enseignement secondaire des jeunes filles*, numéro supplémentaire de
novembre 1882, p. 426.

Les adversaires de cette loi n'ont pas manqué de contester ces faits en réalité très incontestables. Ils ont prétendu qu'on voulait faire, aux frais de l'Etat, ce qui était fait, et très bien fait, par l'industrie privée.

Nous avons entendu, au Sénat, des orateurs soutenir, avec des programmes à la main, que l'enseignement secondaire des jeunes filles existait, qu'il florissait dans des centaines d'établissements.

Avant eux M. Dupanloup avait déclaré, fin 1867, dans une « lettre à un de ses collègues » que s'il existait en France « 80 lycées et 260 collèges, il y avait deux fois » plus de maisons d'éducation secondaire pour les jeunes » filles[1] » ; et il ajoutait que dans ces maisons « l'édu- » cation intellectuelle était non-seulement en ce qui con- » cernait les matières enseignées et les méthodes, mais » sous une foule d'autres rapports, meilleure, plus so- » lide, plus élevée, plus délicate, plus féconde en résul- » tats définitifs et durables que dans les écoles de jeunes » gens[2] ».

Et M. Dupanloup, lui aussi, justifiait son dire en résumant les programmes enseignés.

Mais l'honorable prélat nous fournit lui-même la réponse à son affirmation de fin 1867 et par conséquent à celles des orateurs qui ont repris sa thèse.

L'éducation qu'on leur donne (aux femmes) dit-il dans un article intitulé « Femmes savantes et femmes stu-

---

[1] *Nouvelles œuvres choisies*, p. 4.
[2] *Nouvelles œuvres choisies*, p. 6.

» dieuses » et publié dans le *Correspondant* [1] à la date du 25 avril 1867, c'est-à-dire environ six ou sept mois avant la lettre que nous venons de mentionner, est « lé-gère, frivole et superficielle quand elle n'est pas fausse ».

Cette instruction si frivole et si insuffisante en avril 1867, était-elle devenue tout à coup excellente et florissante fin 1867 ? Six ou sept mois avaient-ils suffi pour don-ner aux jeunes filles des maisons d'éducation « deux fois » plus nombreuses que les 84 lycées et les 260 collèges » de jeunes gens », une éducation « meilleure, plus so-» lide, plus élevée, plus délicate, plus féconde en résul-» tats que dans les écoles de jeunes gens » ?

L'honorable prélat ne croyait pas à un tel miracle; car, en 1869, dans la première édition de son ouvrage intitulé « La femme studieuse » l'évêque d'Orléans [2], reprend, sous le titre même de l'article publié le 25 avril 1867, la thèse développée dans le *Correspondant* et la reproduit pour ainsi dire dans la même forme : c'est l'article du *Correspondant* avec quelques retouches et quelques additions. Et, dans cet écrit, M. Dupanloup accuse plus nettement encore sa pensée; il ne se con-tente plus de dire que l'instruction de la femme est « légère, frivole et superficielle quand elle n'est pas » fausse »; il ajoute : « l'instruction parmi les femmes » est une exception [3] ».

---

[1] *Le Correspondant :* Femmes savantes et femmes studieuses, t. LXX, p. 765.
[2] Seconde partie de l'ouvrage.
[3] *La femme studieuse*, p. 220.

Et dans un ouvrage (Lettres sur l'éducation des filles) qui est sa dernière œuvre, « l'œuvre de prédilection » qu'il revoyait « la veille même de sa mort[1] » l'évêque d'Orléans alors membre du Sénat, reproduit encore une fois à l'appui de sa thèse du 25 avril 1867 et contre sa thèse de fin 1867 la majeure partie de l'article du *Correspondant*. Nous retrouvons notamment dans les « Lettres sur l'éducation des filles » la rubrique VI de l'article du *Correspondant* et des « femmes savantes et femmes studieuses ». Le titre est modifié, il ne porte plus « Suites funestes de l'ignorance et de » la frivolité chez les femmes ». Il a pour énoncé : « Mal que les femmes font autour d'elles par leur ignorance et leur frivolité. » Mais le chapitre, nous le répétons, est une seconde fois, dans sa majeure partie, la reproduction de l'article du *Correspondant*. Nous retrouvons notamment dans cette « dernière œuvre » la lettre que citait à l'appui de sa thèse l'honorable prélat dans son article du 25 avril 1867.

La lettre émane d'une *femme du monde* c'est-à-dire d'une personne appartenant à la société au nom de laquelle les orateurs de la droite, ont à la Chambre et au Sénat, protesté contre nos assertions.

Aussi croyons-nous intéressant de citer ce passage des « Lettres » de l'honorable prélat.

Laissons lui la parole :

---

[1] *Lettres sur l'éducation des filles*, 1879. Préface de M. l'abbé F. Lagrange, vicaire général d'Orléans.

« En général m'écrivait, il y a quelques années, une
» femme du monde que sa position oblige à être fort
» répandue, mais qui a l'intelligence de ses devoirs, et s'y
» est appliquée, *en général* ou ne sait rien, *absolument*
» *rien*[1], ou ne peut parler que toilettes, modes, steeple-
» chase, ridicules des uns et des autres. Une femme
» connaît tous les acteurs et tous les chevaux en renom ;
» elle sait par cœur le personnel de l'*Opéra* et celui
» des *Variétés ;* le Stud-Book lui est plus familier que
» l'*Imitation ;* l'an passé, elle pariait pour la *Touque*,
» cette année pour *Vermouth*, et elle assure que *Bois-*
» *roussel* est plein d'avenir ; le grand Derby la passionne,
» et le triomphe de *Fille de l'air* a été pour elle une
» victoire nationale. Elle nous dira la couturière en
» renom, le sellier à la mode, le magasin qui fait
» fureur ; elle pésera le mérite respectif des écuries du
» comte de Lagrange, du duc de Morny ou de M. Dela-
» marre. Mais, hélas ! mettez la conversation sur un
» sujet d'histoire ou de géographie, parlez du moyen
» âge, des Croisades, des institutions de Charlemagne
» ou de saint Louis, comparez Bossuet, Corneille ou
» Racine à Fénelon, prononcez les noms du Camoëns
» ou du Dante, de Royer-Collard, de Frédéric Ozanam,
» du comte de Montalembert ou du P. Gratry, la pauvre
» femme reste muette. Elle ne peut entretenir que des
» jeunes femmes, des jeunes gens légers, incapables
» de parler ni d'affaires, ni d'art, ni de politique, ni

[1] Ces mots sont soulignés dans le texte.

» d'agriculture ou. de sciences, elle ne peut causer ni
» avec son mari, ni avec son beau-père, ni même avec
» son curé, ni avec aucun homme sérieux. Et pourtant,
» c'est le premier talent d'une femme de savoir causer
» avec tous...... »

Changeons la date, effaçons le nom de M. Dupanloup
et la lettre tracera le tableau du *monde* d'aujourd'hui,
avec cette aggravation que le mal a peut-être gagné une
partie de la bourgeoisie qui a hérité des défauts, sans
hériter des vertus de la vieille aristocratie.

Nous pourrions continuer ces citations, nous n'en
voulons plus faire qu'une, celle où l'évêque d'Orléans
nous dit : « Dans les meilleurs pensionnats l'éducation
» de l'esprit est très vulgaire[1] ».

Nous n'ajouterons rien à ces témoignages ; tout commentaire serait superflu. Ils répondent, mieux que nous
ne saurions le faire, à cet argument que l'enseignemeut
dont nous avons demandé la création existait.

Non ! Au moment où nous présentions à la Chambre
notre proposition de loi, il n'existait pas d'enseignement
secondaire pour les jeunes filles.

Mais supposons pour un instant qu'il existât, pour cet
enseignement, des écoles privées, l'existence de semblables écoles ne supprimerait ni le droit de l'Etat, ni
son devoir. L'Etat n'a-t-il pas le droit d'enseigner?

---

[1] *Lettres sur l'éducation des filles,* seconde partie ; lettre d'introduction : La
mauvaise éducation des filles, p. 259.

N'aurait-il pas le droit de créer des lycées et des collèges de jeunes filles, comme il a des lycées et des collèges de jeunes gens et de placer, comme l'a dit notre regretté Henri Martin, à côté de l'enseignement privé, « un enseignement national[1] ».

Quelques hommes aveuglés par des préjugés de secte vont jusqu'à refuser à l'Etat le droit d'enseigner. Les uns, parce qu'ils aiment la liberté jusqu'à la désorganisation; les autres, parce qu'ils veulent la tyrannie à condition de l'exercer. Les principes sont opposés, la conséquence est la même.

C'est ainsi qu'on a, et de bonne foi, affirmé que créer au nom de l'Etat l'enseignement secondaire pour les jeunes filles c'est « porter une atteinte à la liberté »?

Il faudrait cependant s'entendre. En quoi la loi du 21 décembre 1880 porte-t-elle atteinte à la liberté, et pour préciser, à la liberté du père de famille ?

Le père de famille reste maître de ne donner à sa fille d'autre instruction que celle prescrite par la loi sur l'instruction obligatoire. S'il veut pousser plus loin il peut choisir entre les écoles; les écoles libres lui sont ouvertes comme les écoles de l'Etat. La liberté est complète.

Nous créons des établissements : nous ne fermons pas pas ceux qui existent; nous ne leur faisons pas une concurrence écrasante, puisque nos lycées ne sont pas gratuits; on ne peut pas dire ici ce qu'on dit, avec exagération,

[1] Discours de Henri Martin, p. 309.

pour l'enseignement primaire. Les écoles que nous faisons sont des écoles de plus et de meilleures écoles, puisqu'on y donne un enseignement plus étendu. Des patriotes, des amis de l'instruction devraient s'en réjouir, et non s'en plaindre.

Qui pourrait dire que l'industrie privée ou même la propagande religieuse pourrait faire autant de lycées que l'Etat, les faire aussi bien, les surveiller avec le même soin ? L'industrie privée songe à ses profits ; l'Etat songe à l'humanité et à la patrie.

L'Etat d'ailleurs pourra stimuler les efforts des particuliers ou des associations, en accordant des subventions aux établissements qui lui sembleront placer le zèle du bien public avant le souci de leurs intérêts privés.

C'est le clergé qui a mené la campagne en invoquant la liberté pour les besoins de sa cause, car il ne peut pas l'aimer pour elle-même, et, en la prêchant, en la réclamant comme un droit, il dément toute son histoire. Il ne craint plus les établissements privés ; avec son influence et ses ressources, il n'a pas de peine à les écraser. C'est l'Etat qu'il combat ; c'est l'Etat qui est son ennemi parce que l'Etat est en situation de le vaincre et le prouve quand il lui plaît.

Si le clergé tient à lutter contre les écoles laïques de garçons, on comprend qu'il est surtout préoccupé de garder les jeunes filles sous son influence. Il les avait seul jusqu'ici. C'était sa grande force, son grand moyen d'action sur les familles. Il avait dans chaque maison des auxiliaires soigneusement préparées par lui, dès leur enfance, et qui luttaient pied à pied contre les progrès de la philosophie et de la raison.

Quand il s'est vu définitivement battu par l'adoption de la loi, ne pouvant plus empêcher l'existence de nos écoles, il a entrepris d'empêcher leur succès.

Le clergé alors a repris la thèse développée par nos adversaires à la Chambre et au Sénat, et il s'est écrié que la liberté de conscience était violée. Le reproche, assurément, serait grave, s'il était fondé. Mais il ne s'agit que d'une équivoque, et nous aurions le droit de dire, d'une calomnie : violer la liberté de conscience pour ceux qui nous adressent ce reproche, c'est ne pas imposer, dans les classes, l'enseignement religieux, et pour préciser, l'enseignement religieux catholique à des élèves qui ne sont pas catholiques.

Remarquons que nos adversaires protesteraient au nom de la même liberté violée, et avec raison cette fois, si, dans un pays où les protestants sont en majorité, on imposait, dans les classes, un enseignement religieux protestant.

L'État, en ouvrant des écoles, fait appel à toutes les familles, sans distinction d'opinions et de croyances. Loin d'imposer un enseignement qui serait contraire à ces opinions et à ces croyances, il se conforme à la volonté des parents, notamment en ce qui concerne l'instruction religieuse des enfants. Cette instruction ne peut être donnée dans les classes, parce que les classes réunissent nécessairement toutes les élèves, quel que soit leur culte. On les réunit pour ce qui est commun ; on les sépare pour ce qui est distinct et particulier. Comme l'ont fait remarquer MM. Ferrouillat et Jules Ferry, au Sénat, il en est ainsi dans les lycées et dans les collèges de jeunes gens...

C'est la considération qui a guidé la Chambre, lorsqu'elle a voté la disposition édictant que l'enseignement religieux serait, sur la demande des parents, donné en dehors des classes aux jeunes filles internes, par les ministres des différents cultes.

Le Sénat a étendu la disposition aux externes, et admis ainsi, pour les lycées et collèges de jeunes filles, une dérogation à la règle suivie dans les lycées et collèges de jeunes gens.

Il n'est pas possible de respecter plus scrupuleusement la liberté de conscience.

On ne pouvait organiser, dans les classes, un enseignement qui aurait, comme dit Condorcet, donné à « des » dogmes particuliers un avantage contraire à la liberté » des opinions ». Mais on y enseignera « les principes de la morale qui, fondés sur nos sentiments naturels et sur la raison, appartiennent également à tous les hommes[1] ».

---

[1] Condorcet : Rapport sur l'organisation générale de l'instruction publique fait à l'Assemblée législative.
Voir également *Œuvres de Condorcet*, t. VII, p. 204 : « Les opinions religieuses ne peuvent faire partie de l'instruction commune puisque, devant

Nous nous garderons bien de dire que tous les catholiques regardent comme une attaque à la religion révélée,
le seul fait de l'enseignement d'une morale indépendante
de tout dogme religieux. Beaucoup de catholiques, des
plus éminents, croient, au contraire, que l'idée du devoir
est aussi essentielle à la raison humaine que l'idée de
cause, et ils se servent de ces idées et de ces principes
pour démontrer l'existence de Dieu. Mais il y a dans le
monde des catholiques, une école, une secte, qui n'admet
pas d'autre morale que la morale révélée, et pour laquelle
toute morale indépendante du dogme manque à la fois de
principe et de sanction. Il est clair que les prétentions de
cette école ne sauraient s'accommoder ni avec nos lycées,
ni avec notre Université, ni avec nos lois civiles, ni avec
notre Révolution, ni avec notre raison. Il est clair surtout
qu'elles ne sauraient s'accommoder avec la liberté de conscience.

Dans ce rapport célèbre à l'Assemblée nationale, qui
est le premier et l'un des plus nobles documents de l'histoire de l'instruction publique en France à partir de
1789, Talleyrand demandait que la morale fût enseignée
« *comme une science véritable* »... « On a, dit-il, gémi
» longtemps de voir les hommes de toutes les nations, de
» toutes les religions, la faire dépendre exclusivement
» de cette multitude d'opinions qui les divisent. Il en est

› être le choix d'une conscience indépendante, aucune autorité n'a le droit de
› préférer l'une à l'autre ; il en résulte la nécessité de rendre l'enseignement de
› la morale rigoureusement indépendant de ces opinions. »

» résulté de grands maux, car en la livrant à l'incertitude,
» souvent à l'absurdité, on l'a nécessairement compro-
» mise; on l'a rendue versatile et chancelante. Il est
» temps de l'asseoir sur ses propres bases. Il faut la dé-
» tacher de tout ce qui n'est pas elle pour la rattacher
» ensuite à ce qui mérite notre assentiment et notre
» hommage... Comment ne pas voir, en effet, qu'abs-
» traction faite de tout système, de toute opinion, et en
» ne considérant les hommes que dans leurs rapports
» avec les autres hommes, on peut leur enseigner ce
» qui est bon, ce qui est juste, le leur faire aimer, leur
» faire trouver du bonheur dans les actions honnêtes, du
» tourment dans celles qui ne le sont pas. »

Il est certain que la morale peut s'enseigner indépendamment de toute religion positive, soit qu'on donne à
cet enseignement l'appareil et la force d'un système,
comme l'a fait le Conseil supérieur par l'organe de son
savant rapporteur, M. Paul Janet, soit qu'évitant les
théories abstraites, on s'en tienne, suivant le conseil de
M. Jules Simon[1], « à cet enseignement moral qui accompagne l'enseignement tout entier depuis le jour où
il commence jusqu'au jour où il finit ».

Ainsi, enseignement, dans les classes, de la morale commune à toutes les croyances; enseignement, hors les
classes, de la religion, conformément à la volonté des
parents; voilà, ce nous semble, une règle qui ne peut
froisser la conscience de personne.

---

[1] Discours de M. Jules Simon, p. 344.

Nos adversaires le savent; mais ils savent également que dans ce généreux pays de France, on s'émeut facilement à l'idée d'une liberté mise en péril, et ils se sont écriés que la plus précieuse des libertés, la liberté de conscience, était violée.

Ils ont ainsi essayé de jeter le trouble dans l'esprit de quelques familles timorées; ils n'ont jusqu'à présent éloigné de nos établissements que les familles qui sacrifient à l'esprit de parti.

De même ils ont eu beau déclarer que nos écoles resteraient vides, les faits ont démenti ces prévisions; il est des écoles qui, faute de place, ont refusé des élèves.

Ils ont enfin affirmé que nos établissements ne conquerront pas les jeunes filles qui fréquentent les établissements congréganistes. Nous ne sommes pas davantage convaincus de la véracité de cette affirmation, et nos honorables adversaires nous permettront de leur dire qu'ils n'en sont pas convaincus eux-mêmes; elle trahit de leur part une crainte que peuvent seules, du reste, expliquer les attaques ridicules ou passionnées dirigées contre la loi.

Il est des parents, et ils sont nombreux, qui ne peuvent élever leur fille, et qui, faute d'autre établissement, sont obligés de la mettre au couvent.

Les ecclésiastiques perdront cette partie de leur clientèle, d'autant plus que les établissements ouverts par l'Etat, avec l'étiquette de l'Etat, appellent des élèves que n'attirent pas toujours les établissements privés.

2

Sans doute, le couvent conservera la majeure partie de
sa clientèle. Les uns, obéissant à une tradition très respectable, à leurs principes, leurs croyances, les autres,
par genre, continueront à confier leurs filles à des religieuses. On disait, il y a quelques années, à une époque
où l'enseignement laissait beaucoup à désirer : « Ma
fille est élevée à Saint-Denis ». On dit aujourd'hui comme
dans le vieux temps : « Ma fille est élevée au couvent ».
Cela pose bien, et on a l'air de faire partie du *grand
monde.*

Néanmoins, il est parmi cette clientèle des familles qui
pensent que le couvent, tel qu'il existe, n'est pas, quoi
qu'on dise, la meilleure des institutions, qu'au point de
vue de l'instruction notamment, il ne donne que des connaissances élémentaires et, par conséquent, insuffisantes.
La création de nos lycées fera ressortir cette insuffisance
par le contraste. Si cette opinion se répand, comme cela
parait probable, dans le monde des catholiques les couvents feront des efforts pour mettre leurs écoles au niveau
des nôtres. Si, comme nous inclinons à le croire, ils ne
peuvent nous égaler, nous les battrons. Tout cela est
régulier, honnête, avantageux à la société française. Personne, en vérité, n'a le droit de s'en plaindre, et personne
ne l'oserait.

Nous ne parlons pas des établissements privés non
ecclésiastiques, car nous doutons que l'initiative privée
laïque veuille recommencer, pour les jeunes filles,
l'épreuve à laquelle l'a soumise, pour les jeunes gens, la

loi de 1850 ; les établissements laïques de jeunes
gens agonisent, et pourtant les congrégations d'hommes
ne sont pas en mesure de leur faire une concurrence aussi
redoutable que celle des couvents pour l'enseignement
des jeunes filles. L'initiative privée n'a pas de grandes
forces dans notre pays, et le système des associations,
qui seul pourrait la vivifier, n'est pas en très grande
faveur. Nous le regrettons à divers points de vue, mais
cela même contribue à rendre plus efficace et plus nécessaire l'intervention active de l'Etat dans l'instruction.

On voit qu'il était du devoir du législateur, pour des
motifs très divers et très pressants, de combler une
lacune qui faisait tache dans nos lois, et de créer pour les
jeunes filles, au nom de la puissance publique, des
établissements analogues à ceux qui existent pour l'enseignement secondaire des jeunes gens.

Comment le législateur a-t-il rempli cette tâche ?

Le système qui s'offrait le plus naturellement à l'esprit
était de créer ces établissements dans les mêmes conditions que les établissements de jeunes gens, c'est-à-dire
d'établir, en principe, qu'un internat serait ouvert à côté
de l'externat.

C'était consacrer, en droit, pour les jeunes filles la
situation qu'avait créée, en fait, pour les jeunes gens, la
loi du 15 mars 1850.

Ceux qui défendaient ce système ne se dissimulaient
aucun des inconvénients de l'internat, mais, tout en

reconnaissant ces inconvénients, tout en préférant
l'externat partout où il est possible, ils se demandaient
si les internats n'étaient pas nécessaires. C'est là, au
fond, toute la question, car s'ils sont nécessaires, il faut
absolument les créer, sauf à multiplier les efforts pour
supprimer le péril et ne garder que les avantages.

Il y a lieu de considérer la question à un double point
de vue : d'abord, à un point de vue général, pour les
jeunes gens et pour les jeunes filles, et ensuite, au point
de vue particulier de l'éducation des jeunes filles.

M. Michel Bréal n'admet pas de tempéraments : il est
l'adversaire résolu de l'internat; M. Bréal ne considère
que Paris, et ne voit que les familles riches qui peuvent
aisément faire élever leurs enfants chez elles, ou leur
faire suivre des cours, payer maîtres et professeurs,
avoir même des précepteurs ou des gouvernantes, qui,
enfin, si la maison n'est pas habitable pour les enfants,
peuvent les placer dans des pensionnats de famille
excellents, mais très coûteux.

Nous reconnaissons volontiers la supériorité de l'éduc-
cation par la famille et dans la famille. Nous croyons
qu'il faut la préférer quand on le peut, et nous ajoutons
qu'en France on est trop enclin à se décharger, en re-
courant à l'internat, du travail et des soucis de l'éducation. Mais il y a des parents qui ne peuvent payer des
maîtres ou maîtresses à domicile, qui demeurent trop
loin de l'école, qui sont trop occupés pour veiller eux-
mêmes sur leurs enfants, qui sont retenus tout le jour

dans des bureaux, des comptoirs ou des ateliers, qui ont chez eux des machines, des employés, des ouvriers, un va-et-vient incompatible avec des études sérieuses ; qui, s'ils sont obligés d'éloigner leurs enfants, ne peuvent les placer que dans des pensionnats dont les prix sont modestes. Or, dans ces pensionnats à prix réduits, on ne peut se flatter de trouver les mêmes soins, la même hygiène, et à tous les points de vue, la même sécurité que dans les écoles publiques.

M. Bréal reconnaît que nos internats sont peuplés. Mais, dit-il[1], « l'internat doit sa popularité à ses attaches » officielles. Si l'Etat ne le patronnait pas, et ne le dési- » gnait pas aux familles comme le meilleur parti à prendre » pour leurs enfants, non-seulement beaucoup de col- » légiens n'auraient pas été privés de l'éducation de » famille, mais les séminaires eux-mêmes auraient reçu » moins d'élèves. Admettons cependant qu'aujourd'hui » l'internat soit tellement entré dans nos mœurs qu'il soit » impossible de l'extirper, et supposons que les établisse- » ments ecclésiastiques voient leurs réfectoires et leurs » dortoirs se remplir de tout le contingent de pension- » naires refusés par nos lycées. Est-ce à ses internats » que l'Université doit son action sur la jeunesse ? Qu'im- » porte que nous ne conduisions plus les élèves à la » promenade si nous leur donnons l'instruction ? »

Ainsi, nos internats sont peuplés parce que l'Etat les désigne aux familles comme le meilleur parti à prendre

---

[1] *Quelques mots sur l'instruction publique*, p. 311.

pour leurs enfants. Voilà le mal selon M. Bréal, et pour le combattre, il veut les supprimer.

Dans la pratique, à part quelques maisons somptueusement organisées pour les enfants très riches, il ne resterait d'autre ressource aux familles, après la suppression des internats, que les établissements ecclésiastiques.

Les établissements ecclésiastiques donneraient l'éducation !

L'Etat donnerait l'instruction !

M. Michel Bréal peut-il le nier? Peut-il l'accepter? Croit-il, si ce système se généralisait, que les congrégations ne s'arrangeraient pas pour joindre des classes à leurs internats? La solution qu'il propose est un prompt et infaillible acheminement au triomphe des écoles congréganistes. M. Jules Simon, M. Jules Ferry, M. Bardoux, M. Beaussire, qui préfèrent hautement l'éducation de la famille, et s'indignent contre la défaillance des parents qui éloignent leurs enfants quand ils pourraient les garder, reconnaissent cependant que les internats sont indispensables.

On dit que l'internat est encore moins acceptable pour les jeunes filles que pour les jeunes gens. Si l'on veut dire que la famille est encore plus nécessaire pour les jeunes filles, on a raison; mais quand elles ne peuvent pas rester auprès de leur mère, ou quand elles n'ont pas de mère, un internat public leur est plus indispensable qu'aux jeunes gens. On n'a pas, en effet, pour elles la ressource du système tutorial. Tel père de famille qui confiera son fils à un professeur ou à une famille de la ville où se trouve un lycée ou un collège, ne confiera pas sa fille à ce professeur ou à cette famille.

Le système tutorial est compatible avec une surveillance très étroite, mais la difficulté de trouver une personne qui donne des garanties suffisantes est bien plus grande pour les filles que pour les garçons. Ce n'est pas seulement la surveillance, c'est la bonne et habile surveillance, c'est l'ensemble des rapports, les parents, les amis, les compagnes, dont la famille se préoccupe à juste titre, au moment de se séparer de la jeune fille. Dans l'état actuel de nos mœurs, l'internat organisé par la puissance publique peut seul donner à la famille entière sécurité.

Créer l'enseignement secondaire des jeunes filles sans internat, c'eût été ouvrir des établissements pour les jeunes filles de quelques villes de France, c'eût été légiférer pour quelques centaines de familles. C'eût été rendre la loi inefficace et stérile.

Pour que la loi fût féconde, pour qu'elle profitât aux jeunes filles de la France entière, pour qu'elle fût *nationale,* il fallait accepter l'internat, et en l'entourant de toutes les garanties possibles, l'organiser tout au moins dans les premiers établissements ouverts par l'Etat.

C'est la solution à laquelle s'était arrêtée d'abord la Commission de la Chambre et que formulaient les articles 2 et 3 du projet.

Les premiers établissements devaient être destinés à

la fois aux jeunes filles externes et internes. Le ministre
de l'Instruction publique devait, à cet effet, se concerter
avec les conseils municipaux des villes, et même provoquer les efforts des conseils généraux des départements
où devaient être ouverts ces établissements. Ils eussent
été ainsi assurés de la clientèle des jeunes filles de la
ville où ils auraient été ouverts, à laquelle se serait
ajoutée la clientèle des autres communes du département,
et peut-être des départements voisins. Ces établissements,
installés sur les points les plus importants du territoire
de la République, eussent été créés dans des conditions
de succès absolu.

Après avoir ainsi assuré l'exécution de la loi par la
fondation des écoles les plus importantes et les plus nécessaires, le ministre aurait ouvert les autres au fur et à
mesure des besoins. Il en eût fait ou de simples externats
ou des établissements ouverts aux externes et aux internes; des externats dans les villes assez importantes
pour alimenter par elles-mêmes leur école; des internats
dans les villes moins peuplées où, pour remplir le lycée ou
le collège, il eût fallu faire appel au contingent d'élèves
des autres communes du département.

On voit la pensée qui avait inspiré la Commission.

Il fallait dès le début donner satisfaction au plus grand
nombre possible de jeunes filles, et faire bénéficier de la
loi la plus grande partie possible de la France.

Une autre raison militait en faveur de cette solution.
Le sort de la loi dépendait du succès ou de l'insuccès de

nos premiers établissements. Il fallait les ouvrir dans des conditions de succès à peu près absolu.

Aussi, les premiers établissements créés devaient-ils être des lycées d'internes et d'externes; on aurait établi ces lycées sur les points principaux du territoire, afin que chaque établissement pût répondre aux besoins de toute une région.

On aurait sans doute, dans la suite, créé de simples externats dans les grandes villes, mais l'établissement type, celui qu'auraient demandé les populations, eût été l'internat joint à l'externat.

La Commission n'avait adopté cette solution qu'après une longue discussion. Cependant cette solution, la Commission l'abandonna au cours des débats. D'accord avec le ministre, elle posa en principe que les établissements seraient des externats. On laissait au ministre la faculté d'y annexer des internats sur la demande des conseils municipaux. La Commission se rallia à cette solution par 9 voix contre 2.

Le rapporteur resta en face de la Commission et de la Chambre, appuyé d'une seule voix, celle de M. Duvaux, dont l'autorité et l'expérience avaient été d'un très grand secours au sein de la Commission, et dont l'intervention n'avait pas peu contribué à faire triompher la solution abandonnée d'une façon si imprévue.

Ainsi, la disposition, aux termes de laquelle le ministre devait, pour répondre aux premiers besoins des populations, créer des lycées d'internes et d'externes, était rayée

du projet, et alors la disposition d'après laquelle les établissements à ouvrir dans l'avenir devaient être ou de
simples internats, ou à la fois des externats et des internats, était très affaiblie. C'était une disposition accessoire
qui, en devenant disposition principale, perdait son
caractère.

En effet, les premiers lycées créés par l'Etat ne seraient
plus ces établissements types destinés à la fois aux jeunes
filles internes et externes, et qui, en règle générale, auraient servi de modèle à ceux que l'on aurait ultérieurement créés. L'Etat n'inciterait plus les municipalités à
ouvrir des internats.

L'internat était jugé et condamné.

L'établissement type serait l'externat. On pourrait sans
doute ouvrir des internats, mais on attendrait qu'ils
fussent demandés par les municipalités.

Les partisans de l'internat étaient battus sans combat.

Restait un dernier espoir, un dernier effort à tenter :
prendre comme objectif, non plus la Chambre, mais les
municipalités auxquelles on proposait de s'en remettre
pour faire l'internat; dire du haut de la tribune, dans la
pensée qu'elles seraient entendues par les municipalités,
les raisons qui rendaient indispensable la création de
l'internat.

La rédaction abandonnée par la Commission fut reprise
par le rapporteur sous forme d'amendement. La rédaction fut repoussée par la Chambre à l'unanimité moins
douze voix.

Les *groupes* de *droite*, dont tous les votes, cela va de soi, étaient hostiles à la loi, crurent le projet perdu ; ils ne dissimulèrent pas leur joie. L'un de leurs organes, la *Gazette de France* [1], disait le lendemain de ce vote :

« Elle (la Chambre), a maintenu l'internat dans certaines
» conditions spéciales et qui *rendent illusoire le vote de*
» *la loi.* »

C'était se réjouir trop tôt ; on comptait sans la presse des départements ; on comptait surtout sans les municipalités.

La presse départementale, bien différente de la presse parisienne, réclamait l'internat. La presse parisienne, en général, ne voyait que Paris et les grandes villes. Elle se laissait guider par des considérations théoriques. La presse départementale jugeait la question au point de vue pratique ; elle voyait les petites villes et surtout les campagnes qui, sans l'internat, eussent été privés de l'enseignement que l'on créait.

L'opinion des municipalités fut encore plus explicite. Nous reçûmes dans le mois qui suivit la discussion à la Chambre environ cent lettres de maires. Les municipalités qu'ils représentaient, nous écrivaient-ils, étaient prêtes à s'imposer les sacrifices nécessaires à la création dans leur ville de l'enseignement nouveau, à la condition que l'établissement serait pourvu d'un internat.

Et la loi à peine votée, seize villes demandaient la

---

[1] Numéro du 22 janvier 1880.

création d'établissements secondaires de jeunes filles [1] : sauf Rouen et le Havre les municipalités demandaient toutes l'internat.

Rouen et le Havre, comme toutes les grandes villes, étaient portés à ne demander qu'un externat. La population de ces villes en effet, est suffisante pour alimenter l'établissement.

Nous persistons à croire qu'il eût été préférable de réagir contre cette tendance, et d'encourager les municipalités à consentir des sacrifices, afin de créer des établissements dont pussent bénéficier les jeunes filles de tout le département.

L'exécution de la loi révèle, en effet, une conséquence bizarre. Ce sont les départements les plus importants qui sont privés de l'enseignement nouveau, les villes, chefs-lieux de ces départements, n'ayant pas demandé la création d'un internat.

L'autorité supérieure, avec la première rédaction de la Commission, aurait pu imposer à ces villes, comme condition de la création du lycée, la création d'un internat.

Cette rédaction ayant été abandonnée, il ne nous reste qu'à formuler le vœu que ces grandes villes, se souvenant des liens de solidarité qui doivent unir les communes d'un même département, demandent dans l'avenir la création d'un internal.

La loi, dans les départements dont le chef-lieu n'est

---

[1] Rapport de M. Duvaux sur le budget de l'instruction publique (exercice 1882), et discussion de ce budget, séance du 9 juillet 1881.

pas une grande ville, s'exécute plus utilement. Les villes demandent la création de l'internat, et l'autorité supérieure, disons-le à sa louange, s'empresse de se rendre aux vœux des municipalités.

L'exécution de la loi, sous ce rapport, fait le plus grand honneur à M. Jules Ferry qui, le premier, a entamé les négociations avec les villes, et à MM. Duvaux et Fallières, qui se sont inspirés de l'exemple de leur éminent prédécesseur. Empressons-nous d'ajouter qu'ils ont été aidés dans leur tâche par un homme d'expérience et de tact, le directeur de l'enseignement secondaire, M. Zévort.

En somme, sur dix-huit lycées créés, il en est neuf dans lesquels les municipalités ont été autorisées à ouvrir un internat ; sur douze collèges, neuf dans lesquels elles ont été autorisées à établir l'internat.

Les lycées pouvant recevoir à la fois des jeunes filles internes et des jeunes filles externes, sont ceux de Montpellier, Guéret, Roanne, Charleville, Moulins, Saint-Étienne, Bordeaux, Montauban, Toulouse.

Les collèges d'internes et d'externes sont ceux de Saumur, Louhans, La Fère, Lille, Abbeville, Armentières, Cambrai, Vitry-le-François.

Les lycées d'externes sont ceux de Rouen, Besançon, Lyon, le Havre, Amiens, Nantes, Nice, Bourg, Paris.

A l'exception de Bourg, ce sont toutes de grandes villes qui ont pu se contenter d'un externat surveillé et d'un demi-pensionnat.

Les collèges d'externes sont ceux d'Auxerre, de Lons-le-Saulnier et de Grenoble ; ils reçoivent des externes surveillées. Ajoutons que le collège de Vic-Bigorre, ouvert provisoirement par arrêté ministériel, reçoit des internes et des externes.

En résumé, sur vingt-neuf établissements créés, dix-sept sont pourvus d'un internat, et la proportion fléchira de plus en plus au profit de l'internat.

Si au début le nombre des externats l'a emporté sur celui des internats, c'est qu'il est toujours facile d'ouvrir un externat : on l'installe en attendant mieux dans un bâtiment provisoire, dût-on même avoir un assez grand nombre d'externes surveillées, car l'externat surveillé, qui consiste à garder les élèves dans l'intérieur du lycée entre les deux classes, sauf pour l'heure du déjeuner, et à les garder encore après la classe du soir jusqu'au dîner, n'a pas besoin d'autre local que celui des classes. Il est bien installé si on y ajoute une salle d'étude et un préau. Il n'en est pas ainsi pour un internat : il exige de vastes bâtiments et des dispositions coûteuses, qui ne peuvent se réaliser que pour une installation définitive; aussi certaines municipalités préfèrent-elles créer d'abord des externats, tout en se promettant de les remplacer plus tard par des internats.

Quant à l'autorité supérieure, elle sera, en fait, croyons-nous, peu à peu amenée à appliquer la loi du 21 décembre 1880, comme est appliquée la loi du 15 mars 1850. La loi de 1850 a, elle aussi, voulu, pour les jeunes gens,

aire de l'internat la partie accessoire ; il a néanmoins fini
par devenir la partie principale de l'établissement. Le législateur de 1380 s'est, il est vrai, ingénié à isoler l'internat de l'externat, mais le temps fera le rapprochement ; il
se fera d'une façon plus lente, plus timide que pour la loi
de 1850, mais il se fera, parce qu'il y a loin parfois de
la théorie à la pratique, et qu'il ne suffit pas d'un texte
de loi pour rompre avec les habitudes, les mœurs d'une
nation.

Remarquons que le temps qui s'est écoulé entre le
vote de la Chambre et la discussion au Sénat, semble
avoir fait relativement à l'internat la lumière dans certains esprits.

La presse républicaine des départements, déplorant le
rejet de la rédaction première de la Commission de la
Chambre, la presse hostile narguant la majorité d'avoir
repoussé la disposition sur laquelle reposait la loi,
avaient déjà, dans l'esprit d'un grand nombre de membres de la Chambre, fait naître le doute sur l'opportunité
du vote qu'ils avaient émis.

Et nous nous demandons si, au Sénat, où la discussion a été si brillante du côté de nos adversaires aussi
bien que du côté de nos amis, le président du Conseil,
M. Jules Ferry — bien qu'il se fût rallié à une rédaction
qui accentuait encore la solution de la Chambre relativement au régime de nos établissements — n'a pas vu
se dissiper, dans une certaine mesure, ses préventions,
en présence des attaques dirigées avec tant de téna-

cité contre l'internat par les orateurs hostiles à la loi.

La situation sans doute n'était pas la même, le ministre, à la Chambre, parlait à une majorité divisée sur la disposition relative à l'internat, mais d'accord sur le principe même de la loi.

Le ministre, au Sénat, défendait la rédaction de la Chambre contre des adversaires de la loi.

Mais qui ne voit cependant combien les affirmations du ministre s'accentuent au Sénat.

A la Chambre, le ministre déclare qu'il « ne se refuse pas à établir des internats ».

Au Sénat, le ministre considère, l'internat comme « une nécessité [1] ».

Cette pensée, le président du Conseil la répète : « Moi, dit-il, moi qui ne suis partisan d'aucun inter-
» nat, qui n'aime ni l'internat laïque, ni l'internat ecclé-
» siastique, je conviens qu'il y a tel ensemble de
» circonstances où l'internat est une nécessité.....
» Quand, dans l'autre Chambre, nous avons résisté au
» principe général de l'internat, nous avons agi comme
» une administration qui n'a pas le droit de douter d'elle-
» même, mais qui a pourtant le sentiment de sa respon-
» sabilité.

» Nous avons trouvé que la responsabilité était un peu
» lourde, mais cela ne va pas jusqu'à dire que l'Univer-
» sité soit incapable d'organiser avec mesure, sur certains
» points du territoire, des maisons d'éducation indiquées

[1] Discours de M. Jules Ferry, p. 312.

» par la loi, des internats créés dans des conditions qui
» donnent à la vertu de nos filles des garanties suffi-
» santes[1]. »

Nous ne pouvons mieux faire que de terminer nos
réflexions sur l'internat par ce passage du discours du
ministre, dont l'entraînante parole a assuré le vote de
cette loi, à un moment où le Gouvernement n'avait au
Sénat qu'une majorité très peu certaine.

Nous croyons inutile d'appeler l'attention des municipalités sur la déclaration du ministre. Elles ont répondu
à l'appel du législateur avec un entrain qui ne laisserait pas que de nous inquiéter si l'autorité supérieure
n'apportait à l'exécution de la loi une sage prudence.

On ne saurait en effet avoir trop de circonspection
dans l'application de la loi.

Les municipalités rivalisent de zèle, c'est à qui
dotera sa ville d'un lycée ou tout au moins d'un collège
de jeunes filles.

C'est là un élan dont nous ne songeons pas à nous
plaindre, mais que l'autorité supérieure devra parfois
s'efforcer de contenir.

Il ne faut ouvrir un établissement que s'il répond à des
besoins justifiés. On risquerait de compromettre le succès, peut-être le sort de la loi et de gaspiller les deniers
publics en ouvrant des lycées et des collèges qui ne seraient fréquentés que par un nombre limité de jeunes
filles.

[1] Discours de M. Jules Ferry, p. 382.

C'est à l'autorité supérieure, qui a entre les mains les dossiers, qui a tous les moyens d'informations, qu'incombe la tâche délicate de résister aux entraînements.

L'autorité supérieure devra de même lutter contre un abus qui, s'il se propageait serait, lui aussi, de nature, dans un avenir prochain, à mettre en péril le sort de la loi. Nous voulons parler des inconvénients que présenteraient des constructions dont la dépense serait hors de proportion avec la nature de nos établissements. On pourrait, en effet, faire des constructions modestes. On veut ériger des palais; et comment résister à cette tentation ! La dépense ne sera pas exagérée; les devis de l'architecte le constatent; et puis l'Etat ne doit-il pas faire des avances, accorder des subventions. On commence les travaux et l'on s'aperçoit qu'ils s'élèveront à une somme bien supérieure à celle prévue par les devis. Nous ne voulons pas dire que l'architecte parfois agit par calcul; ı o s nous bornons à constater que ces erreurs sont fréquentes.

Il y a là un abus de nature à léser les intérêts des communes et des départements, et qui peut, également, à un moment donné, enrayer, sinon arrêter, l'exécution de la loi.

Les crédits affectés par les Chambres à l'enseignement secondaire des jeunes filles ne sont pas illimités. Les 10,000,000 de subventions mis par la loi du 2 août 1881 (art. 1) à la disposition du ministre de l'Instruction publique pour les dépenses des établissements d'ensei-

gnement secondaire des jeunes filles, sont engagés. Il en
est de même, ou peu s'en faut, du crédit de 1,666,666 fr.
ouverts dans le même but par la loi du 30 janvier 1884
(art. 15)[1].

[1] Voici l'emploi de ces crédits :

ÉCOLE NORMALE DESTINÉE A PRÉPARER DES PROFESSEURS-FEMMES
    POUR LES ÉCOLES SECONDAIRES DE JEUNES FILLES......... 2.400,000 »
        (Dépense totale à la charge de l'État.)

LYCÉES.

Paris (lycée Fénelon) .... 500,000 »
      (Dépense totale à la charge de l'État.)
    Cette somme, remarquons-le, n'est destinée à couvrir
    que la dépense d'appropriation du lycée. L'acquisition de
    l'immeuble a coûté 1,656,000 francs imputés sur le crédit
    de 17,000,000 alloués par la loi du 3 juillet 1880 (art. 18)
    à titre de subvention extraordinaire, à la caisse des lycées,
    collèges, et écoles primaires. Le ministre, en vertu de la
    loi du 21 mars 1883 (art. 11) a pu appliquer ce crédit aux
    dépenses d'acquisition de construction et d'appropriation
    des lycées et collèges de jeunes filles.
Montpellier.. 656.567 02
Rouen.. 222.500 »
Besançon... 215.000 »
Montauban.. 637.500 »
Lyon... 60.000 »
Le Havre... 410.250 »
Amiens... 325.000 »
Guéret... 382.500 »
Nantes... 160.000 »
Nice... 577.000 »
Roanne... 312.500 »
Charleville.. 500.000 »
Bourg.. 140.000 »
Moulins.. 89.068 27
Saint-Étienne.. 93.250 »
Bordeaux... 75.665 33
Toulouse... 651.000 »
    Lyon, Moulins, Saint-Étienne, Bordeaux, ne figurent
    dans cette répartition que pour des sommes relativement
    peu importantes. L'État s'est borné, pour ces quatre ly-
    cées, à faire face, avec les villes, aux dépenses d'instal-
    lation provisoire. Lorsque les lycées seront installés dans
    des bâtiments définitifs, il y aura de ce chef une dépense
    nouvelle pour l'État.
    Il en sera de même pour Rouen. Le lycée devra être
    agrandi ; la construction de bâtiments pour un demi-

A reporter........ 8.410.800 62

De nouveaux crédits sont nécessaires; ils seront votés dans le courant de l'année; mais si l'Etat prêtait la main

Report.......... 8.410.800 62

pensionnat et les classes primaires a été reconnue nécessaire. La ville va être obligée de recourir à l'expropriation pour cause d'utilité publique. La dépense que nécessiteront ces acquisitions et ces travaux s'élèvera à environ 300,000 fr.

Remarquons enfin que le Ministre a réservé une somme de 631,168 fr. 13 c. pour deux lycées, dont la création est arrêtée en principe, savoir :

Reims... 300.000 »
Tournon 331.168 13

COLLÈGES.

Montauban .... 4.500 »
Saumur.. 416.500 »
Louhans... 4.000 »
La Fère .... 281.258 »
Lille.. 100.000 »
Abbeville.. 176.400 »
Armentières.. 110.000 »
Cambrai .... 316.500 »
Vitry-le-François.. 34.500 »

Louhans et Vitry-le-François ne sont compris dans cette répartition que pour une somme relativement minime, ces collèges ayant été ouverts dans des bâtiments provisoires. L'Etat devra contribuer à la dépense d'installation définitive de ces établissements ainsi que de ceux d'Auxerre, de Lons-le-Saulnier et de Grenoble. Ces trois collèges ne figurent pas dans notre nomenclature. La raison en est que la dépense de leur installation provisoire n'a pas été imputée sur les crédits ouverts par la loi du 2 août 1881 et 30 janvier 1884.

Ajoutons qu'il a été réservé pour le collège de Vic-Bigorre (ouvert à titre provisoire)........................ 70.000 »

plus une somme de 675,000 fr. pour deux collèges dont la création est décidée en principe, savoir :

Sedan .... 300.000 »
Oran .... 325.000 »

TOTAL............... 11.180.276 75

Les crédits de 11,666,666 fr. mis à la disposition du Ministre par les lois du 2 août 1881 et 30 janvier 1884 sont, on le voit, engagés jusqu'à concurrence de 11,180,276 fr. 75.

Ajoutons que la part contributive des villes, sans compter les immeubles que plusieurs d'entr'elles ont affecté à l'installation du lycée ou du collège, s'élève à la somme de 7.810.910 43

Notons enfin trois départements (l'Ain, la Creuse, l'Ardèche), qui contribuent à la création de leurs lycées pour une somme de .... 130.000 »

ces fantaisies architecturales, dont il serait, en fait, ap-
elé à supporter, en majeure partie, les frais, il épuiserait
es sommes dont il dispose au profit de quelques établis-
ements. Il se verrait en peu de temps, faute de res-
ources, dans l'impossibilité de contribuer, par ses sub-
entions, à la création de nouveaux établissements. Après
voir donné à telles villes, à telle région, le superflu, il
e verrait obligé de refuser à telles autres villes, à telle
utre région, le nécessaire.

Que quelques villes dont les ressources sont prospères
issent des constructions monumentales, nous n'y fai-
ons pas d'objection, mais qu'elles ne fassent pas peser
es dépenses sur le budget de l'Etat. Il n'a pas, dans l'es-
èce, à contribuer aux dépenses de luxe.

L'Etat, aussi bien dans l'intérêt des villes et des dépar-
ements que dans le sien, doit encourager les construc-
ons modestes. Que l'établissement soit placé dans de
onnes conditions d'air et de lumière, que l'établissement
oit, lorsqu'il devra recevoir des internes, érigé à l'extré-
ité de la ville; car il importe de ne pas mesurer parci-
onieusement l'espace aux jeunes filles, qui, plus peut-
tre que les jeunes gens, ont besoin de mouvement; c'est
out ce que nous demandons. L'architecture y perdra
eut-être. La loi, à coup sûr, y gagnera.

Ce sont, croyons-nous, des considérations dont devra
'autant plus s'inspirer l'autorité supérieure que les de-
andes abondent, car ni les villes qui ont demandé la
réation des établissements, ni les familles qui, les éta-

blissements créés, y ont envoyé leur fille, ne se sont préoccupées des attaques ridicules dirigées contre la loi. Elles persévèrent dans leur confiance et dans leurs espérances, qui leur paraissent de jour en jour mieux justifiées.

Nous tenions à faire la lumière sur ces deux questions de la liberté de conscience et de l'internat, car ce sont là les deux points sur lesquels les débats ont été les plus vifs.

En somme, la loi, dans son ensemble, est bonne.

Nous voudrions pouvoir porter le même jugement sur l'œuvre du Conseil supérieur de l'Instruction publique, qui a réglé le mode d'exécution.

Cette œuvre, nous le disons à regret, nous semble mériter plus d'une critique.

L'enseignement secondaire des jeunes filles, dit l'article 1ᵉʳ du décret du 14 janvier 1882, comprend cinq années d'études.

« Il est divisé en deux périodes. »

« La première période est de trois années, la seconde » de deux années. »

« Dans la première période, continue l'article 2, les » cours sont tous obligatoires. Dans la deuxième période, » un certain nombre de cours sont obligatoires, les autres » sont facultatifs. »

Ainsi, l'enseignement, d'après le Conseil supérieur, ne doit comprendre que cinq années d'études, divisées en

leux périodes, et l'honorable rapporteur du Conseil,
1. Marion, nous apprend que « seul l'enseignement de
la première période sera donné dans les *classes proprement dites ;* celui de la deuxième consistera en
cours, dont une partie seulement sera *obligatoire* et
commune. »

Ce sont autant d'infractions aux dispositions législa-
ives.

Le Conseil, chargé seulement de régler l'application
le la loi, a fait toute autre chose; il en a changé le carac-
ère.

Il s'agit d'un « enseignement secondaire ». Le titre
nême de la loi l'indique et l'article 1er le répète.

Ajoutons que les Chambres ne se sont pas bornées à
oter le principe de la loi; elles ont, dans le dispositif,
racé le programme d'enseignement et avec un soin peut-
tre exagéré, fait place, dans le texte, aux examens d'ad-
nission et de sortie.

Le législateur a créé un programme d'enseignement
bligatoire et *commun,* pour nous servir des expressions
le l'honorable rapporteur du Conseil supérieur, et il a
oulu que ce programme fût réparti sur un nombre d'an-
iées égal au nombre des années d'études dans les lycées
t collèges de jeunes gens.

La loi dit : (art. 4) « l'enseignement comprend » : puis
lle énumère le programme d'enseignement. Alléguera-
-on, malgré ces termes si explicites, que la loi a admis
'enseignement facultatif, par cela même qu'elle ne l'a pas

exclu ? Mais il est dit dans le rapport fait à la Chambre[1]
que la Commission chargée d'élaborer la loi, a repoussé
cette solution.

De même, le titre de la loi indique à lui seul, nous le répétons, la durée de l'enseignement secondaire des jeunes
filles.

Elle doit être, dans les lycées et collèges de jeunes filles,
ce qu'elle est dans les lycées et collèges de jeunes gens.

C'est là l'évidence même. Le doute n'est pas possible,
et s'il pouvait naître, il serait vite dissipé à la lecture des
rapports et des discussions qui ont précédé le vote de
la loi.

Le rapporteur, dans le rapport fait à la Chambre, parle
d'un « enseignement régulier, progressif donné par des
professeurs... qui suivent une éducation depuis son commencement jusqu'à sa fin... et donné à des jeunes filles
de dix à dix-huit ans[2].

Le rapporteur revient sur cette idée dans le commencement de l'article relatif au programme d'enseignement.

« La durée des études des jeunes filles, dans les éta-
» blissements que nous fondons, sera la même que celle
» des études des jeunes gens dans les lycées, c'est-à-dire
» que les élèves pourront y être admises à l'âge de neuf
» ou dix ans, et y demeurer jusqu'à l'âge de dix-sept ou
» dix-huit ans[3]. »

---

[1] Page 157.
[2] Page 149 et 150.
[3] Page 160.

Et la même idée est à nouveau exprimée par le rapporteur, à la tribune.

« L'enseignement qui sera donné dans le lycée de
» jeunes filles, correspondra à l'enseignement qui sera
» donné dans les lycées de garçons [1]. »

La même pensée est exprimée dans le rapport fait par
M. Broca, au Sénat.

..... « Cette instruction ne peut être donnée que dans
» des écoles secondaires organisées à la manière de nos
» lycées d'internes ou d'externes, dans des écoles où les
» jeunes filles.... amenées progressivement, d'année en
» année, de la classe la plus inférieure du programme à
» la classe la plus élevée [2]. »

L'antagonisme entre l'œuvre du législateur et celle du
Conseil supérieur est manifeste.

L'œuvre du Conseil n'est conforme ni à la lettre, ni à
l'esprit de la loi.

Est-ce à dire que le Conseil supérieur n'a pas organisé
l'enseignement secondaire ?

Nous n'allons pas jusque là. Il a organisé cet enseignement ; mais en restreignant, à trois ou même à

[1] Page 202.
[2] P. 259.
M. Broca dit, il est vrai, un peu plus loin :
« L'enseignement secondaire doit succéder à l'enseignement primaire, et ne
» saurait faire double emploi avec lui dans aucune de ses parties : les cours
» primaires doivent donc en être exclus ».
Mais cette affirmation que nous trouvons dans le commentaire de l'article 8,
relatif aux examens, est démentie par les rapports et discussions qui ont précédé
le vote de la loi.
Elle est, ainsi que nous venons de le voir, démentie par M. Broca lui-même,
qui avant de commenter les articles, avait pris soin de préciser nettement la
durée des études.

cinq ans, la durée des études, il s'est en quelque sorte condamné lui-même à rendre cet enseignement incomplet et insuffisant.

Nous faisons au Conseil supérieur un double reproche : il a laissé presqu'entièrement de côté l'enseignement élémentaire ; il a surchargé outre mesure le programme des classes plus élevées.

Sans doute, aux termes du décret du 28 juillet 1881 élaboré par le Conseil supérieur, « des classes primaires, destinées à préparer les élèves pour les cours secondaires, pourront être annexées aux collèges et lycées de jeunes filles.

» Elles pourront l'être, dit le rapporteur, mais ajoute-t-il, « elles ne le seront pas nécessairement » et il conclut : « nous n'avons donc pas à organiser l'enseignement de ces classes préparatoires[1]. »

On a dû, dans ces conditions, se borner à dire que ces classes, lorsque les municipalités en demanderont la création, seront organisées, sous le contrôle du recteur, par la directrice et le personnel enseignant de l'établissement.

La solution du Conseil ne répond pas à la pensée du législateur, qui a voulu créer des établissements complets et se suffisant à eux-mêmes.

Cette solution constitue une lacune d'autant plus regrettable que la plupart des jeunes filles ne pourront pas, comme semblent le croire les membres du Conseil,

---

[1] Page 521.

faire leurs premières études « jusqu'à douze ans soit dans leur famille, soit dans les écoles primaires, soit dans les institutions libres[1] ».

Les jeunes filles instruites dans leur famille, même pour les premières études, ne sont qu'une exception.

Il faudra donc recourir à une institution privée ou à l'école primaire de la commune.

Mais on n'aura pas partout des institutions privées préparant aux écoles secondaires, ou plutôt, on n'en aura pour ainsi dire nulle part. Ce sont encore les couvents qui en serviront ; et loin de préparer les jeunes filles pour l'école secondaire, ils ne songeront qu'à leur apprendre à s'en passer. On ne comprend pas que l'Administration se charge des classes supérieures et abandonne ainsi, soit aux congrégations, soit à l'industrie privée, les classes élémentaires dont l'importance est capitale.

La plupart du temps on aura recours à l'école primaire. Mais l'école primaire est toute autre chose qu'une école préparatoire. L'enseignement de l'école primaire est un tout ; ce n'est pas un début. Il est complet dans sa spécialité restreinte. Il mettra les futures élèves du lycée ou du collège sur les mêmes bancs, au même régime intellectuel que des enfants dont l'instruction devra être terminée à douze ans. Ce système est d'autant plus déplorable qu'un des bienfaits de l'éducation est l'influence et l'autorité des maîtres qui ne se fondent que par la durée,

[1] Page 521.

et qui s'établissent plus solidement dans les premières années de la vie.

Il ne nous resterait qu'à inviter les municipalités, à demander l'organisation de cet enseignement prépara-toire, si déjà elles n'avaient pris les devants et demandé l'exécution de la loi, telle qu'elle est sortie des délibéra-tions des Chambres.

Les classes préparatoires ont, à la demande des muni-cipalités, été organisées dans tous les lycées et collèges de jeunes filles. Et l'Etat qui, à Paris, a dû se passer du Conseil municipal pour l'exécution de la loi, a organisé lui-même, au lycée Fénelon, des classes préparatoires.

Ainsi, les municipalités et l'Etat lui-même, dans la seule espèce où il lui ait été donné de le faire, ont re-dressé dans le sens de la loi, la solution du Conseil supérieur.

L'autre reproche que nous faisons au Conseil supérieur, c'est d'avoir trop surchargé le programme.

On a traité les jeunes filles comme les jeunes gens, qu'on écrase de besogne, et à qui on impose tant de sujets d'études, qu'ils passent les années de leur jeunesse à bourrer leur mémoire, sans pouvoir exercer leur juge-ment. La préparation aux examens ainsi conçue se fait au moyen de manuels et de questionnaires. On apprend une quantité énorme de réponses, qu'on n'essaie même pas de comprendre. Si on a le bonheur de réciter passablement sa litanie le jour de l'examen, on obtient un diplôme chèrement acheté par un dur travail, et qui ne prouve

aucune sorte de capacité. On peut oublier, et on oublie, en
effet, dès le lendemain toutes ces formules ; et comme on
n'a pas appris à penser, comme on ne s'y est pas accou-
tumé, on n'a pas même la force nécessaire pour se créer
à soi-même des idées, et refaire sa propre éducation. Nous
en sommes là, grâce à la routine, au pédantisme, et à la
passion des hommes du métier pour les programmes longs
et difficiles. Le Conseil supérieur cependant — M. Paul
Janet[1] nous l'apprend — « avait sous les yeux l'excès qui,
depuis le commencement de ce siècle, s'est produit dans
l'éducation des garçons ». Le Conseil avait une bonne
occasion de revenir au sens commun. Jamais elle n'a été,
jamais elle ne sera aussi bonne, puisqu'on faisait, à côté
de l'Université ancienne et vermoulue, une Université
toute nouvelle. Mais il paraît que la routine ne le voulait pas ; la dignité de l'Université exigeait de longs programmes, et on nous les a imposés au grand risque de
fausser l'institution[2].

L'Université a une excuse pour les écoles de jeunes
gens. C'est que la Marine, la Guerre, les Travaux publics lui envoient des programmes démesurés pour
leurs écoles spéciales, et qu'elle est obligée de mettre
ses élèves en état de répondre sur cette effroyable
kyrielle de questions. Mais les jeunes filles n'entreront
ni à Brest, ni à Saint-Cyr, ni à l'Ecole polytechnique.
Elles ne serviront ni dans le génie, ni dans l'artil-

---

[1] *Revue des Deux-Mondes.* Education des femmes, 1er septembre 1883, p. 83.
[2] Voir les programmes, page 485 et suiv.

lerie, ni dans les ponts et chaussées, ni dans les mines.

On ne comprend pas ce qu'elles feront de tant de chimie, de tant de physique et de tant d'histoire naturelle ; les éléments leur suffisaient pour les mettre en état de lire les beaux ouvrages et admirer les belles découvertes.

Que feront-elles surtout de ces règles compliquées d'arithmétique, de cette géométrie et plane et dans l'espace, de cet algèbre ?

Que feront-elles encore — qu'il nous soit permis de le dire — de tout ce programme de droit comprenant jusqu'à des notions « sur l'organisation judiciaire, embras- » sant les juridictions civiles et répressives, les juridic- » tions commerciales, les tribunaux administratifs, la » composition, le fonctionnement et la compétence des » diverses juridictions ? »

Nous avons voulu cultiver et élever l'esprit des femmes. Nous pensions qu'il y avait lieu de les initier de plus près aux charmes de la littérature ; aux pénétrantes leçons de l'histoire, aux règles de la morale ; nous pensions qu'il y avait lieu de leur enseigner — ce sont les termes mêmes de la loi — « l'arithmétique, les éléments » de la géométrie, de la chimie, de la physique et de » l'histoire naturelle » ; qu'elles y gagneraient quelque force sans y rien perdre de leur grâce ; que leur commerce en deviendrait plus aimable ; qu'elles développeraient plus complètement leurs facultés ; et qu'elles en seraient de meilleures compagnes pour leurs maris, de meilleures maîtresses pour leurs enfants ; nous voulions leur apprendre à être à la fois des femmes charmantes et des femmes utiles. Le Conseil supérieur, par ses exagérations, court le risque de faire de certaines d'entre elles des hommes incomplets, qui n'auront jamais ni la force ni le rôle d'un sexe, et qui auront perdu toutes les grâces et toutes les aptitudes de l'autre.

Il semble que les régulateurs de cette autre Université aient pensé qu'ils n'avaient qu'à copier l'ancienne, en l'affaiblissant un peu ; qu'ils avaient affaire à des esprits de même sorte, et à des destinées identiques. C'est une erreur colossale.

Non seulement il faut alléger les programmes dans le sens de la loi, mais il faut les approprier à l'esprit et à la vocation des jeunes filles.

Il s'agit, en effet, de réaliser pour les jeunes filles ce que M. Legouvé appelle spirituellement « l'égalité dans la différence » ; la seule à laquelle elles puissent aspirer, la seule qu'elles puissent accepter.

Il y a, pour ainsi dire, un « programme féminin » à substituer à toutes ces sciences abstraites dont elles ne feront jamais aucun usage, dont il faut souhaiter qu'elles ne fassent jamais aucun usage.

Les femmes ont besoin de connaître leurs droits : il faut les leur enseigner sommairement. Mais elles n'ont que faire de tout ce bagage juridique dont veut les charger le Conseil supérieur.

L'hygiène leur est très nécessaire pour l'habitation, le vêtement, la nourriture.

L'économie domestique leur est indispensable ; Chrysale a raison : il faut songer au pot-au-feu. On le dédaignait par mondanité ; il ne faut pas qu'on le dédaigne par excès de capacité. Que gagnerions-nous au change, et que gagneraient-elles ?

Il faut tout particulièrement insister sur l'hygiène et l'économie domestique.

Il faut enfin *féminiser*, si je puis m'exprimer ainsi, les autres parties du programme, l'histoire par exemple

Si vous parcourez le programme d'histoire, une chose vous frappera : le mot femme ne s'y trouve jamais. Le mot ne figure pas une seule fois dans cette longue nomenclature, et pourtant il n'eût pas été inutile de faire ressortir l'influence que la femme a prise peu à peu dans nos mœurs, dans la société et même dans la politique.

C'est ce qu'ont fait les pédagogues italiens pour l' « Ecole supérieure de jeunes filles à Turin ».

Le document a été, avec les autres programmes, annexé au rapport fait à la Chambre des Députés, moins pour édifier la Chambre et le Sénat, que pour mettre sous les yeux du Conseil supérieur, l'enseignement détaillé des principales écoles de jeunes filles de l'Europe.

Nous relevons dans le programme de l'Ecole de Turin, les rubriques suivantes :

« La famille et la femme chez les peuples barbares.

» La famille et la femme chez les Romains, chez les » chrétiens..... »

« XVe siècle. Décadence de la famille et de la femme

..... Conditions de la femme et de la famille pen-
ant le xvɪᵉ siècle. »

: ...... Décadence des lettres et des arts en Italie.
Décadence de la famille. Corruption du caractère ita-
ien. »

. . . .

« La femme et la famille en France vers la fin du
xvɪɪɪᵉ siècle. »

. . . .

« L'Italie nouvelle. Comment la femme peut et doit concourir pour sa part à l'accomplissement des destinées
de la patrie, en tant que mère de famille et éducatrice.
» Magnifique part prise par la femme au xɪxᵉ siècle
dans les œuvres de bienfaisance.
» Enseignement que l'histoire offre plus particulièrement à la femme. »
Nous trouvons de même dans le programme de l'École
Milan la mention suivante :

« ..... Faire ressortir le rôle de la femme dans
l'éducation des peuples et l'avenir des nations.
» Encourager la femme au bien..... et lui démontrer
l'influence de son action sur l'ensemble des événements..... »
Nous croyons que le Conseil supérieur eût bien fait de
nspirer de ces programmes; mais puisqu'il ne l'a pas
it, nous comptons sur le bon esprit des professeurs.
ɪ'ils approprient les leçons à leur auditoire; qu'ils insis-
nt sur les parties du programme qui intéressent plus

spécialement les jeunes filles; qu'ils fassent, en un mot, de leur enseignement, un *enseignement féminin.*

La pratique corrigera, nous l'espérons, ce qu'il y a de défectueux dans l'œuvre du législateur, ce qu'il y a de défectueux et d'excessif dans celle du Conseil supérieur.

Ajoutons maintenant que nous n'avons pour notre part qu'à nous féliciter des résultats.

Des lycées ont été créés à Montpellier, Rouen, Besançon, Montauban, Lyon, Le Havre, Amiens, Guéret, Nantes, Nice, Roanne, Charleville, Bourg, Moulins, Saint-Étienne, Paris, Bordeaux, Toulouse.

Des collèges ont été créés à Auxerre, Lons-le-Saulnier, Grenoble, Saumur, Louhans, La Fère, Lille, Abbeville, Armentières, Cambrai, Vitry-le-François.

Un collège est ouvert, à titre provisoire, à Vic-Bigorre.

On est à la veille de créer des lycées à Reims, à Tournon, des collèges à Sedan et à Oran.

Le ministre de l'Instruction publique se propose d'ouvrir un second lycée à Paris.

Le Conseil général de Constantine offre 300,000 francs pour la création d'un lycée.

Les villes d'Aix et de Dijon demandent également des lycées; elles ont dans ce but voté, l'une 400,000 francs, l'autre l'acquisition d'un immeuble de 250,000 francs.

Des immeubles sont offerts dans le même but par les villes de Chambéry, Clermont, Mâcon, Tours et Bourges.

Bar-le-Duc offre un immeuble et s'engage de plus à contribuer à la dépense du lycée ou du collège.

Roubaix, Châlon-sur-Saône, Béziers offrent des subventions, Alais un immeuble pour la création de collèges.

Marseille, Gray, Agen, Limoges, Niort, Brest, Annecy, Carpentras, Troyes, Versailles, Périgueux, Nîmes, Nancy, Avignon, Digne, Valence, Chartres, Evreux, Cherbourg, Montbéliard, Castelsarrasin, Tarbes, Le Mans, Calais, Gap, Brive, Montluçon, Boulogne-sur-Mer, Laon, Saint-Quentin, Autun, Bergerac, Pamiers ont engagé des pourparlers ou étudient la création de lycées ou de collèges de jeunes filles [1].

La loi, on le voit, est acceptée par les villes avec beaucoup d'entrain et une sorte d'unanimité.

La plupart des municipalités adoptent nos vues sur la nécessité de l'internat.

Toutes réclament avec instance les classes élémentaires, dont l'absence aurait sur l'ensemble de notre œuvre les résultats les plus déplorables.

Les municipalités, en un mot, font pour la création des lycées et collèges de jeunes filles, les plus louables efforts et s'associent à l'exécution de la loi avec un esprit pratique et un bon sens admirables.

On comprend enfin qu'il s'agit de mettre fin pour les femme à un long déni de justice, de les instruire dans leur intérêt et dans le nôtre, et dans l'intérêt de la patrie.

[1] Voir notre carte.

C'est une chimère de vouloir le relèvement de la patrie sans vouloir en même temps le relèvement de la femme.

C'est édifier sur le sable que de vouloir fonder des institutions qui ne reposent pas sur une égale culture des facultés intellectuelles et morales des jeunes filles et des jeunes gens.

Il est bon de se souvenir de ces paroles de madame de Staël :

« Instruire la femme, c'est le meilleur secret pour » toutes les relations sociales et politiques auxquelles on » veut assurer un fondement durable. »

Nos adversaires le savent; et ils ne nous pardonnent pas d'associer le sort de la femme au sort de notre jeune République.

Notre loi est une loi de liberté !

C'est une loi politique, mais c'est aussi une loi sociale.

Efforçons-nous d'en faire une loi *nationale*, nous souvenant des paroles d'un homme d'État anglais, jurisconsulte éminent, qui a été membre du Parlement, solicitor-général, juge du banc de la reine et qui aujourd'hui est membre du Conseil privé :

« ... Je ne vois qu'un inconvénient à cette loi... bien » appliquée, elle rendrait la France républicaine trop » puissante en Europe. »

Nous en acceptons l'augure.

CAMILLE SÉE.

10 mars 1884.

CARTE FIGURATIVE

DE L'ÉTAT

DE L'ENSEIGNEMENT SECONDAIRE

DES JEUNES FILLES

EN OCTOBRE 1887

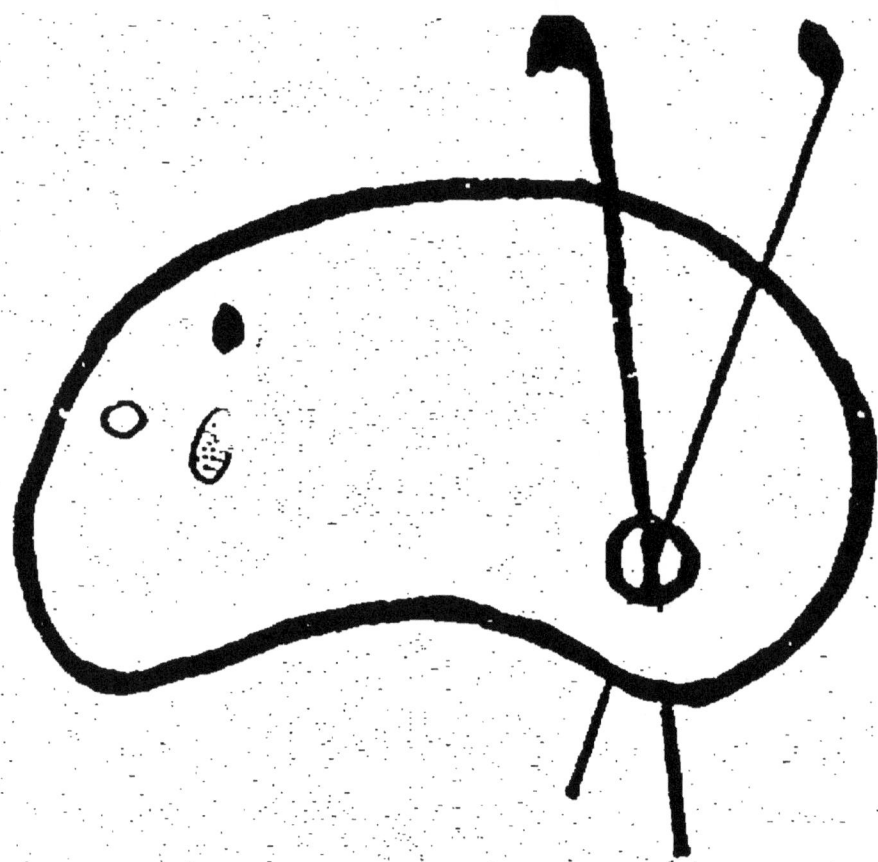

CARTE FIGURATIVE
de l'état de
L'ENSEIGNEMENT SECONDAIRE
DES JEUNES FILLES
EN OCTOBRE 1887.

LÉGENDE

Lycées		Collèges
	Internat sans externat.	
	Créés ouverts (externat).	
	Créés ouverts (faculté d'annexer un internat).	
	Créés ouverts (internat ouvert).	
	Créés non ouverts (externat).	
	Créés non ouverts (faculté d'annexer un internat).	
	Ouverts à titre provisoire (externat) / Créés ouverts (internat ouvert) (provisoire).	
	Dont la création a été l'objet d'un avis favorable du Conseil supérieur de l'Instruction publique.	
	Dont la création a été l'objet d'un avis favorable du Conseil académique.	
	Villes qui demandent la transformation de leur collège en lycée.	
	Villes qui demandent un lycée.	
	Villes qui demandent un lycée ou un collège.	
	Villes qui demandent un collège.	

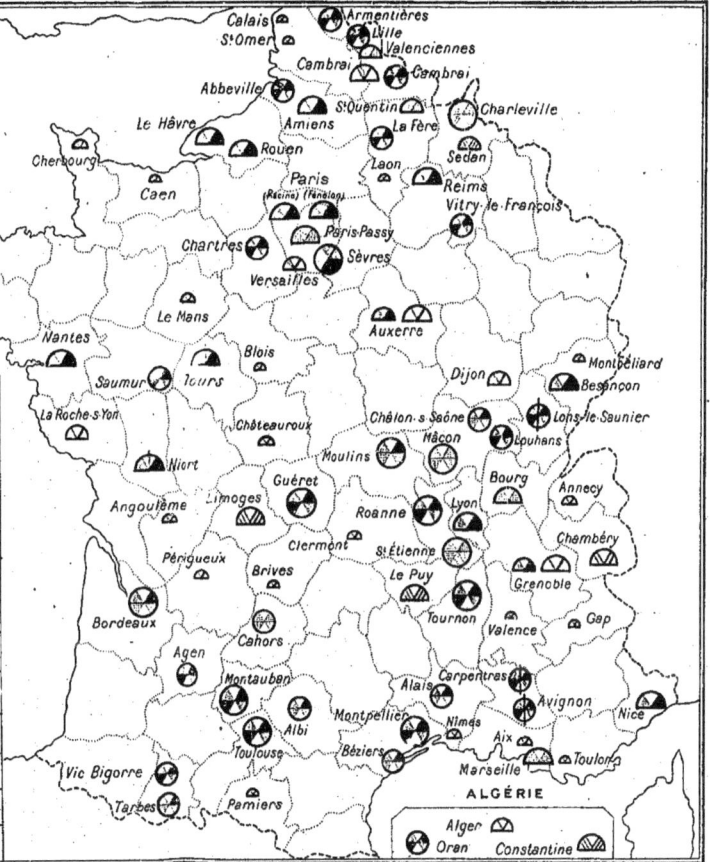

Calais — St Omer — Armentières — Lille — Valenciennes — Cambrai — Cambrai — Abbeville — St Quentin — La Fère — Charleville — Le Hâvre — Amiens — Sedan — Cherbourg — Rouen — Laon — Reims — Caen — Paris — Vitry-le-François — (Racine) (Fénelon) — Paris-Passy — Chartres — Sèvres — Versailles — Le Mans — Auxerre — Nantes — Blois — Dijon — Montbéliard — Besançon — Saumur — Tours — Lons-le-Saunier — La Roche-s-Yon — Châteauroux — Châlon-s-Saône — Niort — Moulins — Mâcon — Louhans — Guéret — Bourg — Annecy — Angoulème — Limoges — Roanne — Lyon — Clermont — St Étienne — Chambéry — Périgueux — Brives — Le Puy — Grenoble — Bordeaux — Tournon — Valence — Gap — Cahors — Agen — Carpentras — Avignon — Nice — Montauban — Alais — Montpellier — Nîmes — Albi — Aix — Vic Bigorre — Toulouse — Béziers — Marseille — Toulon — Tarbes — Pamiers

ALGÉRIE

Alger — Oran — Constantine

Lycées et Collèges de Jeunes Filles, par Camille Sée.

Imprimerie Cnxx xt Fils.

DOCUMENTS PARLEMENTAIRES

PROPOSITION DE LOI

SUR L'ENSEIGNEMENT SECONDAIRE DES JEUNES FILLES

PRÉSENTÉE

Par M. CAMILLE SÉE

DÉPUTÉ

EXPOSÉ DES MOTIFS.

Messieurs,

Les grandes Assemblées républicaines de 1789, 1791, et 1792, voulant rendre la France digne de la Révolution qu'elle venait de faire et les citoyens dignes de la liberté qu'ils venaient de conquérir, jetèrent les bases d'une instruction étendue et solide, et appelèrent tous les enfants à en bénéficier.

Parmi les projets soumis aux délibérations de ces Assemblées, plusieurs ne furent pas convertis en lois; parmi ceux qui furent discutés et votés, la plupart, par le défaut de ressources, l'inexpérience des municipalités, les préoccupations absorbantes de la guerre civile et de la guerre étrangère, restèrent à l'état de lettre morte. Le premier devoir des gouvernements qui suivirent était de faire entrer dans la pratique ces idées régénératrices; de donner à tous les enfants, sans distinction ni exception, l'instruction primaire, de donner à tous les enfants capables l'instruction secondaire; d'introduire dans les programmes toutes les connaissances rendues indispensables par le progrès des institutions et de la science; d'améliorer les méthodes; d'assurer par une rémunération équitable le bon recrutement des maîtres; de donner à l'éducation des filles, dans les préoccupations du gouvernement et les bienfaits de l'État, la même place qu'à celle des garçons. Mais l'Empire n'avait pas besoin de citoyens, il ne lui fallait que des soldats. La Restauration se croyait quitte envers ses sujets si elle leur donnait la paix, et si elle rouvrait les églises. La prétention de donner aux femmes une instruction égale à celle des hommes semblait, sous l'Empire, révolutionnaire, et sous la Restauration, antichrétienne. Une ordonnance royale, souvent citée comme preuve irréfutable du dédain des royalistes pour l'éducation du peuple, dote le service de l'instruction primaire d'une somme de 50,000 francs à prendre sur la cassette royale. Sollicitude touchante, dont la conséquence fut qu'à l'époque de la Révolution de 1830, plus de la moitié des hommes, dans les classes travailleuses, et plus des trois quarts des femmes, ne savaient pas lire.

La loi de 1833 fut un progrès considérable. Elle fit, pour ainsi dire, sortir de terre plus de 20,000 écoles. Elle remplaça les bouges infects par des locaux salubres et bien aménagés ; les maîtres ignorants ou indignes, par des instituteurs diplômés, surveillés, auxquels elle donna, chose nouvelle et considérable, à peu près le nécessaire. La gratuité, qui est un droit naturel pour les enfants indigents, fut assurée pour eux par des prescriptions légales. En un mot, les lois votées ou projetées pendant la Convention devinrent enfin, à partir de 1833, une réalité.

Non pas que le gouvernement de Juillet eût fait tout ce qui était à faire et rempli toutes les promesses de la Convention et de l'Assemblée nationale. Il donna la gratuité restreinte, celle qui est une aumône : la gratuité pour les pauvres, et même il la donna incomplètement ; il recula devant la gratuité absolue. L'Assemblée de 1789 avait été plus résolue ; elle avait écrit dans la Constitution (titre Ier) : « Il sera créé et organisé une instruction publique, commune à tous les citoyens, gratuite à l'égard des parties d'enseignement indispensables pour tous les hommes. » Autres défaillances du gouvernement de Juillet. Il ne parle même pas de l'obligation scolaire, que la République avait décrétée le 19 décembre 1793, le 17 novembre 1794, le 25 octobre 1795 Il ne parle pas davantage de « séparer de la morale les principes de toute religion particulière, et de n'admettre dans l'instruction publique l'enseignement d'aucun culte religieux[1] » Il garantit au maître un minimum de traitement ; excellente mesure ; mais ce minimum est fixé à la somme dérisoire de 200 fr. par an : la première République avait fixé le traitement à 1,000 fr. Enfin, et c'est le reproche le plus grave, il se tait sur l'éducation des filles. Le projet de M. Guizot contenait un titre entier sur cette matière : on le retira pendant la discussion devant l'attitude hésitante de la Chambre, et pour ne pas augmenter les dépenses. L'Assemblée nationale avait dit, en 1794 (décret du

---

[1] Condorcet, *Rapport sur l'organisation générale de l'instruction publique*, fait à l'Assemblée législative le 20 avril 1792.

17 novembre) : « Chaque école primaire sera divisée en deux sections : l'une pour les garçons, l'autre pour les filles. Il y aura en conséquence un instituteur et une institutrice. »

C'est seulement en 1867 que les communes ayant plus de 500 habitants furent astreintes à pourvoir à l'éducation des filles. Aujourd'hui, grâce à cette loi, toutes les jeunes filles peuvent apprendre ce qu'on enseigne dans les écoles primaires : la lecture, l'écriture, quelquefois un peu d'orthographe, des notions très insuffisantes d'histoire et de géographie, les deux et, quelquefois les quatre premières règles de l'arithmétique, les ouvrages manuels. Voilà tout. Dans les grandes villes, on va plus loin. On perfectionne l'orthographe ; on fait même quelques exercices de style ; on étudie plus sérieusement l'histoire, la géographie, l'arithmétique, le dessin. Cela constitue une éducation primaire convenable ; mais on s'arrête à ce degré inférieur. Pendant que les garçons entrent au collège, les filles retournent dans leurs familles, et n'ont plus d'autre éducation intellectuelle que celle qui peut leur venir, par bonne fortune, d'un père attentif à ses devoirs ou d'une mère intelligente et éclairée. Quelques-unes, les plus favorisées, restent à l'école ou au pensionnat jusqu'à quatorze ans ; mais sans élargir pour cela le cercle de leurs études. On y ajoute des arts d'agrément : la danse, le piano, et, ce qui est plus important, une langue étrangère. Il est bien rare qu'elles arrivent à parler couramment l'anglais, l'italien, l'allemand, l'espagnol, ou même à les lire avec facilité. Quant à jouir des chefs-d'œuvre littéraires et étrangers, ou même de nos grands écrivains, l'enseignement qu'elles reçoivent ne saurait les y préparer, et si jamais elles y arrivent, c'est par leurs propres forces, sans le secours et souvent en dépit de leur éducation. Elles n'ont puisé, dans leurs trois ou quatre années d'études, aucune idée sur la philosophie, sur les connaissances élémentaires du droit, sur l'histoire naturelle, sur la physique, sur l'économie domestique. Elles n'ont en histoire, aucune vue générale, aucun moyen de critique, aucune habitude des sources. Elles ne connaissent nos grands auteurs que par des recueils insipides de morceaux choisis. Les mieux élevées parmi elles ne sont, à proprement parler, que des ignorantes, presque des illettrées au moment où elles s'établissent, et deviennent tout à coup des épouses, des mères et des femmes du monde.

Il y a là tout à la fois un déni de justice envers elles, une maladresse politique et sociale, et une faute grave envers les enfants, dont elles sont nécessairement les premières institutrices.

L'instruction est, par elle-même, par les plaisirs élevés et délicats qu'elle procure, une source inépuisable de bonheur ; elle est le plus puissant instrument de moralité ; elle donne aux

déshérités de la fortune le moyen d'améliorer leur situation. A
ces trois titres, on ne voit pas que les femmes, membres comme
nous de la société politique, nos égales, puissent être laissées
de côté, quand l'État fait de lourdes dépenses pour l'éducation
secondaire et supérieure des garçons.

Plus elles sont faibles, plus elles ont besoin d'être éclairées.
Instruites ou ignorantes, elles exercent sur leurs maris, sur
leurs enfants à tous les âges de la vie, et particulièrement sur
leurs enfants en bas-âge, une influence presque toujours prépondérante. Peut-il être indifférent qu'elles comprennent l'autorité de la raison, la sagesse des lois, les intérêts généraux de la
patrie, qu'elles puissent se former des idées justes et personnelles, prendre part à une discussion d'un ordre sérieux et élevé,
lire avec discernement de bons livres? Tant que l'éducation des
femmes finira avec l'instruction primaire, il sera presque impossible de vaincre les préjugés, les superstitions, la routine.
Les femmes, quoi qu'on fasse, dirigent les mœurs, et c'est
par les mœurs, plus encore que par les lois, que se font les
peuples.

Prendre le budget de l'instruction secondaire, qui est triste-
ment insuffisant, le doubler, et appliquer à l'instruction secondaire des filles les mêmes dépenses, les mêmes efforts, et avec
des changements indispensables, mais moins profonds qu'on ne
pense, les mêmes programmes et la même discipline, ce ne
serait que juste. On ne peut créer ainsi tout à coup des habitudes. Les maîtres, les locaux et, il faut bien le dire, les ressources manquent pour une création si vaste; ne pouvant la
faire dès à present, nous devons au moins nous y acheminer
avec résolution. Les mœurs nous ont en quelque sorte devancés.
Il s'est fondé, il y a quelques années, sous les auspices de
M. Duruy, une association ayant pour but de donner aux filles
un supplément nécessaire d'instruction. Cette association,
connue sous le nom de *Cours de la Sorbonne*, est très suivie, elle
rend de très grands services. Elle est absolument insuffisante;
son mérite est surtout de montrer ce qu'on pourrait faire avec
un peu d'aide. Peu à peu l'habitude s'est introduite, parmi les
jeunes filles riches, de passer l'examen d'institutrice. Elles ont
leur diplôme de capacité, comme leurs frères ont leur diplôme de
bachelier; et quelques-unes même, prises d'émulation passent
l'examen de bachelier avec succès. Ne ferons-nous rien pour favoriser cette tendance excellente? Maintiendrons-nous par notre
inertie les femmes dans une espèce d'abaissement moral et intellectuel? Aux États-Unis, en Suisse, en Hollande, en Russie, en
Italie, en Allemagne.., on s'est préoccupé de cette situation. Tous
ces pays ont des collèges dont quelques-uns sont des institutions
de premier ordre, qui, pour l'étendue de leur programme, l'excellence de leurs méthodes, la science et la capacité professionnelle

des maîtres, et, ce qui est décisif, pour le progrès des élèves, peuvent soutenir la comparaison avec n'importe quelle école de
garçons. A nos portes, il y a un collège de filles, celui de
Genève, qui est un modèle. Les jeunes personnes qui en sortent,
n'ont pas seulement des clartés de tout, elles sont en état de
diriger une maison, de surveiller une éducation, de donner au
besoin un bon conseil, de tenir une comptabilité; elles joignent
à ces connaissances une instruction solide en littérature, ce qui
est un grand point, non seulement pour leur agrément et celui
des personnes qui les entourent, mais pour la morale; car elles
savent choisir leurs lectures et dédaignent la littérature de bas
étage, qui fausse le goût et pervertit les mœurs. Elles n'en sont
pas moins femmes, pour être instruites. La culture de l'esprit
ne détruit pas la grâce; au contraire elle la développe. Il ne
s'agit ni de détourner les femmes de leur véritable vocation,
qui est d'élever leurs enfants et de tenir leurs ménages, ni de
les transformer en savants, en bas-bleus, en ergoteuses. Il s'agit
de cultiver les dons heureux que la nature leur a prodigués,
pour les mettre en état de mieux remplir les devoirs sérieux
que la nature leur a imposés. Il est précisément contre nature
d'élever si différemment deux êtres qui sont destinés à vivre
ensemble, à contribuer au bonheur l'un de l'autre, à remplir des
devoirs qui découlent des mêmes principes et à travailler en
commun à l'éducation de leurs enfants.

Nous proposons de commencer par établir, dans de très
grandes villes, un nombre restreint de collèges de jeunes filles.
Ce n'est pas une expérience à faire, puisque l'expérience est
faite au dehors, et bien faite, et d'une façon décisive, mais c'est
une habitude à introduire et un personnel à créer. Nous proposons d'ouvrir notamment ces écoles dans les villes où se trouvent les Facultés des lettres et des sciences, afin de permettre à
l'Etat d'utiliser un personnel d'élite auquel il confiera, au besoin,
une partie de l'enseignement des jeunes filles.

On peut prendre pour base de l'organisation financière et économique les règlements mêmes de nos lycées et de nos collèges
communaux. Il faudra, pendant les premières années, confier la
direction et la plupart des chaires à des hommes, en laissant
constamment aux femmes la surveillance. A mesure qu'il se présentera des femmes capables de donner l'enseignement, on aura
soin de les préférer.

Elles prendront leurs grades comme les hommes, feront partie,
au même titre, du corps enseignant, avec le même traitement, la
même retraite, les mêmes conditions d'avancement. Il est évident qu'elles ne seront pas nomades, comme les autres fonctionnaires de l'enseignement, qui, d'ailleurs, le sont trop. On développera pour elles le système excellent, à tous les points de vue,
de l'avancement sur place. Il ne serait même pas mauvais que

le personnel d'un établissement pût, en partie, se recruter parmi ses propres élèves. C'est dans ce but que nous ouvrons dans les établissements des cours normaux spécialement destinés aux élèves-maîtresses.

Les premiers collèges seront peuplés principalement au moyen des bourses. Les bourses sont données arbitrairement dans les lycées ; on exige seulement un examen de capacité institué en 1848, sur l'initiative de M. Jules Simon, alors député. Dans la pensée de l'Assemblée constituante, les bourses devaient être données exclusivement au mérite. « L'enfant fait ses preuves aux écoles primaires ; la municipalité le présente au district ; le district au directoire de département qui fait les nominations. » Tel était le plan de Talleyrand. L'Empire, qui voulait être maître de tout, changea tout cela, et depuis, aucun gouvernement n'a voulu renoncer à distribuer les bourses à titres de faveur. Nous proposons de recourir au système du concours, qui introduira une grande émulation parmi les enfants des écoles primaires. M. Jules Simon avait fait rendre en 1870 (27 novembre) un décret qui mettait, chaque année, un certain nombre de bourses au concours, et il avait eu soin de donner aux filles les mêmes avantages qu'aux garçons. A défaut de collèges spéciaux pour les filles, il plaça les boursières dans l'école normale primaire de la ville de Paris. Ce décret n'a pu être appliqué qu'une seule fois, M. Jules Simon n'ayant pas cru devoir le faire discuter par l'Assemblée de 1871. On peut à présent revenir à une mesure qui augmente l'importance des bourses, et doit profiter aux écoles primaires par l'émulation qu'elle y introduit, et aux écoles secondaires en y répandant le sentiment de la justice et en récompensant le travail plus solidement et plus sérieusement que par un livre et une couronne.

Le programme d'enseignement ne peut pas être fait par la loi ; il suffit d'en indiquer les bases. A Genève et dans les autres établissements analogues de la Suisse, le collège de jeunes filles s'est bien peu écarté du programme imposé au collège de garçons. Tout ce qui, dans les mathématiques, est préparation aux écoles spéciales, doit naturellement disparaître ; mais il est nécessaire aux femmes de savoir très bien compter, et avec une bonne préparation, elles y excellent. La physique, la chimie, l'histoire naturelle, l'histoire, la géographie peuvent être conservées sans modifications ; il en est de même des études littéraires. Nous n'irons pas jusqu'à bannir le latin et le grec. C'est une puérilité de dire que les hommes ont surtout besoin des langues anciennes pour l'étude du droit et de la médecine ; les lettres classiques sont surtout un moyen puissant d'éducation intellectuelle et morale.

Tout au plus pourrait-on, à l'inverse de ce qui se passe dans les lycées, rendre l'étude des langues vivantes obligatoire, et

celle des langues anciennes facultative. Le latin bien enseigné
s'apprend plus facilement et en moins de temps que l'allemand.

Le cours de philosophie comprendra, comme dans les collèges
de garçons, la psychologie, la logique et la morale. Il n'est pas
bon, même pour les garçons, de se perdre dans les systèmes
philosophiques, qu'on doit réserver aux Facultés ; on doit se
borner, dans l'enseignement des collèges, aux vérités incontestables, aux méthodes éprouvées. On y enseignera, comme dit
Condorcet, « les principes de la morale qui, fondés sur nos sentiments naturels et sur la raison, appartiennent également à tous
les hommes [1] ». On bannira l'enseignement qui « donnerait à des
dogmes particuliers un avantage contraire à la liberté des opinions [2] ». On laissera les ministres des différents cultes le
donner, en dehors des classes, aux élèves internes, quand les
parents en auront manifesté la volonté.

La liberté sera ainsi satisfaite et « la puissance publique
n'aura point usurpé sur les droits de la conscience, sous prétexte de l'éclairer et de la conduire [3]. »

Le cours d'hygiène, prescrit en 1872 pour les lycées, aurait
ici un intérêt tout spécial. On y enseignerait tout ce que doit
savoir une bonne infirmière, et, par dessus tout, tout ce que doit
savoir une bonne mère.

On pourrait aussi faire utilement quelques leçons de droit
usuel. Les femmes savent à peine ce que c'est qu'un contrat de
mariage, une donation, un testament, un bail, un sous-seing,
une tutelle ; elles comprennent très mal leurs droits, elles donnent aveuglément leur signature, se compromettent par ignorance, sont obligées de recourir à un conseiller pour les actes les
plus simples. Elles se font même gloire, chose singulière, d'une
ignorance dont on abuse souvent contre elles.

On n'abordera pas ici la question difficile des internats. Beaucoup de bons esprits pensent que l'internat est mal organisé
dans nos lycées ; qu'il a été fait d'abord, par les jésuites, sur le
modèle des couvents, et plus tard, par l'empereur, sur le modèle
des casernes ; que c'est toujours, en matière d'éducation, à la
famille qu'il faut revenir, et que s'il est nécessaire, pour les orphelins ou pour les enfants difficiles à élever, ou pour les
familles dont l'intérieur n'a pas la régularité ou les ressources
nécessaires, de maintenir l'existence des pensionnats, on doit
leur donner autant que possible le caractère et les habitudes de
la vie de famille. Nous laissons de côté cette question très générale. Nous proposons d'avoir des internats de filles, comme il y

[1] Condorcet, *Rapport sur l'organisation générale de l'instruction publique* fait
à l'Assemblée législative.
[2] *Idem.*
[3] *Idem.*

a des internats de garçons, sauf à les réformer les uns et les autres par la loi à intervenir sur l'instruction secondaire.

Au surplus, un règlement d'administration publique déterminera tous les points de détail. Il suffit au pouvoir législatif de poser les principes, d'ouvrir les crédits nécessaires et de faire cesser une anomalie qui perpétue une injustice et constitue un danger public.

Le ministre de l'instruction publique, qui a fondé à Paris une école normale d'institutrices, a expliqué en ces termes son but, qui était conforme à celui que nous proposons. « Nous pouvons, disait-il, fonder à peu de frais une maison qui sera l'exemple et la règle des autres. Nous y instituerons un enseignement simple et sérieux, austère, attentif à toutes les convenances, conforme à toutes les délicatesses, mais préparant la femme à des travaux et à des carrières dont son sexe ne l'exclut pas, et qui lui ont été fermées jusqu'ici par l'insuffisance de son éducation. » C'est même la raison qui nous détermine à permettre, sur la demande des conseils généraux ou des conseils municipaux, l'ouverture de cours spéciaux pour l'enseignement technique.

Nous ne perdrons pas de vue que les mères sont les premières et les plus puissantes institutrices ; qu'elles inspirent les grands sentiments et les nobles pensées ; que la morale, enseignée dans les écoles, frapperait inutilement nos esprits, si nous ne ressentions jusqu'au fond de notre ère l'influence des premières leçons et des premières caresses ; que la force vient de là, celle du citoyen et celle de la société, et que nous devons relever le niveau intellectuel des femmes, puisque nous voulons, suivant la pensée de Montesquieu, fonder la République sur la vertu.

(Suit la proposition de loi.)

RAPPORT

Fait au nom de la Commission [1] nommée pour l'examen de la proposition de loi de M. Camille Sée, sur l'enseignement secondaire des jeunes filles [2],

Par M. CAMILLE SÉE

DÉPUTÉ

· ﬔ

INTRODUCTION.

Messieurs,

La Commission nommée pour examiner la proposition de M. Camille Sée, vous propose de créer et d'organiser l'enseignement secondaire des jeunes filles.

[1] Cette Commission est composée de MM. Logerotte, *président;* Chalamet, *secrétaire;* Paul Bert, Brisson, Bousquet, Camille Sée, Duvaux, Duchasseint, Deschanel, de Tillancourt, Francisque Reymond.

[2] Le rapport est suivi de documents dont nous nous bornons à donner la nomenclature :

1° Einwohner-Mædchenschule, à Berne. Programme (1877).

2° Ecoles secondaires rurales du Canton de Genève. Programme (1878-1879, année scolaire).

3° Ecole secondaire et supérieure des jeunes filles, à Genève. Programme (Année scolaire 1878-1879).

4° Ecole supérieure des jeunes demoiselles, à Neuchâtel. Programme (semestre d'hiver 1878-1879).

5° Ecole supérieure communale des jeunes filles, à Lausanne. Programme.

6° Luisen-Schule à Berlin. Programme (avril 1877 à avril 1878).

7° Stædtische hœhere Tœchterschule und Lehrerinnen –Bildungs-Anstalt, à Cologne. Programme (année 1876 à 1878).

8° Etablissement royal d'instruction et d'éducation, à Nymphenbourg. Programme (1867-1868).

9° Stædtische hœhere Tœchterschule à Munich. Programme.

Voltaire a dit : « la France arrive tard à tout. »

Elle arrive bien tard à la création d'une instruction solide pour les jeunes filles.

La Convention avait décrété l'enseignement primaire des filles ; l'Empire, la Restauration n'en ont pas voulu. Les Chambres de Louis-Philippe l'ont refusé aux instances de M. Guizot, trouvant la dépense trop forte et peut-être superflue.

Le second Empire, en 1867, — malgré les efforts d'un ministre libéral, M. Duruy, qui avait pris sur lui de faire ouvrir quelques cours d'enseignement secondaire dans quelques villes, — n'a fondé pour les filles que des écoles primaires.

On aurait dû, le jour même de la fondation de la troisième République, revenir à la loi de Lakanal, sous la Convention, de Carnot, sous la Constituante de 1848, et placer, à tous les degrés de l'enseignement, l'institutrice à côté de l'instituteur. Mais la guerre et ses suites étaient un obstacle à tout. Autre obstacle : l'Assemblée de 1871 voulait bien s'occuper de l'instruction, et même elle s'en occupait avec zèle, mais pour la mettre sous la main du clergé catholique. Pendant que nous laissions nos filles dans l'ignorance, et que nous comptions sur les couvents pour les élever, le monde entier nous devançait.

La France, qui avait donné le signal avec tant de force et d'éclat, et qui ensuite a sommeillé pendant un siècle, n'a plus qu'à étudier ce que les autres ont fait, pour apprendre ce qu'elle doit faire.

C'est dans ce but que nous allons, à grands traits, esquisser la législation étrangère, en nous efforçant de limiter, autant que possible, notre aperçu à l'enseignement secondaire proprement dit.

10° Hœhere Schule für Mædchen, à Leipzig. Programme (1877-1878).

11° Hœhere Mædchenschule, à Heidelberg. Programme (année scolaire 1877 1878).

12° Hœhere Mædchenschule, à Darmstadt. Programme (avril 1877-avril 1878).

13° Scuola femminile superiore Margherita di Savoia, à Turin. Programme.

14° Reale Collegio femminile, à Vérone. Programme.

15° R. Istituto della S.S. Annunziata, à Florence. Programme.

16° Collegio Reale delle fanciulle, à Milan. Programme.

17° Reale Educatorio regina Maria Pia, à Naples. Programme.

18° Russie. Programme des matières enseignées dans les gymnases de filles de la *IVᵉ Section*.

19° Russie. Programme des matières enseignées dans les gymnases de filles du ressort du ministère de l'Instruction publique.

20° Cours ouverts à Paris par l'Association pour l'enseignement secondaire des jeunes filles (Cours de la Sorbonne).

21° Cours ouverts dans les départements par les municipalités.

Le lecteur trouvera ces documents dans le rapport in-quarto N° 1437 des *impressions* de la Chambre des Députés (annexe au procès-verbal de la séance du 27 mai 1879), ainsi qu'au *Journal officiel* du 4 août 1879.

ÉTATS-UNIS.

Personne n'a commencé si tôt, ni fait plus et mieux que la République Américaine.

Le peuple des Etats-Unis, pénétré de cette pensée, que « c'est dans le gouvernement républicain que l'on a besoin de toute la puissance de l'éducation [1] », décida que tous les enfants, sans distinction de sexe, que tous les jeunes gens et toutes les jeunes filles des Etats de l'Union pouvaient recevoir l'instruction à tous ses degrés ; qu'ils avaient droit à un minimum d'instruction embrassant à la fois notre enseignement primaire, notre enseignement primaire supérieur, et la majeure partie de notre enseignement secondaire ; que ce minimum leur serait donné gratuitement dans les écoles primaires (*primary schools*), de grammaire, (*grammar schools*) et supérieures (*high schools*) ; qu'ils pouvaient recevoir une instruction plus étendue dans les *academies* et les *seminaries*, et l'instruction la plus élevée dans les *colleges* et les *universities*.

Les *academies* et les *seminaries*, les *colleges*, les *universities*, sont, en général, fondés et entretenus par l'initiative privée ou le zèle religieux. L'Etat accorde le plus souvent à ces établissements certains privilèges. Il n'exerce aucun contrôle sur les *academies* et les *seminaries* ; il n'a d'action que sur les quelques *colleges* et *universities* qu'il subventionne.

Les *primary*, *grammar* et *high schools* sont fondées et entretenues par les *townships* ou communes. Ces établissements sont gratuitement ouverts à tous les enfants, et, pour que ce double bienfait ne fût pas lettre morte dans la loi, le peuple américain a fait en sorte de couvrir tous les points du territoire de nombreuses écoles dotées avec une telle munificence qu'on ne saurait douter de l'importance qu'il attache à l'instruction publique.

Il ne s'adresse, pour la création, l'organisation et l'administration de ses écoles ni, ainsi qu'on pourrait le croire, au Gouvernement Fédéral, ni même au Gouvernement particulier de chaque Etat. Avec un soin jaloux, dirai-je exagéré, ils sont écartés l'un et l'autre : ce soin est abandonné à chaque *township*.

---

[1] L'honorable M. John Philbrick, directeur de la section d'éducation des Etats-Unis d'Amérique, à l'Exposition universelle de 1878, avait, à l'endroit le plus en vue de son exposition, fait graver en lettres d'or cette pensée de Montesquieu, avec la mention que l'instruction publique est gratuite dans tous les Etats de l'Union.

On conçoit dès lors la diversité qui doit régner, non seulement entre les différents Etats de l'Union, mais même entre les différents *townships* de chaque Etat. L'Etat jette bien les bases d'une législation générale, mais le *township* est souverain maître de régler comme il l'entend tout ce qui touche à l'administration et à l'organisation de ses écoles. Le Gouvernement Fédéral, lui, n'intervient que pour mettre les *townships* à même de faire face à leurs obligations.

Le Gouvernement Fédéral, il y a bientôt un siècle, décida qu'une partie des terres publiques serait exclusivement consacrée aux besoins des écoles. Il fractionna ces terres en *carrés* de trente-six milles de superficie. Chaque carré, formant un *township*, fût, à son tour, subdivisé en trente-six *sections*, dont chacune représentait mathématiquement un mille *carré* (640 acres).

Le Gouvernement déclara inaliénables les terres de la 16ᵉ *section* et créa ainsi un fonds dont les revenus devaient être exclusivement employés à faire face aux dépenses des écoles. Le Gouvernement assigna, il y a quelques années, la même destination à la 36ᵉ *section*[1].

Aux ressources considérables provenant de ce fonds, il faut ajouter, pour chaque *township* :

La part lui revenant dans la répartition des taxes qui, dans chaque Etat et chaque Comté, frappent les propriétés ;

Le produit des taxes locales perçues sur les propriétés qui se trouvent dans la circonscription du *township*.

Ces trois sources de revenu, sont proportionnelles au nombre des enfants.

Il convient de mentionner encore des revenus spéciaux, tels que 1º les arrérages de la fraction (deux tiers environ) d'une somme de 200 millions partagée en 1836, par le Gouvernement, entre les différents Etats qui, la plupart, ont affecté ces sommes aux écoles ; 2º les dotations spéciales, notamment celle de 62.000.000 d'acres allouée à certains Etats et dont le revenu a été pour la plus grande part affecté aux établissements d'instruction[2].

« Le total des terres affectées aux écoles, nous dit M. Buisson,
» s'élève à environ 150.000.000 d'acres. Pour se faire une idée,

---

[1] Le Gouvernement, répartit, de plus, en 1862, environ 10,000,000 d'acres entre les différents Etats, à charge par eux de créer spécialement des *collèges* industriels ou agricoles.

[2] Voir à ce sujet le remarquable rapport sur l'instruction primaire à l'Exposition universelle de Philadelphie en 1876, présenté à M. le Ministre de l'Instruction publique par M. Buisson, au nom de la commission envoyée par le Ministère à Philadelphie.

» ajoute-t-il, de ce que représente cette fortune territoriale,
» malgré le bas prix des terrains dans les régions éloignées, il
» faut se représenter qu'en supposant ces terres d'écoles mises
» bout à bout elles couvriraient toute la superficie de la France
» avec tous les petits pays voisins, Suisse, Belgique, Pays-
» Bas. »

Les revenus de la 16° et de la 36° section, si considérables qu'ils
soient, ne constituent pas la source des produits les plus importants des communes. Le contingent le plus fort est représenté par les taxes locales.

Ce fait accuse l'énormité des ressources affectées à l'instruction publique et nous dit que la gratuité a pu aisément être
appliquée aux Etats-Unis. Elle n'a cependant été introduite que
peu à peu dans les différents Etats, et après des luttes vives et
passionnées.

Le principe de l'instruction obligatoire n'a pas eu le même
succès.

L'obligation ne s'impose pas comme une mesure générale.
Elle n'est appliquée que dans la moitié des Etats. Ajoutons que
l'obligation est réclamée par l'opinion publique dans plusieurs
Etats qui ne tarderont pas à l'imposer.

Les Etats sont moins divisés au sujet de la laïcité de l'enseignement. L'école, dans la République américaine, est créée au
nom du peuple ; elle est créée par le peuple ; elle est créée pour
le peuple, qui a eu droit à l'école le jour où il a eu droit à la
liberté. Ce droit est assuré, quelles que soient les opinions, quel
que soit le culte. On ne pouvait, sans violer la liberté, donner
au peuple un enseignement contraire à ses opinions ; on ne pouvait, sans violer la liberté de conscience, donner au peuple un
enseignement religieux contraire à ses croyances religieuses.
Aussi l'enseignement est il laïque dans la République américaine.

La République américaine se préoccupe au même degré de
l'instruction des jeunes filles et de celle des jeunes gens. Quel
que soit le sexe des enfants, ils ont un droit égal à être instruits ;
la patrie a un intérêt égal à les instruire. Non seulement les
Etats-Unis donnent également l'instruction aux uns et aux autres, mais ils leur donnent la même instruction, et la leur donnent en général dans le même établissement. La « co-éducation
des sexes » est, aux Etats-Unis, l'éducation préférée. Cela est
vrai, aussi bien pour les *écoles rurales* que pour les *écoles urbaines* ; cela est vrai, aussi bien pour les *écoles primaires*, les
écoles de grammaire, que pour les *écoles supérieures*. Les exceptions à cette règle sont faites surtout dans les villes anciennes où les sexes, confondus à l'école primaire, sont séparés
à l'*école de grammaire* et à l'*école supérieure*. L'éducation commune prévaut dans les villes d'origine récente, aussi bien dans

les *écoles primaires*, de *grammaire*, et les *écoles supérieures*, que dans les *collèges*, et les *écoles normales*.

Le principe de l'égalité de l'homme et de la femme devant l'instruction, comme le principe de la co-éducation, nous dit que les États-Unis ont dû faire à la femme une large part dans le personnel enseignant. Ce personnel est en majorité composé de professeurs-femmes ou de maîtresses.

La présence de la femme dans les écoles y exerce au point de vue moral et intellectuel une influence salutaire. Quant à l'intelligence et à la capacité, la femme ne le cède en rien à l'homme; les rapports sont là qui le constatent. S'il est un reproche à faire à la femme, c'est d'apporter dans l'accomplissement de sa tâche un dévouement et une ardeur que trahissent souvent ses forces physiques.

L'enseignement, en général, est réparti sur une période de dix années; il commence à six et est terminé à seize ans. L'enfant reçoit une forte et saine instruction : elle est commune à tous, parce que nous avons tous besoin de nous instruire de notre premier métier, qui est le métier d'homme ou de femme. Ainsi armé, on n'en est que plus capable pour se préparer à une carrière spéciale, en suivant les cours des écoles d'agriculture, de commerce, d'industrie, de droit, de médecine, etc.

En France, nous ne donnons guère une instruction générale complète qu'à ceux qui se destinent aux carrières libérales. Les autres entrent de bonne heure à l'école supérieure, à l'école secondaire spéciale, ou même à l'école d'apprentissage, risquant ainsi d'adopter une carrière avant de connaître leurs goûts et leurs aptitudes, et se condamnant pour le reste de leur vie à tous les inconvénients, à tous les malheurs d'une instruction générale incomplète et tronquée.

Les *écoles supérieures* de l'Union sont, il est vrai, presque toujours divisées en deux sections, et quelquefois même dans les grandes villes, en deux écoles : la section ou l'école *classique*, et la section ou l'école *réale*. L'étude des langues anciennes est plus approfondie dans les premières; l'étude des sciences mathématiques, physiques et naturelles, est poussée plus loin dans les secondes. Mais, en somme, le programme d'enseignement est le même dans les deux sections ou écoles; il comprend les langues anciennes, la langue et la littérature nationales, les langues et les littératures modernes, l'histoire, la géographie, les mathématiques, les sciences physiques et naturelles, le dessin.

Tel est le programme qui, en principe, constitue la base de l'enseignement donné dans les *high schools*.

Ce programme, on le conçoit, est plus ou moins étendu, suivant les localités. Il serait curieux, à ce point de vue, d'étudier et les efforts tentés et les résultats obtenus dans les différentes parties du territoire des États de l'Union. Mais cette étude, si intéressante qu'elle pût être, sortirait du cadre de notre sujet. Nous nous bornerons à titre d'exemple, à consacrer quelques lignes à l'éducation donnée aux jeunes filles, dans les *high schools* de Boston.

Les jeunes filles, à Boston, reçoivent l'instruction dans six *high schools* mixtes, et deux *high schools* qui leur sont spécialement consacrées.

Ces huit écoles ont un programme uniforme de trois années, qui embrasse l'anglais, le français ou l'allemand, le latin, l'histoire, les mathématiques comprenant l'arithmétique, la géométrie, l'algèbre et la trigonométrie, l'astronomie; les sciences physiques et naturelles comprenant la physique, la chimie et la botanique; la musique et le dessin.

Les élèves peuvent, en troisième année, remplacer l'étude des mathématiques par celle des sciences naturelles et notamment de la physiologie.

Les jeunes filles qui se destinent à l'enseignement peuvent, en quittant la *high school*, suivre le cours de l'*école normale*. Ce cours est d'une année. On y enseigne la psychologie, la physiologie, la morale, la logique. Une *école de grammaire* et une *école primaire*, placées à portée de l'école ou même annexées à l'école, permettent aux jeunes filles de mettre en pratique les leçons théoriques de pédagogie qui leur sont faites.

L'enseignement dans les *high schools* de jeunes filles et les *high schools* mixtes, est, à Boston, presque exclusivement donné par des femmes [1].

---

[1] Voici les chiffres que nous donne la statistique publiée en 1878, (année 1877), pour l'école de filles et les cinq écoles mixtes qui existaient à cette époque.

	PROFESSEURS	
	Hommes.	Femmes.
Girls'High School...............	1	13
Roxbury High School............	1	7
Dorchester High School..........	1	4
Charlestown High School........	2	6
West Roxbury High School......	1	3
Brighton High School............	1	2

Il en est de même pour les *écoles de grammaire*. L'enseignement, dans les 28 écoles mixtes, les 11 écoles de garçons et les 11 écoles de filles, était en 1877, donné par 84 professeurs-hommes et 466 professeurs-femmes. Quant à l'enseignement primaire, il leur est exclusivement réservé dans les 423 écoles que possédait, en 1877, la ville de Boston.

Cette statistique nous révèle en outre que le nombre des professeurs dans les

Les jeunes filles peuvent, en quittant les *high schools*, continuer leurs études dans les *academies* et les *seminaries* et les terminer dans les *colleges* et les *universities*.

Ces établissements sont nombreux. Ils ne sont reliés entre eux — il est à peine besoin de le dire — par aucun lien. Chaque établissement a une existence, une organisation qui leur sont propres. Aussi est-il impossible d'indiquer les règles qui les gouvernent.

Nous nous contenterons d'esquisser l'enseignement donné dans les deux établissements connus sous le nom de *Vassar-College* et de *Wellesley-College*.

L'enseignement de *Vassar-College* embrasse les langues et les littératures anglaise, allemande et française, l'une des trois langues étant obligatoire; les langues et les littératures latine et grecque; l'histoire, la philosophie; les mathématiques comprenant la géométrie, l'algèbre, la trigonométrie et l'astronomie; les sciences physiques et naturelles comprenant la physique, la chimie, l'hygiène, la zoologie, la physiologie, la géologie, la minéralogie; l'histoire et la théorie de l'art; le dessin.

Les jeunes filles ne sont admises à *Vassar-College* qu'à l'âge de 16 ans, après avoir subi un examen.

Elles peuvent à l'âge de quinze ans, après examen, être admises dans la *classe préparatoire*.

Le personnel est composé de professeurs-hommes et de professeurs-femmes.

Wellesley constitue à la fois une *academy* et un *college*. L'*academy* est une *école préparatoire* destinée aux jeunes filles qui se proposent de suivre les cours du collège. Le *college* est à la fois un *établissement supérieur* ouvert aux jeunes filles qui se proposent de suivre les cours du degré supérieur, et une *école normale* destinée aussi bien aux élèves du dernier degré qui se destinent au professorat, qu'aux professeurs-femmes qui veulent se perfectionner dans leurs études.

Wellesley a sept programmes d'études : le premier est le programme général, qui rappelle celui de *Vassar* et que suivent la plupart des jeunes filles. Les six autres sont des programmes spéciaux destinés aux élèves-professeurs ou aux professeurs qui veulent approfondir l'étude soit des mathématiques soit des sciences physiques et naturelles, soit des langues vivantes, etc.

L'enseignement à *Wellesley* est donné par des professeurs-femmes.

écoles du soir était de 36 professeurs-hommes, et de 106 professeurs-femmes.
  (*Statistics accompanying the reports of the superintendant of Schools for the School-year* 1876-1877.)

En résumé, la femme, aux Etats-Unis a, au même titre que l'homme, le droit de recevoir gratuitement un minimum d'instruction qui embrasse notre enseignement primaire, primaire supérieur et presque tout notre enseignement secondaire ; la femme a de plus la faculté de recevoir tout l'enseignement supérieur.

SUISSE.

La Suisse est, à l'instar des Etats-Unis, partie de ce principe, que l'instruction dans un pays libre est le premier besoin du peuple, et la République Suisse, comme la République Américaine, a proclamé égaux devant l'instruction l'homme et la femme.

La Suisse a proclamé ce principe dans ses lois, donnant ainsi satisfaction tant à la loi morale, qu'à l'intérêt bien entendu de la famille et de la nation.

La Confédération Suisse, comme la Confédération Américaine, a laissé à chaque Etat le soin d'établir sa législation. De là, des divergences nombreuses dans les lois, règlements, programmes, etc., relatifs à l'instruction publique.

Nous allons essayer de donner un aperçu de la législation des Cantons en général : nous mettrons ensuite sous les yeux de la Chambre les différentes législations particulières qui régissent les principaux Cantons.

Les Cantons de la Suisse ont organisé, pour les jeunes filles, un enseignement qui commence à l'école enfantine et qui, en général, embrasse notre enseignement primaire, notre enseignement primaire supérieur, et notre enseignement secondaire.

Les Cantons de Berne, Genève, Neuchâtel, Zurich, Vaud, Bâle-Ville, Saint-Gall, etc., ont organisé un enseignement secondaire qui, presque partout, est des plus élevés. Les Cantons de Soleure, de Lucerne, du Tessin, du Valais, de Thurgovie, de Schwitz, de Fribourg, de Bâle-Campagne, des Grisons, de Schaffouse, de Glaris, ont un enseignement qui se rapproche plus de notre enseignement primaire supérieur que de notre enseignement secondaire proprement dit.

L'enseignement est donné aux jeunes filles, soit dans des écoles mixtes, soit dans des écoles spéciales. On trouve souvent, ainsi que nous le verrons plus loin, les deux types d'écoles dans un même Canton.

L'enseignement secondaire n'est pas obligatoire. Il n'est laïque que dans un nombre limité d'écoles. Il n'est gratuit que dans peu d'établissements. Ajoutons que la rétribution scolaire, est le plus souvent, peu élevée.

Le programme comprend, en général, dans les écoles secondaires proprement dites : l'enseignement religieux, les langues et les littératures modernes, l'histoire, la géographie, les sciences mathématiques, physiques et naturelles [1], l'hygiène et les soins à donner aux malades, l'économie domestique, la calligraphie, les ouvrages de femme, le dessin, la musique, la gymnastique.

Quelques écoles, ainsi que nous le verrons, ont adopté pour les *classes supérieures* un programme plus étendu que celui que nous venons de tracer.

Les établissements sont, en général, dirigés par des hommes. L'enseignement est donné indifféremment par des hommes ou par des femmes. Il l'est le plus souvent, dans une même école, et par des hommes et par des femmes.

Les jeunes filles qui suivent les cours sont *externes*, dans le sens que nous attachons à ce mot en France.

La Suisse n'a pas d'internat dans ses écoles. Les jeunes filles retournent chaque jour dans leurs familles, si celles-ci habitent la ville ou ses environs ; dans le cas contraire, les jeunes filles sont en pension dans des familles honorables de la localité.

Les mots *internes* et *externes* ne s'emploient pas, en Suisse, dans l'acception que nous leur donnons. Les Suisses appellent *externes* les élèves qui ne suivent que certains cours, et *internes* ou plus souvent *régulières*, celles qui suivent tous les cours.

Les écoles sont, en général, fondées par les communes, tantôt isolées, tantôt associées entre elles ; il est des écoles fondées par des associations particulières.

Il est pourvu aux dépenses au moyen des contributions des communes, des subventions de l'État, auxquelles peuvent s'ajouter, suivant les Cantons, les rétributions scolaires, les subventions des particuliers, les intérêts des fonds affectés aux écoles.

Après ces explications générales et sommaires, nous allons succinctement exposer les différentes législations qui régissent les Cantons de Berne, Genève, Neuchâtel, Zurich, Vaud, Bâle-Ville.

Berne.

L'enseignement secondaire dans le Canton de Berne compte quarante-cinq écoles mixtes où les leçons sont faites en commun aux élèves des deux sexes pour toutes les matières, excepté les mathématiques, le dessin technique et la gymnastique.

---

[1] Nous trouverons la plupart du temps pour les Cantons allemands les mots « Sciences naturelles » qui comprennent les sciences physiques.

Les jeunes filles reçoivent, de plus, l'enseignement secondaire dans huit écoles qui leur sont exclusivement réservées ; celles de : Delémont, Porrentruy, Neuveville, Saint-Imier, Bienne, Berthoud, Thoune et Berne[1].

Les écoles secondaires sont créées, soit par des associations de particuliers, soit par une ou plusieurs communes associées dans ce but[2].

Il est fait face aux dépenses des écoles secondaires au moyen de contributions volontaires, conventionnelles ou légales des particuliers, communes ou districts, des rétributions scolaires, des intérêts des fonds qui peuvent être affectés à cette destination[3]; et, lorsque le produit de ces ressources est insuffisant, par des subventions annuelles de l'Etat, c'est-à-dire du Canton[4].

L'Etat, à moins de conventions contraires, n'accorde son concours[5] que lorsque les communes ou les particuliers s'engagent à couvrir certaines dépenses, comme celles du local, de l'entretien, du mobilier, etc., de l'école[6].

L'Etat tient compte, dans la répartition de ses subventions, des besoins des différentes parties du Canton, des établissements d'enseignement secondaire existants, des allocations des communes ou des particuliers[7].

L'instruction, dans plusieurs écoles secondaires du Canton, est gratuite. Elle ne se donne, dans certaines autres, que moyennant une rétribution scolaire qui varie de 20 à 60 francs par an, mais il est alors réservé un certain nombre de places gratuites destinées aux élèves dénuées de ressources[8].

L'Etat a le droit, quand il s'est chargé de la moitié du traitement des maîtres, de disposer d'un minimum de deux places gratuites[9].

Les particuliers ou les communes dont l'école secondaire est

---

[1] Le nombre des jeunes filles au 1er janvier 1879 était de 1000 environ dans les écoles secondaires mixtes, et de 817 dans les écoles secondaires de jeunes filles.

[2] Loi du 26 juin 1856 sur les écoles secondaires du Canton de Berne, art. 1er

[3] Ibid. art. 4.

[4] Ibid. art. 9.

[5] L'Etat, en vertu de l'art. 7 de la loi du 2 septembre 1867, participe également à la construction des écoles secondaires, sans que sa subvention puisse toutefois s'élever au-dessus de 5.000 fr. par école.

[6] Loi du 26 juin 1856, art. 5.

[7] Ibid. art. 3.

[8] Loi du 24 juin 1856 sur l'organisation des établissements d'instruction publique, art. 25 et règlement du 2 mai 1862, art. 41.

[9] Voir pour les conditions la loi du 26 juin 1856, art. 6. 8 et 10.

subventionnée par l'Etat sont, de plus, tenus de créer deux places gratuites par trente élèves. Ces places peuvent être fractionnées par moitié ou par quart[1].

L'Etat, dans les écoles mixtes, accorde, en général les places gratuites aux jeunes gens, et parmi ces derniers, choisit de préférence ceux qui se proposent d'entrer à l'école normale[2].

Les communes ou les particuliers ne sont tenus à l'observation, ni de l'une ni de l'autre de ces règles[3].

Les écoles secondaires forment deux catégories : les *écoles secondaires à deux ou trois classes;* les *écoles secondaires à cinq ou six classes.*

Le programme est à peu près le même dans les deux catégories d'écoles.

Il comprend :

La religion, la langue allemande, les mathématiques et les éléments de la tenue des livres, les sciences naturelles[4] notamment la partie relative à l'agriculture et à l'industrie, la géographie, l'histoire et particulièrement l'histoire nationale, la calligraphie, le dessin, le chant, la gymnastique[5].

L'école de Thoune, joint à ses cinq classes, une classe commerciale (*Handelsklasse*).

L'école de Berne, qui comprend six classes, a également une classe commerciale. Elle compte de plus, sous le titre de *Seminarklassen*, trois classes qui constituent une véritable école normale d'institutrices.

Cette école, dite *école de filles des habitants (Einwohner-Mædchenschule)*, et fondée par les habitants de Berne, reçoit la petite fille dès l'âge le plus tendre. L'enfant passe successivement un an à l'école enfantine (*Kindergarten*), quatre ans à l'*école primaire (Elementarschule)*, six ans à l'*école secondaire (Sehundarschule)*. La jeune fille enfin reçoit à l'*école de perfectionnement (Fortbildungsschule)* l'enseignement commercial, et l'enseignement normal.

L'enseignement commercial comprend :

L'allemand, le français, l'anglais, l'italien (les deux premières langues à titre obligatoire, les deux autres à titre facultatif), la tenue des livres et la théorie des effets de commerce (*Wechsellehre*), la correspondance (*Correspondenz*), l'arithmétique commerciale (*Kaufmænnisches Rechnen*), la géographie commerciale, l'histoire du commerce, la connaissance des marchandises (*Waarenkunde*), la calligraphie.

[1] Loi du 26 juin 1856, art. 13.
[2] Loi du 26 juin 1856, art. 8, et règlement du 2 mai 1862, art. 41.
[3] Règlement, art. 45.
[4] Voir la note, page 74.
[5] Loi du 26 juin 1856, art. 11.

L'enseignement normal a pour objet de former les institutrices, aussi bien primaires que secondaires.

Le cours normal est de deux années pour les écoles primaires, de trois années pour les écoles secondaires.

Le programme de la première année comprend :

La religion, la psychologie, l'allemand (à titre obligatoire), le français (à titre facultatif), l'histoire, les sciences naturelles [1], le dessin, la géographie, le calcul, le chant, la gymnastique, les travaux à l'aiguille, la calligraphie, le chant d'ensemble.

La psychologie en seconde année est remplacée par l'étude de la pédagogie et de la méthode (*Methodik*). Le reste du programme est le même; l'étude en est plus approfondie.

Le cours normal des deux premières années est fait aux élèves qui se vouent à l'enseignement primaire.

Ce cours est également suivi par les jeunes filles qui se destinent à l'enseignement secondaire; mais elles suivent de plus, pendant une troisième année, un cours qui comprend : l'histoire de la pédagogie, la littérature allemande, la langue et la littérature françaises, l'histoire, la géographie, le calcul, la méthode, le chant d'ensemble [2].

Une disposition digne de remarque est celle du règlement spécial de l'école, qui n'accorde les bourses que pour une année, ce qui permet de les retirer aux élèves qui ne se rendent pas dignes de cette faveur [3].

Les élèves ne sont généralement admises à l'école secondaire qu'à l'âge de dix ans révolus et après examen. Elles subissent également un examen pour passer d'une classe à une autre classe.

Elles reçoivent, à leur sortie, un certificat constatant leur application, leur conduite et le degré de connaissances qu'elles ont acquises dans chacune des branches d'enseignement [4].

L'établissement est dirigé par un proviseur nommé pour quatre ans et qui a sous ses ordres des maîtres et maîtresses nommés au concours.

Lorsque, dans une école, le personnel enseignant est nombreux, il forme un *collège de maîtres* qui a pour président le proviseur [5].

---

[1] Voir l'observation page 74.

[2] Les classes de l'*École de filles des habitants* de Berne étaient au 1er janvier 1878, suivies par 207 jeunes filles.

[3] Règlement de l'*école des filles des habitants* de Berne, du 17 avril 1874, art. 20 et 21.

[4] Loi du 26 juin 1856, art. 12 et règlement du 2 mai 1862, art. 11, 12, 14, 24, 25 et 27.

[5] Loi du 24 juin 1856, art. 18. — Loi du 26 juin 1856, art. 16. — Voir également le règlement du 5 janvier 1871, art. 40 et suivants, et le règlement du

Genève.

Les jeunes filles, dans le Canton de Genève, ne sont admises dans les établissements d'enseignement secondaire qu'après avoir subi un examen [1].

Ces établissements sont, pour les communes rurales, les *écoles rurales*, pour la ville de Genève, l'*école complémentaire* et l'*école secondaire et supérieure de jeunes filles* [2].

ÉCOLES RURALES.

Ces écoles, destinées, comme l'indique leur dénomination, à la jeunesse des communes rurales, sont au nombre de treize [3]. Elles sont fréquentées, le matin par les garçons, l'après-midi par les filles [4].

On donne ainsi une instruction solide aux enfants de la campagne, sans les enlever à leurs familles, pour lesquelles ils sont

27 mai 1878, concernant l'examen des aspirants au diplôme d'instituteur ou d'institutrice dans les écoles secondaires.

[1] Loi sur l'instruction publique du 19 octobre 1872, art. 52.

[2] *Ibid.*, Section II, III, VII.

[3] Elles sont établies :

1° A Versoix, pour les communes de Versoix, de Genthod, de Bellevue; et de Collex-Bossy;

2° Au Grand-Saconnex, pour les communes du Grand-Saconnex, du Petit-Saconnex et de Pregny;

3° A Meyrin, pour les communes de Meyrin et de Vernier;

4° A Satigny, pour la commune de Satigny;

5° A la Plaine, pour les communes de Dardagny, d'Avully, de Russin et de Cartigny;

6° A Sezegnius, pour les communes d'Avusy, de Laconnex, de Soral, et de Chancy;

7° A Bernex, pour les communes de Bernex, d'Aère-la-Ville, d'Onex et de Confignon;

8° A Compesières, pour les communes de Bardonnex, du Plan-les-Ouates, de Perly-Certoux et de Troinex;

9° A Chêne-Bourg, pour les communes de Chêne-Bourg, de Chênes-Bourgeries, de Thonex, de Puplinge et de Veyrier;

10° A Jussy, pour les communes de Jussy, de Presinges, de Gy et de Meinier;

11° A Vandœuvres, pour les communes de Vandœuvres, de Cologny et de Choulex;

12° A Anières, pour les communes d'Anières, de Corsier, d'Hermance et de Collonge-Bellerive. *Ibid.*, art. 60. Et l'article ajoute que le régent primaire de la commune de Céligny donne aux élèves qui ont quitté la 6e classe l'enseignement des écoles secondaires.

[4] Loi sur l'instruction publique, art. 64.

« des auxiliaires toujours utiles, souvent indispensables[1] ».

L'enseignement est un enseignement pratique.

Il est gratuit[2]. Il part du degré supérieur des écoles primaires, et comprend pour les filles :

La langue française, la composition et les éléments du style ; la lecture expressive ; la comptabilité élémentaire et la tenue des livres ; la langue allemande, quand cet enseignement peut être donné ; les faits les plus importants de l'histoire générale et, en particulier, de l'histoire de la Suisse et de l'histoire de Genève ; des notions élémentaires de météorologie, de physique, de chimie et d'histoire naturelle ; la géographie générale et l'étude de la sphère ; des notions d'hygiène et des instructions pour les premiers soins à donner aux blessés et aux malades ; la calligraphie ; le chant[3] ; des notions d'horticulture ; l'économie domestique ; les ouvrages à l'aiguille[4].

L'école est dirigée par un régent ; une maîtresse de couture enseigne les ouvrages à l'aiguille[5].

La commune sur le territoire de laquelle se trouve l'établissement, fournit le local ; elle est tenue de l'entretenir, de le meubler, de l'éclairer et de le chauffer[6].

Les communes associées supportent proportionnellement à leur population, le quart du traitement du régent. Les trois autres quarts sont à la charge de l'Etat.

ÉCOLE COMPLÉMENTAIRE.

L'école complémentaire est exclusivement destinée aux jeunes filles.

Elle donne un enseignement qui « continue celui des classes supérieures des écoles primaires[7] ».

Cet enseignement est professionnel. Il a pour but de donner, le titre l'indique, un *complément* d'instruction aux jeunes filles que les devoirs d'un apprentissage ou les obligations de la vie matérielle empêchent de continuer leurs études.

Il comprend : la langue française, la composition et les éléments du style ; la lecture expressive ; l'allemand ; l'arithmétique et la tenue des livres ; les faits les plus importants de

---

[1] Voir les renseignements sur les établissements d'instruction publique du canton de Genève, p. 13.

[2] Loi du 19 octobre 1872, art. 62.

[3] Cet enseignement est commun aux garçons et aux filles, *Ibid.*, art. 61.

[4] Les notions d'horticulture, l'économie domestique, et les ouvrages à l'aiguille sont spéciales aux jeunes filles. *Ibid.*, art. 61.

[5] *Ibid.* art. 63.

[6] *Ibid.* art. 65 et 46.

[7] *Ibid.* art. 68 et 8.

l'histoire ; le dessin ; des notions élémentaires de physique, de
chimie et d'histoire naturelle ; des notions d'hygiène et des
leçons sur les soins à donner aux malades ; l'économie domestique ; des notions élémentaires de droit.

L'enseignement est donné par des maîtres spéciaux, assistés
d'une régente ou d'une sous-régente [1]. Les jeunes filles sont ou
régulières, c'est-à-dire astreintes à suivre « l'ensemble des cours
de chaque année d'études » ou *externes*, c'est-à-dire libres de
suivre un ou plusieurs cours à leur choix [2].

L'école est gratuite pour les élèves *régulières* [3]. Les locaux,
l'éclairage, le chauffage, sont à la charge des communes intéressées qui supportent, en outre, la moitié des traitements.

ÉCOLE SECONDAIRE ET SUPÉRIEURE DE JEUNES FILLES.

L'école secondaire et supérieure créée par la loi de juin 1848,
relève uniquement de l'Etat, tant pour son administration, et
la direction de son enseignement que pour son budget. Elle a
pour but d'assurer aux jeunes filles une « instruction aussi
» complète que possible dans les branches essentielles de l'es-
» prit humain [4] ».

Les élèves sont ou *régulières* ou *externes*. Elles sont *régulières*
quand elles suivent tous les cours, et *externes* lorsqu'elles n'en
suivent que quelques cours.

La faculté de ne suivre que certaines leçons ne s'accorde
qu'aux jeunes filles de la division supérieure.

L'enseignement est obligatoire ou facultatif.

L'enseignement obligatoire comprend :

La langue française, la composition, les éléments du style
et l'histoire littéraire, la versification française, la diction, la
langue allemande, la géographie et la cosmographie, les lignes
saillantes de l'histoire générale, l'histoire nationale, des notions sur les constitutions républicaines, l'arithmétique, les
éléments des sciences physiques et naturelles, l'hygiène et les
soins à donner aux malades, l'économie domestique, la calligraphie, le dessin, la musique vocale, la gymnastique, les travaux
à l'aiguille [5].

L'enseignement facultatif comprend l'anglais [6].

---

[1] Loi du 19 octobre 1879, art. 73.

[2] *Ibid.* art. 69.

[3] *Ibid.* art. 70.

[4] Renseignements sur les divers établissements d'instruction publique du
canton de Genève publiés par le département de l'instruction publique à l'occasion de l'exposition scolaire suisse à Paris.

[5] Loi sur l'Instruction publique, art. 101.

[6] *Ibid.*, art. 103.

Il est, en outre, donné dans une division supérieure des leçons sur :

Les éléments de la géométrie, l'éducation et la pédagogie, les notions élémentaires de droit civil et commercial, la philosophie, la psychologie, la logique, l'histoire de la philosophie, l'histoire des religions, les éléments de la mythologie, l'histoire des arts, l'histoire de la langue française, la littérature allemande (en allemand), les littératures étrangères, l'histoire des institutions politiques et de la civilisation[1].

Le programme indique le latin à titre facultatif.

La direction et la surveillance de l'école sont confiées à un principal, qui ne peut faire partie du personnel enseignant de l'établissement[2].

L'enseignement est confié, pour la plupart des branches, à des maîtres spéciaux.

Les classes sont, pendant toute la durée des leçons sous la surveillance d'une maîtresse ou d'une sous-maîtresse d'études.

Les maîtresses sont chargées de la direction des élèves au point de vue éducatif ; « elles sont appelées également à enseigner des » branches spéciales et à faire répéter les leçons données par les » maîtres[3]. »

Le programme est réparti sur huit années.

Les six années inférieures portent la dénomination de *classes ;* les classes qui ont plus de soixante élèves sont dédoublées en sections parallèles, de façon à ce que le nombre des élèves ne dépasse pas le chiffre de soixante par classe. Le nombre de ces classes était de quinze en 1878.

Au-dessus des six années inférieures, se trouve la *division supérieure*, qui comprend deux années de cours.

Les élèves ne sont admises à l'école qu'après avoir subi un examen dont le programme varie suivant la classe où elles se sont fait inscrire[4].

L'école compte environ onze cents jeunes filles[5].

Un certificat de capacité est délivré à celles qui ont subi avec succès l'examen réglementaire à l'issue de la deuxième année de la division supérieure[6].

---

[1] Art. 2 de la loi du 21 juillet 1877, modifiant l'art. 102 de la loi du 19 octobre 1872.

[2] Loi du 19 octobre 1872, art. 51.

[3] Loi du 19 oct. 1872, art. 100 modifié par l'art. 1er de la loi du 21 juillet 1877.

[4] Voir pour les examens le programme de l'année scolaire 1878-1879.

[5] 1013, en 1877, 1050 dans les premières semaines de 1878.

[6] Art. 2 de la loi du 22 juillet 1877, modifiant l'art. 105 de la loi du 19 octobre 1872.

Telle est l'esquisse rapidement faite de l'*école secondaire et supérieure des jeunes filles* de Genève.

« Habituer de bonne heure la jeune fille à manier sa pen-
» sée, à établir des liens entre les diverses connaissances
» qu'elle acquiert; faire sans cesse appel à l'activité de son
» esprit; l'interroger non d'après le texte du livre ou du ca-
» hier, mais sur le fond même de l'objet d'étude ; se préoccuper
» moins de lui faire beaucoup apprendre que de la mettre
» à même de bien comprendre; exclure avec soin même à
» l'égard des élèves les plus jeunes, tout travail de nature mé-
» canique; éviter, en un mot, tout ce qui ne va pas droit à la
» culture de l'intelligence et ne tendrait qu'à une demi-ins-
» truction; tels sont les principes généraux qu'on s'efforce de
» mettre à la base de l'enseignement [1] » de l'école secondaire
et supérieure de Genève qui, — nous l'avons dit dans l'exposé
des motifs de notre proposition de loi, — est un *modèle*.

Neuchâtel.

L'enseignement secondaire, dans le Canton de Neuchâtel, est donné aux jeunes filles dans les *écoles secondaires* et dans les *écoles industrielles*.

Les *écoles secondaires* sont celles dont le programme embrasse deux années d'études.

Les *écoles industrielles* sont celles dont le programme comprend plus de deux années d'études [2].

L'*école industrielle*, dans le Canton de Neuchâtel, ne ressemble en rien, comme on pourrait le supposer, de prime abord, à ce que nous appelons l'*école technique* ou *professionnelle*.

Autrefois elle était, il est vrai, une *école professionnelle*. C'est du moins le sens qu'il faut attacher à cette qualification quand on étudie la loi de 1853, qui a créé ou transformé ces écoles. Leur but était, en effet, de préparer les élèves aux carrières industrielles et, notamment, à l'industrie horlogère qui, pour une notable partie du Canton, forme une source considérable de revenus. Le mot a été maintenu dans la loi, en 1872 ; mais il a perdu son sens primitif.

Les établissements *secondaires* ou *industriels* sont organisés par le Conseil d'État, de concert avec les autorités locales, dans les *communes* et *municipalités* « où le besoin s'en fait sentir [3] ».

---

[1] Renseignements sur les divers établissements d'instruction publique du Canton de Genève publiés par le département de l'Instruction publique à l'occasion de l'exposition scolaire suisse, à Paris.

[2] Loi sur l'enseignement secondaire et industriel du 27 juin 1872, art. 2

[3] *Ibid.*, art. 3.

Les frais d'entretien de ces écoles sont couverts :

a) Par une subvention annuelle des *communes* ou des *municipalités ; b)* par une allocation de l'Etat, qui peut être portée jusqu'à la moitié du traitement du personnel enseignant ; *c)* par les revenus des fonds de l'école, et le produit des donations spéciales ; *d)* par les frais d'écolage payés dans les classes faisant suite aux deux premières années d'études, et dont le taux ne peut pas dépasser 50 francs par an [1].

Les dépenses de construction, d'aménagement, d'entretien, sont à la charge des *communes* et *municipalités* où se trouve l'école [2].

L'enseignement secondaire est donné aux jeunes filles :

A l'école secondaire de Boudry-Cortaillod ;
A l'école secondaire de Colombier ;
A l'école secondaire de Fleurier ;
A l'école secondaire de Cernier ;
A l'école secondaire et industrielle de Locle ;
A l'école secondaire et industrielle de la Chaux de-Fonds ;
A l'école secondaire et industrielle de Neuchâtel.

L'enseignement, dans les écoles secondaires, est mixte pour certaines leçons ; les jeunes filles et les jeunes gens sont, dans ce cas, réunis d'après leur âge et leurs capacités ; il s'agit, en effet, dans ces écoles, d'un enseignement qui est également utile aux garçons et aux filles. Dans les *écoles industrielles,* l'enseignement cesse d'être mixte. Il serait, en effet, inutile comme le fait remarquer M. le Conseiller d'Etat Roulet, chef du département de l'Instruction publique, dans une lettre qu'il a bien voulu nous adresser, d'enseigner, aux jeunes filles, des sciences, qui telles que les mathématiques, leur prendraient un temps précieux, qu'elles peuvent consacrer plus utilement à l'étude de l'économie domestique, de la pédagogie et des ouvrages de leur sexe.

Le programme *obligatoire* de l'*école secondaire et industrielle,* comprend, pour les deux premières années :

La langue française, la littérature française, la langue allemande, et le cas échéant la langue anglaise, la géographie générale et en particulier la géographie de la Suisse, l'instruction civique, les mathématiques, la cosmographie, la tenue des livres, les sciences physiques et naturelles, le dessin géométrique et artistique, la musique.

On enseigne de plus, aux jeunes filles, la pédagogie, l'économie domestique et les ouvrages de femme [3].

[1] Loi du 27 juin 1872, art. 5 et 6.
[2] *Ibid.*, art. 7 combiné avec l'art. 62 de la loi du 17 mai 1872, sur l'Instruction publique primaire.
[3] Programme spécial aux filles. Loi du 27 juin 1872, art. 17.

Remarquons que la pédagogie n'est enseignée qu'aux jeunes filles. On semble, dans les Cantons allemands de la Suisse, s'être préoccupé non seulement de développer l'intelligence de la femme, mais encore de lui assurer une profession en lui ouvrant la carrière de l'enseignement. Nous verrons la même pensée appliquée dans quelques écoles allemandes.

Quant au programme facultatif, nous nous bornerons à noter une seule disposition, celle qui permet d'organiser des cours spéciaux, destinés à préparer les aspirantes au brevet de capacité pour l'enseignement primaire.

Le programme des cours des *classes supérieures*, faisant suite aux deux premières années d'études, est arrêté par le Conseil d'Etat [1].

Le programme de *l'école supérieure des jeunes demoiselles* de Neuchâtel est étendu ; il comprend :

La littérature, la composition et la récitation, la grammaire, l'orthographe, l'allemand, l'anglais, l'italien, l'histoire du moyen-âge, l'histoire nationale, l'histoire de l'Eglise; la géographie, l'arithmétique, la cosmographie, l'histoire naturelle, la pédagogie, l'économie domestique, le dessin, l'écriture, le chant.

Les cours de cette école, faits par les professeurs du *Gymnase Cantonal* et de *l'Académie*, sont suivis par un grand nombre de jeunes filles étrangères, qui viennent faire leurs études à Neu-châtel.

L'école forme la majeure partie des institutrices du Canton.

Le *cours supérieur* de jeunes filles de la Chaux-de-Fonds est, bien que moins étendu, analogue à celui de Neuchâtel.

Le *cours supérieur* de Locle, qui est d'une année seulement, prépare quelques jeunes filles au brevet de capacité pour l'enseignement primaire.

Les élèves ne sont admises à l'école *secondaire* ou *industrielle* qu'à l'âge de 12 ans, après avoir satisfait à un examen sur tout le programme de l'enseignement primaire [2].

Elles subissent un examen pour passer d'une classe dans une autre.

Leurs études terminées, elles subissent une dernière épreuve, qui, si elle est satisfaisante, leur donne droit à un certificat d'études [3].

Les élèves des *écoles secondaires* ou *industrielles* sont toutes *internes* [4]. Il n'est admis d'élèves *externes* [5] que dans les *classes*

---

[1] Loi du 27 juin 1872, art. 19.
[2] *Ibid.*, art. 21 et 22.
[3] *Ibid*, art. 22.
[4] Voir pour le sens de ces mots l'aperçu de la législation des différents cantons, p. 74.
[5] *Idem.*

supérieures faisant suite aux deux premières années d'études [1].

L'enseignement, dans les *écoles secondaires* ou *industrielles*, est donné par des maîtres pourvus de brevets de capacité [2].

Deux instituteurs au moins sont attachés à chaque école, pour faire, aux garçons comme aux filles, tous les cours de l'école.

Les jeunes filles de l'école sont surveillées et dirigées par des maîtresses spéciales qui sont, en outre, chargées des leçons de pédagogie, d'économie domestique, et de l'enseignement des ouvrages de femme.

Ces maîtresses spéciales doivent avoir un brevet de capacité de premier degré pour l'enseignement primaire [3].

Les institutrices qui donnent d'autres leçons que celles de pédagogie, d'économie domestique et d'ouvrages de femme, doivent avoir un brevet de capacité pour l'enseignement secondaire [4].

Toutes les écoles ont à leur tête un directeur.

Il peut être choisi parmi les instituteurs de l'établissement, et être chargé d'y faire des cours [5].

Zurich.

L'enseignement secondaire, dans le Canton de Zúrich, est donné dans des établissements mixtes; les jeunes gens et les jeunes filles reçoivent, en commun, la même instruction [6].

Les jeunes gens font des exercices militaires, les jeunes filles des travaux de femme. C'est là à peu près la seule dérogation à la règle de l'enseignement en commun.

Les leçons de géométrie étaient autrefois plus développées pour les jeunes gens que pour les jeunes filles. Les leçons sont aujourd'hui, dans la plupart des établissements, les mêmes pour les uns et les autres.

Ce n'est qu'exceptionnellement qu'il se trouve dans le Canton de Zurich des écoles spécialement réservées aux jeunes gens et des écoles spécialement réservées aux jeunes filles.

Ces écoles ont disparu peu à peu, il n'y a plus aujourd'hui que les villes de Jargen, Winterthur et Zurich, qui fassent exception à la règle.

[1] Loi du 27 juin 1872, art. 23.
[2] *Ibid.*, art. 25.
[3] *Ibid.*, art. 36.
[4] *Ibid.*, art. 37.
[5] *Ibid.*, art. 40 et 42.
[6] Loi du 23 décembre 1859.

Ces trois villes ont des écoles secondaires réservées aux jeunes filles. Nous trouvons dans quelques communes rurales des écoles spéciales; mais ce ne sont là que des exceptions que l'on cherche à appuyer, en fait, sur des considérations locales, et en droit, sur les dispositions des § 258, al. 2, et 259 de la loi du 23 décembre 1859 [1].

Une même instruction est donnée conjointement dans les mêmes écoles aux jeunes gens et aux jeunes filles : C'est, pour la partie de l'enseignement qui nous occupe, la règle posée par la loi 23 décembre 1859. L'enseignement secondaire est facultatif; mais l'élève qui n'entre pas à l'école secondaire est tenue, à la sortie de l'école primaire, de suivre pendant trois ans (de 12 à 15 ans) les cours de l'*école complémentaire. (Ergænzungsschule)* [2].

L'enseignement secondaire est gratuit.

Il est fait face aux dépenses des écoles secondaires au moyen des subventions annuelles de l'Etat, des amendes qui frappent les élèves absents, des intérêts du fonds particulier à chaque école, des contributions volontaires des communes ou des particuliers, des contributions imposées aux communes [3].

Les élèves sont *externes,* dans le sens que nous attachons en France à ce mot.

Le programme d'enseignement comprend : la religion et la morale; la langue allemande; la langue française; l'arithmétique; la géométrie et ses applications pratiques; la géographie, l'histoire, l'organisation politique de la Suisse; les sciences naturelles [4] et leur application à l'agriculture et à l'industrie; la gymnastique [5].

Ces deux derniers cours sont facultatifs; les autres cours sont obligatoires.

Si, dans quelques cas spéciaux, il est accordé une dispense de cours à certains élèves, il ne faut voir dans cette dispense qu'une exception, confirmant le principe en vertu duquel ces

---

[1] § 258, al. 2 : « Le Conseil d'éducation décide du maintien ou de la création » d'autres écoles », que celles qu'aux termes du § 1 est tenue d'ouvrir chaque commune. »

§ 259 : « Le Conseil d'éducation peut autoriser des dérogations à cette règle » pour des motifs semblables à ceux qui ont motivé cette exception à Zurich. »

[2] Loi du 23 déc. 1859, § 58.

[3] *Ibid.* §§ 115, 119 et 120. Ce dernier article modifié par le § 2 de la loi du 22 déc. 1872. (Gesetz betreffend Abænderung einiger Bestimmungen Unterrichtsgesetzes über die Sekundarschulen, vom 23 Dez. 1859.)

[4] Voir la note page 74.

[5] L'enseignement pour les garçons comprend de plus le maniement des armes.

cours sont obligatoires, aussi bien pour les jeunes gens que pour les jeunes filles [1].

Ces cours sont de trois et peuvent être de quatre années [2].

L'enseignement est dirigé et donné par des hommes.

On a, il y a quelques années, ouvert la carrière de l'enseignement aux femmes. Elles suivent, dans ce but, les cours normaux de Zurich et de Winterthur, et même les cours de l'Ecole normale de Rusmacht [3].

Les élèves sont admises à l'école secondaire sur le vu d'un certificat, qui doit leur être délivré à la sortie de l'Ecole primaire [4].

Tels sont les principes qui régissent l'enseignement des écoles secondaires mixtes du Canton de Zurich.

Voici quelques détails sur les deux établissements de jeunes filles de Winterthur et de Zurich.

Ces écoles sont à la fois des écoles secondaires et des écoles normales.

Comme écoles secondaires, elles suivent le programme des écoles secondaires mixtes. Les cours y sont de trois années [5].

Comme écoles normales, elles reprennent les programmes enseignés pendant les trois premières années.

Le programme y est enseigné d'une façon plus développée et plus approfondie, notamment dans ses parties relatives à l'histoire, aux mathématiques, aux sciences naturelles, au dessin, à la musique vocale et instrumentale.

On y enseigne, de plus, la pédagogie, qui est obligatoire, la langue anglaise, qui est facultative. Cet enseignement normal est, comme celui des jeunes gens, de quatre années.

Tel est, sauf de légères différences, l'enseignement donné dans les classes normales des deux établissements de jeunes filles de Winterthur et de Zurich.

Nous trouvons, de plus, à Zurich, deux classes qui constituaient autrefois l'*Ecole supérieure des jeunes filles.*

Ces deux classes font suite à la 4e classe de l'école des jeunes filles.

On y enseigne :

Les langues et les littératures allemandes, françaises, anglaises, italiennes; les mathématiques; la tenue des livres; l'histoire; les sciences naturelles [6] ; la pédagogie; l'économie

---

[1] Loi du 23 décembre 1859, § 106, combiné avec le § 99.
[2] *Ibid* , § 109.
[3] Cette école est affectée à l'enseignement normal des jeunes gens.
[4] Loi du 23 décembre 1859, § 115, voir pour les détails nos 116, 118.
[5] *Ibid.*, § 106 et 109.
[6] Voir la note page 74.

domestique et l'hygiène; l'histoire de l'art; le dessin; la musique [1].

Ce programme [2] n'est pas, comme celui de l'Ecole normale, obligatoire pour les jeunes filles. Elles peuvent ne suivre que certains cours.

C'est ce qui a lieu également à Winterthur où l'on dispense de certains cours normaux les jeunes filles qui ne se font inscrire que pour les cours correspondant aux deux classes do l'Ecole supérieure de Zurich.

Vaud.

L'enseignement secondaire, dans le Canton de Vaud, est régi par la loi du 12 mai 1869. Il est donné aux jeunes filles dans les *Ecoles supérieures communales*.

Ces écoles sont fondées et entretenues par les communes qui supportent seules les frais de construction, d'aménagement, d'entretien des locaux et qui supportent avec le concours de l'Etat la dépense du personnel; le concours de l'Etat, chiffré en raison « de l'importance de l'établissement et des besoins de la localité », ne peut en aucun cas dépasser le tiers du traitement du personnel [3].

Les jeunes filles reçoivent l'instruction secondaire dans treize *écoles supérieures* qui, pour la plupart, sont annexées aux *collèges communaux* des garçons. Il existe, de plus, quatre *collèges* qui donnent l'enseignement en commun aux jeunes garçons et aux jeunes filles. On se borne pour les jeunes filles à remplacer les mathématiques, les langues anciennes, et quelques branches accessoires du programme, par des leçons de couture et d'économie domestique. L'honorable M. Chavannes, inspecteur des Collèges communaux et des Ecoles supérieures du canton de Vaud [4], tout en reconnaissant que ce principe de la co-éducation des sexes ne saurait être appliqué dans toutes les villes du canton de Vaud, constate l'excellent résultat de ce système dans les villes où il a été pratiqué.

« Jamais, dit-il, il ne s'est présenté un cas d'indiscipline » ou de désordre, provenant de la réunion des deux sexes. La » présence des jeunes filles, en général plus laborieuses et plus

---

[1] Règlement de l'Ecole supérieure des jeunes filles de Zurich, du 6 mars 1875, §§ 1 et 2.

[2] Le programme des matières enseignées en 1878 y ajoute le latin.

[3] Loi sur l'Instruction publique supérieure du 12 mai 1869, art. 25.

[4] Rapport manuscrit adressé, pour nous être transmis, à M. Boiceau, Conseiller d'Etat, chef du département de l'Instruction publique et des Cultes, par M. Chavannes, Inspecteur des Collèges communaux et des Ecoles supérieures.

» soigneuses dans tous leurs travaux, est un précieux élément
» d'émulation et exerce une influence éducative générale des
» plus salutaires sur les élèves du sexe masculin. Il faut dire
» que dans notre pays beaucoup d'écoles primaires sont mixtes,
» et qu'ainsi les élèves des deux sexes sont habitués de bonne
» heure à se trouver ensemble et à faire toute leur éducation
» scolaire en commun. La tendance actuelle est chez nous
» en faveur de cet état de choses, et là où la séparation des
» sexes avait été établie dans les écoles primaires en vertu d'une
» loi antérieure, on cherche maintenant à rétablir les écoles
» mixtes. »

Les écoles supérieures de jeunes filles n'ont ni programme ni
règlement uniques. Le législateur a abandonné à chaque commune le soin de les rédiger dans la pensée que chaque école
pourrait ainsi mieux répondre aux besoins des habitants pour
lesquels elle serait créée.

Aussi le législateur s'est-il borné à jeter les bases du programme : Religion, langue française, langue allemande, langue
anglaise, histoire, géographie, étude de la sphère, comptabilité, éléments des sciences mathématiques, physiques et naturelles, écriture, dessin, musique, ouvrages de femme, économie domestique[1] : voilà le programme que, sauf addition ou
retranchement autorisés par le département de l'Instruction
publique[2], nous trouvons en principe dans chaque établissement.

Quant au règlement, il est élaboré par la commune, qui le
soumet, après avoir pris l'avis de l'inspecteur, à la sanction du
Conseil d'Etat[3].

Les *écoles supérieures* ont, en général, de trois à quatre classes.

Quelques écoles ont des *classes préparatoires*.

Les jeunes filles des écoles supérieures se divisent en *régulières* et en *externes*.

Les jeunes filles, en général, ne sont admises aux écoles supérieures qu'à l'âge de douze ans. Elles ne sont reçues au-
dessous de cet âge que dans les *classes préparatoires*.

Les élèves paient une rétribution scolaire, qui varie d'école à
école et même de classe à classe. La rétribution est, en moyenne,
de 40 à 50 fr. par an.

Il peut être fait, remise en tout ou en partie, de la rétribution
par les autorités communales.

Le directeur ou la directrice de chaque école, les maîtres ou
maîtresses, les instituteurs ou institutrices « se réunissent en

---

[1] Loi du 12 mai 1869, art. 24.
[2] *Ibid.*, art. 4 et 30.
[3] *Ibid.*, art. 29.

conférence. » La conférence est présidée par le directeur. Elle a pour but de veiller à « la bonne marche de l'établissement[1] ».

« Le directeur, les instituteurs, les maîtres, peuvent être le directeur, les instituteurs, les maîtres du Collège[2]. » Il en est ainsi dans plusieurs écoles, qui alors ont des maîtresses d'études chargées à la fois, de la surveillance et d'une partie de l'enseignement.

Les écoles supérieures communales les plus importantes sont celles de Lausanne, de Vevey, d'Aigle, d'Yverdon, de Nyon, de Payerne.

Nous croyons devoir donner quelques détails sur celle de Lausanne.

L'*école supérieure communale des jeunes filles* de Lausanne a trois *classes inférieures* et quatre *classes supérieures*.

La durée des études est d'un an dans chacune des classes[3].

Le programme de l'école embrasse :

La religion ; la pédagogie ; la langue française, y compris les éléments de la rhétorique et de la littérature ; la langue allemande ; la langue anglaise ; l'histoire générale, et en particulier l'histoire de la Suisse ; la géographie générale, l'étude détaillée de la géographie de l'Europe et de ses colonies, l'étude spéciale de la géographie de la Suisse et du canton de Vaud ; l'étude de la sphère et de l'astronomie ; l'arithmétique et la comptabilité commerciale ; les sciences physiques et naturelles, comprenant l'étude de la physique, de la chimie, de la zoologie, de la botanique ; l'écriture ; les éléments de la mythologie ; le dessin ; la musique ; les ouvrages de femme ; l'économie domestique ; la gymnastique.

Les élèves, sur la demande des parents, sont dispensées d'assister aux leçons de religion[4].

Les élèves sont *régulières* ou *externe*[5].

Les élèves *régulières* paient 50 fr. par an pour les classes inférieures, 70 fr. pour les classes supérieures. Lorsque deux ou plusieurs sœurs suivent simultanément les cours de l'école, l'aînée seule paie la rétribution entière ; la rétribution est réduite de moitié pour les autres sœurs.

---

[1] Loi du 12 mai 1869, art. 48.

[2] *Ibid.*, art. 27.

[3] Règlement organique pour l'École supérieure communale des jeunes filles de Lausanne du 27 mars 1871, art. 1.

[4] Loi sur l'instruction publique supérieure du 12 mai 1869, art. 24 combiné avec les art. 3 et 4 ; règlement organique de l'école, art. 2 ; règlement intérieur, art. 5. Programme général de l'école, et programme spécial pour l'année scolaire 78-79.

[5] Règlement organique de l'école. Art. 21 et 23, et règlement intérieur, art. 65 et 73.

Les élèves *externes* paient 20 fr. pour chaque cours de une à trois heures de leçons par semaine, et 30 fr. pour les cours de plus de trois heures. Toutefois, la totalité de la somme ne peut dépasser 100 fr.[1].

Les cours d'anglais se paient à part[2].

L'élève *régulière*, pour être admise dans la septième classe, doit être âgée de sept ans révolus. L'élève doit, de plus, prouver par un examen d'entrée, qu'elle possède les connaissances requises pour le premier degré de l'instruction primaire.

L'âge exigé pour être admise dans les classes suivantes est d'une année de plus pour chaque classe[3].

La jeune fille peut être admise dans une classe quelconque sans avoir suivi les classes qui précèdent. L'admission a lieu sous les conditions imposées aux autres élèves[4].

Les jeunes filles *externes* sont admises dans les classes supérieures.

Mais ces jeunes filles doivent avoir l'âge exigé des élèves *régulières* de la classe dont elles veulent suivre les cours[5].

Elles subissent un examen destiné à constater qu'elles ont la capacité suffisante pour suivre ces cours[6].

Toutes les jeunes filles, *régulières* et *externes*, subissent chaque année un examen; les premières sur le programme entier de l'année scolaire; les secondes, sur le programme des cours qu'elles ont suivis[7].

Des certificats d'études sont délivrés aux jeunes filles qui sortent de la 1re classe, après avoir passé d'une façon satisfaisante tous leurs examens[8].

Outre les élèves *régulières* et *externes*, il y a les élèves qui peuvent être admises à suivre, en qualité d'*auditrices*, les cours de la classe inférieure, trois mois au plus avant l'époque des examens.

Elles paient 25 fr. pour 3 mois, 20 fr. pour 2 mois, 10 fr. pour un mois.

Elles suivent toutes les leçons de leur classe et sont soumises aux mêmes conditions d'âge, de promotion, et de discipline que les élèves *régulières*[9].

L'école est placée sous les ordres d'un directeur, qui donne une partie de l'enseignement.

---

[1] Règlement organique, art. 22 et 23 et règlement intérieur, art. 69, 70 et 77.
[2] Règlement organique, art. 24.
[3] Règlement intérieur, art. 66.
[4] *Ibid.*, art. 67.
[5] *Ibid.*, art. 73.
[6] *Ibid.*, art. 75.
[7] Règlement intérieur, art. 12, 14 et 26.
[8] *Ibid.*, art. 28.
[9] *Ibid.* art. 26, 79, 80, 81.

Le directeur est secondé, pour la surveillance spéciale des quatre classes supérieures, par deux maîtresses d'études qui sont, en outre, chargées de l'enseignement de l'économie domestique, et d'une partie des ouvrages de femme [1].

L'enseignement, dans les classes supérieures, est donné par des maîtres. Il peut être fait exception à cette règle pour l'anglais, la musique, le dessin et la gymnastique, qui peuvent être enseignés par des femmes [2].

L'enseignement, dans les classes inférieures, est donné par des femmes [3].

Bâle-Ville.

Les jeunes filles, dans le Canton de Bâle-Ville, quittent l'école primaire à l'âge de onze ans et, selon le temps et la direction qu'elles veulent consacrer et imprimer à leurs études, suivent les cours, soit de l'école supérieure, soit de l'école secondaire des jeunes filles.

L'*école secondaire* qui, à vrai dire, est plutôt une école primaire supérieure, donne un enseignement pratique moins développé que celui de l'*école supérieure*, où l'enseignement est à la fois plus étendu et d'une plus longue durée [4].

La dépense de l'*école secondaire* comme celle de l'*école supérieure* est supportée par la caisse du Canton de Bâle.

ÉCOLE SUPÉRIEURE DE JEUNES FILLES.

L'*école supérieure* comprend cinq classes [5] auxquelles peut être annexée une classe de *perfectionnement* [6].

L'enseignement de l'école supérieure comprend :

La religion, le français, l'anglais, l'arithmétique, l'histoire, la géographie, les sciences naturelles [7], l'écriture, le dessin, le chant, la gymnastique, les travaux de femme.

L'enseignement religieux, aux termes de l'art. 29 de la loi,

---

[1] Règlement organique, art. 5 et 6. Pour le détail de ses attributions voir le Règlement intérieur, art. 38-46.

[2] Règlement organique, art. 8.

[3] *Ibid.*, art. 9.

[4] Loi sur les Écoles de filles de la ville de Bâle, du 7 février 1870, art. 11, 19, 15 et 23.

[5] L'École, d'après l'art. 46 du projet de décembre 1878, comprendra deux divisions : l'une inférieure, composée de 4 classes, l'autre supérieure, composée de 2 classes.

[6] Loi du 7 février 1870, art. 20.

[7] Voir la note page 74.

n'est pas obligatoire. La jeune fille en est dispensée, sur la demande des parents.

Remarquons que le Gouvernement, dans son projet de décembre 1878, a retranché l'enseignement religieux du programme.

Les jeunes filles paient une rétribution mensuelle de quatre francs. Cette règle est tempérée par l'art. 34, en vertu duquel les parents dont les enfants fréquentent les écoles publiques, ne doivent l'écolage entier que pour l'aîné; il n'est perçu pour le second que moitié de la rétribution; elle n'est pas exigée pour les suivants.

A la tête de l'établissement se trouve un directeur (*Rector*), qui a sous ses ordres le personnel enseignant[1] (hommes et femmes), faisant les cours à 370 jeunes filles, réparties en six classes et sous-réparties en treize divisions.

ÉCOLE SECONDAIRE.

Il y a, de plus à Bâle pour les jeunes filles, deux *écoles secondaires*[2] situées l'une sur la rive droite, l'autre sur la rive gauche du Rhin. Ces écoles ne forment en réalité qu'un seul établissement soumis à un directeur (*Rector*), et à une commission de surveillance uniques.

L'*école secondaire* a trois classes qui peuvent, en raison du nombre de leurs élèves, être dédoublées[3]. On peut y ouvrir une et même deux classes de *perfectionnement* (*Fortbildungsklassen*)[4].

Le programme d'enseignement comprend:

La religion, l'allemand, le français, l'arithmétique, l'histoire, la géographie[5], les sciences naturelles[6], l'écriture, le dessin, le chant, la gymnastique, les travaux de femme[7].

Les jeunes filles paient une rétribution d'un franc par mois[8], à moins qu'elles ne se trouvent dans les conditions prévues par l'article 34 de la loi[9].

Le directeur (*Rector*), qui est en même temps professeur[10], a sous ses ordres le personnel enseignant (hommes et femmes),

---

[1] Loi sur les Écoles de filles, art. 25.
[2] *Ibid.*, art. 12.
[3] *Ibid.*, art. 12.
[4] *Ibid.*, art. 18.
[5] Le projet du Gouvernement de décembre 1878 ajoute (Voir l'art. 17) : « La géographie de la Suisse ».
[6] Voir la note p. 74.
[7] Loi sur les écoles de filles, art. 13.
[8] L'enseignement, à partir du 1er octobre, sera gratuit à l'école secondaire.
[9] Voir plus haut ce que dit cet article.
[10] Loi sur les écoles de filles, art. 16.

qui donne l'instruction secondaire à 750 élèves réparties en
quatre classes, sous-réparties elles-mêmes en dix-huit divisions.

L'*école supérieure* et l'*école secondaire* que nous venons de mentionner sont les seules écoles secondaires de jeunes filles du
Canton de Bâle ; faisons remarquer que les jeunes filles sont
encore reçues à l'école mixte de Richens, l'une des trois communes rurales du Canton ; l'enseignement y est gratuit.

Argovie.

Les jeunes filles, en quittant l'école primaire, peuvent suivre
les cours de l'*école de perfectionnement*, et ceux de l'*école d'arrondissement* dans les communes où il n'y a pas d'écoles de
perfectionnement[1].

Trois villes du Canton d'Argovie, Aarau, Lenzburg et Baden,
ont des *écoles d'arrondissement* (*Bezirksschulen*) spécialement
affectées à l'enseignement des jeunes filles.

La ville d'Aarau a de plus, pour les jeunes filles, un établissement qui est à la fois *école secondaire* et *école normale 'Tœchter-
Institut und Lehrerinnen-Seminar'*.

L'enseignement donné dans cet établissement comprend : la
religion, les langues allemande, française, anglaise et italienne,
(les deux premières étant seules obligatoires), l'histoire, la géographie, les mathématiques, les sciences naturelles [2], le chant,
le dessin, la calligraphie, la gymnastique.

A cet enseignement s'ajoute celui de la pédagogie pour les
élèves-maîtresses.

L'État inscrit à son budget une subvention de 3,000 fr. destinée à venir en aide aux élèves-maîtresses qui sont dans une
position de fortune précaire.

Les jeunes filles ne sont admises au *Tœchter-Institut* qu'après
un examen constatant qu'elles ont suivi avec succès les cours
des quatre années des *Bezirksschulen*.

Les jeunes filles sont toutes externes.

L'établissement est dirigé par un *Rector*.

Nous avons résumé la législation qui régit l'enseignement
secondaire des jeunes filles dans les Cantons les plus importants de la Suisse. Mentionnons encore le Canton de Saint-Gall,
qui donne l'enseignement secondaire aux jeunes filles dans
vingt-cinq écoles mixtes et quatre écoles spéciales.

[1] Voir : Loi de 1865, § 54 et suivants pour les écoles de perfectionnement, et
§ 110 pour l'école d'arrondissement.

[2] Voir la note, page 74.

L'enseignement, dans les autres Cantons, ainsi que nous l'avons dit, se rapproche plus de notre enseignement primaire supérieur que de notre enseignement secondaire proprement dit.

Telle est, en effet, la nature de l'enseignement qui se donne aux jeunes filles dans :

Les *Bezirksschulen* mixtes et les *Tœchterschulen* de Soleure et d'Olten (Canton de Soleure) ;

Les *hœheren Tœchterschulen* du Canton de Lucerne ;

Les *Scuole maggiori* de jeunes filles du Canton du Tessin;

Les *Écoles moyennes* mixtes du Canton du Valais.

Les *Sekundarschulen* mixtes ou de jeunes filles du Canton de Thurgovie ;

Les *Mœdchensekundarschulen* du Canton de Schwytz ;

L'école française de jeunes filles à Fribourg, et l'école allemande de jeunes filles à Morat, du Canton de Fribourg ;

Les écoles de jeunes filles de Liestal et de Gelterskinden du Canton de Bâle-Campagne ;

L'école mixte de la ville de Coire, du Canton des Grisons ;

L'école de jeunes filles de Schaffouse, du Canton de Schaffouse.

ALLEMAGNE.

Il existe dans presque tous les États de l'Empire d'Allemagne des écoles publiques destinées à l'enseignement secondaire des jeunes filles.

Mais ce n'est qu'exceptionnellement que cet enseignement est régi par la loi ;

Aucune loi, dans aucun État, ne le régissait antérieurement à 1872.

A cette époque, les directeurs et les professeurs des écoles secondaires de jeunes filles se réunirent à Weimar. Ils fondèrent, pour toute l'Allemagne une association générale des *hœheren Tœchterschulen*.

Cette association, par l'organe de son comité directeur, adressa aux divers gouvernements de l'Empire des mémoires dans le but de faire régler par des lois tout ce qui concerne les *hœheren Tœchterschulen*.

Seuls deux ou trois États, à la tête desquels se trouve le royaume de Saxe, se sont jusqu'à présent rendus à ce vœu.

Quoi qu'il en soit, nous allons nous efforcer de donner un aperçu de l'enseignement secondaire des jeunes filles dans les principaux États de l'Allemagne.

Prusse.

Il existe dans le royaume de Prusse, outre de nombreuses écoles qui correspondent à nos écoles primaires supérieures, des *hœheren Mœdchenschulen*[1], où les jeunes filles reçoivent l'enseignement secondaire proprement dit.

Ces écoles, au nombre de cent quatre-vingt deux, sont réparties de la façon suivante entre les *provinces* et *districts* du royaume de Prusse.

PRUSSE ORIENTALE.

District[2] *de Kœnigsberg.*

Allenstein, Bartenstein, Pr.-Holland, Kœnigsberg, Memel, Osterode, Pillau, Rastenburg, Wohlau.

District de Gumbinnen.

Gumbinnen, Insterburg, Tilsit.

PRUSSE OCCIDENTALE.

District de Danzig.

Danzig, Elbing, Marienburg.

District de Marienwerder

Graudenz, Konitz, Marienwerder, Thorn.

BRANDENBURG.

Ville de Berlin.

Ecoles royales : *Elisabeth-Schule, Augusta-Schule.*
Ecoles municipales : *Luisen-Schule, Victoria-Schule, Sophien-Schule.*

District de Postdam.

Angermünde, Brandenburg, Charlottenburg, Eberswalde, Ha-

---

[1] Les textes officiels et notamment le *Centralblatt* du Ministère de l'Instruction publique (n° de janvier 1879), auquel nous empruntons cette nomenclature, disent *hœheren Mœdchenschulen*. Il est néanmoins plusieurs écoles qui, dans cette même livraison, sont désignées sous la rubrique de *hœheren Tœchterschulen.*

[2] *Regierungsbezirk.*

velberg, Lückenwalde, Perleberg, Postdam, Prenzlau, Neu-Ruppin, Schwedt, Spandau, Wittstock, Wriezen s. O.

District de Francfort-sur-Oder.

Francfort s. O., Guben, Kœnigsberg, Küstrin, Landsberg-sur-Wartha, Soldin[1].

POMÉRANIE.

District de Stettin.

Anklam, Demmin, Greifenhagen, Pyritz, Stargard, Stettin (trois écoles), Swinemünde, Traptow s. Rega, Wollin.

District de Kœslin.

Colberg, Stolp.

District de Stralsund.

Greifswald, Stralsund[2].

POSEN.

District de Posen.

Kempen, Krotoschin, Pleschen, Posen (*Luisen-Schule*), Rawitsch.

District de Bromberg.

Bromberg[3].

SILÉSIE.

District de Breslau.

Breslau (deux écoles), Schweidnitz[4].

---

[1] Il existe de plus dans ce district quatre écoles publiques de filles dont le programme est plus étendu que celui des écoles primaires.
Ce sont les écoles de Krossen, Schwiebus, Sorau, Zielenzig.
[2] Il existe en outre à Wolgast une école publique de filles dont le programme est plus développé que celui de l'école primaire.
[3] Il y a de plus dans le district de Bromberg trois écoles publiques dont le programme est plus étendu que celui des écoles primaires.
Ces trois écoles sont celles de Bromberg (*Mædchen-Mittelschule*), Nakel (*Stædtische Tœchterschule*), Schneidemühl (*Id.*).
[4] Il existe en plus une école primaire supérieure à Brieg.

District de Liegnitz.

Gœrlitz, Hirschenberg, Liegnitz.

District d'Oppeln.

Kattowitz, Oppeln.

SAXE.

District de Magdebourg.

Aschersleben, Burg, Halberstadt, Magdebourg, Neustadt, Oschersleben, Quedlinburg, Salzwedel, Seehausen, Stendal.

District de Merseburg.

Delitzsch, Droyszig, Eilenburg, Eisleben, Halle, Merseburg, Torgau, Weiszenfels, Zeitz.

District d'Erfurt.

Erfurt, Langensalza, Mühlhausen, Nordhausen.

SCHLESWIG-HOLSTEIN.

Altona, Kiel.

HANOVRE.

Bailliage[1] de Hanovre.

Hameln, Hanovre[2].

Bailliage de Hildesheim.

Duderstadt, Einbeck, Gœttingen, Goslar, Hildesheim, Klausthal, Münden.

Bailliage de Lüneburg.

Celle, Harburg, Lüneburg, Uelzen.

Bailliage de Stade.

Burtehude, Otterndorf, Stade.

---

[1] *Landdrosteibezirk.*
[2] Il y a de plus deux écoles primaires supérieures appartenant à la ville de Hanovre.

Bailliage d'Aurich.

Aurich, Emden, Leer, Norden, Wilhelmshafen.

WESTPHALIE.

District de Minden.

Bielefeld (école protestante), Minden (id.).
Paderborn (id.), Warburg (école catholique)[1].

District d'Arnsberg.

Dortmund, Hagen, Hamm, Iserlohn, Lœdenscheid Siegen,
Soeft, Witten.

HESSE-NASSAU.

District de Cassel.

Bockenheim, Hanau, Cassel.

District de Wiesbaden.

Biebrich, Francfort s. M. (3 écoles, *Elisabeth-Schule*, l'école de
la *Communauté israélite* et l'école de la *Société israélite*[2]).

PROVINCE RHÉNANE.

District de Coblence.

Boppart (sans distinction de culte), Coblence (école protestante), Neuwied, Wetzlar.

District de Düsseldorf.

Barmen (2 écoles protestantes), Crefeld, Dülken, Düsseldorf
(2 écoles), Elberfeld[3], Emmerich (école protestante), Essen
(2 écoles sans distinction de culte), Gueldres (école catholique),
Gladbach (sans distinction de culte), Kaldenkirchen, Lennep,
Wesel.

District de Cologne.

Cologne, Mülheim, Siegburg[4].

---

[1] Ces écoles sont désignées sous la rubrique de *Hœheren Tœchterschulen.*
[2] Ces deux dernières écoles sont également désignées sous la rubrique de
Hœheren Tœchterschulen.
[3] *Hœhere Tœchterschule.*
[4] Les trois écoles sont désignées sous la rubrique de *Hœheren Tœchterschulen.*

District de Trèves.

Trèves (école protestante).

District d'Aix-la-Chapelle.

Aix-la-Chapelle, Düren (école de la communauté protestante réformée).

Ces écoles sont, en général, à la charge des villes qui les ont créées.

Il n'est fait exception à cette règle que pour quatre écoles dont la dépense est couverte par l'Etat. Un crédit inscrit chaque année à son budget permet au Ministre de subvenir à une partie de l'entretien des écoles laissées à la charge des villes.

Les élèves peuvent être dispensées de tout ou partie des frais d'écolage.

L'enseignement dans les *Hœheren Mœdchenschulen* comprend en général notre enseignement primaire et notre enseignement secondaire. Mais ces écoles diffèrent le plus souvent entre elles et par leur organisation et par leur programme.

Les écoles sont, en principe, spécialement affectées aux jeunes filles. Il est néanmoins des *Hœheren Mœdchenschulen* dont les classes élémentaires sont mixtes.

Le programme d'enseignement est plus ou moins étendu, suivant les établissements.

Plusieurs villes ont annexé aux *Hœheren Mœdchenschulen* des *cours normaux* qui constituent souvent de véritables écoles normales d'institutrices.

Tous ces établissements sont presque partout placés sous l'autorité d'un directeur [1]. Le personnel enseignant est en majeure partie composé de professeurs hommes.

Voici, au reste, quelques détails, sur les écoles les plus importantes du royaume de Prusse.

LUISEN-SCHULE.

Cette école, fondée en 1838 par la ville de Berlin, suit un programme qui comprend : la religion, les leçons de choses, la diction, les langues allemande, française, anglaise, italienne, la géographie, l'histoire, l'arithmétique, les sciences natu-

---

[1] 170 écoles sur 182 ont à leur tête un directeur. Cette règle ne souffre aucune exception dans les provinces de la Prusse Orientale, la Prusse Occidentale, de Brandebourg, de Francfort, de Poméranie, de Silésie, de Saxe de Hesse-Nassau.

relles [1], la calligraphie, le dessin, les ouvrages à l'aiguille, le chant, la gymnastique.

L'enseignement, dans cette école, est donné à plus de 800 jeunes filles [2].

Elles sont réparties en neuf classes comprenant chacune deux divisions. La première division de la première classe constitue la *classe supérieure (Oberklasse)*.

A la tête de l'établissement se trouve un directeur qui a sous ses ordres le personnel enseignant [3] composé de professeurs, d'instituteurs et d'institutrices.

VICTORIA-SCHULE.

Cette école a été fondée par la ville de Berlin en 1867.

Son programme est un peu moins étendu que celui de l'école dite *Luisen-Schule*.

Les cours de l'école sont suivis par près de 1,000 jeunes filles [4].

C'est un directeur qui se trouve à la tête de l'établissement. Le personnel enseignant [5] est composé de professeurs, d'instituteurs et d'institutrices.

SOPHIEN-SCHULE.

C'est également la ville de Berlin qui a fondé cette école. Elle a été ouverte en 1876.

Son programme se rapproche beaucoup de celui qui est suivi à l'*Ecole Victoria*.

500 jeunes filles environ [6] suivent les cours de l'école, à la tête de laquelle se trouve un directeur qui a sous ses ordres le personnel enseignant [7] composé, comme dans les deux écoles précédentes, de professeurs, d'intituteurs et d'institutrices.

ALTONA.

Cette école a été ouverte en 1876 par la ville d'Altona.

Son programme embrasse l'étude de la religion, des langues

---

1 Nous répéterons pour l'Allemagne l'observation faite au sujet de la Suisse : l'expression de sciences naturelles embrasse les sciences physiques.

2 821 en 1877.

3 Ce personnel enseignant se composait en 1877 de 16 professeurs ou instituteurs et de 11 institutrices.

4 926 en 1878.

5 Ce personnel, en 1878, se composait de 18 professeurs et instituteurs et de 14 institutrices.

6 473 en 1877.

7 Ce personnel, en 1878, se composait de 13 professeurs ou instituteurs et de 11 institutrices.

allemande, française et anglaise, de la géographie, de l'histoire, de l'arithmétique, des sciences naturelles, de la calligraphie, du dessin, des ouvrages à l'aiguille, du chant, de la gymnastique.

Les cours sont suivis par environ 200 jeunes filles[1].

C'est un directeur qui est placée à la tête de l'établissement.

ELBERFELD.

L'Ecole secondaire et normale de jeunes filles de la ville d'Elberfeld (Stædlische hœhere Tœchterschule und Lehrerinnen-Bildungs-Anstalt) a été fondée en 1847.

Le programme suivi à l'école secondaire comprend : la religion, les langues allemande, française, anglaise, la géographie, l'histoire, l'arithmétique et la géométrie, les sciences naturelles, la calligraphie, le dessin, les ouvrages à l'aiguille, le chant, la gymnastique.

On suit au cours normal le même programme. Il est enseigné d'une manière plus approfondie. On y étudie de plus la pédagogie.

La durée des études est de dix années pour les cours secondaires et de deux années pour les cours normaux.

Près de 700 jeunes filles suivent les cours de l'école.

Les jeunes filles y sont admises dès l'âge de sept ans.

L'école est placée sous les ordres d'un directeur.

HANOVRE.

L'Ecole secondaire et normale de jeunes filles (Hœhere Tœchterschule und Lehrerinnen-Seminar) de la ville de Hanovre a été fondée en 1853.

Le programme suivi dans cette école est à peu près le même que celui de l'école d'Elberfeld.

La durée des études est de neuf années à l'école secondaire et de deux années à l'école normale.

Le nombre des jeunes filles qui suivaient les cours de l'école était de 232 en 1853. Il était de 764 en 1878.

C'est un directeur qui se trouve à la tête de l'établissement[2].

COLOGNE.

L'école secondaire et normale de jeunes filles de la ville de Cologne (*Stædlische hœhere Tœchterschule und Lehrerinnen-Bildungs-Anstalt*) a été fondée en 1871.

---

[1] 189 en 1878.

[2] Il avait sous ses ordres 23 professeurs et 7 institutrices en 1878.

L'enseignement de l'école secondaire embrasse : la religion, les langues allemande, française, anglaise, la géographie, l'histoire, les sciences mathématiques et naturelles, la calligraphie, le dessin, les ouvrages à l'aiguille, le chant, la gymnastique.

Le cours normal comprend de plus l'enseignement de la pédagogie.

La durée des études est de sept années pour l'enseignement secondaire, de deux années pour l'enseignement normal.

Les jeunes filles étaient, en 1878, au nombre de 432, dont 388 pour les cours secondaires et de 44 pour les cours normaux.

L'établissement est placé sous les ordres d'un directeur [1].

Bavière.

Aucune loi générale n'a organisé en Bavière l'enseignement secondaire des jeunes filles.

La situation des partis au sein de la représentation nationale n'a pas encore permis au Gouvernement de proposer cette loi.

Néanmoins, préoccupé à juste titre de la situation de la femme, le Gouvernement a créé, sous l'inspiration de M. le Ministre de Lutz, un certain nombre d'établissements secondaires de jeunes filles.

Les écoles secondaires créées et entretenues par l'Etat, sont :

L'Ecole royale fondée par Maximilien-Joseph (*das Kgl. Max-Joseph-Stift*) à Munich ;

La maison d'éducation dite *weibliches Erziehungs-Institut der englischen Fræulein* à Nymphenbourg ;

L'Ecole d'Aschaffenbourg, qui est à la fois une école secondaire de jeunes filles et une école normale d'institutrices (*hæhere weibliche Bildungs-anstalt... zugleich Lehrerinnen-Seminar*).

Chacun de ces établissements est régi par des statuts et des règlements qui lui sont propres.

L'École Maximilien-Joseph est ouverte aux jeunes filles, quelle que soit leur religion; mais l'école ne reçoit que les jeunes filles soit de famille noble soit de famille dont le père a occupé une fonction ou un grade supérieurs dans l'administration ou l'armée.

L'enseignement comprend : la religion, l'allemand, le français, l'anglais, l'italien, la littérature, l'histoire, la géographie, l'arithmétique, l'histoire naturelle, la physique, la calligraphie, le dessin, le piano, le chant, la danse, la gymnastique.

---

[1] Il avait sous ses ordres, en 1878, 16 professeurs et 5 institutrices.

L'École secondaire de Nymphenbourg ne reçoit que des jeunes filles appartenant à la religion catholique. Le programme suivi à l'école comprend : la religion, l'allemand, le français, l'anglais, l'italien, l'histoire, la géographie, l'arithmétique, l'histoire naturelle, la physique, la pédagogie, la musique, la calligraphie, les travaux à l'aiguille, le dessin, la danse, le piano.

L'École d'Aschaffenbourg se distingue des deux précédentes par deux différences : elle appartient à l'État, mais elle n'est pas, comme les deux premières, uniquement entretenue par lui ; elle est subventionnée par une fondation pieuse. De plus, l'établissement n'est pas une école secondaire proprement dite ; il est à la fois école secondaire et école normale d'institutrices [1].

Le programme obligatoire de l'école comprend : la religion, l'allemand, le français, l'histoire, la géographie, l'arithmétique, la physique, l'histoire naturelle, la calligraphie, les travaux à l'aiguille, le dessin, le chant, le piano.

Le programme comprend de plus, à titre facultatif, l'anglais et le violon.

L'enseignement particulier au cours pédagogique comprend : la géométrie et la pédagogie.

Les trois établissements reçoivent des jeunes filles internes. L'État a créé pour elles un certain nombre de bourses.

Il existe, outre ces établissements de l'État, un certain nombre d'écoles secondaires créées et entretenues par les villes. Citons : Munich, Augsbourg, Bayreuth, Hof, Ansbach, Ratisbonne, Würzbourg, Spire, Memmingen.

Les statuts, les règlements, les programmes varient suivant les villes.

Memmingen présente ce caractère particulier que l'école est à la fois école secondaire et école normale.

Toutes ces écoles ne reçoivent que des externes.

La direction des écoles secondaires de jeunes filles est confiée tantôt à des directeurs, tantôt à des directrices. L'enseignement est confié à un personnel mixte ; en général, ce sont des femmes qui donnent l'enseignement dans les classes inférieures ; des hommes, dans les classes supérieures.

---

[1] Il y a, de plus, pour les institutrices : l'Ecole normale d'institutrices de Haute-Bavière, à Munich (*Kreislehrerinnen-Bildungs-Anstalt für Oberbayern*). L'Ecole normale d'institutrices de Basse-Bavière à Straubing (*Kreislehrerinnen-Bildungs-Anstalt für Niederbayern*).
C'est le Cercle (*Kreis*) qui fait face à la dépense de ces écoles.

Saxe.

L'enseignement des jeunes filles, dans le royaume de Saxe, est régi par la loi de 1873.

Cet enseignement leur est donné à l'*école simple* (*einfache Schule*), à l'*école moyenne* (*mittlere Schule*), à l'*école secondaire* (*hœhere Schule*).

Les écoles sont à la charge de la commune qui les a fondées[1].

Elles ne sont ouvertes qu'aux jeunes filles externes.

Les élèves peuvent être dispensées des frais d'écolage.

Les écoles destinées à l'instruction secondaire des jeunes filles sont :

Les *hœheren Volksschulen* et les *hœheren Schulen*.

La Saxe possède cinq *hœheren Volksschulen* et deux *hœheren Schulen*.

Les *hœheren Volksschulen* les plus importantes sont celles de Zittau, Bautzen, Chemnitz.

Les *hœheren Schulen* sont celles de Dresde et de Leipzig.

L'enseignement dans les *hœheren Volksschulen* comprend : l'enseignement religieux, les leçons de choses, l'allemand, le français, l'anglais, la littérature, la géographie, l'histoire, les sciences mathématiques et naturelles[2], la mythologie, la pédagogie, la calligraphie, les ouvrages à l'aiguille, le dessin, le chant, la gymnastique[3].

L'enseignement dans les *hœheren Schulen* est, à peu près, le même : il est moins développé[4].

Le programme, dans les *hœheren Volksschulen* aussi bien que dans les *hœheren Schulen*, est, pour chaque établissement, arrêté par le Gouvernement.

La durée des études est de dix années, dans toutes ces écoles. Les jeunes filles y sont admises à l'âge de six ans.

Ces écoles ont à leur tête ou des directeurs ou des directrices.

L'enseignement y est donné indifféremment par des hommes ou par des femmes.

---

[1] L'Etat n'a pris à sa charge que la dépense des deux écoles normales d'institutrices de Dresde et Callnberg.

[2] Voir royaume de Prusse, page 101, note 1.

[3] Voir la brochure intitulée : *Ueber Stellung und Aufgabe der hœheren Tœchterschulen, etc., von Helscher*, 1871.

[4] Pour le programme d'études, voir : *Jahresbericht der stædtischen hœheren Tœchterschulen in Dresden, etc., von Dr Hausmann.— Sechster Bericht über die hœhere Schule für Mædchen zu Leipzig. 1878.*

Wurtemberg.

Les premières dispositions relatives à l'enseignement secondaire des jeunes filles dans le royaume de Wurtemberg datent de juillet 1877.

Un arrêté ministériel du 17 juillet 1877 nous donne la définition de l'école qui correspond à notre école secondaire.

« On entend par *hœhere Tœchterschule* l'école qui donne l'en-
» seignement à la jeune fille jusqu'à l'âge de 16 ans. Cet ensei-
» gnement, autant que possible, doit être réparti sur une durée
» de neuf années. Il peut être seulement de six ans, mais ne doit
» alors embrasser que l'enseignement donné dans les autres
» écoles pendant les six dernières années. »

La *hœhere Tœchterschule* doit offrir à la jeune fille « les connaissances éthiques, linguistiques et pratiques » (*ethischen, sprachlichen, und realistischen Kenntnissen* [1].)

Le Ministre nous indique [2] le programme d'enseignement qui doit embrasser :

La religion (y compris l'histoire ecclésiastique), la langue et la littérature allemandes, la langue française, la langue anglaise, l'arithmétique, les sciences naturelles comprenant l'histoire naturelle, les parties les plus importantes de la physique et de la chimie ; l'hygiène, la géographie, la calligraphie, le dessin, les ouvrages à l'aiguille, le chant, la gymnastique.

Ces écoles ont à leur tête un directeur qui a sous ses ordres un personnel enseignant mixte [3].

Elles sont fondées par les villes ou les particuliers. Elles sont dans les deux cas, et sous certaines conditions, subventionnées par l'État [4].

Signalons, indépendamment de ces écoles, les *hœheren Bürgerschulen*, ou *écoles secondaires bourgeoises* de jeunes filles. Ce sont des écoles qui correspondent à nos écoles primaires supérieures. Les jeunes filles, en général, y terminent leurs études à 14 ans ; l'enseignement y est « plus pratique » que dans les *hœheren Tœchterschulen* et ne comprend pas l'étude des langues vivantes. On peut cependant, à titre facultatif, y enseigner le français.

Citons encore les *Weiblichen Fortbildungsschulen* ou *écoles*

---

[1] Paragraphe 1.
[2] Paragraphe 2.
[3] Pour tout ce qui concerne le personnel, voir l'arrêté ministériel du 17 juin 1877. §§ 3, 4, etc.
[4] Voir le même arrêté ministériel, art. 5.

féminines de perfectionnement. Ces écoles s'adressent aux jeunes filles qui, ayant terminé leur instruction, veulent, le mot l'indique, se perfectionner dans l'étude, soit des langues, soit des connaissances pratiques ou professionnelles, soit des connaissances artistiques (*theils in Sprachen und Realien, theils in gewerblichen, theils in artistischen Sachen*).

Voici, à titre d'exemple, le programme suivi à l'*Ecole de perfectionnement* de Stuttgard.

Ce programme comprend :

Le calcul, la comptabilité, la rédaction des lettres d'affaires, la calligraphie, le dessin, les éléments de la géométrie, avec application aux travaux de femme et à la coupe des vêtements, le dessin, la peinture, le français, la littérature allemande, l'anglais, la géographie, l'histoire, la connaissance des marchandises, l'hygiène[1].

Bade.

Un certain nombre de villes du duché de Bade donnent aux jeunes filles un enseignement qui correspond à notre enseignement primaire supérieur.

Quelques villes ont organisé pour les jeunes filles un enseignement analogue à notre enseignement secondaire. Il est donné dans des écoles dites *hœheren Mædchenschulen.*

Ces écoles sont à la charge des villes, mais peuvent, sous certaines conditions indiquées par une Ordonnance du 29 juin 1877, être subventionnées par l'Etat.

Des subventions peuvent, sous les mêmes conditions, être accordées aux écoles fondées par des associations.

La subvention est, en général, du tiers de la dépense, défalcation faite de la somme couverte par les rétributions scolaires et les revenus personnels de l'établissement.

La subvention, néanmoins, ne peut dépasser 5,000 marcs par école[2].

Les écoles organisées d'après les dispositions de l'Ordonnance de 1877 sont celles de Baden-Baden, Heidelberg, Carlsruhe, Constance, Fribourg en Brisgau, Mannheim.

Les cinq premières ont été créées par les villes ; les deux dernières par des associations religieuses.

Les écoles suivent un programme d'études calqué sur le programme esquissé par l'Ordonnance du 29 juin 1877 (art. 4) et

---

[1] *Fortbildungsunterricht an der städtischen Gewerbschule.* Programme pour l'année 78-79.

[2] Le marc vaut 1 fr. 25.

arrêté par le Ministre de l'Intérieur, sur la proposition du Conseil supérieur des écoles (*Oberschulrath*).

Ce programme, sauf de légères variantes, est le même pour toutes les *hœheren Mædchenschulen* [1].

Il comprend :

La religion, l'allemand, le français, l'anglais, l'histoire, la géographie, les mathématiques, les sciences naturelles [2], la calligraphie, le dessin, les travaux à l'aiguille, le chant, la gymnastique.

La durée de l'enseignement est de sept années, dont quatre années pour les classes inférieures, et trois années pour les classes supérieures.

La jeune fille n'est admise à la *hœhere Tœchterschule* qu'à l'âge de 9 ans.

Un directeur se trouve à la tête de chaque école.

L'enseignement, dans chaque école, est donné par un personnel mixte.

Saxe-Meiningen.

Il existe pour les jeunes filles, dans le grand-duché de Saxe-Meiningen, sept écoles secondaires : celle de Salzungen, de Gildburghausen, de Sonneberg, de Pœssnach, de Saalfeld, et les 2 écoles de Meiningen.

Les plus importantes sont celle de Saalfeld et celle de Westhoven. Saalfeld est une école secondaire, Westhoven constitue à la fois une école secondaire et une école normale.

Le programme de l'*Institut de Westhoven* comprend : la religion, l'allemand, le français, l'anglais, la géographie, l'histoire, l'arithmétique, les sciences naturelles [3], le dessin, le chant, les travaux de femme.

L'école normale d'institutrices (*Lehrerinnen-Seminar*) comprend 3 cours annuels.

Les jeunes filles, pendant la première année, suivent les leçons de la *classe de perfectionnement* (*Fortbildungsklasse*) et com-

---

[1] Pour le détail voir :

    Baden-Baden (*hœhere Tœchterschule*), rapport de 1878.
    Heidelberg   —   rapport de 1878-79.
    Carlsruhe   —   —
    Constance   —   —
    Fribourg   —   —
    Mannheim   —   —

[2] Voir la note p. 101, au royaume de Prusse.
[3] *Ibid.*

plètent leurs études de religion, d'allemand, de français, d'histoire, de géographie, d'arithmétique [1].

Les jeunes filles sont de plus, tenues de suivre un cours de pédagogie.

Elles suivent, pendant la seconde année, le deuxième cours de l'*école de perfectionnement* (*Fortbildungsschule*). On leur fait, en outre, des leçons spéciales sur la psychologie, la discipline scolaire, la méthode, etc. Enfin, chaque jeune fille est chargée de la surveillance d'une division de l'*Institut de Westhoven*.

La troisième année est principalement consacrée à l'enseignement *pratique*. Les jeunes filles sont appelées éventuellement à faire les cours aux lieu et place des maîtres.

L'école normale d'institutrices n'est pas exclusivement affectée aux jeunes filles qui se vouent à l'enseignement. Elle reçoit, en même temps que les élèves-maîtresses, des jeunes filles qui, sans vouloir faire de l'enseignement leur carrière, désirent perfectionner leurs connaissances et approfondir les études qu'elles ont faites à l'école secondaire.

Les dépenses des écoles secondaires de filles du grand-duché de Saxe-Meiningen, sont, défalcation faite de la rétribution scolaire, supportées par les communes intéressées.

Les jeunes filles sont, en général, externes. Quelques-unes d'entre elles, cependant, sont admises en qualité d'internes.

A la tête des écoles se trouvent des directrices, qui ont sous leurs ordres un personnel enseignant mixte.

Saxe-Weimar.

La loi [2] du grand-duché de Saxe-Weimar ordonne la création de *Fortbildungsschulen* (écoles de perfectionnement) dans les arrondissements scolaires (*Schulbezirken*) qui n'ont pas d'école pouvant donner un enseignement supérieur à celui des écoles primaires.

Cette loi, obligatoire lorsqu'il s'agit des jeunes gens, est facultative lorsqu'il s'agit des jeunes filles.

La jeune fille, quand cette école existe, est tenue d'en suivre les cours pendant deux années [3].

Le but de l'école de perfectionnement est de « consolider les connaissances acquises à l'école primaire et en particulier de développer les connaissances et les aptitudes nécessaires dans la vie pratique [4]. »

---

[1] Elles peuvent également suivre les cours d'anglais, de dessin, et de chant.
[2] Loi du 24 juin 1874, art. 69.
[3] *Ibid.*, art. 72.
[4] *Ibid.*, art. 68. « ...... *In den erlangten Kenntnissen zu befestigen und in*

La durée de cet enseignement est limitée à un maximum de deux cours par semaine pendant le semestre d'hiver. L'enseignement peut être également donné pendant tout ou partie du semestre d'été. Les cours, cependant, ne peuvent se prolonger au delà de 6 heures par semaine.

Ces écoles sont à la charge des communes qui peuvent percevoir une rétribution scolaire.

Les cours sont faits par le personnel enseignant de l'arrondissement scolaire, (*Schulbezirk*) auquel on alloue un supplément de traitement.

Il n'y a, pour l'enseignement secondaire proprement dit des jeunes filles, que deux écoles : celle de Weimar, et celle d'Eisenach.

La première, *Sophienstift*, fondée, ainsi que l'indique son nom, par la grande-duchesse Sophie, est à la charge de Son Altesse royale.

La seconde, *Carolinenschule*, est à la charge de la commune.

L'enseignement de l'*école Sophie* embrasse la religion et l'histoire ecclésiastique, l'allemand, le français, l'anglais, l'arithmétique, l'histoire naturelle, la physique, l'astronomie, la géographie, l'histoire, l'antiquité classique, la mythologie, la littérature, le chant, le piano, le dessin, les travaux de femme, la gymnastique, la danse.

Le programme est un peu moins étendu à l'*école Caroline* [1].

Ces deux écoles ne reçoivent que des jeunes filles externes. Remarquons cependant que pour l'*école Sophie*, dans le but de ne pas favoriser exclusivement les jeunes filles de Weimar, on s'est entendu avec des pensionnats privés, qui reçoivent, en qualité d'internes, des jeunes filles venues à Weimar pour suivre les cours de la *Hœhere Tœchterschule*.

Une école normale d'institutrices (*Lehrerinnen-Seminar*) est annexée à chacune de ces écoles.

L'État se charge d'une partie de la dépense des élèves-maîtresses.

Les deux écoles ont à leur tête un directeur, qui a sous ses ordres un personnel enseignant mixte.

Chaque classe de l'*école Sophie* est placée sous la surveillance d'une institutrice qui assiste à toutes les leçons [2].

---

denjenigen *Kenntnissen und Fertigkeiten, welche vorzugsweise fœrderlich für das bürgerliche Leben sind, weiter zu bilden.* »

[1] Il ne comprend, en effet, ni l'histoire ecclésiastique, ni l'astronomie. Il passe également sous silence l'étude de l'antiquité classique, de la mythologie, et de la littérature.

[2] Voir *Prospectus des Sophienstiftes in Weimar, einer Unterrichts- und Erziehungs-Anstalt für Tœchter hœherer Stände.* — *Erster Bericht über die*

Hesse.

L'enseignement secondaire dans le grand-duché de Hesse est, en majeure partie, abandonné à l'initiative privée.

Il existe cependant quelques écoles qui, désignées sous le nom de *Erweiterten Volksschulen*, donnent un enseignement qui se rapproche plus de notre enseignement primaire supérieur que de notre enseignement secondaire proprement dit : ce sont les *Mittelschulen* et les *Bürgerschulen*, dont les unes sont mixtes, et dont les autres sont exclusivement consacrées aux jeunes filles[1].

Il peut également être créé pour les jeunes filles des *Fortbildungsschulen* ou écoles de perfectionnement, qui font suite aux écoles primaires.

L'enseignement secondaire proprement dit est donné aux jeunes filles dans les *Hœheren Mædchenschulen* d'Offenbach et de Darmstadt.

Ces écoles correspondent aux *Gymnasien* et aux *Realschulen* des jeunes gens[2].

Elles sont à la charge des villes d'Offenbach et de Darmstadt.

Elles relèvent de l'État. Toutes les dispositions qui régissent les *Gymnasien* et les *Realschulen* leur sont applicables.

L'école de Darmstadt, réorganisée en 1876, comprend, outre l'école secondaire, un cours normal.

L'enseignement donné à l'école secondaire et au cours normal comprend : la religion, l'allemand, le français, l'anglais, les sciences naturelles, l'arithmétique et la géométrie, l'histoire, le dessin, le chant, la gymnastique, les travaux manuels.

On enseigne, de plus, au cours normal, l'histoire ecclésiastique, la littérature allemande, la pédagogie.

A la tête de l'école se trouve un directeur, qui a sous ses ordres le personnel composé de professeurs et d'institutrices.

Carolinen-Schule zu Eisenach (1875). *Zweiter Bericht über die Carolinen-Schule und erster Bericht über das Lehrerinnen-Seminar zu Eisenach* (1878).

[1] Ces écoles sont les suivantes :
Die hœhere Bürgerschule für Knaben und Mædchen in Gross-Gerau.
Die Mittelschule für Knaben und Mædchen, in Grünberg.
— — *in Lien.*
— *Mædchen in Darmstadt.*
Die erste Bürgerschule für Mædchen, in Offenbach.
Die hœhere Mædchenschule, in Giessen.

[2] Voir *Statistiche Nachweisungen über das Volksschulwesen im Grossherzogthum Hessen.*

Hesse-Cassel.

Il y a dans le Grand-Duché de Hesse-Cassel, outre deux écoles secondaires mixtes, deux *Hœheren Tœchterschulen* à Corbach et à Arolsen.

Elles sont à la charge de ces villes.

Les jeunes filles sont externes.

Le programme de l'école d'Arolsen comprend : la religion, l'allemand, le français, l'anglais, l'histoire, la géographie, l'arithmétique, les sciences naturelles, le dessin, la calligraphie, les travaux à l'aiguille, le chant.

L'enseignement est donné en partie par des hommes, en partie par des femmes.

Oldenbourg.

On compte dans le grand-duché d'Oldenbourg deux *Hœheren Tœchterschulen*, à Varel et à Oldenbourg.

Ces écoles sont à la charge de ces deux villes.

Elles ne sont ouvertes qu'aux jeunes filles externes.

Le programme d'enseignement est celui que nous venons d'indiquer pour l'école d'Arolsen.

A la tête de l'établissement se trouve un directeur qui a sous ses ordres le personnel enseignant, composé de professeurs et d'institutrices.

Anhalt.

Il y a dans le duché d'Anhalt quatre écoles publiques destinées à l'enseignement secondaire des jeunes filles.

Les plus importantes de ces écoles sont celles de Dessau et de Bernburg.

L'école de Dessau est à la fois une école secondaire et une école normale.

Le programme d'enseignement de l'école secondaire comprend : la religion, l'allemand, le français, l'anglais, la géographie, l'histoire, l'histoire de l'art, les sciences naturelles comprenant la botanique, la zoologie, la minéralogie, la physique, la chimie, l'anatomie et la physiologie ; l'arithmétique, la calligraphie, le dessin, le chant, les travaux de femme, la gymnastique, des leçons sur la vocation de la femme.

Le programme de l'école normale est le même ; l'étude en est plus approfondie. On y ajoute l'enseignement de la pédagogie.

A la tête de l'école se trouve un directeur ayant sous ses ordres le personnel enseignant qui, sauf une institutrice, ne se compose que de professeurs-hommes [1].

Le programme de l'école secondaire de Bernburg se rapproche beaucoup de celui de Dessau. Remarquons cependant qu'on enseigne en outre à Bernburg l'histoire littéraire et la mythologie.

C'est également un directeur qui se trouve à la tête de l'école. Le personnel, sauf trois institutrices, n'est composé que de professeurs-hommes [2].

Ces écoles, qui ne reçoivent que des externes, sont à la charge de l'Etat. Il subventionne de plus deux écoles secondaires privées.

Signalons encore les *écoles moyennes* mixtes de Rosslar et de Harzgerode, où l'on donne aux jeunes filles un enseignement qui correspond à notre enseignement primaire supérieur. Ces écoles sont également entretenues par l'Etat.

Citons enfin pour les autres Etats :

La *Stædtische Mædchenschule und Lehrerinnen-Bildungs-Anstalt* de Brunswick, dans le duché de Brunswick.

La *hæhere Mædchenschule* de Sondershausen, dans la principauté de Schwarzbourg-Sondershausen.

La *Stædtische hæhere Tæchterschule* de Greiz, dans la principauté de Reuss.

La *hæhere Tæchterschule* de Bückebourg, dans la principauté de Schaumbourg-Lippe, etc., etc., etc.

Telles sont les dispositions qu'a dictées en Allemagne le double désir de donner à la femme une instruction propre à développer ses qualités intellectuelles et morales, et de lui assurer une existence honorable en lui ouvrant la carrière de l'enseignement, pour laquelle elle a des aptitudes toutes spéciales.

ITALIE.

Abstraction faite de six *Collèges* appartenant à l'Etat, les jeunes filles, il y a vingt ans, ne recevaient l'instruction que

---

[1] A consulter : *Bericht über die Herzogliche hæhere Tæchterschule und das Lehrerinen-Seminar zu Dessau.* (Année 1876-1878.)

[2] *Lehrplan der Herzogl. hæheren Tæchterschule-Friederikenschule zu Bernburg* (Année 1878-1879.)

dans des *convitti* établissements religieux dont la plupart bornaient leurs leçons à l'enseignement primaire.

Mais l'Italie comprit que « l'éducation doit être la préparation
» à la vie, et que le monde n'est pas un couvent [1] ».

Aussi l'Italie essaya-t-elle d'organiser l'enseignement de la
femme.

La première, la municipalité de *Milan* ouvrit en 1861, une
école supérieure de jeunes filles.

Cet exemple fut suivi, en 1864, par la municipalité de Turin.

Le succès de ces deux écoles, dues exclusivement à l'initiative
et à la munificence de ces deux villes, appela l'attention de
l'Etat, qui promit de larges subventions aux municipalités qui
créeraient des *écoles supérieures* de jeunes filles.

L'appel fut entendu, et l'exemple suivi, par les municipalités
d'Asti, de Gênes, de Venise, de Padoue, de Bologne, de Florence,
de Rome.

Les jeunes filles reçoivent, dans toutes les *écoles supérieures*,
un minimum d'instruction qui comprend : la morale, la langue
et la littérature italiennes, la géographie, l'histoire générale et
l'histoire de l'Italie, la langue et la littérature françaises, l'hygiène et les sciences naturelles, l'arithmétique et la comptabilité
domestique, le dessin, la calligraphie, la gymnastique, les travaux de femme.

C'est le programme obligatoire.

Il existe, en outre, un programme facultatif qui varie d'école
à école.

Les cours sont de trois années. Ils sont, depuis 1871, de
quatre années, à Rome et à Milan.

Ils ne sont suivis que par des jeunes filles externes qui, pour
entrer dans ces écoles, doivent avoir 12 ans accomplis et subir
un examen.

La rétribution scolaire est, en moyenne, de 50 lires par an.

Elle varie cependant de 100 à 200 lires à Turin et à Rome.

L'enseignement est, dans la plupart des écoles, donné par des
hommes.

Le nombre des femmes capables de donner l'enseignement
dans ces établissements secondaires était, on le comprend, fort
restreint, au moment où furent créées les premières *écoles supérieures de jeunes filles.*

Ces établissements formèrent peu à peu des jeunes filles capables de donner, à leur tour, l'enseignement qu'elles avaient
reçu. Mais ils ne délivraient pas de diplôme, et les jeunes filles,
dans l'impossibilité de produire ce brevet, se virent refuser le

---

[1] « *Che l'educazione vuolessere un a preparazione alla vita e il mondo non
e un convento* », (*Relazione statistica sulla Istruzione pubblica e privata in
Italia, compilata da documenti ufficiali per l'esposizione di Parigi.* p. 132.)

droit d'enseigner dans les *écoles supérieures* qui venaient d'être créées.

C'est pour combler cette lacune que l'on annexa, par décret en date du 15 septembre 1873, à l'école normale de Florence et à celle de Rome, deux *cours normaux*.

On y enseigne : la littérature italienne, la langue française, la géométrie, l'algèbre, la physique, l'histoire, la géographie, l'histoire de la pédagogie, l'histoire des méthodes d'enseignement.

On ajoute à cet enseignement celui de l'allemand à Rome, de l'anglais à Florence.

L'Etat pour ces deux cours a créé des bourses de 400 lires. Les jeunes filles qui bénéficient de ces bourses sont tenues d'entrer à l'école en qualité d'internes.

Le Gouvernement italien ne se contenta pas de stimuler l'initiative des municipalités et d'ouvrir aux jeunes filles la carrière de l'enseignement secondaire.

Il eut à cœur de réorganiser les nombreux établissements qui donnaient l'enseignement aux jeunes filles dans les différentes partie du royaume.

Ces établissements n'étaient soumis à aucune règle fixe ; les programmes, les conditions d'admission, etc., variaient suivant l'état social des jeunes filles.

L'enseignement était donné par des religieuses, et le programme, le plus souvent, ne dépassait guère les limites de l'enseignement primaire.

Le Gouvernement italien, s'efforça de concilier les droits que les établissements tenaient de leur acte de fondation, ou ceux qu'ils pouvaient avoir acquis postérieurement, avec le droit de surveillance, de direction qu'il était appelé à exercer au nom des anciens royaumes dont il était le représentant. Il chercha à mettre en harmonie avec les idées modernes des institutions qui ne répondaient plus, ni aux vues, ni aux aspirations de l'Italie.

C'est ce qu'il fit pour les *Conservatorii* de la Toscane, par le décret du 6 octobre 1867.

Ce décret, après avoir défini[1] l'objet des *Conservatorii*, en disant qu'ils ont pour but l'instruction et l'éducation des jeunes filles, place ces établissements sous la dépendance du Ministre de l'Instruction publique, chargé de les surveiller et de les diriger.

La ligne de démarcation entre l'enseignement primaire et l'enseignement secondaire n'était pas nettement tracée dans tous ces établissements ; le plus grand nombre d'entre eux suivait un programme qui ne dépassait guère les limites de l'instruction primaire.

[1] Article 1.

Le décret divise les *Conservatorii* en trois classes :

Les *Conservatorii* de la *classe inférieure* dans lesquels on suit le programme des écoles primaires ;

Les *Conservatorii* de la *classe moyenne*, dans lesquels on donne l'enseignement primaire, *inférieur* et *supérieur*, et où l'on fait, de plus un cours destiné à la fois, à perfectionner les jeunes filles dans l'étude de l'italien, de l'arithmétique, de l'histoire, de la géographie, du dessin, de la calligraphie, des travaux de femme, et à les préparer aux fonctions de maîtresses des écoles primaires inférieures ;

Les *Conservatorii* de la *classe supérieure* qui, outre les cours élémentaires, comprennent un *cours de perfectionnement* (*corso perfettivo*) d'une durée minima de trois ans. On y enseigne la langue et la littérature italiennes, la langue française, l'histoire, la géographie, l'arithmétique, les notions de la géométrie et des sciences naturelles.

Le Gouvernement dans presque tous les *Conservatorii*, a remplacé les directrices et les institutrices religieuses par des directrices et des institutrices laïques.

Il voulut de même réorganiser les *Collegi di Maria di Sicilia* en les rattachant au Ministère de l'Instruction Publique. C'est ce qu'il essaya de faire par le décret du 20 juin 1871. La plupart des *colleges de Marie* se soumirent à cette mesure. Ceux de Palerme protestèrent en invoquant leur qualité d' « institution pieuse » et obtinrent gain de cause devant les tribunaux. Peut-être serait-il facile au Gouvernement de triompher de ces obstacles en provoquant l'intervention du Pouvoir législatif.

Le Gouvernement, enfin, par des décrets successifs, réorganisa ses *colleges*[1].

Ces *colleges*, qui ne faut pas confondre avec certains établissements qui portent le titre de *collèges royaux*, sont :

Le *Real Collegio femminile* de Vérone, l'*Istituto della S. S. Annunziata* de Florence, l'*Educatorio Maria-Adélaïde* de Palerme, le *Collegio reale delle fanciulle* de Milan, les *Educatorii Principessa Maria Clotilde*, *Regina Maria Pia*, e *Principessa Margherita* à Naples.

Chaque *college* est régi par un décret spécial qui, pour chacun d'eux, consacre des règles particulières.

Nous pouvons néanmoins dégager de ces décrets quelques dispositions qui sont communes à tous ces *colleges*. D'abord ils relèvent directement de l'Etat ; ils sont tous à sa charge. Chaque *college* comprend deux sections : une *section élémentaire*, qui est

---

[1] Vérone, 21, luglio 1870 ; Florence, 17 marzo 1872 ; Palerme, 30 gennaio 1873 ; Milan, 21 ottobre 1873 ; Naples, 3 ottobre 1875.

de quatre années : une *section de perfectionnement* qui, suivant les établissements, varie de trois à cinq années.

Le programme de la *section de perfectionnement* rappelle celui des *écoles supérieures de jeunes filles*. Mais il est plus étendu que celui de ces écoles, notamment pour les langues étrangères et les arts d'agrément.

Ces *colleges* sont gérés par des Conseils d'administration et de direction, dont la composition varie pour chacun d'eux.

Tout ce qui concerne les études, l'ordre intérieur et la discipline est laissé aux soins de directrices nommées par décret royal et qui ont sous leurs ordres des institutrices nommées par arrêté ministériel.

L'enseignement, dans les classes élémentaires, est donné par des maitresses. Il est confié à des professeurs dans les classes de perfectionnement.

Ces *colleges* ne sont ouverts qu'aux élèves internes. Le prix moyen de pension est de 2.000 lires par an. Le Gouvernement a créé des bourses et des demi-bourses dont le nombre varie suivant le décret spécial à chaque *collège*. Elles sont données, au concours aux jeunes filles dont les parents ont rendu des services à la chose publique.

Il serait intéressant d'étudier dans leur détail les décrets spéciaux à chacun de ces *colleges*. Mais le cadre de notre rapport ne nous permet pas de nous livrer à cette étude. Nous croyons cependant devoir donner un aperçu succinct des dispositions qui régissent les *Educatorii Principessa Maria Clotilde e Regina Maria Pia*.

Ces *Educatorii* ont un *cours élémentaire* et un *cours de perfectionnement*, dont la durée pour chacun d'eux est de quatre années[1].

Le programme du cours élémentaire n'est autre que le programme des cours élémentaires proprement dits, auxquels on ajoute les éléments de deux langues vivantes[2].

Le programme obligatoire des cours de perfectionnement comprend :

La religion, la langue et la littérature italienne, l'histoire et la géographie, l'arithmétique, la géométrie, l'économie domestique, les éléments de l'éthique et de la pédagogie, les éléments de la physique et de la chimie, l'histoire naturelle l'hygiène, la langue française, la langue anglaise, la calligraphie, le dessin linéaire, le dessin d'ornement, les travaux de femme, la danse et la gymnastique[3].

Le personnel de chaque *college* se compose d'une directrice, d'une vice-directrice, d'un directeur des études, d'un directeur

[1] Décret du 5 octobre 1875, article 16.
[2] Ibid. article 17.
[3] Ibid. article 18.

spirituel, de maîtresses d'études et d'institutrices internes, de professeurs qui n'habitent pas l'établissement[1].

Les deux *colleges* sont dirigés et administrés par un Conseil unique[2].

Ils sont, comme les autres *colleges*, exclusivement réservés aux élèves internes.

Le Gouvernement a de même, dans ces deux établissements, créé des bourses. Les conditions pour l'obtention de ces bourses sont les mêmes que dans les autres établissements.

Le Conseil d'administration et de direction examine les titres des jeunes filles, les classe suivant leur mérite et envoie ce travail au Ministre, qui fait la répartition des bourses.

Le décret spécifie qu'à conditions égales entre les concurrentes, la gratuité est de préférence accordée à celle dont la famille est dans la condition de fortune la plus précaire. Il ajoute que la jeune fille cesse d'avoir droit à cet avantage, si son travail ne répond pas à la faveur dont elle a été l'objet, et notamment si elle échoue deux fois aux examens annuels de promotion[3].

Tel est l'exposé rapide des tentatives faites en Italie en faveur de l'enseignement secondaire des jeunes filles.

Ce ne serait là que le prologue de l'œuvre, si l'on en croit grand nombre de législateurs et de penseurs italiens. On se heurte à des habitudes, à des préjugés. On demande, pour triompher de ces obstacles, une intervention plus active de l'Etat.

Le gouvernement vient de se rendre à ce vœu.

Le Ministre de l'Instruction publique, l'honorable M. Coppino, a déposé, il y a quelques jours[4], un projet de loi tendant à instituer un *gymnase* de jeunes filles dans la ville principale de chaque province, pourvu que la province compte 200,000 âmes, ou que dans le cas contraire, la population de la ville principale soit au minimum de 60,000 habitants[5].

Ce projet permet de même, après entente avec les provinces et les villes, d'ouvrir des *gymnases* de jeunes filles dans les autres chefs-lieux de province et même dans les chefs-lieux d'arrondissement lorsque la population y atteint le chiffre de 100,000 âmes; et, au cas contraire, de réunir entre elles les différentes circonscriptions de manière à créer un gymnase à raison de 100,000 habitants[6].

---

[1] Décret du 5 octobre 1875, articles 13 et 14.
[2] Ibid. articles 1 et 10.
[3] Ibid. articles 8, 20, 21, 22, 23.
[4] 5 mai 1879.
[5] Projet, art. 7 combiné avec l'art. 3.
[6] Projet, art. 7 combiné avec l'art. 4.

Il prévoit enfin dans les grandes villes du royaume, après entente avec les provinces et les villes, la création d'*écoles supérieures de jeunes filles*.

RUSSIE.

L'enseignement secondaire, en Russie, est donné aux jeunes filles dans des établissements qui portent le nom d'*instituts*, de *gymnases* et de *progymnases*.

L'origine des *instituts* remonte à environ un siècle. Le premier de ces établissements fut fondé par la grande Catherine, dont l'œuvre fut continuée par l'impératrice Maria-Feodorovna. Cette dernière affecta, par testament, à la fondation de ces établissements la majeure partie de sa fortune. Cette fortune est administrée par la *IVe section* (établissements de bienfaisance, placés sous la direction de S. M. l'Impératrice) *de la Chancellerie privée de l'Empereur*.

La *IVe section* administre des capitaux considérables, dont les revenus sont affectés aux établissements classés sous cette rubrique. Cette *section* est, de plus, alimentée par la rétribution scolaire et par le produit de la fabrication et de la vente des cartes à jouer, qui se chiffre par un revenu annuel de plus de 2 millions de roubles [1].

Les *instituts* furent, à l'origine, créés dans le but de donner l'instruction et l'éducation aux jeunes filles nobles et aux filles de fonctionnaires et de militaires. Cette règle a fléchi avec le temps, et la plupart des *instituts* aujourd'hui sont ouverts aux jeunes filles de toutes les *classes*. Chaque *institut* dispose d'un nombre considérable de bourses, que l'on accorde de préférence aux orphelines, et parmi les orphelines, de préférence aux filles d'anciens fonctionnaires.

Les *instituts* n'admettent que des élèves internes.

La Russie compte trente-six *instituts*. Il y en a neuf à Saint-Pétersbourg ; huit à Moscou ; les autres se trouvent à Kharkov, Odessa, Kiev, Poltava, Biélostok, Kazan, Novotcherkask, Saratov, Nijni-Novgorod, Tambov, Orel, Kertch, Orembourg, Irkoutsk, Tiflis, Varsovie, Tobolsck, Ekatérinodar et Kronstadt.

Deux des *instituts* de Saint-Pétersbourg ont des cours de pédagogie pour les jeunes filles qui se vouent à l'enseignement.

L'un de ces *instituts* a un cours spécialement réservé aux jeunes filles qui se vouent à l'enseignement du français.

L'un des *instituts* de Moscou a également ouvert des cours de pédagogie.

---

[1] Le rouble argent vaut environ 4 fr. 50.

Les jeunes filles, dans ces *instituts*, peuvent faire un stage et devenir « dames de classe [1]. »

Le niveau des études, dans les *instituts*, n'était pas, à l'origine, ce qu'il est aujourd'hui. On a fait de tout temps dans les programmes d'études, une large part aux langues vivantes et à l'étude de la langue française en particulier, mais on sacrifiait un peu l'enseignement scientifique.

Les programmes, peu à peu, ont comblé cette lacune. Ils comprennent aujourd'hui : la religion, les langues russe, française et allemande, l'histoire universelle et plus spécialement celle de la Russie, la géographie générale et en particulier celle de la Russie, les sciences mathématiques, physiques et naturelles, etc...

Les *instituts* comprennent sept classes. A leur tête sont placées des directrices qui ont sous leurs ordres le personnel enseignant composé, en général, de professeurs-hommes. Les femmes, le plus souvent, donnent l'enseignement dans les classes inférieures.

Une dame assiste toujours aux leçons faites par les professeurs-hommes.

Il y a dans chaque *institut* un inspecteur des études.

A une époque où l'on ne s'était pas encore départi de la règle de n'admettre dans les *instituts* que les jeunes filles appartenant à certaines *classes* de la société, l'Impératrice Maria-Alexandrovna ouvrit les *gymnases* pour les jeunes filles de la *bourgeoisie*.

Ces *gymnases*, comme les *instituts*, sont du ressort de la IVe *section*. Les *gymnases* ne sont ouverts qu'aux jeunes filles externes.

Quarante *gymnases* environ relèvent de la IV[o] section.

On en compte neuf à Saint-Pétersbourg. Il y en a cinq à Moscou ; deux à Kiev. Les autres se trouvent à Astrakhan, Vilna, Vitebsk, Grodno, Jitomir, Kamenetz-Podolsk, Kovno, Minsk, Mohilev, Riasan, Saratof, Simbirsk, etc ;

Le programme d'enseignement de ces *gymnases* embrasse :

L'instruction religieuse ; la langue russe, l'histoire de la littérature russe et la grammaire slave ; la langue française ; la langue allemande ; l'histoire universelle et plus spécialement l'histoire de la Russie ; la géographie universelle et plus spécialement la géographie de la Russie ; les sciences mathématiques, comprenant : l'arithmétique, la géométrie, l'algèbre, la cosmographie ; les sciences physiques et naturelles, comprenant : la physique, la zoologie, la botanique, la minéralogie, la physio-

---

[1] Nous devons ces renseignements à l'obligeance de M. le prince Cantacuzène, comte Spéranski, gentilhomme de la Chambre de S. M. l'Empereur, délégué du Ministère de l'Instruction publique de Russie à l'Exposition universelle de 1878.

logie et l'hygiène de l'enfance; la pédagogie; la calligraphie; le dessin ; la danse; le chant; la gymnastique.

Quelques établissements, outre les langues vivantes indiquées au programme, enseignent la langue anglaise [1].

Ces *gymnases* sont divisés en sept classes. Ils ont, de plus, une *classe préparatoire*.

L'enseignement, jusqu'à la troisième classe, est donné par des institutrices qui sont, en général, des élèves ayant suivi les cours pédagogiques de Saint-Pétersbourg. L'enseignement, dans les trois premières classes, est donné par des hommes.

Ces établissements, comme les *instituts*, ont un inspecteur des études et sont placés sous l'autorité d'une directrice.

A côté des *instituts* et des *gymnases* de la *IVᵉ section*, se placent les *gymnases* et les *progymnases du ressort du Ministère de l'Instruction publique*.

Ils n'admettent, comme les *gymnases* de la *IVᵉ section*, que des jeunes filles externes.

La dépense de ces établissements est couverte par les revenus des propriétés de l'établissement, les rétributions scolaires, le contingent fourni par les municipalités, la part payée par les états provinciaux, les sommes allouées par l'Etat.

L'Etat supporte, de plus, la dépense totale des *gymnases* et *progymnases* de jeunes filles en Pologne, ainsi que celle des écoles secondaires de Vilna et de Kolm.

Les établissements qui relèvent du Ministère sont au nombre de soixante-douze *gymnases* et de cent soixante *progymnases*.

Les *gymnases* sont composés de sept classes [2].

Les *progymnases*, en général, n'ont que trois classes; ils peuvent en avoir un plus grand nombre; le programme des études augmente alors en proportion, et conformément aux programmes des classes correspondantes des *gymnases* [3].

Le programme des *gymnases* et des *progymnases* est obligatoire ou facultatif.

Le programme obligatoire des *progymnases* à trois classes comprend :

L'instruction religieuse, la langue russe [4], des notions d'histoire et de géographie de la Russie et un aperçu de la

---

[1] Les programmes d'enseignement sont aujourd'hui les mêmes dans les *instituts* et les *gymnases de la IVᵉ section*.

[2] Statut des gymnases et des progymnases de filles, du ressort du Ministère de l'Instr. publique (art. 4).

[3] *Ibid.*, art. 5 et 24.

[4] Lecture, avec explication du sens des mots et des phrases et premiers éléments de grammaire.

géographie générale, l'arithmétique [1], la calligraphie, les travaux à l'aiguille.

Le programme obligatoire des *gymnases* comprend : l'instruction religieuse, la langue russe [2], l'arithmétique avec application à la comptabilité, les éléments de la géométrie, la géographie générale et en particulier celle de la Russie, l'histoire universelle et en particulier celle de Russie, les éléments de l'histoire naturelle et de la physique, quelques principes d'économie domestique et d'hygiène, la calligraphie, les travaux d'aiguille, la gymnastique [3].

Le programme facultatif des *gymnases* et *progymnases* comprend :

La langue française, la langue allemande, le dessin d'imitation, la musique, le chant, la danse [4].

Il peut être annexé aux *gymnases* et aux *progymnases* une *classe préparatoire*. Elle est destinée à enseigner aux petites filles la lecture et l'écriture [5].

Il peut, outre le cours septennal des *gymnases*, être créé un *cours spécial et complémentaire* de un ou de deux ans, pour les jeunes filles qui se destinent à la carrière de l'enseignement [6].

On enseigne aux jeunes filles du cours spécial les principes de l'éducation, ainsi que les méthodes et les systèmes d'enseignement applicables au cours des *gymnases*. Les jeunes filles font, de plus, sous la direction des maîtres et des maîtresses de l'établissement des *exercices pratiques de pédagogie* [7].

Les *gymnases* et les *progymnases* sont placés sous la juridiction du curateur de l'arrondissement scolaire. C'est le curateur qui décide la création de ces établissements [8].

Il y a, pour chaque *gymnase* et *progymnase* deux conseils :

Un *conseil de gestion*, composé de personnes des deux sexes, choisies par les corporations et sociétés qui entretiennent à leurs frais le *gymnase* et le *progymnase*; un *conseil pédagogique*, composé du directeur du *gymnase* des jeunes gens ou de l'*école réale*, de la directrice, et de toutes les personnes atta-

---

[1] Les quatre premières règles appliquées à des nombres entiers ; la numération, les fractions et surtout l'application pratique de ces connaissances au calcul.

[2] La grammaire et la connaissance des principaux chefs-d'œuvre de la littérature.

[3] Statut, art. 25.

[4] Statut, art. 26.

[5] *Ibid.*, art. 31.

[6] *Ibid.*, art. 4 et 27.

[7] *Ibid.*, art. 28.

[8] *Ibid.*, art. 3.

hées à l'établissement, pour donner l'instruction ou l'édu-
ation[1].

Le président du conseil pédagogique a la haute direction du
gymnase ou *progymnase*[2].

L'administration du *gymnase* ou *progymnase* est confiée à une
directrice, qui a sous ses ordres les surveillantes attachées à l'é-
tablissement en qualité d'aides de la directrice[3].

L'enseignement est donné par des hommes; la directrice et les
surveillantes peuvent, quand elles ont leur diplôme de précep-
trice ou d'institutrice privée, « enseigner à leur choix, et avec
rétribution, une partie du programme des *progymnases*, ou des
trois classes inférieures des *gymnases*[4] ».

Signalons enfin, pour l'enseignement secondaire des jeunes
filles, des établissements privés, dont la création est subordonnée à l'autorisation du curateur de l'arrondissement scolaire.

Ces établissements, au nombre de cent soixante-dix environ,
ont divisés en deux catégories :

Ceux du *premier degré*, qui doivent avoir un minimum de six
classes ;

Ceux du *second degré*, qui doivent avoir un minimum de trois
classes.

Le programme de l'enseignement est soumis à l'approbation du
curateur.

Il existe encore une quarantaine d'établissements destinés
aux jeunes filles des ecclésiastiques qui relèvent du Saint-
Synode.

L'enseignement y est donné par des laïques.

HOLLANDE.

En Hollande, l'enseignement secondaire des jeunes filles n'a
été inscrit pour la première fois dans la loi que le 2 mai 1863.
Mais les mœurs avaient en quelque sorte devancé la loi. Il y
avait, en effet, à cette époque, un grand nombre d'écoles où,
sous couleur d'enseignement primaire supérieur, on donnait
aux jeunes filles un véritable *enseignement moyen*, cette expression entendue dans le sens qu'on lui donne en Hollande.

Chose digne de remarque. Le législateur, soit qu'il ait eu spé-

---

[1] Statut, art. 7, 10, 17.
[2] *Ibid.*, art. 18.
[3] *Ibid.*, art. 8.
[4] *Ibid.*, art. 9.

cialement en vue l'enseignement des garçons, soit qu'il ait trouvé suffisante l'instruction donnée aux filles, s'est borné à jeter incidemment dans la loi le germe de l'enseignement secondaire des jeunes filles.

La loi, qui a 95 articles, organise puissamment et avec un soin minutieux l'enseignement des jeunes gens.

Elle divise[1] les *écoles moyennes* en *moyennes inférieures* (Burgerscholen) et *moyennes supérieures* (Hoogere Burgerscholen), et ces dernières en écoles *moyennes supérieures à cours quinquennal*, et en écoles *moyennes supérieures à cours triennal*[2]; elle règlemente les programmes de ces différentes écoles[3]; décide qu'il sera créé au minimum quinze écoles *moyennes supérieures* de l'Etat, dont cinq au moins à cours quinquennal, etc. Puis[4], dans le paragraphe final d'un article relatif au plan d'organisation de l'enseignement des jeunes gens, elle ajoute :

« Les communes, les provinces ou les particuliers qui crée-
» ront des *écoles moyennes* pour les jeunes filles, avec ou sans
» subvention de l'Etat, seront libres de les organiser comme ils
» l'entendront, sous réserve toutefois des conditions auxquelles
» la subvention leur est accordée. »

Quoi qu'il en soit, peu de temps après la promulgation de la loi, Haarlem, Arnhem, Rotterdam, Dordrecht, Amsterdam, Deventer, Groningue, Utrecht et Leeuwarden, fondèrent successivement des écoles *moyennes supérieures*, dont six à *cours quinquennal*, et trois à *cours triennal*. Les classes du cours triennal de ces trois écoles « sont équivalentes aux trois classes supé-
» rieures des *écoles à cours quinquennal* ».

Et ce nombre, dit M. Steyn-Parvé, auquel nous empruntons cette nomenclature[5], « serait sans doute plus considérable si les
» limites entre l'instruction primaire supérieure et l'instruction
» secondaire avaient été indiquées avec plus de précision; l'in-
» certitude qui plane encore, à cet égard, est cause qu'on ren-
» contre dans plusieurs communes des écoles primaires, soit
» publiques, soit libres, qui, par rapport à l'âge des élèves et à
» l'extension qui est donnée à l'enseignement des langues vi-
» vantes, devraient plutôt être considérées comme des *écoles
» moyennes* ».

Ajoutons que bon nombre d'administrations communales, dé-

---

[1] Loi du 2 mai 1863, art. 12.
[2] *Id.*, art. 15.
[3] *Id.*, art. 13, 16 et 17.
[4] *Id.*, art. 21.
[5] Organisation de l'Instruction primaire, secondaire et supérieure, dans le Royaume des Pays-Bas, par M. Steyn-Parvé, docteur ès sciences, inspecteur de l'instruction secondaire (ouvrage publié sous les auspices de la Commission royale néerlandaise pour l'Exposition universelle de 1878).

sireuses d'ouvrir des écoles semblables pour les jeunes filles, ont dû renoncer à leur idée, devant la crainte de rompre l'équilibre de leur budget.

Six de ces écoles : Haarlem, Arnhem, Dordrecht, Deventer, Leeuwarden, Goes, reçoivent de l'Etat, à titre de subvention, une somme qui varie entre 3,500 et 5,000 florins[1].

Les programmes varient d'école à école. Nous pouvons, néanmoins, les ramener à un programme, dont voici à peu près le résumé :

Langues et littératures hollandaises, françaises, allemandes, anglaises; histoire, géographie, mathématiques, sciences physiques et naturelles, comprenant la physique, la chimie, la botanique, la zoologie ; hygiène, tenue des livres, notions d'économie sociale, notions sur les institutions politiques des Pays-Bas ; dessin et esthétique ; ouvrages à l'aiguille ; gymnastique ; chant.

A la tête de ces établissements se trouve une directrice, qui a sous ses ordres le personnel enseignant composé de professeurs-hommes et de professeurs-femmes. La littérature, en général, est enseignée par des professeurs-femmes ; les sciences par des professeurs-hommes. On fait souvent appel, pour l'enseignement scientifique, aux professeurs de l'*école moyenne supérieure* de jeunes gens.

Presque tous les professeurs-femmes sont pourvues de diplômes délivrés en conformité des art. 68 et suiv. de la loi du 2 mai 1863.

Les jeunes filles, pour être admises aux *écoles secondaires à cours quinquennal*, doivent avoir au minimum 12 ans; elles doivent avoir au moins 14 ans pour être reçues dans les *écoles secondaires à cours triennal*. Elles subissent un examen d'entrée.

Elles suivent, en général, tous les cours ; mais elles peuvent n'en suivre que quelques-uns. C'est la distinction adoptée en Suisse entre les élèves *régulières* et les élèves *externes*.

Les jeunes filles subissent des examens de fin d'année. Elles quittent l'école à l'âge de 17 ou 18 ans.

Le succès de ces écoles a répondu à la généreuse initiative des villes qui les ont créées. Les statistiques de M. Steyn-Parvé nous démontrent que le nombre des jeunes filles, dans chaque école, s'est constamment accru, et que chaque année, les examens des jeunes filles sont, comme résultat, supérieurs aux examens des jeunes gens.

---

[1] Le florin de Hollande vaut environ 2.08.

ANGLETERRE.

L'Angleterre n'a pas d'enseignement secondaire dirigé par l'Etat et entretenu aux frais du Trésor.

L'enseignement secondaire est, comme l'enseignement supérieur, abandonné à l'initiative privée ou à de puissantes et séculaires corporations. Il en résulte qu'il faudrait, pour faire un tableau exact de l'enseignement en Angleterre, examiner successivement toutes les grandes écoles.

Cela est vrai pour les écoles de jeunes gens; cela est encore plus vrai pour les écoles de jeunes filles, qui n'ont ni la même antiquité, ni les mêmes ressources, ni la même consécration politique. Aussi nous bornerons-nous à quelques indications générales.

Les établissements de jeunes filles ont adopté le *système tutorial*, en usage dans toutes les grandes écoles, c'est-à-dire qu'autour de l'école proprement dite sont groupées des bâtiments habités par les maîtresses chargées de l'enseignement. Elles y reçoivent les jeunes filles en qualité de pensionnaires et les y font vivre, sous leur direction, de la vie de famille.

Les rétributions à payer par les élèves, dans ces maisons, sont fort élevées, et quoiqu'on ait créé un certain nombre de bourses, on peut dire que l'instruction secondaire n'est accessible qu'aux jeunes filles des familles riches. M. Hippeau a donc raison de dire à la première page de son ouvrage sur l'instruction publique en Angleterre : « Aux Etats-Unis, l'éducation a été » reconnue, dès le principe, comme un droit appartenant à tous, » en Angleterre, comme un privilège réservé à quelques-uns. »

Nous passerons rapidement en revue les écoles anglaises les plus importantes.

CHELTENHAM.

L'Ecole de Cheltenham renferme trois divisions : la *classe enfantine* embrassant le *Kindergarten* et la *Junior School;* l'*Ecole;* le *College.*

L'enseignement comprend : les Écritures saintes.; la philosophie ; les langues anglaise, française, allemande ; le latin ; le grec ; l'histoire ; la géographie ; les sciences mathématiques, physiques et naturelles; la callisthénie[1].

---

[1] La callisthénie n'est pas précisément la gymnastique, ce n'est pas non plus la danse. C'est l'art de donner au corps de la force et de la grâce.

A cet enseignement peuvent s'ajouter des leçons supplémentaires sur différentes matières non comprises dans le programme.

A la tête de l'établissement se trouve une directrice, qui a sous ses ordres le personnel enseignant, exclusivement composé de femmes.

Autour du collège sont groupées huit maisons habitées chacune par vingt-cinq à quarante jeunes filles internes.

QUEEN'S COLLEGE.

Le Collège de la Reine reçoit à l'*Ecole du Collège* les jeunes filles à partir de l'âge de cinq ans; elles peuvent être reçues à l'établissement jusqu'à l'âge de quatorze ans.

Un cours de quatre années est ouvert aux jeunes filles de quatorze ans. Elles subissent, pour y être admises, un examen; une *classe préparatoire* est annexée à l'établissement pour les jeunes filles qui ne possèdent pas les connaissances voulues pour passer l'examen.

Le programme de ce cours embrasse la philosophie, la langue et la littérature anglaises, le français, l'allemand, l'italien, le latin, le grec, l'histoire, la géographie, les sciences mathématiques, physiques et naturelles, la théologie et l'histoire de l'Eglise, le dessin, la peinture, la musique, la callisthénie.

Il est, de plus, institué un certain nombre de cours pour les jeunes filles âgées de plus de dix-huit ans.

BEDFORD COLLEGE.

Les jeunes filles sont admises à *Bedford College* à l'âge de quatorze ans.

L'enseignement comprend les langues, les littératures anglaise, française, allemande, italienne, les langues latine et grecque, l'histoire, la géographie, les sciences mathématiques, physiques, et naturelles, l'économie politique, le dessin, la musique.

CAMDEN-SCHOOL.

Camden-School comprend deux écoles

The *North London Collegiate* et *Camden School for Girls*. Cette école créée postérieurement à la première, ne donne, à vrai dire, qu'un enseignement primaire supérieur. Elle a été ouverte pour répondre « aux besoins de la classe intermédiaire qui ne peut pas payer les prix de l'ancienne école. »

The *North London Collegiate* suit un programme qui comprend l'instruction religieuse; les langues anglaise, française, allemande; la langue latine; l'histoire; la géographie; les sciences

mathématiques, physiques, et naturelles; l'économie politique ;
l'économie domestique; l'hygiène; les travaux à l'aiguille; le
dessin; le chant; la callisthénie.

CAMBRIDGE.

L'Association pour le développement de « l'Education supérieure des femmes » à Cambridge a pour but de donner l'enseignement supérieur aux jeunes filles.

L'enseignement créé par l'Association embrasse : l'enseignement religieux, la langue et la littérature anglaises anciennes
(*early english language and litterature*), l'allemand, le français,
le latin, le grec, l'histoire, l'histoire de la philosophie, l'histoire
constitutionnelle, l'économie politique, les sciences mathématiques comprenant l'arithmétique, la géométrie, l'algèbre, la
trigonométrie; les sciences physiques et naturelles comprenant
la physique, la chimie, la botanique, la géologie, la zoologie,
l'anatomie, etc...

Les leçons sont faites par les meilleurs professeurs de l'Université.

Les leçons publiques de trente professeurs sont, de plus, ouvertes aux femmes.

Les jeunes filles qui n'habitent pas Cambridge sont reçues
dans des familles, ou bien encore Newnham et Norwich-House.

LONDRES.

L' « *Association d'Education pour les dames* » a ouvert pour les
jeunes filles un certain nombre de cours au *Collège de l'Université de Londres*.

Les cours sont faits par les professeurs du *Collège de l'Université*.

L'Association qui, lors de sa fondation, en 1869, a inauguré ses
cours par des conférences sur la littérature et la physique expérimentale, donne, à l'heure actuelle, une série de leçons dont la
nomenclature ne sera pas sans intérêt pour la Chambre.

Parmi ces leçons, il en est qui sont faites spécialement pour
les jeunes filles. Ces leçons embrassent le grec, l'anglais, le
français, l'allemand, les mathématiques, les sciences naturelles
comprenant la botanique, la physiologie, l'histologie, l'hygiène,
l'histoire constitutionnelle de l'Angleterre.

Il est d'autres cours qui, sans être faits exclusivement pour
les jeunes filles, leur sont néanmoins ouverts. Le programme de
ces cours comprend : l'anglais, l'allemand, le français, l'italien,
le latin, le grec, le sanscrit, l'hébreu, l'arabe, le persan et le
chinois, l'histoire ancienne et moderne, les mathématiques, la
physique, la géologie, la minéralogie, la biologie, la philosophie,

l'économie politique, la législation constitutionnelle, la législation romaine, les beaux-arts, etc...

Ecosse.

On distingue en Ecosse, au point de vue qui nous occupe :

Les *écoles paroissiales*, créées par les paroisses ;

Les *écoles secondaires proprement dites*, qui sont :

Les *écoles urbaines*, créées ou subventionnées par les villes ;

Les *écoles secondaires*, créées par les associations.

Les *écoles paroissiales* et les *écoles urbaines* sont alimentées par les revenus de dotations ;

Les *écoles paroissiales* donnent un enseignement primaire auquel en général s'ajoute tout ou partie de notre enseignement secondaire ;

Les *écoles secondaires proprement dites* ont un programme plus ou moins étendu, suivant qu'il s'agit d'une *grammar school*, d'une *high school* ou d'une *academy* ;

Les *écoles paroissiales* et une partie des *écoles urbaines* sont mixtes.

Il en est de même de quelques écoles fondées par les associations.

Les écoles secondaires spécialement réservées aux jeunes filles sont dues exclusivement à l'initiative privée.

Les plus importantes de ces écoles ont été créées par une association dite *Edinburgh Merchant Company Schools*.

Cette association, la plus renommée en Ecosse, a créé deux écoles de jeunes gens, une école mixte et deux écoles de jeunes filles.

Les deux écoles de jeunes filles sont : *George Watson's College for Ladies* et *The Edinburgh Ladies College. Edinburgh College*, le plus important des deux établissements, donne l'instruction à environ douze cents jeunes filles, âgées de cinq à vingt ans. L'établissement est doté de bourses données au concours.

Le programme d'enseignement comprend : l'anglais, le français, l'allemand, le latin, la littérature, les sciences, les mathématiques, l'économie domestique, la musique vocale et instrumentale, la danse, la callisthénie, les travaux à l'aiguille.

« Mais ce ne sont, nous dit le très honorable Lord Advocate » W. Watson dans une lettre qu'il a bien voulu nous adresser, » que les jeunes filles les plus avancées qui étudient le latin et » les mathématiques.... La classe supérieure de latin lit Horace » et Cicéron. La classe supérieure de mathématiques étudie les » six livres d'Euclide et les éléments de la trigonométrie.... »

Quant à la pensée qui a dicté le programme, le très honorable lord nous l'indique dans le passage suivant : « La femme, dit-il,

9

» est la grande institutrice de la jeunesse. Comme mère, sœur
» gouvernante, elle a, plus que l'homme, la direction des garçons
» et des filles. Elle doit donc, ajoute-t-il, acquérir une instruction
» complète non seulement dans les branches qui sont enseignées
» dans quatre écoles de filles, mais aussi dans celles qui sont
» plus particulières aux garçons. Elle sera ainsi capable de
» donner l'enseignement aussi bien aux garçons qu'aux filles. »

Les cours sont faits par des professeurs-hommes, des professeurs-femmes et par les *élèves-gouvernantes*. Ces dernières
sont prises parmi les meilleures élèves de la maison.

Citons encore l'association dite *Edinburgh Ladies educational
Association*, fondée en 1867 pour assurer aux jeunes filles une
instruction équivalente à celle que reçoivent les jeunes gens
dans les universités.

Cette association a institué des cours de littérature anglaise,
de philosophie, de latin, de grec, de mathématiques, de chimie,
de botanique, de géologie, de zoologie, de physiologie, d'économie politique, d'études bibliques, et de pédagogie. Ces cours
sont faits par les professeurs de l'Université.

AUTRICHE.

Les jeunes filles, en Autriche, ne reçoivent, dans les écoles
publiques, que l'enseignement primaire, qui leur est donné dans
les *Volksschulen* (écoles du peuple), et l'enseignement primaire
supérieur, qui leur est donné dans les *Bürgerschulen* (écoles
bourgeoises).

Quelques écoles normales, au nombre desquelles se trouve le
K. K. Civil Mædchen-Pensionat, à Vienne, donnent un enseignement qui se rapproche de l'enseignement secondaire.

L'enseignement secondaire est abandonné, en Autriche, à
l'initiative privée, qui a créé avec le concours souvent généreux
de l'État un certain nombre d'écoles.

On peut citer parmi ces établissements : Ceux de la *Société
industrielle des femmes* (*Frauen-Erwerb-Verein*), de Vienne, dont
l'enseignement comprend, l'allemand, le français, l'anglais la
géographie, l'histoire, l'arithmétique et la géométrie, l'histoire
naturelle, la physique, la chimie, le dessin, la calligraphie;

Ceux du *Frauen-Erwerb-Verein allemand et bohémien* de Prague,
dont l'enseignement comprend : le tchèque, les langues étrangères, l'histoire, la géographie, et en particulier la géographie
commerciale, l'arithmétique, et en particulier l'arithmétique
commerciale, la géométrie, les lois commerciales, les connaissances nécessaires pour le commerce, l'économie domestique,
l'hygiène, le dessin, les ouvrages de femme;

Le Lycée de jeunes filles (Mædchen-Lycæum), de Grætz, dont le programme embrasse l'enseignement religieux, l'allemand, le français, l'anglais, l'histoire, la géographie, les mathématiques, la physique, la chimie, l'histoire naturelle, la sténographie, le dessin, la gymnastique, le chant, l'économie domestique.

L'École supérieure bohémienne de filles (Bœhmische hœhere Tœchterschule), de Prague, dont le programme comprend l'enseignement religieux, le tchèque, l'allemand, le français, l'histoire, la géographie, l'histoire naturelle, la physique, la chimie, l'arithmétique, la géométrie, la technologie, la calligraphie, le dessin, le chant, les ouvrages de femme.

SUÈDE.

L'enseignement secondaire des jeunes filles, en Suède, est laissé aux soins de l'initiative privée.

L'initiative privée a mis tous ses efforts à ouvrir pour elles des établissements se rapprochant de ceux que l'État avait créés pour les jeunes gens.

Il existe aujourd'hui, pour les jeunes filles, dans la plupart des villes de Suède, un ou plusieurs établissements secondaires qui sont subventionnés par les villes dans le ressort desquels ils se trouvent.

Parmi ces écoles il en est quarante et une qui sont subventionnées par l'État. L'État les subventionne faute de pouvoir les créer.

Le Gouvernement avait pris, en 1873, la généreuse initiative de demander à la Diète les crédits nécessaires pour fonder des écoles secondaires de jeunes filles. La Diète écarta la proposition du Gouvernement et se borna à voter un crédit de 30.000 couronnes pour subventionner les écoles existantes[1].

C'est la rétribution scolaire qui constitue le principal revenu des établissements.

La rétribution varie, suivant les établissements, de 50 à 300 couronnes[2].

L'enseignement comprend en général :

La religion, la langue suédoise, l'histoire de la littérature suédoise, la langue française, la langue allemande, la langue anglaise, l'histoire nationale et générale, la géographie, les mathématiques, les éléments des sciences naturelles.

Quelques établissements, tels que : *l'école Atlin*[3] et *l'école secondaire supérieure des jeunes filles*[4], le *lycée de jeunes filles*[5]

---

[1] Ce crédit a été augmenté de 10,000 couronnes en 1876.
[2] La couronne vaut 1 fr. 39.
[3] Appartenant à six sœurs ; fondée par la sœur aînée en 1846.
[4] Fondée en 1870 par M. Pauli.
[5] Fondée en 1875 par le M. Dr Sjœberg.

fondé à Stockolm, l'une[1] des six écoles supérieures de Gothembourg, ont un programme plus étendu.

Le programme de l'*école Wallen*[2], à Stockolm, embrasse l'étude du latin et même du grec.

NORWÈGE[3].

L'enseignement secondaire des jeunes filles en Norwège n'est pas, comme en Suède, exclusivement abandonné à l'initiative privée.

On a ouvert pour elles des écoles publiques, mais elles sont rares et l'on peut dire qu'en réalité ce sont les écoles privées qui donnent aux jeunes filles l'enseignement secondaire.

Les jeunes gens, en effet, reçoivent l'instruction secondaire dans vingt *écoles publiques pour l'instruction générale secondaire*, dix *écoles communales moyennes*, dix *écoles communales* et vingt *écoles mixtes*.

Les jeunes filles sont reçues dans les vingt écoles publiques mixtes, où elles partagent l'enseignement avec les jeunes gens. Mais il n'existe que trois écoles publiques spécialement affectées aux jeunes filles.

L'initiative privée a comblé la lacune de la loi, et fait pour les jeunes filles ce que le législateur avait fait pour les jeunes gens.

Sur soixante-treize écoles secondaires privées, nous trouvons, en effet, cinquante-quatre écoles de jeunes filles et quatorze écoles mixtes.

GRÈCE.

L'enseignement secondaire, en Grèce, est donné dans des établissements privés.

Le premier de ces établissements, fondé en 1836, par une Association de particuliers, est l'*Arsakion*.

L'*Arsakion* est une Ecole secondaire de jeunes filles. C'est, de plus, une Ecole normale destinée à former des institutrices primaires et secondaires.

Le règlement de l'*Arsakion* est applicable à toutes les écoles

---

[1] Créée en 1867 par une association d'habitants de Gothembourg.

[2] Fondée en 1831 par le professeur A. Fryxell.

[3] Voir pour la Norwège : Le rapport sur la situation des Ecoles dans le Royaume de Norwège pour l'année 1875, publié par le Ministère des Cultes et de l'Instruction publique. Christiauia, 1878.

secondaires de jeunes filles. Il n'y a de différence à établir qu'au point de vue de l'internat.

L'*Arsakion* et les Ecoles secondaires de jeunes filles d'Athènes sont destinées aux élèves internes et externes. Les Ecoles secondaires, de la province, ne reçoivent que des externes.

FRANCE.

A entendre les ennemis de la Révolution, la France était plus éclairée et plus heureuse avant 1789 qu'elle ne l'est en ce moment.

Ils font les plus grands efforts pour réhabiliter l'ancien régime. Après s'être contentés pendant un demi-siècle d'accuser la Révolution d'avoir été spoliatrice et sanguinaire, ils en sont venus à lui reprocher d'avoir été inutile. Le roi venait de nous donner la liberté politique ; ses aïeux nous avaient donné une administration sage et paternelle, une justice impartiale, la liberté du travail, la sécurité des intérêts. Le pacte de famine, les lettres de cachet, la religion d'Etat, les Dragonnades, les justices seigneuriales ; le servage, l'exemption de la taille, et les privilèges des corporations n'ont jamais existé. Ce sont mensonges et calomnies des révolutionnaires ; voilà comme nos adversaires écrivent l'histoire.

On a beau leur citer des témoins. Madame de Sévigné, qui était de la Cour et bonne catholique, a dit dans ses lettres : « On a » fait une taxe de cent mille écus sur les bourgeois, et si on ne » trouve point cette somme dans vingt-quatre heures, elle sera » doublée et exigible par les soldats. On a chassé et banni toute » une grande rue, et défendu de les recueillir sous peine de la » vie ; de sorte qu'on voyait tous ces misérables, femmes accou- » chées, vieillards, enfants, errer en pleurs autour de cette ville, » sans savoir où aller, ni de quoi se coucher. Avant-hier, on » roua un violon qui avait commencé la danse et la pillerie du » papier timbré ; il a été écartelé après sa mort, et ses quatre » quartiers exposés aux quatre coins de la ville... On a pris » soixante bourgeois, on commence demain à pendre. »

Ils répondent que Madame de Sévigné aura mal vu, ou qu'elle a volontairement calomnié son temps, qui était le bon temps.

Un autre écrivain du grand siècle, La Bruyère, a fait du paysan français, cette description qui est célèbre, et qui fait frémir : « On voit certains animaux farouches, des mâles et des » femelles répandus par la campagne, noirs, livides et tout » brûlés du soleil, attachés à la terre qu'ils fouillent et qu'ils » remuent avec une opiniâtreté invincible ; ils ont comme une » voix articulée, et quand ils se lèvent sur leurs pieds, ils mon-

» trent une face humaine, et en effet, ils sont des hommes ; ils
» se retirent la nuit dans des tanières où ils vivent de pain noir,
» d'eau et de racines ; ils épargnent aux autres hommes la peine
» de semer, de labourer, et recueillir pour vivre, et méritent
» ainsi de ne pas manquer de ce pain qu'ils ont semé. »

Un siècle plus tard, voici ce qu'un paysan apprend à J.-J.
Rousseau, sur sa condition : « Il me fit entendre qu'il cachait
» son vin à cause des aides, qu'il cachait son pain à cause de la
» taille, et qu'il serait un homme perdu si l'on pouvait se
» douter qu'il ne mourût pas de faim. Cet homme, quoiqu'aisé,
» n'osait manger le pain qu'il avait gagné à la sueur de son
» front, et ne pouvait éviter sa ruine qu'en montrant la même
» misère qui régnait autour de lui. »

On pourrait multiplier à l'infini les citations, non pas d'ouvrages inconnus accessibles seulement aux érudits, mais de
livres célèbres comme ceux-là, et que tout le monde a dans la
main. Tous les écrivains contemporains rendent à l'envi témoignage de l'affreuse misère du peuple. Arthur Yung, un Anglais,
très bon observateur, et nécessairement impartial qui visita la
France au moment même de la Révolution, nous parle des lettres de cachet que l'on vendait en blanc seing, des rôles de la
taille, de la capitation, des vingtièmes et autres taxes, répartis
entre les paroisses et les individus par l'intendant, qui pouvait
exempter, changer, ajouter ou diminuer à son plaisir.

« Quel doit avoir été l'état du pauvre peuple soumis à de
» lourds impôts, dont le clergé et la noblesse étaient exempts
» de droit? N'était-ce pas pour lui une cruelle dérision de sa
» misère, de voir exempter ceux qui pouvaient le mieux payer,
» et justement parce qu'ils pouvaient payer? Le recrutement,
» les corvées, toutes les redevances féodales, étaient des fléaux
» terribles pour les paysans, fléaux qui ne tombaient que sur
» eux, la noblesse et le clergé en étant exempts. Le Code pénal
» des Finances faisait frissonner par l'horreur de la dispropor-
» tion entre la peine et le délit. »

Mais pourquoi citer des livres, quand nous avons les Cahiers?
Dès que la France eut une voix, les mêmes plaintes s'élevèrent
de tous les coins du territoire. Ce ne sont pas les 1,500,000 serfs
de la glèbe, encore subsistants en 1787 et 1789, qui rédigèrent les
Cahiers du Tiers-État, ce sont les cultivateurs aisés, les membres de la bourgeoisie, et le plus souvent de la haute bourgeoisie. Bien plus, on trouve les mêmes griefs dans les Cahiers
du clergé et de la noblesse; car l'évidence des faits, et un sentiment honorable de la justice entraîna tous les esprits. Et on
vient nous dire, à présent, que le peuple était heureux, le Gouvernement paternel, et que la Révolution était inutile!

C'est surtout pour démontrer que l'instruction était florissante chez nous avant 1789, que nos érudits de nouvelle espèce

abondent en démonstrations. Tantôt ils nous rappellent nos grands siècles littéraires; tantôt, ils font l'énumération des Universités, des congrégations enseignantes, et des fondations d'écoles. C'est la Révolution qui a tout détruit. Après elle, il a fallu créer de toutes parts des établissements d'instruction, dont les éléments même étaient perdus, et même aujourd'hui, nous n'égalons, ni par le nombre des élèves, ni par l'excellence des résultats, les écoles de l'ancien régime.

Qu'il y eût autrefois, en France, de très bonnes écoles, on ne saurait le nier, et nous reconnaissons aussi qu'il y avait un très grand nombre d'écoles, quoique le nombre des bonnes écoles fût extrêmement restreint. Il faut savoir comment elles étaient tenues, comment elles étaient fréquentées. Les unes n'étaient qu'un gardiennage; d'autres n'étaient qu'un bénéfice en faveur des maîtres. On était régent, ou boursier, au lieu d'être abbé ou chanoiné. Quant à l'office d'enseigner, il n'en était pas question, pas plus que des élèves. On cite un collège de Paris où les classes ne s'ouvrirent même pas pendant plusieurs années; ce n'était plus qu'une sorte de couvent qui subsistait par la vertu de la fondation; les collateurs de bourses finirent par les verser dans une maison un peu moins misérable. Un fait qui en dit plus que toutes les chartes de donations retrouvées et mal interprétées, c'est la conduite de la Restauration quand elle revint pour renouer, comme elle disait, la chaine des temps. Que fit-elle, pour les écoles du peuple? Elle promit une somme de 200,000 fr., qu'elle ne donna point. Le plus franc de ses défenseurs et le plus grand de ses écrivains, Joseph de Maistre, ne s'abaissait pas à ces mensonges à l'aide desquels on s'efforce de nos jours de masquer une vérité palpable. « Je n'é- » prouve pas le besoin, disait-il, d'avoir un valet de charrue qui » sache lire. »

Les couvents d'hommes et de femmes étaient sous l'ancien régime, la plus grande ressource, pour ne pas dire la seule de l'instruction publique. Au moins, parmi les couvents d'hommes, il y en avait de lettrés qui, dans les grandes villes, ouvraient de bonnes écoles et de bons collèges. Mais, à l'exception des couvents, où l'on enfouissait les filles de qualité pour augmenter la dot de leurs frères, on ne trouvait qu'ignorance ou superstition dans les couvents de femmes. Elles prenaient des pensionnaires pour former des novices; elles ouvraient des écoles pour enseigner le tricot et la couture. Elles y joignaient quelquefois la lecture et l'écriture. Pas une d'elles ne savait l'orthographe, ou n'avait la plus légère teinture de l'histoire. On n'a, pour s'en convaincre, qu'à consulter ce qui nous reste des registres de paroisses, qui étaient alors les registres de l'état civil. Encore ne faut-il recourir à cette source qu'avec précaution, parce que beaucoup de femmes, qui savaient signer leur nom, ne pouvaient former tout juste que les cinq ou six lettres qui le composaient. Sans doute, dès le XVIᵉ siècle, avant même le XVIᵉ siècle et depuis, jusqu'à la Révolution, il y a eu en France des femmes très éclairées, qui tenaient leur place dans les salons à côté des grands écrivains et des savants illustres, et dont quelques-unes ont laissé des œuvres immortelles. Le XVIᵉ siècle n'aurait pas, sans elles, toute sa puissante originalité, ni le XVIIᵉ sa grâce majestueuse et charmante ; ni le XVIIIᵉ, sa puissance dans les lettres, la philosophie, et la politique. Mˡˡᵉ de Scudéry, Mᵐᵉ de Maintenon, Mᵐᵉ Dacier, Mᵐᵉ de Sévigné, Mᵐᵉ du Chatelet, Mᵐᵉ Geoffrin, Mᵐᵉ de Staël, Mᵐᵉ Rolland, ne sont que les noms les plus célèbres dans cette brillante pléiade qui a tant concouru à l'épanouissement et à la domination de l'esprit français.

A Dieu ne plaise que nous puissions oublier ce que la France leur doit ! Personne parmi les défenseurs les plus résolus de la Révolution ne conteste les splendeurs de notre histoire, ni la beauté de nos grands siècles littéraires, ni la politesse raffinée de la cour, et de ce qu'on appelait alors emphatiquement la ville. Mais ce monde éclairé, brillant, comblé de tous les dons du pouvoir et de la fortune, était séparé par des abîmes du reste de la nation, qui semblait n'exister que pour servir aux besoins et au luxe de l'aristocratie. Ce n'étaient pas seulement les habitants des champs et les ouvriers des villes qui vivaient dans l'ignorance, l'oppression et la misère. La bourgeoisie elle-même, tout en s'efforçant de se rapprocher des privilégiés, et d'opprimer à leur exemple ceux qui étaient au-dessous d'elle, végétait dans des emplois subalternes et ne recevait tout juste que l'instruction nécessaire pour les remplir. La situation de la France pouvait se résumer ainsi : une nation très ignorante et très opprimée, gouvernée et exploitée à outrance par un nombre assez considérable de privilégiés qui lui étaient à peine supérieurs, et par une très petite élite de courtisans, de hauts magistrats et de grands financiers, à laquelle rien ne manquait, ni des ressources de l'esprit, ni de celles de la fortune.

Voici le témoignage que portait, sur l'éducation des femmes, au milieu du XVIIᵉ siècle, Mˡˡᵉ de Scudéry, une personne d'un grand sens, qu'on a voulu rendre ridicule, et qui n'est que surannée. Après avoir déploré, dans *Cyrus*, « l'ignorance grossière des femmes », elle ajoute ce qui suit :

« Encore que je sois l'ennemie déclarée de toutes les femmes
» qui font les savantes, je ne laisse pas de trouver l'autre extré-
» mité très condamnable, et d'être souvent épouvantée de voir
» tant de femmes de qualité avec une ignorance si grossière que,
» selon moi, elles déshonorent notre sexe. » Il faut bien noter ce mot : « Tant de femmes de qualité » ; elle ne parle que de celles là. Ce sont elles qu'elle accuse de déshonorer tout le sexe

par leur ignorance grossière. Quant aux filles de la bourgeoisie
et du peuple, il n'en est pas question ; Mlle de Scudéry n'y songe
pas. Elle est du même avis que M. de Maistre, et pense qu'on
n'a nul besoin de savoir lire dans un livre pour filer le chanvre
et la laine, ou pour tenir en ordre une étable. « Y a-t-il rien de
» plus bizarre, dit-elle plus loin dans le même livre, que de voir
» comment on agit d'ordinaire en l'éducation des femmes ? On
» ne veut pas qu'elles soient coquettes, ni galantes, et on leur
» permet pourtant d'apprendre longuement tout ce qui est
» propre à la galanterie, sans leur permettre de savoir rien qui
» puisse occuper leur esprit, ni fortifier leur vertu. »

L'Abbé Fleury, auteur de *l'Histoire ecclésiastique*, et qui fut le
confesseur de Louis XV sous la Régence, a publié, en 1686, un
Traité du choix et de la méthode des études, rempli d'observations
judicieuses.

Il y parle en ces termes de l'éducation des filles :

« Ce sera sans doute un grand paradoxe de dire que les
» femmes doivent apprendre autre chose que leur catéchisme,
» la couture et divers petits ouvrages, chanter, danser et s'ha-
» biller à la mode, faire bien la révérence et parler civilement,
» car voilà en quoi l'on fait consister, pour l'ordinaire, toute
» leur éducation. »

« Rien n'est plus négligé que l'éducation des filles, dit à son
» tour Fénelon, dans son livre sur l'*Education des filles*, publié
» l'année suivante, et qui fut son premier ouvrage ; la coutume
» et le caprice des mères y décident souvent de tout ; on suppose
» qu'on doit donner à ce sexe peu d'instruction. L'éducation des
» garçons passe pour une des principales affaires, par rapport
» au bien public. »

« Pour les filles, dit-on, il ne faut pas qu'elles soient sa-
» vantes ; la curiosité les rend vaines et précieuses ; il suffit
» qu'elles sachent gouverner un jour leurs ménages, et obéir à
» leurs maris sans raisonner. On ne manque pas de se servir de
» l'expérience qu'on a de beaucoup de femmes que la science a
» rendues ridicules ; après quoi on se croit en droit d'aban-
» donner aveuglément les filles à la conduite des mères igno-
» rantes et indiscrètes. »

Fénelon se rendait très bien compte de l'influence des femmes
dans l'éducation des enfants et dans la famille. « Le monde n'est
» point un fantôme ; c'est l'assemblage de toutes les familles, et
» qui est-ce qui peut les policer avec un soin plus exact que les
» femmes qui, outre leur autorité naturelle et leur assiduité dans
» leurs maisons, ont encore l'avantage d'être nées soigneuses,
» attentives aux détails, industrieuses, insinuantes et persua-
» sives ? Mais les hommes peuvent-ils espérer pour eux-mêmes
» quelque douceur dans la vie, si leur plus étroite société, qui
» est celle du mariage, se tourne en amertume ? Mais les enfants,

» qui feront dans la suite tout le genre humain, que devien-
» dront-ils, si les mères les gâtent dès leurs premières années? »

Au surplus, Fénelon n'a pas, pour les jeunes filles, des prétentions bien hautes. Nous sommes plus exigeants que lui ;
mais le peu qu'il demande pour elles, en déplorant qu'elles ne
l'aient point, montre assez combien leur éducation était négligée à l'époque où il écrivait.

« Il est honteux, mais ordinaire, de voir des femmes qui ont
» de l'esprit et de la politesse, ne savoir pas bien prononcer ce
» qu'elles lisent... Elles manquent encore plus grossièrement
» pour l'orthographe, ou pour la manière de former ou de lier
» les lettres en écrivant. Au moins, accoutumez-les à faire leurs
» lignes droites, à rendre leurs caractères nets et lisibles. Il
» faudrait aussi qu'une fille sût la grammaire. Elles devraient
» aussi savoir les quatre règles de l'arithmétique. Vous vous en
» servirez utilement pour leur faire faire des comptes. »

C'est au moment où parut le Traité de Fénelon que fut fondée
après plusieurs essais tentés à Montmorency, à Rueil, à Noisy,
la maison de Saint-Cyr, pour l'éducation de 250 demoiselles
nobles; « par compassion pour la noblesse pauvre parce que
» j'avais été orpheline et pauvre moi-même », disait Madame de
Maintenon; « pour m'acquitter envers des pères ruinés ou tués
» à mon service sur les champs de bataille », disait Louis XIV.
L'Ordonnance du Roi est du mois de juin 1686. La maison de
Saint-Cyr est surtout connue par le talent de tragédiennes que
déployèrent les élèves, guidées par les leçons de Racine. Elles
jouèrent devant le Roi avec beaucoup de succès, avec trop de
succès peut-être, *Cinna, Andromaque, Iphigénie.* Racine composa
pour elles *Esther* et *Athalie.* Le plan d'éducation tracé par
Madame de Maintenon attire l'attention par des mérites plus
sérieux. Nous nous bornerons à citer le programme des études,
qui duraient de l'âge de dix ans jusqu'à dix-huit ans, et même
davantage. On enseignait aux élèves la lecture, l'écriture, le
calcul, l'histoire, la géographie, la mythologie, la langue française, la danse, la musique, le dessin; on leur apprenait aussi
à couper et à coudre leurs vêtements, et ceux de leurs maîtresses et de leurs servantes; à tenir une maison, et même à
laver, balayer, et blanchir le linge.

La religion, comme on le pense bien, tenait le premier rang,
sous la direction de Godeau, Évêque de Chartres, et de Bossuet.

Quelles que fussent l'importance et la grandeur réelle de
l'École Saint-Cyr, ce ne fut qu'une création isolée; il faut aller
jusqu'à l'Empire, et jusqu'aux maisons d'Écouen et de Saint-
Denis pour en retrouver quelqu'image. Pendant tout le xviiie
siècle, les jeunes filles continuèrent à n'avoir d'autres ressources que les couvents, et ces couvents ne ressemblaient guère à
Port-Royal, ni pour l'instruction, ni pour l'austérité des mœurs.

Quelques-uns eurent, à cette époque, une importance particulière, due plutôt à la mode qu'au mérite des leçons qu'on y recevait. Ce sont : Fontevrault et Panthemont, pour la haute noblesse : la Présentation, pour la noblesse inférieure ; Sainte Marie, pour la haute bourgeoisie. On y enseignait surtout le chant, la musique et la danse, avec quelques notions de géographie, d'histoire, et de calcul. C'est bien ainsi qu'on comprend que devaient être élevées les femmes du xviii° siècle. On ne les habituait qu'à rêver et à plaire ; on ne les rendait pas capables de penser. Jamais siècle n'eut d'aspirations plus nobles, ni de mœurs plus déréglées.

Les femmes du xviii° siècle n'avaient pas de mœurs, et l'éducation qu'elles recevaient n'était pas faite pour leur en donner.

On sait assez pour quelles causes nos grandes Assemblées révolutionnaires ne parvinrent pas à organiser l'enseignement ; mais si la guerre étrangère, le désordre des finances, les embarras politiques de toutes sortes et l'absence de maîtres préparés à donner l'enseignement, retardèrent la fondation effective d'un grand système d'instruction publique, elles ne cessèrent de s'en occuper et de mettre cette organisation au premier rang de leurs intérêts et de leurs devoirs. Le rapporteur de l'Assemblée Constituante fut Talleyrand. Son rapport, présenté en septembre 1791, c'est-à-dire au moment où l'Assemblée Constituante allait disparaître, demeura nécessairement à l'état de lettre morte. Il y est beaucoup question des femmes. « Les femmes, » dit-il, ont les mêmes droits abstraits que nous, mais il est de » leur intérêt de ne pas en user. » Sur cette belle raison, il les exclut de tous les droits politiques et de toutes les fonctions publiques. En récompense, il leur promet que leurs droits civils seront affermis et même accrus. Un projet de décret annexé au rapport, enjoint aux départements de fonder un établissement spécial, pour enseigner aux jeunes filles des métiers convenables à leur sexe. Mais quels métiers ? C'est ce qu'il ne dit pas. Avec quels fonds ? Sous quelle autorité ? A quel âge ? Rien n'est déterminé ; et le décret, eût-il été voté, n'aurait décrété qu'une promesse. C'est cependant la première fois qu'il est question, dans un document officiel, des écoles professionnelles de filles. Pour l'instruction générale, les filles n'étaient pas mieux traitées. On leur permettait l'accès des écoles publiques jusqu'à l'âge de huit ans : parvenues à cet âge avancé, elles ne pouvaient plus fréquenter les écoles de garçons, et le rapport disait en termes généraux qu'on ferait pour elles des écoles spéciales. L'idée de la séparation des sexes dans l'instruction primaire domina toute notre législation jusque dans ces dernières années, et il a fallu, pour nous y faire renoncer, l'exemple de l'Amérique, où les écoles mixtes sont la règle, et les écoles séparées par sexe l'exception. Il résulta de cette préoccupation qu'on fit des écoles pour les garçons, et qu'on se contenta de promettre qu'on en ferait pour les filles. M. de Talleyrand est le premier à donner le signal de cette pruderie hors de saison, et de ce véritable déni de justice. « A huit ans, dit-il, les filles quitteront » l'école des garçons, et on en fera de spéciales pour elles ». Mais, comme il ne rend pas la création de ces écoles obligatoire, et qu'il n'entre dans aucun détail, ni sur les fonds qui solderont les dépenses, ni sur les programmes, ni sur le traitement des institutrices et le mode de leur nomination, ni sur l'inspection des écoles, il est clair qu'il ne s'agit encore, comme pour les écoles professionnelles, que d'une promesse, et d'une promesse qu'on n'avait pas dessein de tenir. C'est à peine si le rapporteur essaie de cacher qu'il ne tient pas lui-même à la création de ces fameuses écoles spéciales. « Nous recommandons pour les » femmes l'éducation domestique, dit-il; c'est la plus propre à » les préparer aux vertus qu'il leur importe d'acquérir. » Cela s'entend. Tout cet ensemble constitue, au pied de la lettre, un déni de justice. L'Assemblée Constituante, qui a émis tant d'idées justes sur une infinité de sujets, et en particulier sur l'éducation, a manqué sur ce point à sa mission et à son devoir. Il faut souhaiter pour elle qu'elle ait été victime de son rapporteur et des circonstances. L'ancien évêque d'Autun, qui n'a pas rédigé lui-même son rapport, a laissé surtout sa trace personnelle dans ce passage qui se décharge sur les familles, c'est-à-dire au fond sur le clergé, du soin d'élever et d'instruire les filles. Il est permis de conjecturer que, si le rapport avait pu être discuté, cette lacune déplorable aurait été comblée. Elle ne le fut pas cependant par l'Assemblée Législative; mais cette Assemblée n'avait pas la hauteur de vue et la portée philosophique de l'Assemblée Constituante. Condorcet, qu'elle avait chargé de préparer un rapport sur l'organisation générale de l'instruction publique, le déposa sur le bureau, dans la séance du 20 octobre 1792. C'est une œuvre digne de lui. La plupart des idées qui ont présidé quelques années plus tard à la fondation de l'Université, se trouvent là très nettement exprimées, et sous une forme pratique; quelques autres, que l'on a trop longtemps oubliées, commencent à présent à revivre, après un intervalle d'un siècle. Condorcet ne renvoie pas l'éducation des filles à la famille, comme le faisait Talleyrand. Il l'ajourne. « C'est, dit-il, un sujet » trop important pour ne pas être traité à part ». Ajourner vaut mieux que sabrer; malheureusement, l'ajournement fut presque indéfini.

L'honneur d'avoir compris, pour la première fois, toute l'importance de l'éducation des filles, appartient à la Convention, et à son rapporteur Lakanal. Le rapport de Lakanal porte la date du 26 juin 1793. C'est une date mémorable dans les fastes de l'instruction publique. Lakanal n'a pas été, comme Talleyrand, un profond politique; ce n'est pas, comme Condorcet, un homme de génie; il y a moins du philosophe et de l'homme d'Etat dans son rapport; mais il a, sur ses deux prédécesseurs, l'avantage d'avoir passé de la théorie pure à l'action; il discerne mieux qu'eux les transformations qui doivent résulter pour l'instruction publique de la transformation radicale qui s'est opérée dans la forme du Gouvernement. Il voit plus juste que Talleyrand sur l'éducation des filles, et il comprend qu'elle est tout aussi urgente que l'éducation des garçons, ce que n'avait pas vu Condorcet. Son plan d'éducation primaire contient trois idées excellentes. D'abord, il admet deux sortes d'écoles : l'une, pour les petits enfants, et l'autre, pour les enfants un peu plus formés; il fait de la première une école mixte, et il en confie la direction à une femme. L'instruction, dans cette première école, ne va pas plus loin que la lecture et l'écriture. Ainsi, Lakanal ne redoute pas les écoles mixtes, et il les fait diriger par des femmes; c'est là son premier mérite.

Il aurait pu continuer le système des écoles mixtes au-delà de la première enfance; il n'alla pas jusque-là; il crut, comme tout le monde alors, à la nécessité d'une séparation; mais, au moins, il traita les filles et les garçons sur le même pied, sans aucune différence, comprenant que le droit était le même, l'intérêt social le même. C'est la seconde idée qu'il fit prévaloir. On ne saurait trop lui en faire honneur. « Il y aura au moins un » instituteur public et une institutrice publique par mille habi- » tants. » C'est une bonne loi, équitable, habile, qui n'établit pas entre les sexes cette inégalité injustifiable au point de vue de la justice, et si dommageable pour l'ordre social, qui a subsisté pendant tant de siècles, à la honte des législateurs et des philosophes, et qui n'est pas encore complètement effacée. La gloire de la Convention est de s'être associée à la pensée de Lakanal, d'avoir converti en loi sa proposition. Le programme de ces écoles était assez simple. Il comprenait la lecture, l'écriture, les règles de l'arithmétique, les premières connaissances de géométrie, de physique, de géographie, de morale et d'ordre social. C'est un programme qui, pour être sans prétention, n'est pas tant à dédaigner. On n'a qu'à le reprendre et à l'appliquer comme il faut, pour nous donner une population sensée et éclairée. Enfin, le troisième point qu'il faut louer particulièrement dans Lakanal, c'est qu'il place l'éducation pratique et matérielle à côté de l'instruction théorique; pour les garçons, des exercices militaires, des visites dans les manufactures, l'apprentissage d'un métier; pour les filles, les travaux de couture. La couture, pour les filles, a été rendue obligatoire par M. Guizot, en 1833; mais les exercices militaires ne sont encore qu'à l'état d'exception dans les écoles de garçons, malgré les efforts persévérants de M. Jules Simon pendant son ministère, et l'exemple que nous donnent les Suisses et les Anglais depuis plusieurs années.

Nous venons de voir que Lakanal avait assuré l'instruction primaire pour les filles; il ne leur a pas donné une instruction secondaire; mais c'est qu'il ne l'a donnée à personne. Il se reposait pour cela sur l'enseignement libre; c'était un tort, et un tort très grave, que les idées du temps expliquent sans le justifier. S'il ne donnait pas une organisation à l'enseignement secondaire et supérieur, Lakanal lui donnait au moins une subvention. « La nation accordera aux enfants peu fortunés qui » auront montré dans les écoles nationales le plus de dispositions » pour les sciences, lettres et arts, des secours particuliers qui » les mettent à portée d'acquérir des connaissances supérieures » et des talents dans les écoles particulières, auprès des profes- » seurs libres. »

La loi du 25 octobre 1795, votée sur la proposition de Lakanal, peut être considérée comme l'application définitive de la partie de son rapport relative à l'instruction primaire. Elle est ainsi formulée : — « Art. 1er. Chaque école primaire sera divisée en » deux sections, une pour les garçons, l'autre pour les filles. » En conséquence, il y aura un instituteur et une institutrice. » — Art. 2. Les filles apprendront à lire, à écrire, à compter, et » les éléments de la morale républicaine. Elles seront formées » aux travaux manuels de différentes espèces utiles et com- » munes. »

Daunou, qui succéda à Lakanal comme rapporteur des lois sur l'instruction publique, se rappela trop qu'il avait été de la congrégation de l'Oratoire; il emprunte toute sa doctrine aux collèges où il avait lui-même enseigné. Dans aucun de ses rapports ou de ses projets de lois, il n'est question de l'éducation des filles. Après lui ce fut à Fourcroy qu'échut l'honneur de préparer les lois sur l'enseignement. Mais cette fois, on est dans un nouveau monde. Fourcroy parle devant le Corps Légis-latif, et au nom du premier Consul. Il tient fort peu de compte de ce qu'avaient fait avant lui la Constituante, l'Assemblée législative, la Convention, qu'il appelle déjà les *Assemblées révolutionnaires*. Il constate, avec trop de raison, que les écoles primaires n'existent pas. Les troubles publics n'avaient pas permis de les former. Il en donne une autre raison, qu'il faut recueillir; c'est que « les Assemblées révolutionnaires », avaient voulu donner des traitements aux instituteurs. Quelle faute!

« Les communes n'ont pas pu payer, et il n'y a pas eu » d'écoles. Voilà tout le mystère. » Le Consulat et l'Empire, pour ne pas tomber dans le même inconvénient, eurent grand soin de ne pas allouer de traitement. L'instituteur eut un logement, et ne put compter après cela que sur le produit de la rétribution scolaire. Encore l'instituteur était-il obligé de recevoir des élèves gratuits, dont, pour toute grâce, le nombre ne pouvait dépasser le cinquième du nombre total. Il va sans dire qu'avec un tel remède, le mal ne fut pas guéri et que personne ne se présenta pour faire gratuitement le métier de maître d'école. La différence, sur ce point, entre les Assemblées révolutionnaires et Bonaparte, c'est que les Assemblées révolutionnaires voulaient donner un traitement et ne le purent pas, et que Bonaparte pouvait le donner et ne le voulut pas. L'opposition n'est pas moins tranchée en ce qui concerne l'instruction des filles. La Convention, sur la demande de Lakanal, vota une loi qui s'appliquait aux deux sexes avec égalité. Fourcroy dit dédaigneusement au Corps législatif, dans la séance du 30 avril 1802 : « Le projet de loi ne s'occupe pas des filles. » C'est une phrase qui restera. On peut l'appliquer à toute l'histoire du Consulat, à toute l'histoire de l'Empire. Le fondateur de l'Université, tant célébré à ce titre, quoiqu'il ait pris à Condorcet, et surtout à Lakanal, tout ce que sa fondation avait de vraiment utile, ne s'occupa jamais, pendant tout son règne, de fonder des écoles de filles.

Il avait trouvé à Paris, en 1804, vingt-quatre écoles primaires de l'un et de l'autre sexe. A côté d'elles végétaient quelques écoles secondaires, dues à l'initiative privée. Il les soumit au régime de l'autorisation; ce fut son seul bienfait. Ces écoles secondaires n'étaient que pour les garçons.

La fondation de la maison d'Ecouen, qui fut suivie plus tard de la fondation de la maison de Saint-Denis, est une création qui n'a jamais été considérée par Bonaparte lui-même que comme une espèce de supplément à la dotation de la Légion d'honneur. Il avait obéi, en fondant Ecouen, à la pensée qui avait inspiré Louis XIV quand il créa Saint-Cyr. La maison de Saint-Denis, dans ces dernières années, a été profondément modifiée, et l'on peut dire que la France, à l'heure actuelle [1],

---

[1] L'institution, aujourd'hui, comprend Saint-Denis et les succursales d'Ecouen et des Loges.

Saint-Denis est réservé aux filles d'officiers supérieurs; Ecouen aux filles d'officiers, à partir du grade de capitaine et au-dessous ; les Loges aux filles des sous-officiers et soldats.

Le nombre des places gratuites est de 800, dont 400 pour Saint-Denis, et 400 pour les deux succursales. (Décret du 14 août 1857, art. 2).

Il peut, de plus, être admis 50 élèves payantes à Saint-Denis, et 40 dans les succursales.

Le décret de 1857 disposait :

La religion est la base de l'enseignement. (Ibid., art. 10).

L'enseignement comprend des leçons de lecture, d'écriture, d'arithmétique, de grammaire, d'histoire, de géographie, de cosmographie et de botanique entretient une école secondaire pour les jeunes filles ; mais elle n'en a jamais entretenu qu'une seule, et même pour l'instruction primaire, elle n'a fait autre chose, pendant tout l'Empire et toute la Restauration, en ce qui concerne les filles, que de soumettre les institutions libres à l'obligation de l'autorisation et

usuelle, d'économie domestique, les ouvrages de femme, des leçons de danse nécessaires au maintien et à la santé. (Ibid., art 12.)

Le programme d'études a, depuis cette époque, été modifié par des arrêtés du grand chancelier de la Légion d'honneur.

Ces arrêtés constituent une double dérogation au décret de 1857. Ils ont établi un programme différent pour chacun des établissements, et le programme de 1857 a été, depuis quatre ou cinq ans, sensiblement augmenté pour Saint-Denis et les Loges.

Voici quels sont aujourd'hui les programmes d'études pour ces trois maisons d'éducation :

MAISON D'ÉDUCATION DE SAINT-DENIS.

Instruction primaire. — Écriture, lecture, calcul, grammaire, éléments de géométrie, histoire sainte, catéchisme jusqu'à la première communion.

Histoire et Géographie. — Histoire générale, histoire détaillée de la France, géographie générale, géographie détaillée de la France.

Littérature. — Histoire littéraire ancienne et moderne de tous les pays.

Sciences. — Cours de physique, chimie, botanique, zoologie, minéralogie, hygiène, médecine usuelle.

Langue. — Anglais.

Mathématiques. — Cosmographie.

Lectures. — Historiques, géographiques, littéraires, scientifiques.

Cours. — De dessin, de peinture à l'huile et sur porcelaine, de gravure sur bois.

Musique. — Étude du piano et du chant.

Cours spécial. — Préparation aux examens pour le Postulat et l'Hôtel-de-Ville.

Travaux manuels. — Couture, raccommodage, confection de robes, reprises de serviettes, marque de trousseaux, taille des vêtements, travaux de broderie, etc.

MAISON D'ÉDUCATION D'ÉCOUEN.

Instruction primaire. — Lecture, écriture, premiers éléments de géographie, de grammaire, d'histoire sainte, catéchisme jusqu'à la première communion.

Histoire. — Histoire générale, histoire de France, géographie, cosmographie.

Littérature. — Exercices de lectures graduées, style épistolaire, narrations historiques et littéraires.

Sciences. — Mathématiques, physique, chimie, météorologie, histoire naturelle, minéralogie, botanique, zoologie, hygiène usuelle.

Cours spécial. — Préparation des examens de l'hôtel-de-Ville.

Travaux manuels. — Enseignement complet de la couture, confection de vêtements.

Arts d'agrément. — Dessin, musique de piano et de chant.

MAISON D'ÉDUCATION DES LOGES.

Enseignement. — Lecture et écriture, exercices à haute voix, grammaire, histoire sainte, géographie, arithmétique, système métrique, dessin linéaire,

du diplôme. Encore l'obligation du diplôme était-elle le plus souvent éludée, même pour les laïques. La raison en est bien simple. Le métier d'institutrice était si peu lucratif qu'aucune jeune fille en état d'avoir un diplôme, ne se souciait d'ouvrir une école. Quant aux religieuses, la lettre d'obédience leur en tenait lieu.

Ce n'est pas seulement pour les filles, c'est pour les garçons que l'instruction primaire était presque nulle à l'époque de la révolution de 1830. M. Guizot fit voter, en 1833, une loi qui fait passer dans la réalité quelques-unes des idées de la Convention. Elle diffère des lois proposées par Lakanal en trois points principaux : la Convention traitait les filles sur le même pied que les garçons; elle voulait une école de garçons et une école de filles par mille habitants; elle fixait à 1,200 francs le minimum du traitement des instituteurs. M. Guizot descendit bien au-dessous de ce chiffre; il n'accorda qu'un logement, un traitement minimum de 200 francs et le produit de la rétribution scolaire. C'était condamner presque tous les instituteurs à la misère ;

physique et chimie, histoire naturelle usuelle, principes de musique, solfège, catéchisme.

Travaux manuels. — Ménage, couture, tricot, dessin des patrons, des fleurs, des ornements, coupe, confections, raccommodages, blanchissage et repassage du linge de la famille et de la maison, connaissances théoriques et pratiques de la préparation des aliments et même des médicaments simples.

Enseignement professionnel. — Comprenant les travaux qui exigent le plus d'intelligence, d'habileté et de goût ; la lingerie fine, les travaux de dentelles et leur réparation, les fleurs artificielles, la passementerie sur or, la broderie en soie, or et argent, la peinture sur porcelaine.

Science et pratique de la comptabilité commerciale, tenue des livres, opérations du change, etc.

Le personnel de la maison de Saint-Denis se compose :

D'une surintendante ;

Cinq dignitaires ;

1° Une inspectrice ou vice-surintendante qui la remplace en cas d'absence ou de maladie ;

2° Une directrice des études ;

3° Une économe trésorière ;

4° Une dépositaire de la lingerie et de la roberie ;

5° Une directrice des infirmeries et de la pharmacie ;

12 dames de 1re classe ;

33 dames de 2e classe ;

10 dames novices ;

10 demoiselles novices ;

20 dames postulantes au noviciat,

qui sont, en général, prises parmi les élèves de la maison, et remplissent les fonctions d'institutrices, de maîtresses de musique, de dessin, de surveillantes de classes, parloirs, infirmeries, etc. (Ibid., art. 18, 20, 23, 24.)

Les succursales sont desservies par la congrégation religieuse de la *Mère de Dieu.* (Ibid., 7 et 8.)

et pourtant il fallut beaucoup d'énergie et une longue lutte pour arracher cette maigre dotation à la parcimonie des Chambres. Ce furent aussi les Chambres qui firent ajourner la création des écoles primaires de filles. Le projet de M. Guizot contenait un titre entier, qui les concernait. Il le retira, par le conseil de ses amis, parce qu'on lui fit entendre que, s'il était maintenu, la loi ne passerait pas, tant le chiffre de la dépense paraissait exorbitant.

En 1848, M. Carnot présenta un projet de loi sur l'instruction primaire qui, cette fois, n'ajournait pas l'enseignement des filles. Le rapport fut présenté par M. Barthélemy Saint-Hilaire. Toute commune au-dessus de 800 âmes était tenue d'avoir au moins une école de filles. Il s'agit ici d'une école spéciale. Dans les communes d'une population moindre, les filles suivaient la même école que les garçons. L'instruction était d'ailleurs obligatoire pour l'un et l'autre sexe. Les écoles de filles, comme les écoles de garçons, étaient divisées en deux catégories : écoles élémentaires, écoles supérieures. Voici le programme proposé pour les écoles supérieures : l'instruction morale et religieuse, la lecture perfectionnée, l'écriture perfectionnée, les développements de la grammaire et les règles de la composition usuelle, l'arithmétique et les règles de la comptabilité usuelle, et des notions sur la tenue des livres; le dessin linéaire et le dessin d'ornement; des notions de sciences physiques et d'histoire naturelle applicables aux usages de la vie et à l'économie domestique; les éléments de l'histoire et de la géographie; l'histoire et la géographie de la France; les travaux à l'aiguille perfectionnés; le chant, la gymnastique.

Mais avant que ce rapport de M. Barthélemy Saint-Hilaire, et celui de M. Jules Simon sur la loi organique de l'enseignement pussent être discutés, la réaction s'était emparée du pouvoir; les deux projets de loi furent retirés par le Gouvernement, et le principe de l'enseignement obligatoire, proposé par le Ministre, M. Carnot, et par les deux rapporteurs, fut pour longtemps abandonné. On sait assez que la loi de 1850 était conçu dans un tout autre esprit.

Sous le second Empire, l'enseignement primaire reçut d'assez grands développements. On ajouta aux matières obligatoires de l'enseignement primaire les éléments de l'histoire et de la géographie de la France. Il est assez curieux de se souvenir, à douze ans de distance, qu'il fallut toute une lutte pour faire adopter cette témérité. On augmenta de quelques centaines de francs le traitement des instituteurs et des institutrices. L'article 1 de la loi du 16 avril 1867 décide que le traitement des institutrices de 1re classe ne peut être inférieur à 500 francs, celui de la 2e classe à 400 francs. Le traitement des adjointes est fixé à 350 francs. Les communes au-dessus de 500 âmes sont obligées d'avoir une école

spéciale pour les filles. Ces améliorations, que les lois de la troisième République ont si fort surpassées, paraissaient considérables pour le temps. Elles ne portaient d'ailleurs que sur l'instruction primaire. On croyait faire beaucoup pour les filles en
leur assurant les bienfaits de l'instruction primaire; on ne voyait
rien au-delà. M. Jules Simon signala cette situation dans la discussion de la loi de 1867.

« Les filles, dit-il, même dans les pensionnats les plus élevés,
» reçoivent une instruction futile, incomplète, toute d'arts d'agré-
» ment, mais sans rien de sérieux et d'élevé. Elles, que la nature
» a douées d'une intelligence si ouverte, d'un tact si sûr, d'une
» sensibilité si fine et si délicate, qui sont faites pour com-
» prendre ce qu'il y a de plus grand dans les lettres et pour s'y
» plaire, qui seraient pour nous des compagnes d'étude si
» utiles et si charmantes, nous les réduisons à n'être que
» des idoles parées. Est-ce vrai? (Oui, oui c'est vrai!) Nous
» ne songeons pas à faire des femmes révolutionnaires, nous
» voulons en faire les compagnes intellectuelles de leurs maris.
» Il n'est personne qui puisse nier que l'instruction qu'on
» leur donne aujourd'hui ne les prépare pas à ce rôle. Un des
» grands malheurs de la société actuelle, c'est la séparation de
» plus en plus considérable qui s'établit entre l'homme et la
» femme, l'homme allant dans les clubs, se livrant aux exercices
» du sport, se déshabituant de la vie d'intérieur, et la femme ré-
» duite à vivre avec d'autres femmes, loin du cœur et de l'esprit
» de son mari. (Très bien). »

M. Duruy, quelques mois après cette discussion, invita les recteurs, par une circulaire du 30 octobre 1867, à organiser des
cours de littérature, de langues vivantes, de sciences, de dessin,
à l'usage des jeunes filles. Ces cours, placés sous le patronage, le
contrôle et la direction des autorités municipales, « devaient
» être faits par les professeurs des collèges, des lycées et des
» Facultés. »

Il fut créé à Paris, sous les auspices de M. Duruy, une « association pour l'enseignement secondaire des jeunes filles. »

L'Association ouvrit à la Sorbonne des cours de langue française, de littérature, d'histoire, de géographie, de sciences, d'économie domestique, d'hygiène, de beaux-arts.

On fit, de plus, des leçons accessoires de langue allemande,
anglaise, et de dessin.

Quelques cours semblables furent organisés par les soins de
M. Hippeau, dans quelques mairies de Paris. Ils subsistèrent
deux années, de 1868 à 1870.

On répondit aussi dans quelques départements à l'appel du
Ministre. On organisa des cours de littérature, de langues vivantes, d'histoire, de géographie, de sciences, d'hygiène, de législa-
lation, de dessin.

Mais ces cours ne vécurent pas d'une longue vie.

Des 24 cours ouverts en 1867, trois, ceux d'Agen, de Périgueux et de Pau, furent fermés la même année. Sept, ceux de Troyes, de Lyon [1], de Châlon-sur-Saône, du Vigan, de Chartres, d'Angoulême, de Châteauroux furent fermés en 1868 ;

Trois ceux de Lons-le-Saunier, Nancy, Limoges, en 1869 ;

Cinq, ceux de Besançon, Saint-Quentin, Valenciennes, Bourges, Versailles, en 1870.

Orléans cessa ses cours en 1872 ; Montpellier en 1878.

Quatorze villes créèrent des cours en 1868.

Les uns furent fermés en 1869 ; ce sont ceux de Marseille, Vesoul, Dieppe, Clamecy, Tours, Toulouse, Neufchâteau, Saint-Mihiel ; les autres, ceux de Toulon, Rouen, Nîmes, Reims, Toul, Lunéville furent fermés en 1870.

Trois villes organisèrent des cours en 1860 : Oran, le Havre et Nice. Le Havre ferma les siens en 1869, et Nice en 1872.

Lille ouvrit un cours en 1870.

Des cours ouverts en 1867, par 25 villes ; en 1868, par 10 villes ; en 1869, par 3 villes ; en 1870, par la ville de Lille, il ne subsiste plus aujourd'hui que les cours de Paris (cours de la Sorbonne), de Bordeaux, d'Auxerre, de Saint-Etienne, d'Oran et de Lille.

A ces cours, il convient d'ajouter ceux de Nantes, ouverts en 1873 ; d'Alger et d'Amiens [2], en 1875 ; de Lille [3], de Limoges [4], en 1877 ; de Poitiers en 1878 ; de Constantine, Roubaix et Castelnaudary, en 1879.

On avait donc ouvert, pour quelques centaines de jeunes filles, quelques cours d'enseignement secondaire. Effort louable et généreux, mais effort impuissant.

Le projet de loi que nous proposons à l'adoption de la Chambre, mettra fin à une longue et déplorable injustice. La France vient bien tard ; qu'elle profite au moins des expériences faites à côté d'elle.

Art. I.

L'article premier consacre le principe de la fondation, par l'Etat, d'écoles secondaires pour les jeunes filles.

En France, à l'heure qu'il est, la jeune fille qui n'a pas le bonheur d'être instruite chez ses parents, n'a le choix qu'entre un pensionnat laïque où l'enseignement se meut dans d'étroites limites, et le couvent, où l'enseignement est pour ainsi dire

---

[1] Lyon, dans ces dernières années, a ouvert un nouveau cours qui subsiste toujours.

[2] Nouveau cours, le premier avait été fermé en 1870.

[3] C'est un second cours indépendant du cours ouvert en 1870.

[4] Les cours de Limoges avaient été supprimés en 1869.

nul. Et encore ce choix est-il illusoire, car le plus souvent, le pensionnat laïque a succombé sous le poids de la concurrence congréganiste; lorsque le pensionnat a résisté, la jeune fille est obligée de céder aux instances de sa mère, et de choisir le couvent.

Elle en sort l'esprit vide, le cœur faussé, incapable d'entendre celui qui va être son mari, incapable d'élever l'enfant qui va naître.

La mère lui parlera le langage de la superstition, le père celui de la raison, et quand ces idées contradictoires jetées dans ce cerveau si malléable, si impressionnable, commenceront à germer, ne sachant pas qui de sa mère ou de son père il faudra croire, l'enfant doutera ! Vérité douloureuse, mais qu'il faut avoir le courage de reconnaître, et qui a sa raison dans ce fait, que la femme, c'est-à-dire la moitié de la France, ne reçoit pas d'instruction.

C'est là quand on songe au rôle que la femme doit jouer dans la famille, à l'influence que nécessairement elle est appelée à exercer sur la destinée des peuples, un crime de lèse-nation.

La France n'est pas un couvent, la femme n'est pas dans ce monde pour être religieuse. Elle est née pour être épouse, elle est née pour être mère.

Appelée à vivre en communion de sentiments et d'idées avec son mari, appelée à élever ses enfants, elle a droit à une instruction qui soit digne d'elle, digne de celui dont elle partage la vie, digne des enfants auxquels elle doit donner la première éducation, digne enfin, de la République sortie de la Révolution de 1789 qui a été sa première émancipatrice.

La plupart des grands États ont créé pour les jeunes filles des écoles secondaires analogues à nos lycées; les pays qui n'ont pas d'instruction publique entretenue par l'État, doivent à des municipalités, à l'initiative privée ou à des associations puissantes la création de collèges et de gymnases qui suffisent à peine aux demandes des familles. La France reste presque seule en dehors de ce mouvement, elle qui, par sa situation politique, devrait montrer plus d'empressement que les autres nations. Quelques cours publics, où l'élève n'a pas de rapports directs avec le maître, ne sauraient tenir lieu d'un enseignement régulier, progressif, donné par des professeurs qui en font leur affaire unique ou principale, qui connaissent leurs élèves, approprient l'enseignement qu'ils donnent aux besoins de leur auditoire, corrigent les devoirs, font faire des compositions, en un mot suivent une éducation depuis son commencement jusqu'à sa fin. Ces cours publics ne peuvent d'ailleurs servir qu'à quelques centaines de jeunes personnes, qui ont la bonne fortune de les avoir à proximité. Qu'arrive-t-il dans cette pénurie? C'est qu'on se rejette sur les écoles normales, ou qu'on prend des maîtres particuliers.

Il faudrait des examens, un diplôme qui servissent à constater les études faites, les résultats obtenus. Ces examens n'existant pas, les jeunes filles se font recevoir institutrices, sans aucune idée de se servir de leur brevet, ou passent l'examen de bachelier. Ce double fait est la preuve de l'existence d'un besoin social qui n'est pas satisfait, et auquel il est urgent de pourvoir. Une jeune fille de dix à dix-huit ans mettrait son bonheur à étudier les langues, la littérature, les sciences ; elle jetterait, pendant ces années d'étude, les fondements du bonheur de toute sa vie. Elle entrerait ensuite dans une famille, parée de toutes les grâces de l'esprit et prête à remplir ses devoirs de mère, c'est-à-dire d'institutrice. Au lieu de cela, on lui fait passer dans la frivolité, dans l'oisiveté, les années de son adolescence. Elle s'habitue à juger sans connaître, à parler sans savoir, à lire dans des livres insipides, à ne trouver chez elle que des occupations matérielles, et à chercher au dehors des distractions. Il est temps, il est plus que temps de mettre ordre à un état de choses qui est un déni de justice à l'égard des femmes, un préjudice porté à leurs maris, et un crime commis contre leurs enfants.

Votre Commission ne croit pas vous apporter un projet définitif. On fera bien mieux, on ira beaucoup plus loin. Mais l'important, c'est de commencer, et de commencer sur-le-champ.

Nous étions saisis de la proposition de M. Camille Sée pour l'examen de laquelle votre Commission a été nommée.

Nous avons été saisis ensuite d'une proposition de M. Paul Bert.

La proposition de M. Camille Sée commence par poser le principe de l'enseignement secondaire des jeunes filles. Puis elle conclut à la création immédiate d'établissements destinés aux jeunes filles internes et externes.

La proposition de loi règle tout ce qui a trait à la dépense de construction, d'aménagements, d'entretien des établissements et tout ce qui touche aux bourses à créer par l'Etat, les départements, les villes, ou les particuliers.

La proposition demande que ces bourses soient données au concours.

Elle divise l'enseignement en obligatoire et facultatif. Elle jette les bases de l'enseignement obligatoire, et laisse au Ministre le soin d'arrêter, pour chaque établissemsnt, le programme facultatif.

Elle demande un cours spécial de pédagogie pour les élèves maîtresses.

Elle laisse au Ministre la faculté d'ouvrir, sur la demande des Conseils généraux ou des Conseils municipaux, un cours spécial d'enseignement technique.

Elle demande que l'enseignement soit donné, et par des professeurs-hommes et par des professeurs-femmes; que tous les emplois de surveillance intérieure soient exercés par des femmes.

Voilà quelle est l'économie de la proposition de M. Camille Sée.

La proposition de M. Paul Bert, abstraction faite de dispositions réglementaires qui sont la division de l'enseignement en cycles, les conditions d'admission, les examens à subir et d'une disposition relative aux diplômes à délivrer, ne porte que sur la question de l'internat des jeunes filles, qui avait soulevé certaines critiques dans la presse.

Ce n'est pas que M. Paul Bert repousse l'internat; il l'admet, mais il estime qu'il faut d'abord créer des externats, ou plutôt des *cours*, et en créer un au minimum par département. Ajoutons, enfin, que M. Paul Bert veut que l'enseignement religieux soit donné aux jeunes filles internes en dehors de l'établissement, à la différence de M. Camille Sée, qui demande que cet enseignement soit donné en dehors des classes, dans l'intérieur de l'établissement.

Les bureaux de la Chambre se sont tous prononcés en faveur du principe de la proposition de M. Camille Sée.

Il en a été de même de la Commission.

ART. II ET III.

Après avoir admis sans discussion le principe de la création de l'enseignement secondaire des jeunes filles, la Commission s'est livrée à une discussion approfondie sur la question de l'internat.

Plusieurs membres auraient voulu que nos établissements de jeunes filles ne reçussent que des externes.

Ils ont invoqué les objections ordinaires contre les pensionnats dirigés et entretenus par l'Etat, objections qui n'ont pas moins de force contre les pensionnats de jeunes gens que contre les pensionnats de jeunes filles.

Ils ont produit ensuite des arguments tirés de la dépense que nécessiteraient la construction et le fonctionnement de ces établissements.

Enfin, ils ont manifesté la crainte d'ouvrir à grands frais, dans certaines villes, des établissements qui ne seraient fréquentés que par un nombre restreint de jeunes filles.

La Commission n'a pas adopté cette manière de voir.

La Commission a pensé qu'un externat ne profiterait qu'aux jeunes filles de la ville où il serait organisé; que les jeunes filles des villes voisines et surtout de la campagne seraient privées du bienfait de la loi, partant que la loi manquerait son but.

Cette raison lui a semblé décisive. La crainte d'avoir, dans certaines maisons, un matériel et un personnel considérables pour un nombre très restreint d'élèves, lui aurait paru fondée, s'il était question d'ouvrir un internat par département; mais il n'en saurait être ainsi, du moment qu'on laisse au Ministre la faculté de n'ouvrir ces établissements qu'au fur et à mesure des besoins, après entente avec les Conseils élus.

La Commission ne s'est pas arrêtée davantage à la crainte de grever le budget de l'Instruction publique. Elle s'est souvenue que la Chambre, alors qu'il s'agissait d'intérêts purement matériels, a engagé une dépense que l'on peut évaluer à cinq milliards, pour l'achèvement de nos voies ferrées; que, dans les questions qui touchent à l'instruction publique, la Chambre ne s'était pas seulement montrée équitable, mais généreuse, et on peut même dire magnifique, par comparaison avec les Assemblées qui nous ont précédés. Votre Commission a pensé que vous ne refuseriez pas de créer et de doter l'enseignement secondaire de la femme, enseignement que votre Commission considère, à juste titre, comme le point de départ du relèvement de la France et le germe même de la vitalité de notre jeune République.

D'autres membres, sans repousser l'internat, demandaient que l'on commençât par créer des externats. L'Etat, d'après cette opinion, ne devait ouvrir l'internat que dans le cas où il n'existerait pas, dans les villes, des institutions privées recevant les jeunes filles en qualités de pensionnaires.

Votre Commission n'a pas davantage adopté cette manière de voir.

Supposez, en effet, que l'Etat ne fonde pas d'internats. A peine les établissements de jeunes filles seront-ils organisés dans les grandes villes, que les familles qui habitent les autres villes, ou qui résident à la campagne, voudront en faire profiter leurs enfants. Il se fondera des internats, que l'Etat ne pourra ni diriger, ni même surveiller efficacement, surtout si, comme il est aisé de le prévoir, ils sont fondés par des communautés religieuses. La création d'internats pour les jeunes filles est d'ailleurs une œuvre toute nouvelle, dont l'Etat doit prendre l'initiative, dont il doit donner les règles, fournir les modèles. Ce qu'il ne fera pas, les congrégations vont le faire, et elles le feront dans un esprit que vous ne sauriez approuver.

Votre Commission, en conséquence, convaincue que la loi puisera toute sa force dans l'internat; que l'internat, abstraction faite de la question de principe, s'impose comme une nécessité, demande que le système de l'internat, c'est-à-dire des établissements recevant à la fois des externes et des internes, soit la base de notre loi.

Ce principe admis, votre Commission, toujours dominée

par la pensée de mettre l'enseignement secondaire à la portée du plus grand nombre possible de jeunes filles, vous propose d'établir de simples externats dans les départements où ne seront pas créés les internats, sans préjudice pour ces externats d'être transformés, dans la suite, en établissements d'internes et d'externes.

En résumé, la Commission propose la création d'établissements recevant à la fois des jeunes filles internes et externes ;

La création d'établissements ne recevant que des jeunes filles externes, mais pouvant, dans la suite, recevoir également des jeunes filles internes.

Votre Commission ensuite s'est préoccupée de savoir comment cette solution serait appliquée.

Chaque département serait-il obligé de créer un établissement d'externes et d'internes, ou d'ouvrir tout au moins un établissement d'externes ?

D'après une opinion, la Commission devait se borner à poser le principe en abandonnant au Ministre, responsable devant les Chambres de l'exécution de la loi, le soin de l'appliquer.

Le Ministre devait, à cet effet, se concerter avec les Conseils généraux et les Conseils municipaux, s'entendre avec eux pour la désignation des départements et des villes où seraient créés les établissements destinés aux jeunes filles internes et externes, s'entendre avec les mêmes Conseils pour l'ouverture des établissements d'externes, et, le cas échéant, pour la transformation de l'externat en un établissement d'internes et d'externes.

Mais le Ministre devait, d'après ce système, ne créer les établissements qu'au fur et à mesure des besoins.

La Commission n'a pas adopté cette manière de voir dans la pensée que chaque département doit être doté d'une école secondaire de jeunes filles.

Cette solution adoptée, la Commission devait-elle soumettre au vote de la Chambre la nomenclature des départements et des villes où seraient ouverts les établissements d'internes et d'externes et celle des départements et des villes où seraient ouverts les établissements d'externes ?

La Commission ne l'a pas pensé. Elle a abandonné ce soin au Ministre qui se concertera avec les Conseils généraux et les Conseils municipaux, en s'efforçant de répondre à la fois à leurs vœux et aux besoins des régions qu'ils représentent.

La Commission a pensé que cette liberté d'action laissée au Ministre, en facilitant les négociations et les traités à passer avec les départements et les villes, serait de nature à favoriser la création et le développement des établissements secondaires de jeunes filles.

ART. IV.

C'est la même pensée qui a dicté la solution que vous propose votre Commission pour ce qui touche à la dépense.

La Commission, sans distinguer entre les écoles destinées aux jeunes filles internes et externes et les écoles affectées aux jeunes filles externes, vous propose de décider que tous les établissements seront fondés et entretenus par l'État avec le concours du département et de la ville où sera créé l'établissement.

Le Ministre, dans le choix des départements et des villes, tiendra compte de la nécessité et de l'urgence de doter d'un établissement secondaire de jeunes filles telle ou telle région, telle ou telle ville, des sacrifices consentis par le département, par la ville, de leur situation financière, etc.

Le Ministre ne sera limité dans son action que par les crédits inscrits annuellement à cet effet au budget de l'État, et le Ministre mettra le Parlement à même de les voter en connaissance de cause en lui donnant, chaque année, l'exposé des travaux entrepris, celui des travaux à entreprendre, avec le relevé des sacrifices consentis par les villes et les départements, et des crédits votés ou à voter sur le budget de l'État.

ART. V.

Votre commission a été d'avis qu'il convenait de fonder, dans les établissements qu'elle institue, des bourses d'internes et de demi-pensionnaires. Ces bourses seront fondées par l'Etat, les départements, les communes. Le nombre en sera déterminé dans les conventions conclues par le Ministre avec les départements et les communes.

Aujourd'hui les bourses de l'État sont données par le Ministre, celles des départements par le Conseil général et celles des communes par le Préfet. On exige seulement des candidats qu'ils aient subi un examen dont le but unique est d'établir qu'ils sont en état de profiter de l'enseignement qui leur sera donné.

Dans ces conditions, les bourses sont données aux enfants, comme récompense des services rendus par leurs parents à la chose publique. Votre commission a pensé que ce système, inauguré par le premier empire, devait être abandonné. En fondant les bourses, la Convention avait obéi à cette pensée que l'État doit l'instruction primaire à tous les enfants, et l'instruction secondaire ou supérieure, à ceux des enfants que leurs dispositions et leurs succès désignent comme capables de rendre des services distingués à leur pays. Bonaparte, qui songeait surtout à avoir des instruments de règne, voulut garder à sa disposition une partie des bourses et s'en servir pour récompenser les services des parents. La loi du 1er mai 1802 disposait qu'il serait entretenu « aux frais de la République 6,400 élèves pensionnaires « dans les lycées et les écoles spéciales » ; que le gouvernement répartirait 2,400 bourses entre les fils de militaires ou de fonctionnaires dont il voulait récompenser les services, et que les 4,000 bourses restantes seraient attribuées aux départements, proportionnellement à la population, et mises au concours dans les écoles secondaires. Les jurys locaux étaient tenus de fournir une liste de candidats double du nombre de bourses à donner, afin que les préférences du Gouvernement eussent encore l'occasion de se manifester. Le second empire n'a pas trouvé suffisante cette part faite à l'autorité discrétionnaire du Gouvernement. Le décret du 7 février 1852 donne au Ministre la collation de toutes les bourses nationales, et au Préfet, sous l'autorité du Ministre, la collation de toutes les bourses départementales et communales. Les bourses, dans les deux cas, sont données à raison des services rendus par les parents.

De l'intérêt des études, du droit des capacités, il n'est plus seulement question. Les considérants du décret déclarent que par l'ancien mode de répartition, la part réservée aux serviteurs de l'État se trouvait injustement réduite, et que les chances aléatoires du concours ne donnent pas autant de garanties que le choix du ministre.

La loi du 10 août 1871 a modifié la législation de l'Empire, en un seul point. Elle a transféré du Préfet au Conseil général le droit de nommer les boursiers entretenus sur les fonds départementaux.

Votre Commission revient à la pensée de Condorcet, qui voyait dans l'institution des bourses un moyen de remédier à l'inégalité sociale résultant de l'inégalité des fortunes, et de procurer au pays un plus grand nombre de citoyens capables de le servir, à la pensée de Lakanal, à la pensée de Carnot. La loi du 27 novembre 1848 mettait au concours les bourses communales et départementales, et la moitié seulement des bourses de l'État, l'autre moitié devant être distribuée par le Ministre, sur la présentation d'une commission spéciale, aux fils des citoyens qui auraient rendu des services à l'État. C'est cette loi libérale que M. Fortoul mit à néant en 1852, par le décret qui transforma les bourses en une monnaie arbitrairement distribuée à ses serviteurs, par le gouvernement impérial. Après le 4 septembre, M. Jules Simon fit publier le décret suivant :

« Le Gouvernement de la Défense nationale, vu la loi du 27 novembre 1848 et le décret du 7 février 1852,

Considérant qu'il importe de substituer au régime de l'arbitraire celui du droit et de la publicité ;

Que l'institution des bourses doit avoir pour but de rendre l'instruction supérieure à tous ceux qui ont démontré, par leur succès dans les écoles primaires, qu'ils pourront un jour contribuer à la prospérité du pays ou aux progrès de la science ;

Qu'en attendant qu'il soit statué à nouveau par le pouvoir législatif sur le mode de distribution des bourses nationales, départementales et communales, rien dans les lois existantes ne s'oppose à ce qu'il soit fait dès à présent un emploi plus régulier des crédits accordés pour cet objet au Ministère de l'instruction publique,

Décrète :

Art. 1er. — Cinq bourses entretenues aux frais de l'Etat dans les lycées nationaux, seront affectées par voie de concours aux élèves des écoles primaires publiques ou libres du département de la Seine.

Art. 2. — Cinq bourses entretenues aux frais de l'État dans l'école normale primaire de jeunes filles de la ville de Paris, seront affectées par voie de concours aux élèves des écoles primaires publiques ou libres de jeunes filles du département de la Seine.

Art. 3. — Des dispositions analogues seront prises après la levée du siège pour les élèves des écoles de département.

Art. 4. — A l'avenir, les décrets conférant des bourses de l'État seront insérées au *Journal officiel.* »

Il ne fut pas possible de songer à généraliser ce décret pendant la durée de l'Assemblée nationale.

Nous vous proposons d'établir en principe que les bourses de toute origine dans les écoles secondaires de jeunes filles seront données au mérite, destinées à remédier « à l'inégalité sociale résultant de l'inégalité des fortunes, » et qu'aucune part dans la répartition, ne sera laissée à l'arbitraire ou à la faveur.

La Commission a été unanime à adopter cette solution, dictée par une pensée analogue à celle de Lakanal, semblable à celle qui a inspiré le législateur de 1848, quand il disait que les bourses seraient données au concours « à des enfants à qui l'in-
» suffisance de leur fortune personnelle et celle de leurs parents
» ne permettraient pas de suivre leurs études. »

Cette solution adoptée, la Commission a cherché le moyen le meilleur de l'appliquer.

Certains de ses membres demandaient le concours ; d'autres donnaient la préférence à l'examen.

Le concours semblait, aux uns, le mode de collation le plus

juste du moment où la bourse devait être donnée au mérite. Le concours avait, en effet, pour lui de ne rien laisser à la faveur.

L'examen devant une commission spéciale, d'après les autres, devait être préféré au concours, le concours pouvant favoriser des jeunes filles fortunées, créer pour elles un droit, et priver ainsi du bienfait de la loi des jeunes filles que le manque de ressources pécuniaires empêcherait de continuer leurs études.

Peut-être pouvait-on dire qu'il était facile, avec le concours aussi bien qu'avec l'examen, de tenir compte de la situation de fortune de la jeune fille ou de ses parents, en n'admettant aux épreuves que la jeune fille qui ne pourrait, faute de ressources suffisantes, continuer ses études.

Quoi qu'il en soit, la Commission s'est prononcée en faveur de l'examen passé devant une commission nommée par le Ministre.

Afin d'entretenir l'émulation des titulaires de bourses, et de ne pas dépenser inutilement les deniers de l'État, le Ministre de l'Instruction publique ne donne pas d'emblée des bourses entières. Il divise les bourses par quarts ; il donne d'abord une demi-bourse ou trois quarts de bourse ; la bourse entière n'est concédée que lorsque les progrès et la conduite de l'élève ont justifié cette faveur.

Votre Commission a adopté ce principe ; elle a de plus prévu le cas où la jeune fille ne se montrerait pas digne de la faveur dont elle est l'objet, et celui où la situation de fortune de la jeune fille ou de ses parents viendrait à s'améliorer. La Commission demande que la bourse, qu'elle soit fondée par l'État, le département ou la ville, puisse, dans ces deux cas, être retirée à la jeune fille.

Telles sont les règles que votre Commission a cru devoir tracer pour les jeunes filles pensionnaires. Elle est d'avis, nous l'avons dit, de les appliquer aux jeunes filles de la ville admises dans l'établissement en qualité de demi-pensionnaires.

Elle est d'avis, également, de les étendre aux élèves dites élèves-maîtresses, dont nous parlerons un peu plus loin.

Art. VI et VII.

Votre Commission s'est vivement préoccupée de l'enseignement à donner dans nos écoles secondaires de jeunes filles.

Elle a d'abord examiné la question de savoir si l'enseignement serait divisé en obligatoire et en facultatif, ou s'il serait, au contraire, obligatoire dans toutes ses parties.

La Commission vous propose d'adopter la seconde solution.

La Commission a examiné ensuite les différentes études que devait comprendre le programme obligatoire des écoles secondaires de jeunes filles.

Respectueuse de la liberté de conscience, votre Commission est d'avis que l'enseignement religieux ne doit pas trouver place dans les classes. C'est là un enseignement qui doit être donné à domicile par les soins des parents. La question ne pouvait donc se présenter pour les jeunes filles externes. La Commission a dû la trancher pour les jeunes filles internes. Un point hors de conteste, c'est qu'il faut, pour cet enseignement, s'en remettre à la volonté des parents. Mais cette instruction, lorsque les parents la demanderont, sera-t-elle donnée à l'extérieur ou à l'intérieur de l'établissement ? En d'autres termes, les jeunes filles se rendront-elles à l'église ou au temple, ou les ministres viendront-ils, à des heures qui ne seront pas les heures de classe, donner cet enseignement dans l'établissement ? La Commission a pensé que l'enseignement donné à l'intérieur de l'établissement, sous la surveillance de la directrice, présente des avantages que n'offre pas un enseignement qui oblige à se rendre à l'église ou au temple les jeunes filles et les soustrait à la surveillance de la directrice de l'établissement.

Cette question résolue, la Commission a abordé l'étude du programme à la tête duquel elle a inscrit « l'instruction morale ». Puis elle a pour ainsi dire, sans discussion, adopté les autres paragraphes de l'article.

Nous croyons que la jeune fille peut et doit étudier sérieusement la langue française, les langues étrangères ; qu'il faut l'initier aux chefs-d'œuvre de notre littérature et des littératures étrangères.

Nous regardons comme essentielle l'étude de la géographie ; non pas seulement de la géographie de la France, mais de la géographie générale. On ne peut lire avec fruit l'histoire, on ne peut s'intéresser aux récits de voyages, comprendre la différence des mœurs et des législations, quand on n'a pas présente la carte du monde. L'homme n'est plus, comme autrefois, relégué dans une ville, dans une province, dans un État. Il a toutes facilités pour parcourir toute la terre. Il a des parents, des amis, des intérêts dans tous les points du globe.

Nous en disons autant de l'histoire. Comment se faire une idée juste de l'histoire de son pays, si l'on ne sait pas de quelles races s'est formée à la longue la race française, quelles sont les origines de nos lois et de nos mœurs, comment nous nous rattachons aux grands événements qui ont agité la race humaine depuis le commencement de la civilisation ?

Joseph de Maistre disait : « Il est permis à une femme de ne » pas ignorer que Pékin n'est pas en Europe et qu'Alexandre-» le-Grand ne demanda pas en mariage une nièce de Louis XIV. »

Nous, nous disons qu'il n'est pas permis à une femme de ne pas connaître l'histoire de l'humanité dans ses traits généraux, et l'histoire de la France dans ses plus petits détails.

De même pour les mathématiques. Fénelon demandait qu'on enseignât aux jeunes filles les quatre règles de l'arithmétique. « Vous vous en servirez utilement, disait-il, pour leur faire faire des comptes. »

La jeune fille fera des comptes, et elle en fera souvent. Cela est d'une bonne ménagère ; nous n'y faisons pas d'objection : mais l'étude des sciences ne doit pas se borner à faire des comptes. On peut utilement initier les jeunes filles à l'étude des sciences mathématiques, physiques et naturelles, et ne leur laisser ignorer ni les lois de la nature, ni les découvertes qui ont transformé le monde.

Nous croyons de même que si la femme a droit, pour elle-même, à une forte éducation intellectuelle, il est également de son devoir et de son intérêt de s'initier au rôle de mère et de maîtresse de maison.

La femme doit connaître l'influence des agents atmosphériques sur la santé ; savoir comment vêtir et nourrir son enfant ; comment prévenir les atteintes de la maladie, comment le soigner jusqu'à l'arrivée du médecin.

Appelée à diriger une maison, la femme doit savoir équilibrer son budget ; n'être étrangère, ni à ce qui concerne la préparation, l'approvisionnement, la conservation des aliments, ni à la confection et à l'entretien du linge et des vêtements, ni aux travaux à l'aiguille qui sont pour elle une occasion d'exercer et de développer son goût.

« Elles ne s'enfonceront pas [1] », dans les « difficultés du droit, » mais il est indispensable qu'elles n'ignorent pas les règles » élémentaires de ce droit ; qu'elles sachent ce que c'est qu'un » contrat de mariage, une succession, une donation, un testa- » ment, une obligation. »

Le dessin et la musique, il est à peine besoin de le dire, doivent faire partie de notre enseignement, et l'influence que la femme exerce sur l'art et le goût nous dispense de dire que ces études doivent même y occuper une large place.

Nous ajouterons à cette nomenclature la gymnastique qui reposera l'esprit de la jeune fille en même temps qu'elle développera ses forces physiques.

Voilà l'enseignement dont votre Commission propose de jeter les bases dans la loi. Cet enseignement sera donné dans tous les établissements ; mais il sera plus particulièrement approprié à chacun d'eux, et, par exemple, pour l'étude d'une langue vivante, on choisira de préférence la langue allemande dans les

[1] Fénelon : *Éducation des filles.*

départements de l'Est, la langue anglaise dans les départements de l'Ouest, la langue espagnole dans les départements du Sud-Ouest, la langue italienne dans les départements du Sud-Est, etc.

C'est là le programme dans le détail duquel n'avait pas à entrer votre Commission, car il devra être plus ou moins développé suivant l'importance des établissements et les besoins des régions où ils seront créés. Votre Commission, à cet égard, ne peut que tracer des règles générales dont devra, autant que possible, s'inspirer le Ministre lorsqu'il arrêtera le programme de chaque établissement.

La durée des études des jeunes filles, dans les établissements que nous fondons, sera la même que celle des études des jeunes gens dans les lycées ; c'est-à-dire que les élèves pourront y être admises à l'âge de neuf ou dix ans et y demeurer jusqu'à l'âge de dix-sept ou dix-huit ans.

Mais dans les lycées, les études échelonnées sur une période de huit ou neuf ans forment un tout ; elles ne peuvent être scindées, et ne permettent pas au jeune homme de clore ses études au bout de trois ou quatre ans. Quand on quitte ainsi le lycée avant d'avoir parcouru toutes les classes, on n'en emporte que des connaissances incomplètes, tronquées, inutiles, ou même quelquefois nuisibles, parce qu'elles donnent l'illusion du savoir, et n'en donnent pas la réalité.

Les études dans nos établissements de jeunes filles devront être scindées en deux ou trois parties, divisions ou sections formant chacune un ensemble, un tout, et permettant ainsi à une jeune fille d'être en possession, au bout de trois ou quatre ans, d'une instruction complète.

Ce sont là des dispositions réglementaires qui ne sauraient trouver place dans la loi, mais votre Commission a pensé qu'il était de son devoir de les indiquer au Ministre, afin qu'il pût s'en inspirer en arrêtant les règlements et les programmes.

ART. VIII.

La Commission a été d'avis de redresser un abus, qui, préjudiciable lorsqu'il s'agit des hommes, aurait pour les femmes l'inconvénient le plus sérieux, nous voulons parler de l'abus qui consiste, sous prétexte d'avancement, à faire voyager un professeur d'un bout de la France à l'autre, et à transformer notre personnel en un corps nomade.

Il faut développer, pour la femme, le « système excellent, à » tous les points de vue de l'avancement sur place ; » il ne serait pas mauvais que le personnel d'un établissement pût, en partie, se recruter parmi ses propres élèves.

C'est dans ce but que votre Commission vous propose de

laisser au Ministre, après entente avec les départements et les villes, la faculté d'annexer, à nos établissements secondaires de jeunes filles, un cours spécial pour les élèves-maîtresses.

ART. IX.

Votre Commission pense que le programme enseigné dans chaque division ou section doit avoir pour sanction un examen, à la suite duquel sera délivré un diplôme et que la même sanction doit être appliquée à l'enseignement donné dans les cours normaux.

Votre Commission n'a pas cru devoir abandonner cette disposition au pouvoir règlementaire, et vous propose en conséquence de l'insérer dans la loi et d'en faire l'objet d'un article spécial.

ART. X.

Restait à trancher la question de la direction de l'établissement et du personnel enseignant.

L'établissement devra être dirigé par une femme. La Commission a été unanime à adopter cette solution, et a été de même unanime à reconnaître que le personnel enseignant devait être muni de diplômes réguliers.

Cette question résolue, votre Commission s'est posé celle de savoir si l'enseignement serait donné par des professeurs-hommes, ou s'il serait, au contraire, donné par des professeurs-femmes.

Les professeurs devant être munis de diplômes réguliers, et les hommes seuls se trouvant, à l'heure actuelle, dans ces conditions, la question se trouvait résolue, pour les premières années.

Elle ne pouvait se poser que pour l'avenir. Votre Commission a pensé qu'il ne fallait pas, à cet égard, tracer de règles fixes ; que l'enseignement pourrait indifféremment être donné par des hommes ou des femmes ; elle a pensé que l'on ferait bien d'utiliser, à cet effet, le personnel des Lycées et des Facultés.

Elle demande que dans ce cas une maîtresse de l'établissement assiste à la leçon.

Votre Commission estime cependant « qu'à mesure qu'il se » présentera des femmes capables de donner l'enseignement, on » devra les préférer, » et cela pour deux raisons.

Toutes les carrières sont fermées à la femme ; nous avons occasion de lui ouvrir celle de l'enseignement. Nous devons le faire, et nous devons le faire avec d'autant plus d'empressement que nous trouvons chez elle des qualités que nous chercherions en vain chez l'homme.

11

En Suisse et en Allemagne, nous voyons souvent figurer dans le programme des écoles secondaires de filles, des cours de pédagogie. On ne donne pas le même enseignement aux jeunes gens. C'est que tous les hommes ne seront pas professeurs, et que toutes les femmes, au contraire, sont institutrices. Il suffit pour cela qu'elles soient mères.

Voici le projet que nous soumettons aux délibérations de la Chambre.

PROJET DE LOI.

Article premier.

Il sera fondé des établissements destinés à l'enseignement secondaire des jeunes filles.

Art. 2.

Le Ministre de l'Instruction publique, après entente avec les Conseils généraux et les Conseils municipaux, déterminera les départements et les villes où seront fondés les établissements qui recevront des élèves internes et des élèves externes.

Art. 3.

Le Ministre ouvrira dans les autres départements des établissements d'externes.

Il pourra, après entente avec les Conseils généraux et les Conseils municipaux, y adjoindre des internats.

Art. 4.

Tous les établissements sont fondés et entretenus par l'Etat avec le concours des départements et des villes.

Art. 5.

Il sera fondé par l'Etat, les départements, les villes, au profit des internes et des demi-pensionnaires, tant élèves qu'élèves-maîtresses, des bourses dont le nombre sera déterminé dans le traité constitutif qui interviendra entre le Ministre, le département et la ville où sera créé l'établissement.

Les bourses seront données à la suite d'un examen par une Commission nommée par le Ministre.

Ces bourses pourront, par une décision de la même Commission, être retirées aux jeunes filles.

Art. 6.

L'enseignement comprend :

1° L'enseignement moral;
2° La langue française et au moins une langue vivante;
3° Les littératures anciennes et modernes;
4° La géographie; -
5° L'histoire nationale et un aperçu de l'histoire générale;
6° Les sciences mathématiques, physiques et naturelles;
7° L'hygiène;
8° L'économie domestique et les travaux à l'aiguille;
9° Des notions de droit usuel;
10° Le dessin, le modelage;
11° La musique;
12° La gymnastique.

Art. 7.

L'enseignement religieux sera donné, au gré des parents, dans l'intérieur de l'établissement aux élèves internes par les ministres des différents cultes.

Ils seront agréés par le Ministre de l'Instruction publique.

Ils ne résideront pas dans l'établissement.

Art. 8.

Il pourra être annexé aux établissements d'enseignement secondaire un cours spécial de pédagogie pour les élèves-maîtresses.

Art. 9.

Il sera, à la suite d'un examen, délivré un diplôme aux jeunes filles qui auront suivi les cours des établissements publics d'enseignement secondaire.

Art. 10.

Chaque établissement est placé sous l'autorité d'une directrice.

L'enseignement est donné par des professeurs hommes ou femmes, munis de diplômes réguliers.

La classe, lorsque la leçon est faite par un professeur homme, est placée sous la surveillance d'une maîtresse ou d'une sous-maîtresse d'études.

CHAMBRE DES DÉPUTÉS

PRÉSIDENCE DE M. GAMBETTA.

M. le président. L'ordre du jour appelle la première délibération sur la proposition de loi de M. Camille Sée, concernant
l'enseignement secondaire des jeunes filles.

Quelqu'un demande-t-il la parole sur la discussion générale ?

M. Logerotte. Je demande la parole.

M. le comte de Perrochel. Je demande la parole.

Quelques membres. L'ajournement !

M. le président. M. Logerotte a la parole.

M. Logerotte. Messieurs, la première délibération de la proposition de loi de M. Camille Sée est à l'ordre de jour. La Commission est prête à discuter, si la Chambre le juge convenable ;
nous vous demandons de vouloir bien passer à la discussion.

Sur divers bancs. Oui ! oui !

M le président. La parole est à M. le comte de Perrochel.

M. le comte de Perrochel. Messieurs, j'espère que la
Chambre voudra bien m'écouter avec une bienveillance égale à
celle qu'elle a montrée l'autre jour pour notre honorable collègue
M. de Baudry-d'Asson. Je mérite d'autant plus cette bienveillance que je ne viens pas ici vous faire un discours, mais vous
dire au contraire que je n'en ferai pas.

Quelques membres à gauche. Eh bien, alors ?

M. le comte de Perrochel. La majorité de la Chambre est

si laborieuse, si active, elle accumule, elle entasse tant de projets de lois, que, à notre tour, il faut que nous nous livrions à un labeur excessif. (Exclamations sur plusieurs bancs à gauche.)

Je viens donc simplement ici faire toutes mes réserves et vous déclarer que, à la seconde délibération, nous vous dirons pourquoi nous combattons un projet de loi qui est la suite des entreprises faites contre Dieu et la religion! (Nouvelles exclamations à gauche et au centre. — Très bien! sur plusieurs bancs à droite.)

M. le président. Je consulte la Chambre sur la question de savoir si elle entend passer à la discussion des articles de la proposition de loi.

(La Chambre décide qu'elle passe à la discussion des articles).

M. le président. L'article 1er est ainsi conçu :

« Il sera fondé des établissements destinés à l'enseignement secondaire des jeunes filles. »

MM. Ribot et Jules Develle ont déposé sur cet article un amendement dont voici les termes :

« Il sera fondé par l'Etat, avec le concours des départements et des villes, des établissements destinés à l'enseignement secondaire des jeunes filles.

« Supprimer l'article 4. »

M. Ribot. Je demande à la Chambre de vouloir bien ordonnei le renvoi de cet amendement à la Commission.

M. Camille Sée, *rapporteur.* La Commission accepte le renvoi de l'amendement.

M. le président. Comme cela semble être tout le projet, la délibération peut-elle continuer ?

M. le rapporteur. Pardon, monsieur le président, c'est un changement qui n'empêche pas de continuer la discussion.

M. le président. Alors l'article 1er serait réservé, l'amendement serait renvoyé à la Commission, et la délibération continuerait sur le reste du projet.

M. le rapporteur. Oui, monsieur le président.

M. le président. Cela entendu, je donne lecture de l'article 2 :

« Le ministre de l'instruction publique, après entente avec les conseils généraux et les conseils municipaux, déterminera les départements et les villes où seront fondés les établissements qui recevront des élèves internes et des élèves externes. »

M. Jules Ferry, *ministre de l'instruction publique et des beaux-arts.* Je désirerais dire quelques mots, monsieur le président.

M. le président. M. le ministre de l'instruction publique a la parole.

M. le ministre. Messieurs, je demande uniquement la parole pour faire quelques réserves à propos de l'article 2. Lorsque viendra la seconde délibération sur le projet de loi dont il s'agit en ce moment, le Gouvernement fera connaître la pensée qui motive ces réserves.

M. le président. La déclaration de M. le ministre étant constatée, je consulte la Chambre sur l'article 2.

(L'article 2, mis aux voix, est adopté.)

« Art. 3. — Le ministre ouvrira dans les autres départements des établissements d'externes.

» Il pourra, après entente avec les conseils généraux et les conseils municipaux, y adjoindre des internats. » — (Adopté).

» Art. 4. — Tous les établissements sont fondés et entretenus par l'Etat avec le concours des départements et des villes. »

M. le président. L'amendement de MM. Ribot et Jules Develle, dont il a été question à propos de l'article 1er et qui a été renvoyé à la Commission, demandant la suppression de l'article 4, il y a lieu de réserver, comme pour l'article 1er, le vote sur le texte que je viens de lire.

« Art. 5. — Il sera fondé par l'Etat, les départements, les villes, au profit des internes et des demi-pensionnaires, tant élèves qu'élèves-maîtresses, des bourses dont le nombre sera déterminé dans le traité constitutif qui interviendra entre le ministre, le département et la ville où sera créé l'établissement.

» Les bourses seront données à la suite d'un examen par une commission nommée par le ministre.

» Ces bourses pourront, par une décision de la même commission, être retirées aux jeunes filles. »

(L'article 5 est mis aux voix et adopté.)

« Art. 6. — L'enseignement comprend :

» 1° L'enseignement moral ;

» 2° La langue française et au moins une langue vivante;

» 3° Les littératures anciennes et modernes ;

» 4° La géographie ;

» 5° L'histoire nationale et un aperçu de l'histoire générale;

» 6° Les sciences mathématiques, physiques et naturelles;

» 7° L'hygiène ;

» 8° L'économie domestique et les travaux à l'aiguille :

» 9° Des notions de droit usuel ;

» 10° Le dessin, le modelage ;

» 11° La musique ;

» 12° La gymnastique. » (Rires ironiques à droite.)

M. le président. — Messieurs, si l'innovation vous paraît critiquable, vous pouvez la combattre.

M. Louis Le Provost de Launay (Côtes-du-Nord). Elle est simplement ridicule ! (Rumeurs.)

M. le président. Personne ne demande la parole ?...

Je mets aux voix l'article 6.

(L'article 6 est mis aux voix et adopté.)

« Art. 7. — L'enseignement religieux sera donné, au gré des parents, dans l'intérieur de l'établissement aux élèves internes par les ministres des différents cultes.

» Ils seront agréés par le ministre de l'instruction publique.

» Ils ne résideront pas dans l'établissement. »

M. de La Rochefoucauld, duc de Bisaccia. Seront-ils assermentés ?

M. le président. Monsieur de La Rochefoucauld, vous privez la Chambre de vos observations. Demandez la parole, si vous voulez combattre l'article...

M. Louis le Provost de Launay (Côtes-du-Nord). On ne combat pas de pareilles choses !

M. le comte de Perrochel. On se contente d'en rire !

M. le président. Vous avez la parole, monsieur de La Rochefoucauld.

M. de La Rochefoucauld, duc de Bisaccia. Je demande seulement si les ministres des cultes seront assermentés. Je ne veux pas prendre la parole davantage.

Plusieurs membres. Qu'est-ce que cela veut dire ?

M. le président. Plusieurs de nos collègues demandent ce que vous entendez par « assermentés ».

M. de La Rochefoucauld, duc de Bisaccia. Je les suppose assez intelligents pour comprendre.

Un membre à gauche. Ils seront assermentés à Rome !

M. le président. Je mets aux voix l'article 7.

(L'article 7, mis aux voix, est adopté.)

« Art. 8. — Il pourra être annexé aux établissements d'enseignement secondaire un cours spécial de pédagogie pour les élèves-maîtresses. » — (Adopté.)

« Art. 9. — Il sera, à la suite d'un examen, délivré un diplôme aux jeunes filles qui auront suivi les cours des établissements publics d'enseignement secondaire. » — (Adopté.)

« Art. 10. — Chaque établissement est placé sous l'autorité d'une directrice.

» L'enseignement est donné par des professeurs hommes ou femmes, munis de diplômes réguliers.

» La classe, lorsque la leçon est faite par un professeur-homme, est placée sous la surveillance d'une maîtresse ou d'une sous-maîtresse d'études. » — (Adopté.)

M. le président. Je ne puis pas consulter la Chambre sur la question de savoir si elle entend passer à la 2e délibération, la Commission n'ayant pas statué sur l'amendement de M. Ribot qui lui a été renvoyé.

M. Ribot. Je ne voudrais pas retarder le passage à une seconde délibération. Je retire mon amendement et je le reporte à la seconde délibération étant entendu que la Commission en demeure saisie.

M. le rapporteur. La Commission, après en avoir délibéré, déclare accepter l'amendement de M. Ribot.

M. le président. Je donne alors lecture de l'amendement de M. Ribot qui deviendrait l'article 1er. Il est ainsi conçu :

« Il sera fondé par l'Etat, avec le concours des départements et des villes, des établissements destinés à l'enseignement secondaire des jeunes filles. »

(La nouvelle rédaction de l'article 1er, mise aux voix, est adoptée.)

M. le président. En conséquence de ce vote, l'article 4 du projet est supprimé.

Il y a une demande de scrutin public sur la question de savoir s'il sera passé à une seconde délibération.

(Le scrutin est ouvert et les votes sont recueillis. — MM. les secrétaires procèdent au dépouillement.)

M. le président. Voici le résultat du dépouillement du scrutin.

Nombre des votants............	438
Majorité absolue......................	220
Pour l'adoption....................	334
Contre...........................	104

La Chambre décide qu'elle passera à une deuxième délibération.

SCRUTIN

Sur la question de savoir si la Chambre passera à une deuxième délibération sur la proposition de loi de M. Camille Sée, relative à l'enseignement secondaire des jeunes filles.

Nombre des votants....................	438
Majorité absolue......................	220
Pour l'adoption....................	334
Contre...........................	104

La Chambre des députés a adopté.

ONT VOTÉ POUR :

MM. Achard. Agniel. Allain-Targé. Allègre. Allemand. Amat. Andrieux. Anglade. Anthoard. Armez. Arnoult. Arrazat. Audiffred.

Baïhaut. Bamberger. Barbedette. Bardoux. Barodet. Barthe (Marcel). Beaussire. Belle. Belon. Benoist. Berlet. Bert (Paul). Bertholon. Bethmont. Bienvenu. Binachon. Bizarelli. Bizot de Fonteny. Blanc (Louis) (Seine). Blanc (Pierre) (Savoie). Blandin. Bonnaud. Bonnet-Duverdier. Borriglione. Bosc. Bouchet. Boudeville. Boulard (Cher). Bousquet. Bouteille. Bouthier de Rochefort. Boysset. Bravet. Brelay. Bresson. Brice (René). Brisson (Henri). Brossard. Bruneau. Buyat.

Cadot (Louis). Caduc. Cantagrel. Carnot (Sadi). Casimir-Perier (Aube). Casimir-Perier (Paul) (Seine-Inférieure). Casse (Germain). Cavalié. Caze. Chaix (Cyprien). Chalamet. Chaley. Chanal (général de). Chauveau (Franck). Chavanne. Chevandier. Chiris. Choiseul (Horace de). Choron. Cirier. Clémenceau. Cochery. Codet. Colin. Constans. Corentin-Guyho. Costes. Cotte. Couturier. Crozet-Fourneyron.

Danelle-Bernardin. Daron. Datas. Daumas. Dautresme David (Indre). Deluns-Montaud. Deniau. Descamps (Albert). Deschanel. Desseaux. Dethou. Deusy. Devade. Devaux. Develle (Eure). Develle (Meuse). Devès. Diancourt. Douville-Maillefeu (comte de). Dréo. Dreux. Drumel. Dubois (Côte-d'Or). Duclaud. Ducroz. Dupont. Duportal. Durand (Ille-et-Vilaine). Durieu. Duvaux.

Escanyé. Escarguel. Even.

Fallières. Farcy. Faure (Hippolyte). Favand. Ferrary. Ferry (Jules). Fleury. Floquet. Folliet. Forné. Fouquet. Fourot. Fousset. Franconie. Fréminet.

Gailly. Galpin. Ganne. Garrigat. Gasconi. Gassier. Gasté (de). Gastu. Gatineau. Gaudy. Germain (Henri). Gévelot. Gilliot. Girard (Alfred). Girardin (Emile de). Giraud (Henri). Giraud (Cher). Girerd. Girod-Pouzol. Giroud. Gleizal. Goblet. Godin (Jules). Godissart. Greppo. Grollier. Guichard. Guillemin. Guillot (Louis). Guyot.

Hérault. Horteur. Hovius. Hugot.

Jacques. Jametel. Janzé (baron de). Jeanmaire. Jenty. Joigneaux. Joly (Albert). Joubert. Jouffrault. Jozon.

Labadié. Labitte. Labuze. La Caze (Louis). Laffitte de Lajoannenque (de). Laisant. Lalanne. Lanel. Langlois. Lasbaysses. Lasserre. Latrade. Laumond. Lavergne (Bernard). La Vielle. Lecherbonnier. Lecomte (Mayenne). Leconte (Indre). Le Faure. Legrand (Louis) (Valenciennes, Nord). Legrand (Pierre) (Nord). Lelièvre (Adolphe). Le Maguet. Le Monnier. Lepère. Leroux (Aimé) (Aisne). Leroy (Arthur). Lesguillon. Le Vavasseur. Levêque. Levet. Liouville. Lisbonne. Lockroy. Logerotte. Lombard. Loubet. Lous-Partalot.

Madier de Montjau. Magniez. Mahy (de). Maigne (Jules). Maillé (d'Angers). Malézieux. Margaine. Margue. Marmottan. Marquiset. Martin-Feuillée. Masure (Gustave). Mathé. Maunoury. Mayet. Méline. Ménard-Dorian. Mention (Charles). Mercier. Mestreau.

Millaud (Edouard). Mingasson. Mir. Montané. Moreau. Morel (Haute-Loire). Morel (Manche). Mougeot.

Nadaud (Martin). Naquet (Alfred). Neveux. Ninard. Noël-Parfait.

Oudoul.

Papon. Parry. Pascal-Duprat. Patissier. Pellet (Marcellin). Perin (Georges). Péronne. Perras. Petitbien. Peulevey. Philippe (Jules). Philippoteaux. Picard (Arthur) (Basses-Alpes). Picart (Alphonse) (Marne). Pinault. Plessier. Ponlevoy (Frogier de). Poujade. Proust (Antonin).

Raspail (Benjamin), Rathier (Yonne). Ratier (Morbihan). Raynal. Réaux (Emile). Récipon. Renault-Morlière. Reymond (Ferdinand) (Isère). Reymond (Francisque) (Loire). Reyneau. Riban. Ribot. Richarme. Riondel. Riotteau. Rivière. Rollet. Roudier. Rougé. Rouvier. Rouvre. Roux (Honoré). Royer. Roys (comte de). Rubillard.

Saint-Martin (Vaucluse). Sallard. Salomon. Sarrien. Savary. Scrépel. Sée (Camille). Seignobos. Simon (Fidèle). Sonnier (de). Souchu-Servinière. Sourigues. Soye. Spuller. Swiney.

Talandier. Tassin. Teissèdre. Tézenas. Thiessé. Thomas. Thomson. Tiersot. Tillancourt (de). Tirard. Tondu. Trarieux. Trouard-Riolle. Truelle. Trystram. Turigny. Turquet.

Vacher. Varambon. Vaschalde. Vernhes. Versigny. Viette. Vignancour. Villain.

Waddington (Richard). Waldeck-Rousseau.

ONT VOTÉ CONTRE :

MM. Abbatucci. Ancel. Anisson-Duperron. Arenberg (prince d'). Aulan (marquis d'). Azémar.

Baduel d'Oustrac. Baudry-d'Asson (de). Beauchamp (de). Bélizal (vicomte de). Benazet. Berger. Bianchi. Biliais (de la). Bosredon (Alexandre de). Bourgeois. Bouville (comte de). Brame Georges).

Casabianca (vicomte de). Cesbron. Chambrun (vicomte de). Charlemagne. Clercq (de). Colbert-Laplace (comte de). Combes.

Daguilhon-Pujol. David (baron Jérôme). Dabuchy. Delafosse. Desloges. De Douët. Durfort de Civrac (comte de).

Eschasseriaux (baron). Eschasseriaux (René). Espeuilles (comte d').

Flandin. Fourtou (de).

Gaslonde. Gaudin. Gavini. Ginoux de Fermon (comte). Godelle. Gouidec de Traissan (comte de). Granier de Cassagnac (père). Granier de Cassagnac (Paul). Guilloutet (de).

Haentjens. Hamille (Victor). Harcourt (duc d'). Harispe. Havrincourt (marquis d'). Hermary. Huon de Penanster.

Janvier de la Motte (père) (Eure). Juigné (comte de).

Keller, Kerjégu (Louis de). Kermenguy (vicomte de). Klopstein (baron de).

Labat. La Grange (baron de). Largentaye (de). La Rochefoucauld, duc de Bisaccia. La Rochette (Ernest de). Legrand (Arthur) (Manche). Le Marois (comte). Le Peletier d'Aunay (comte). Le Provost de Launay (Calvados). Le Provost de Launay (Côtes-du-Nord). Levert. Livois. Loqueyssie (de). Lorois (Morbihan).

Mackau (baron de). Maillé (comte de). Maréchal. Michaut. Niel.

Ollivier (Auguste).

Padoue (duc de). Partz (marquis de). Perrien (comte de). Perrochel (comte de). Plichon. Prax-Paris.

Rauline. Reille (baron de). Roques. Rotours (des). Rouher.

Saint-Martin (de) (Indre). Sarrette. Savoye. Serph (Gusman). Soland (de). Soubeyran (baron de).

Taillefer. Telliez-Béthune. Thirion-Montauban. Thoinnet de la Turmelière. Trubert.

Valfons (marquis de). Vendeuvre (général de). Villiers.

N'ONT PAS PRIS PART AU VOTE :

MM. André (Jules). Barascud. Bastid (Raymond). Baury. Bel (François). Bernard. Bernier. Blin de Bourdon (vicomte) Boissy d'Anglas (baron). Bonnel. Boulard (Landes). Boyer (Ferdinand). Breteuil (marquis de). Brierre. Carrey (Emile). Castaignède. Cazeaux. Chantemille. Charpentier. Chavoix. Chevreau (Léon). Christophle (Albert). Cornil. Cossé-Brissac (comte de). David (Jean) (Gers). Defoulenay. Dréolle (Ernest). Du Bodan. Duchasseint. Dufour (baron). Dugué de la Fauconnerie. Fauré. Feltre (duc de). Frébault. Gambetta. Ganivet. Grévy (Albert). Guyot-Montpayroux. Haussmann (baron). Hemon. Hérisson. Janvier de la Motte (Louis) (Maine-et-Loire). Jolibois. La Bassetière (de). Lacretelle (Henri de). Ladoucette (de). La Porte (de). Laroche-Joubert. Larrey (baron). Laurençon. Lebaudy. Lenglé. Léon (prince de). Marcère (de). Marcou. Marion. Médal. Mitchell (Robert). Murat (comte Joachim). Nédellec. Ornano (Cunéo d'). Osmoy (comte d'). Passy (Louis). Pompery (de). Rameau. Renault (Léon). Roissard de Bellet (baron). Roy de Loulay (Louis). Sarlande. Senard. Septenville (baron de). Tallon (Alfred). Tardieu. Teilhard. Tron. Valon (de).

N'ONT PAS PRIS PART AU VOTE

comme ayant été retenus à la commission du budget :

MM. Lamy (Etienne). Noirot. Parent (Savoie). Wilson.

N'A PAS PRIS PART AU VOTE

comme ayant été retenu à la commission des douanes :

M. Menier.

ABSENTS PAR CONGÉ :

MM. Ariste (d'). Blachère. Bouquet. Cibiel. Desbons. Gagneur, Grosgurin. Ioos. Lepouzé. Mas, Monteils, Sentenac, Thourel.

CHAMBRE DES DÉPUTÉS

SÉANCE DU 19 JANVIER 1880.

DEUXIÈME DÉLIBÉRATION.

PRÉSIDENCE DE M. GAMBETTA.

M. le président. L'ordre du jour appelle la deuxième délibération sur la proposition de M. Camille Sée, relative à l'enseignement secondaire des jeunes filles.

Je donne lecture de l'article 1er :

« Il sera fondé par l'Etat, avec le concours des départements et des villes, des établissements destinés à l'enseignement secondaires des jeunes filles. »

M. Keller. Je demande la parole sur l'article 1er.

M. le président. M. Keller a la parole.

M. Keller. Messieurs, je vous demande la permission, à propos de l'article 1er, de vous présenter quelques observations sur la loi qui nous est soumise.

A différentes reprises je vous ai signalé un plan d'ensemble dans les lois d'enseignement, ayant pour but de séparer l'Eglise de l'école, la religion de l'éducation, ayant pour but de rétablir et d'agrandir le monopole universitaire et de faire de l'Université régnant sur l'enseignement primaire comme sur l'enseignement secondaire, sur l'enseignement des filles comme sur l'enseignement des garçons, le clergé laïque d'une nouvelle religion d'Etat, le clergé laïque de la libre-pensée. (Très bien! très bien! à droite. — Réclamations à gauche!)

Le projet de loi sur les collèges de filles est un nouveau pas dans cette voie dangereuse et profondément anti-libérale.

En effet, que vous propose-t-on pour remplacer les pensionnats de jeunes filles qui doivent être fermés par le fameux article 7 et qui ne contiennent pas moins de 40,000 élèves ? On vous propose d'établir, dans tous les départements, dans toutes les villes importantes, des lycées de filles, payés par l'Etat, c'est-à-dire par les contribuables. Ces lycées seraient entièrement dirigés par M. le ministre de l'instruction publique.

Nous y verrons, pour la première fois, réalisé ce qui est l'objet le plus cher des vœux de l'honorable M. Paul Bert, c'est-à-dire la suppression complète de l'enseignement religieux.

Et, pour peupler ces établissements, auxquels on craint de ne pas voir beaucoup d'élèves, on organise tout un système de bourses payées par les contribuables et données par le ministre de l'instruction publique. Voilà, messieurs, l'ensemble du projet qui vous est soumis.

C'est qu'au fond, on n'est pas content des femmes françaises qui, en grande majorité, sont chrétiennes, et qu'on les considère comme de mauvaises citoyennes d'une république radicale qui fait la guerre à l'Eglise, et pour le leur témoigner, on s'exprime à leur égard de la façon la plus sévère, je devrais dire la plus outrageante.

Voici, messieurs, comment s'exprime d'une façon générale, sur les femmes de notre pays, M. le ministre de l'instruction publique, que je regrette de ne pas voir à son banc dans une discussion qui le regarde directement... (Très bien! très bien! à droite.)

M. le ministre de l'instruction publique nous dit : « Il faut relever l'enseignement des filles si profondément abaissé dans notre pays. »

Le rapporteur du projet ajoute : « Les femmes sont en France dans une espèce d'abaissement moral et intellectuel. Nous avons laissé nos filles dans l'ignorance !... »

Parlez pour vous, monsieur le rapporteur, mais veuillez ne pas généraliser. (Très bien! à droite.)

« ...Les mieux élevées parmi elles ne sont à proprement parler que des ignorantes, presque des illettrées, au moment où elles se marient. »

Et l'honorable M. Chalamet, dont nous examinerons tout à l'heure l'institut pédagogique, destiné au même but que les collèges de filles, M. Chalamet nous dit que « l'instruction des femmes en France date de dix ans à peine ».

Ainsi, vous le voyez, messieurs, on déclare d'une façon générale à toutes les femmes de France qu'elles sont dans un état d'abaissement moral et intellectuel. Mais l'histoire entière de notre pays se dresse pour protester contre une pareille calomnie...

A droite. Très bien ! très bien !

M. Keller... et M. Camille Sée est le premier à reconnaître l'influence que toutes les femmes exercent dans une nation, car dans son rapport il nous dit : « Les femmes, quoi qu'on fasse, dirigent les mœurs, et c'est par les mœurs plus encore que par les lois que se font les peuples. »

Sachez donc reconnaître que les femmes chrétiennes ont fait de la France la première nation du monde... (Applaudissements à droite. — Rumeurs à gauche), en attendant que vos libres-penseurs en fassent la dernière des nations. (Réclamations à gauche. — Nouvelle approbation à droite.)

Ces reproches, messieurs, vous ne songez donc pas qu'ils s'adressent à tout ce que nous avons de plus cher, de plus respectable au monde? Ils s'adressent à nos femmes, à nos mères. Quel est donc celui d'entre vous qui ne reconnaît pas ce qu'il doit à sa mère? (Vives marques d'adhésion à droite. — Murmures à gauche.)

Voix diverses à gauche. Mais nous le reconnaissons comme vous ! — A la question ! — Il s'agit du niveau de l'éducation !

M. Keller. Messieurs, je ne comprends pas vos murmures, et, pour ma part, je suis heureux de dire ici bien haut que, ce que je suis, je le dois en grande partie à ma mère.

A droite. Très bien ! très bien !

Pour tirer les femmes de ce profond abaissement intellectuel et moral, dit M. Keller, on nous reporte à 1793 et au rapport mémorable du conventionnel Lakanal.

L'honorable orateur examine ce qu'était à cette époque la nature et la liberté de l'enseignement.

Il rappelle l'opinion de Danton qui disait que les enfants appartiennent à la République, l'opinion de Robespierre, qui demandait que les enfants, depuis l'âge de cinq ans, fussent sans distinction, élevés en commun par la République, et reçussent le même vêtement et la même nourriture.

Pourquoi nous ramener à cette période qui s'écoule du rapport de Lakanal, c'est-à-dire du 26 juin 1793, au 9 thermidor, période qu'a pris soin de flétrir la Commission elle-même.

Il semble que de plus en plus, ajoute l'orateur, la majorité de la Chambre prenne soin de se rattacher, non plus aux souvenirs de 1789, mais à ceux de 1793. C'est la tendance que signalent MM. Vacherot et Laboulaye.

Et pourquoi, continue l'orateur, de si grands efforts pour nous ramener systématiquement au jacobinisme et à 1793 ? Ces efforts, c'est pour supprimer l'instruction religieuse du programme de l'enseignement; c'est pour remplacer la morale religieuse par la morale républicaine.

Pour arriver à ce but, le projet de loi prend les précautions les plus minutieuses et les plus blessantes. De peur que les élèves de ces nouveaux collèges ne soient soumis à aucune influence religieuse, on organise l'internat.

M. Camille Sée reconnaît, tout le premier... (Bruit de conversations à gauche.)

M. Camille Sée, *rapporteur*. Attendez le silence, monsieur Keller.

M. Keller, *se tournant du côté de la gauche*. Je croyais que vous aviez tous une passion pour l'enseignement; vous ne le prouvez guère en ce moment.

A gauche. Parlez ! parlez !

A droite. Ecoutez ! si vous voulez que l'orateur parle.

M. Keller. M. Camille Sée reconnaît, tout le premier, que l'internat peut avoir des inconvénients; il proclame dans son rapport que l'internat peut être mauvais dans un lycée de garçons : et savez-vous à qui en est la faute? La faute en est aux jésuites, que l'Université a eu le tort d'imiter. Mais peu importe, la chose presse, il faut déchristianiser les jeunes filles, et, bons ou mauvais, il faut avoir des internats de filles comme il y a des internats de garçons, sauf à les réformer plus tard.

C'est que, en effet, si on n'avait que des externats de jeunes filles, — et je prends ici les paroles de M. le rapporteur, — si on n'avait que des externats : « Les congrégations religieuses établiraient, pour en profiter, des internats que l'Etat ne pourrait ni diriger ni même surveiller efficacement, et qui auraient un esprit que vous ne sauriez approuver. Votre commission, en conséquence, est convaincue que la loi puisera toute sa force dans l'internat. »

Et, dans cet internat, Messieurs, vous croyez qu'on va appliquer les principes généraux posés par M. Paul Bert pour sa grande loi d'enseignement primaire, à savoir que les ministres des cultes donneront l'enseignement religieux dans les temples et qu'on y conduira les enfants. Non, ce ne serait pas suffisant pour rassurer M. Camille Sée. Pour lui, le prêtre est un ennemi dangereux qu'il faut surveiller de près, et il exige que le prêtre vienne faire ses instructions dans la pension même, sous la surveillance d'une institutrice, afin sans doute que la maîtresse puisse détruire immédiatement l'effet de l'enseignement que le prêtre aura donné. (Vive protestation au centre et à gauche).

Un membre à gauche. C'est comme cela que vous interprétez une concession?

M. Keller. Voilà les mesures de méfiance, dont le projet de loi est hérissé. L'enseignement religieux ne sera donc plus donné qu'aux jeunes filles dont les parents l'exigeront, et il leur sera donné sous la surveillance d'une maîtresse. Quant aux jeunes filles qui ne demanderont pas d'instruction religieuse, — il y en aura sans doute beaucoup, et c'est certainement pour elles que seront les faveurs de M. le Ministre de l'instruction publique, — quant aux jeunes filles qui ne demanderont pas d'instruction religieuse, que fera-t-on pour elles? C'est embarrassant, mais il y a une ressource : il faut en revenir aux institutions de Lakanal, qui font l'objet de l'admiration de M. le rapporteur. Vous allez voir par quoi la religion sera remplacée.

M. Duvaux. Et le droit des pères de famille !

M. Keller. Ah ! Messieurs, M. Camille Sée m'a rendu un service dont je le remercie : c'est de m'avoir fait étudier Lakanal dans le plus grand détail, ainsi que tous les travaux de la Convention relatifs à l'instruction nationale.

D'après Lakanal, au lieu des fêtes de l'Eglise, les élèves qui ne recevront pas l'instruction religieuse auront : *

La fête du retour de la verdure ;

La fête du retour des fruits ;

La fête des moissons ;

La fête des vendages...

Ces fêtes seront célébrées par des chants et par des danses patriotiques. (Rires à droite.)

Monsieur le rapporteur, vous avez oublié dans votre programme cette partie importante du programme de Lakanal : la danse obligatoire !

Ce grand législateur voulait même venir en aide aux hommes et aux femmes dont l'éducation avait été négligée sous l'ancien régime, et, dans sa loi sur l'instruction, il demandait qu'on bâtît dans chaque canton un théâtre où les hommes et les femmes viendraient apprendre à danser. Vous avez oublié cela, Monsieur le rapporteur ; il faut le mettre dans votre loi.

M. Henri de Lacretelle. Les jésuites ont bien des théâtres dans leurs écoles !

M. Keller. Maintenant je laisse la danse et les théâtres, et j'arrive à un côté plus sérieux de la question.

Il s'agit de savoir par quoi on remplacera la morale religieuse.

M. Camille Sée nous dit qu'elle sera remplacée par la morale républicaine...

Voix à gauche. Ce n'est pas mauvais !

M. Keller... que le cours de morale se bornera aux vérités incontestables, aux méthodes éprouvées. On y enseignera les principes de la morale qui, fondés sur nos sentiments naturels et sur la raison, appartiennent également à tous les hommes.

A gauche. Très bien ! très bien !

M. Keller. Il est facile de dire : Très bien ! Nous verrons tout à l'heure si dans l'application vous serez encore d'accord entre vous pour préciser la doctrine qui devra être enseignée.

12

Quelles sont ces vérités ? quels sont ces principes ?

Est-ce, dit l'orateur, le principe de M. de Lacretelle, qui demandait dans sa proposition de loi, que l'on donnât aux élèves des notions générales sur l'existence de Dieu et l'immortalité de l'âme.

Mais tout le monde n'est pas de cet avis. L'orateur, à l'appui de cette assertion, rappelle qu'en 1870 on avait réuni, au ministère de l'instruction publique, une commission de femmes pour juger cette question. La commission se prononça dans un sens opposé à celui de M. de Lacretelle.

La proposition de ce dernier a été également condamnée par M. Paul Bert, « en raison de notre incompétence, dit M. Paul Bert, dans son rapport sur l'instruction primaire. »

« En raison de notre incompétence, continue M. Keller, nous avons repoussé l'amendement de M. de Lacretelle, — l'amendement sur l'existence de Dieu et l'immortalité de l'âme, — qui ne tendait à rien moins qu'à nous faire prendre parti comme législateurs... »

A gauche. Très bien ! — C'est cela !

M. **Keller**... « dans des querelles éternelles des métaphysiciens. » (Nombreuses marques d'approbation à gauche).

M. **Duvaux**. Quoi de plus correct ?

M. **Keller**. Je suis heureux de constater cet assentiment qui est la condamnation de l'amendement de M. de Lacretelle.

M. **Duvaux** *et d'autres membres.* Mais pas du tout ! — Vous vous méprenez sur le sens !

M. **Emile Deschanel**. Comme législateur !

M. **Keller**. Mais c'est comme législateur que parlait M. de Lacretelle...

M. **Emile Deschanel**. Il avait tort !

M. **Keller** Alors vous le condamnez !

M. **Duvaux**. Quel rapport cela a-t-il avec la proposition de M. Sée ?

M. **Keller**, *continuant*: « ...Nous nous sommes refusés à entrer dans cette voie, persuadés que la morale est aussi indépendante des hypothèses de la métaphysique que des dogmes contradictoires des diverses religions. »

M. **Emile Deschanel**. Très bien ! très bien !

M. **Keller**. Vous dites : très bien ?

M. **Emile Deschanel**. Oui !

M. **Keller**. Quant à moi, j'estime que si l'âme n'est pas immortelle, ce n'est pas la peine de nous donner les ennuis et les embarras d'une morale... (Vives réclamations à gauche.)

Sur un grand nombre de bancs. Ah ! mais non ! ne confondons pas ! — C'est de la morale à votre usage cela !

...Assurément, je reconnais le premier qu'il y a en Dieu

des principes de morale et de justice éternelle qui doivent trouver leur écho dans toute âme et dans toute conscience humaine; mais. l'histoire à la main, vous reconnaîtrez avec moi qu'avant le christianisme cet écho était singulièrement affaibli et faussé. (Réclamations.)

M. Emile Deschanel. Non ! non ! nous ne reconnaissons pas cela ! La morale chrétienne, c'est la morale humaine.

M. Keller. Si M. Deschanel conteste l'histoire...

M. Emile Deschanel. Absolument !

M. Keller... je le regrette pour lui : que l'honorable M. Deschanel me permette de dire que l'honneur du christianisme n'est pas d'avoir inventé, mais d'avoir rétabli et restitué les principes éternels de morale et de justice.

Mais en dehors du christianisme, chaque religion et chaque philosophie a sa morale, et l'embarras sera bien grand pour les institutrices que vous allez constituer, lorsqu'elles seront obligées d'enseigner la morale républicaine à leurs élèves.

. . . .

Vous parlez de nous enseigner une morale indépendante ; je vous demande quelle sera cette morale, y a-t-il au monde une question plus sérieuse et qui intéresse davantage l'avenir du pays ?

J'ai constaté quelle était la difficulté, l'impossibilité d'établir quelque chose en morale, alors qu'on ne veut absolument rien définir en métaphysique ou en religion. La Convention elle-même s'en était préoccupée, et pour sortir de cet embarras, — le mieux est de revenir encore une fois avec M. Camille Sée, au rapport Lakanal ; — que disait Lakanal ?

Oh! il se plaignait beaucoup ; il se plaignait comme M. Barodet qui, dans ce moment, propose un prix de 10,000 fr. à ceux qui feront de petits livres de morale.

« Il n'y a pas de livres élémentaires de morale, disait Lakanal, mais j'espère que la nation ne sera pas longtemps sevrée de ce grand bienfait ! »

Il y a près d'un siècle qu'il parlait ; on attend toujours.

Un membre à gauche. Il y a ceux de M. de Ségur.

M. Keller. Oui, et ils renferment de très bonnes choses, et je vous invite à en faire pour les réfuter.

M. Duvaux. — Cela viendra !

M. Keller. « Le comité de l'instruction publique, ajoutait le rapporteur de la Convention, a pris toutes les mesures pour assurer la prompte publication de ces travaux. Il a interrogé le génie. La réponse sera prompte et digne de vous et de lui. »

Ainsi la Convention avait interrogé le génie français pour avoir des livres de morale, et attendait une réponse digne de la France.

Cette réponse, je l'ai recherchée, j'ai fouillé les archives de

1793 et j'y ai trouvé la réponse à la question de Lakanal, imprimée par ordre de la Convention et de la Chambre. Je la signale à l'attention de la commission et de la Chambre. C'est un rapport sur la morale, par Coupé (de l'Oise), c'est la réponse du génie. Ecoutez :

« Tout le monde dit : il faut enseigner la morale. Mais y a-t-on pensé ? Tous les discours seraient des mots vides; la moralité écrite est froide et vaine. La morale se trouve au milieu des actions mêmes de la vie, dans toute l'habitude du corps politique. Le premier moyen de l'enseigner est l'exemple du Gouvernement. Les gouvernants doivent continuellement donner l'exemple de la vertu et enseigner la morale en la présentant dans leurs actes. » (Rires ironiques à droite.)

M. Fouquet. C'était la morale religieuse prêchée sous Louis XIV et sous Louis XV !

M. Keller. Je répondrai à l'honorable M. Fouquet, qui me fait l'honneur de m'interrompre, que je n'ai jamais défendu ni la morale de Louis XIV ni celle de Louis XV.

Je pourrais lui rappeler ce que j'ai dit et écrit sur ce point, et il serait peut-être étonné de me trouver ici d'accord avec lui.

M. Keller *continuant sa lecture.* « Les gouvernants, écrivait Coupé (de l'Oise), doivent constamment donner l'exemple de toutes les vertus et enseigner la morale en la présentant dans leurs actes... »

« Il faut qu'ils puissent dire : *Sancti estote quia ego sanctus sum.* »

Messieurs, je recommande cette recette à la Commission ; et, pour remplacer le catéchisme et la vie des saints, je l'engage à publier la vie des hommes d'État qui nous gouvernent, avec cette épigraphe : *Sancti estote quia ego sanctus sum...* Soyez saints comme je suis saint. (Rires et bravos à droite.)

Que deviendra la jeunesse réduite à cet enseignement moral et privée d'instruction religieuse ? Permettez-moi de vous raconter ce qui passe aujourd'hui en Russie.

En Russie, et je prends ici non pas mon jugement personnel, mais le jugement porté par un livre allemand fort sérieux : *la Russie avant et après la guerre*, publié tout récemment et qui renferme les renseignements les plus instructifs. Voici ce qu'on y lit :

« Vers 1856, l'opinion publique commença à se préoccuper en Russie de ce qu'on appelait l'ignorance des femmes. On fonda pour elles des gymnases destinés à en faire des membres utiles de la nation, et en réalité leur enseignant ce qui n'était destiné qu'aux hommes, l'anatomie, l'embryologie et le reste.

» Aucun frein, aucune notion de religion ne retenant plus les fillettes émancipées, elles mirent leur amour-propre à s'affranchir de tout ce que leurs mères avaient respecté. S'occuper de travaux féminins devint une honte. Vêtement, chevelure ont pris un aspect masculin et une tenue cynique.

» Les cours des universités furent encombrés de filles curieuses qui apprirent des professeurs en vogue le réalisme et les principes démocratiques.

» En 1873, 500 étudiantes s'étaient déjà inscrites aux cours de médecine et de clinique de Saint-Pétersbourg. Les autres universités suivent cet exemple. Ni l'aptitude au travail, ni l'intelligence ne font défaut à ces émancipées. Mais jetées hors de leur voie naturelle, elles arrivent vite aux derniers accès de folie. Elles ont pris part en grand nombre aux complots et aux assassinats nihilistes. Plusieurs centaines d'entre elles ont été envoyées en Sibérie. Ces monstruosités sont les suites inévitables de cette autre monstruosité qu'on appelle l'enseignement sans prêtre. »

Voix à gauche. — L'auteur ? — C'est un jésuite.

M. Keller. Le livre a pour titre : « La Russie avant et après la guerre. » Il a été publié à Leipsick en 1879. L'auteur ne se nomme pas. Mais c'est un homme politique dont on ne saurait méconnaître la valeur.

Il nous reste, messieurs, un dernier progrès à accomplir, progrès que M. Camille Sée nous signale dans son rapport, mais qu'il n'a pas le courage d'introduire dans sa loi. Je le regrette, car alors elle eût été complète. Ce progrès, c'est la co-éducation des sexes.

Lakanal, car il faut toujours y revenir, c'est la vraie source et la vraie lumière en fait d'instruction nationale ; « Lakanal, nous dit M. Camille Sée, ne redoute pas les écoles mêlées de filles et de garçons ; c'est là son premier mérite... » (Vous voyez que votre rapporteur est partisan de la co-éducation.)

« Aux Etats-Unis, continue le rapport, non seulement on donne autant d'instruction aux filles qu'aux garçons, mais on leur donne la même instruction, et, en général, dans le même établissement. La co-éducation des sexes est l'éducation préférée, non seulement pour les écoles rurales, mais encore pour les écoles urbaines primaires, secondaires ou supérieures, et même pour les écoles normales. »

J'ajoute, messieurs, qu'aux Etats-Unis on fait danser ensemble les filles et les garçons au son du piano. Par conséquent le programme de Lakanal y est complètement appliqué.

Je conseille à M. le rapporteur d'avoir le courage de son opinion. Rétablissez la danse dans votre programme, et envoyez cent jeunes filles dans chacun de nos lycées de garçons, et la patrie sera sauvée. (Interruptions diverses à gauche. — Rires approbatifs à droite.)

Un membre à gauche. Ce n'est pas sérieux.

M. Keller. J'arrive à la dernière partie de la loi, aux bourses payées par l'État, les départements et les villes, et distribuées par le ministre.

M. Camille Sée reconnaît le premier, avec une franchise dont je le remercie, que les lycées de filles n'auront pas tout d'abord la confiance des familles.

« Les premiers collèges, dit-il, seront peuplés principalement au moyen de bourses. »

Ainsi, non seulement on vous propose de fonder avec l'argent des contribuables un enseignement qui n'aura pas la confiance des familles, qui sera repoussé par la majorité des contribuables, mais on va plus loin. Avec l'argent de ces mêmes contribuables, on veut acheter des élèves, acheter des âmes, et on espère que l'appât des bourses déterminera un certain nombre de familles pauvres à livrer leurs enfants. Voilà le moyen d'exécution qu'on ose vous proposer.

A droite. C'est cela ! très bien !

M. Keller. A l'origine, on avait désiré que ces bourses ne fussent plus données à la faveur ; on signalait, à l'indignation de la Chambre, les procédés des régimes précédents, sous lesquels les bourses se donnaient à la faveur. Elles étaient distribuées par le ministre à ses amis politiques au lieu d'être données au mérite, et dans son projet primitif, M. Camille Sée vous avait dit que les bourses seraient données au concours. Aujourd'hui, il n'est plus de cet avis ; ces intentions libérales ont disparu, et dans la rédaction actuelle, malgré tous les inconvénients signalés, toutes les bourses, même celles qui auraient été payées par les départements ou par les villes, sont distribuées par une commission que nommera le ministre de l'instruction publique.

Ainsi disparaîtrait même la pensée libérale du législateur de 1872, qui avait rendu aux conseils généraux le droit de donner les bourses payées par les départements, et nous verrions le ministre tout puissant donner toutes les bourses, sans concours, après un simple examen passé devant les délégués, et le même ministre pourrait arbitrairement retirer ces bourses lorsque les enfants ou leurs parents auront trouvé moyen de lui déplaire.

Vous le voyez, c'est le moyen le plus despotique qui se puisse imaginer.

Mais je ne suis pas étonné de la confiance absolue que le choix du ministre inspire à la Commission et du charme qu'il a exercé sur M. Camille Sée, car enfin ce projet de loi, dont l'intention évidente est de remplacer l'instruction religieuse des filles par une instruction soi-disant républicaine, ce projet, c'est la réalisation du vœu de M. Jules Ferry, de ce vœu que j'ai déjà signalé à cette tribune, et qu'il est bon de ne pas oublier : c'était en 1870, et M. Jules Ferry s'écriait que la démocratie, sous peine de mort, devait enlever la femme à l'Église : « Oui, disait-il, il faut que la femme n'appartienne plus à l'Église, mais à la science. » (Très bien ! sur plusieurs bancs à gauche.)

Aujourd'hui, on vous propose d'enlever les femmes à l'Église et de les donner à la science (Très bien ! sur les mêmes bancs), et pour y arriver on vous demande de créer aux frais des contribuables, dans tous les départements et toutes les villes de France, des collèges de filles, dirigées par le ministre, et ayant pour but de frapper non plus seulement les jeunes gens, mais aussi les jeunes filles à l'effigie de M. Jules Ferry. (Rires bruyants à droite.)

Et pour remplacer ces collèges qui feront horreur aux familles, M. le rapporteur le reconnaît lui-même, on vous demande de voter, toujours aux frais des contribuables, assez de bourses pour peupler ces établissements, voilà toute la loi.

Quand je me demande l'impression qu'il pourra produire hors de France, je vous avoue que j'éprouve un sentiment pénible. Savez-vous ce qu'on disait, il n'y a pas longtemps, dans la Chambre des lords d'Angleterre, à propos de vos lois d'enseignement ?

C'était le garde des sceaux d'Angleterre qui répondait à un orateur, craignant que le gouvernement anglais ne voulût imiter sur un point de détail l'exemple du gouvernement français :

« Je crois que le noble préopinant a l'imagination quelque peu troublée à la suite des nouvelles qu'il a reçues de l'autre côté du détroit. On lui a raconté à ce qu'il paraît... (Rires), que dans un pays européen, — M. le garde des sceaux ménageait le nom de la France — « au nom des principes de 89 (Rires) peut-être même de 93. » (Nouveaux rires.)

M. Paul Bert. C'est de la chambre des lords qu'il s'agit !

M. Keller. « ...des Assemblées délibérantes ayant reconnu à l'Etat le droit de se substituer aux pères de famille, d'enseigner à l'enfance, selon les caprices changeants du législateur, l'histoire, la morale, les principes de la politique, et jusqu'à ceux qui touchent à la grande question religieuse.

« Nous n'avons pas à nous mêler de ce qui se passe chez des peuples amis (Rires) ; qu'ils organisent à leur gré la famille, l'éducation, l'administration, la police, c'est leur affaire, mais il y a et il y aura toujours chez l'Anglo-Saxon quelque chose de sacré ; le chez-soi, le droit des pères de famille et des mères, la liberté plus essentielle que toutes les autres : celle de la famille ; malheur à qui voudrait y toucher ! »

M. Abbatucci. C'est honteux pour nous !

Un membre à droite. C'est le langage d'un véritable homme d'Etat.

M. Clémenceau *à M. Keller.* Voulez-vous organiser la famille comme en Angleterre, avec son droit d'aînesse ?

M. Keller. Je ne vous parle pas du droit d'aînesse, mais je vous demande de nous laisser la liberté de la famille et la liberté de l'enseignement, comme en Angleterre, monsieur Clémenceau, et j'estime que notre honneur national ne s'en trouverait pas mal.

Messieurs, ces paroles du garde des sceaux d'Angleterre ont été interrompues plusieurs fois par les rires de l'Assemblée. Quant à moi, je vous le déclare, ces rires me causent une impression plus pénible, plus douloureuse que toutes les critiques ; on sent que c'est le ridicule qui nous atteint et je ne puis me résigner à voir mon pays tomber dans le ridicule. Que ne dirait-on pas en Angleterre et dans tous les pays libres, si vous votez les collèges de filles ?

J'aime à croire que vous m'éviterez cette souffrance et qu'il ne se trouvera pas une majorité pour adopter ce malheureux projet de loi. (Vive approbation à droite. — Rumeurs ironiques à gauche.)

M. Camille Sée, *rapporteur.* Messieurs, l'honorable M. Keller, dans le remarquable discours qu'il vient de prononcer, est entré dans le détail et la discussion des articles : il vous a parlé notamment des bourses, de l'enseignement religieux et de l'enseignement moral et de l'internat.

Nous aurons l'honneur, lors de la discussion des articles, de répondre aux arguments produits par M. Keller au sujet des bourses, de l'enseignement religieux, de l'enseignement moral et de l'internat.

Je ne veux pour l'instant retenir de cette partie du discours de l'honorable M. Keller que celle qui est relative à la citation qu'il tire du passage du rapport qui commente l'article 2 du projet de la commission.

Ce passage, le voici : Ce qu'il (l'Etat) ne fera pas, les « congrégations vont le faire, et elles le feront dans un esprit que vous ne sauriez approuver. »

C'est là, en effet, messieurs, l'une des raisons pour lesquelles nous vous demanderons lors de la discussion de l'article 2 de voter le principe de l'internat.

Mais M. Keller nous dit que la loi que nous proposons est une loi dangereuse.

Un membre à gauche. Malheureuse !

M. le rapporteur. Dangereuse peut-être, messieurs, pour le parti au nom duquel M. Keller a l'honneur de parler, mais salutaire, réparatrice pour le pays. (Exclamations et rires à droite.)

M. de la Rochefoucauld, duc de Bisaccia. Pour la liberté.

M. le rapporteur. M. Keller nous dit que nous voulons séparer l'Eglise de l'école.

Cela est vrai, et j'aurai l'honneur de vous dire pourquoi.

M. Keller ajoute que — voici ses propres paroles — l'on n'est pas content des femmes en France.

M. le rapporteur. Cela est encore vrai. J'aurai l'honneur également de vous dire pourquoi. (Interruptions à droite.)

J'ai noté la phrase qu'a prononcée M. Keller, la voici textuelle, je ne crois pas que M. Keller puisse la contester : « On n'est pas content de la femme en France. »

M. Keller. C'est vous qui n'en êtes pas content.

A droite. C'est cela ! Très bien !

M. Victor Hamille et **M. Abbatucci.** Comment ! nous ne sommes pas contents de nos femmes ! Nous les honorons et nous les respectons.

M. le rapporteur. Et M. Keller a ajouté : « Parlez pour vous, Monsieur le rapporteur ! »

Non, messieurs, je ne parle pas pour nous, mais pour vous, et je pourrais à l'appui de ma thèse vous donner des citations très nombreuses d'auteurs qui appartiennent au parti que vous représentez. Mais je n'ai pas besoin de recourir à ces auteurs. Je préfère vous dire, — la démonstration sera plus évidente, — je préfère vous dire succinctement ce qu'ont fait pour ou contre l'enseignement de la femme les différentes Assemblées qui se sont succédé en France depuis bientôt un siècle ; je ferai autant que possible cet exposé sans commentaires, laissant à la Chambre le soin d'apprécier les mobiles auxquels elles ont obéi, qu'elles aient voulu ou donner ou refuser cet enseignement ; je serai ainsi amené à cette constatation que, jusque dans ces derniers temps, l'enseignement primaire, même élémentaire n'existait pas pour les jeunes filles, que pour elles l'enseignement secondaire n'existe pas, qu'il n'a jamais existé, et j'arriverai à cette conclusion qu'il importe de le créer et de l'organiser au plus tôt ; les principes républicains le veulent, messieurs, et l'avenir de la France l'exige. (Très bien ! très bien ! à gauche.)

Tout le monde, avant la Révolution, s'accordait à dire : C'est dans la famille, auprès de sa mère, que la jeune fille doit trouver l'instruction ; mais, comme la mère, dans le peuple et dans la petite bourgeoisie, était parfaitement ignorante, il lui était difficile d'éclairer sa fille.

Pour les grandes dames du dix-huitième siècle, elles n'avaient pas le temps, au milieu des devoirs de la grande compagnie, de songer à ceux de la nature.

Quand on se résignait à recourir à une école, on n'avait que les couvents : les religieuses ne manquaient point, mais ce qui était presque introuvable, c'était une religieuse instruite.

Il y avait à Paris quelques couvents de mondaines ; il y eut un instant un couvent de femmes pieuses, éclairées, presque héroïques : c'était Port-Royal ; on se hâta de le persécuter et de le fermer.

Le reste n'était qu'un assemblage de béates, fort en état de faire des lessives et des confitures. (Exclamations à droite.)

Je dis fort en état de faire des lessives et des confitures, et capables tout au plus de lire un bréviaire latin dont elles ne comprenaient pas un mot.

Qu'était la femme en 1789? Rien. (Nouvelles exclamations à droite.)

M. Bourgeois. Elle était la moitié de l'homme !

M. le rapporteur. Elle n'avait aucune instruction et l'on avait de bonnes raisons pour ne pas lui en donner.

Que devait être la femme d'après les assemblées de la Révolution ? Quelque chose.

Le rapporteur de la Constituante, Talleyrand, ouvre aux filles, jusqu'à l'âge de huit ans, les écoles de garçons. Il les ferme aux filles à cet âge, en leur promettant des écoles spéciales ; promesse un peu vague, à l'exécution de laquelle le rapporteur n'a pas trop l'air de tenir ; c'est ce qui ressort de son rapport, alors surtout que l'on rapproche de ce passage celui où il est dit que ce qu'il recommande surtout pour les femmes, c'est l'éducation domestique.

Condorcet, lui, dans le rapport de la Législative, se borne à nous dire que « dans les villages où il n'y aura qu'une école primaire, les enfants des deux sexes y seront admis et recevront, d'un même instituteur, une instruction égale ».

C'est là, dans le rapport de Condorcet la seule disposition relative à l'enseignement des filles. Mais pourquoi ? Condorcet prend soin de nous le dire. Il considère la question comme trop importante pour ne pas faire l'objet d'un rapport spécial. Le rapporteur, malheureusement, n'eut pas le temps de nous donner la seconde partie de son travail. La Législative disparut avant même de pouvoir voter la première partie du rapport.

Mais, à défaut de ce rapport, nous avons les idées personnelles de Condorcet. Ces idées sont consignées dans le premier des cinq mémoires qu'il publia dans les premières années de la Révolution, avant de siéger à la Législative.

Condorcet demande non seulement qu'en général l'instruction soit la même pour l'homme et la femme, mais il veut que cette instruction soit donnée en commun et confiée à un même maître choisi indifféremment dans l'un ou l'autre sexe.

Lakanal, dans le rapport de la Convention, propose la création d'une école de la première enfance, dont il fait une école mixte, et, pour faire suite à l'école de la première enfance, une école de filles et une école de garçons, par mille habitants. L'instruction primaire est la même pour les filles que pour les garçons. Lakanal, il est vrai, ne parle pas de l'enseignement secondaire des jeunes filles ; mais il ne s'occupe pas davantage de l'enseignement secondaire des jeunes gens. Il peut avoir tort de s'en remettre pour cet enseignement à l'initiative privée, mais en somme il traite de la même façon les garçons et les filles.

En résumé, l'idée dominante de Lakanal aussi bien que de Condorcet est l'égalité de la femme et de l'homme devant l'instruction. Au contraire, l'idée dominante des rapporteurs qui, après Condorcet et Lakanal, ont, pendant près d'un demi-siècle, écrit ou parlé au nom des différentes Assemblées, a été de dérober à la femme les notions les plus élémentaires de l'instruction.

Et, en effet, Daunou qui succède à Lakanal, ne fait mention dans aucun de ses rapports de l'enseignement des filles. Fourcroy, au Corps législatif, ne nous en parle que pour constater que le projet de loi ne s'occupe pas des filles. Il n'est question de l'enseignement des filles dans aucune des lois élaborées sous le Consulat, sous l'Empire, sous la Restauration.

Il y eut, sous le Gouvernement de Juillet, un effort. Le projet de M. Guizot, en 1833, contenait toute une section sur l'instruction primaire des filles. On représenta au ministre qu'il en coûterait quelques centaines de mille francs. Cette considération parut décisive; les pauvres filles, ajournées jusque-là par indifférence ou par calcul, se virent sacrifiées une fois de plus par économie.

Il faut aller jusqu'en 1848 pour trouver un rapport qui s'occupe d'un enseignement autre que celui des garçons. C'est le rapport de M. Barthélemy Saint-Hilaire sur le projet de M. Carnot, relatif à l'instruction primaire. Les filles devaient, dans les communes de plus de 800 âmes, avoir une école spéciale; on pouvait enfin, dans certaines conditions, ouvrir pour elles des écoles supérieures.

Ce rapport était sur le point d'être discuté, quand M. Carnot quitta le ministère de l'instruction publique. Le projet de loi fut remplacé par le projet qui est devenu la loi du 15 mars 1850.

Le législateur de 1850, comme le rapporteur du projet de M. Carnot, érige en principe l'obligation pour toute commune de 800 âmes et au-dessus, d'entretenir une école primaire de filles ; — il n'est plus question, dans la loi de 1850, d'écoles primaires supérieures ; — mais tandis que M. Barthélemy Saint-Hilaire, au nom de la Commission chargée d'examiner le projet de loi de M. Carnot, suppléait à l'insuffisance du budget de la commune au moyen des ressources du budget départemental et des subventions de l'Etat, le législateur de 1850 se bornait à dire que l'obligation de créer des écoles primaires de filles ne devait prendre naissance que dans le cas où la commune pourrait faire face à cette dépense sur ses « propres ressources ».

Ainsi, on posait le principe de l'enseignement primaire des filles, et, ce principe posé, on s'arrangeait de façon qu'il ne fût pas possible de l'appliquer, en refusant les ressources et du budget de l'État et du budget du département, aussi bien pour la construction et l'entretien des bâtiments, pour l'achat et l'entretien du mobilier scolaire, que pour le traitement et la retraite des institutrices. On avait l'air de donner satisfaction à l'opinion publique, en reprenant le principe libéral du rapporteur du projet Carnot, et, jésuitiquement, par une phrase incidente, on en rendait, pour ainsi dire, impossible l'application.

L'honneur d'avoir réformé sur ce point la loi de 1850 appartient à M. Duruy, qui fit voter la loi du 10 avril 1867. Il commença par rayer la disposition restrictive qui s'opposait à la création des écoles primaires de filles, et appela au secours des communes les subventions de l'État et du département. Il assura ainsi aux communes, tenues d'ouvrir une école primaire de filles, le bâtiment et le mobilier scolaires, l'habitation et le traitement de l'institutrice. M. Duruy a de plus abaissé de 800 à 500 le chiffre des habitants tenus d'avoir une école primaire publique de filles.

Ainsi, messieurs, les Assemblées de la Révolution avaient donné le signal de la résurrection intellectuelle et morale de la femme.

M. de la Rochefoucauld, duc de Bisaccia. En 1789, ce n'était pas la République, c'était la monarchie !

M. le rapporteur. Condorcet dans ses écrits, Lakanal dans son rapport, avaient jeté les bases d'un enseignement qui, s'il eût été donné, eût épargné à la France plus d'une réaction.

Depuis ce temps, les Assemblées ont succédé aux Assemblées, et toutes celles mêmes qui se réclamaient le plus de la Révolution ont trahi, dans l'élaboration de leurs lois, la préoccupation constante de refuser totalement ou de mesurer le plus parcimonieusement possible l'enseignement à la femme. C'est que toutes ces Assemblées, quelles que fussent leurs opinions, quel que fût le Gouvernement qu'elles soutinssent, étaient dominées par un parti qui est en guerre contre la société de 1789, qui sait qu'il luttera victorieusement aussi longtemps qu'il aura la femme sous sa dépendance, mais qui sait aussi qu'elle ne sera sa vassale qu'aussi longtemps que l'instruction ne l'aura pas affranchie. (Très bien ! très bien ! à gauche.)

Delà ces efforts, qui n'ont pas décessé depuis bientôt un siècle, à élever entre la femme et 89, entre la femme et l'instruction une barrière infranchissable. (Assentiment à gauche.) Dans l'élaboration de notre législation sur l'enseignement, on ne s'est occupé de la femme que pour étouffer ce qu'il y avait de généreux et j'ajouterai de sources de vitalité pour la France dans les grandes conceptions des Assemblées de la Révolution ! (Approbation à gauche.)

Les nations étrangères ne s'y sont pas trompées ; elles ont compris, abstraction faite des considérations philosophiques, que ce n'est pas impunément qu'un peuple abandonne l'instruction de la femme. Et peut-être, à ce sujet, n'est-il pas indifférent de vous démontrer que pendant que l'on chassait de nos lois, que l'on allait jusqu'à tenter d'expurger de nos mœurs les moindres vestiges de ce que la Révolution et ses précurseurs nous avaient légué sur l'instruction et l'éducation de la femme, les idées des économistes et des hommes politiques de la fin du dix-huitième siècle franchissaient nos frontières et allaient fortifier et régénérer les autres nations. (Très bien! très bien! et marques d'assentiment à gauche.)

Les États-Unis donnent, à tous les degrés le même enseignement et aux filles et aux garçons. Cet enseignement leur est ordinairement donné en commun, par le même maître qui est indifféremment un homme ou une femme. C'est l'application littérale de la théorie de Condorcet.

La Suisse, dans plusieurs de ses Cantons, donne aux jeunes filles l'enseignement secondaire. Elle le leur donne, suivant les Cantons, dans des écoles mixtes ou dans des écoles qui leur sont spécialement réservées. Il est des Cantons, Berne, par exemple, qui, outre les écoles mixtes, ont créé des écoles spéciales pour les jeunes filles.

L'Allemagne, est couverte d'un vaste réseau d'écoles de filles, écoles qui correspondent tantôt à notre enseignement primaire supérieur, tantôt à notre enseignement secondaire, et que nous trouvons en Prusse, en Bavière, en Saxe, dans le Wurtemberg, dans les grands duchés de Bade, de Saxe-Weimar, de Hesse, d'Oldenbourg, dans les duchés de Saxe-Meiningen d'Anhalt, de Brunswick, dans les principautés de Schwarzbourg-Sondershausen, de Schaumbourg-Lippe, etc... Si je fais abstraction des nombreuses écoles que nous classerions en France sous la rubrique de l'enseignement primaire supérieur, je compte environ 190 écoles secondaires de jeunes filles dans le seul Royaume de Prusse.

L'Italie donne aux jeunes filles l'enseignement secondaire dans certains de ses « conservatorii », dans ses écoles supérieures, dans ses collèges.

La Russie a créé pour l'enseignement secondaire des jeunes filles des instituts, des gymnases, des progymnases.

La Hollande a pour elle des écoles secondaires.

L'Écosse a des écoles secondaires mixtes.

Le Japon a des écoles secondaires mixtes — à Hikoné, Noumadzou, Takamats, Osaka.

Tous ces pays ont pour les jeunes filles un enseignement secondaire public.

L'Angleterre, elle, n'a pas d'enseignement secondaire public pour les jeunes filles; il faut dire qu'elle n'en a pas davantage pour les jeunes gens. Mais elle a pour les jeunes filles des écoles secondaires privées, dont plusieurs sont remarquables.

La Suède, qui a un enseignement secondaire public pour les garçons, n'en a pas pour les filles. Le Gouvernement a voulu créer cet enseignement; la Diète s'y est refusée : mais la Suède a pour les jeunes filles des écoles secondaires privées que subventionnent les villes et que subventionne l'Etat.

L'Autriche, à défaut d'enseignement secondaire public pour les jeunes filles, a du moins pour elles un enseignement primaire supérieur, et l'Etat, à différentes reprises, a contribué à la dépense que faisaient pour la création d'écoles secondaires de jeunes filles des associations privées.

Les villes de Lübeck et de Brême n'ont pas d'enseignement secondaire public pour les jeunes filles, mais l'enseignement secondaire, dans chacune de ces villes, est donné aux jeunes filles dans huit écoles privées. Il en existe en outre trois dans les ports de Brême, à Vegesack et à Bremerhaven.

La Grèce a pour les jeunes filles des écoles secondaires privées. J'en ai cité une dans le rapport de la Commission, qui est fort connue, « l'Arsakion », qui est en même temps une école normale.

La Turquie en possède une très remarquable, le « Zappion ». J'ai eu sous les yeux le programme de cette école, qui constitue à la fois une école enfantine, une école primaire et une école secondaire. J'ai relevé dans le programme de la 3⁰ section du gymnase, comme on l'appelle, — l'étude des langues française, italienne, allemande, anglaise, des littératures grecque et française, de la philosophie, de l'histoire de la philosophie, de la philosophie de l'art, de l'économie politique, des sciences physiques, des sciences naturelles, y compris l'anthropologie, des sciences mathématiques, y compris la trigonométrie et la cosmographie, de la pédagogie, de la méthodologie pédagogique, de l'hygiène, etc. (Interruptions à droite.)

Et la France, que l'on s'est plu si souvent à comparer à la femme, dont le sentiment dans tout ce qu'il a de bon, de loyal, de généreux, constitue en effet la base du caractère national, la France qui, par sa situation et morale, et intellectuelle, et politique, devrait être à la tête de ce grand et salutaire mouvement, est à peu près le seul pays qui ne possède pas d'écoles secondaires de jeunes filles.

La puissance publique a créé pour les jeunes gens un enseignement supérieur qui peut, dans les départements, présenter quelques lacunes, mais qui, à Paris, est largement organisé. Nous avons les facultés de droit, de médecine, des lettres, des sciences, le Collège de France, le Muséum, l'école des Chartes, l'école des hautes études... L'enseignement y est donné par des maîtres dont plusieurs sont illustres. La plupart de ces grandes écoles sont fermées aux femmes. Je ne m'en plains pas pour l'école de droit ; je n'éprouve nul besoin d'avoir des avocats femelles.

J'avoue que l'accès de l'école de médecine n'est plus interdit aux femmes. Enfin je sais qu'elles fréquentent le Collège de France. Mais elles sont expressément exclues des cours de la faculté des lettres par un arrêté qui, si je ne me trompe, remonte à la Restauration. Qu'on m'en dise le motif ! Rien qu'en traversant la rue Saint-Jacques, elles peuvent suivre des cours d'histoire, de philosophie, de littérature qu'on leur ferme soigneusement de l'autre côté du ruisseau.

La puissance publique a de même créé pour les jeunes gens un enseignement secondaire qu'elle leur donne dans ses lycées et dans ses collèges.

Que cet enseignement ait besoin de réformes, qu'il faille refaire les programmes, les méthodes, cela est possible, je dirai même certain ; mais enfin ce que l'on ne saurait contester, c'est que cet enseignement est donné par des professeurs dont l'intelligence égale le dévouement.

Rien de pareil n'existe pour les jeunes filles. L'enseignement primaire est bien assez pour elles. Il semble qu'au delà de la lecture, de l'orthographe, d'un peu d'arithmé ue et de notions d'histoire, elles n'aient besoin de rien et ne ient capables de rien.

Je ne dis pas qu'il faille, comme aux Etats-Unis, organiser l'enseignement supérieur de la femme. L'enseignement supérieur s'adresse à des jeunes gens qui en général veulent embrasser une carrière : celui-ci entre à l'école de droit pour être avocat, fonctionnaire ; celui-là à l'école de médecine pour être médecin. Je sais qu'il est des jeunes filles qui ont leur diplôme de docteur en médecine ; mais ce sont de rares exceptions, et s'il faut dire toute ma pensée, je crois que nous aurons toujours trop peu de sages-femmes et assez de docteurs-femelles.

Le jeune homme suit les cours de la faculté à un âge où déjà une jeune fille, par cela seul qu'elle est femme, a d'autres devoirs à remplir. La jeune fille, à 17 ou 18 ans, se marie, elle est quelquefois déjà mère de famille...

Un membre à droite. Quand elle se marie. (Rires sur quelques bancs à droite.)

M. le rapporteur. Messieurs, je dis qu'à l'âge de 17 ou 18 ans la jeune fille se marie, et que quelquefois même, à 17 ou 18 ans, elle est déjà mère de famille. Je ne vois pas ce qui, dans mes paroles, peut provoquer vos rires.

D'ailleurs je n'examine pas la thèse de l'introduction des femmes dans les carrières dites libérales et dans les carrières administratives.

Ce n'est pas un préjugé, c'est la nature elle-même qui renferme les femmes dans le cercle de la famille. Il est de leur intérêt, du nôtre, de l'intérêt de la société entière, qu'elles demeurent au foyer domestique. Les écoles que nous voulons fonder ont pour but, non de les arracher à leur vocation naturelle, mais de les rendre plus capables de remplir les devoirs d'épouse, de mère et de maîtresse de maison. (Très bien! très bien! à gauche.) C'est dans cette mesure que nous renfermons nos espérances et nos volontés, mais là nous pouvons invoquer à la fois et la justice et l'intérêt social (Très bien! très bien! à gauche.)

D'abord, la justice!

Nous répétons à satiété que l'État doit donner l'instruction, qu'il doit la donner à tous les enfants, qu'il doit même donner gratuitement l'enseignement primaire. Nous faisons de grandes dépenses pour donner un enseignement plus élevé aux enfants qui sont capables de le recevoir. Si, dans la distribution de cet enseignement, on fait aux garçons et aux filles, une part inégale, qu'on en dise le motif; qu'on trouve une raison quelle qu'elle soit pour expliquer l'infériorité à laquelle on condamne un sexe par rapport à l'autre. (Interruption à droite.)

Je n'ai pas entendu l'interruption.

A gauche. Ne répondez pas! Continuez!

M. le rapporteur. L'instruction secondaire est pour celui qui la possède une source de nobles et profondes jouissances et prépare aux grands devoirs de la vie. Les filles sont aussi aptes à la recevoir que les garçons; la capacité est la même, l'intérêt est le même; d'où vient l'inégalité? Est-ce que les filles n'appartiennent pas comme nous à l'humanité et à la patrie? Est-ce que l'État n'a pas à leur égard les mêmes devoirs qu'envers leurs frères? Elles nous sont inférieures en force physique! Ce n'est pas une raison pour laisser sans culture leur intelligence. Tout au contraire, en bonne justice, on devrait leur donner les moyens de compenser, par une culture supérieure, ce qui leur manque comme force corporelle.

On dit encore que si l'État fait des dépenses pour l'instruction des garçons, c'est qu'il se prépare des électeurs, des administrateurs, des législateurs. Messieurs, l'État se prépare d'abord des hommes, et, à ce point de vue qui est le plus élevé, l'égalité des droits est manifeste.

De même que je ne veux pas faire des femmes avocats et que je me soucie médiocrement d'avoir des femmes médecins, je ne suis pas porté, je l'avoue, à réclamer les droits politiques des femmes.

M. de Gasté. Pourquoi?

M. le rapporteur. Pourquoi, Monsieur de Gasté? Je vais vous le dire. C'est que nous n'avons nul besoin d'introduire dans nos comices, dans nos Assemblées, dans les bureaux de nos administrations, ce nouvel élément de versatilité et de division.

Je vais plus loin. Je condamne les femmes qui veulent être

des hommes, et je les condamne d'un seul mot : c'est qu'en poussant un peu loin cette ambition, elles cesseraient d'être des femmes sans arriver jamais à être des hommes.

Mais, en restant femmes, comme il le faut, pour leur bonheur et pour le nôtre, sont-elles aussi étrangères qu'on le dit à la politique? Elles ne déposent pas le bulletin dans l'urne, mais combien y en a-t-il qui l'écrivent? Le clergé le sait bien, lui, qui plus d'une fois a fait des élections dans le confessionnal. (Rires à gauche. — Protestations à droite.)

M. de la Rochefoucauld, duc de Bisaccia. Puisque vous avez la majorité, vous ne devriez pas vous plaindre.

M. le rapporteur. Tous, tant que nous sommes ici, ou presque tous, nous repoussons le mandat impératif de nos électeurs ; sommes-nous aussi sûrs de n'en pas subir un autre qui s'impose moins bruyamment mais plus infailliblement? C'est se moquer que de regarder les femmes comme étrangères aux grands mouvements de la politique du pays, elles qui élèvent sur leurs genoux les futurs citoyens. (Très bien! très bien! à gauche.) Quel est celui qui oserait douter de la durée de la République, si toutes les femmes étaient républicaines?

Non seulement la justice veut que nous fassions pour les jeunes filles ce que nous faisons pour les garçons, mais c'est un intérêt de premier ordre, un intérêt social, un intérêt politique. Il importe qu'il y ait entre le mari et la femme communauté d'idées, pour qu'il y ait communauté de sentiments. Il importe qu'ils ne soient pas profondément séparés par leurs croyances et leurs espérances... (Très bien! très bien! à gauche); que la mère ne donne pas à ses enfants des opinions, des habitudes, des traditions contraires à tout ce que croit, à tout ce que veut le père ; que la contradiction et le chaos ne règnent pas dans le foyer domestique ; que chaque sexe n'ait pas son langage, ses idées, ses préjugés, si vous voulez, et bientôt sa vie à part; mais qu'au contraire, la concorde et l'unité dans la famille soient l'image et la source de la concorde et de l'union dans l'État.

A gauche. Très bien! très bien!

M. de la Rochefoucauld, duc de Bisaccia. Vous pouvez épouser des libre-penseuses ; vous ne pouvez pas nous forcer à en faire autant.

M. le rapporteur. Je ne dis pas que les aptitudes de l'homme et de la femme sont identiques ; les aptitudes diffèrent comme les destinées ; mais ce que je soutiens, c'est que, pour cette culture intellectuelle qu'on appelle plus spécialement les humanités et qui fait le fond principal de l'enseignement secondaire, je soutiens que les aptitudes de la femme sont égales aux nôtres, qu'elles sont même plus précoces. On l'a, en Suisse, admirablement compris. Cette instruction, dans la plupart des Cantons, est non seulement donnée aux jeunes filles, mais — et c'est là ce qui choque tant notre honorable collègue M. Keller, — leur est donnée en commun avec les jeunes gens, dans les mêmes écoles. Il n'y a guère de différence dans l'enseignement, que celle qui résulte du sexe même des élèves. Les garçons font des exercices militaires, pendant que les jeunes filles se livrent à des travaux d'aiguille.

C'est qu'en effet la femme, aussi bien que l'homme, est un être moral. Comme l'homme, elle a droit à l'instruction ; la puissance publique a le devoir de la donner à la femme aussi bien qu'à l'homme.

Nous n'en sommes plus, messieurs, à nous demander, comme je ne sais quel évêque ou quel concile du moyen-âge, si la femme a une âme ; nous protestons hautement contre la législation des pays qui ont fait ou qui font de la femme un être inférieur ; et cependant, la France est divisée en deux Frances : la première comprenant le sexe fort, l'homme, qui s'est emparé du domaine intellectuel qui ne connaît de limite que celle que lui trace sa propre intelligence ; la seconde comprenant le sexe faible, la femme, à laquelle on a mesuré l'instruction d'une main avare sous prétexte qu'elle ne peut pas ou qu'elle ne doit pas dépasser certaines limites.

Nous avons, en conséquence de cette théorie, créé pour les jeunes gens des lycées et des collèges, et nous n'avons, dans le domaine de l'instruction secondaire, rien fait pour la femme. On a fait et on fait encore, en matière d'instruction publique, des lois pour les hommes et rien que pour les hommes. Mais vous aurez beau faire des lois, voter des crédits pour ouvrir des écoles de jeunes gens, si vous ne votez pas de crédits pour ouvrir des écoles de jeunes filles, c'est comme si vous ne faisiez rien. (Approbation à gauche.)

Vos lois, vos crédits seront insuffisants, aussi longtemps que vous n'aurez pas fusionné intellectuellement et moralement en une seule nation la France des hommes et la France des femmes. Pour atteindre ce but, il y a un moyen, mais il n'y en a qu'un : créer l'enseignement secondaire public des jeunes filles. (Nouvelle approbation à gauche.)

J'arrive, messieurs, à la seconde question, soulevée par M. Keller.

Nous voulons séparer l'Eglise de l'école, a dit M. Keller ; on n'est pas content des femmes françaises...

M. Keller. C'est toujours la première question. Mais je n'ai pas dit que nous ne sommes pas contents des femmes françaises. C'est la commission qui a dit qu'elle n'en était pas contente. Il ne faut pas me prêter le rôle qu'a pris la Commission.

M. le rapporteur. J'entends ; la pensée de M. Keller est celle-ci : M. Keller dit que la Commission n'est pas contente des femmes de France, mais que lui, en son nom, au nom du parti qu'il représente...

M. Keller. Au nom de la France !

M. le rapporteur. ...au nom de la France... il est content des femmes françaises.

A droite. Nous les admirons.

M. le rapporteur. M. Keller n'est pas le premier à être content des femmes de France, c'est-à-dire, pour expliquer sa pensée, à affirmer que l'enseignement donné à la jeune fille, en France, est salutaire et suffisant.

Vous vous souvenez peut-être, messieurs, de la polémique soulevée en 1867, à l'occasion de la circulaire de M. Duruy, qui créait des cours, de simples cours pour l'enseignement secondaire des jeunes filles. Mgr Dupanloup, à cette époque, protestait et protestait très vivement contre ces cours. Il disait comme M. Keller : On n'est pas content de l'enseignement donné aux filles, on prétend qu'il n'y a pas pour elles d'enseignement ; mais il y a pour l'enseignement secondaire privé des jeunes filles deux fois plus d'écoles que pour l'enseignement secondaire public des garçons, et l'enseignement qui est donné aux filles est, à tous les points de vue, supérieur à celui qui est donné dans les lycées et les collèges de jeunes gens.

A supposer que cette assertion fût à l'abri de toute contestation, il y aurait lieu de nous demander si la puissance publique peut, en thèse générale et en particulier dans l'espèce, abdiquer en France son droit d'enseigner. Mais examinons d'abord l'assertion de M. Keller. L'enseignement, dont notre honorable collègue est si content en France, est, à l'heure actuelle, donné dans des établissements privés qui sont ou des pensionnats laïques ou des couvents.

Le pensionnat laïque donne aux jeunes filles un enseignement qui ne diffère guère de l'enseignement primaire que par l'étude de quelques arts d'agrément. L'enseignement y est insuffisant, et c'est là souvent son moindre défaut.

Je dis, messieurs, que c'est là son moindre défaut ; et, en effet, quand le pensionnat a senti peser sur lui la main du clergé, il ne reste plus au pensionnat qu'à disparaître ou à acheter son existence au prix de sa soummission. Alors, messieurs, il n'est plus qu'un couvent, et qu'un couvent d'autant plus dangereux, qu'il n'en n'a pas l'enseigne. (Très bien ! très bien ! à gauche).

Quant au couvent, messieurs, quel enseignement y donne-t-on ? Pas même l'enseignement primaire. Par contre, on y habitue la jeune fille à je ne sais quelle vie mystique; on l'y fait vivre ignorante et détachée des choses de ce monde ; si bien que, en sortant du couvent, elle est incapable de remplir ses devoirs ni envers elle-même, ni envers la famille, ni envers la société.

M. Deschanel. Très bien !

M. de la Bassetière. C'est absolument gratuit, nous protestons au nom de nos femmes et de nos filles contre ces allégations !

M. le rapporteur. M. de la Bassetière m'interrompt et proteste. Il a tort : vous allez en juger.

J'ai eu l'honneur, messieurs, de vous dire qu'en 1867, il y eut une polémique très vive de la part du clergé ; M. Dupanloup écrivit à tous les évêques de France pour les inviter à protester contre les cours que voulait créer M. Duruy. Eh bien, voici la réponse que fit à M. Dupanloup Mgr Henri, évêque de Nîmes, dans une lettre du 30 novembre 1867 :

« Abritez cette enfant dans un monastère pour que son âme y soit nourrie ; qu'elle y grandisse mêlée aux chœurs des vierges, qu'elle ignore le siècle, qu'elle vive de la vie des anges, qu'elle soit dans son corps comme n'y étant pas et que dans sa simplicité elle suppose que le genre humain tout entier lui ressemble. »

M. de la Bassetière. Je demande à M. Camille Sée la permission d'invoquer ici un témoignage qu'il ne récusera pas, celui de M. Cousin.

M. Cousin a jugé l'éducation des femmes d'autrefois, du dix-septième siècle entr'autres, autrement que notre honorable collègue.

Il rendait hommage aux grandes qualités de leur esprit comme à leur caractère ; il aimait, vous le savez, à faire revivre leur histoire, et elles lui ont inspiré quelques lignes des pages les plus charmantes qu'il ait jamais écrites.

M. Bourgeois. Ces messieurs qui parlent contre l'enseignement donné dans les couvents vont y chercher leurs femmes et y mettre leurs filles. (Dénégations sur quelques bancs à gauche). J'en connais plusieurs à gauche qui font ainsi.

M. le rapporteur. Je disais, messieurs, que la jeune fille élevée dans un couvent est incapable de remplir ses devoirs envers elle-même ; on la soumet à je ne sais quel entraînement mystique dont la conséquence peut être de détruire en elle le libre arbitre et lui enlever ainsi jusqu'à la faculté de remplir ses devoirs envers elle-même, et je ne parle pas, sous prétexte de rompre tous liens terrestres, de la piété filiale immolée et du plus sacré des devoirs — celui envers son père et sa mère — violé. Qui de nous cependant n'a vu de malheureux parents pleurer une enfant qui était toute leur vie et qui dans un couvent vivait.... morte pour eux. Non, je ne parle que des devoirs de la jeune fille envers elle-même, et je dis qu'il est des cas où elle se sera abstraite de la vie terrestre au point de ne plus avoir la notion exacte ni du bien ni du mal.

Je reconnais, messieurs, que ces cas constituent l'exception et je ne parle que de la jeune fille qui n'a retenu des pratiques religieuses du couvent que ce qui constitue les exercices journa-

liers de piété et appris que ce qu'on lui a enseigné. Eh bien, je
dis qu'il est dans la vie des heures où cette piété ne lui suffira
pas et qu'à ces heures l'enseignement qu'on a donné à la jeune
fille ne lui permettra pas de se livrer à un travail intellectuel
qui peut-être serait pour elle le salut. (Très bien ! très bien ! a
gauche).

C'est là un enseignement, c'est là un système d'éducation qui
pouvaient convenir sous l'ancienne monarchie, alors que la porte
du couvent se fermait pour ne jamais se rouvrir sur un enfant
de huit ou dix ans. La fille, dans la famille, était considérée
comme un hors-d'œuvre, comme une gêne. Si minime, si limitée que fût la part que lui donnait la loi à l'héritage paternel, on
préférait éteindre ce droit et l'enterrer avec elle dans un couvent.
Les lois de la Révolution ont nivelé les droits des enfants à la
succession de leurs parents ; la porte du couvent ne se referme
plus pour l'éternité sur les filles dans le seul but de grossir le
patrimoine des fils. Si la coutume ou la coupable indifférence du
législateur inflige encore à la jeune fille le couvent, aujourd'hui,
en règle générale du moins, elle en sort, mais elle en sort instruite et élevée comme on instruisait, comme on élevait les
jeunes filles au dix-huitième siècle.... (Très bien ! à gauche).

C'est dans ces conditions qu'elle abandonne le couvent avec
une instruction presque nulle et une éducation qui a mis dans
son cœur la haine de tous les principes, de toutes les idées qui
régissent et la France de 1789 et nos institutions. (Très bien !
très bien ! à gauche).

M. Deschanel. Elle en sort fanatique...

M. le rapporteur. Ignorante, elle va épouser un homme ins-
truit ; élevée à l'école de la superstition, elle va épouser un homme
élevé à l'école de la raison ; elle sera du dix-septième ou du milieu du dix-huitième siècle, l'homme sera de la fin du dix-huitième siècle ou du dix-neuvième, et alors, messieurs, voilà deux
êtres incapables de s'entendre...

M. Deschanel. Très bien ! C'est cela !

M. le rapporteur. ..... et de se comprendre qui vont commencer par un divorce intellectuel et moral cette vie qu'ils devraient
parcourir ensemble unis d'esprit et de cœur (Applaudissements
à gauche). Incapable de s'intéresser aux travaux de son mari,
elle tentera de le détourner de son travail, et peut-être sera-t elle
secondée dans cette tâche par une mère assez inintelligente pour
persuader à sa fille que sa dot lui a donné droit à un mari dont
l'unique souci doit être de satisfaire les caprices de la femme
(Très bien ! très bien ! à gauche).

Le mari traînera lourdement sa vie : quand, après une journée de labeur, il viendra s'asseoir au foyer conjugal, il y
trouvera, au lieu de repos, de consolation, le trouble et la ré-
crimination.

Quant à celui, messieurs, — pour ne citer que cet exemple, — qui aura voué sa vie à la défense d'une cause, dont toute l'existence souvent ne sera qu'un long tissu d'ennuis, de soucis, de découragements, et qui, plus que tout autre, aurait besoin de détendre son cœur et son esprit, quel sort sera le sien ? Il croira déposer ses soucis au seuil du foyer conjugal. Non ! ce sera la lutte, la lutte encore, la lutte toujours ; celle qui devrait le soutenir, l'encourager, lui reprochera sa vie, jusqu'à sa fidélité à ses principes ; elle lui redira des paroles dont elle ne comprendra ni le sens ni la portée, mais qu'aura murmurées à son oreille son directeur ou son confesseur. (Très bien ! très bien ! à gauche.)

Cependant le mari a devant lui la voie que lui trace son devoir, il la poursuit ; pendant ce temps la femme remplit son devoir de mère sous la direction de son confesseur. Elle le remplit avec d'autant plus d'ardeur que, n'ayant pu sauver son mari, elle veut du moins sauver son enfant ; elle s'occupe de lui avec un soin jaloux et, entre deux caresses... (Rires à droite.)

Messieurs, vous trouvez cela risible ?

M. Bourgeois. Oui, et je demande la parole.

A gauche. Continuez ! ne répondez pas !

M. Deschanel. C'est parce que c'est très beau qu'ils vous interrompent ! C'est parce que c'est excellent ! Continuez !

Une voix à droite. Vous faites une conférence.

M. Deschanel. Vous préféreriez un sermon !

Une voix à droite. Oui ! oui !

M. le rapporteur. Je dis, messieurs, qu'elle sème petit à petit dans ce jeune cerveau toutes ses erreurs, tous ses préjugés. Au lieu de développer l'intelligence de cet enfant qui interroge sans cesse, qui demande le pourquoi, la raison d'être de toutes choses, elle l'étouffe. Elle lui répète béatement non pas seulement les récits de l'histoire sainte et des livres saints, mais les superstitions, les miracles qui défraient la littérature à deux sous des librairies catholiques et qui semblent faits, — laissez-moi le dire, — pour abêtir un peuple et déshonorer une religion. (Très bien ! très bien ! à gauche.) Elle veut que son enfant croie non pas seulement aux mystères de la foi, mais à Bernardette et à l'eau de Lourdes ; elle lui fait presque un crime de penser. Quant au père, la mère, de la meilleure foi du monde, avec les meilleures intentions, en fait un suspect vis-à-vis de son enfant. Cependant l'enfant grandit, et quelque soin que l'on ait pris d'emprisonner son intelligence, il ne tarde pas à remarquer ce qu'il y a de contradictoire entre le langage de sa mère et le langage, souvent même, le simple silence de son père. L'enfant cherche la vérité. Il est trop faible encore pour la découvrir ; il n'est plus assez faible pour ne pas se demander si elle est bien dans les affirmations de sa mère ; et voilà cet enfant, qui ne connaît encore l'existence que par son amour pour les deux êtres au milieu desquels il vit, qui se voit conduit au scepticisme en fait de doctrine, et à l'indifférence en fait de sentiment. (Très bien ! très bien ! à gauche.)

Qu'on s'étonne après cela de voir les caractères s'abaisser et les croyances disparaître! (Très bien! très bien! à gauche. — Bruit à droite.)

Et le père ? Le père laisse faire. Il a lutté pour lui-même, et il est las de la lutte. Il vit au dehors, beaucoup par nécessité, beaucoup aussi parce qu'on lui a rendu la maison insupportable. Et puis, si l'enfant est un fils, le père se dit qu'il viendra un moment où le lycée enlèvera l'enfant à sa mère et effacera ainsi les traces de la première éducation.

Cela est vrai dans une certaine mesure, mais cela n'est pas tout à fait exact ; je crois que l'on n'efface jamais complètement les traces de la première éducation, parce que l'enfant, — et je serai le dernier à lui en faire un reproche, — parce que l'enfant se souviendra toute sa vie que certaines idées ont été jetées dans son cerveau en même temps que naissait dans son cœur le premier et le meilleur des amours, et que ces idées souvent se sont confondues avec la tendresse qu'il a conçue pour celle qui les lui a données.

Quoi qu'il en soit, le père, quand il s'agit de son fils, intervient. Le fils est envoyé au lycée ou au collège ; et même à ce point de vue il serait puéril de ne pas reconnaître que l'influence du père tend depuis quelques années à s'effacer de plus en plus devant l'influence de la mère. L'enseignement laïque fléchit au profit de l'enseignement congréganiste.

Le père, quand il s'agit de sa fille, se désintéresse de son éducation, sous prétexte que l'éducation de la fille appartient à la mère. Non seulement il ne cherche pas à redresser les erreurs de la première éducation, mais il trouve naturel, comme on l'a dit de ce côté de la Chambre (l'orateur indique le côté droit), que sa fille soit élevée dans un couvent. C'est ainsi que, par une condescendance coupable, se perpétue de génération en génération un état de choses contraire et à la morale et à la loi sociale. La femme, malgré ses instincts de soumission et de tendresse, vit à l'état d'adversaire dans la famille, de rébellion dans la société. (Très bien ! très bien à gauche.) On lui a dit que le prêtre tenait son pouvoir de Dieu, que l'homme devait tenir son pouvoir du prêtre, que le pouvoir civil devait être soumis au pouvoir spirituel, et que toute société qui ne s'inclinait pas devant cette loi était une société constituée en violation de toutes les lois et divines et humaines.

Voilà ce qu'on lui a dit et voilà ce que, habituée à croire sans avoir ni le droit ni la faculté de discuter, elle a érigé en principe infaillible.

Voilà, messieurs, ce qu'a fait de la famille et de la société le clergé et ce qu'à produit la confusion de l'école et de l'église.

L'instruction, dans nos lois, a été systématiquement refusée à la femme ; le législateur a d'abord passé la femme sous silence, et quand, sous la pression de l'opinion publique, il a dû légifé- rer en sa faveur, il s'est borné à lui assurer l'enseignement pri- maire ; un enseignement qui est terminé à douze ans, laissant aux arts d'agrément et aux futilités de la mode cette riche pé- riode intellectuelle de l'adolescence où l'âme reçoit avec tant de facilité et d'avidité les grandes notions générales de l'art, de la philosophie et des lettres.

Ainsi la femme, c'est-à-dire la moitié de la France, — celle qui est appelée à exercer le plus d'influence sur l'autre, — n'est pas instruite.

Elle ne l'est pas, parce que son ignorance est la condition même du rôle que le clergé lui fait jouer, de l'action qu'il l'appelle à exercer. Il ne veut pas qu'elle soit instruite, parce qu'instruite elle échapperait à sa direction et qu'alors il ne pourrait plus, grâce à la complicité de la femme, ni tenter d'agir sur le mari, ni disposer de l'instruction et de l'éducation des enfants. (Très bien ! très bien ! à gauche.) Ce que cet état de choses a produit, vous le voyez : il a jeté la division dans la famille, il tend à di- viser de plus en plus la France en deux nations. Je dis qu'il faut unifier la France, unifier la famille, faire l'une à l'image de l'autre. C'est également ce que veulent nos adversaires, cela est vrai ; mais ils veulent une France cléricale, et nous une France libérale. Ils asservissent, nous émancipons. Ils veulent gouver- ner les femmes et par elles nous dominer ; nous voulons, au contraire, éclairer les femmes, les élever jusqu'à nous pour les élever jusqu'à la liberté. (Très bien ! très bien ! à gauche et sur plusieurs bancs au centre.)

La femme est une créature humaine et, comme telle, respon- sable de ses actes ; la femme a sa personnalité ; elle a droit, pour ces deux raisons, au développement de ses facultés.

La femme n'est pas née pour vivre dans un couvent de je ne sais quelle vie contemplative ou surnaturelle. Elle sera épouse, elle sera mère. (Marques nombreuses d'adhésion.)

Epouse, il faut qu'elle puisse vivre de la vie de son mari, s'in- téresser à ses travaux, l'encourager, traverser avec lui la bonne comme la mauvaise fortune ; vivre avec lui en parfaite commu- nauté d'esprit et de cœur.

Mère, il faut qu'elle puisse donner à son enfant, non seule- ment les premières notions de toutes choses, mais encore une première instruction, une première éducation, qui soient à la fois saines et fortes ; elle a droit, et comme épouse et comme mère, à une instruction solide et élevée.

La femme, à tous ces titres, a droit à l'instruction et la société, à tous ces titres, a le devoir de la lui assurer. (Très bien ! très bien ! à gauche et au centre.)

Je crois que vous ne pouvez contester ni le droit de la femme à l'instruction, ni le devoir qu'a la société de la lui assurer. (Nouvelle approbation.)

L'intérêt le plus pressant de la famille, de l'Etat, de la société, s'accorde avec le droit de la femme, avec le devoir des pouvoirs publics, pour nous obliger de mettre fin à ce long déni de justice.

La France, il y a un siècle, a soulevé cette grande question. Vous avez vu comment elle a été résolue en Europe et aux Etats-Unis ; il ne nous reste plus, messieurs, qu'à nous inspirer de ces solutions, à les améliorer et à les approprier à notre esprit français et à notre génie national. (Très bien ! très bien ! sur les mêmes bancs.)

Nous avons maintenant à nous demander dans quelles conditions la jeune fille recevra cette instruction, quelle sera cette instruction et par qui elle lui sera donnée.

Condorcet, dans ses écrits, demandait, ainsi que je l'ai dit en commençant, que l'instruction fût la même pour l'homme et pour la femme, et que cette instruction leur fût donnée en commun dans les mêmes écoles. Nous avons vu que ce principe recevait son application dans la plupart des Etats de l'Union Américaine et dans un grand nombre de Cantons de la Suisse.

Condorcet, dans ses écrits, affirme que la réunion des jeunes gens et des jeunes filles dans les mêmes écoles n'a que de bons résultats. Il ajoute qu'elle est une cause d'émulation. Cette affirmation est confirmée par l'expérience qu'on a faite de ce système aux Etats-Unis et par la pratique de plusieurs Cantons de la Suisse.

M. Keller. Proposez donc tout de suite la coéducation des sexes ! Ce sera plus simple !

M. le rapporteur. Non, je ne proposerai pas la coéducation des sexes...

M. Keller. Vous avez tort !

M. le rapporteur... parce que je sais fort bien que la France est un pays catholique qui n'a pas les mœurs des pays protestants, où l'on applique la coéducation des sexes ; j'aurai l'occasion, au moment de la discussion de l'article 2, de parler précisément de la différence des mœurs entre les divers pays, et j'aurai l'honneur d'expliquer, notamment à M. le ministre de l'instruction publique, qui est adversaire de l'internat, pourquoi je demande qu'en France, à la différence des pays protestants, on établisse ce système et non celui de l'externat ; mais dès maintenant je dis qu'à raison des habitudes et des mœurs de la

France, qui est un pays catholique, nous proposons, — et nous allons, monsieur Keller, vous donner satisfaction, sous ce rapport du moins, — la création d'écoles exclusivement réservées à l'enseignement secondaire des jeunes filles.

L'enseignement qui se donnera dans les lycées de jeunes filles correspondra à l'enseignement donné dans les lycées de garçons. Il sera dégagé, bien entendu, de tout ce qui, dans les lycées, est enseigné en vue de préparer les jeunes gens à des carrières spéciales ; il sera augmenté de connaissances qui, à tort selon nous, ne font pas partie du programme de nos lycées. L'enseignement, il est à peine besoin de le dire, comprendra toutes les études spéciales aux jeunes filles.

L'enseignement, enfin, sera donné par l'Etat ; l'Etat le donne dans les lycées de jeunes gens ; il devra, *a fortiori*, le donner dans les lycées de jeunes filles, je dis *a fortiori*, parce que l'enseignement que ne donne pas l'Etat est, en France, accaparé par le clergé.

Cela est peu contestable lorsqu'il s'agit de l'enseignement des jeunes gens. Cela n'est pas contestable du tout lorsqu'il s'agit de celui des jeunes filles, auquel le clergé attache une importance toute spéciale.

Et peut-être, à ce sujet M. le ministre de l'instruction publique devra-t-il se demander s'il ne serait pas utile, au moyen d'un service d'inspection bien organisé, de créer une surveillance spéciale des établissements libres de jeunes filles, que ces établissements soient laïques, qu'ils soient religieux.

Voilà, messieurs, la loi que nous avons l'honneur de vous proposer. Elle a pour but de donner à la femme une instruction et une éducation à la fois dignes d'elle et de nous, dignes de la société dans laquelle elle est appelée à vivre, dignes, messieurs, de la France, de la République.

C'est à la fois une loi morale, une loi sociale, une loi politique. (Très bien ! très bien ! à gauche.)

C'est dans cette loi, messieurs, ne l'oubliez pas, que se trouvent l'avenir, le salut de la France... (Très bien ! très bien !), car la grandeur aussi bien que la décadence des peuples, dépendent, messieurs, de la femme. (Très bien ! très bien ! et vifs applaudissements à gauche et au centre).

M. Keller. Messieurs, je ne retiendrai pas longuement votre attention, je constate qu'au lieu de réfuter les attaques que j'ai dirigées contre la loi, l'honorable M. Camille Sée est venu les confirmer à cette tribune.

Je ne relèverai pas les attaques peu dignes de cette enceinte dirigées par lui contre les couvents où est élevée une partie de notre jeunesse, non, messieurs, je ne les relèverai pas.

M. Camille Sée aurait dû, ce me semble, vu un pareil sujet,

apporter un sentiment de réserve personnelle dont j'ai été surpris de le voir s'écarter (Rumeurs à gauche) et j'attribue en
partie à son ignorance (Exclamation à gauche), ce qu'il est venu
dire à cet égard de nos maisons religieuses.

C'est de ma part une simple observation qui n'a rien de blessant.

M. le rapporteur. Si vous voulez dire que je ne suis pas catholique, j'aurais l'honneur de vous faire une réponse bien
simple : c'est que dans cette enceinte il n'y a que des citoyens
français, envoyés par des citoyens français et qu'il n'y a aucune distinction de culte. (Très bien ! très bien et applaudissements à gauche).

M. Keller. Ces paroles ne m'embarrassent en aucune manière , je me suis borné à dire que M. Camille Sée ne connaît
pas les couvents dont il vous a parlé. Il n'y a rien là d'offensant
pour lui.

Je n'ajouterai qu'un seul mot : c'est que moi qui vous parle,
j'ai dans un couvent une de mes filles au service des pauvres et
que je m'en honore (Très bien ! très bien ! à droite). Je repousse
avec indignation la peinture chimérique qu'on vous a faite de
ces institutions, et je suis convaincu que pas un seul d'entre
vous ne se lèverait pour contester le sentiment que j'exprime
ici.

M. Deschanel. Nous aimons trop la liberté.

M. Keller. J'ai fini, messieurs. L'honorable M. Camille Sée
qui ne m'a pas répondu, est venu vous dire, il l'a répété plusieurs fois et j'en prends acte, que la France est catholique, que
la France est une nation catholique et c'est parce que la France
est une nation catholique qu'on veut nous faire voter des lois
despotiques... (Réclamations à gauche et au centre. — Très bien
à droite), destinées à déraciner la foi de la France et à faire passer les jeunes filles comme les jeunes garçons dans le laminoir
du despotisme. (Protestations à gauche). Voilà toute la loi. Le
pays la jugera. (Très bien ! très bien ! à droite).

M. Bourgeois. Messieurs, je ne serais pas long. J'espère que
vous voudrez bien m'accorder une minute d'attention. (Parlez).

Pendant le discours de M. Camille Sée, je me suis permis de
sourire, je lui en demande bien pardon, il n'y avait rien de blessant assurément dans ma pensée vis-à-vis de sa personne. Mais
M. Camille Sée, se tournant vers nous nous a dit : je vous invite
à me répondre.

Eh bien, je viens le faire en quelques mots. Ce n'est pas en me
plaçant sur ce terrain élevé où il a porté la question que je viens
répondre à l'honorable rapporteur. Je me place sur un terrain
plus modeste, sur un terrain éminemment pratique pour soumettre à mes collègues quelques très courtes observations.

La femme savante, dont l'honorable rapporteur vient de nous

tracer un très pittoresque tableau, ressemble bien peu, je l'assure, à cette légendaire et sage Lucrèce, qui filait sa laine et soignait son pot au feu.

A droite. Très bien ! très bien !

M. Bourgeois. Je me garderai certes, — car je reconnais mon insuffisance, — d'intervenir dans ces questions éminemment scientifiques. Mais je me permettrai une observation, une seule :

Quand nos filles auront appris toutes ces belles choses dont on nous a tout à l'heure entretenus, quand nos filles auront appris la théologie, la philosophie, l'embryologie, l'histologie, que sais-je ? toutes ces questions éminemment réservées en quelque sorte à l'homme, l'économie politique, le droit administratif, mon cher collègue, permettez-moi de vous le dire, vous avez commis un oubli, et je prends la liberté de venir couronner votre œuvre, je demande que les femmes, devenues alors vos égales, acquièrent le droit de voter, de devenir députés et de siéger à côté de nous. (Rires et exclamations diverses.)

Plusieurs membres à droite. Pourquoi pas?

Un membre à gauche. M. Camille Sée a répondu à cela.

M. Bourgeois. Mais, messieurs, je me demande avec une certaine inquiétude, quand toutes ces choses seront réalisées, ce que plus tard les pères de famille pourront bien faire de leurs filles. (Très bien ! très bien ! à droite.)

Certes, sur la terre, il n'y a pas que des savants, des rêveurs, des théoriciens, que des hommes qui font de la vie en quelque sorte en chambre, il y a les exigences de la vie pratique. Eh bien, ce côté me touche, je vous l'avoue. Vous figurez-vous, par exemple, quel va être le bonheur, la satisfaction d'un pauvre médecin de campagne qui, après une longue course, après avoir passé sa journée à soigner ses malades, rentrera trempé par la pluie, à son domicile et trouvera sa femme observant les astres... (Hilarité. — Applaudissements à droite.)

M. Abbatucci (Charles). Ou traduisant Platon !

M. Bourgeois.... ou lisant un traité de haute métaphysique.

Voix à gauche. Et si elle est à la messe?

M. Bourgeois. On peut aller à la messe, messieurs, et rendre son mari très heureux, et je connais des femmes qui rendent leurs maris très heureux bien qu'elles aillent à la messe. J'en connais aussi qui n'y vont pas, et leurs maris ne sont pas très flattés de leur conduite.

M. de La Rochette. Très bien !

M. Bourgeois. Enfin, vous figurez-vous un médecin rentrant fatigué et trouvant sa femme occupée de hautes études, — pour ne pas préciser, — et ses habits déchirés, son rôti brûlé, son pot-au-feu manqué.

Mais le médecin, messieurs, n'est pas le seul. Le commerçant, l'industriel, le percepteur, etc., seraient médiocrement flattés

d'avoir une compagne si savante ! Cela ferait assurément un
sensible plaisir à notre collègue M. Naquet, car les partisans du
divorce augmenteraient considérablement. En ce qui me concerne, je serais très porté à voter le divorce, s'il en était ainsi
que je viens de l'indiquer. (Très bien ! à droite.)

Mais soyons sérieux. (Exclamations et rires à gauche.)

Plusieurs membres. Oui ! Oui ! il en est temps !

M. Bourgeois. Laissons à l'homme son caractère noble,
grand, généreux, sa vie de travail, sa vie de peines ; laissons-lui
les agitations politiques, et ne lui enlevons pas le bonheur, le
calme et la tranquillité de son foyer domestique. (Très bien !
très bien ! à droite.)

M. le président. M. Chalamet a la parole.

M. Chalamet. Messieurs, vous avez entendu aujourd'hui, —
et ce n'est pas pour la première fois, dénoncer du haut de la tribune à la France et au monde entier, la grande conspiration de
la majorité républicaine. Cette conspiration remonte déjà assez
haut ; l'honorable M. Keller vous l'a rappelé : il s'agit d'attaquer
la religion, de chasser Dieu des écoles et même de la société.

Si j'osais me retourner du côté de nos adversaires, je leur
dirais que j'ai une crainte : c'est qu'eux-mêmes, leurs amis, à
force de multiplier dans le culte religieux les pratiques puériles
et niaises, n'arrivent à chasser Dieu du catholicisme. (Très
bien ! très bien ! à gauche.)

A propos de ce que l'honorable M. Keller appelle, dans un
langage qui n'est peut-être pas très parlementaire, un *misérable* projet de loi, on a parlé de despotisme, d'asservissement
de la conscience, d'une atteinte portée à la liberté du père de
famille.

Nous connaissons ce langage ! En quoi, je vous prie, la liberté
des pères de famille est-elle atteinte, parce que nous voulons
créer quelque chose qui n'existe pas ? (Très bien ! à gauche.)
Lorsque dans l'enseignement primaire, nous cherchons, parce
que nous croyons que c'est notre devoir, à substituer l'enseignement donné par des instituteurs et des institutrices laïques
à l'enseignement donné par les congréganistes, même alors je ne
m'explique pas ces exagérations de langage, mais enfin je comprends l'émotion et le déplaisir qu'éprouvent ceux qui préfèrent
l'enseignement des congréganistes.

Mais aujourd'hui, de quoi s'agit-il ? Est-ce que nous attaquons
vos communautés religieuses ? Est-ce que nous détruisons vos
couvents ? Nous ne détruisons rien, nous voulons établir quelque
chose de nouveau ; nous voulons combler une lacune. (Très
bien !)

Il y a en France un enseignement secondaire donné au nom
de l'Etat, dans 80 lycées, dans 230 collèges, qui s'adresse à
80,000 garçons. Nous voulons que ce même enseignement soit

donné au nom de l'Etat aux sœurs de ces garçons. (Marques d'approbation à gauche.)

Voilà, messieurs, une lacune que nous voulons combler. Et puis vous serez libres, vous, messieurs, qui n'êtes pas partisans de l'enseignement de l'Etat, vous serez libres de ne pas y envoyer vos filles, vos sœurs; personne ne vous y obligera. (Très bien ! très bien ! à gauche.)

L'honorable M. Bourgeois nous a fait tout à l'heure un tableau véritablement fantaisiste de cette femme d'un médecin de campagne qui s'occupe à regarder les astres au lieu de chercher le gilet de flanelle de son mari et de penser à son pot-au-feu !

Messieurs, il faut avoir vraiment beaucoup d'imagination pour penser qu'une instruction sérieuse fera une sotte. C'est le contraire que nous voulons; c'est le contraire qui aura lieu. L'instruction développe, rectifie, fortifie le bon sens et l'esprit, elle ne les supprime pas. (Très bien ! à gauche.)

Il y a longtemps que Molière a ridiculisé les femmes savantes...

M. Deschanel. Ce n'est pas Molière, mais un de ses personnages !

M. Chalamet. Vous avez raison; nous ne sommes pas de l'avis de Chrysale, ce n'était pas non plus celui de Molière. La pensée de Molière a été exprimée par lui, quand il a fait dire à un de ses personnages:

« Il est bon qu'une femme ait des clartés de tout. » (Très bien ! très bien ! à gauche.)

Des « clartés de tout », voilà le fond de notre programme.

Nous pourrons, à l'occasion de ce programme, revenir sur quelques critiques adressées au projet. Mais qu'y a-t-il donc dans ce programme qui soit disproportionné avec l'intelligence des jeunes filles auxquelles il s'adresse ?... Oui, nous voulons enseigner beaucoup de choses; mais si vous avez parcouru, dans le rapport de M. Camille Sée, les programmes des écoles secondaires de jeunes filles en Suisse et en Allemagne, vous avez pu voir qu'ils portent à peu près sur tout l'ensemble des connaissances humaines. On leur enseigne même l'histoire des religions, cette histoire dont nos adversaires n'auraient pas voulu qu'on parlât même aux auditeurs du Collège de France.

Vous ne ferez pas aux jeunes filles françaises l'injure de penser qu'elles sont moins bien douées que les jeunes filles de la Suisse et de l'Allemagne.

Ne dites pas, messieurs, que nous voulons faire ce qu'on appelle des « femmes savantes »; nous voulons faire des femmes ayant reçu une instruction solide, et nous croyons que le temps qu'elles passent aujourd'hui à des futilités sera mieux employé à apprendre des choses sérieuses. (Applaudissements à gauche et au centre.)

On a cité, messieurs, des passages du rapport de Lakanal, qu'il est facile de tourner en ridicule. Est-ce que vous croyez, par hasard, que si nous voulions faire des citations, nous ne trouverions pas aussi matière à exciter l'hilarité de cette Chambre ?

Saint Jérôme, par exemple, — vous ne le renierez pas, — c'est un des Pères de l'Église !...

Voix à droite. Ce n'était pas un législateur !

M. Chalamet. Saint Jérôme proscrit la musique, il doit proscrire la danse ; il veut qu'on prive la jeune fille, de vin, de viande ; qu'elle se nourrisse de légumes, qu'elle mange de façon à avoir toujours faim. (Rires bruyants à gauche et au centre) ; que ses seules délices soient de demeurer dans sa chambre.

Vous parlez souvent de l'esprit de famille, et vous voudriez donner à entendre que nous le mettons en péril. Eh bien, saint Jérôme ne voulait pas que la jeune fille fût élevée par sa mère, et il engageait la mère d'une jeune fille qui l'intéressait à la lui envoyer et à ne pas la laisser sous sa propre direction. (Exclamations et rires à gauche.)

Saint Jérôme interdit beaucoup de choses ; il interdit aux jeunes filles les bains. La propreté n'est pas à ses yeux une vertu chrétienne. (Nouvelles exclamations à gauche.) Il prescrit des lectures, et entre autres lectures, messieurs, il prescrivait celle du Cantique des Cantiques. (Rires à gauche.)

Nous n'irions pas aussi loin.

Mme de Maintenon a fait beaucoup, il faut le reconnaître, pour l'éducation des filles ; elle a fondé Saint-Cyr ; elle s'y est consacrée, elle a visité pendant de longues années, presque chaque jour, cet établisement.

L'institution de Saint-Cyr a été certainement un progrès par rapport à ce qui existait antérieurement, mais il ne faut pas croire non plus que le programme de Saint-Cyr soit un programme véritablement acceptable aujourd'hui. Mme de Maintenon voulait peu de lectures, point ou peu d'histoire, juste assez pour que les jeunes filles élevées à Saint-Cyr ne confondent pas un roi de France avec un empereur de Chine. Elle ne voulait surtout point d'histoire ancienne, et savez-vous pourquoi elle n'en voulait pas ?

« Je craindrais, disait-elle, que ces grands traits de générosité et d'héroïsme ne leur élevassent trop l'esprit. »

A gauche. Ah ! ah ! C'est toujours la même chose !

M. Chalamet. Eh bien, nous voulons, nous, leur élever l'esprit et leur tremper le caractère, pour qu'elles traversent avec courage les difficultés de la vie. (Vives marques d'approbation à gauche.)

Fénelon, messieurs, a écrit un livre sur l'*Éducation des filles*, qui est aussi un livre fort intéressant et dans lequel on peut puiser beaucoup de renseignements, mais je ne crois pas qu'il renferme le dernier mot de la pédagogie moderne. Cependant, il y a dans Fénelon une phrase que je me reprocherais de ne pas citer ici :

« Accoutumez les jeunes filles, dit-il, naturellement trop crédules, à n'admettre pas légèrement certaines histoires sans autorité, et à ne s'attacher pas à certaines dévolutions qu'un zèle indiscret introduit. » (Applaudissements à gauche.)

C'est Fénelon, messieurs, qui a dit cela ! Il semble prévoir certains écarts de la dévotion contemporaine.

M. le rapporteur. Il serait bon d'ajouter qu'il a été excommunié par le Saint-Siège, et que ses livres ont été brûlés par ordre de Louis XIV !

A droite. Pas pour cela !

M. Chalamet. Je ne veux pas revenir sur le fond de la question ; elle a été suffisamment développée dans le discours de l'honorable rapporteur. Je tiens seulement à protester contre cette tendance qu'ont nos adversaires à croire que nous voulons toujours créer des dangers dans la société, parce que nous voulons faire faire un progrès à l'instruction. La religion n'a absolument rien à faire ici, et véritablement nos adversaires nous donneraient le droit de penser que le Dieu qu'ils adorent commande de mettre la lumière sous le boisseau (Applaudissements à gauche). Quant à nous, messieurs, nous ne voulons pas mettre la lumière sous le boisseau ; nous voulons la répandre à profusion en respectant la liberté !

M. de la Bassetière. C'est pour cela que vous faites l'article 7.

M. Haentjens. Il est mort l'article 7.

M. Charles Abbatucci. Et enterré civilement.

M. Jules Ferry, *ministre de l'instruction publique à l'orateur.* Lisez donc l'article 7 du projet de loi actuel.

M. Chalamet. Notre projet est né avant le projet de l'honorable M. Jules Ferry ; mais il a aussi un article 7 ; je vais en donner lecture.

M. le président. L'article 7 est devenu l'article 6 !

M Chalamet. Je le regrette véritablement pour le nombre 7. (Rires sur plusieurs bancs). Voici ce que nous faisons, nous membres de la Commission, et j'espère pouvoir bientôt dire membres de la majorité ; voici les monstruosités que nous commettons à l'égard des droits des pères de famille, à l'égard de la religion et de Dieu lui-même ; voici le laminoir par lequel nous voulons faire passer le cœur et l'esprit des jeunes filles de la France :

« L'enseignement religieux sera donné, au gré des parents, dans l'intérieur des établissements aux élèves internes par des ministres des différents cultes. Ils seront agréés par le ministre de l'intruction publique ; ils ne résideront pas dans l'établissement. » (Très bien ! très bien ! à gauche).

L'honorable M. Keller a fait à la Commission un reproche bien étrange : c'est de n'avoir pas établi, comme dans le projet dont M. Paul Bert était le rapporteur, que l'enseignement religieux serait donné en dehors de l'établissement. Or, savez-vous, messieurs, que dans la Commission, ce sont, je puis le dire, les esprits les plus disposés à la conciliation qui ont insisté et fini par faire prévaloir cette idée, que l'enseignement religieux serait donné dans l'établissement? Nous avons réglé la chose ainsi par esprit de conciliation, et on nous en fait un reproche !

M. Keller. C'est le contraire ! M. le rapporteur a dit qu'on a adopté cette disposition pour pouvoir surveiller de plus près l'enseignement religieux.

M. Chalamet. Permettez ! M. le rapporteur, si je ne me trompe, n'a pas dit cela...

M. le rapporteur. Je ne m'en défends pas (Ah ! ah ! à droite).

M. Chalamet. D'ailleurs, c'est une question de détail qui importe peu. Ce qu'il y a de bien certain, c'est que nous ne supprimons nullement l'enseignement religieux : seulement, nous ne voulons pas qu'il soit obligatoire; et pourquoi ? c'est par respect pour la liberté des pères de famille. Il n'y a plus de religion d'État. On comprend qu'avec une religion d'Etat, il y ait un enseignement religieux obligatoire; mais quand il n'y a plus de religion d'Etat, quand il y a trois cultes...

Un membre à gauche. Il y en a quatre !

M. Emile Deschanel. Et la libre pensée ? Cela fait cinq ! (On rit.)

M. Chalamet. Quand il n'y a plus de religion d'Etat, l'Etat n'a pas le droit de donner l'enseignement religieux et vous devriez être les premiers, vous, messieurs de la droite, à demander que l'enseignement religieux soit donné, non seulement dans l'instruction secondaire, mais aussi dans l'instruction primaire, par ceux qui sont seuls capables de le donner, par ceux qui ont seuls qualité pour le donner, c'est-à-dire par les ministres des cultes et non par des professeurs et des instituteurs qui, après tout, peuvent être des indifférents, et par conséquent ne le donneront que du bout des lèvres et par manière d'acquit. (Très bien ! à gauche.)

Je crois n'avoir rien à ajouter; je crois qu'en votant ce projet, nous faisons, comme l'a fort bien dit l'honorable rapporteur, une loi qui est une loi essentiellement morale, et qui est en même temps une loi sociale et une loi politique. Nous ne voulons pas détruire la famille et augmenter les causes du divorce; au contraire, nous voulons rétablir l'union, l'intimité, l'unité dans le foyer domestique. (Applaudissements au centre et à gauche.)

14

Avant de descendre de la tribune, je voudrais répondre un mot à M. Keller au sujet de l'enseignement moral. Je ne veux nullement attaquer la morale chrétienne, tant s'en faut; seulement je suis un peu de l'avis de mon honorable ami M. Deschanel quand il a dit : La morale chrétienne, c'est la morale humaine. Il suffit en effet d'ouvrir de savants ouvrages faits par des hommes qui n'avaient d'autre parti-pris que celui de découvrir la vérité; ces livres prouvent qu'il n'y a pas dans l'Evangile une seule idée morale qui ne se trouve déjà dans les philosophes et les moralistes antérieurs (Très bien ! très bien ! à gauche et au centre). C'est cette morale universelle que nous voulons enseigner ; l'enseignement religieux viendra après, pour les jeunes filles dont les familles le désireront. Nous n'y faisons aucun obstacle; mais ce que nous voulons, et ce que nous avons le droit de vouloir, c'est que l'enseignement moral soit donné au nom de l'Etat. Est-ce que vous croyez qu'il n'est pas possible de faire comprendre à des jeunes filles ce que c'est que la conscience, la responsabilité morale, le devoir et tant d'autres questions qui sont le fondement de la morale, sans avoir recours à la métaphysique et à la religion ? Les questions de morale nous unissent, tandis que les questions religieuses et métaphysiques nous divisent. (Très bien !) Voilà pourquoi l'Etat n'a pas le droit de s'en mêler.

L'honorable M. Keller disait : « Depuis la Révolution, il n'y a eu aucun livre pouvant servir à l'enseignement de la morale. » Je vous demande pardon; je crois qu'il serait facile d'en trouver.

J'en pourrais citer un grand nombre.

Tenez, il me vient un souvenir en ce moment.

Je me rappelle un livre fait par un membre de l'Institut, — il ne l'était pas lorsqu'il a écrit, — je veux parler de M. Paul Janet. Il a fait, étant professeur à la Faculté de Strasbourg, un cours qui a été reproduit dans un volume intitulé *la Famille*, et sous ce titre l'auteur, sans aucune espèce de préoccupation religieuse ni métaphysique, a passé en revue les diverses relations, les différents devoirs qui incombent aux membres d'une famille : le père, la mère, les époux, les enfants, le frère, la sœur. Ce livre s'adresse aussi bien aux catholiques qu'aux protestants, qu'aux israélites et aux libres penseurs. Voilà un livre qui peut vous donner une idée de ce que sera l'enseignement moral dégagé de toute idée métaphysique et de toute croyance religieuse. Voilà l'enseignement moral tel que l'Etat peut et doit le donner (Très bien ! très bien ! et applaudissements prolongés à gauche et au centre.)

M. le président. Je consulte la Chambre sur l'article 1er.

(L'article 1er, mis aux voix, est adopté.)

M. le rapporteur. Je croyais qu'il s'agissait de la discussion générale. J'ai une simple observation de forme à présenter sur l'article 1er.

M. le président. Il a été adopté.

Je donne lecture de l'article 2 :

« Le ministre de l'instruction publique, après entente avec les conseils généraux et les conseils municipaux, déterminera les départements et les villes où seront fondés les établissements qui recevront des élèves internes et des élèves externes. »

M. Jules Ferry, *ministre de l'instruction publique et des beaux-arts.* Je demande la parole.

M. le président. M. le ministre de l'instruction publique a la parole.

M. le ministre. Je voudrais provoquer de la part de la Commission une explication très claire sur la portée de l'article 2 et de l'article 3 du projet.

Pour faire comprendre à la Chambre la nécessité de cette explication, je prends la liberté de lui dire en peu de mots quel échange d'opinions a eu lieu au mois de mai dernier, je crois, entre la Commission et le ministre de l'instruction publique.

Le projet était antérieur à mon arrivée aux affaires ; j'en approuvai et j'en approuve absolument et chaleureusement le principe ; mais, chargé par les devoirs mêmes que m'impose le ministère dont j'ai l'honneur d'être le titulaire, d'assurer l'exécution de la loi, j'eus l'honneur de dire à la commission que sur la question de l'internat je ne pouvais me rallier à la rédaction qui était alors celle de la Commission.

Si mes souvenirs sont exacts, la première rédaction de la Commission, — qui n'avait pas été adoptée, je le crois, par une majorité très certaine et très stable — l'événement l'a bien prouvé — la première rédaction de la Commission faisait au ministre de l'instruction publique une obligation stricte d'établir des internats de jeunes filles dans tous les départements.

J'ai déclaré ne pouvoir donner mon concours à une proposition de cette nature. Mes raisons, que je résume très brièvement, étaient celles-ci : je disais, d'abord : La création d'internats de jeunes filles dans tous les départements va imposer au Trésor des charges qui sont au-dessus de ses moyens. N'oubliez pas que, pour terminer l'établissement et la construction de nos maisons d'école, malgré les immenses efforts qui ont été faits — et dont un rapport inséré, il y a quelques jours, au *Journal officiel* a pu vous donner le tableau — il ne faut pas moins d'une somme supérieure à 300 millions. N'oubliez pas que les 135 millions de la caisse des lycées, même augmentés des 17 millions que la générosité de la Chambre — et, je n'en doute pas, la générosité du Sénat — va mettre dans quelques jours à la disposition du ministère de l'instruction publique, suffisent à peine, ou plutôt sont manifestement insuffisants pour mettre vos établissements d'enseignement secondaire destinés aux garçons dans un état convenable au point de vue purement matériel.

Messieurs, les ressources de la France sont grandes ; il n'y a jamais eu qu'un Gouvernement qui ait osé les déclarer inépuisables. Nous ne les tenons pas, nous, comme inépuisables...

M. Haentjens. Vous faites tout comme !

M. le ministre... Nous pensons, au contraire, qu'il faut les ménager.

C'était la première raison, la raison financière ; je la trouve considérable. Mais il y en a d'autres. J'ajoutais que la constitution d'internats de jeunes filles impose à l'Université des responsabilités nouvelles, d'un ordre très délicat, et qu'elle ne recherche pas.

M. Parent. La création d'internats est facultative !

M. le ministre. Je parle, permettez-moi de vous le rappeler, mon honorable interrupteur, de la première rédaction, qui rendait l'internat obligatoire. Enfin, j'ajoutais que je ne voyais aucun avantage, que j'apercevais au contraire de très sérieux inconvénients à empêcher la force naturelle des choses d'amener et de faire naître, autour des internats que je me déclarais prêt à constituer dans tous les départements, des pensionnats libres, laïques, qui très certainement, — on peut le dire et le prédire à coup sûr, — recevront un certain nombre d'internes. Les pouvoirs publics, l'Université, l'État enseignant, se trouveront ainsi déchargés de la responsabilité si grave de la direction des internats de jeunes filles.

Ce phénomène se produira très certainement ; c'est ainsi que, autour de certains établissements publics parisiens, le lycée Charlemagne par exemple, qui était un lycée d'externes, vous avez vu s'établir des pensionnats laïques, institutions précieuses, auxiliaires d'une utilité indiscutable pour l'enseignement public. Vous avez vu cela dans d'autres temps ; vous le verrez certainement partout où vous aurez des externes.

A ces raisons, la Commission n'est pas demeurée sourde, et après une discussion, un échange de vues, des concessions réciproques, j'ai proposé la rédaction suivante : « Le ministre de l'instruction publique s'obligera à établir dans tous les départements des externats destinés à l'enseignement secondaire des jeunes filles. »

Sur ce premier point, messieurs, l'engagement était facile à tenir, car il était déjà tenu. Et je suis bien aise de le dire à la Chambre : la loi qu'elle va voter est tellement conforme à la situation de notre société, aux vœux intimes et aux tendances naturelles des familles, que, depuis la rentrée de novembre, il a suffi d'une circulaire et du zèle de nos recteurs pour établir dans quarante-huit villes de France trois cents cours de jeunes filles... (Très bien ! très bien ! et applaudissements à gauche et au centre), non point de ces cours délaissés ou frivoles, mais de véritables cours d'enseignement secondaire, destinés à former des générations sérieuses et fortes. (Très bien ! très bien !)

Les familles accueillent ces cours, je puis le dire, avec un empressement qui est fait pour nous surprendre — car nous avons encore l'oreille pleine des prédictions sinistres des adversaires de cette institution, et nous pouvions être effrayés de l'insuccès des efforts tentés en d'autres temps par M. Duruy qui, vous le savez, voulut, il y a quelque dix ans, instituer des externats de jeunes filles, et succomba devant la colère des évêques ! (Mouvement.)

Aujourd'hui on nous laisse faire. La société est dans cette voie ; elle y marche ; nos cours réussissent, ils sont destinés à un grand succès. Eh bien ! je demande qu'on ne hâte pas la marche naturelle des choses. Je demande que l'on constitue fortement les externats, avant de tenter la grande expérience des internats. C'est pourquoi j'étais arrivé à ce terrain transactionnel : Faisons une expérience et, là où l'internat paraîtra nécessaire, quand il sera demandé par les villes qui voudront bien faire des sacrifices en rapport avec les besoins qu'elles auront reconnus, nous établirons un internat. Cette transaction, elle était dans l'article 3 à peu près ainsi conçu :

« Le ministre ouvrira dans les départements des établissements d'externes. Il pourra, après entente avec les conseils généraux et les conseils municipaux, y adjoindre des internats. »

Si l'article 3 était seul dans la loi, je ne serais monté à la tribune que pour dire que j'étais d'accord avec la Commission sur tous les points ; mais j'y trouve l'article 2 qui me paraît, ou peu clair, ou en contradiction avec l'article 3, ou tout au moins inutile. Le voici :

« Le ministre de l'instruction publique, après entente avec les conseils généraux et les conseils municipaux, déterminera les départements et les villes où seront fondés les établissements qui recevront des élèves internes et des élèves externes. »

Si la Commission est encore dans l'état d'esprit où elle était dans nos derniers entretiens, si elle admet que l'internat n'est qu'un principe général dont la mise en pratique ne viendra qu'à la suite d'expériences que le ministre fera à son heure et sous sa responsabilité, qu'elle veuille bien me dire ce que fait, dans le texte de la loi, cet article 2.

C'est sur ce point que j'appelle ses explications les plus précises. (Très bien ! très bien ! et applaudissements sur divers bancs.)

M. le rapporteur. Je demande la parole.

M. le président. La parole est à M. le rapporteur.

M. le rapporteur. Voici, messieurs, la pensée qui a inspiré la rédaction des articles 2 et 3 du projet. L'article 2 vise les établissements à ouvrir, immédiatement après la promulgation de la loi ; l'article 3, alinéa 2, vise les établissements, ou pour mieux préciser, les internats à ouvrir dans l'avenir. En un mot, la pensée qui a dicté la solution de la Commission relativement à l'internat, a été de répondre aux besoins des populations et de n'ouvrir les établissements qu'au fur et à mesure des besoins, besoins constatés par le ministre, après accord avec les conseils généraux et les conseils municipaux qui sont, en somme, les meilleurs juges des intérêts qu'ils représentent.

Maintenant, M. le ministre nous demande de supprimer l'article 2.

Ainsi que vous l'a dit M. le ministre, la Commission a déjà modifié la rédaction de l'article 2 et la Commission estime que, en se ralliant à la rédaction qui constitue à l'heure actuelle l'article 2, elle est arrivée aux dernières limites des concessions qu'elle peut consentir. L'article 2 a, en effet, une importance capitale. C'est dans l'article 2 que se trouve le germe de vitalité de notre loi.

M. le ministre. Mais non ! mais non !

M. le rapporteur. Sans cet article 2, notre loi serait lettre morte. Bien plus, sans cet article, notre loi ne serait pour l'Etat que la consécration en droit de son abdication de fait dans la question si importante de l'enseignement secondaire des jeunes filles. Sans cet article 2, on ferait à côté de l'Etat, dirai-je contre l'Etat, ce que nous demandons, nous, que fasse l'Etat au profit de l'Etat.

Assurément, messieurs, s'il s'agissait de nos préférences personnelles, s'il s'agissait de constituer de toutes pièces une République idéale, ce ne serait pas l'internat, ce ne serait même pas l'externat que nous vous demanderions de voter. Nous vous dirions que la femme a sa place marquée au foyer paternel, aussi bien qu'au foyer conjugal ; que la jeune fille, dans l'espèce, doit être instruite et élevée auprès de sa mère. Voilà la thèse que j'aurais soutenue devant vous, et il eût été à la fois plus facile et plus doux pour moi de la défendre ; elle répond aux idées d'un très grand nombre d'entre nous, et je n'aurais pas le regret d'avoir pour adversaire le ministre de l'Instruction publique.

Mais, messieurs, sommes-nous ici membres d'une Académie ou d'une Assemblée législative ? Sommes-nous ici pour légiférer à blanc ou pour faire des lois pratiques, répondant aux sentiments et aux aspirations du pays ?

Non ! il ne s'agit pas de savoir quelle sera la meilleure des lois dans la meilleure des Républiques. Il ne suffit pas, pour qu'une loi produise un grand bien, qu'elle soit jetée sur le papier. Il faut, pour qu'elle produise son effet salutaire, qu'elle soit pratique, et il faut, pour qu'elle soit pratique, qu'elle tienne compte des conditions particulières dans lesquelles est placée la société à laquelle elle doit s'appliquer, qu'elle réponde aux besoins de la société qu'elle doit régir.

Eh bien, messieurs, je vous le demande, — et je ne saurais trop attirer l'attention de la Chambre sur ce point, — car, je le répète, et dans la pensée de la commission, comme dans celle de l'auteur de la loi, c'est sur cet article que repose toute votre loi...

M. le ministre de l'instruction publique. Mais non ! mais non.

M. Paul Bert. Je demande la parole.

M. le rapporteur. Messieurs, je vous le demande, à quel besoin répondrez-vous en créant l'externat ?

Vous donnerez satisfaction aux jeunes filles des villes où vous ouvrirez l'externat, et je ne suis même pas bien sûr que vous atteigniez ce but, car les externats, cela est probable, seront en général ouverts dans les grandes villes...

M. le ministre de l'instruction publique. Et aussi dans les petites villes ; je pourrais en citer beaucoup.

M. le rapporteur. Je le répète, ces externats seront ouverts, en général, dans les grandes villes ; c'est la pensée de plusieurs membres de la Commission qui soutiennent la thèse de l'externat.

M. le ministre de l'instruction publique. Qu'appelez-vous grandes villes ?

M. le rapporteur. Les chefs-lieux de département et certains chefs-lieux d'arrondissement.

M. le ministre de l'instruction publique. Vous n'allez pas jusqu'à proposer d'en créer dans les villages.

M. le rapporteur. Ils seront ouverts, je le répète, surtout dans les grandes villes.

Dans ces conditions, je me demande à quels besoins répondra l'externat. Vous l'ouvrirez dans les villes où les jeunes filles ont des ressources et des moyens pour se procurer l'instruction que nous voulons leur donner. Et alors, avec ce système, vous arriverez à cette conséquence, de créer des établissements pour des jeunes filles qui n'en auront aucun besoin et de les refuser à celles qui n'auront aucun moyen de s'instruire, c'est-à-dire aux jeunes filles des petites villes et surtout aux jeunes filles de la campagne. En un mot, si j'excepte la ville de Paris, vous admettrez au bénéfice de la loi la onzième partie de la France, celle qui pourrait s'en passer, et vous priverez des bienfaits de la loi les dix autres parties, c'est-à-dire celles qui précisément sont intéressantes, parce qu'elles n'ont pour l'enseignement secondaire ni la ressource des pensionnats, ni celle des maîtres privés.

M. Haentjens. Et la question des dépenses, y avez-vous songé ?

M. le rapporteur. Oui, monsieur, j'aborderai dans un instant cette question, si voulez bien me laisser continuer.

Messieurs, on nous citera l'exemple des nations étrangères qui ont adopté le système de l'externat, celui notamment des Etats-Unis, de la Suisse, de l'Allemagne.

Lorsque l'on veut s'inspirer des législations étrangères, il faut prendre pour modèle la législation des nations dont les mœurs se rapprochent le plus de celles du peuple pour lequel on légifère. Vous savez tous, messieurs, la liberté presque illimitée qui est laissée aux jeunes filles dans les Etats de l'Union. Les unes ont adopté une espèce de pension où elles sont entourées d'une certaine protection ; les autres sont reçues dans des familles de la ville ; d'autres encore ont réservé leur liberté entière.

Cette liberté, sans être aussi étendue qu'aux Etats-Unis, nous la trouvons en partie chez les populations protestantes de la Suisse et de l'Allemagne. Mais la Suisse, — pour me servir de l'exemple de la Suisse, que l'on cite tant et avec raison, — a, dans plusieurs de ses Cantons, à la portée des plus petits villages, une école secondaire. Il suffit à la jeune fille qui veut se rendre à l'école, de parcourir quelques kilomètres de voie ferrée, ou de franchir à pied ou en voiture quelques centaines de mètres.

Voici, par exemple, le Canton de Berne, qui a ouvert aux jeunes filles quarante-cinq écoles secondaires mixtes, et qui leur a, de plus, réservé huit écoles qui leur sont spécialement affectées. Ce qui fait 53 écoles pour une population de 500,000 âmes, c'est-à-dire plus d'une école par 10,000 habitants.

Voici encore le Canton de Genève, qui a 100,000 habitants répartis, deux tiers environ dans la ville et un tiers dans les communes rurales.

La ville possède une école admirable, l'école secondaire et supérieure des jeunes filles. Les communes rurales ont 13 écoles secondaires : ce qui fait pour la partie rurale du canton de Genève, une école secondaire pour 2,700 habitants.

Veuillez remarquer qu'un grand nombre de jeunes filles peuvent, après les cours du matin, comme après les cours de l'après-midi, retourner au domicile paternel. Il en est ainsi pour les jeunes filles des localités où se trouvent les nombreuses écoles secondaires ; il en est de même pour les jeunes filles qui, sans habiter ces localités, n'en sont séparées que par une faible distance. Les jeunes filles qui ne se trouvent pas dans ces conditions quittent, en général, le matin le domicile paternel et y reviennent le soir.

Est-ce là le système qu'on nous propose d'adopter en France ?

Mais ce n'est pas comme on nous le demande — et personnellement, je trouve ce chiffre exagéré, je l'ai combattu avec mon honorable collègue et ami M. Duvaux, et la Commission a bien voulu nous autoriser à formuler ces réserves à la tribune — ce n'est pas 86 écoles d'externes qu'il nous faudrait ouvrir. Il nous faudrait créer des milliers d'écoles, si nous prenions pour base les chiffres du canton de Berne, et plusieurs dizaines de mille d'écoles, si nous prenions pour base les chiffres du canton de Genève, à supposer, bien entendu, que l'étendue des territoires et la densité des populations fussent les mêmes. Genève, par exemple, a 279 kilomètres carrés; la France en a 528,571. Le nombre des habitants est, dans le canton de Genève, de 359 par kilomètre carré. En France, la grande majorité de la population se trouve dans les communes rurales, et le nombre des habitants n'est que de 70 par kilomètre carré. Ajoutez que dans un grand nombre de départements, à la différence de ce qui existe dans le canton de Genève, les moyens de communication ne sont pas toujours des plus faciles. En tenant compte de ces éléments nouveaux, nous arriverions, si nous voulions doter la France d'un enseignement semblable à celui du canton de Genève, à des chiffres fabuleux. Et veuillez remarquer...

M. le ministre de l'instruction publique. Mais c'est la question du fond que vous traitez, Monsieur le rapporteur...

M. le rapporteur. Oui, c'est le fond...

M. le ministre de l'instruction publique. Par conséquent, votre démonstration, dans ses termes absolus, n'est pas à sa place; je ne vous ai pas dit que je me refusais à établir des internats. L'article 3 explique clairement la transaction qui est intervenue entre la commission et le ministre.

M. le rapporteur. Pardon, l'article 3 n'exprime pas toute la pensée de la Commission.

M. le ministre de l'instruction publique. La question est de savoir si l'établissement de l'internat sera facultatif pour le Gouvernement au lieu d'être obligatoire.

M. le rapporteur. La pensée de la Commission est qu'immédiatement après la promulgation de la loi, M. le ministre de l'instruction publique sera obligé d'ouvrir un certain nombre d'établissements modèles destinés aux jeunes filles internes et externes.

Maintenant, nous vous avons fait la part belle, Monsieur le ministre, nous ne vous avons pas obligé à ouvrir un nombre déterminé d'établissements, nous vous avons dit : prenez l'engagement, aux termes de l'article 2, d'ouvrir un certain nombre d'établissements?

Un membre à droite. Qui est-ce qui payera? Est-ce l'État ou les départements?

M. le rapporteur. Nous l'avons dit dans l'article 1er.

M. le ministre de l'instruction publique. Je serai obligé de vous demander l'inscription de 5 millions au budget de cette année.

M. Bourgeois. Mettez-vous d'accord avec le ministre !

M. le rapporteur. Mais c'est parce que nous sommes en désaccord avec le ministre que je suis à la tribune.

M. Bourgeois. Nous demandons la lumière.

M. le président. Messieurs, ces interruptions sont intolérables, dans ces conditions, la discussion devient impossible.

Vous n'avez pas de réflexions à faire sur le débat ; vous pouvez y prendre part, mais non pas l'interrompre. La Commission a une opinion ; le ministre en a une autre et, en ce moment, on discute.

M. le rapporteur, *se tournant vers la droite.* Je suis, messieurs, à la tribune pour défendre l'opinion de la Commission. Veuillez me laisser continuer.

Je dis que si les deux cantons de Berne et de Genève sont arrivés à ce résultat remarquable, c'est parce que, d'abord dans celui de Berne on a appliqué le principe de l'école mixte. Le canton de Berne, je le répète, l'a appliqué dans 45 écoles où l'enseignement, abstraction faite de certaines leçons de mathématiques, de dessin technique, de gymnastique, est donné en commun aux jeunes gens et aux jeunes filles. Le canton de Genève n'a pas appliqué ce principe, mais dans les communes rurales, il ouvre, le matin, les écoles aux jeunes gens, l'après-midi aux jeunes filles ; en somme, il n'affecte aux deux sexes qu'un seul et même bâtiment.

Il nous faudrait donc appliquer le système suivi à Berne et faire, de la majeure partie des écoles secondaires, des écoles mixtes, ou bien adopter le système pratiqué dans le canton de Genève : affecter, dans les communes rurales, l'école le matin aux jeunes gens, l'après-midi aux jeunes filles, créer, dans les villes, des écoles spécialement réservées aux jeunes gens, d'autres spécialement réservées aux jeunes filles et ouvrir environ trente mille écoles secondaires.

Il faudrait, de plus, supposer que la mère de famille, en France, consentît à laisser sa jeune fille aller, seule, le matin, dans une localité voisine suivre les cours, prendre, seule, son repas de midi dans la ville, s'en revenir seule au domicile paternel à la tombée de la nuit ou à la nuit close.

Vous me permettrez de ne discuter aucune de ces hypothèses.

Il nous est impossible de créer, en France, un réseau d'écoles proportionnel à ceux de Berne ou de Genève.

Les mœurs françaises ne permettraient pas à la mère de se séparer de sa fille dans les conditions que je viens d'indiquer.

La France est un pays catholique dont les mœurs diffèrent essentiellement de celles des pays protestants. J'ajouterai que les pays protestants eux-mêmes n'ont pas tous appliqué le système que je viens d'indiquer.

L'Angleterre, par exemple, a donné la préférence à un système excellent qui consiste, dans les établissements dont je parle, à grouper, autour de l'école, des pavillons habités par des institutrices qui reçoivent, en qualité de pensionnaires, un certain nombre de jeunes filles qui continuent à vivre ainsi de la vie de la famille.

M. Duvaux. Demandez le renvoi des articles 2 et 3 à la Commission,

Sur plusieurs bancs à gauche. Oui! oui! On est d'accord pour le renvoi.

M le rapporteur. Il paraît que M. le ministre demande le renvoi des articles 2 et 3 à la Commission. (Oui! oui!). Je ne m'oppose, messieurs, en aucune façon à ce renvoi !

M. Paul Bert, *de son banc.* Je ne m'oppose pas au renvoi à la commission, mais j'ai un amendement à déposer et je demande à le faire connaître très brièvement.

M. le président. Messieurs, à la suite du débat qui s'est élevé entre le Gouvernement et la Commission, il est résulté une décision que M. le rapporteur vient de faire connaître, à savoir que le renvoi des articles 2 et 3 est demandé par la Commission et le Gouvernement. Dans ces conditions le renvoi est de droit. Le débat est donc clos et voilà pourquoi M. Bert ne peut pas déposer, en ce moment, un amendement aux art. 2 et 3.

La suite de la discussion est renvoyée à demain.

(La séance est levée à cinq heures et demie.)

SÉANCE DU 20 JANVIER 1880.

PRÉSIDENCE DE M. HENRI BRISSON, VICE-PRÉSIDENT.

L'ordre du jour appelle la suite de la 2e délibération sur la proposition de M. Camille Sée, relative à l'enseignement secondaire des jeunes filles.

La Chambre a renvoyé hier à la Commission les articles 2 et 3, sur lesquels M. Paul Bert a présenté un amendement.

La Commission est-elle prête à faire son rapport ?

M. Logerotte. Je demande la parole.

M. le président. La parole est à M. le président de la Commission.

M. Logerotte. Comme vient de le rappeler M. le président, la Chambre a renvoyé hier à la Commission les articles 2 et 3 du projet de loi. La Commission, après s'être entendue avec M. le ministre de l'instruction publique, s'est arrêtée, pour les articles 2 et 3, à la rédaction suivante :

« Ces établissements sont des externats. Des internats pourront y être annexés sur la demande des conseils municipaux et après entente entre eux et l'Etat. »

M. Camille Sée, rapporteur, a le droit de reprendre pour son propre compte les articles 2 et 3 primitivement proposés et à les soutenir devant la Chambre ; seulement, messieurs, comme j'ai eu l'honneur de vous le dire, la rédaction acceptée par la Commission est celle dont je viens de donner lecture.

M. le président. M. Camille Sée reprend pour son compte l'ancienne rédaction des articles 2 et 3 présentés à l'origine par la Commission :

Ces articles doivent venir en discussion avant le texte délibéré par la Commission, parce qu'ils se présentent à titre d'amendement.

M. Camille Sée a la parole.

M. Camille Sée, *rapporteur.* Messieurs, la Commission veut bien me permettre, pour un instant, de faire abstraction de ma qualité de rapporteur, pour venir défendre, en mon nom personnel, l'ancienne rédaction qu'elle avait d'abord proposée pour l'article 2.

Je me suis efforcé, hier, de vous démontrer qu'il n'était pas possible, en France, de créer l'externat tel qu'il a été organisé aux Etats-Unis et dans plusieurs Etats de l'Europe, parce que ces Etats sont dotés d'un nombre d'écoles dont, toutes proportions gardées, il nous serait impossible de doter la France, et que les habitudes et les mœurs de ces peuples diffèrent essentiellement des habitudes et des mœurs du peuple français.

Aujourd'hui, messieurs, je viens combattre un autre système, adopté par la Commission il y a quelques instants, le système de M. Paul Bert, auquel s'est rallié M. le ministre de l'instruction publique.

M. Paul Bert dit : Nous allons fonder des cours d'externes, et, pour permettre aux jeunes filles des localités voisines de suivre les cours, nous provoquerons la création de pensionnats privés, ou nous nous entendrons avec des pensionnats existants qui, eux, recevront les jeunes filles à titre d'internes, et ce n'est que dans le cas où ces pensionnats seraient insuffisants que les villes pourraient ouvrir des internats.

Ainsi, d'après M. Paul Bert, ce ne sont même pas des externats, ce sont de simples *cours* que l'on ouvrirait aux jeunes filles. Seulement, les jeunes filles qui n'habiteraient pas la localité où se feraient ces cours, seraient nourries et hébergées dans un pensionnat privé.

Si ce sont des cours, nous n'avons pas besoin de légiférer ; ces cours ont été créés en 1867 par M. Duruy ; nous verrons dans un instant ce qu'ils sont devenus.

Mais sans m'arrêter à ce mot de cours, je me demande à quel inconvénient veut remédier M. Paul Bert. Il ne veut pas de l'internat. Quand je dis qu'il ne veut pas de l'internat, je ne suis pas tout à fait dans la vérité. Il ne veut pas de l'internat et cependant il ne le repousse pas. Mais enfin, il ne veut pas de l'internat, à l'heure actuelle, en principe du moins ; il ne veut en aucun cas qu'il soit créé par l'État ; et alors il nous propose de faire bénéficier les jeunes filles d'un genre d'industrie mis au service des jeunes gens, et dont les directeurs sont connus, disons le mot, sous le nom de « marchand de soupe ».

Eh bien ! c'est là un système que je n'aime pas pour les garçons et que je déclare, lorsqu'il s'agit de jeunes filles, absolument inacceptable. Je comprends qu'un professeur prenne chez lui un nombre très limité de jeunes gens, qu'il les reçoive à sa table, qu'il les surveille, qu'il les fasse travailler dans l'intervalle des classes. Je comprends, de même que, dans les pays où les mœurs ont consacré ce système, des familles honorables reçoivent un nombre limité de jeunes filles et remplacent vis-à-vis d'elles les parents absents. C'est là le système tutorial dans ce qu'il a de bon, dans ce qu'il a de sain.

Je conçois, *a fortiori*, le système pratiqué dans certaines écoles anglaises, où l'on groupe autour de l'école des pavillons placés sous la direction d'institutrices qui ont, sous leur autorité, un certain nombre de jeunes filles.

Mais ce sont là des écoles richement dotées, et dont les prix de pension sont fort élevés.

Ce n'est pas, au reste, ce que demande M. Paul Bert ; ce qu'il demande, ce n'est pas le système tutorial dans ce qu'il a de sain et de salutaire. Non, ce qu'il veut, c'est le système sous son aspect le moins recommandable ; ce sont, je le répète, des établissements privés dont le seul but serait de nourrir, de loger les jeunes filles, des établissements qui ne seraient, la plupart du temps, ni disposés, ni aménagés, ni appropriés *ad hoc*, dont l'unique but serait le lucre et qui auraient tous les inconvénients, sans avoir aucun des avantages de l'internat. Eh bien, je vous le demande, quelle est la mère de famille qui consentira jamais à se séparer de sa fille dans ces conditions et quel est celui d'entre vous qui voudrait l'y engager ?

Avec ce système, nous n'avons pas à prévoir la création éventuelle de l'internat, comme le fait M. Paul Bert; les établissements privés seraient plus que suffisants, car peu de mères consentiraient à y placer leurs filles.

Est-ce à dire que l'internat ne serait pas créé ?

Si, messieurs, il le serait, sinon par nous, du moins, ainsi que j'ai eu l'honneur de le dire hier, à côté de nous, contre nous.

L'internat sera créé, s'il ne l'est pas par nous, parce que l'internat est dans nos mœurs et que vous aurez beau accumuler lois sur lois vous n'accomplirez, entendez-le bien, aucune réforme, si cette réforme ne répond pas aux aspirations, aux besoins, aux habitudes, aux mœurs du pays.

L'internat est dans nos mœurs et s'il n'est pas créé par nous, le sera contre nous. Je vais essayer de vous le démontrer.

J'emprunte ma démonstration à la statistique de l'enseignement secondaire des jeunes gens.

La statistique publiée, en 1865, constate que, du jour de la mise à exécution de la loi du 15 mars 1850 à l'année 1854, l'instruction libre a gagné 167 maisons et 10,751 élèves.

Et la statistique nous démontre que ce sont principalement les institutions ecclésiastiques qui ont amené cet accroissement.

L'enseignement laïque libre comptait néanmoins encore, à cette époque, 825 maisons et 42,462 élèves, dont 21,105 externes et 21,317 internes.

L'enseignement libre ecclésiastique comptait, à la même époque, 256 maisons et 21,195 élèves, dont 7,812 externes et 13,383 internes.

La statistique de 1865 constate, ensuite, que, de 1854 à 1865, nous avons perdu 168 maisons laïques. Les établissements ecclésiastiques ne se sont accrus, il est vrai, que de 22 maisons; mais l'auteur de la statistique s'empresse de nous faire remarquer que les établissements ecclésiastiques, qui ne représentaient que les deux cinquièmes des maisons laïques, avaient un nombre d'élèves égal aux quatre cinquièmes de celui des écoles laïques.

La statistique de 1865, en effet, qui constate un accroissement de la population scolaire de 517 élèves, pour les établissements laïques, constate un accroissement de 13,702 élèves, dont 10,166 internes, pour les établissements ecclésiastiques.

Voilà pour la statistique de 1865.

Voici maintenant pour la statistique de 1876.

De 1865 à 1876, nous avons perdu 163 maisons laïques, et nous en avions déjà perdu 168 de 1854 à 1865.

Ici encore le clergé ne gagne que 31 maisons, mais ici encore l'auteur de la statistique nous fait observer que les établissements ecclésiastiques qui, en 1865, ne représentaient environ que les deux cinquièmes du nombre des établissements laïques, et avaient une population scolaire qui atteignait les quatre cinquièmes de la population des maisons laïques, — proportion qui était au-dessous de la vérité quand on ne considérait que le nombre des internes, — que ces établissements ecclésiastiques, dis-je, représentaient, en 1876, plus des trois cinquièmes des établissements laïques et avaient un nombre d'élèves qui dépassait de 15,567 celui des laïques.

L'auteur de la statistique ajoute que cette différence portait principalement sur l'internat.

La statistique de 1865 constatait, je viens de le dire, un accroissement de 547 élèves pour les laïques et de 13,702 élèves, dont 10,166 internes, pour les congréganistes.

La statistique de 1876, messieurs, constate, pour les établissements laïques, une perte de 11,760 élèves, et, pour les établissements ecclésiastiques, une augmentation de 11,919 élèves, dont 9,543 élèves internes.

En résumé, l'enseignement secondaire privé laïque, qui subissait depuis quatre années déjà la concurrence congréganiste, comptait encore, en 1854, 825 maisons et 42,462 élèves.

L'enseignement secondaire privé ecclésiastique, qui déjà avait bénéficié de la grande majorité des 167 maisons créées, et des 10,751 élèves entrés dans ces maisons depuis 1850, ne comptait encore, à cette époque, que 256 maisons et 21,195 élèves.

L'enseignement secondaire laïque, libre en 1876, est réduit de 825 à 494 maisons, et la population de ses écoles est tombée de 42,402... (Bruit.)

M. le président. Écoutez l'orateur, messieurs! Vous voterez dans un instant!

M. le rapporteur. Messieurs, ces chiffres sont très importants; vous allez pouvoir en juger. (Parlez! Parlez!)

Je disais que la population des écoles laïques libres d'enseignement secondaire était tombée en 1876 de 42,442 à 31,249 élèves.

L'enseignement ecclésiastique, en 1876, comptait 309 maisons; sa population scolaire, qui, en 1854, était de 21,195 élèves, s'élevait, en 1876, à 46,816 élèves, dont 13,724 externes et 33,092 internes.

Et l'auteur de la statistique fait très justement remarquer que, malgré l'accroissement de la population dans les écoles ecclésiastiques et la diminution de cette population dans les écoles laïques, le chiffre des externes, dans les maisons ecclésiastiques, est resté au-dessous de celui des établissements laïques.

D'où je tire, messieurs, cette double conséquence, que les institutions libres laïques sont impuissantes à lutter contre l'organisation congréganiste, et que c'est grâce à l'internat que les établissements ecclésiastiques ont dépeuplé à leur profit les établissements privés laïques.

Eh bien ! laissez-moi vous le dire : avec le système de l'externat, et *a fortiori*, avec le système que soutient M. Paul Bert, c'est-à-dire avec les cours publics et les pensionnats privés, destinés à héberger les jeunes filles, nous arriverons à faire quoi ? une seconde édition de la loi de 1850, avec cette différence qu'en 1850, nous avons subi la loi et qu'en 1880 nous l'aurions choisie ; avec cette différence qu'en 1850 elle était demandée par ceux qui, se couvrant du masque de la liberté, déclaraient faire part égale à tous, aux laïques aussi bien qu'aux congréganistes, tandis qu'aujourd'hui elle vous est demandée par ceux qui déclarent vouloir donner à l'Etat un pouvoir prépondérant, presque exclusif, en matière d'enseignement. Ce sont ceux-là qui, lorsqu'il s'agit de l'enseignement secondaire des jeunes filles, nous demandent de désarmer l'Etat ; car c'est le désarmer que de lui refuser de faire des internats.

Et en effet que fera l'Etat ? (Bruit et interruptions.)

M. le rapporteur. L'Etat ouvrira des cours, des cours d'externes. Mais, messieurs, l'expérience de ces cours a été faite ; elle l'a été par M. Duruy, qu'honorèrent à cette époque d'attaques passionnées, violentes, la presse et le haut clergé catholique et qui avait de plus contre lui le Sénat et le Corps législatif.

C'est là l'expérience que veut renouveler M. le ministre, alors qu'il a devant lui un Parlement prêt à tous les sac ifices, quand il s'agit de la grande cause de l'instruction publique !

M. le ministre nous a dit : Nous avons ouvert des cours dans quarante-huit villes. Mais vous savez tous, messieurs, ce qu'il faut entendre par ce mot *cours ;* vous savez tous combien ils sont insuffisants et éphémères. M. Duruy, dont on ne saurait trop, je le répète, louer la courageuse et généreuse initiative, — car lui, encore une fois, n'était pas libre de faire ce qu'il voulait. — a provoqué l'ouverture de cours dont les uns sont mort-nés et dont les autres, en général, ont été fermés au bout de quelques mois. A l'heure actuelle, les cours ouverts en 1867 ne sont plus, si je ne me trompe, faits que dans quatre ou cinq villes : à Paris, Bordeaux, Oran, Lille et Auxerre.

On nous dit : Ces cours n'étaient rattachés entre eux par aucun lien.

Cela est vrai. Vous rattacherez ces cours entre eux, vous ferez des programmes, vous ferez des externats... et encore, je n'en sais rien ; cela ne semble pas, en tout cas, résulter des déclarations que vient de faire le ministre à la Commission.

M. le ministre de l'instruction publique. Les cours sont des externats !

M. le rapporteur. Eh bien, soit, vous ferez des externats,

Monsieur le ministre, et pendant que vous les organiserez, on fera les établissements d'internes que vous vous refusez à créer. Mais, prenez garde ! Ce ne sont pas les laïques qui les feront. L'expérience des internats privés laïques est faite. Vous avez vu la majeure partie des établissements privés laïques, existant en 1850, crouler comme des châteaux de cartes ; et il ne s'agissait que d'établissements donnant l'instruction aux jeunes gens, tandis qu'il s'agit aujourd'hui de jeunes filles, que l'on entoure avec raison de plus de précautions, et à l'éducation desquelles le clergé attache une importance suprême. Et, c'est lorsqu'il s'agit de questions aussi délicates et aussi graves, que l'on nous propose, pour les jeunes filles dont les parents sont obligés de se séparer, quoi ? des établissements privés qui, de jour en jour, perdront davantage leur caractère d'établissement pédagogique.

L'internat, messieurs, s'impose à votre vote ; l'internat est une nécessité qu'il nous faut subir. J'ajoute que la puissance publique peut, seule, dans les conditions présentes, recevoir les jeunes filles ; que la puissance publique peut seule offrir aux familles toutes les garanties que vous chercheriez vainement dans le système que l'on vous propose. (Très bien ! à gauche. — Bruit.)

La puissance publique, et pour préciser, l'Etat peut seul créer l'internat ; j'en conclus qu'il est de son devoir strict de le faire. Car, l'Etat ne voulant pas le faire et les particuliers ne pouvant pas le faire, il n'est pas besoin d'être prophète pour dire qui fera l'internat.

Il s'agit ici de l'enseignement de la jeune fille, et vous savez l'importance que le clergé attache à cet enseignement. Par cet enseignement il tient la femme et par elle il peut avoir barre sur le mari et sur les enfants.

Donc, ce que l'Etat ne fera pas, le clergé le fera ; et son champ d'action sera vaste ; il ne fera qu'une bouchée des quelques établissements privés qui végètent encore en France ; et, lorsqu'il aura fait table rase, il implantera dans notre sol un système d'enseignement que vous ne déracinerez pas de sitôt. Le clergé jettera son réseau sur toute la France, et vous verrez les évêques eux-mêmes fonder des écoles secondaires de jeunes filles.

Oui, messieurs, les évêques eux-mêmes. J'en trouve la preuve dans la statistique de 1876, statistique que, pour abréger, je ne ferai pas passer sous vos yeux. Qu'il me suffise de vous dire que les évêques qui, en 1850, n'avaient qu'un nombre limité de maisons d'éducation, avaient, en 1876, 91 écoles secondaires et que la population de ces écoles se composait d'un quart d'externes et de trois quarts d'internes.

Les congrégations et les évêques feront donc ce que ne fera pas l'Etat ; et, pendant que vous ouvrirez vos cours ou vos ex-

ternats pour les quelques centaines de jeunes filles des grandes
villes, les congrégations et les évêques — et ils auront bien
raison, messieurs, — créeront leurs internats et y recevront les
milliers et les milliers de jeunes filles qui peuplent les petites
villes et les campagnes.

Et alors, messieurs, au lieu d'un grand bien, vous aurez fait
un grand mal : vous aurez compromis, pour un long temps, le
sort des générations futures !

C'est là l'évidence, dans tout ce qu'elle a de lamentable et de
dangereux. Et, en vérité, je ne comprends pas qu'avec un passé
aussi douloureux que celui que nous révèlent les statistiques,
un présent aussi menaçant, un avenir aussi lugubre que celui
que je vous ai fait entrevoir, on puisse invoquer, pour repousser
la solution que je défends, d'aussi chétifs arguments.

Ce que surtout j'ai peine à comprendre, c'est que ces arguments soient produits par M. le ministre de l'instruction
publique.

Comment, messieurs, lorsque, les chiffres à la main, on démontre le développement inquiétant de l'enseignement secondaire ecclésiastique ; lorsque l'on démontre que l'enseignement secondaire ecclésiastique fait fléchir l'enseignement privé
secondaire laïque ; lorsque l'on démontre que l'enseignement
secondaire privé ecclésiastique est à la veille de tenir en échec
l'enseignement secondaire public lui-même, malgré les internats
dont il est pourvu ; lorsque l'on démontre que c'est grâce à l'internat que le clergé a fondé cet enseignement ; et que l'on
demande pour permettre à la puissance publique de lutter
contre l'enseignement ecclésiastique, d'armer l'Etat en lui donnant le droit d'ouvrir des internats, on vient, messieurs, combattre le principe de l'internat en proposant d'adopter, à sa place,
un système dont la conséquence fatale serait d'enlever à l'Etat,
pour le livrer tout entier aux congrégations et aux évêques,
l'enseignement secondaire des jeunes filles ! Et la personne qui
défend ce système, c'est le ministre de l'instruction publique,
M. Jules Ferry, l'auteur de l'article 7 !

M. le ministre invoque la dépense que nécessiterait la construction de nos établissements. Cet argument, messieurs, me
touche peu ; je dirai même qu'il ne me touche pas.

Les hommes d'Etat prussiens qui, après Iéna, réorganisèrent
l'enseignement, eussent été bien étonnés d'entendre invoquer
un pareil argument. Le territoire était amoindri, le peuple
appauvri; on lui fit suer ses derniers écus, afin de répandre
l'instruction et de relever ainsi le niveau intellectuel et moral de
la nation. (Interruptions.)

Peut-être, messieurs, ne serait-il pas sans intérêt de rechercher quelle a été, sur la génération actuelle, en Allemagne, l'influence de la femme. On conte qu'un diplomate a dit, après

Sadowa : « La bataille, c'est l'instituteur qui l'a gagnée. » En était-il bien sûr, et n'est-ce pas plutôt l'institutrice ? (Exclamations et rires à droite.)

Cela vous fait rire, messieurs ! Cela cependant n'est que trop vrai, malheureusement. Mais c'est là une question que je ne veux pas approfondir. Recherchons plutôt, puisque l'on invoque cet argument, la dépense à laquelle pourra s'élever la construction de nos établissements.

On prétend que la dépense de construction d'un établissement destiné à 100 internes, 50 demi-pensionnaires et 100 externes, s'élèverait à 1,500,000 fr.

J'ai entre les mains des devis qui m'ont été envoyés des différents points du territoire de la République, et qui me permettent d'affirmer que la dépense de construction de nos établissements, dans les conditions que je viens d'indiquer, se chiffrera, en moyenne, par une somme de 500,000 fr.

La somme varie suivant le prix du terrain sur lequel sera construit l'établissement.

Voici, du reste, quelques devis :

Construction d'un établissement dans une des villes du département du Nord (Dunkerque). La dépense de construction, du mobilier, etc., est évaluée à 511,900 fr. Dans cette somme se trouve compris le prix des terrains, évalué à 140,000 fr. Dans une autre ville du département du Nord (Roubaix), la dépense n'est évaluée qu'à environ 400,000 fr.

Construction d'un établissement dans le département de la Côte-d'Or (Dijon), en chiffres ronds, 500,000 fr.

Dans Seine-et-Oise (Versailles), en chiffres ronds, 500,000 fr.

Dans la Loire-Inférieure (Nantes), en chiffres ronds 600,000 fr.

Dans la Seine-Inférieure (Rouen), 700,000 fr., le terrain étant compris dans ce devis pour une somme supérieure à 200,000 fr.

Dans l'Isère (Grenoble), 560,000 fr. Le terrain étant évalué à 144,000 fr.

Je vous demande la permission, Monsieur le ministre de l'instruction publique, de vous donner lecture d'un passage de la lettre de M. le maire de Grenoble ; elle est datée du 7 mai 1879, et vous verrez, Monsieur le ministre, si les villes ne sont pas désireuses d'avoir des internats, et si elles ne sont pas prêtes à voter les sommes nécessaires, à consentir les sacrifices que demande l'érection de ces établissements.

« Grenoble, le 7 mai 1879.

» Ainsi que vous pouvez le constater, mon administration a saisi le conseil municipal du projet de création d'un internat laïque de jeunes filles. J'ai donc applaudi à la proposition que vous avez faite à la Chambre des députés, et je puis vous donner l'assurance que la ville de Grenoble donnera un concours empressé à la réalisation de l'œuvre excellente dont vous avez pris l'initiative.

» Veuillez, etc.

» *Le maire de Grenoble,*

» A. GACHÉ. »

Dans les Bouches-du-Rhône (Marseille), la dépense est évaluée à 500,000 fr., sur lesquels on compte 26,000 fr. de dépenses imprévues.

M. le ministre. Vous êtes bien heureux d'avoir toutes ces communications. Vous êtes plus heureux que moi qui ne les ai pas !

M. le rapporteur. Vous devriez les avoir au moins aussi complètes que moi, puisque vous êtes ministre de l'instruction publique.

Si vous le voulez, d'ailleurs, je vous les communiquerai.

Je continue :

Dans l'Yonne (Auxerre), 600,000 fr., sur lesquels figurent 71,000 de dépenses diverses.

Dans la Haute-Saône (Vesoul), 500,000 fr.

Dans le Jura (Lons-le-Saulnier), 500,000 fr.

Dans la Haute-Garonne (Toulouse), 350,000 fr.; le devis est celui d'un établissement placé hors ville.

M. le ministre de l'instruction publique. Tout cela est de la haute fantaisie !

M. le rapporteur. Comme j'ai entre les mains plusieurs plans et devis dressés par les architectes des départements et les architectes des villes, vous ne pouvez pas, Monsieur le ministre, dire que ce soit de la haute fantaisie.

J'ai encore des devis d'établissements pouvant contenir 600 élèves.

J'ai aussi entre les mains un projet de budget des dépenses d'entretien qui a été dressé par M. le ministre de l'instruction publique; je le trouve également exagéré. Il évalue à 63,650 fr. la différence entre les recettes et les dépenses! L'Etat devrait donc, d'après ce projet de budget, étant donné un établissement de 100 internes, 50 demi-pensionnaires et 100 externes, fournir une subvention de 63,650 fr. par établissement.

Mais revenons à la dépense de construction, évaluée en moyenne, d'après les chiffres que je viens de donner, à 500,000 fr.

Je suppose que, la loi votée, on fasse, pour commencer, 12 établissements à 250 élèves. La dépense de construction s'élèverait... (Bruit de conversations.)

M. le président. Messieurs, c'est dans la salle des conférences que doivent se tenir les entretiens particuliers ; les conversations ont lieu en ce moment à si haute voix qu'elles imposent à l'orateur une très grande fatigue que votre devoir est de lui épargner. Je vous prie de lui accorder votre attention.

M. le rapporteur. Je reprends, dis-je, le chiffre de 500,000 fr. Je suppose que l'on crée douze établissements modèles, ce qui entraînerait une dépense de 6 millions à supporter par l'Etat, les départements et les villes intéressées.

Et veuillez remarquer, que le département que vous supprimez dans la nouvelle rédaction, concourra à la dépense de l'internat, car le département a intérêt à la création d'un établissement destiné à l'instruction des jeunes filles de toutes les communes qui composent le département. En sera-t-il de même pour les externats, et ne vous heurterez-vous pas à des refus lorsque vous demanderez à un conseil général de prendre part à la dépense d'un établissement qui ne profitera qu'à la ville où il sera créé ?

Il ne m'est pas possible, étant donné le projet de budget des dépenses d'entretien, fourni par le ministère de l'instruction publique, de dire la différence entre le budget d'un établissement d'internes et d'externes et le buget d'un simple externat. Je vous le donne sous les réserves que j'ai indiquées.

Ce qu'il y a de certain, c'est que la dépense principale, celle de construction, est réduite des deux tiers. Elle est évaluée à 1,500,000 fr. par M. le ministre de l'instruction publique ; les renseignements personnels que j'ai recueillis me permettent de l'évaluer à 500,000 francs.

Et maintenant, que vous propose la Commission ? D'ouvrir, aussitôt la loi votée, des internats dans tous les départements ? En aucune façon ; elle vous propose de laisser le ministre s'entendre avec les conseils généraux et les conseils municipaux et de désigner ensuite les départements et les villes où seront ouverts ces établissements.

Le ministre fera un premier travail ; il dira à la Chambre : Je vous propose d'ouvrir 10, 12, 15 établissements. Les villes intéressées dans la dépense de construction supporteront tant, les départements tant ; il y aurait à inscrire, au budget des dépenses de l'Etat, pour la construction, telle somme ; il y aurait de plus, pour le fonctionnement de ces établissements, à inscrire au budget telle autre somme. Et puis la Chambre décidera. Par son vote, elle dira implicitement : Vous me demandez telle somme pour ouvrir 12 établissements, c'est trop ; ou bien : Vous proposez de n'en ouvrir que 12, cela n'est pas assez ; je réduis la somme que vous me demandez ou je l'augmente.

Que craignent alors ceux qui, dans une question aussi importante pour l'avenir de notre pays, se placent au point de vue étroit de la dépense ?

On nous dit encore : L'internat n'est pas dans nos mœurs! Pardon, messieurs, l'internat est dans nos mœurs! Je l'ai dit, je le répète et les statistiques sont là qui nous le démontrent d'une façon affligeante. Croyez bien qu'il serait plus agréable pour moi de soutenir ici le système de l'externat; c'est le système de la majorité de cette Chambre et, vous m'en donnez en ce moment la preuve, il est plus agréable pour celui qui soutient une thèse de défendre l'opinion qui est celle de la majorité de l'Assemblée devant laquelle il parle. Il est un autre rôle plus ingrat peut-être, mais à coup sûr plus utile à remplir, c'est de parler contre le sentiment de la majorité, lorsque l'on croit que cette majorité, cédant à une pensée généreuse, mais inféconde, court risque de faire une loi dont il suffira à nos adversaires de faire la contre-partie pour exclure la puissance publique de l'enseignement secondaire des filles.

L'internat, messieurs, je ne saurais trop le répéter, est dans nos mœurs; il est dans l'esprit de la nation... (Mouvements divers) et c'est là, la raison qui me fait vous demander de voter le système de l'internat.

« C'est au législateur, a dit Montesquieu, de suivre l'esprit de la nation. » Profonde et sublime pensée dont s'est inspiré un pays ami, l'Italie, et dont je vous supplie de vous inspirer vous mêmes !

L'Italie, messieurs, s'occupe depuis plusieurs années d'organiser l'enseignement secondaire des jeunes filles. L'Italie veut ce que nous voulons; elle poursuit le but que nous poursuivons : substituer l'école au couvent. L'Italie pouvait supprimer l'internat, sous prétexte que l'internat rappelle le couvent, et créer l'externat comme étant plus conforme aux idées et aux principes qui régissent la société moderne. L'Italie pouvait le faire, et cependant elle ne l'a pas fait, pourquoi? Parce que le Gouvernement italien a compris qu'il fallait respecter les traditions, les mœurs, jusqu'aux préjugés de la nation, et qu'une réforme qui ne tient pas compte de tous ces éléments, n'est et ne saurait être qu'une réforme stérile.

Que fit alors le gouvernement italien? Il prit le parti, en 1867, de réorganiser les établissements religieux. Il commença par les « conservatorii » de la Toscane, les plaça sous la dépendance du ministre de l'instruction publique, refit leurs programmes, remplaça, dans la plupart des établissements, les congréganistes par des laïques.

Le ministre fit tout cela, mais il respecta le système de l'internat.

Le Gouvernement, depuis 1870, a successivement réorganisé ses « collèges » de jeunes filles; il a respecté le système de l'internat.

Le Gouvernement italien a donc commencé par donner satisfaction à la partie la plus nombreuse de la population, aux jeunes filles qui n'ont pas à leur portée d'établissement d'enseignement secondaire, et qui, faute d'internat, seraient privées de cet enseignement.

Puis, il s'est occupé des externats. Il a commencé par donner des subventions aux villes qui créaient des *écoles supérieures* de jeunes filles. L'honorable M. Coppino, alors ministre de l'instruction publique, a demandé, au mois de mai dernier, la création de 82 gymnases de jeunes filles, en proposant, monsieur le ministre, de faire participer l'Etat pour moitié à la création de ces établissements. (Bruit croissant.)

Eh bien, messieurs, on a pensé en Italie qu'il fallait respecter l'internat, parce qu'il est dans les mœurs, dans l'esprit de la nation; je vous demande, pour les mêmes raisons, de ne pas le repousser. (Très bien! sur quelques bancs. — Mouvements divers.)

M. le président. Je donne la parole à M. Bardoux, sur l'article 2 du projet de loi sur l'enseignement secondaire des jeunes filles.

M. Bardoux. Messieurs, je vous demande la permission de préciser et de limiter le débat.

Vous savez, messieurs, que le texte primitif du projet de loi qu'avait apporté la Commission prenait pour base l'internat. A la suite du renvoi ordonné par la Chambre dans sa séance d'hier, la Commission a modifié l'article 2 et, se mettant d'accord avec M. le ministre de l'instruction publique, a substitué à ce que j'appellerai, l'internat obligatoire, l'internat facultatif.

Adversaire résolu, surtout quand il s'agit de jeunes filles de l'internat, aussi bien obligatoire que facultatif, je demande la permission à la Chambre de développer très sommairement, ne voulant pas abuser de sa bienveillante attention, les motifs qui me déterminent à maintenir mon opinion.

Dans toute loi sur l'instruction publique, il y a toujours deux questions engagées : une question d'instruction et une question d'éducation. Si cela est vrai, à plus forte raison, cette vérité éclate-t-elle lorsqu'il s'agit de poser les principes de l'enseignement secondaire des femmes.

S'il ne s'agissait ici, en effet, que d'élargir l'enseignement des femmes, d'emprunter aux nations voisines leurs réformes pédagogiques, de compléter des programmes, alors que, évidemment, ils sont insuffisants aujourd'hui, je ne prendrais pas la parole Pourquoi? parce que tout esprit éclairé, délivré de préventions et de préjugés, doit s'associer à tous les efforts qui ont pour but de réformer et de répandre l'enseignement secondaire donné aux jeunes filles.

« Améliorer leur intelligence, — a dit le premier des pédagogues, — c'est nous améliorer nous-mêmes. » (Très bien! très bien!)

Mais, messieurs, une question bien plus grave s'agite, c'est celle de savoir si, en réalité, l'Etat doit prendre la responsabilité d'éduquer les jeunes filles en même temps que de leur donner l'instruction.

Quel doit être le rôle, au sein de notre société contemporaine, de l'Etat dans l'enseignement secondaire des femmes ? Je crois, messieurs, que toutes les questions importantes gagnent à être ainsi élevées, et je débarrasse celle-ci de toute question personnelle.

Je suis le premier à reconnaître que, dans ce débat, M. le rapporteur a déployé autant de talent que de savoir. Mais, messieurs, de l'étude réfléchie de son rapport et surtout des documents explicatifs qui l'accompagnent, il est résulté pour moi cette conviction que, dans tous les pays voisins, même en Italie et, à plus forte raison, hors de l'Europe, en Amérique, ce sont les villes, les associations qui ont créé des internats. Nulle part vous ne verrez, comme en France, un système absolu de lycées d'hommes et de femmes, internats, reliés entre eux par une série de règlements, de lycées gouvernés de loin par le ministre entrant dans tous les détails, soit de l'enseignement, soit de l'administration, et prenant la responsabilité de tous les faits, de tous les actes qui se peuvent produire. C'est là, dis-je, une organisation spéciale à la France.

Un membre à droite. Hélas !

M. Bardoux. Oui, je le reconnais, partout l'enseignement secondaire des jeunes filles a été amélioré ; je reconnais aussi qu'il doit être amélioré chez nous ; mais les systèmes qui ont été proposés par les libéraux ont toujours — jusqu'à cette heure, — dégagé la responsabilité de l'Etat. Et, s'il le fallait, si je devais examiner devant vous les réformes qui viennent d'être introduites en Italie, qui a tant d'affinité de race, de langue, de convictions religieuses avec la France, vous verriez quelle différence existe entre les points de vue. Ainsi, même dans le projet de loi qui a été présenté au Parlement italien par le ministre de l'instruction publique, projet qui a créé des gymnases dans les grandes villes d'Italie, vous verriez quels principes nous séparent de nos voisins.

Mais ne nous égarons pas dans les détails. Ce que je viens combattre, je le répète, ce n'est pas l'enseignement secondaire des femmes, c'est l'internat, particulièrement l'internat dirigé et fondé par l'Etat. (Approbation sur plusieurs bancs.)

Messieurs, c'est en effet un rêve que d'espérer qu'en France des départements, des communes, des associations laïques constitueront, à eux seuls, des internats de jeunes filles, ce qu'un homme d'esprit a appelé des couvents laïques. Nous ne pouvons le croire. L'esprit d'initiative qui existe si peu chez nous ne nous permet pas de l'espérer. C'est donc l'Etat seul qui est en cause dans cette discussion.

Je ne viens pas, quelle que soit mon opinion personnelle, attaquer l'internat pour les jeunes gens ; et cependant il m'est difficile de ne pas en dire un mot, car les deux questions se touchent bien plus qu'on ne le croit, et nous allons apporter dans notre vote les prédispositions que nous ont données les années que nous avons passées comme internes dans les lycées. Ces prédispositions viennent s'ajouter à une habitude que nous trouvons partout. Choisir une bonne maison où l'on puisse envoyer ses enfants pensionnaires, c'est le problème que se posent les parents, et c'est dans le choix de l'internat qu'ils font consister leur responsabilité.

C'est une idée française ; je n'ai pas ici la prétention de la détruire, je n'y réussirais pas ; mais, sachez-le bien, c'est un legs qui nous a été fait, et ce legs ne date pas de plus de cent ans. L'internat n'existait pas dans notre ancienne société à l'état de principe ; on vous l'a dit, il nous a été légué par une célèbre congrégation qui, à force d'habileté, avait réussi à en faire presque une institution.

Lorsque le grand homme qui fonda l'Université recueillit ce legs, qu'est-ce qu'il voulut faire ?. Il ne faut jamais l'oublier quand il s'agit de l'internat : il voulut, messieurs, avant tout, créer une nation de soldats ; au début, il mit dans l'Université des célibataires, à l'imitation des moines qui lui avaient légué l'internat ; il substitua le tambour à la cloche ; il fit encore un autre changement : il substitua la discipline à l'éducation.

C'est ainsi, messieurs, que de courageuses générations se sont élevées, je le reconnais ; mais, avec le temps, nos mœurs s'étant modifiées, s'étant adoucies, un autre esprit s'étant substitué à l'ancien, l'internat a perdu son caractère primitif, et tous, messieurs, nous avons appris par expérience combien ces années pèsent sur toute la vie, et quelle influence elles peuvent avoir sur le caractère de la nation. (Très bien ! très bien ! sur divers bancs à droite.)

Mais, quelque adversaire que je sois, en principe, de l'internat dans les lycées, je reconnais qu'il est une nécessité ; nous ne pouvons pas toucher à cette institution ; il faut simplement faire nos efforts pour l'améliorer. Nous l'améliorerons ; nous l'avons amélioré déjà.

Je crois, au contraire, que lorsque nous rencontrons l'organisation nouvelle d'un enseignement, et lorsque, au début de cette organisation, se présente pour les femmes l'idée même de l'internat, je crois qu'il est du devoir de tous ceux qui ont sur ce point des opinions arrêtées et réfléchies, des opinions convaincues et patriotiques, d'apporter à cette tribune, quel que soit du reste le résultat de nos votes, l'expression loyale de leur pensée. (Très bien ! sur plusieurs bancs.)

Eh bien, il y a contre l'internat des femmes, même facultatif, des arguments à la fois théoriques et pratiques.

Les arguments pratiques, M. le ministre de l'instruction publique vous les a déjà signalés. Je ne reviendrai pas sur les arguments qui vous ont été donnés hier, arguments tirés surtout de la nécessité de faire des dépenses considérables pour l'installation matérielle.

S'il est utile aujourd'hui, avec la constitution physique de notre race, de donner à nos lycées plus d'air, plus d'espace, plus de soleil, combien sera-t-il nécessaire, lorsqu'il s'agira de créer des lycées de femmes, d'avoir des locaux spacieux, bien aérés, bien placés, de larges promenades, et de rechercher pour l'hygiène de la femme bien plus encore que pour l'hygiène de l'homme, toutes les convenances, tout l'air et tout le soleil que nous cherchons vainement dans nos grandes villes. Ce seront des dépenses excessives.

Cet argument, quelque sérieux qu'il puisse être pour les finances de l'Etat, n'est pas le seul certainement qui vous frappera.

C'est la responsabilité morale de l'Etat en présence de l'internat des jeunes filles que je considère comme la première des objections. (Très bien ! très bien ! à droite.)

Messieurs, je reconnais combien il serait difficile d'entrer dans des détails, lorsqu'il s'agit de la responsabilité morale de l'éducation des femmes, mais vous me permettrez pourtant, avec toutes les nuances que comporte un pareil sujet, de vous dire que je ne vois pas où s'arrêteront le droit et le devoir de l'Etat lorsqu'il s'agira d'admettre dans le sein des lycées de femmes telle ou telle jeune fille sortie de tel ou tel milieu, je ne vois pas où s'arrêteront le droit et le devoir de l'Etat, lorsque seront commises des fautes qui se irréparables et que ces fautes viendront à être connues. Je ne vois pas, non plus, comment l'Etat s'y prendra pour créer ce personnel si difficile de l'administration des lycées de jeunes filles, alors que tous ceux qui ont passé par le personnel de l'instruction publique savent combien il est périlleux de faire vivre côte à côte, dans l'Université, ces deux éléments, l'un de l'enseignement, l'autre de la surveillance et de l'administration, combien il est difficile de trouver de bons professeurs sortis de l'enseignement, et ayant de l'autorité sur les maîtres, des censeurs dignes de leur tâche.

Eh bien, messieurs, lorsqu'il s'agit de créer ce personnel si délicat, permettez i cette expression, de proviseurs-femmes, de censeurs-femme pour les internats de jeunes filles, de maîtresses d'étude, voyez jusqu'où va la responsabilité de l'Etat. Pourquoi voulez-vous la lui imposer? Quel intérêt y avez-vous?

Je comprends, messieurs, que notre société démocratique se passionne pour améliorer la culture intellectuelle de la femme. Mais, messieurs, lorsqu'il s'agit de l'éducation, là je m'arrête. Et, en effet, sans vouloir étudier à cette tribune ce qu'on appelle le rôle de la femme dans la société contemporaine, thèse à la fois si facile et si difficile, qu'il me suffise de dire que si l'homme dans nos lycées est préparé autant qu'on le peut pour la vie pratique et active, pour les affaires, pour une carrière, la femme a une chose plus haute et plus grande à faire dans le monde, une chose supérieure à toutes les carrières : un enfant et un homme. (Très bien ! très bien!) Eh bien, quelle responsabilité pour l'Etat que d'accepter de diriger des internats lorsqu'il est convaincu que telle est la mission de la femme et qu'elle n'en a pas d'autre ?

Pensez-vous que quels que soient vos professeurs, aussi excellents qu'ils soient, aussi savants, aussi éclairés, aussi honnêtes qu'ils puissent être, — je leur accorderai tous les mérites que vous exigerez d'eux et que vous trouverez, j'en suis sûr, dans le choix que vous ferez, — croyez-vous qu'ils sauront élever des femmes et qu'ils pourront former leur caractère ? Croyez-vous qu'ils pourront leur enseigner toutes ces qualités qui sont pour la femme presque des vertus : les qualités de délicatesse, les qualités de tact, de politesse, ces nuances qui constituent pour elles, dans le monde, presque des devoirs? (Très bien à droite).

Croyez-vous que l'Etat, aussi éclairé qu'il soit, aussi muni qu'il soit de bons professeurs, puisse réussir dans ces nouvelles occupations? Je dis que non. Ce n'est pas possible.

Mes amis et mes honorables collègues me disent : Mais, prenez garde; comment un esprit libéral peut il s'opposer à l'internat? Sachez bien que dans une foule de cas, le père de famille un peu aisé qui habitera la campagne ne pourra pas donner à sa fille l'instruction qu'il rêve pour elle. Il faut un internat pour ces jeunes filles, que le père de famille ne peut pas laisser venir seules à la ville.

Vous voyez quel est l'argument, c'est le seul, il n'y en a pas d'autre.

Un membre. Il est irréfutable.

M. Bardoux. Je réponds que l'argument trouve sa facile réfutation dans les faits. (Oh ! oh ! à gauche).

Il y a actuellement deux manières d'élever les jeunes filles quand il s'agit de l'enseignement secondaire : ou on les met au couvent, et la clientèle des couvents, je ne crois pas, quant à moi, que le projet de loi y porte une sérieuse atteinte. (Protestations à gauche.)

Cette clientèle est composée de divers éléments; elle est ou aristocratique ou profondément catholique. Ces éléments ne seront guère modifiés par votre loi.

Mais il y a autre chose : il y a toujours eu dans les villes des pensionnats qui ont donné l'instruction ; il s'en créera d'autres qui n'auront d'autre but que d'accueillir ces jeunes filles dont les parents sont éloignés et qui leur feront suivre les cours comme externes.

Un membre à gauche. C'est toujours l'internat !

M. Bardoux. Ce n'est pas l'internat que crée le projet de loi.

Je ne veux pas de l'internat par l'État : le jour où une pension particulière est stigmatisée par l'opinion, elle disparaît ; qui est responsable ? La maîtresse de pension. Mais l'État, le Gouvernement, le ministère, responsables d'un scandale dans une maison d'éducation ! C'est très grave. (Vive approbation à droite.) Quant à moi, je ne crois pas que l'État puisse accepter cette tâche, il a autre chose à faire ; il a l'instruction à donner aux femmes, il ne peut pas se charger de leur éducation. J'ai toujours pensé comme Fénelon dans ses *Avis à une dame de qualité* qui avait une fille, que la meilleure éducation à donner aux femmes, bien préférable à celle du couvent, c'est celle de la mère de famille. Je persiste à penser comme Fénelon.

M. Paul Bert. Fénelon fait d'expresses réserves ensuite, et il indique des conditions qu'il est bon de se rappeler. (Rumeurs à droite.)

M. Bardoux. Je ne vois donc pas de différence entre l'internat obligatoire et l'internat facultatif. L'exception en France deviendra facilement la règle. Le jour où un internat sera fondé, huit, dix, vingt, trente, quarante internats vous seront demandés. C'est la tendance de l'esprit français. C'est au moment où vous fondez l'enseignement secondaire des femmes qu'il convient de réagir. Réagissons courageusement contre cette tendance !

Je suis intimement convaincu qu'il n'y a pas pour la femme française d'autre éducation que celle de la famille. Je veux que l'instruction soit donnée par l'État, et je conçois cette instruction, je la comprends aussi large, aussi libérale que vous le voudrez.

J'approuve les externats de jeunes filles, mais je ne comprends pas que les internats d'État soient utiles dans un pays comme le nôtre, et dans un temps comme le nôtre.

Je voterai donc le premier paragraphe de l'article 2, modifié par la Commission, mais je me refuserai toujours à donner mon vote à la création par l'État des internats, même facultatifs (Très bien ! très bien ! — Applaudissements sur divers bancs.)

M. le président. La parole est à M. Paul Bert.

M. Paul Bert. Messieurs, il me suffira, je l'espère, de peu de paroles pour expliquer et justifier la disposition nouvelle de la Commission. J'en rappelle tout d'abord le texte.

Après l'article 1er, lequel déclare qu'il sera créé des établissements secondaires pour l'enseignement des jeunes filles, viendrait un article 2 ainsi conçu :

« Ces établissements seront des externats.

» Des internats pourront y être annexés sur la demande des conseils municipaux et après entente entre eux et l'Etat. »

Pour justifier cette disposition, il me suffirait presque de faire appel aux souvenirs immédiats de la Chambre et de juxtaposer la partie du discours de M. Camille Sée, où il montre la nécessité des internats, à la partie du discours de M. Bardoux, où il montre les difficultés de ces internats créés en grand nombre et au compte de l'Etat.

Mais, permettez-moi de résumer, en quelques mots, les raisons qui ont décidé la Commission.

Nous devons aux jeunes filles ce que nous devons à leurs frères. Or, pour ceux-ci, depuis longtemps, l'Etat a créé des établissements d'enseignement secondaire. Il doit donc créer semblablement pour les jeunes filles des établissements dans lesquels sera donnée l'instruction.

Il est évident que, ceci fait, son devoir strict est épuisé. L'Etat n'a pas autre chose à faire que de préparer les jeunes filles à être des femmes utiles dans la société, de même qu'il doit préparer les garçons à être des hommes utiles dans la société. Par conséquent, à la grande rigueur, notre projet de loi pourrait s'arrêter là et déclarer qu'il n'y aura que des cours, qu'il n'y aura que des externats. Mais les nécessités de fait se dressent devant nous, qui font que ce qui est le strict devoir ne serait pas le devoir suffisamment rempli. M. Bardoux y faisait allusion et M. Camille Sée les a développées; c'est que l'externat ne pourrait s'adresser qu'aux jeunes filles dont les familles habitent les localités mêmes où se font ces cours.

Plusieurs membres à gauche. C'est cela ! très bien !

M. Paul Bert. Et par conséquent, les jeunes filles des autres pays, c'est-à-dire l'immense majorité vont être obligées, si elles veulent profiter de cet enseignement, de se diriger vers les villes et d'entrer dans des internats.

Nous n'avons pas besoin de rechercher philosophiquement les avantages et les inconvénients de ces internats, c'est affaire d'Académie et non d'Assemblée législative. (Oh ! oh ! à droite. — Assentiment à gauche.)

Ces inconvénients des internats, nous les connaissons tous, pourquoi y insister? Mais nous sommes pris entre deux choses contradictoires, entre deux principes, à savoir que l'internat n'est pas chose parfaite, et cependant que l'internat est nécessaire. (Marques d'assentiment sur plusieurs bancs.)

Eh bien, qu'avons-nous voulu faire? Nous sommes entrés jusqu'à un certain point dans les idées de l'honorable M. Bardoux, et nous avons dit : Il pourra se faire que, dans un grand nombre ou dans un certain nombre de villes, les jeunes filles de la campagne puissent venir recevoir l'éducation en se mettant à l'abri dans quelques établissements particuliers, dans ces pensionnats laïques dont on disait tout à l'heure beaucoup de mal et un mal fort exagéré.

Lorsque cela pourra se faire, pourquoi la commune, pourquoi l'Etat se préoccuperaient-ils d'ouvrir un internat ?

Si l'Etat doit l'instruction à la jeune fille, il ne lui doit ni le vivre, ni le couvert, si le vivre et le couvert indispensables pour que l'enseignement puisse être reçu, peuvent être donnés par d'autres que par l'Etat. Il n'y pas de raisons pour que les communes et l'Etat en prennent alors les charges, les difficultés et la responsabilité.

Mais il pourra arriver qu'il n'en soit pas ainsi ; il pourra arriver que dans telle ou telle ville, ces pensions laïques ne puissent se fonder, qu'elles aient à lutter contre certains préjugés, qu'elles ne trouvent pas le personnel suffisant pour leur donner vie et consistance ; c'est dans ces conditions qu'on voit apparaître la nécessité que l'Etat intervienne pour les pensionnats, afin que l'internat puisse conduire à l'externat. L'externat pour l'Etat est toujours le but, l'internat n'est qu'un moyen. (Très bien ! très bien ! sur les mêmes bancs.)

Or, qui peut être juge de ces conditions, de cet état de choses ? Les conseils municipaux seuls, dans les communes, peuvent faire cette appréciation. Et cela pour deux raisons. D'abord parce qu'ils ont les renseignements et qu'ils savent ce qui se passe ; ensuite, parce qu'ils disposent des deniers de la commune. Aussi demandons-nous que ce soit à la sollicitation des conseils municipaux que des internats puissent être créés à côté de l'externat, et ces internats dès lors devront être fondés après entente entre le conseil municipal et l'Etat ; ils nécessiteront, bien entendu, un vote préalable de fonds proposé par les communes.

Et puisqu'on a cité ici des exemples, permettez-moi d'en indiquer un, à mon tour, qui fait trop d'honneur au conseil municipal et au maire de la ville dont je vais parler, pour que je ne saisisse pas l'occasion favorable qui se présente de les signaler à la Chambre, et d'appeler sur une solution, qui peut être prochaine, la bienveillante attention de M. le ministre.

Il s'agit de la ville d'Abbeville, dont le conseil municipal, sous l'impulsion d'un maire énergique et intelligent, a pris, il y a déjà quelques mois, une délibération aux termes de laquelle il demande la création d'une école secondaire de filles, et il offre dores et déjà une somme de 150,000 francs et un terrain qui vaut peut-être autant ; sous la seule condition que M. le ministre voudra bien compléter la somme, c'est-à-dire accorder une subvention tout à fait analogue à celle qu'on donne pour l'établissement des lycées de garçons en circonstance semblable.

Voilà donc, messieurs, justifiée, je le pense, la proposition de la Commission, proposition que j'appellerai intermédiaire entre les deux systèmes extrêmes que vous venez d'entendre exposer devant vous.

Quelle objection peut-on lui faire en dehors de l'objection générale contre l'internat, objection d'ordre philosophique et qui s'adresse aussi bien aux internats laïques libres qu'aux autres internats ?

On a dit tout à l'heure : il n'est pas utile de faire une loi, puisque, dès maintenant, à la suite d'une circulaire de M. le ministre encourageant les municipalités à cette œuvre utile, il s'est fondé dans un grand nombre de villes des cours de jeunes filles. Du moment qu'il est possible de le faire par cette voie plus simple, il n'est donc pas nécessaire d'édicter une loi, il suffit d'encourager M. le ministre à persévérer dans la voie où il est entré.

A cela, messieurs, nous répondrons ceci : d'abord, si le ministre peut faire ce qu'il a fait, il peut aussi ne pas le faire ; tandis que si une loi existe, il sera contraint de l'exécuter. C'est un premier point.

Et puis, il faut bien le dire, ce ne sont pas ces cours que nous voulons prendre pour modèle ou du moins que nous voulons copier ; nous rendons pleine justice au dévouement, à l'intelligence, à la générosité pécuniaire des conseils municipaux qui ont organisé ces cours, mais ces cours sont insuffisants et sont donnés par des professeurs empruntés aux établissements d'enseignement secondaire de garçons ; car, tant que les établissements d'enseignement secondaire pour les filles n'existeront pas légalement, aucun professeur ne s'y consacrera exclusivement, personne n'y pouvant faire sa carrière. Nous espérons, nous, dans un bref délai, avoir un personnel spécial.

Du reste, le programme des études, qui constitue l'un des articles suivants dont la discussion va s'ouvrir, nous indiquera qu'elles sont bien autrement étendues que les cours actuellement existants.

Une seconde objection, c'est que les villes, quand elles verront fonctionner les externats, seront satisfaites et ne voudront plus d'internats. J'avoue que cette raison me touche médiocrement. En effet, si les villes, si les populations, si les conseils municipaux sont satisfaits, je ne vois pas pourquoi nous irions les troubler dans leur satisfaction et leur demander des sacrifices qu'ils ne jugent pas nécessaires.

Un membre. Et les autres jeunes filles du département ?

M. Paul Bert. Nous n'avons pas dit qu'il n'y aurait qu'une école secondaire par département. Les autres communes du département pourront en fonder. Elles pourront aussi s'adresser au conseil général pour demander des subventions, car il y aura là un intérêt évidemment départemental.

Enfin on dit : Mais prenez-y garde ! vous armez vos propres adversaires si vous créez simplement les externats. Ces établissements laïques que vous rêvez ne se fonderont pas ; ceux qui ont existé sont morts ou ont diminué en nombre d'une façon fort inquiétante pour ceux qui survivent, et là-dessus vient une statistique nécrologique qui est des plus lugubres, je le reconnais. Et alors, dit-on, comme ces établissements laïques ne se fonderont pas et que ceux qui existent encore disparaîtront, vous livrerez tout simplement l'enseignement de ces externats aux jeunes filles des couvents qui viendront à vos cours.

Pour le premier point, je me permettrai de répondre que le passé n'aura rien de commun avec l'avenir, c'est-à-dire que la situation des établissements laïques actuels n'aura rien de commun avec ce qu'ils seront lorsque vous aurez voté la loi.

En effet, au lieu de ces établissements où l'instruction est donnée dans des conditions souvent très fâcheuses, ce qui explique leur chute, vous aurez des établissements qui se borneront à enseigner à la femme ce qui ne peut lui être enseigné dans les cours publics officiels : ces bonnes habitudes de discipline intérieure, de tenue de maison, ces conseils maternels, qui évidemment ne pourront jamais être donnés du haut d'une chaire magistrale. Ces établissements n'auront pas à s'occuper de l'instruction proprement dite. Alors, débarrassés de ce souci, ils auront une autorité et une indépendance qu'ils n'ont pas aujourd'hui.

Quant à la seconde face de l'objection, pour ce qui est de dire que les élèves des congréganistes viendront à ces cours laïques, je me permettrai seulement de faire observer à la Chambre, d'abord que je n'y crois pas ; ensuite que si cela est, je m'en réjouirais très fort pour ma part.

Par conséquent l'objection, à mon sens, ne porte pas. Je crains, bien loin de l'espérer, que les congréganistes ne gardent très jalousement leurs élèves. Non, ils ne les enverront pas à ces cours laïques. Ils se rappelleront les objurgations de l'évêque de Nîmes dans sa lettre à l'évêque d'Orléans, où il lui montrait les périls extraordinaires que courent les jeunes filles, alors que, même aux bras de leurs mères, elles quitteront la maison paternelle pour aller suivre un cours laïque.

Je n'ai donc à m'arrêter à aucune des trois objections qui ont été exposées devant vous ; par conséquent, revenant à la disposition de la Commission, j'espère que vous la consacrerez par votre vote, parce qu'elle me paraît être un intermédiaire juste, sage et pratique entre deux systèmes qui ont chacun leur valeur philosophique, mais dont, ni l'un ni l'autre, à mon sens, ne pouvaient avoir d'application législative. (Très bien ! très bien ! et vifs applaudissements à gauche.)

M. le président. La parole est à M. le ministre de l'instruction publique.

M. le ministre de l'instruction publique. Je veux simplement dire que la rédaction nouvelle de la Commission, ayant donné satisfaction aux observations que j'ai présentées hier, je m'y rallie complètement et que je prie la Chambre de la voter. (Très bien ! très bien !)

M. le président. Messieurs, voici la situation dans laquelle la Chambre est appelée à voter.

La Commission, ainsi que vous l'a dit, au début de la séance, son honorable président, a adopté, dans la réunion qu'elle a tenue ce matin, la rédaction suivante qui serait substituée aux anciens articles 2 et 3, dont je donnerai lecture dans un instant.

Voici la nouvelle rédaction de la Commission :

« Ces établissements seront des externats;

« Des internats pourront y être annexés sur la demande des conseils municipaux, et après entente entre eux et l'Etat. »

A titre d'amendement à ce nouveau texte de la Commission, M. Camille Sée reprend en son nom personnel les anciens articles 2 et 3 qui sont ainsi conçus :

« Art. 2. — Le ministre de l'instruction publique, après entente avec les conseils généraux et les conseils municipaux, déterminera les départements et les villes où seront fondés les établissements qui recevront des élèves internes et des élèves externes.

« Art. 3. — Le ministre ouvrira dans les autres départements des établissements d'externes.

« Il pourra, après entente avec les conseils généraux et les conseils municipaux, y adjoindre des internats. »

C'est le texte de ces deux articles qui constitue présentement l'amendement à la proposition nouvelle de la Commission.

Je dois d'abord mettre aux voix le premier de ces articles.

Il y a une demande de scrutin. (Réclamations.)

Plusieurs membres. Que ceux qui l'ont signée la retirent.

M. le président. L'auteur de l'amendement n'est pas présent, et comme c'est lui qui m'a remis la demande de scrutin, je ne puis faire autrement que d'inviter la Chambre à y procéder.

La demande de scrutin est signée de MM. Bamberger, Seignobos, Bernard, Deschanel, Paul Casimir-Perier, Reyneau, Loustalot, Labitte, Tiersot, Chaix, Chavoix, Bernard Lavergne, Maillé, Amat, Belle, Villain, Fouquet, Valdeck-Rousseau.

Il va y être procédé.

(Le scrutin est ouvert et les votes sont recueillis.)

16

M. le président. Voici le résultat du dépouillement du scrutin sur l'amendement de M. Camille Sée :

> Nombre des votants......... 465
> Majorité absolue............. 233
>
> Pour l'adoption...... 12
> Contre 453

La Chambre n'a pas adopté.

Je mets aux voix la rédaction nouvelle de la Commission, dont je vais donner une nouvelle lecture :

« Ces établissements seront des externats.

» Des internats pourront y être annexés, sur la demande des conseils municipaux et après entente entre eux et l'Etat. »

M. Lorois. Je demande la division.

M. le président. Du moment que la division est demandée, elle est de droit.

Je mets aux voix d'abord le premier paragraphe, ainsi conçu :

« Ces établissements seront des externats. »

(Le premier paragraphe, mis aux voix, est adopté.)

M. le président. Sur le deuxième paragraphe, j'ai reçu une demande de scrutin public.

Il va y être procédé.

(Le scrutin est ouvert et les votes sont recueillis.)

Le dépouillement du scrutin donne les résultats suivants :

> Nombre des votants......... 455
> Majorité absolue............. 228
>
> Pour l'adoption...... 323
> Contre 132

La Chambre a adopté.

(L'ensemble de l'article 2 est mis aux voix et adopté.)

M. le président. La disposition que la Chambre vient d'adopter se substitue aux anciens articles 2 et 3.

L'ancien article 4 a été abandonné en première délibération.

Nous arrivons à l'ancien article 5 devenu l'article 3.

Il est ainsi conçu :

« Il sera fondé par l'Etat, les départements, les villes, au profit des internes et des demi-pensionnaires, tant élèves qu'élèves-maîtresses, des bourses dont le nombre sera déterminé dans le traité constitutif qui interviendra entre le ministre, le département et la ville où sera créé l'établissement.

» Les bourses seront données, à la suite d'un examen, par une commission nommée par le ministre.

» Ces bourses pourront, par une décision de la même commission, être retirées aux jeunes filles. »

M. le ministre de l'instruction publique. Je demane la parole sur l'article 3.

M. le président. M. le ministre de l'instruction publique a la parole.

M. le ministre de l'instruction publique. Je viens demander à la Commission de vouloir bien renoncer aux deux derniers paragraphes de l'article dont M. le président vient de donner lecture. Je ne crois pas qu'il entre dans sa pensée d'établir pour les bourses de jeunes filles des règles différentes de celles qui président à la distribution des bourses dans les lycées de garçons. La raison de cette différence ne m'apparait pas.

Je suis le premier à reconnaître que la réglementation des bourses dans les lycées a besoin d'être révisée, mais si une révision est faite, elle doit s'appliquer aux bourses des jeunes filles comme aux bourses des lycéens. Je demande à la Commission de retirer ces deux paragraphes qui me semblent superflus et d'où résulterait une incertitude qui n'est pas dans sa pensée. (Assentiment.)

M. Logerotte. Je demande la parole.

M. le président. La parole est à M. le président de la Commission.

M. Logerotte. La Commission n'a nul désir d'introduire une différence dans le mode de donner les bourses aux garçons et aux jeunes filles ; par conséquent, s'en rapportant aux paroles qui viennent d'être prononcées par M. le ministre, la Commission attendra qu'une nouvelle règlementation ait été faite, et elle consent à ce que les paragraphes visés par M. le ministre de l'instruction publique soient supprimés de la rédaction du projet qui vous est soumis. (Marques d'assentiment.)

M. Lorois. Je demande à présenter quelques observations très courtes sur l'article 3, ancien article 5.

En ce qui touche les bourses qui pourraient être fondées par les départements et par les villes, je n'ai rien à dire. Les départements et les villes, sont parfaitement libres de faire ce qui leur convient. Mais je verrais avec regret l'État s'engager dans la collation de bourses aux jeunes filles. Je pense que cela entraînerait des dépenses considérables, et que les résultats seraient plutôt fâcheux qu'utiles.

Je comprends très bien des bourses accordées à des jeunes gens. Les grades universitaires sont exigés pour l'entrée de certaines carrières ; il est donc indispensable que les jeunes gens puissent suivre les cours des collèges et passer leurs examens pour devenir ingénieurs, médecins, officiers, ou élèves de l'école polytechnique, et il serait très fâcheux que ceux qui n'ont pas de fortune en fussent écartés. C'est pour cela qu'on donne des bourses.

Mais qu'est-ce qui a lieu pour les jeunes filles ? A la fin de leurs études, on leur donne un brevet; mais est-ce que ce brevet leur sert à quelque chose? Est-ce qu'il leur ouvre l'accès d'une carrière ? Pas le moins du monde.

Lorsque vous aurez donné une bourse à une jeune fille pauvre, — car ce ne sont pas, assurément, les jeunes filles riches qui les obtiendront, — lorsque cette jeune fille aura suivi les cours de vos internats et qu'elle aura obtenu son diplôme, si elle se présente au ministre et lui dit : Monsieur le ministre, j'ai obtenu mon diplôme ; où cela me conduit-il ? le ministre sera obligé de répondre : Cela ne vous conduit à rien, absolument à rien !

M. le ministre. Mais les brevets sont nécessaires pour entrer dans la carrière de l'enseignement !

M. Lorois. Je comprendrais les bourses pour les élèves maîtresses, mais pour les jeunes filles qui ne se destinent pas à l'enseignement, je ne vois pas en quoi cela peut leur être utile.

L'autre jour, on blâmait madame de Maintenon d'avoir voulu restreindre l'enseignement des jeunes filles de Saint-Cyr. On oubliait peut-être que Saint-Cyr était fondé pour des jeunes filles pauvres, et qui devaient vivre dans la médiocrité le reste de leur vie.

Madame de Maintenon avait pensé, — et elle avait peut-être raison — que lorsqu'on exalte trop les espérances des jeunes filles, et qu'il leur faut, au moment du mariage, retomber dans la médiocrité complète, passer de l'espoir d'une brillante position à faire la cuisine, à soigner les enfants, à raccommoder les bas, la chute est singulièrement lourde.

M. Paul Bert. Il n'y a pas de chute ! on peut faire les deux !

M Lorois. Madame de Maintenon pensait sans doute que la désillusion serait chose fâcheuse. Nous sommes à peu près dans la même situation. Vous allez créer des écoles pour les jeunes filles; lorsque ces jeunes filles auront terminé leurs études, elles ne seront pas dans la situation d'un jeune homme à qui on ouvre toutes les carrières ; vous leur aurez fait concevoir des espérances qui ne pourront pas se réaliser.

Ces bourses — l'article lui-même le dit — seront le résultat d'un traité à intervenir entre l'État et les villes; c'est-à-dire que vous prendrez l'argent des contribuables pour créer des bourses destinées à soutenir des établissements qui, sans cela, ne pourraient pas vivre.

Quand les jeunes filles qui auront reçu les bourses sortiront de ces internats, elles ne verront aucune carrière s'ouvrir devant elles ; vous les abandonnerez sans avenir, dans une position déplorable et singulièrement dangereuse, alors surtout qu'il s'agit de jeunes filles sans fortune. (Très bien ! très bien ! à droite.)

M. Logerotte. Messieurs, la Commission vous prie de voter purement et simplement l'article tel qu'il vous est présenté par elle.

Les bourses ont pour but de permettre aux jeunes filles pauvres, qui, dès lors, ne pourraient bénéficier des dispositions de la loi, de recevoir l'instruction secondaire dans les établissements dont vous avez voté la création. Il est donc nécessaire que la société vienne en aide à certaines classes de jeunes filles qui, sans ce secours social, seraient privées de l'instruction secondaire.

Sur l'article en discussion, aucun amendement ne vous a été soumis ; nous vous demandons de voter la rédaction qui vous est présentée par la Commission. J'ajoute que je n'ai trouvé, dans les observations de l'honorable M. Lorois, aucun argument qui soit de nature à engager la Chambre à ne pas voter la rédaction de la Commission.

Un membre à gauche. Voudriez-vous donner lecture du paragraphe auquel se trouve réduit l'article 3 ?

M. Logerotte. Les deux derniers paragraphes étant supprimés, l'article reste ainsi rédigé :

« Il sera fondé par l'Etat, les départements, les villes, au profit des internes et des demi-pensionnaires, tant élèves qu'élèves-maîtresses, des bourses dont le nombre sera déterminé dans le traité constitutif qui interviendra entre le ministre, le département et la ville où sera créé l'établissement. »

M. le président. Je mets aux voix l'article 3.

(L'article 3 est mis aux voix et adopté.)

« Art. 4. — L'enseignement comprend :

» 1° L'enseignement moral ;

» 2° La langue française et au moins une langue vivante ;

» 3° Les littératures anciennes et modernes ;

» 4° La géographie ;

» 5° L'histoire nationale et un aperçu de l'histoire générale ;

» 6° Les sciences mathématiques, physiques et naturelles ;

» 7° L'hygiène ;

» 8° L'économie domestique et les travaux à l'aiguille ;

» 9° Des notions de droit usuel ;

» 10° Le dessin, le modelage ;

» 11° La musique ;

» 12° La gymnastique. » — (Adopté.)

» Art. 5. — L'enseignement religieux sera donné, au gré des parents, dans l'intérieur de l'établissement aux élèves internes par les ministres des différents cultes.

» Ils seront agréés par le ministre de l'instruction publique.

» Ils ne résideront pas dans l'établissement. » (Adopté.)

« Art. 6. — Il pourra être annexé aux établissements d'enseignement secondaire un cours spécial de pédagogie pour les élèves-maîtresses. » — (Adopté.)

« Art. 7. — Il sera, à la suite d'un examen, délivré un diplôme aux jeunes filles qui auront suivi les cours des établissements publics d'enseignement secondaire. » — (Adopté.)

« Art. 8. — Chaque établissement est placé sous l'autorité d'une directrice.

» L'enseignement est donné par des professeurs hommes ou femmes, munis de diplômes réguliers.

» La classe, lorsque la leçon est faite par un professeur homme, est placée sous la surveillance d'une maîtresse ou d'une sous-maîtresse d'études. » — (Adopté.)

M. le président. La Chambre est appelée maintenant à voter sur l'ensemble de la proposition de loi.

(Le scrutin est ouvert.)

M. le président. Le dépouillement du scrutin donne les résultats suivants :

Nombre des votants......... 470

Majorité absolue............. 236

Pour l'adoption...... 347

Contre 123

PROJET DE LOI VOTÉ PAR LA CHAMBRE.

Art. 1er.

Il sera fondé par l'État, avec le concours des départements et des villes, des établissements destinés à l'enseignement secondaire des jeunes filles.

Art. 2.

Ces établissements seront des externats.

Des internats pourront y être annexés, sur la demande des conseils municipaux et après entente entre eux et l'État.

Art. 3.

Il sera fondé par l'État, les départements, les villes, au profit des internes et des demi-pensionnaires, tant élèves qu'élèves-maîtresses, des bourses dont le nombre sera déterminé dans le traité constitutif qui interviendra entre le ministre, le département et la ville où sera créé l'établissement.

Art. 4.

L'enseignement comprend :

1° L'enseignement moral ;
2° La langue française et au moins une langue vivante ;
3° Les littératures anciennes et modernes ;
4° La géographie ;
5° L'histoire nationale et un aperçu de l'histoire générale
6° Les sciences mathématiques, physiques et naturelles ;
7° L'hygiène ;
8° L'économie domestique et les travaux à l'aiguille ;
9° Des notions de droit usuel ;
10° Le dessin, le modelage ;
11° La musique ;
12° La gymnastique.

Art. 5.

L'enseignement religieux sera donné, au gré des parents, dans l'intérieur de l'établissement, aux élèves internes par les ministres des différents cultes.
Ils seront agréés par le ministre de l'instruction publique ;
Ils ne résideront pas dans l'établissement.

Art. 6.

Il pourra être annexé aux établissements d'enseignement secondaire un cours spécial de pédagogie pour les élèves-maîtresses.

Art. 7.

Il sera, à la suite d'un examen, délivré un diplôme aux jeunes filles qui auront suivi les cours des établissements publics d'enseignement secondaire.

Art. 8.

Chaque établissement est placé sous l'autorité d'une directrice.
L'enseignement est donné par des professeurs hommes où femmes munis de diplômes réguliers.
La classe, lorsque la leçon est faite par un professeur homme, est placée sous la surveillance d'une maîtresse ou d'une sous-maîtresse d'étude.

SCRUTIN

Sur l'amendement de M. Camille Sée, à sa proposition de loi relative à l'enseignement secondaire des jeunes filles.

(RÉDACTION PREMIÈRE DE LA COMMISSION)

Nombre des votants.   465
Majorité absolue.   233

Pour l'adoption.   12
Contre   453

La Chambre des députés n'a pas adopté.

ONT VOTÉ POUR :

MM. Codet.
Daron. Douville-Maillefeu (comte de). Duvaux.
Gent. Grosgurin. Guillot. Guyot.
Petitbien.
Sarrien. Sée (Camille).
Tallon (Alfred).

Les autres députés ont voté contre l'amendement ou n'ont pas pris part au vote.

SCRUTIN

Sur le 2° paragraphe de l'article 3 de la proposition de loi de M. Camille Sée relative à l'enseignement secondaire des jeunes filles.

Nombre des votants.   455
Majorité absolue.   288

Pour l'adoption.   323
Contre   132

La Chambre des députés a adopté.

ONT VOTÉ POUR

MM. Achard. Agniel. Allègre. Allemand. Amat. Andrieux. Anglade. Anthoard. Armez. Arnould. Arrazat. Audiffred.
Baïhaut. Bamberger. Barbedette. Barodet. Baury. Belle. Belon. Benoist. Bernard. Bernier. Bert (Paul). Bertholon. Bethmont. Bienvenu. Binachon. Bizarelli. Bizot de Fonteny. Blanc (Louis) (Seine). Blanc (Pierre) (Savoie). Blandin. Boissy d'Anglas (baron). Bonnaud. Bonnet-Duverdier. Borriglione. Bosc. Bouchet. Bou-

deville. Boulard (Cher). Bousquet. Bouteille. Bouthier de Rochefort. Bravet. Brelay. Bresson. Brice (René). Brossard. Bruneau.
Buyat.

Caduc. Cantagrel. Carnot (Sadi). Carrey (Emile). Casimir-
Périer (Aube). Casimir-Périer (Paul) (Seine-Inférieure). Casse
(Germain). Cavalié. Caze. Chaix (Cyprien). Chalamet. Chaley.
Chanal (général de). Chantemille. Charpentier. Chavanne. Cha-
voix. Chevandier. Choiseul (Horace de). Choron. Cirier. Clé-
menceau. Cochery. Codet, Colin, Constans. Corentin-Guybo.
Cornil. Costes. Cotte. Couturier. Crozet-Fourneyron.

Danelle-Bernardin. Daron. Datas. Daumas. Dautresme. David
(Jean) (Gers). David (Indre). Defoulenay. Deniau. Descamps (Al-
bert). Deschanel. Desseaux. Dethou. Devade. Devaux. Develle
(Eure). Devès. Diancourt. Douville-Maillefeu (comte de). Dréo.
Dreux. Drumel. Dubois (Côte-d'Or). Duchasseint. Duclaud.
Ducroz. Dupont. Duportal. Durand (Ille-et-Vilaine). Durieux.
Duvaux.

Escanyé. Escarguel. Even.

Fallières. Farcy. Faure (Hippolyte). Favand. Ferrary. Ferry
(Jules). Fleury. Floquet. Folliet. Forné. Fouquet. Fourot.
Fousset. Franconie. Frébault.

Gagneur. Gailly. Galpin. Ganne. Garrigat. Gassier. Gasté (de).
Gastu. Gatineau. Gaudy. Gent. Germain (Henri). Gévelot.
Gilliot. Girard (Alfred). Giraud (Henri). Girault (Cher). Girerd.
Girod-Pouzol. Giroud. Goblet. Godin (Jules). Godissart. Greppo.
Grollier. Grosgurin. Guichard. Guillemin. Guillot (Louis).
Guyot.

Hérault. Hérisson. Horteur. Hovius. Hugot.

Jacques. Jametel. Janvier de La Motte (Louis) (Maine-et-
Loire). Janzé (le baron de). Jeannaire. Jenty. Joigneaux. Joly
(Albert). Joubert. Jouffrault. Jozon.

Labadié. Labitte. Labuze. Lacretelle (Henri de). Laffitte de La-
joannenque (de). Laisant. Lalanne. Langlois. La Porte (de). Las-
baysses. Lasserre. Latrade. Lavergne (Bernard). Le Cherbonnier.
Lecomte (Mayenne). Leconte (Indre). Le Faure. Legrand (Louis)
(Valenciennes, Nord). Legrand (Pierre) (Nord). Lelièvre (Adol-
phe). Le Maguet. Le Monnier. Lepère. Lepouzé. Leroux (Aimé)
(Aisne). Leroy (Arthur). Lesguillon. Le Vavasseur. Lévèque.
Levet (Georges). Liouville. Lockroy. Logerotte. Lombard.
Loubet. Loustalot.

Magniez. Mahy (de). Malézieux, Marcère (de). Margaine.
Margue. Marion. Marmottan. Marquiset. Martin-Feuillée. Masure
(Gustave). Mathé. Maunoury. Mayet. Méline. Ménard-Dorian.
Mention (Charles). Mercier. Mestreau. Millaud (Edouard). Min-
gasson. Mir. Montané. Moreau. Morel (Haute-Loire). Mougeot.

Nadaud (Martin). Naquet (Alfred). Neveux. Ninard. Noël-
Parfait. Noirot.

Oudoul.

Papon. Parent (Savoie). Parry. Pellet (Marcelin). Perin (Georges). Péronne. Perras. Petitbien. Peulevey. Philippe (Jules). Philippoteaux. Picard (Arthur) (Basses-Alpes). Picart (Alphonse) (Marne). Plessier. Poulevoy (Frogier de). Poujade. Proust (Antonin).

Rameau. Rathier (Yonne). Ratier (Morbihan). Raynal. Réaux (Emile). Récipon. Renault-Morlière. Reymond (Ferdinand) (Isère). Raymond Francisque (Loire). Reyneau. Riban. Richarme. Riondel. Rivière. Roudier. Rougé. Rouvier. Rouvre. Royer. Rubillard.

Saint-Martin (Vaucluse). Sallard. Solomon. Sarrien. Scrépel. Sée (Camille). Seignobos. Senard. Sentenac. Sonnier (de). Souchu-Servinière. Sourigues. Soye. Swiney.

Tallon (Alfred). Tardieu. Tassin. Teissèdre. Tézenas. Thiessé. Thomas. Thomson. Tiersot. Tirard. Tondu. Trouard-Riolle. Truelle. Trystram. Turigny. Turquet.

Vacher. Varambon. Vaschalde. Vernhes. Viette. Vignancour. Villain.

Waddington (Richard). Waldeck-Rousseau. Wilson.

ONT VOTÉ CONTRE :

MM. Abbatucci. Ancel. Anisson-Duperron. Arenberg (prince d'). Ariste (d'). Azémar.

Baduel d'Oustrac. Barascud. Bardoux. Barthe (Marcel). Bastid (Raymond). Baudry-d'Asson (de). Beauchamp (de). Beaussire. Bélizal (vicomte de). Benazet. Berger. Biliais (de La). Blachère. Boulard (Landes). Bourgeois. Bouville (de). Breteuil (marquis de).

Cadot. Casabianca (vicomte de). Cazeaux. Cesbron. Charlemagne. Chauveau (Franck). Chevreau (Léon). Cibiel. Colbert-Laplace (comte de). Cossé-Brissac (comte de).

David (baron Jérôme) (Gironde). Debuchy. Delafosse. Desloges. Deuzy. Du Bodan. Du Douët. Durfort de Civrac (comte de).

Eschasseriaux (baron). Espeuilles (comte d').

Fauré. Flandin. Fourtou (de).

Ganivet. Gaslonde. Gaudin. Gavini. Godelle. Gonidec de Traissan (comte le). Granier de Cassagnac (père). — Granier de Cassagnac (Paul).

Haentjens. Hamille (Victor). Harcourt (le duc d'). Harispe. Haussmann (baron). Havrincourt (le marquis d'). Hermary. Huon de Penanster.

Janvier de la Motte (père) (Eure). — Jolibois. Juigné (comte de).

Keller. Kerjégu (Louis de). Kermenguy (vicomte de). Klopstein (baron de).

La Bassetière (de). Labat. La Caze (Louis). Ladoucette (de). Lagrange (baron de). Lamy (Etienne). Lanel. Largentaye (de). La Rochefoucauld, duc de Bisaccia. Laroche-Joubert. La Rochette (Ernest de). Larrey (baron). Laumond. La Vieille. Lebaudy. Legrand (Arthur) (Manche). Le Marois (comte de). Léon (prince de). Le Peletier d'Aunay (comte). Le Provost de Launay (Calvados). Le Provost de Launay (Côtes-du-Nord). Levert. Loqueyssie (de). Lorois (Morbihan).

Mackau (baron de). Maillé (comte de). Maréchal. Médal. Michaud. Monteils. Morel (Hippolyte) (Manche). Murat (comte Joachim).

Ornano (Cunéo d').

Padoue (duc de). Partz (marquis de). Passy (Louis). Perrien (comte de). Plichon. Prax-Paris.

Reille (baron). Renault (Léon). Ribot. Riotteau. Roissard de Bellet (baron). Rouher. Roux (Honoré). Roys (comte de). Roy de Loulay.

Saint-Martin (de) (Indre). Sarrette. Savary. Savoye. Serph (Gusman). Soland (de). Soubeyran (baron de).

Teilhard. Thirion–Montauban. Thoinnet de la Turmelière. Tron. Trubert.

Valfons (marquis de). Valon (de). Vendeuvre (général de). Villiers.

N'ONT PAS PRIS PART AU VOTE :

MM. Aulan (marquis d'). Bel (François). Bianchi. Blin de Bourdon (vicomte de). Bosredon (Alexandre de). Boyer (Ferdinand). Boysset. Brame (George). Brierre. Brisson. Castaignède. Chambrun (comte de). Christophle (Albert). Clerc (de). Combes. Daguilhon-Pujol. Deluns-Montaud. Desbons. Develle (Meuse). Dréolle (Ernest). Dufour (baron). Dugué de la Fauconnerie. Eschassériaux (baron). Feltre (duc de). Fréminet. Gambetta. Gasconi. Ginoux de Fermon (comte). Girardin (Emile de). Gleizal. Grévy (Albert). Guyot-Montpayroux. Hémon. Laurençon. Lenglé. Lisbonne. Livois. Madier de Montjau. Maigne (Jules). Marcou. Maze (Hippolyte). Menier. Mitchell (Robert). Nédellec. Niel. Ollivier (Auguste). Osmoy (comte d'). Pascal-Duprat. Perrochel (comte de). Pinault. Raspail (Benjamin). Rauline. Rollet. Roques. Rotours (des). Sarlande. Septenville (baron de). Simon (Fidèle). Spuller. Taillefer. Talandier. Telliez-Béthune. Tillancourt (de). Versigny.

ABSENTS PAR CONGÉ :

MM. Allain-Targé. André (Jules). Berlet. Bouquet. Chiris. Guilloutet (de). Ioos. Maillé (d'Angers). Mas. Patissier. Pompery (de). Thourel. Trarieux.

SCRUTIN

Sur l'ensemble de la proposition de loi de M. Camille Sée, relative à l'enseignement secondaire des jeunes filles.

Nombre de votants   470
Majorité absolue.   236

     Pour l'adoption   347
     Contre   123

La Chambre des députés a adopté.

ONT VOTÉ POUR :

MM. Achard. Agniel. Allègre. Allemand. Amat. Andrieux. Anglade. Anthoard. Arnoult. Arrazat. Audiffred.

Baïhaut. Bamberger. Barbedette. Barodet. Barthe (Marcel). Bastid (Raymond). Baury. Beaussire. Bel (François). Belle. Berlet. Bernard. Bernier. Bert (Paul). Bertholon, Bethmont. Bienvenu. Binachon. Bizarelli. Bizot de Fonteny. Blanc (Louis) (Seine). Blanc (Pierre) (Savoie). Blandin, Boissy d'Anglas (baron). Bonnaud. Bonnet-Duverdier. Borriglione. Bosc. Bouchet. Boudeville. Bouguet. Bouteille. Bouthier de Rochefort. Boysset. Bravet. Brelay. Bresson. Brice (René). Brisson (Henri). Brossard. Bruneau, Buyat.

Cadot (Louis). Caduc. Cantagrel. Carnot (Sadi). Carrey (Emile). Casimir-Perier (Aube). Casimir-Perier (Paul) (Seine-Inférieure). Casse (Germain). Cavalié. Caze. Chaix (Cyprien). Chalamet. Chaley. Chanal (général de). Chantemille. Charpentier. Chauveau (Franck). Chavanne. Chavoix. Chevandier. Choiseul (Horace de). Choron. Cirier. Clémenceau. Cochery. Codet. Colin. Constans. Corentin-Guyho. Cornil. Costes. Cotte. Couturier.

Danelle-Bernardin. Daron. Datas. Daumas. Dautresme. David (Jean) (Gers). David (Indre). Defoulnay. Deluns-Montaud. Deniau. Descamps (Albert). Deschanel. Desseaux. Dethou. Deusy. Devade. Devaux. Develle (Meuse). Devès. Diancourt. Douville-Maillefeu (comte de). Dréo. Dreux. Drumel. Dubois (Côte-d'Or). Duchasseint. Ducroz. Dupont. Duportal. Durand (Ille-et-Vilaine). Durieu. Duvaux.

Escanié. Escarguel. Even.

Fallières. Farcy. Faure (Hippolyte). Favand. Ferrary. Ferry (Jules). Fleury. Folliet. Forné. Fouquet. Fourot. Fousset. Franconie. Frébault. Fréminet.

Gagneur. Gailly. Galpin. Ganne. Garrigat. Gassier. Gasté (de). Gastu. Gatineau. Gaudy. Gent. Germain (Henri). Gévelot. Gilliot. Girard (Alfred). Giraud (Henri). Girault. (Cher). Girerd,

Girot-Pouzol. Giroud. Gleizal. Goblet. Godin (Jules). Godissard. Greppo.

Hémon. Hérault. Horteur. Hovius. Hugot.

Jacques. Jametel. Janvier de la Motte (Louis) (Maine-et-Loire). Janzé (baron de). Jeanmaire. Jenty. Joigneaux. Joly (Albert). Joubert. Jouffrault. Jozon.

Labadié. Labitte. Labuze. Lacretelle (Henri de). Laffitte de La-joannenque (de). Laisant. Lalanne. Langlois. La Porte (de). Las-baysses. Lasserre. Latrade. Laumont. Laurençon. La Vieille. Lebaudy. Le Cherbonnier. Lecomte (Mayenne). Leconte (Indre). Le Faure. Legrand (Louis) (Valenciennes, (Nord). Legrand (Pierre) (Nord). Lelièvre (Adolphe). Le Maguet. Le Monnier. Le-père.Lepouzé. Leroux (Aimé) (Aisne). Leroy (Arthur). Lesguillon. Le Vavasseur. Levêque. Levet (Georges). Liouville. Lisbonne. Lockroy. Logerotte. Lombard. Loubet. Loustalot.

Madier de Monjau. Magniez. Mahy (de). Maigne (Jules). Malé-zieux. Marcou. Margaine. Margue. Marion. Marmottan. Marqui-set. Martin-Feuillée. Masure (Gustave). Mathé. Maunoury. Mayet. Maze (Hippolyte). Médal. Méline. Mention (Charles). Mercier. Mestreau. Millaud (Edouard). Mingasson. Mir. Montané. Moreau. Morel (Haute-Loire. Morel (Hippplyte) (Manche).

Nadaud (Martin). Naquet (Alfred). Neveux. Ninard. Noël-Par-fait. Noirot.

Oudoul.

Papon. Parent (Savoie). Parry. Pascal-Duprat. Pellet (Marcel-lin). Périn (Georges). Péronne. Perras. Petitbien. Peulevey. Phi-lippe (Jules). Philippoteaux. Picard. (Arthur) (Basses-Alpes). Picart (Alphonse) (Marne). Pinault. Plessier. Ponlevoy (Frogier de). Poujade. Proust (Antonin).

Rameau. Raspail (Benjamin). Rathier (Yonne). Ratier (Morbi-han). Raynal. Réaux (Emile). Récipon. Renault-Morlière. Rey-mond (Ferdinand) (Isère). Reymond (Francisque) (Loire). Rey-neau. Riban. Ribot. Richarme. Riondel. Riotteau. Rivière. Roudier. Rougé. Rouvier. Rouvre. Royer. Roys (comte de). Rubillard.

Sallard. Salomon. Sarrien. Savary. Scrépel. Sée (Camille). Sei-gnobos. Senard. Sentenac. Simon (Fidéle). Sonnier (de). Souchu-Servinière. Sourigues. Soye. Swiney.

Tallandier. Tallon (Alfred). Tardieu. Tassin. Teilhard. Teis-sèdre. Tézenas.Thiéssé. Thomas.Thomson.Tiersot.Tillancout (de). Tirard. Tondu. Trouard-Riolle. Truelle. Trystram. Turigny. Turquet.

Vacher. Varambon. Vaschalde. Vernhes. Versigny. Viette. Vi-gnancour. Vilain.

Waddington (Richard). Waldeck-Rousseau. Wilson.

ONT VOTÉ CONTRE :

MM. Abbatucci. Ancel. Anisson-Duperron. Arenberg (prince d'). Ariste (d').

Baduel d'Oustrac. Barascud. Baudry-d'Asson (de) Beauchamp (de). Bélizal (vicomte de). Benazet. Berger. Bianchi. Biliais (de La). Blachère. Blin de Bourdon (vicomte). Bosredon (Alexandre de). Bourgeois. Bouville (comte de). Boyer (Ferdinand). Brame (Georges). Breteuil (marquis de). Brierre.

Casabianca (vicomte de). Cazeaux. Cesbron. Chambrun (vicomte de). Charlemagne. Chevreau (Léon). Cibiel. Clercq (de). Colbert-Laplace (comte de). Combes. Cossé-Brissac (comte).

Daguilhon-Pujol. David (baron Jérôme) (Gironde). Debuchy. Delafosse. Desloges. Dréolle (Ernest). Du Bodan. Du Douët. Dugué de la Fauconnerie. Durfort de Civrac (comte de). Eschasseriaux (baron). Eschasseriaux (René).

Fauré. Flandin. Fourtou (de).

Ganivet. Gaslonde. Gaudin. Gavini. Ginoux de Fermon (comte). Godelle. Gonidec de Traissan (comte de). Granier de Cassagnac (père). Granier de Cassagnac (Paul).

Haëntjens. Hamille (Victor). Harcourt (duc d'). Hausmann (baron). Havrincourt (marquis d'). Hermary. Huon de Penanster.

Janvier de la Motte (père) (Eure). Jolibois. Juigné (comte de). Keller. Kermenguy (vicomte de).

La Bassetiére (de). Labat. Ladoucette (de). La Grange (baron de). Largentaye (de). La Rochefoucauld, duc de Bisaccia. La-roche-Joubert. La Rochette (Ernest de). Larrey (baron). Legrand (Arthur) (Manche). Le Marois (comte). Léon (prince de). Le Peletier d'Aunay (comte). Le Provost de Launay (Calvados). Le Provost de Launay (Côtes-du-Nord). Levert. Livois. Loqueyssie (de). Lorois (Morbihan).

Mackau (baron de). Maillé (comte de). Maréchal. Michaud. Monteils. Murat (comte Joachim).

Niel.

Ornano (Cunéo d').

Padoue (duc de). Partz (marquis de). Perrien (comte de). Plichon. Prax-Paris.

Rauline. Reille (baron). Rotours (des). Rouher. Roy de Loulay (Louis). Roques.

Saint-Martin (de) (Indre). Sarlande. Sarrette. Savoye. Serph (Gusman). Soland (de). Soubeyran (baron de).

Taillefer. Telliez-Béthune. Thirion-Montauban. Thoinnet de la Turmelière. Trubert.

Valfons (marquis de). Valon (de). Vendeuvre (général de). Villiers.

N'ONT PAS PRIS PART AU VOTE :

MM. Armez. Aulan (marquis d'). Azémar. Bardoux. Belon. Benoist. Boulard (Cher). Boulard (Landes). Castaignède. Christophle (Albert). Desbons. Develle (Eure). Duclaud. Dufour (baron). Espeuilles (comte d'). Feltre (duc de). Floquet. Gambetta. Gasconi. Girardin (Emile de) Grévy (Albert). Guillot (Louis). Guyot-Montpayroux. Harispe. Hérisson. Kerjégu (Louis de). Klopstein (baron de). La Caze (Louis). Lamy (Etienne). Lanel. Lavergne (Bernard). Lenglé. Marcère (de). Ménard-Dorian. Ménier. Mittchel (Robert). Nédellec. Ollivier (Auguste). Osmoy (comte d'). Passy (Louis). Perrochel (comte de). Renault (Léon). Roissard de Bellet (baron). Rollet. Roux (Honoré). Saint-Martin (Vaucluse). Septenville (baron de). Spuller.

ABSENTS PAR CONGÉ :

MM. Allain-Targé. André (Jules). Bouquet. Chiris. Crozet-Fourneyron. Guilloutet (de). Ioos. Maillé (d'Angers). Mas. Patissier. Pompery (de). Thourel. Tracieux. Tron.

SÉNAT

RAPPORT

Fait au nom de la Commission [1] *chargée d'examiner le projet de loi adopté par la Chambre des députés, sur l'enseignement secondaire des jeunes filles,*

Par M. PAUL BROCA

SÉNATEUR

Messieurs,

La pensée qui a inspiré le projet de loi soumis aux délibérations du Sénat, est de celles qui s'imposent à tous les esprits éclairés dans une nation civilisée. Elle n'est pas politique, elle est sociale dans la plus haute et la plus pure acception du mot, car la société repose sur la famille, et la famille est ce que la fait la femme. Pendant que l'homme lutte et travaille au dehors, la femme élève les enfants. Comme elle a allaité leur corps, elle allaite leur esprit; elle est leur première et quelquefois leur seule institutrice; elle cultive leurs facultés, développe leurs sentiments, leurs goûts, leurs idées morales; elle les prépare à la vie pratique, et la société les reçoit de ses mains tout imprégrés de ses leçons et de ses exemples, dont le souvenir est plus durable que tout autre.

Faut-il que cette mère, chargée par la nature et par la société

---

[1] Cette commission est composée de MM. Carnot, président; de Rozière, secrétaire; Jules Simon, Barthélemy Saint-Hilaire, Gaston Bazille, colonel Meinadier, Gayot, comte Desbassayns de Richemont, Paul Broca.

d'une aussi haute mission, soit ignorante et futile, ou qu'elle soit sérieuse et instruite? Faut-il que cette épouse, auprès de laquelle l'homme, après le labeur du jour, se délasse et se reconforte, soit capable de le comprendre, de mettre son esprit à l'unisson avec le sien, d'être, comme l'a dit autrefois M. Jules Simon, sa compagne intellectuelle, ou que, trop éloignée de son niveau, ne pouvant entrer avec lui en communauté de sentiments et d'idées, elle laisse naître en lui le désir et bientôt le besoin de chercher des distractions hors du foyer domestique? Faut-il enfin que cette femme, élevée dans la frivolité, mette son idéal dans la parure et son bonheur dans les plaisirs du monde, ou que, préparée par une plus forte éducation à un meilleur emploi de ses facultés, elle préfère aux autres joies celles de la vie de famille ? Vous ne nous pardonneriez pas de discuter ces questions, car elles se résolvent d'elles-mêmes. On a dit avec raison que, si les hommes font les lois, ce sont les femmes qui font les mœurs. Et puisque tous les partis politiques s'accordent dans la même pensée sur l'utilité des bonnes mœurs, ils ne sauraient différer d'avis sur l'utilité de l'instruction des femmes.

Ce n'est donc pas sur le principe même, mais sur ses applications que des divergences peuvent se produire. On peut se demander, en effet, sous quelle forme l'instruction doit être donnée aux jeunes filles, et jusqu'à quel degré elle doit être poussée. Ces deux questions au surplus ont plus d'un point de contact, et nous ne les séparerons pas l'une de l'autre.

I

La loi du 25 octobre 1795 (3 brumaire an IV), relative à l'instruction publique, instituait des écoles pour les filles, aussi bien que pour les garçons. Cette loi, à laquelle s'attache le nom de Lakanal, ne concernait que l'enseignement primaire et laissait aux écoles libres le soin de donner un enseignement plus élevé. Même, réduite à ces proportions modestes, elle excédait alors les ressources de l'État et des communes, et elle resta à l'état de lettre morte ; mais elle avait du moins établi le principe que les deux sexes ont un droit égal à l'instruction.

Ce principe fut méconnu sous le Consulat. La loi du 1er mai 1802 (11 floréal an X), qui instituait pour les garçons des écoles primaires, des écoles secondaires et des lycées, écarta systématiquement l'enseignement des filles. L'enseignement primaire des garçons était, d'ailleurs, établi sur des bases si défectueuses qu'il fut presque entièrement stérile. Les instituteurs, n'ayant d'autre ressource que la rétribution scolaire, se découragèrent, et les écoles communales étaient réduites à un très petit nombre, lorsque M. Guizot, en 1833, présenta aux Chambres un projet de loi sur l'instruction primaire. Désormais, les instituteurs devaient recevoir, en sus de la rétribution scolaire, un traitement fixe de 200 francs au moins, chiffre bien faible et bien insuffisant, sans doute, mais qui inquiéta cependant beaucoup les défenseurs du budget. Ce n'est un mystère pour personne que la loi du 18 juin 1833 avait été préparée avec le concours de M. Victor Cousin, qui, dans un voyage récent en Prusse et en Hollande, avait pu constater le succès des écoles des filles, et qui, désirant doter la France du même bienfait, avait consacré la création de l'enseignement primaire des filles dans une série d'articles formant un titre entier. Mais, en présence des difficultés budgétaires qui furent soulevées et de l'opposition qu'elles faisaient craindre, M. Guizot fut obligé de retirer ce titre pour sauver le reste de la loi. Quatre ans plus tard, le 23 juin 1836, une ordonnance royale réglementa les écoles de filles, dont la fondation facultative était laissée à la charge des communes, sans aucune participation de l'Etat. C'est là tout ce que sut et put faire le gouvernement de Juillet.

Après la Révolution de 1848, notre honorable collègue M. Carnot, ministre de l'instruction publique, présenta à l'Assemblée constituante un projet de loi qui rendait obligatoire, dans toute commune de plus de huit cents âmes, la création d'une école de garçons et d'une école de filles. Les plans de Lakanal étaient ainsi repris et même agrandis, car il devait y avoir pour chaque sexe deux sortes d'écoles, les unes élémentaires, qui étaient les écoles primaires proprement dites, les autres supérieures, dont le programme se rapprochait, en quelques-unes de ses parties, de celui de l'instruction secondaire. Ce projet de loi, favorablement accueilli dans les bureaux, fut adopté par la Commission, qui choisit pour rapporteur notre honorable collègue M. Barthélemy Saint-Hilaire. Le rapport fut déposé; mais, l'Assemblée constituante s'étant séparée avant d'avoir voté les lois organiques, le projet de loi fut retiré par le gouvernement et fit place à cette loi de 1850, que nous ne pourrions apprécier ici sans anticiper sur les délibérations prochaines du Parlement. Sous le régime qu'elle institua, les communes étaient autorisées à ouvrir des écoles de filles, mais n'y étaient pas obligées. Ce fut seulement le 10 avril 1867, sous le ministère de M. Duruy, qu'une loi rendit obligatoire la création d'une école de filles dans toute commune de plus de cinq cents âmes.

Dans la discussion de cette loi devant le Corps législatif, les députés de l'opposition libérale, — phalange petite par le nombre, mais grande par le talent, — avaient présenté un amendement tendant à créer des écoles supérieures de filles partout où existaient des lycées de garçons. L'amendement, comme on pouvait s'y attendre, ne fut pas adopté; il ne fut pourtant pas inutile, et nous devons rendre cette justice à M. Duruy, qu'il fit tout ce qui dépendait de lui pour élever le niveau de l'instruc-

tion des filles. Ne pouvant s'appuyer sur une loi, il eut recours
à la persuasion et il adressa, le 30 octobre 1857, une circulaire
aux recteurs pour les inviter à organiser, avec le concours des
municipalités, des cours supérieurs à l'usage des jeunes filles.
Quelques villes répondirent à l'appel de ce ministre éclairé ;
mais en réalité ces cours ne réussirent bien qu'à Paris, où ils
étaient soutenus par une association formée sous les auspices
de M. Duruy. Dans les départements ils succombèrent pour la
plupart sous la guerre sourde ou déclarée que leur faisaient les
ennemis des « femmes savantes », et il n'en reste aujourd'hui
qu'un très petit nombre.

Loin de nous la pensée de méconnaître l'utilité de ces cours
et de diminuer le mérite de l'homme éminent qui en a provoqué
la création ; mais l'expérience a prouvé qu'ils sont tout à fait
insuffisants et qu'ils n'ont aucune stabilité. Les villes où ils
ne peuvent se soutenir sont précisément celles qui en auraient le plus grand besoin, et les familles qui en profitent sont
ordinairement celles qui pourraient le mieux s'en passer. Les
cours, bien que régis par un programme, ne sont pas solidaires ;
ils restent isolés ; ils ne sont pas superposés d'année en année
et de degré en degré ; ils ont des auditeurs plutôt que des
élèves, ils constituent un enseignement, mais non pas une école.
Les jeunes filles suivent comme il leur plaît, avec ou sans assiduité, le cours ou les cours qu'elles ont choisis, sans autre surveillance que celle de la mère ou de l'institutrice, qui les accompagne et qui ne peut les quitter, car il n'y a là personne à qui
l'on puisse les confier ; par là même, les parents peu aisés, qui,
pour n'avoir qu'une fortune médiocre, n'en sont pas moins
soucieux de la conduite de leurs filles, sont obligés de renoncer
à cet enseignement.

Reconnaissons donc que les cours Duruy ne répondent pas au
besoin des familles qui veulent doter leurs filles d'une instruction dépassant le degré primaire. Cette instruction ne peut être
donnée que dans des écoles secondaires, organisées à la manière
de nos lycées d'internes ou d'externes, dans des écoles où les
jeunes filles seront surveillées, où l'emploi de leur temps sera
réglé, où elles seront stimulées par l'émulation, soumises à des
examens, récompensées ou punies suivant leur conduite et leur
travail, et amenées progressivement, d'année en année, de la
classe la plus inférieure du programme à la classe la plus élevée.

Ce but ne peut être atteint que par l'intervention de l'Etat.
Seul l'Etat peut uniformiser le programme, maintenir le niveau
de l'enseignement, recruter convenablement le personnel et
assurer la durée des établissements. Les motifs pour lesquels il
intervient dans l'instruction secondaire des garçons sont également applicables à l'instruction secondaire des filles. Ses droits
et ses devoirs sont les mêmes dans les deux cas.

Votre Commission se prononce donc pour le principe du projet de loi, principe énoncé dans l'article premier qui est ainsi conçu :

« Il sera fondé par l'État, avec le concours des départements et des villes, des établissements destinés à l'enseignement secondaire des jeunes filles. »

II

L'Etat doit mettre à la disposition des familles des moyens d'instruction pour leurs enfants, mais il ne leur doit strictement que cela, et il a le droit inconstestable de choisir la forme sous laquelle il lui convient de donner l'enseignement.

Pour les garçons, il a institué des internats qui reçoivent aussi des pensionnaires st des externes. Il n'a pas reculé devant les difficultés et la responsabilité que lui crée l'administration de ces établissements. Mais il n'est nullement tenu de procéder de la même manière à l'égard des filles. Au point de vue de l'instruction, les externats sont parfaitement suffisants ; au point de vue de l'éducation ils ont le précieux avantage de laisser la jeune fille entre les mains de ses parents ou des personnes qui ont leur confiance.

Le jeune homme, au sortir du collège, est appelé le plus souvent à vivre loin de sa famille, au moins pendant quelques années, à se passer des soins affectueux qui ont entouré son enfance, et beaucoup de bons esprits pensent que la vie de collège le prépare avantageusement à cette nouvelle existence. La vie de la femme, au contraire, est tout entière dans la famille, et il est à désirer que les jeunes filles puissent s'instruire sans quitter ce milieu salutaire. Il y a là un intérêt qu'on ne peut méconnaître ; mais ce qui est surtout décisif, c'est la question de responsabilité. Si l'on considère l'âge des jeunes personnes auxquelles s'adresse l'enseignement secondaire, on comprendra que le soin de surveiller leur conduite, de les maintenir dans la bonne voie, appartient essentiellement aux familles. Une administration locale, adaptée aux besoins locaux et investie de la confiance particulière des parents, peut recevoir d'eux cette mission délicate, avec l'autorisation du gouvernement ; mais le gouvernement ne saurait s'engager à organiser, dans la France entière, sous la règle uniforme commune à tous les établissements, la surveillance individuelle des jeunes filles, et à se porter garant de leur moralité.

Votre Commission pense donc, conformément à l'article 2 du projet de loi, que l'externat doit être le type des établissements destinés à l'instruction secondaire des filles.

Les partisans de l'internat peuvent invoquer un argument dont nous ne méconnaîtrons pas la portée : c'est que la plupart des familles ne résident pas dans les villes où seront créés ces établissements et ne pourront, par conséquent, profiter de l'externat. Mais elles pourront confier leurs filles à des personnes respectables qu'elles auront choisies elles-mêmes suivant un usage très usité en Suisse et dans plusieurs autres pays ; elles pourront encore choisir, parmi les pensionnats établis dans la ville, celui dont la tenue leur paraîtra la meilleure, la plus conforme à leur position. C'est ce qu'elles font aujourd'hui, et ce qu'elles font le plus souvent sans avoir, en ce qui concerne l'enseignement, aucune garantie. Cette garantie leur sera donnée par l'externat, où les maîtresses de pension conduiront leurs élèves.

Ces ressources pourront-elles satisfaire à tous les besoins? L'expérience seule le prouvera. On peut prévoir toutefois que dans certaines régions, dans certaines villes, dans certaines conditions géographiques, industrielles ou autres, l'utilité, la nécessité même d'un internat se fera sentir. Les conseils municipaux en seront juges, et le Gouvernement en leur accordant son autorisation, en leur prêtant son concours, leur laissera la responsabilité morale de l'entreprise. Sous cette réserve, la Commission vous propose d'adopter l'article 2 du projet de loi.

III

L'article 3, concernant les bourses fondées par l'État, les départements et les villes au profit des élèves internes et des demi-pensionnaires, est admis sans changement par la Commission. Il est conçu dans des termes généraux, qui établissent seulement le principe; le mode de répartition des bourses, soit quant aux élèves, soit quant aux établissements, n'est pas déterminé. Cette question soulève des difficultés qui se sont déjà présentées depuis longtemps à l'occasion des établissements de garçons et qui n'ont pas encore été résolues. Quoiqu'elle ait été, jusqu'ici, de l'ordre administratif, et qu'elle ne puisse trouver place dans la loi actuelle, elle a attiré l'attention de vos commissaires. Ils estiment qu'il y a lieu de la soumettre à des règles conformes à la justice et à l'intérêt public, et qui devront être établies dans un règlement d'administration publique ou dans une loi spéciale.

IV

L'article 4 énumère les matières de l'enseignement qui sera donné dans les écoles secondaires de filles. Cette indication est nécessaire pour établir les limites du programme, pour montrer les analogies et les différences de l'enseignement secondaire des filles et de celui des garçons. Beaucoup de jeunes filles seraient capables, sans doute, de suivre jusqu'au bout et avec succès tout le programme des lycées; mais il ne s'agit pas de leur donner toutes les connaissances qu'elles sont aptes à acquérir; il faut choisir ce qui peut leur être le plus utile, insister sur ce qui convient le mieux à la nature de leur esprit et à leur future condition de mère de famille, et les dispenser de certaines études pour faire place aux travaux et aux occupations de leur sexe. Les langues mortes sont exclues ; le cours de philosophie est réduit au cours de morale, et l'enseignement scientifique est rendu plus élémentaire; on peut ainsi donner de l'extension à l'étude de la langue française, des langues vivantes, de la littérature et de l'histoire, tout en restreignant le nombre des années de la scolarité. Tel est le cadre général tracé par l'article 4. La loi ne saurait spécifier davantage. Il rentre dans les attributions du conseil supérieur de l'instruction publique d'établir le programme de chaque cours, de répartir l'enseignement en un certain nombre de *classes* ou années d'études, de le maintenir à un niveau déterminé, en instituant un programme d'examens d'entrée, de passage et de sortie, et probablement aussi de faire une distinction entre les études obligatoires exigibles dans les examens, celles qui pourraient être modifiées suivant les régions, en vue des besoins locaux du commerce, de l'agriculture ou de l'industrie, — et celles, enfin, dont pourraient être dispensées certaines élèves, douées de moins de facilité que les autres, ou appelées à une existence plus modeste.

Cette dernière considération nous amène à examiner le caractère obligatoire du programme énoncé dans l'article 4. Il est obligatoire par rapport aux établissements qui seront fondés. Aucun établissement ne pourra exister sans être pourvu de tous les enseignements énumérés dans cet article; mais cela ne veut point dire que tous les élèves soient obligées de suivre indistinctement tous les cours à tous leurs degrés. Il doit être permis de tenir compte de leurs aptitudes, de restreindre au strict nécessaire l'instruction des unes, et de porter les autres à un niveau plus élevé.

Nous acceptons dans son ensemble le programme général, formulé en douze paragraphes dans l'article 4 du projet de loi. Il nous a paru utile toutefois d'introduire quelques modifications dans les paragraphes 2, 4, 6 et 8.

Le paragraphe 2 est ainsi conçu : « La langue française et au moins une langue vivante. Nous y ajoutons *la lecture à haute voix.* »

Nous ne vous proposons point de préparer les femmes à faire des lectures ou des déclamations en public, mais de leur apprendre à vaincre leur timidité et à se rendre utiles dans leur famille. Il appartient à la jeune fille de faire des lectures à ses parents malades, infirmes ou fatigués; plus tard dans son ménage, la mère, au lieu d'amuser ses enfants avec des contes de fées, saura les intéresser et les instruire par des lectures choisies, que le père lui-même écoutera avec plaisir. Elle développera ainsi en elle et autour d'elle les goûts littéraires, qui sont le charme de la vie domestique. Frappé de ces avantages, notre honorable collègue M. Schœlcher a proposé d'introduire dans l'article 4, après le neuvième paragraphe, un paragraphe additionnel intitulé : « la lecture à haute voix » ; mais sous cette forme, la lecture à haute voix devrait faire le sujet d'un cours spécial qui dépasserait notre but. Il nous paraît que cet utile exercice doit faire partie de l'enseignement de la langue française, et qu'il trouve naturellement sa place dans le paragraphe 2.

Le paragraphe 6 du projet de loi comprend « les sciences mathématiques, physiques et naturelles ». Cet énoncé général donnerait au programme une extension illimitée. Trop vaste en ce qui concerne la plupart des sciences, il laisse au milieu d'elles et sur le même pied l'arithmétique qui est beaucoup plus importante, et qui doit être l'objet d'un soin tout particulier. Il ne suffit pas de donner aux femmes les simples notions de calcul qui font déjà partie de l'enseignement primaire; pour administrer leur maison, pour seconder leurs maris dans l'industrie ou dans le commerce, pour trouver, au besoin, un emploi de caissière ou de teneur de livres, elles ont besoin de connaître toute l'arithmétique que l'on enseigne, dans les lycées de garçons, pour le baccalauréat. Mais il suffit de leur enseigner les éléments des autres sciences, et il nous a paru utile d'établir cette distinction. Nous vous proposons donc de rédiger ainsi le paragraphe 6 :

« L'arithmétique, les éléments de la géométrie, de la physique, de la chimie et de l'histoire naturelle. »

L'astronomie ne figure pas dans cette énumération; nous ne méconnaissons pas pour cela la nécessité de donner aux jeunes filles des notions élémentaires sur la physique du globe et sur la constitution du système solaire; mais si cet enseignement prenait rang parmi les sciences mathématiques et physiques, s'il devait reposer sur des preuves scientifiques, il excéderait de beaucoup le niveau de l'enseignement secondaire. Réduit au simple exposé des faits les plus essentiels, il trouvera mieux sa place dans le cours de cosmographie, qui est le complément nécessaire de l'enseignement de la géographie et que nous inscrivons dès lors dans le paragraphe 4, à côté de la géographie.

Le paragraphe 10 comprenait « le dessin et le modelage ». Nous n'y maintenons que le dessin. La nécessité du cours de dessin ne peut être méconnue; mais le nombre des jeunes filles qui pourraient tirer du cours de modelage un avantage réel est trop restreint pour qu'il y ait lieu de faire figurer ce cours dans le programme imposé à tous les établissements; il est donc préférable de laisser aux administrations locales le soin d'en apprécier l'utilité.

Nous maintenons sans modification les autres parties du programme formulé dans l'article 4. Quelques-unes d'entre elles ont toutefois donné lieu, dans le sein de la commission, à des remarques que nous ne devons pas passer sous silence.

En conservant le paragraphe 9, intitulé *Notions de droit usuel*, nous n'entendons nullement doter notre pays de la femme-juge, ou de la femme avocat, mais il faut du moins que la femme connaisse les droits que lui confère notre législation et les devoirs qu'elle lui impose. Il faut qu'elle connaisse autrement que de nom les divers régimes sous lesquels sa fortune peut être placée par son contrat de mariage; les droits si étendus que la loi confère à son mari sont modérés par des dispositions qu'elle ne doit pas ignorer; elle ne doit pas ignorer non plus la position que lui crée, à la mort de son mari, sa qualité de membre de la communauté ou de mère de famille. Ces considérations motivent pleinement le maintien des notions de droit usuel dans le programme.

L'hygiène, paragraphe 7, est une science très vaste qui tient une grande place dans la médecine et dans l'anthropologie et qui, considérée dans son ensemble, ne relève que de l'enseignement supérieur. Mais si les grandes questions d'hygiène publique ne sont accessibles qu'à des hommes préparés par des études longues et complexes, l'hygiène de l'individu et l'hygiène domestique peuvent, en ce qu'elles ont de plus essentiel, être mises à la portée de toutes les personnes éclairées. C'est pour cela qu'on a institué dans nos lycées, depuis 1872, des cours élémentaires d'hygiène. Ces cours sont bien plus nécessaires encore dans les écoles secondaires de filles, car c'est la femme, bien plus que l'homme, qui préside à l'hygiène des familles. Tout le monde le comprend, mais on ne sait pas, généralement, jusqu'où peut aller l'influence que les connaissances, opinions ou préjugés des femmes en matière d'hygiène exercent sur la santé des familles et sur le développement de la population. La Commission a donc invité son rapporteur à signaler quelques-unes des parties du programme, qui devra être préparé pour l'enseignement de l'hygiène dans les établissements de filles.

1° Hygiène de la maison : propreté, cubage des chambres à coucher, appareils de chauffage et d'éclairage, ventilation, balnéation, etc. ;

2° Hygiène de l'alimentation : matières alimentaires, boissons, condiments, étamage ;

3° Hygiène du costume : nature des vêtements, modes nuisibles ;

4° Hygiène de la première enfance : soins à donner aux nouveau-nés, l'allaitement maternel, l'allaitement étranger, l'allaitement artificiel, danger de l'alimentation prématurée, coiffure et costume des nourrissons et des jeunes enfants.

Les faits groupés sous ce quatrième chef n'ont pas trouvé place dans le programme des aspirantes au brevet de capacité ; on les dédaignait comme trop vulgaires, comme rentrant dans le domaine des sages-femmes et des matrones, comme de nature à attirer l'attention des filles sur un sujet trop peu délicat pour elles. Qu'en est-il résulté ? C'est que ce qu'il y a de plus précieux dans une nation et de plus grave pour son avenir, la vie des jeunes enfants, a été livré aux hasards meurtriers de l'ignorance. Si toutes les mères étaient instruites en ces choses, si toutes étaient pénétrées de leurs devoirs, on ne verrait pas sévir sur les générations naissantes cet épouvantable mortalité qui déshonore notre civilisation, et qui a motivé la loi sur la protection du premier âge, votée par l'Assemblée nationale sur la proposition de notre honorable collègue M. Roussel. Sur cent enfants nés vivants, près de dix-sept meurent pendant la première année[1]. C'est le chiffre moyen pour la France entière ; mais gardons-nous de croire que ce soit une de ces fatalités que la nature impose, et auxquelles il faut se résigner. Non, la nature n'est pas si cruelle ; parmi ces dix-sept enfants qui succombent avant l'âge d'un an, il en est un très grand nombre, plus de la moitié peut-être, dont la constitution est bonne, et que des soins mieux dirigés conserveraient à la vie. Il suffit, pour s'en convaincre, de comparer la mortalité infantile dans les diverses régions de la France. Elle est excessive, comme on pouvait s'y attendre, dans les départements où s'exerce en grand l'industrie nourricière (elle dépasse, dans Eure-et-Loir, le chiffre de 29 pour 100) ; mais même en laissant de côté ces départements plus ou moins exceptionnels, nous la voyons s'élever à 21,3 dans le Gard, à 23,1 dans les Basses-Alpes, et descendre à 12 dans la Vienne, à 11,1 dans la Creuse[2]. Ces différences énormes

---

[1] Ce chiffre, qui était de 17,6 pour 100 dans la période 1861-1864, n'a été que de 16,7 pour 100 dans la période 1875-1876, relevée tout récemment par M. le docteur Bertillon. Il est, d'ailleurs, inférieur à la réalité, parce que la plupart des enfants qui meurent pendant les trois premiers jours de la vie sont déclarés mort-nés et ne figurent pas sur la liste mortuaire des enfants nés vivants.

[2] Nous extrayons les chiffres suivants du dernier relevé de M. le docteur Bertillon sur la période bisannuelle 1875-76.

MORTALITÉ DE LA PREMIÈRE ANNÉE.

Mortalité minima.		*Mortalité maxima.*	
1. Creuse	11,2 pour 100.	1. Eure-et-Loir	29,4 pour 100.
2. Vienne	12,0	2. Marne	25,7
3. Allier	12,2	3. Ardèche	24,3
4. Manche	12,2	4. Seine-Inférieure	23,7

ne dépendent ni du climat, ni de la race, ni de la constitution primitive des enfants, mais de la nature des soins qu'ils reçoivent suivant les habitudes locales, suivant les routines et les préjugés des mères et des matrones. L'expérience ayant prouvé que la mortalité de la première année peut se réduire 11 pour 100, on est en droit d'en conclure que le nombre des enfants réellement éliminés par les causes naturelles est tout au plus égal et probablement même bien inférieur à ce chiffre, et que, par conséquent, une hygiène bien entendue doit y ramener sinon partout, du moins presque partout le tribut que les enfants de notre pays payent à la mort pendant leur première année [1]. Il naît chaque année en France environ un million d'enfant. Il en meurt 170,000 avant la fin de la première année, et on pourrait réduire ce déchet à 110,000 ! Onpourrait arracher à la mort 60,00 victimes par an ! Voilà ce que peut faire l'hygiène. Voilà le but qu'on peut atteindre par le progrès des mœurs et de l'instruction. Mais il est de toute évidence qu'en pareille matière, l'influence de la mère est toujours prépondérante et le plus souvent exclusive. Il y a donc un intérêt public de premier ordre à comprendre l'hygiène de la première enfance dans le programme de l'enseignement secondaire des filles.

Dans ce programme, l'enseignement moral occupe la première place, et nous l'aurions signalé avant tout autre, si la discussion à laquelle il a donné lieu dans le sein de la commission ne se rattachait à celle de l'article 5.

Le paragraphe 1er du programme de l'article 4 est intitulé : l'*Enseignement moral*. Un membre de la commission (qui d'ailleurs avait repoussé le principe même de la loi), considérant comme insuffisantes les prescriptions de l'article 5 sur l'enseignement religieux, a proposé de substituer, dans le programme, aux mots : l'enseignement moral, les mots : *l'enseignement moral et religieux*. Mais cet amendement n'a pas été admis par la commission. S'il n'y avait dans notre pays qu'un seul culte, si l'on ne devait admettre dans nos établissements que des jeunes filles élevées dans une seule et même religion, si toutes les autres en étaient exclues, il serait sinon désirable, du moins possible, de

Mortalité minima.		*Mortalité maxima.*	
5. Basses-Pyrénées	12,4 pour 100.	5. Yonne..........	23,2 pour 100.
6. Deux-Sèvres...	12,6	6. Basses-Alpes...	23,1
7. Vendée........	12,8	7. Seine-et-Marne.	23,1
8. Indre..........	12,9	8. Hautes-Alpes...	21,5
9. Hautes-Pyrénées	13,2	9. Loiret..........	21,4
10. Haute-Garonne.	13,2	10. Seine-et-Oise..	21,3
11. Haute-Vienne..	13,4	11. Gard..........	21,3

[1] En Norwège la mortalité de la première année n'est en moyenne que de 10,4 pour 100.

confondre, en un même cours, l'enseignement moral et l'enseignement religieux. Mais la multiplicité des cultes reconnus par
l'Etat, et le principe de la liberté de conscience inscrit dans nos
lois, rendent cette idée impraticable. Il faudrait qu'il y eût dans
chaque établissement autant de professeurs de morale qu'il y a
de cultes reconnus, un catholique, un protestant, un juif (voire,
en Algérie, un musulman); et il faudrait, en outre, y ajouter un
professeur de morale pure et simple pour les enfants des familles qui appartiennent à d'autres cultes ou dont les croyances
ne sont pas formulées en dogmes; car il est également impossible d'exiger que ces jeunes filles suivent un enseignement religieux contraire aux vœux de leurs parents, et de décider
qu'elles ne recevront aucun enseignement moral.La Commission
estime, d'ailleurs, que la réunion de l'enseignement moral et de
l'enseignement religieux se ferait au détriment de ce dernier,
car le cours de morale sera nécessairement confié à un professeur laïque, et un laïque n'a ni compétence ni autorité pour enseigner sa propre religion.

Sans pousser plus loin l'examen de ces difficultés, demand-
dons-nous à quel titre l'enseignement moral figure dans le programme de l'instruction secondaire des jeunes filles. Il y tient la
place qu'occupe le cours de philosophie dans le programme de
l'instruction secondaire des garçons. Ce cours comprend, outre
la morale, l'histoire des doctrines philosophiques, la logique, la
psychologie, la métaphysique et la théodicée. De ce vaste ensemble du programme de la philosophie, on n'a retenu, pour les
jeunes filles, que la morale; et dès lors, on a substitué au titre
trop général d'enseignement philosophique, celui d'enseignement moral. Mais cette morale reste la même; elle repose sur les
mêmes principes, elle prescrit les mêmes devoirs, qui sont communs à tous les individus, quel que soit leur sexe, quelles que
soient leurs croyances religieuses; car il n'y a pas plusieurs
morales; il n'y en a qu'une seule, à laquelle les ministres de
tous les cultes prêtent l'appui de leur autorité, mais qu'aucune
religion ne peut, à l'exclusion des autres, considérer comme
sienne.

C'est le devoir strict de l'Etat d'enseigner cette morale, de l'enseigner à tous sous sa responsabilité, et d'en rendre l'étude obligatoire dans ses établissements; mais il ne lui appartient ni de
rendre l'enseignement religieux obligatoire, ni d'en assumer la
responsabilité; ce serait méconnaître les droits des familles,
seules juges en pareille matière, et seules responsables de leur
décision. L'enseignement religieux doit donc être distinct de
l'enseignement moral, et ne saurait figurer dans le programme
imposé.

V

L'enseignement religieux, étant laissé entièrement au choix des familles, doit être, autant que possible, laissé sous leur direction.

L'application de ce principe ne souffre aucune difficulté dans les externats, qui sont le type de nos établissements. Les jeunes filles y viendront cinq jours par semaine, elles n'y passeront chaque fois que quatre ou cinq heures ; le reste de leur temps s'écoulera chez leurs parents ou dans des pensions choisies par leurs parents, et ceux-ci auront toute latitude pour leur faire donner l'enseignement religieux par les ministres de leur culte.

La minorité de la Commission a proposé d'organiser cet enseignement dans l'intérieur même des externats, où les ministres des différents cultes viendraient faire leur cours, comme les professeurs ordinaires, à des heures déterminées. Mais cet accroissement du personnel, cette addition au programme, cette heure à prendre, au détriment des autres cours, sur une journée scolaire qu'on ne saurait allonger sans inconvénient, tout cela compliquerait beaucoup l'administration des externats, qu'on doit chercher au contraire à simplifier. Et il en résulterait un notable surcroît de dépense, qui amènerait l'augmentation du prix de l'externat ; car on ne pourrait se dispenser de rémunérer les divers maîtres des cours de religion, astreints au jour et à l'heure réglementaires comme les professeurs, tenus à la même exactitude, soumis au même contrôle. Cette rémunération leur serait due, alors même que le nombre des élèves serait excessivement restreint, comme on le verrait dans certaines villes où il n'y a qu'un très petit nombre de familles israélites ou protestantes.

Enfin, il est extrêmement probable, il est même certain que beaucoup de familles, et des plus pieuses, désirant surveiller elles-mêmes l'instruction religieuse de leurs filles, et la confier à des personnes de leur choix, renonceraient à l'enseignement religieux officiel donné dans l'intérieur de l'établissement.

Frappée de ces difficultés multiples, et considérant d'ailleurs que l'État ne doit jamais, sans nécessité, intervenir dans l'enseignement religieux, la majorité de votre Commission pense que cet enseignement ne doit pas être donné dans les établissements d'externes.

Mais il est de toute évidence qu'il doit être donné dans l'intérieur des établissements qui recevront des élèves internes ou demi-pensionnaires. Ces élèves y ont droit. Les difficultés, les complications, les motifs d'économie disparaissent devant la nécessité. Ici, d'ailleurs, les cours de religion ne troubleront pas la répartition des heures des autres cours. Les heures scolaires proprement dites, pendant lesquelles l'établissement est ouvert aux élèves externes, n'occupant que la moindre partie de la journée, on aura toute facilité pour choisir, avant ou après les cours ordinaires, l'heure consacrée à l'enseignement religieux, à la convenance des ministres de chaque culte.

Il est clair qu'il ne saurait y avoir sous ce rapport aucune différence entre les internes et les demi-pensionnaires, puisque celles-ci, passant la journée entière dans l'établissement, ne peuvent recevoir que là l'enseignement religieux. L'article 5 du projet de loi ne mentionnait que les élèves internes ; il aurait pu suffire, car il est hors de doute que, dans la pratique, les demi-pensionnaires auraient été mises sur le même pied que les internes ; néanmoins il nous a paru que la loi ne saurait être trop claire, et nous avons introduit dans cet article une modification qui assure les droits des demi-pensionnaires.

Nous pensons, en outre, que là où l'enseignement religieux est organisé au profit des élèves internes ou demi-pensionnaires, les élèves externes doivent être autorisées à le suivre, sur la demande de leurs parents.

VI

L'article 6 porte qu'il pourra être annexé aux établissements d'enseignement secondaire « un cours spécial de pédagogie pour les élèves maîtresses ». On sait que beaucoup de jeunes filles, sans avoir l'intention de se vouer à l'enseignement, prennent les brevets d'institutrice, soit pour faire constater le succès de leurs études, soit pour se préparer une ressource contre la mauvaise fortune. Cet usage, qui tend à se répandre, mérite notre approbation, et l'article 6, qui autorise la création facultative d'un cours de pédagogie dans les établissements d'enseignement secondaire, doit être accepté en principe.

Mais s'il est bon que les élèves de ces établissements puissent s'y préparer aux *examens* d'institutrices, il n'est nullement désirable d'y attirer les jeunes filles qui se destinent à la *profession* d'institutrice. Ce milieu n'est pas celui qui leur convient. Il faut les diriger vers les écoles normales qui ont été créées pour elles. C'est là qu'elles trouveront, outre l'instruction, l'éducation professionnelle si sérieuse et si spéciale dont elles ont besoin. Votre Commission vous propose donc de rédiger l'article 6 de la manière suivante :

« Il pourra être annexé aux établissements d'enseignement secondaire un cours de pédagogie. »

VII

Avant de passer à l'article suivant, qui concerne les examens de sortie, nous devons signaler dans le projet de loi une lacune relative aux examens d'entrée.

L'enseignement secondaire doit succéder à l'enseignement primaire, et ne saurait faire double emploi avec lui dans aucune de ses parties ; les cours primaires doivent donc en être exclus. Il est nécessaire, dès lors, de n'admettre dans les établissements secondaires que des élèves capables d'en suivre les cours avec profit. Une limite d'âge ne donnerait, à cet égard, aucune garantie. L'aptitude des jeunes filles ne peut être constatée que par un examen d'entrée, qui, dans notre pensée, doit être assez sérieux, afin que le niveau de l'enseignement secondaire ne risque pas de s'abaisser. C'est le sujet d'un article additionnel que nous plaçons après l'article 6.

VIII

L'article 7 du projet de loi devient ainsi le huitième, et nous le maintenons sans changement. Il est relatif aux examens de sortie, à la suite desquels sera délivré un diplôme. Ce diplôme sera purement honorifique ; il n'aura aucune valeur professionnelle ; il ne tiendra point lieu des brevets d'institutrice, dont il différera essentiellement ; il ne sera pas non plus l'équivalent des baccalauréats ès lettres ou ès sciences, et, par exemple, il ne pourra ouvrir aux jeunes personnes qui les possèderont l'accès des Facultés de médecine. Il servira seulement à constater que les élèves ont suivi jusqu'au bout, et avec succès, les cours de l'enseignement secondaire. Ce sera l'honorable récompense de leur travail, et leurs familles y attacheront le plus grand prix. Ce diplôme répondra à un besoin qui se manifeste déjà de toutes parts avec une intensité croissante, car on voit se présenter, chaque année, aux examens d'institutrice bon nombre de jeunes filles qui appartiennent à la classe la plus aisée, et qui ne se destinent pas à l'enseignement, mais qui n'ont pas d'autre moyen de faire constater la solidité de leur instruction. Les examens d'institutrice se trouvent ainsi encombrés, et même, dans une certaine mesure, détournés de leur but.

L'utilité du diplôme délivré à la suite des examens de sortie est si bien reconnue, que le conseil supérieur de l'instruction publique vient d'adopter une disposition analogue pour les établissements de garçons.

IX

Le dernier article porte, dans ses deux premiers alinéas, que chaque établissement est placé sous l'autorité d'une directrice, et que les professeurs, hommes ou femmes, seront munis de diplômes réguliers. Votre Commission maintient ces deux premiers alinéas, mais elle pense que le troisième, relatif à la surveillance des classes, est de l'ordre réglementaire et ne doit pas trouver place dans la loi.

PROPOSITION DE LOI[1],

Art. 1er.

Il sera fondé par l'Etat, avec le concours des départements et des villes, des établissements destinés à l'enseignement secondaire des jeunes filles.

Art. 2.

Ces établissements seront des externats.

Des internats pourront y être annexés sur la demande et sous la responsabilité des conseils municipaux, et après entente entre eux et l'Etat.

Art. 3.

Il sera fondé par l'Etat, les départements et les villes, au profit des internes et des demi-pensionnaires, tant élèves qu'élèves maîtresses, des bourses dont le nombre sera déterminé dans le traité constitutif qui interviendra entre le ministre, le département et la ville où sera créé l'établissement.

Art. 4.

L'enseignement comprend :
1° L'enseignement moral ;

----

[1] Le rapporteur a mis en regard du projet de la Commission du Sénat le projet voté par la Chambre (Voir le projet page 246).

2° La langue française, la lecture à haute voix, et au moins une langue vivante ;

3° Les littératures ancienne et moderne ;

4° La géographie et la cosmographie ;

5° L'histoire nationale et un aperçu de l'histoire générale ;

6° L'arithmétique, les éléments de la géométrie, de la chimie, de la physique et de l'histoire naturelle

7° L'hygiène ;

8° L'économie domestique et les travaux à l'aiguille ;

9° Des notions du droit usuel ;

10° Le dessin ;

11° La musique ;

12° La gymnastique.

Art. 5.

L'enseignement religieux sera donné, sur la demande des parents, par les ministres des différents cultes, dans l'intérieur des établissements où se trouvent des élèves internes ou demi-pensionnaires. Les élèves externes seront autorisées à suivre cet enseignement.

Les ministres des différents cultes seront agréés par le ministre de l'instruction publique.

Ils ne résideront pas dans l'établissement.

Art. 6.

Il pourra être annexé aux établissements d'enseignement secondaire un cours de pédagogie.

Art. 7.

Aucune élève ne pourra être admise dans les établissements d'instruction secondaire, sans avoir subi un examen constatant qu'elle est en état d'en suivre les cours.

Art. 8.

Il sera, à la suite d'un examen, délivré un diplôme aux jeunes filles qui auront suivi les cours des établissements publics d enseignement secondaire.

Art. 9.

Chaque établissement est placé sous l'autorité d'une directrice.

L'enseignement est donné par des professeurs hommes ou femmes munis de diplômes réguliers.

SÉNAT

SÉANCE DU 20 NOVEMBRE 1880.

PREMIÈRE DÉLIBÉRATION SUR LE PROJET DE LOI RELATIF À L'ENSEIGNEMENT SECONDAIRE DES JEUNES FILLES.

PRÉSIDENCE DE M. LÉON SAY.

M. le président. L'ordre du jour appelle la première délibération sur la proposition de loi, adoptée par la Chambre des députés, sur l'enseignement secondaire des jeunes filles.

M. le président. La parole est à M. Desbassayns de Richemont.

M. le comte Desbassayns de Richemont. Messieurs, je viens combattre devant le Sénat le projet de loi destiné à créer en France des lycées de jeunes filles.

Cette loi n'émane pas du Gouvernement, elle est due à l'initiative d'un membre de l'autre Chambre ; elle n'a été ni discutée sérieusement dans la presse, ni élaborée par l'opinion publique ; les conseils généraux ne s'en sont pas occupés ; elle n'a pas été, en un mot, ce que l'on pourrait appeler réfléchie par le pays.

Je ne viens donc pas, en la combattant, faire, à proprement parler, œuvre d'opposition au Cabinet, mais œuvre de discussion et de liberté.

Aussi est-ce à toutes les parties de cette Assemblée que je me permets de soumettre des observations sur un sujet grave et qui nous concerne tous, car il touche à ce qu'il y a de plus délicat, j'allais dire de plus tendre, dans l'âme de la France.....
(Très bien ! à droite.)

La Commission de la Chambre des députés, tenant à ne dissimuler en rien — et je me garde bien de l'en blâmer — l'importance qu'elle attache à la loi et l'ampleur de ses espérances, nous dit dans son rapport qu'elle voit là « le point de départ du relèvement de la France », et, je cite textuellement, « le germe même de vitalité de la jeune République ».

Aucun doute n'est donc possible. Ce qu'on veut faire, ce n'est pas un essai plus ou moins convenable ou plus ou moins prudent ; c'est une grande œuvre de centralisation intellectuelle s'exerçant sur les intelligences, qui, à quelque sphère sociale qu'elles appartiennent, ont échappé le plus jusqu'ici au joug de l'Etat. Ce qu'on veut, en un mot, c'est la fondation d'une université de femmes, dirigée par des hommes, ou, si vous le préférez, la création de l'aile féminine de l'Université, avec cette gravité particulière qu'elle aura pour base des principes tout différents de ceux sur lesquels on a élevé l'Université elle-même, il y a soixante-dix ans.

Eh bien ! Messieurs, j'estime qu'avant de s'engager dans cette voie, d'où il sera impossible d'en sortir dès qu'on y sera entré, car tout, les sommes dépensées, les carrières commencées, les promesses faites, et jusqu'aux résistances qu'on rencontrera, et devant lesquelles on refusera de céder, tout forcera à poursuivre l'œuvre, — j'estime, dis-je, qu'il faut regarder les choses au fond ; et cela d'autant plus que, bien qu'on nous parle beaucoup de l'étranger dans cette matière, l'entreprise à laquelle on nous convie, avec le caractère qu'on lui donne, n'existe à peu près nulle part au delà de nos frontières.

Presque partout, en effet, excepté en Russie et dans un très petit nombre de lieux en dehors, les institutions secondaires destinées aux jeunes filles, quand elles ne sont pas dues à l'initiative individuelle, sont fondées par les communes ; par des communes recevant souvent, je le reconnais, des subventions de l'Etat, mais en revanche, ayant, comme les townships des Etats-Unis, par exemple, une individualité tout autrement puissante que les nôtres, et une indépendance toute différente, pour régler leur organisation, leur administration, et les programmes très variés qu'on y enseigne.

Je pourrais donner au Sénat des informations assez étendues sur ce point ; mais je tiens à ménager son temps et je me borne à répéter qu'à peu près rien, à l'étranger, dans cette question difficile de l'enseignement des femmes, ne peut faire penser à un enseignement d'Etat comme celui qu'on veut fonder au milieu de nous, avec une organisation imposée, un programme uniforme, un esprit unique, un corps professoral, diplômé et discipliné, le tout suscité par l'initiative du pouvoir central et, au moins au début, alimenté, dans la plus large mesure, par des bourses.....

Pour justifier ce projet, continue l'orateur, on a fait ressortir la prétendue infériorité de l'éducation des femmes de France sur celles de l'étranger.

Ces affirmations, messieurs, ont été entendues en dehors de nos frontières ; elles ont été reproduites, commentées ; moi-même, j'en ai recueilli les échos ; et il est impossible que, donnant à la défense la même publicité qu'à l'accusation, on ne vienne pas dire à la tribune du Sénat, quelle est la valeur de ce reproche, et l'importance qu'il faut lui attribuer. (Nouvelles approbations sur les mêmes bancs.)

Voyons d'abord ce qui a été dit :

« Nous laissons nos filles dans l'ignorance : la femme, c'est-à-dire la moitié de la France, ne reçoit pas d'instruction. »

Telle est d'abord la formule abrégée de l'honorable M. Camille Sée... Plus loin, il développe sa pensée : « Elles n'apprennent, dit-il, ni les langues, ni la littérature, ni les sciences. » Et ailleurs : « Elles ne puisent dans leurs études aucune idée sur la philosophie, sur les connaissances élémentaires du droit, sur l'histoire naturelle, sur la physique, sur l'économie domestique. Au lieu de cela, on leur fait passer dans la frivolité, dans l'oisiveté, les années de l'adolescence. On les maintient « par l'inertie dans une espèce d'abaissement moral et intellectuel. »

Je cite textuellement, messieurs : « Les mieux élevées parmi elles ne sont, à proprement parler, que des ignorantes, presque des illettrées, au moment où elles s'établissent. » Enfin, l'état actuel des choses constitue « un déni de justice à l'égard des femmes, un préjudice porté à leurs maris et un crime commis contre leurs enfants. »

Tous les passages que je viens de citer sont textuels, je le répète, j'en ai ici les preuves.

En revanche, on oppose aux femmes de France les femmes des États-Unis, de la Russie, de la Hollande, de la Suisse, de l'Allemagne, de l'Italie, et, dans la discussion parlementaire, on a été jusqu'à parler de celles de la Grèce, de la Turquie et du Japon. (Sourires à droite.)

Voilà l'attaque, messieurs. Il me serait facile, sûr des sympathies que j'éveillerais dans cette Assemblée, de répondre à ces affirmations par l'expression des sentiments qu'elles nous inspirent ; mais plusieurs pourraient m'accuser de tomber dans le défaut que je reproche à mes contradicteurs ; j'aime mieux suivre un mode de polémique plus fécond, et répondre à des mots par des faits. (Très bien ! à droite.)

Nous prétendons, nous, — car je suis ici, certainement, l'écho d'un grand nombre, — qu'un enseignement élevé est donné en France aux jeunes filles sur une vaste échelle ; nous prétendons que cet enseignement est d'accord avec le bon sens et l'expérience, varié dans ses formes, proportionné aux situations et aux ressources, et que, si parfois des perfectionnements sont désirables, — ce qui peut se dire de toute chose en ce monde, sans en excepter l'Université, dont, sous prétexte de réformes, on vient de transformer les études, à peu près partout le progrès est sensible et continu, qu'aucun besoin public, en un mot, ne justifie les nouvelles charges et les nouveaux devoirs qu'on veut imposer à l'Etat.

Pénétrons, si vous le voulez bien, pendant quelques instants, dans l'intérieur même du sujet.

J'insisterai peu, messieurs, sur l'éducation du foyer ou plutôt sur l'éducation maternelle, car nul ne songe à contester, je pense, que ce soit pour la jeune fille qui peut la recevoir, l'éducation sûre et solide entre toutes, l'éducation donnée, dans le milieu providentiel où s'épanouira sa destinée et où l'autorité et la tendresse, ces deux facteurs nécessaires de toute formation morale, se prêtent un appui que rien ne peut remplacer. (Très bien ! à droite.)

Je dirai seulement que cette forme d'éducation, complétée par les secours qu'elle invoque et par les appuis qu'elle rencontre — à Paris, seulement, il y a des cours souvent très remarquables suivis par plusieurs milliers de jeunes filles — cette forme tient d'éducation en France, dans les classes riches ou aisées, une place particulièrement importante. Je n'en veux pour témoin qu'un homme dont je ne partage certainement pas toutes les idées, mais dont vous ne méconnaitrez pas, messieurs, la valeur : M. Michel Bréal. Répondant précisément à des accusations venues de l'étranger, voici ce qu'il écrivait : « On peut dire que l'éducation domestique des jeunes personnes n'occupe nulle part autant les parents qu'en France. »

Et, développant sa pensée, il ajoutait : « Non seulement on ne se résigne pas facilement à l'externat, mais la mère s'astreint à suivre les cours, où le besoin d'une instruction plus variée et plus étendue que ne pourrait être celle de la maison, la décide à conduire sa fille. »

Mais je n'insiste pas, je le répète, sur cette forme de l'éducation, dont, en proclamant devant l'Europe l'infériorité de la femme française, on n'a tenu aucun compte, et je me hâte d'arriver au champ spécial de ce débat, c'est-à-dire aux institutions où s'élèvent les jeunes filles qui, pour des raisons diverses, ne trouvent pas chez elles une instruction assez étendue . ces institutions sont de deux sortes : les unes laïques, les autres congréganistes. Or, nous sommes en face de ce fait étrange — je ne veux pas le qualifier autrement : — c'est que, dans le rapport considérable que voici, qui nous a été distribué à tous et a servi de base aux débats dans l'autre Chambre et dans les bureaux du Sénat, nous trouvons 220 pages au moins consacrées à nous donner les programmes, fort intéressants du reste, des établissements publics ou libres de l'étranger, et pas une seule page consacrée aux établissements libres de France. On s'est borné à nous dire que, dans les pensionnats laïques, l'enseignement se mouvait dans des limites très étroites, et que dans les pensionnats congréganistes il « était pour ainsi dire nul ». Ce sont les termes mêmes qu'on a employés. Quant au tableau fantaisiste ou fantastique qu'on a fait de la vie de la jeune fille dans ces établissements, pour ne pas sortir de mon sujet, j'en fais grâce au Sénat et je m'enferme dans cette'question, car c'est de sa solution que dépend en grande partie la justification de l'inutilité de cette loi : Quel est, en France, dans les institutions libres, l'état actuel de l'éducation secondaire des jeunes filles? Est-elle, comme on le prétend, ou nulle ou à peu près nulle? ou répond-elle, au contraire, aux besoins que les auteurs mêmes de la loi ont eu à cœur de satisfaire?

Toute la question est là.

J'aurais voulu, messieurs, apporter au Sénat les résultats d'une véritable enquête, car rien ne remplace l'autorité de chiffres précis; et ils auraient été ici tous en ma faveur. Des circonstances diverses m'ont empêché d'achever cette œuvre ; j'espère cependant que les informations que je puis apporter au Sénat ne seront pas sans jeter quelque lumière sur la question et sans lui offrir quelque intérêt.

La vérité est qu'il existe, en France, pour les jeunes filles, plusieurs centaines d'établissements qui donnent une instruction dépassant l'enseignement primaire, atteignant souvent l'enseignement secondaire, et arrivant parfois jusqu'à l'enseignement supérieur proprement dit. Il est bien entendu que ces termes d'enseignement secondaire et d'enseignement supérieur doivent être entendus ici par analogie, car le critérium qui sert à distinguer ces deux degrés d'enseignement dans l'éducation des jeunes gens, à savoir : les langues classiques pour le premier et les études des Facultés pour le second, fait ici nécessairement défaut. Ces établissements étaient, en 1868, au nombre de six ou sept cents au moins ; et j'ai les raisons les plus sérieuses de penser qu'ils dépassent actuellement très notablement ce chiffre. J'ai eu entre les mains, messieurs, et j'ai pu étudier plus de deux cents programmes venant de toutes les parties de la France, dont quelques uns sont très détaillés, très concluants ; — j'en ai là, du reste, un certain nombre que je tiens à la disposition de ceux de mes collègues qui voudraient les consulter; — et je puis dire que cette classe d'établissements scolaires offre ce caractère particulier, que la variété des systèmes, la spontanéité, l'originalité, dirai-je, est ici beaucoup plus grande — ce qui est, à mon avis, un avantage incontestable, — que dans les maisons destinées aux jeunes gens. Le joug des examens est beaucoup plus léger ; l'uniformité administrative ne s'impose qu'indirectement ; aussi ne retrouve-t-on qu'à un degré bien moindre ce moule unique dans lequel on coule et surtout l'on voudrait couler l'éducation des garçons.

J'ajoute que, au lieu de se modeler sur deux ou trois types définis et à peu près toujours identiques, les maisons destinées aux jeunes filles s'étagent, si je puis ainsi parler, grâce à la liberté, entre l'enseignement primaire et l'enseignement supérieur, formant comme une série ininterrompue, dont les termes successifs correspondent aux besoins multiples des différentes conditions sociales et des diverses régions (Applaudissements à droite).

J'ai ici, messieurs, beaucoup de programmes. Ils appartiennent non seulement à Paris et à de grandes villes comme Bordeaux, Marseille, Lyon, Lille, ou à des chefs-lieux comme Amiens, Nantes, Orléans, Arras, Bourges, Mâcon, Valence, Lons-le-Saulnier, Alençon et beaucoup d'autres, mais encore à des localités de beaucoup moindre importance, comme Etampes, les Andelys, Verdun, Saint-Quentin, Lunéville, Saint-Dizier, Soissons, Poligny et enfin à de très petites localités, telles que Veyrier, dans la Haute-Savoie, Plestin, Aigrefeuille, Saint-Pierre-l'Eglise, Mattaincourt, Ham, Evron, Carantan et d'autres.

L'orateur dit qu'il ne fatiguera par aucune lecture, quelqu'instructive qu'elle puisse être, l'attention du Sénat.

Mais, ajoute l'orateur, il est indispensable « pour le public » qu'on ne saurait induire en erreur par des affirmations sans » portée » d'indiquer brièvement le caractère et la valeur des études.

L'orateur parcourt les matières destinées à former le programme des nouveaux établissements, et se demande si elles ne sont pas largement enseignées « dans les institutions dont la » liberté, selon lui, a très largement doté notre pays. »

On n'a jamais, il est vrai, admis dans ces institutions que l'on pût « enseigner la morale à des jeunes filles en traitant » Dieu et l'Evangile comme s'ils n'existaient pas. » Mais c'est là, dit-il, un sujet trop grave pour être abordé en passant. Il demande à être traité à part, et « sera repris hors de la discus- » sion des articles. »

Par contre, on enseigne, dans ces institutions, la langue française, et dans quelques-unes la littérature, les langues étrangères, à titre facultatif tout au moins, en général, c'est l'allemand, l'anglais, l'italien ou l'espagnol. Il est même un établissement où l'on enseigne le polonais, un autre où l'on enseigne le grec moderne. Il est des maisons où l'on enseigne le grec moderne. Il est des maisons où l'on enseigne les littératures étrangères ; on enseigne la géographie, la cosmographie, l'histoire, l'arithmétique, souvent jusqu'aux racines cubiques, très fréquemment la géométrie, l'algèbre; la physique, la chimie, sont enseignées avec plus ou moins de détails, quelquefois avec beaucoup de détails.

Mais voulez-vous, continue l'orateur, une preuve encore meilleure qu'un programme? C'est l'existence de plus en plus répandue de collections d'instruments, qui arrivent assez souvent à former presque des cabinets de physique.

Permettez-moi de vous lire — ce ne sera pas long — les instruments que possède une seule maison de province, le pensionnat de Notre-Dame, à Verdun, par exemple. Pour l'étude de l'hydrostatique, il y a des vases communiquants, différents aréomètres, une balance hydrostatique. Pour l'étude de la pesanteur de l'air et de la pression atmosphérique : Baromètres de Fortin et à siphon, manomètres, pompe aspirante et foulante, fontaine intermittente, fontaine de Héron. Pour l'étude de la chaleur : anneau de Gravesand, thermomètres, pyromètre, alambic, modèles de machine à vapeur Watt et de locomotive Crampton.

Les instruments destinés à l'étude de l'électricité sont particulièrement nombreux. On trouve : électrophore, électroscopes, machine électrique avec accessoires pour les expériences, bouteilles de Leyde, carreau fulminant, pistolet de Volta ; pour le magnétisme : aimants, aiguille aimantée sur son pivot, boussole ; pour le galvanisme : pile de Volta, différentes piles électriques, voltamètre ; pour l'électro-magnétisme : électro-aimants, galvanomètre, télégraphe électrique à cadran, sonnettes électriques, bobine de Ruhmkorff, électro-moteur, tubes de Geissler ; pour l'optique enfin : prisme sur pied, miroirs, lentilles, chambre claire, chambre noire, lunettes, appareil photographique, stéréoscope, microscope, instruments de projection. (Bruit de conversations.)

Messieurs, je pourrais citer une foule d'autres lieux, dans lesquels il y a un nombre d'instruments plus ou moins grand et qui s'accroît tous les jours.

Quant à la chimie, qui est enseignée aussi, j'ai là des programmes fort bien faits que je pourrais vous lire, le nombre des instruments est beaucoup moins important ; cependant il tend aussi à s'accroître, et dans certains lieux on a déjà formé un petit laboratoire.

Le mouvement qui entraîne vers les sciences est beaucoup plus prononcé encore en ce qui touche les sciences naturelles. On n'apprend pas seulement la botanique dont l'étude est favorisée par des herbiers et par des collections de plantes vivantes, dont j'ai vu certaines comprenant plusieurs collections d'échantillons parfaitement classés : mais on apprend encore la minéralogie, la géologie, la zoologie. Je ne peux pas faire passer sous les yeux du Sénat tous les programmes ; cependant en voici un dont je vous demande la permission de citer quelques lignes. C'est le programme de géologie de la maison des dames de Saint-Aignan, à Orléans. On y lit :

« Différentes sortes de roches. — Fossiles. — Description et histoire du globe terrestre. — Description des phénomènes géologiques actuels. — Composition de l'écorce solide du globe terrestre. — Etude par tableaux des différents terrains, des roches et des fossiles qui les caractérisent, des soulèvements produits pendant la formation de chaque terrain ou à la fin de la période géologique correspondante. — Chiffre de la plus grande épaisseur connue pour chaque étage de terrains. »

N'est-ce pas très suffisant, messieurs, je vous le demande, pour l'enseignement des jeunes filles ?

A droite. Certainement.

L'orateur ajoute que ces études sont facilitées par des collections nombreuses. Il y a, au couvent des Oiseaux, des collections de roches, de minéralogie, d'ornithologie, d'ichthyologie ; il existe dans plusieurs établissements des précis de botanique et de minéralogie avec planches.

L'hygiène est enseignée ; ce ne sont souvent, il est vrai, que des conseils pratiques d'hygiène, mais dans certains cas on va jusqu'à la physiologie appliquée à l'hygiène, et même jusqu'à des notions d'anatomie.

On enseigne partout l'économie domestique. Le droit est moins répandu. Cependant, il commence à entrer dans les programmes.

On enseigne à peu près partout la musique, l'harmonie, le dessin, la peinture. Il est des institutions où l'on enseigne la philosophie et le latin.

Le nombre des jeunes filles qui passent les examens sans se destiner à l'enseignement est de plus en plus important, et prouve la diffusion croissante de l'enseignement lui-même. Le chiffre des brevets supérieurs, dans un espace de 10 ans, de 1868 à 1878, a augmenté.

En 1868, il était de 322 ; en 1878, il avait monté à 853.

Peut-on alors soutenir que la France n'a qu'à étudier ce qu'on a accompli avant elle, comme on l'a écrit, pour apprendre ce qu'elle a à faire elle-même.

Il ne faut pas oublier la justice que l'on doit à son pays et à son temps (Applaudissements à droite).

L'orateur invoque à ce sujet le témoignage de M. Dupanloup.

« Pour moi, disait-il dans sa controverse avec M. Duruy, ce que j'affirme, ce qui est mon avis formel, éclairé, fondé sur quarante années et plus d'observation, c'est que l'éducation in-

tellectuelle des jeunes filles est, non-seulement en ce qui concerne les matières enseignées et les méthodes, mais sous une
foule d'autres rapports, meilleure, plus solide, plus élevée, plus
délicate, plus féconde en résultats définitifs et durables que dans
les écoles de garçons. »

Et voulez-vous un autre témoignagne, d'un ordre tout différent
et emprunté encore aux faits ; c'est le genre d'apologétique que
je préfère : Aux Etats-Unis, à côté des écoles très nombreuses
fondées pour les jeunes filles par les communes, il y a, en dehors
des écoles primaires, dont je ne parle pas, environ 100 académies
et 210 select schools tenues par des congrégations religieuses ou
analogues, ou identiques à celles qui existent au milieu de nous,
et qui élèvent de 50 à 60,000 jeunes filles ; et j'ai là un article
de l'*Atlantic-Monthiy*, organe important, vous le savez, mais dirigé par des protestants et des libres-penseurs, justifiant les parents qui préfèrent pour leurs filles les couvents aux autres
institutions (Très-bien ! à droite).

Plus que personne, continue l'orateur, je pense que la femme
doit avoir, comme on l'a dit si souvent, des clartés de tout. Plus
que personne j'admets que le mariage doit conduire à un échange
d'idées aussi bien que de sentiments, et qu'au charme de la
beauté qui se flétrit doit succéder celui de l'intelligence mûrie
par l'usage et par l'épreuve (Applaudissements à droite). Mais,
plus que personne aussi, je crois, selon la parole d'un grand
homme, que ses agréments doivent être « moins d'amusement et
d'esprit que de mœurs et de cœur » (Nouvelles marques d'approbation à droite).

Eh bien ! si c'est par le cœur, par le dévouement, par la religion même, tous les grands peuples l'ont pensé, comme principe
et puissance directrice, que la femme doit briller en ce monde,
si les études qu'elle poursuit doivent être en équation avec sa
situation sociale et ses aptitudes ; si, au-dessus de son mari,
moins par la tête que par le cœur, la modestie que donne la foi
et le dévouement, qu'inspire l'affection, doivent, chez elle, voiler,
en la dominant, l'intelligence et même le génie, l'éducation qu'on
donne aux femmes en France est digne d'éloges et digne d'imitation (Très bien ! très bien ! à droite).

Cette éducation, je veux l'améliorer toujours ; la transformer
jamais (Nouvelles marques d'approbation sur les mêmes bancs),
car c'est elle qui conserve au milieu de nous ce type à la fois
fort et doux, de la femme chrétienne et française, qui, épouse et
mère, donne à la patrie les héros de Gravelotte et de Patay, et
qui, vierge, affrontant tous les champs de bataille de la charité, va
faire honorer et bénir le nom de la France sur toutes les plages
de l'univers (Très bien ! et applaudissements à droite).

J'ai essayé, dit l'orateur, de démontrer que la loi est inutile parce que en cette matière, comme en beaucoup d'autres, la liberté accomplissait largement son œuvre.

Mais il est, dit l'honorable sénateur, une autre raison pour laquelle la loi est inutile. M. le ministre a déclaré à la Chambre qu'il avait ouvert des cours dans 67 villes; la fondation de la plupart d'entre eux ne remonte qu'en novembre dernier; on a donc fondé 67 cours en six mois. L'orateur ajoute que le programme de la présente loi est souvent dépassé dans les cours et, qu'au budget de 1882, la somme demandée par le ministre pour l'instruction secondaire des jeunes filles, était de 500,000 francs.

La conclusion de l'orateur est que ce que l'on veut créer existe et que dès lors la loi est inutile.

La loi de plus, continue l'orateur, est dangereuse au point de vue moral. Il est facile, messieurs, de l'apercevoir, non seulement à la lumière des principes, mais à celle des faits, en regardant à la fois ce qui devra être et ce qui, dans un milieu analogue, se passe aujourd'hui sous nos yeux.

Le docteur Falk, le ministre fameux du Kulturkampf prussien, répondant un jour à un député qui venait de dire que le devoir de l'école était double: élever et instruire, s'exprimait ainsi:

« Le devoir de l'école, tel que je l'entends, c'est l'instruction. »

Et il excluait ainsi, par prétérition, la seconde tâche, celle de l'éducation.

Eh bien, nous, nous ne comprenons pas d'école, haute ou basse, sans cette double mission : élever et instruire. Et quand il s'agit des femmes, dont notre honorable collègue M. Jules Simon disait si justement : « si les hommes font les lois, les femmes font les mœurs », nous soutenons que l'éducation doit primer de beaucoup l'instruction (Très bien! très bien! à droite).

Nous les voulons l'une et l'autre ; mais nous ne voulons à aucun prix que l'instruction soit la reine et l'éducation la servante (Nouvelle marque d'approbation sur les mêmes bancs). Et c'est pour cela que nous demandons pour la jeune fille, obligée de quitter l'égide maternelle, une institution qui la remplace, où des dévouements toujours présents, toujours vivants, la suivent partout, cultivant son âme au moins autant que son esprit, et lui apprenant à mettre l'abnégation dans sa vie au moins autant que l'agrément dans ses discours (Très bien! sur les mêmes bancs).

Or, pour en arriver là, messieurs, il faut avant tout le dévouement. Et qui dit dévouement dit vocation, Je n'entends pas vocation dans le sens restreint du mot, bien que je ne cache nullement pour les vocations religieuses ma sympathie et mon admiration. Mais je le prends dans son acception la plus vaste. Oui, il faut là une vocation, c'est-à-dire un appel intérieur, un attrait à se donner et à faire de sa tâche non pas le moyen, mais le but de sa vie.

Eh bien, messieurs, des dévouements de cette nature, vous en trouverez, mais beaucoup plus rarement, dans les établissements purement administratifs, et vous les rencontrerez à profusion, au contraire, dans les œuvres spontanées fondées par la liberté (Très bien! à droite).

Mais ce ne sont pas là les seules difficultés — j'allais dire impossibilités — que vous trouverez a former un personnel offrant aux familles les garanties qu'elles rencontrent actuellement dans le plus grand nombre des établissements libres. Croyez-vous qu'elles seront fort séduites par ce mélange singulier de personnel masculin et de personnel féminin, relevant l'un de l'autre, tel qu'il est organisé par la loi?

La Commission a si bien compris les railleries auxquelles pourrait donner lieu cette organisation, tout à fait nouvelle chez nous, qu'elle a pris soin de retrancher le paragraphe 3 de l'article 8, qui en exposait les détails, mais sans ignorer qu'il ne suffit pas d'effacer les mots pour supprimer les choses. Le spectacle quotidien qu'offrira chaque classe sera donc à peu près celui-ci : une sous-maîtresse, qui n'aura probablement pas cinquante ans, — car cela ne prouverait guère en faveur de sa capacité, — ayant pour mission de surveiller un professeur qui pourra n'être pas beaucoup plus vieux qu'elle, et lui-même chargé d'instruire des jeunes filles de quinze à dix-huit ans. Je n'insiste pas, messieurs. Il est possible que le théâtre de l'avenir trouve des ressources dans ces singulières situations (Rires approbatifs sur les mêmes bancs) ; mais certainement la mère de famille ne trouvera pas que le pittoresque remplace pour elle le sérieux qu'elle recherche et la sécurité qu'elle réclame. (Approbation à droite.)

Enfin, je me demande comment l'Université ne recule pas devant la mission si éminemment délicate et compliquée qu'on veut lui imposer; comment elle consent, je dirai presque comment elle a la hardiesse de consentir à entreprendre l'éducation des femmes de France, lorsqu'elle même confesse — et il y a là de sa part un courage et une bonne foi qui l'honorent — les lacunes, je dirai même les vices qui existent encore dans l'éducation des jeunes gens. (Bruit de conversations à gauche. — Réclamations à droite.)

Avant de vous le montrer, messieurs, permettez-moi de vous faire remarquer qu'il ne s'agit plus ici de simples cours auxquels la jeune fille se rend accompagnée de sa mère ou d'une personne de confiance ; non! les cours existent déjà, je vous l'ai dit, et on ne veut pas s'en contenter. Il s'agit cette fois d'établissements, de quelque nom qu'on veuille les appeler — demi-pensionnats, externats, externats surveillés, — où la jeune fille sera appelée à passer toutes les heures utiles de travail de la journée. Ce sera indispensable pour étudier les douze matières, toutes obligatoires, du programme. Tout au plus, quand la distance le permettra, s'absentera-t-elle pendant une heure pour prendre un repas ; mais, à part cette courte absence, elle restera dans l'établissement où il y aura nécessairement, non seulement des heures de classe, mais des heures d'études et des heures de récréation.

Par conséquent — et c'est là que je voulais en venir, — les contacts multiples, les rapports fréquents des élèves entre elles ne pourront pas être évités. J'ajoute que si la loi passe telle qu'elle est, plus souvent peut-être qu'on ne croit et plus souvent peut-être qu'on ne le voudra — je parle du Gouvernement lui-même, — on créera des internats ; et plus fréquemment encore il y aura, par la force des choses, pour les élèves dont les familles résideront loin de la ville où sera établi le lycée, des établissements *sui generis*, des espèces de crypto-pensionnats où les jeunes filles trouveront le vivre et le couvert, et dont M. Camille Sée, que j'invoque cette fois, a dit justement, à mon sens, que la plupart, cela est fort à craindre, auront pour but exclusif le lucre.

Eh bien ! avant de faire sortir de terre tous ces établissements, où les traditions actuellement en vigueur dans l'Université, seront certainement transportées, et où le mélange des élèves ne pourra guère être plus évité que dans les lycées de garçons, — car le triage préventif, facile pour les écoles libres, sera toujours très difficile pour l'Etat, — souffrez, messieurs, que je produise devant vous un seul témoignage. Je ne le demanderai ni à un clérical — pour me servir du mot à la mode — ni même à un membre de l'enseignement libre, mais à un inspecteur général de l'Université, particulièrement estimé de M. le ministre de l'instruction publique, et dont la haute valeur ne saurait, du reste, être mise en doute. C'est encore de l'honorable M. Michel Bréal que je veux parler.

Je n'emprunterai pas à son livre remarquable sur l'instruction publique, qui est probablement entre les mains d'un grand nombre d'entre vous, tous les arguments frappants, puissants, de nature à servir la cause que je défends.

Je n'invoquerai son autorité sur cette vie de collège, qu'il appelle « une démocratie agitée par les factions », et dont il dit « qu'il faut toute l'élasticité du caractère français pour que le sentiment de la joie n'ait pas été effacé des cœurs », je n'invoquerai, dis-je, son autorité que sur deux points : sur le mode d'action du maître sur l'élève, et sur les résultats de la vie commune, parce que, bien qu'il parle surtout des internats, l'un et l'autre, ainsi que je vous l'ai montré tout à l'heure, existeront dans les établissements que vous allez fonder.

Sur le premier point, voici ce qu'il dit:

« Un vide désolant règne dans la vie morale du lycée. La savante organisation de nos collèges, qui a la prétention de se charger d'élever les générations nouvelles, vient aboutir à un fonctionnaire qui est en lutte sourde avec ses élèves, qui n'en est ni aimé, ni respecté. »

Il veut parler du maître d'étude; demain, il s'agira de la maîtresse d'étude, voilà toute la différence; et il ajoute:

« Il n'est question ici ni de confiance ni d'attachement; le lycée a remplacé l'éducation par la discipline, et il a réduit l'action du maître sur l'élève à un système de récompenses et de punitions. »

Pensez-vous, messieurs, que ce système sera meilleur en face de cette organisation délicate, ardente, impressionnable entre toutes, pour laquelle l'influence morale est d'autant plus nécessaire que le plus souvent la résistance violente l'irrite au lieu de la dompter, et que le cœur est chez elle la puissance qui domine toutes les autres.

Après avoir caractérisé ainsi la discipline, voici ce qu'il dit des résultats auxquels le mélange des élèves ne conduit que trop souvent. Ici, on sent que la conscience de l'écrivain a inspiré sa parole, et j'appelle toute l'attention du Sénat sur la sincérité et sur la gravité de cet aveu :

« A quoi sert-il », dit l'éminent professeur, « de jeter un voile sur des faits que la plupart connaissent, et ne faut-il pas plutôt dire hautement la vérité aux parents qui hésitent sur le seuil du collège. Après avoir soigneusement veillé sur les amitiés et les liaisons de leurs enfants, ils les introduisent tout à coup dans une société qui échappe à leur contrôle et qui est plus mêlée qu'aucune de celles où un honnête homme, dans le cours ordinaire de sa vie, est appelé à passer ses jours. »

Et il termine ainsi :

« En supposant que la moralité de l'enfant résiste à la contagion d'un tel voisinage, en tout cas, il laissera au collège cette pureté de l'esprit qui sied si bien à la jeunesse. » (Très bien ! très bien ! à droite.)

Après ce témoignage, je ne dirai plus rien de ce que j'ai appelé le danger moral de la loi.

J'ajouterai seulement: rappelez-vous qu'au lieu de jeunes gens, il s'agit de jeunes filles; supposez que ces filles soient les vôtres, et concluez. (Nouvelles marques d'approbation sur les mêmes bancs.)

Je n'ai, dit l'honorable M. Desbassayns de Richemond, examiné ce projet qu'au point de vue scolaire, mais je ne puis, ajoute l'orateur, me dispenser de me demander ce qu'au point de vue social la loi nous réserve de bienfait ou des déceptions.

Si la loi est votée, continue l'orateur, on arrivera fatalement à un échec impossible à prévenir, ou à un péril impossible à conjurer.

Comment, en effet, — je me permets d'adresser cette question aux défenseurs du projet, — comment compte-t-on peupler les nouveaux établissements ? Est-ce par voie de substitution ou par voie d'extension ? En d'autres termes, le personnel enseigné des lycées que l'on projette sera-t-il formé, dans la pensée de mes honorables contradicteurs, par les élèves qui composent les établissements actuellement existants ; ou compte-t-on sur un autre personnel recruté ailleurs ?

Dans le premier cas, si l'on compte sur le personnel actuel, je dis qu'on se nourrit d'une profonde illusion. Oui, on aura très-probablement un certain nombre des élèves qui sont aujourd'hui dans les pensionnats laïques ; pas tous, à beaucoup près, mais, enfin, une partie, je le veux bien. Et si le but qu'on se propose par la loi est de frapper de mort plusieurs institutions de ce genre, on a parfaitement raison de la voter. On aura encore, cela se peut, les filles d'un certain nombre de fonctionnaires qu'on placera, — cela est fort à craindre si le courant qui nous emporte ne change pas, — entre l'abdication de leur carrière et celle de leur liberté, j'allais dire : entre l'obéissance et la faim. (Dénégations à gauche.)

Mais tout cela ne fera, malgré tout, qu'un nombre d'élèves fort restreint et insuffisant, en tout cas, pour alimenter et justifier l'Université nouvelle. Et cependant, dans les classes qui reçoivent aujourd'hui une éducation libérale, on n'en recrutera pas d'autres. Car, il faut bien qu'on en prenne son parti, à part quelques exceptions peut-être, on ne conquerra pas les jeunes filles qui fréquentent les institutions congréganistes. C'est là un fait qui saute tellement aux yeux que je n'ai pas besoin, je crois, de le développer. Il est bien évident que les parents qui trouvent bon de confier leurs filles à des religieuses n'iront pas les mettre dans des établissements où l'on veut faire en France le premier essai pratique de la morale indépendante.

Et quand bien même, pour arriver au but, on chercherait à fermer quelques-unes de ces maisons, on ne l'atteindrait pas davantage. Les jeunes filles rentreraient au foyer paternel et tout serait dit. L'instruction générale y perdrait peut-être, mais les lycées de l'Etat n'y gagneraient rien. Ainsi, messieurs, si l'on compte, pour peupler les collèges, sur le personnel scolaire actuellement existant, on se paye d'espérances vaines. Ce ne sont pas seulement les chrétiens fervents, ce sont beaucoup d'autres, qui sont chrétiens — et ils ont bien raison, — au moins pour leurs filles (Rires approbatifs à droite), qui refuseront leurs enfants aux expériences nouvelles, et, dans ce cas, on ira, je le répète, à un échec impossible à éviter.

Telle est la première partie du dilemme.

Mais ici se place la seconde hypothèse. On me répondra peut-être, et c'est certainement au moins la pensée de plusieurs, que les lycées ne se peupleront pas seulement par voie de substitution, mais qu'on espère bien les voir gagner des élèves par voie d'extension; c'est-à-dire attirer des jeunes filles qui, dans l'état présent des choses, ne reçoivent pas d'éducation libérale.

Eh bien, messieurs, c'est précisément dans cette voie inévitable — car, à défaut d'autres motifs, le besoin de succès forcera à la suivre, qu'on se trouvera face à face avec un danger social impossible à méconnaître.

Quelles sont, en effet, les nouvelles classes qu'on va solliciter, ou, si vous le préférez, les nouvelles couches qu'on va soulever? Ce sont évidemment celles où les jeunes filles, dès qu'elles en sont capables, sont obligées de gagner leur vie par le travail de leurs mains. Ce sont elles qu'on va, dit-on, appeler à la lumière, et, pour y arriver, on est disposé, cela a été écrit, à faire un très généreux usage des fonds de l'Etat. Il le faudra bien, du reste; car, sans cela, où sont les parents qui consentiraient à priver leurs filles du bénéfice réel de trois ou quatre années d'apprentissage, par l'avantage plus ou moins platonique de leur faire apprendre la cosmographie ou les littératures étrangères? Mais à force de bourses, cela est vrai, au moins au début, on y arrivera. Eh bien, messieurs, je dis que, dans le plus grand nombre des cas, ce sera un très triste service que vous leur rendrez à elles-mêmes. (A droite : c'est vrai ! et... un service au moins aussi détestable que vous rendrez à la société. (Très bien! très bien! sur les mêmes bancs.) Car enfin il ne suffit pas de regarder les années d'étude, il faut avoir surtout le regard fixé sur celles qui les suivent. L'éducation n'a pour but que de préparer la vie. C'est la fleur au fond de laquelle le fruit se forme et mûrit, et il n'est pas de philanthropie plus décevante que celle qui éveille des besoins sans savoir comment ils seront satisfaits. Or, messieurs, que ferez-vous de ces jeunes filles, dépourvues de moyens propres d'existence, et qui auront conquis aux frais de l'Etat leur diplôme d'instruction secondaire ? Les voilà, avec leurs dix-huit ans, leurs quatre ou cinq années d'étude, leurs lectures de Racine et de Virgile, de Dante et de Shakespeare ! Qu'allez-vous leur offrir? Leurs frères, eux, qui auront suivi les cours des lycées, pourront au moins se dire qu'au point de vue civil comme au point de vue militaire, ils ont devant eux le fameux bâton de maréchal promis par la légende à tout Français qui unit le mérite au travail. Je ne veux pas mesurer ici, même pour eux, la proportion des déceptions et des succès. Enfin, théoriquement au moins, toutes les carrières libérales leur sont ouvertes. Mais leurs sœurs, encore une fois, qu'en ferez-vous ? Quelles sont les portes mystérieuses qui vont s'ouvrir devant elles? Vous augmenterez quelque peu les places qu'elles peuvent occuper dans les postes, les télégraphes, et peut-être dans quelques autres administrations; je le veux bien. Et après?

Me parlerez-vous de l'enseignement? Mais ce sont les écoles normales, établies désormais dans chaque département, qui sont chargées d'y conduire. Et puis la moitié de la France féminine ne peut vraiment pas prétendre à enseigner l'autre!

Me direz-vous, au contraire, qu'elles retourneront à l'atelier et conserveront Racine et Shakespeare pour le délassement des soirées d'hiver? Illusion encore! Vous ne leur rendrez pas les années perdues; vous ne leur enlèverez pas les aspirations éveillées et, j'en ai bien peur, leurs études seront beaucoup moins le charme des heures de loisir que le regret des heures de travail. (Approbation à droite.) Savez-vous ce que vous en ferez? Vous en ferez une immense catégorie de déclassées (Nouvelle approbation sur les mêmes bancs), d'existences incomprises et incomplètes, ce qu'on appelle en Russie : le prolérariat lettré et frisé. (Sourires.)

Ce n'est pas là une chimère, messieurs, et nul n'ignore maintenant la part prise par les femmes, précisément par les élèves des gymnases et des progymnases, dans les convulsions sociales de ce grand Empire. Mais on pourrait me répondre qu'il y a là une civilisation toute spéciale et des conditions locales toutes particulières; j'aime mieux vous dire que, dans l'Europe occidentale aussi, dans les pays qu'on nous cite comme modèles, des doutes de plus en plus sérieux et des craintes de plus en plus accentuées se font jour. On se demande si on ne fait pas fausse route, si on ne se trompe pas de direction, et si la nature des connaissances qu'on donne aux jeunes filles n'a pas souvent pour effet d'entraver leur avenir, au lieu de le faciliter.

Je ne veux pas abuser de votre temps, messieurs; je pourrais vous citer à cet égard des observations pleines de sens, publiées à Genève par des hommes importants, vous parler des réflexions non moins judicieuses imprimées, il y a très peu d'années, par le bureau de bienfaisance protestant de cette ville, je me bornerai à emprunter à une Revue qui n'a certes rien de clérical, la *Revue politique et littéraire*, une révélation sur la marche des esprits en Allemagne.

La *Revue* expose que, dans ce pays, un mouvement d'opinion se fait sur cette question. Des juristes, des pédagogues de profession, des directeurs d'institution, des gens du monde, adonnés aux œuvres philanthropiques, arrivent à conclure que l'influence éducatrice du système d'instruction actuel a été mauvaise.

Voici ce qu'elle dit textuellement : « A Berlin, l'augmentation du nombre des déclassées, la décadence des qualités ménagères et domestiques de la femme allemande, le mécontentement et la misère croissante des classes inférieures, ont donné lieu d'examiner si une partie des maux ne viendrait pas du séjour trop prolongé des jeunes filles dans les écoles. (Exclamations à gauche.) Et elle ajoute que dans l'opinion de plusieurs, ce sont « les ambitions éveillées chez un trop grand nombre de jeunes filles par la possession d'une demi-science qui contribuent à couvrir le pavé de Berlin d'institutrices sans place, de professeurs sans leçon, de déclassées inutiles et malheureuses. » (Adhésion à droite.)

Mais, en France, messieurs, croyez-vous donc qu'il n'y ait pas de malaise de ce genre ? Croyez-vous que l'instruction libérale, déjà très libéralement répandue, quoi qu'on en dise, ait toujours pour corollaire le succès ? Et ne savez-vous pas que c'est par centaines, je devrais dire par milliers, qu'il faut compter les femmes, munies souvent de leur diplôme, qui, ne pouvant se résigner — et cela se comprend sans 'peine — à briguer la direction d'une école de village, oscillent pendant des années entières, entourées de tous les périls des grandes cités, entre un avenir sans situation et une situation sans avenir ? (Très bien ! à droite.)

Voilà la classe de lettrées que votre loi aura pour effet d'accroître. Elle vise ailleurs, je le sais, mais c'est là qu'elle aboutira.

Ou plutôt non, vous ne le voudrez pas, messieurs ; vous ne voudrez pas multiplier ces types douloureux, bien plus à plaindre encore qu'à excuser, décrits dans un roman célèbre, ces existences sacrifiées dès l'aurore, auxquelles on promet l'alliance du savoir et du bien-être, et qui ne rencontrent au bout de leurs efforts, que le divorce permanent entre la science et le bonheur.

Messieurs, il y a, parmi ceux qui veulent améliorer la situation et cultiver l'intelligence des femmes appartenant à la classe laborieuse — et j'appartiens hautement à ceux-là — deux tendances dans le monde contemporain.

Les uns prétendent les pousser en dehors de la voie providentielle qui est la leur, les jeter dans des carrières qu'elles ne pourront ni atteindre ni parcourir, en faire des médecins, des avocats, même des clercs de notaires et des juges de paix (Sourires à droite), et pour cela les assujettir à des études, erronées dans leur direction, exagérées dans leur portée, et qui ne sauraient être, en tout cas, que la destinée du petit nombre. On dirait qu'ils veulent préparer l'heure où, selon l'expression pittoresque d'une femme d'outre-Rhin, Mlle Hedwige Dohm, on prêchera un nouvel évangile, à savoir « la joyeuse nouvelle de la masculinisation de la femme. » (Sourires.)

Le bon sens français, messieurs, malgré les morceaux litté-

19

raires dont nous égaient, depuis quelque temps, les journaux
et les réunions publiques, ne tombera jamais dans des utopies
de ce genre, et il suivra la seconde voie — que je ne fais qu'indiquer, car il est temps de mettre fin à ce trop long discours
(Non ! non ! à droite) — celle de l'enseignement professionnel.

Oui, l'enseignement professionnel, sagement compris et saine-
ment pratiqué, complétant l'instruction primaire et y ajoutant
l'étude intelligente et perfectionnée d'un métier, voilà la raison,
la vérité, l'avenir !

Et maintenant il ne me reste plus, avant de descendre de cette
tribune, qu'à me poser une question. S'il est vrai que cette
loi est inutile, inutile parce que la liberté accomplit largement
sa mission, et inutile parce que, sans elle, l'Etat se reconnaît le
droit d'agir librement ; s'il est vrai qu'elle est dangereuse, par
les problèmes moraux qu'elle soulève et par les antagonismes
sociaux qu'elle aggrave, si enfin aucun mouvement d'opinion ne
l'a préparée, ni demandée, pourquoi veut-on la réclamer de nous ?
Pourquoi ? Parce que, il faut avoir le courage de le dire, ce qu'on
poursuit, — je ne dis pas mes collègues de la Commission, dont
je connais la sincérité, ni tel ou tel homme politique qui siège
sur ces bancs, — mais ce que poursuivent ceux qui prétendent
imposer leur pensée à la France, ce n'est pas un but scolaire,
c'est un but politique, ou, pour parler plus nettement, un but
religieux.

On l'a écrit bien souvent dans les rangs d'une certaine école :
Tant que nous n'aurons pas la femme, rien ne sera fait. Et une
voix plus autorisée, — M. le ministre de l'instruction publique,
n'a jamais dénié cette parole, j'ai donc le droit de m'en servir, —
a dit publiquement : « La femme est à l'Eglise ; il faut qu'elle
soit à la science ! » Et quand on parle ainsi de la science et
qu'on en fait comme le pôle antarctique de la foi, on n'entend
évidemment pas cette science sublime devant laquelle le grand
Linné s'écriait : « J'ai vu passer l'ombre du Dieu vivant ! », mais
cette science découronnée qui, sous prétexte de sortir des
ombres, enveloppe de ténèbres la base et les sommets de l'humanité ! (Vive approbation et applaudissements à droite.)

Voilà ce qu'on veut, messieurs, et c'est pour en arriver là,
c'est pour former ce type nouveau, de la femme française et in-
croyante, qu'on nous demande l'argent, le bras et le moule de
l'Etat.

Eh bien, moi, je les refuse. (Très bien ! à droite.) Je les refuse,
parce que je veux laisser intact le seul sanctuaire peut-être
demeuré debout dans la vieille forêt nationale mise, à cette
heure, comme on l'a dit justement, en coupe réglée. L'éducation de la femme est faite en France par des femmes ; elle est
libre et spontanée, morale et chrétienne ; c'est à elle qu'on doit,
après Dieu, ce qui reste de pureté dans la famille et d'idéal dans

la société. Je veux qu'elle reste telle. Je repousse ces expériences téméraires de morale indépendante, faites sur une nature qui n'aime, ne veut, ne respire que l'absolu ! qui en vit, qui quelquefois en meurt, mais ne saurait demeurer neutre en rien. Je la repousse, parce que dans l'âme de la femme se posera toujours effrayant, — les échos de l'Europe orientale en résonnent encore ! — ce dilemme inévitable : christianisme ou nihilisme ! Je tiens pour le christianisme et je demande au Sénat de repousser la loi. (Vifs applaudissements à droite.)

(L'orateur, en descendant de la tribune, est félicité par un grand nombre de ses collègues de la droite.)

M. le président. La parole est à M. Ferrouillat.

M. Ferrouillat dit qu'il ne suivra pas plus l'orateur dans les détails sur lesquels il s'est complaisamment étendu que dans les considérations par lesquelles l'honorable préopinant a terminé son discours et qui excèdent la portée du projet de loi.

La discussion générale, continue l'honorable M. Ferrouillat, comporte des observations, des considérations d'un autre ordre, et qu'il faut, avant tout, bien préciser le but de la loi et en déterminer les lignes principales.

Quel est le but de la loi ?

C'est tout simplement de faire cesser l'inégalité choquante qui existe en France entre l'homme et la femme au point de vue de l'instruction. (Réclamations à droite. — Très bien ! très bien ! à gauche.)

Je ne connais pas, quant à moi, d'erreur plus funeste que de croire qu'il est bon, qu'il est utile d'instruire l'homme, mais qu'il est inutile, dangereux peut-être d'instruire la femme. C'est cependant cette erreur déplorable qui fait le fond des législations antérieures et qui les résume toutes.

Toutefois il est juste de reconnaître que le principe du droit égal à l'instruction de l'homme et de la femme a été nettement posé par Lakanal dans son célèbre rapport du 26 juin 1793, et consacré par la Convention dans la loi du 25 octobre 1795. Mais cette idée, qui aurait pu avoir de si féconds résultats, a eu le sort de plus d'une grande pensée de cette prodigieuse époque. Depuis près d'un siècle, elle attend sa réalisation, au moins chez nous, car elle règne chez les autres peuples, qui, s'apercevant sans doute que nous avons l'habitude de laisser traîner nos meilleures idées, s'empressent d'en profiter pour les prendre à leur compte. (Très bien ! à gauche.)

Vous savez combien l'instruction primaire des filles est encore imparfaite ; quant à l'instruction secondaire, on peut dire que, jusqu'à présent, rien n'a été fait par les pouvoirs publics, si j'en excepte la tentative faite par M. Duruy en 1867, et une circulaire de l'honorable ministre de l'instruction publique qui date, je crois, de l'année dernière.

Les témérités de M. Duruy lui coûtèrent son portefeuille ; les cours qu'il avait fondés et qui portent encore aujourd'hui son nom tombèrent un à un sous les coups redoublés d'un implacable adversaire : le clergé. (Très bien ! très bien ! à gauche.)

Quelques groupes épars, rares épaves de ce lamentable naufrage, surnageaient à peine à Paris, à Auxerre, à Bordeaux, lorsque l'honorable ministre de l'instruction publique a eu l'heureuse idée, en attendant la loi actuelle, d'en susciter de nouveaux.

Il y a aujourd'hui cinquante-sept groupes de cours. Notre honorable collègue disait tout à l'heure, soixante-sept ; j'ai pris le chiffre dans les procès-verbaux de la Commi...ion.

Ces cours réussissent, et j'ai éprouvé, je l'avoue, quelque étonnement, lorsque j'ai entendu tout à l'heure l'honorable orateur qui m'a précédé à cette tribune, s'en faire un argument, comme s'il pouvait oublier que c'est son parti qui a tout fait pour étouffer l'œuvre dans son germe. Mais ces cours, malgré leurs succès, sont insuffisants. Et pourquoi ? Parce qu'ils ne profitent qu'à un certain nombre de grandes villes et parce qu'ils n'offrent pas un enseignement complet ni suffisamment coordonné. Le projet de loi actuel a précisément pour objet de généraliser cet enseignement, de le compléter, de le régulariser.

D'où peut venir la contradiction ? Elle vient du même parti qui a fait avorter la tentative de M. Duruy, et qui s'est toujours montré hostile à l'instruction de la femme. (Très bien ! à gauche.)

Et cependant, comment ne pas voir que négliger l'instruction de la femme, c'est en même temps commettre un déni de justice et méconnaître un intérêt social de premier ordre ? (Très bien ! sur les mêmes bancs.)

Nous en avons fini, je l'espère, avec le préjugé théologique de l'infériorité de la femme, l'Eglise l'a toujours abaissée... (Approbation à gauche. — Protestations à droite.)... Comment ! mais c'est une vérité historique indiscutable.

Par là, il lui était plus facile de la dominer. Elle l'a toujours soigneusement écartée de l'arbre de science, dont elle lui a appris à redouter les fruits. (Rires approbatifs à gauche.)

Mais, pendant qu'elle paraissait protéger sa faiblesse, elle se servait, en réalité, de sa puissance pour gouverner l'homme et le retenir sous le joug. (Très bien ! à gauche.)

Le devoir de l'Etat dans une grande démocratie est, au contraire, de relever la femme, de la remettre à son rang à côté de l'homme et de lui assurer sa place au soleil de l'instruction. (Très bien ! à gauche.)

De quel droit la priver de cette sublime jouissance que saint Augustin appelait « le divin désir de connaître » ?

De quel droit, surtout, lui refuser les armes de la science

pour combattre le difficile combat de la vie honnête et fière ? (Nouvelles marques d'assentiment à gauche.)

Tous les jours on constate que certains emplois sont très heureusement remplis par les femmes : l'honorable ministre des postes et des télégraphes pourrait vous dire les services qu'elles rendent à son administration. Avec plus d'instruction, elles pourraient atteindre des grades plus élevés et voir s'ouvrir devant elles de plus nombreuses carrières. Il en est une, la plus noble, la plus belle, à laquelle elles semblent prédestinées par la finesse de leur intelligence, par la souplesse de leur esprit, par la délicatesse de leur cœur et surtout par cet art incomparable dont elles ont le secret, de faire aimer l'obéissance : c'est précisément la carrière même de l'enseignement. (Très bien ! à gauche.)

Aux États-Unis, elles y font merveille ; elles y règnent en souveraines. Que leur manque-t-il pour régner en France ? L'instruction.

Voilà pourquoi c'est un devoir étroit pour l'État de la leur procurer, en même temps que ce sera une bonne fortune pour lui d'utiliser leurs merveilleuses aptitudes.

Et si dans la femme nous considérons l'épouse, la mère de famille, l'intérêt de la loi grandit encore.

Beaucoup d'entre vous se préoccupent peut-être d'une proposition de loi qui a fait son tour de France, et qui a été déjà accueillie par une Commission de la Chambre des députés, je fais allusion à la proposition de loi relative au divorce ; beaucoup d'entre vous la verraient sans doute avec peine s'introduire de nouveau dans notre législation. Eh bien, permettez-moi de vous le dire, vous ne prenez pas assez garde à un fait plus grave que cette proposition, et qui peut seul, du reste, lui donner quelque consistance, je veux parler de ce divorce intime, profond, que la divergence et l'inégalité des éducations amènent trop souvent entre le mari et la femme. (Applaudissements sur les mêmes bancs.)

Que de fois, sorties de deux écoles opposées, dont l'une est orientée vers le passé, dont l'autre est orientée vers l'avenir, ils sont vis-à-vis l'un de l'autre comme des étrangers qui ne parleraient pas la même langue. Je me trompe, ils sont dans une situation pire, car ils se comprennent assez pour se quereller sans trève ni repos.

Et les enfants, que voulez-vous qu'ils deviennent ? Elevés dans cette atmosphère troublée, témoins de ces discordes incessantes de leurs parents, tiraillés constamment en sens contraire sur presque toutes les questions qui sollicitent leurs jeunes intelligences, ils tombent presque inévitablement dans ce scepticisme énervant que je considère comme la pire maladie intellectuelle de notre époque.

Le seul moyen, selon moi, de remédier à ce déplorable état de choses, c'est de donner aux femmes une instruction égale à celle des hommes. (Légères rumeurs à droite) Par là, vous en ferez de bonnes épouses, de vraies compagnes de leurs maris, capables de les comprendre, de s'associer à leurs pensées, à leurs sentiments, de vivre de leur vie intellectuelle et morale; vous aurez tué le divorce. Par là, vous en ferez aussi de bonnes mères de famille et d'excellentes institutrices pour leurs enfants, capables de guider leurs premiers pas dans le monde intellectuel et même de les mener assez loin pour retarder longtemps et peut-être pour supprimer la nécessité de cet internat pour lequel je ne me sens pas plus de goût que vous-mêmes... (Très bien! très bien! à gauche.)

Enfin, ce sont les femmes, on a eu raison de le dire, qui dirigent les mœurs, et c'est par les mœurs, bien plus encore que par les lois, que se font les peuples. Voilà pourquoi l'honorable M. Laboulaye disait une chose juste lorsqu'il affirmait, l'autre jour, qu'il était dangereux d'avoir les femmes contre soi. Et voilà pourquoi il importe de protéger par l'instruction leur nature si impressionnable contre des préjugés qui pourraient en faire des adversaires inconscientes du droit et de la raison. (Nouvelle approbation à gauche.)

Le projet de loi rencontre deux sortes d'adversaires : les uns tiennent pour le système du bon Chrysale qui trouvait qu'une femme en sait toujours assez

> Quand la capacité de son esprit se hausse
> A connaître un pourpoint d'avec un haut de chausse.

Ceux-là veulent l'emprisonner dans les soins du ménage et voient les plus grands inconvénients à émanciper son intelligence. Je leur ai déjà répondu, et si j'ajoutais un mot, ce serait pour les renvoyer à l'opinion plus sage et plus libérale d'un autre personnage qui paraît avoir été dans le débat le porte-parole de Molière lui-même, et qui consentait qu'une femme eût « des clartés de tout. »

Les autres adversaires — et ce sont les plus nombreux — disent : Votre loi est inutile! L'enseignement libre a largement pourvu à l'enseignement des femmes. — C'est parmi eux que se range l'honorable M. de Richemont. Il nous a apporté un long dénombrement des écoles fondées pour instruire les femmes; il nous a donné des détails extrêmement minutieux sur les programmes. Le Sénat comprendra que je ne puis le suivre dans l'intérieur de tous ces établissements.

Et, quant aux programmes, vous le savez, rien n'est plus facile que de faire un programme. Les programmes sont généralement très satisfaisants; mais derrière les programmes il faut voir les résultats. L'arbre a une floraison magnifique, mais voyons les fruits.

Eh bien, je croyais qu'on était d'accord aujourd'hui pour reconnaître que l'instruction donnée aux femmes est plus superficielle, j'ajouterai même plus brillante que solide, qu'on leur apprend plutôt à plaire qu'à penser. (C'est vrai! Très bien! à gauche.)

Je crois surtout qu'elles sont élevées dans un esprit qui n'est pas celui de leur temps.

Je crois que ce que les femmes françaises ont de meilleur, elles le tiennent de la nature, et que ce qu'elles ont de moins bon — qu'elles me pardonnent ce diminutif — elles le tiennent de l'éducation qu'elles reçoivent. (Nouvelle approbation sur les mêmes bancs.) Si elles ont la grâce, l'esprit, la finesse en partage, vous conviendrez bien que ces excellentes choses ne s'apprennent guère à l'école, pas même dans les vôtres. (L'orateur désigne la droite.)

M. le baron Le Guay. Elles s'y désapprennent!

M. Ferrouillat. Mais s'il arrive quelquefois que cette grâce est un peu apprêtée, cet esprit, un peu frivole, que cette finesse s'émiette dans la recherche des petites choses, si, en un mot, les qualités exquises dont la nature les a douées se trouvent parfois déparées par quelques défauts mignons, dont on les loue, tant qu'elles sont jeunes, sauf à les en punir cruellement plus tard, quand elles ont cessé de l'être (Sourires), à qui la faute, messieurs, si ce n'est à l'éducation qui leur est donnée et qui en fait — pour me servir d'une heureuse expression de notre honorable collègue M. Jules Simon — des idoles parées, auxquelles nous prodiguons à la fois nos respects et nos dénis de justice, ne sachant rien de la vie réelle et incapables d'y jouer le rôle si important qui devrait être réservé à la femme dans une société bien organisée? (Très bien! très bien! à gauche).

Vos meilleurs couvents, messieurs n'échappent pas, du reste, à un reproche, qui leur était adressé par Fénelon, lorsqu'il disait que « la jeune fille y croît dans une profonde ignorance du siècle : elle en sort comme une personne qu'on aurait nourrie dans les ténèbres et qu'on ferait passer tout d'un coup au grand jour. »

C'est qu'en effet, laissez-moi le dire en passant, le couvent qui peut être bon pour les âmes désabusées qui veulent sortir du monde, convient beaucoup moins aux âmes jeunes qui vont y entrer.

M. Oudet. Très bien!

M. Ferrouillat. Derrière ces grands murs, sans aucun jour sur la vie réelle, on est nécessairement exposé à se la représenter autrement qu'elle n'est et qu'elle ne mérite d'être vue. (Approbation à gauche.)

Il ne s'agit pas de faire des précieuses, des bas bleus, des femmes savantes, dans le mauvais sens du mot ! Non, loin de là ! un enseignement bien ordonné, sagement mesuré, aura, au contraire, pour effet de préserver la femme de la fausse science, en ne fournissant à son esprit que l'aliment substantiel d'une instruction solide et pratique (Très bien ! très bien ! à gauche.)

Et comment pourrions-nous avoir la pensée de lui en donner une autre ?

Remarquez qu'il ne s'agit plus seulement aujourd'hui de l'éducation des filles de la bourgeoisie, des femmes du théâtre de Molière, auxquelles je faisais allusion tout à l'heure. La scène s'est élargie, la démocratie y a fait son entrée. Ce sont les filles de cette démocratie que nous sommes mis en demeure d'instruire, de préparer, d'armer pour les devoirs et pour les difficultés de la vie. (Nouvelle approbation sur les mêmes bancs.)

C'est tout un monde nouveau qui a soif de science et auquel nous serions mal venus à n'en servir que la mousse. Nous devons lui verser à flots la vraie science, les connaissances sérieuses, pratiques, positives.

Les détails de cet enseignement, dit l'orateur, appartiennent aux règlements universitaires. L'article 4 du projet de loi a seulement pour but d'en tracer les lignes principales afin d'en bien préciser le caractère.

On ajoute que le projet de loi n'est pas seulement inutile, qu'il est dangereux, parce qu'il exclut l'enseignement religieux de son programme.

Mais, est-ce que l'enseignement religieux figure dans les programmes des lycées de garçons ? Est-ce que les hommes éminents qui ont organisé l'enseignement secondaire des garçons sous la monarchie étaient suspects d'irréligion ?.....

Les questions de foi, de dogme, de métaphysique religieuse, continue l'orateur, sont essentiellement du domaine individuel. Chaque famille peut avoir à cet égard ses idées particulières, et ne pas se soucier que ses enfants soient initiés à des croyances qui ne sont pas les siennes. Les lycées, les externats de jeunes filles étant ouverts à tous, il importe que le programme en soit combiné de manière à ne blesser personne. Voilà pourquoi, pendant que tous les dogmes, le dogme qui nie, — car c'en est un comme les dogmes qui affirment, — sont exclus du programme, la morale y figure au premier rang. C'est qu'en effet, s'il est vrai que certaines morales aient pu être professées et le soient peut-être encore dans certaines écoles, il n'est pas moins certain qu'il y a une morale dont tous les honnêtes gens conviennent, sur laquelle ils sont tous d'accord. Cette morale que je me permettrai d'appeler la « morale des bonnes gens », a cet avantage, si, pour les uns, elle dérive d'une source divine; que si, pour les autres, elle résulte out simplement des rapports nécessaires des hommes entre eux, des conditions générales de l'humanité, scientifiquement observées et analysées, du moins tous s'inclinent devant elle; elle a donc ce caractère de neutralité et d'universalité qui convient essentiellement à un enseignement public. (Vive approbation à gauche.)

Qu'y a-t-il de contradictoire entre cette morale et la religion ? Est-ce qu'un père de famille qui penserait que la morale la plus pure pourrait vaciller dans le cœur de son enfant, si elle n'y était pas cimentée par l'enseignement religieux, n'est pas libre de lui faire donner cet enseignement, en dehors des classes, par les ministres du culte ?

Ainsi : enseignement de la morale commune, qui réunit tous les cœurs droits et honnêtes, donné dans l'établissement ; enseignement de la religion, qui peut les diviser, laissé aux soins des familles.

Quoi de plus libéral, et j'ajoute, quoi de plus respectueux pour la religion qui, au lieu d'être enseignée par des maîtres incompétents, ne le sera plus que par des ministres du culte qui ont seuls autorité et compétence pour interpréter le dogme? (Très bien ! très bien ! — Applaudissements à gauche.)

L'orateur, répondant à l'objection que la plupart des législations étrangères ont introduit la religion dans leurs programmes scolaires, cite la Hollande.

A propos de ce dernier pays, continue l'orateur, il m'est impossible de ne pas signaler au Sénat une particularité fort intéressante. Le principe de la laïcité, c'est-à-dire de la neutralité dans l'enseignement, est tellement juste, tellement conforme à la nature des choses, tellement libéral, que les catholiques, qui s'y montrent si hostiles chez nous, l'ont accepté en Hollande avec allégresse : c'est l'expression dont ils se sont servis. Et pourquoi, messieurs ? — Parce que là — et il en a été de même partout où ils se sont trouvés dans la même situation — le pouvoir est protestant, et que toutes les fois que l'Eglise n'espère pas la domination, elle se réfugie dans la liberté. (Très bien ! très bien ! et applaudissements à gauche.)

Je citerai encore l'Italie, où les principales écoles d'enseignement secondaire qui se sont fondées dans ces dernières années, notamment à Milan et à Turin, sont exclusivement laïques ; la Suisse, où, bien qu'il s'agisse ici d'une République, l'exclusivisme religieux avait fait introduire l'enseignement de la religion dans les programmes, mais où des lois récentes tendent, au contraire, à l'en faire sortir peu à peu, notamment dans les Cantons de Genève, de Zurich, de Neuchâtel, de Bâle.

Enfin, messieurs, je ne puis pas ne pas rappeler qu'à la tête de tous les peuples qui ont eu ce noble et patriotique souci de l'instruction, s'est placée la grande République américaine, et que ce peuple, qu'on n'accusera certes pas d'impiété, mais qui est pénétré d'un profond respect pour la liberté de conscience, a non seulement exclu l'enseignement religieux de son programme, mais encore écarté d'une manière formelle tous les ministres du culte de l'école.

J'en ai trop dit, messieurs, pour justifier le principe, l'utilité de la loi, et le caractère le plus saillant de son programme.

J'ai perdu le droit de vous demander encore un moment d'attention... (A gauche : Non ! non ! — Parlez !)... pour dire un mot d'une question fort délicate, qui divise les meilleurs esprits, et que l'honorable M. Desbassayns de Richemont a discutée tout à l'heure, je veux parler de la question de l'internat.

Les établissements qu'il s'agit de fonder doivent-ils recevoir des internes ?

L'État doit-il fonder des internats ?

Toujours, dit l'auteur de la proposition, l'honorable M. Camille Sée.

Jamais, dit un second système qui compte des partisans très distingués dans le sein même de la Commission.

Ni jamais, ni toujours, dit le projet proposé par la majorité de la Commission, mais seulement en cas de nécessité.

On a beau jeu, messieurs, à faire le procès de l'internat. Il a beaucoup d'inconvénients pour les garçons mêmes ; il en a bien plus pour les filles.

Si c'était une question théorique qui pût se résoudre d'une manière abstraite, sans tenir compte des circonstances, des mœurs, des mille nécessités de la vie réelle, elle serait vite tranchée contre l'internat.

A ne considérer que les jeunes filles, l'idéal serait l'éducation au foyer domestique, sous l'aile maternelle ; ce serait l'instruction donnée par une mère éclairée ou par des institutrices distinguées, choisies par elle ; ce serait la vie de famille calme, pure, sereine, avec quelques éclaircies discrètes sur la vie réelle, qu'il est bon que la jeune fille connaisse, afin que le lendemain la jeune femme ne se sente pas trop dépaysée. (Très bien ! très bien ! à gauche.)

C'est là le roman d'une éducation de jeune fille. Ce n'est pas la réalité.

La réalité, c'est la mère absorbée par les soins du ménage, par le travail, par les mille exigences de la vie quotidienne, n'ayant ni les loisirs nécessaires pour conduire sa fille au cours ou à l'externat, ni les ressources suffisantes pour la faire instruire chez elle ; c'est le plus souvent l'éloignement de l'externat, lorsque les familles n'habiteront pas la ville même où il sera établi. Pour ces cas-là, qui seront les plus nombreux, il faudra ou renoncer à répandre l'enseignement des filles, ou le mettre à la portée des familles qui habitent la campagne, ou de petites villes plus ou moins distantes de celles où seront créés les établissements.

Quand un externat sera fondé, il s'établira probablement des pensionnats privés dans le voisinage, comme à Genève ou à Lausanne, qui recueilleront ces jeunes filles. Si ces pensionnats ont peu réussi dans le passé, la cause principale de leur insuccès a été, selon moi, l'insuffisance à peu près inévitable de leur enseignement. Mais, du moment que l'enseignement sera donné dans les établissements de l'Etat, par les soins de l'État, la tâche de ces institutions privées sera à peu près réduite à une sorte de tutelle, d'éducation domestique, dont elles pourront s'acquitter avec succès. L'Etat viendra en aide aux meilleures en accordant des bourses aux enfants pauvres dignes d'être encouragés, et dont les familles consentiront à les envoyer aux externats.

Quelques-unes de ces jeunes filles pourront aussi trouver asile dans des familles honorables, comme en Suisse, ou chez des maîtresses des externats elles-mêmes, comme en Angleterre.

C'est une illusion, disent les partisans absolus des internats officiels. Ces jeunes filles que vous refusez de recevoir, savez-vous qui les recueillera ? Les congréganistes, qui, à la tête de ces légions abîmées de leur esprit, envahiront vos externats.

Messieurs, je ne crois pas beaucoup à cette invasion, qui, du reste, n'irait pas sans quelque profit pour les externats, ni sans quelque péril pour l'armée d'occupation. (Rires approbatifs à gauche.) Les congréganistes n'ont guère l'habitude de conduire leurs brebis dans les sentiers hantés par l'esprit moderne. (Hilarité sur les mêmes bancs. — Rumeurs à droite.)

Et, d'ailleurs, si cette invasion avait lieu, je ne m'en effraierais pas, car je suis convaincu que l'air vivifiant qui règnera dans les externats de l'Etat, pourra modifier heureusement le tempérament intellectuel des jeunes filles élevées dans l'atmosphère des couvents. (Très bien ! très bien ! à gauche.)

Mais enfin, s'il ne se créait pas de pensionnats privés, si les externats de l'Etat ne devaient profiter qu'aux enfants de la localité, si les familles plus éloignées devaient en être réduites à priver leurs enfants d'une instruction supérieure, qu'elles ambitionnaient pour elles, ou bien à les envoyer dans des établissements où l'enseignement serait donné dans un esprit qui n'est pas le leur, oh ! alors j'estime que l'Etat ne devrait pas hésiter à fonder des internats, et j'aimerais mieux le voir prendre la responsabilité de ces institutions, dont une surveillance attentive peut conjurer les dangers, que celle, beaucoup plus grave, de n'avoir rien fait d'utile et d'avoir manqué à une de ses principales fonctions, qui est de pourvoir à l'instruction des jeunes générations. (Très bien ! très bien ! à gauche.)

En résumé, l'externat doit être le but, mais l'internat peut être le moyen nécessaire.

Voilà pourquoi j'approuve le projet de la Commission qui laisse aux conseils municipaux le soin d'apprécier les besoins, les ressources de leur région et de solliciter la création des internats, mais qui autorise l'Etat à s'entendre avec eux pour ces fondations, toutes les fois que les circonstances en auront démontré l'opportunité.

La dépense, dit-on, sera trop considérable.

Non, messieurs, précisément parce qu'on ne créera pas d'internats partout, et que, lorsqu'on en créera, le concours des communes et des départements allégera les charges de l'Etat. Et d'ailleurs, quand nous avons accepté implicitement une dépense de cinq milliards pour satisfaire aux besoins matériels du pays, comment pourrions-nous refuser au Gouvernement quelques millions destinés à satisfaire à ses besoins intellectuels et moraux? (Nouvelles marques d'approbation sur les mêmes bancs.) Il ne sera pas dit que la France, qui a toujours de l'argent pour les grandes choses, n'aura pas été assez riche pour payer l'instruction de ses enfants.

Je suis donc convaincu que, fidèles à la pensée qui vous a fait voter la loi des écoles normales de filles, vous voterez cette proposition de loi qui tend au même but : l'instruction de la femme.

Pour cette loi comme pour la première, il est temps de profiter de l'expérience des autres peuples. Nous ne ferons du reste, ainsi que j'ai tenu à le dire au début de ce trop long discours, que reprendre notre bien où nous le trouvons. Car il semble que les meilleures idées qui éclosent dans notre belle France soient un peu comme ces vins généreux qui, pour avoir toute leur valeur, ont besoin de faire le tour du monde. (Approbation à gauche.) Au moins quand elles nous reviennent grandies et développées, ne devons-nous pas commettre la faute de les méconnaître et de les renier. (Vifs applaudissements à gauche.) — L'orateur en regagnant sa place reçoit les félicitations d'un grand nombre de ses collègues.)

M. le président. La parole est à M. de Ravignan.

M. le baron de Ravignan dit qu'il veut dégager ce qui donne à la loi en discussion son caractère et sa physionomie véritable, en faisant apparaître la pensée qui l'inspire et le but qu'elle poursuit.

Cette loi, continue l'orateur, est une atteinte à la liberté. (Réclamations à gauche.)

M. Faye. C'est trop fort !

M. le baron de Ravignan. Oui, cette loi est une entreprise dirigée contre la liberté; oui... (Bruit. — A droite : Attendez le silence.)... oui, cette loi est une entreprise de plus dirigée contre la liberté et contre la religion ! (Nouvelles réclamations à gauche). J'ajoute que si elle n'est pas cela, elle n'a pas sa raison d'être.

En effet, suivant moi, l'Etat ne doit intervenir dans les questions d'éducation, comme dans toutes autres, que lorsqu'il est démontré qu'il y a une lacune à combler et que l'initiative privée n'y suffit pas. Eh bien, ici est-il possible de soutenir, — je ne parle pas de l'enseignement primaire, — est-il possible de soutenir que l'enseignement secondaire des filles n'existe pas dans notre pays? On vous a démontré qu'il existait. J'ajoute qu'il existe à peu près dans les mêmes conditions que dans les pays étrangers. Oui, j'ai parcouru et étudié avec l'attention qu'il mérite le volumineux rapport de l'honorable M. Sée, et j'y ai trouvé ceci : « C'est qu'en Amérique, dans ces Etats-Unis dont on parle volontiers dans cette grande République, qui, elle, a du moins le mérite de maintenir l'idée chrétienne au sommet et à la base de toutes ses institutions, les établissements d'instruction secondaire, — ce sont les termes du rapport, — les *academies* et les *seminaries* sont en général fondés et entretenus par l'initiative privée et le zèle religieux; l'Etat se contente de leur accorder certains privilèges. » C'est M. Sée, ce n'est pas moi qui parle.

Il ajoute que l'Etat n'exerce aucun contrôle sur les *academies* et *seminaries,* il n'a d'action que sur les quelques établissements de ce genre qu'il subventionne.

Voilà ma réponse. Non, l'Etat n'a rien à voir dans cette question, il excède son droit, il dépasse la mesure de ses devoirs.

Et, maintenant, c'est une entreprise contre la religion. (Rumeurs à gauche. — Oui ! oui ! c'est vrai, à droite.)

Mais enfin, messieurs, j'ai bien le droit de le dire, que supprimez-vous en effet? que retranchez-vous de votre programme formulé dans l'article 4? L'enseignement religieux. Vous mettez à la place l'enseignement moral, séparé de la religion. Mais c'est la première fois que dans nos lois une séparation pareille s'affirme, et n'est-il pas vrai que, ici, votre tentative se manifeste avec plus d'audace que dans les autres lois sur l'enseignement? Car enfin, la femme, on l'a dit avec raison, a besoin d'absolu ; sa nature impressionnable, sensible, délicate, cherche l'idéal ; et c'est dans la morale indépendante qu'elle le trouvera? Oui, il y a ici une nouvelle entreprise contre la religion, et, à ce titre, j'ai le droit de vous dire : Votre loi est mauvaise, elle est dan-

gercuse. Vous poursuivez une entreprise stérile qui ne réussira pas, ou une entreprise qui sera funeste à l'enseignement lui-même (Sourires à gauche), et dont les conséquences
aggraveront les responsabilités déjà si lourdes que le Gouvernement a assumées par la violation des droits les plus
sacrés.

Voilà la vraie pensée de la loi, voilà son but certain, et c'est
M. le ministre de l'instruction publique qui se charge de nous
l'apprendre. On citait tout à l'heure à cette tribune une parole
qu'il n'a pas démentie :

« Il faut enlever la femme à l'Eglise pour la donner à l'Etat. »

M. le président du conseil est-il toujours de cet avis? Mais je
ne veux pas invoquer un témoignage éloigné. Dans une discussion récente, l'honorable ministre nous disait :

« Entre toutes les libertés, il en est une sur laquelle la société
moderne a le droit et le devoir de veiller : c'est la liberté de l'esprit de l'enfant. »

Voilà donc le souci qui vous guide, monsieur le président du
conseil?... Vous êtes préoccupé de la liberté de l'esprit de la
femme à l'égal de la liberté de l'esprit de celui qui doit être un
futur citoyen admis à prendre sa part des charges, des devoirs,
des responsabilités de la vie publique?...

Eh bien, je vous le dis, cette sollicitude n'est pas à sa place.
La femme, l'enfant appartiennent à la famille, j'ajoute que la
femme lui appartient tout entière, elle n'appartient pas à l'Etat,
elle ne peut lui appartenir à aucun titre ni à aucun degré (Très
bien! très bien! à droite.)

Et maintenant, si je cherche encore la pensée intime de la loi,
c'est l'honorable M. Laboulaye qui me fournit un argument sans
réplique. Que disait-il l'autre jour? Faisant allusion à des actes
que je ne veux pas qualifier — j'espère qu'un jour le pays les
jugera, — l'honorable M. Laboulaye disait avec l'autorité de
son expérience, de son caractère et de son talent : « Oui, vous
avez agité les esprits, vous avez troublé les consciences, vous avez
porté atteinte à la paix publique, vous avez contre vous toutes
les femmes ; la haine de la République devient aujourd'hui une
passion féminine.... » (Exclamation et rires à gauche.)

Ce sont donc les femmes que vous prétendez avoir ainsi pour
alliées?... Eh bien, monsieur le ministre, — permettez-moi de
vous le dire avec tous les égards qui sont dus lorsque l'on parle
à cette tribune et que l'on s'adresse au Gouvernement, — vous
n'y réussirez pas! (Interruptions à gauche. — Très bien! très
bien! à droite.)

Vous ne les aurez pas!

Le cœur de la femme est fait de foi et de dévouement. Vous ne
le changerez pas. Nos mères, nos femmes, nos filles, nos sœurs
sont là pour vous répondre, et quant à ces femmes, admirables

entre toutes, qui se sont fait une maternité de leur charité et de leur abnégation, leurs œuvres parlent pour elles : ce sont les orphelins qu'elles recueillent, ce sont les pauvres et les malades qu'elles secourent et consolent. Vous ne les changerez pas, celles-là surtout. Elles vont chercher la force qui les guide à une source que vous ne dirigerez pas et que vous ne tarirez pas davantage. (Très bien ! très bien ! à droite.)

Enfin, monsieur le ministre, cette loi, permettez-moi de le dire, est à la fois pleine de pièges et de contradictions. Elle est issue de l'initiative parlementaire.

Sans doute, le Gouvernement se résigne aisément et s'efface volontiers dans les questions d'initiative parlementaire, — je ne dirai pas dans les questions de responsabilité ministérielle, — je suis trop respectueux de la formule constitutionnelle de mon pays, quoique l'esprit, selon moi, doive l'emporter sur la lettre, et pour mon compte, je ne me contente pas de la lettre (Très bien ! à droite), — cette loi, dis-je, est une loi d'initiative parlementaire.

Du rapport que vous avez sous les yeux, il se dégage comme une préoccupation visible des graves responsabilités que la création des internats impose à l'État. Nul n'ignore que M. le ministre de l'instruction publique les a combattus dans la Commission. Il n'en accepte le principe que comme un expédient et comme un présent plus onéreux qu'utile.

Il importe que le pays sache ce que le ministre entend faire de cette faculté, jusqu'où il compte aller et quelles conséquences il veut en tirer. Je demande formellement des explications sur ce point ; et je conclus.

Cette loi est destinée, ou à n'être qu'une tentative stérile, ou à produire des conséquences funestes. M. le ministre, dans l'intérêt du Gouvernement et dans l'intérêt du pays, n'accepte sans doute ni l'une ni l'autre alternative. (Très bien! et applaudissements à droite.)

M. le président. M. Henri Martin a la parole.

M. Henri Martin, *rapporteur.* Messieurs, permettez-moi d'abord de dire un mot d'une question de fait, de rectifier une erreur ou de réparer un oubli de l'honorable collègue auquel je réponds.

Il nous a parlé de l'Amérique ; il nous a parlé d'établissements purement privés d'un enseignement très élevé que possèdent les États-Unis, mais il a oublié de nous dire que les nombreux établissements secondaires analogues à ceux qu'il est question de fonder en France, ne sont pas le moins du monde des établissements privés (Très bien ! à gauche), ce sont des établissements publics. Il est vrai qu'ils ne sont fondés ni par la République des États-Unis, c'est-à-dire par le Gouvernement central, ni par les États particuliers ; cela est très vrai ; mais ils sont fondés par les *townships*, c'est-à-dire par les communes. Par conséquent, ils ont un caractère tout à fait public.

Je suis étonné, messieurs, que ce soit de votre côté qu'on préfère l'intervention des communes, en matière d'enseignement, à l'intervention de l'État. C'est une opinion qui ne vous est point particulière, et ce n'est pas dans vos rangs que j'aurais cru l'entendre exprimer.

Je sais très bien qu'il y a telle opinion qui demanderait pour les communes le droit d'avoir des écoles leur appartenant exclusivement, et où elles puissent enseigner les doctrines qui leur conviennent. Pour moi, je ne suis point de cet avis et je serais fort étonné, je le répète, que vous en fussiez. (Rires à gauche.) Je ne suis pas pour l'indépendance des communes, particulièrement en matière d'enseignement ; mais je suis encore moins partisan de la doctrine qui nie les droits et les devoirs de l'État. (Très bien ! très bien ! sur les mêmes bancs.)

On nous cite souvent l'exemple de l'Amérique. On a raison sous bien des rapports. Nous lui avons pris, nous avons encore à lui prendre beaucoup d'exemples salutaires. Mais n'oublions pas la différence essentielle qui existe entre sa constitution sociale et politique et la nôtre.

La France vit d'unité (Très bien à gauche), et par l'unité, messieurs. Je ne nie pas que ce soit la monarchie qui ait préparé cette unité et qui l'ait avancée grandement, et je lui en suis reconnaissant ; mais c'est à la Révolution de continuer et d'achever l'œuvre de la monarchie.

Vous voudriez que l'État se désintéressât de l'enseignement en France ! ce serait renier son génie et les exemples de tous les temps.

A quelle époque de notre histoire introduirait-on ce principe négatif en ce qui regarde l'État ? Au lendemain des plus grands malheurs qu'ait subis la France, au lendemain du jour où la France a failli périr et où elle a dû se concentrer en elle-même avec une énergie désespérée !

Ce serait troubler et faire avorter cet immense effort de relèvement qui promet de lui rendre sa grandeur après sa liberté. Cet effort ne peut réussir définitivement qu'à la condition de ranimer l'esprit public au foyer domestique, dans la famille comme dans l'État. (Vive approbation à gauche.)

Croyez-vous donc qu'une société, qu'une nation puisse vivre dans les conditions qu'imposent à la France, non seulement son rôle traditionnel, mais sa situation actuelle en Europe ? Croyez-vous, dis-je, que notre France puisse redevenir ce qu'elle doit être, si la femme française ne partage pas les sentiments, ne s'associe pas aux idées de l'homme ? Si vous avez la discorde au foyer, comment voulez-vous avoir l'unité morale dans l'État.

Voix à droite. Pourquoi ?

M. Henri Martin. Pourquoi ? Eh ! l'on nous disait tout à l'heure que cette instruction, que cette éducation que nous réclamons pour la femme, la femme française l'avait, qu'elle l'avait largement, au même degré que les nations étrangères dont nous citions les nombreux établissements publics, tandis que la France n'en possède encore que ce premier degré, ces cours dont on faisait l'éloge avec raison, mais qui ne sont que l'ébauche de l'enseignement que nous aspirons à organiser dans toutes les conditions nécessaires.

Mais, en admettant que les programmes qu'on a exposés avec tant de développement soient sérieusement réalisés, on aura l'instruction dans certains établissements ; mais l'éducation, quels en seront l'esprit et les tendances ? Cette éducation assurera-t-elle au foyer domestique cette concorde que nous souhaitons ?

M. le duc de Broglie. Oui ! certainement.

M. le rapporteur. Il faudrait pour cela qu'un même enseignement, une même éducation y eussent préparé l'autre sexe comme le sexe qui a en main, d'une manière directe et immédiate, les destinées de l'Etat.

Nous ne prétendons pas appeler la femme sur la place publique, non pas même dans les comices électoraux ; non ! nous ne demandons pas que la femme prenne le rôle de l'homme. Nous demandons qu'au foyer domestique elle partage les sentiments que son mari est chargé de faire triompher au dehors, qu'elle l'inspire même au besoin, qu'elle le réveille, l'excite à servir la patrie, et, comme les mères d'autrefois, qu'elle envoie son fils la défendre.

Un sénateur à droite. C'est ce qu'elles font.

M. Paris. Prétendez-vous que les femmes françaises n'ont pas de patriotisme ?

M. Henri Martin. Qui vous dit qu'elles en manquent ? Mais il leur faut un patriotisme éclairé. (Exclamations et rires à droite), s'appuyant sur les mêmes idées et les mêmes sentiments que le patriotisme du mari, du frère et du fils. (Très bien ! à gauche.) Quel est l'esprit de cet enseignement, que vous déclariez si étendu et si complet, quels sentiments sont inspirés dans ces établissements qui ne sont point créés par l'initiative privée, mais par de grandes associations que gouverne une direction unique ? Je ne prétends pas que dans ces établissements on enseigne à haïr la France. Non certainement. Seulement on enseigne à aimer une certaine France (Exclamations ironiques à droite), une France qui puise hors d'elle-même l'inspiration qui doit la guider (Très bien ! à gauche), une France qui n'a point avant tout pour but le développement de son génie propre et indépendant. Sans doute on y dit bien : Sauvez la France, mais avant de sauver la France sauvez Rome. (C'est cela ! à gauche.)

Vous ne pouvez pas le contester, c'est le mot d'ordre bien connu.

Oui, on aime la patrie, mais est-ce la patrie de l'avenir ?

La France doit chercher en elle-même son idéal et sa direction, elle ne doit pas être l'instrument d'une idée qui n'est pas la sienne. Il est indispensable qu'elle atteigne ce but pour rétablir l'unité morale au sein de la famille comme dans l'Etat.

L'Etat a des droits et des devoirs qu'il ne doit jamais abandonner. Après les malheurs que nous avons subis, il faut à tous les Français une direction morale qui tende avant tout à la grandeur de la patrie : il nous faut une religion de la patrie. Il ne s'agit point par là de substituer la patrie à Dieu, comme d'autres y substituent l'humanité. La patrie est l'œuvre de Dieu.

Est-ce qu'il y a deux espèces de sociétés : une société purement spirituelle et une société purement matérielle, chargée uniquement de maintenir l'ordre dans la rue ? Non ! la société civile, la patrie, n'est pas l'œuvre de la volonté arbitraire de l'homme. Si vous croyez à une direction providentielle des choses, reconnaissez que la société civile, la patrie en procède directement et ne relève pas d'une autre société ni d'un autre principe. Il y a donc une religion de la patrie. (Bruit. — Interruption à droite.)

On accuse la loi actuelle d'être dirigée contre la religion et contre tout sentiment religieux. Il faut pourtant se rendre compte de ce que doit être l'Etat moderne. Il n'y a plus de religion d'Etat. L'Etat n'a ni à enseigner ni à combattre les religions positives. Il est neutre entre elles et n'a pas compétence à leur égard...

L'orateur s'interrompt à ce moment et paraît fatigué.

Voix nombreuses : Reposez-vous ! — A lundi !

M. le président. S'il n'y a pas d'opposition, l'orateur étant très fatigué, la suite de la discussion sera remise à lundi. (Assentiment.)

SÉANCE DU 22 NOVEMBRE 1880.

SUITE DE LA PREMIÈRE DÉLIBÉRATION SUR LE PROJET DE LOI RELATIF
A L'ENSEIGNEMENT SECONDAIRE DES JEUNES FILLES.

PRÉSIDENCE DE M. LÉON SAY.

M. le président. L'ordre du jour appelle la suite de la première délibération sur la proposition de loi adoptée par la
Chambre des députés, sur l'enseignement secondaire des jeunes
filles.

La parole est à M. Henri Martin, rapporteur.

M. Henri Martin, *rapporteur.* J'ai eu le regret, messieurs,
d'interrompre bien malgré moi les délibérations du Sénat ; c'est
une raison de plus pour moi d'abréger autant qu'il me sera possible les observations que je vais avoir l'honneur de vous présenter.

Ce qui nous sépare surtout des honorables adversaires du projet de loi, c'est que nous avons de l'Etat une notion tout à fait
différente. L'Etat, pour nous, est véritablement une personne
morale: c'est la patrie organisée (Très bien ! à gauche); c'est une
personne morale comme les Eglises, quoique dans des conditions différentes.

L'Etat doit, lui aussi, enseigner des devoirs, ceux qui se rap-
portent à l'ordre de ce monde, et quiconque enseigne a charge
d'âmes. (Nouvelle approbation à gauche. — Rumeurs à droite),

L'Etat a non seulement le droit, mais l'obligation d'enseigner
au citoyen ses devoirs envers la patrie, et comment pourrait-il
se désintéresser de l'éducation de celles qui seront des mères de
citoyens?

Je n'insisterai pas davantage sur ce point que je désirais seulement préciser autant qu'il m'est possible.

Quant à la grande question religieuse, nous comprenons parfaitement les graves et sérieuses préoccupations qui ont été manifestées ici, mais ces préoccupations ne me paraissent point justifiées quant à ce que vous appelez la suppression de l'enseignement religieux. Il ne s'agit pas de supprimer l'enseignement religieux; il s'agit de savoir qui le donnera. (Très bien ! à gauche.)
Dans un externat tel que ceux que la loi actuelle entend fonder,
il n'y a pas lieu d'introduire l'enseignement religieux dogma-

tique. La famille a tout le temps, tout le loisir de le faire donner, comme il lui convient, en dehors d'un établissement dont
les cours n'occupent les élèves que quelques heures de la journée. Si, au contraire, comme le projet en énonce la possibilité, il
se fonde non-seulement des externats, mais des institutions recevant des demi-pensionnaires, nous acceptons parfaitement
que l'enseignement religieux soit donné dans les établissements
de l'Etat non par les professeurs de l'Etat, qui n'ont pas compétence à cet égard, mais à des jours, à des heures convenues, par
les ministres des cultes qui représentent les parents, et qui seront toujours accueillis avec la considération qui leur est due.

Ce n'est pas sur ce point que je comprends vos préoccupations
sincères et profondes, c'est plutôt sur cette délicate et grave
question de l'enseignement de la morale. (A droite: Ah! ah!)

L'enseignement de la morale, quel en sera le caractère? Vous
avez le droit de le demander.

Je vous répondrai, d'abord, par quelques lignes de ce rapport
que j'ai la douleur d'être obligé de soutenir et de soutenir trop
faiblement ici, du rapport du collègue et de l'ami qui nous inspire
de si profonds regrets. (Très bien! très bien! à gauche.)

« Il n'y a pas, disait-il, plusieurs morales; il n'y en a qu'une
seule à laquelle les ministres de tous les cultes prêtent l'appui
de leur autorité, mais qu'aucune religion ne peut, à l'exclusion
des autres, considérer comme sienne. »

M. Schœlcher. Très bien!

M. le rapporteur. Voilà pour le principe.

Maintenant, dans le fait, quel est l'esprit de la morale qu'enseigne l'Etat?

L'Etat donne ce que j'appellerai l'enseignement intégral,
depuis l'école primaire jusqu'à la classe de philosophie. Quel enseignement donne-t-il en philosophie?

Vous savez ce que comprend cet enseignement: la métaphysique, la psychologie, la théodicée; et quels sont les auteurs qui
doivent, avant tout, servir de base à cet enseignement? Prenez
les premiers articles de ce programme, vous y trouverez Des-
cartes, Leibnitz qui, je l'espère, ne vous sont pas suspects. Je ne
vous citerai pas en détail le programme de l'Etat, comme on
vous a cité avec les plus grands développements ceux des établissements congréganistes de jeunes filles, mais enfin ce programme n'est que le développement des matières d'enseignement que j'indiquais tout à l'heure, et se caractérise au moins
dans ses tendances générales par les noms des grands philosophes que je vous ai cités.

Mais, me direz-vous, c'est aujourd'hui l'esprit de l'enseignement de l'Etat, ce ne sera plus peut-être demain l'esprit de ce
même enseignement. On peut supprimer ces programmes, les
remplacer par des programmes contraires.

Je ne le crois pas, messieurs ; je ne crois pas qu'un ministre puisse le faire : j'affirme même qu'il ne pourrait pas le faire. J'affirme qu'il n'y aurait pas un Conseil supérieur de l'instruction publique qui se prêterait à remplacer ce programme par un programme de négation, et je vais plus loin, j'affirme qu'il n'est pas une grande Assemblée nationale qui substituerait la négation à l'affirmation. (Très bien ! très bien ! à gauche et au centre.) Un homme, un groupe d'hommes peuvent tout nier, l'esprit de l'homme a une liberté souveraine, et il doit l'avoir, un homme, un groupe d'hommes peuvent tout nier, jusqu'à la personnalité humaine, jusqu'au libre arbitre de l'homme, mais une société, une nation en corps, je n'en crois rien ! Les grandes assemblées, les grandes masses humaines, affirment et ne nient pas.

Sans poursuivre un débat théorique, j'en appelle à l'histoire. Nous, messieurs, nous vivons dans la tradition de la Révolution française ; que trouvons-nous dans cette tradition ? Vous n'avez pas oublié que les deux grandes Assemblées de la Révolution, la Constituante et la Convention, ont inscrit en tête de leurs Constitutions le nom de celui qui est la loi des lois et l'éternelle raison ; nous ne l'avons pas oublié, nous non plus, et je m'honore d'être fidèle à la tradition de la Révolution française, à sa grande tradition, qui est aussi la tradition du genre humain . (Très bien à gauche.)

Je suis convaincu, messieurs, qu'on ne chassera pas plus Dieu de l'école, qu'on ne le chassera de l'âme humaine. La lutte n'est pas, en réalité, entre la religion et la négation pure ; elle est tout simplement, il faut bien le dire, entre ce que j'appellerai deux Etats : l'Etat ecclésiastique et l'Etat laïque. (Réclamations à droite). Vos orateurs accusent l'Etat d'iniquité parce qu'il prétend enseigner, entendons-nous bien, non parce qu'il prétend enseigner seul et imposer son enseignement, mais parce qu'il prétend offrir l'enseignement aux familles pour leurs filles. Non, l'Etat n'a pas la prétention de fermer les établissements, soit individuels, soit collectifs, qui ne sont pas les siens ; seulement, il a la prétention ou plutôt le devoir d'offrir un enseignement national.

Ces collèges que nous voulons fonder ne seront pas obligatoires pour vous ; nous les préférons, nous avons le droit de les préférer, de les instituer ; vous aurez celui de ne pas y placer vos filles.

L'Etat veut sa place au soleil, il en a le droit, et je suis convaincu que le Sénat ne la lui refusera pas. (Approbation à gauche.)

Je termine, messieurs, en vous citant — non pas en détail, rassurez-vous — quelques faits relatifs à ce qui se passe dans le reste du monde.

Partout — excepté en Angleterre, dont les mœurs sont si différentes des nôtres, surtout en ce qui regarde l'enseignement — partout, dis-je, en exceptant, avec l'Angleterre, quelques Etats, en très petit nombre, comme l'Autriche et la Suède, qui se contentent d'aider de leurs subventions des établissements privés, tous les autres, soit unitaires, soit fédératifs, ont un enseignement public pour les jeunes filles, chez les uns, fondés par les villes, par les communes, chez les autres par l'Etat.

Les faits sont là ; je n'ai pas besoin de vous les détailler ; vous les trouverez exposés aussi complètement que possible dans le rapport très consciencieux et très étendu de M. Camille Sée.

En résumé, à l'heure qu'il est, la Prusse, — je ne parle pas de l'Allemagne entière, la plupart des Etats allemands ont un enseignement public secondaire de jeunes filles, — la Prusse a 182 établissements de ce genre, sans compter les très nombreuses écoles primaires supérieures.

La Russie, qui fait de très grands efforts pour étendre et élever chez elle l'enseignement, a de très nombreux instituts, gymnases et progymnases. Il n'est pas jusqu'au Japon qui n'ait aujourd'hui des établissements publics d'enseignement des jeunes filles.

Je ne crois pas que le Sénat consente à refuser à la France de suivre l'exemple de toutes ces nations, auxquelles elle a si souvent donné l'exemple, et qu'elle redevienne au moins l'égale des peuples étrangers en ceci comme en toutes choses. (Très bien ! très bien ! à gauche.)

Je n'abuserai pas davantage des moments du Sénat. Je lui demande de vouloir bien passer à la discussion des articles. (Vive approbation sur les mêmes bancs.)

M. le président. Quelqu'un demande-t-il la parole pour la discussion générale ?

Personne ne demandant la parole, je donne lecture de l'article 1er, qui est ainsi conçu :

« Art. 1er. Il sera fondé par l'Etat, avec le concours des départements et des villes, des établissements destinés à l'enseignement secondaire des jeunes filles. »

Quelqu'un demande-t-il la parole sur l'article 1er ?...

A gauche. Aux voix ! aux voix !

M. le président. Personne ne demandant la parole sur l'article 1er, je le mets aux voix.

(L'article 1er est mis aux voix et adopté.

« Art. 2. — Ces établissements seront des externats.

» Des internats pourront y être annexés sur la demande et sous la responsabilité des conseils municipaux, et après entente entre eux et l'Etat. »

M. de Voisins-Lavernière. Monsieur le président, je demande la division pour le vote de l'article 2.

M. Delsol. Plusieurs de mes amis et moi, nous nous proposons de présenter un amendement sur cet article pour demander la suppression du deuxième paragraphe.

M. le président. Ces deux observations tendent au même but, c'est-à-dire la division.

Je vais donc d'abord mettre aux voix le premier paragraphe :

« Ces établissements seront des externats. »

Je consulte le Sénat sur ce paragraphe.

(Le paragraphe 1er est adopté.)

M. le président. Je donne lecture du paragraphe 2 :

« Des internats pourront y être annexés sur la demande et sous la responsabilité des conseils municipaux, et après entente entre eux et l'État. »

M. le président. La parole est à M. le président du conseil.

M. Jules Ferry, *ministre de l'instruction publique et des beaux-arts, président du conseil.* Messieurs, je voudrais donner au Sénat une courte explication... sur le second paragraphe de l'article 2. Le Sénat a sous les yeux la rédaction qui a été adoptée par la Chambre des députés et, en regard, celle qui a été adoptée par la Commission. Ces mots « et sous la responsabilité des conseils municipaux » ont été ajoutés par la Commission après entente avec le Gouvernement ; mais je crois utile de dire, d'une façon plus précise encore, comment nous comprenons cette responsabilité.

Vous savez, messieurs, que dans la Chambre des députés, le Gouvernement s'est opposé à ce que l'internat fût le principe et la règle générale pour les lycées de jeunes filles.

L'Université, en effet, vous donne l'organisation de l'externat, à titre de mesure générale, sur toute la surface du territoire, partout où les moyens financiers des départements et des villes viendront s'associer à ceux de l'État ; mais elle ne peut vous donner l'organisation de l'internat à titre de mesure générale. La différence que nous faisons entre les deux régimes tient aux ressources dont l'Université dispose. Si elle dispose, en effet, d'un personnel considérable d'administrateurs pour les lycées et collèges de garçons, le personnel des directrices pour les lycées et collèges de jeunes filles est à créer. Dans l'établissement des internats de jeunes filles, l'Université, — j'ai eu l'honneur de le dire devant l'autre Chambre et je suis heureux de le répéter devant vous, — l'Université, surtout, voit une source de responsabilités d'une nature si délicate, qu'elle n'est pas pressée d'aller au-devant.

Nous avons donc déclaré que, pour nous, l'externat serait le principe ; mais nous n'avons pas repoussé l'internat d'une manière absolue, parce qu'il y a des situations, des conditions

locales, je pourrais dire topographiques, ou sociales, dans lesquelles l'internat s'impose comme une nécessité. Je considère,
quant à moi, et je partage sur ce point l'avis de beaucoup d'u-
niversitaires éminents et de pédagogues illustres, je considère
l'internat, non pas comme un mal nécessaire, l'expression dépasserait ma pensée, mais, aussi bien pour les garçons que
pour les filles, comme une nécessité d'un état social qui s'amé-
liorera sur ce point comme sur beaucoup d'autres. L'Université n'a donc aucun goût pour le régime de l'internat. Elle
sait ce qu'on peut dire sur les inconvénients qu'il présente,
même pour les garçons, elle connaît les critiques qui furent
si fondées à d'autres époques, plus fondées qu'elles ne le seraient aujourd'hui, et que l'honorable M. Bréal, dont M. Desbassayns de Richemont nous faisait une citation à la dernière séance, a formulées énergiquement, il y a une dizaine
d'années.

Malgré les améliorations considérables qui ont été introduites
dans l'internat, malgré les perfectionnements de ce régime,
malgré l'élévation constante du personnel de surveillants dont
nous disposons, l'Université espère qu'un jour viendra où la
famille, d'un côté, et l'externat surveillé, de l'autre, deviendront
la règle habituelle de l'éducation dans notre pays. Nous en
sommes bien loin pour les garçons; mais, au moment d'organiser officiellement l'enseignement secondaire des filles, il est
tout naturel que l'État n'assume pas la tâche énorme de constituer par ses seuls efforts, par ses seules ressources et sous sa
seule responsabilité, le personnel des directrices et des surveillantes.

Qui est-ce qui le constituera, ce personnel? Nous pensons
que les municipalités qui sont les témoins les plus proches, les
juges naturels et par conséquent les plus compétents des aptitudes et des capacités de cet ordre, seront mieux placées que
l'Administration centrale pour choisir une directrice et des surveillantes, quand elles auront pris cette grave détermination
d'établir un internat de filles.

La rédaction de l'article 2 a précisément pour but, messieurs,
de mettre la responsabilité de l'État, la responsabilité de l'Université à couvert.

L'enseignement restera tout entier, aussi bien dans la direction que dans son personnel enseignant, sous la main et la
surveillance de l'État. A côté de nos externats, il pourra se
constituer des internats, des pensions, mais la direction de ces
internats et la surveillance des jeunes enfants appartiendra aux
directrices qui seront choisies et qui seront présentées par les
autorités locales.

Vous n'êtes pas surpris, messieurs, que le Gouvernement se
réserve le droit de les agréer. C'est essentiel, fondamental;

mais, quant au choix du personnel, quant à l'examen de ses aptitudes, quant aux renseignements à recueillir, nous pensons que les municipalités doivent en porter la responsabilité.

C'est ce que nous avons voulu dire en introduisant, dans la rédaction de l'article 2, cette réserve si précise, si absolue de la responsabilité des conseils municipaux : responsabilité financière, comme aujourd'hui pour l'administration des collèges communaux, responsabilité du personnel dirigeant. Tel est le sens que le Gouvernement attache à ce paragraphe, et je tenais à le dire au Sénat, avant qu'il passât au vote. (Très bien ! très bien ! à gauche.)

M. le président. Il va être procédé au vote du second paragraphe. J'en donne lecture.

M. de Gavardie. Personne ne répond à M. le ministre ?... Je demande la parole.

M. le président. La parole est à M. de Gavardie.

Il me paraît impossible, dit M. de Gavardie, de laisser passer une proposition aussi grave que celle qui est contenue dans le second paragraphe de l'article dont il vient d'être donné lecture.

Tout le monde redoute les inconvénients de l'internat. Dans le dernier siècle un criminaliste célèbre, Beccaria, a parlé d'inconvénients bien autrement graves que ceux dont on a parlé. Ces inconvénients n'ont fait que s'accroître.....

Le gouvernement n'a jamais senti la nécessité de proposer une réforme aussi importante que celle-là ; et c'est parce que l'initiative parlementaire nous apporte ce projet qu'on l'accepterait ?

Le Gouvernement peut-il accepter la création d'écoles de cette nature sous la responsabilité de conseils municipaux dont il est obligé tous les jours d'annuler les décisions ? Cela n'est pas possible, continue l'orateur. Tout à l'heure, notre honorable collègue, M. Henri Martin, nous parlait de la nécessité d'établir l'unité morale dans ce pays, où il y a pourtant une doctrine morale, une doctrine morale qui n'est pas divisée, mais qu'on veut diviser aujourd'hui. Il est historien, il connaît le rôle des femmes illustres de la France, des femmes chrétiennes, catholiques. Il le connaît, il l'a raconté.

Lorsque Jeanne Hachette, dont on ne connaît même pas le vrai nom... (Exclamations à gauche.)

Messieurs, ceci est plus grave que vous ne pensez, et vous allez voir si je n'arrive pas à mon but, — ...lorsque Jeanne Hachette, dis-je, dont on ne connaît pas seulement le nom, car Hachette est un surnom, tant elle était obscure, tant elle était humble, lorsque cette fille du peuple a défendu contre Charles-le-Téméraire la ville de Beauvais, est-ce qu'elle sortait d'une école laïque ? (Exclamations et rires à gauche.)

M. le rapporteur. Il est probable qu'elle ne savait pas lire.

M. de Gavardie. Est-ce qu'elle sortait d'un internat? (Nouveaux rires).

Lorsque Jeanne d'Arc, l'incarnation vivante de la patrie, était la seule à ne pas désespérer du salut de la France, lorsqu'elle réunissait contre l'étranger, dans un effort suprême qui a vaincu l'admiration même des incrédules, tout ce qu'il y avait d'esprit national et de sang français, est-ce qu'elle sortait d'une école laïque? (Interruptions à gauche).

M. le rapporteur. Elle ne sortait d'aucune école; elle ne savait pas lire !

M. le Président. Veuillez faire silence, messieurs? n'apprenez pas à M. de Gavardie comment on interrompt. (Rires).

M. de Gavardie. Est-ce qu'elle sortait d'un internat? Non, non; la vérité, c'est que cette unité morale a été maintenue par le système d'éducation qui a prévalu jusqu'à ce jour, et que vous voulez changer sans motifs suffisants. Cette unité de la patrie, vous voyez bien qu'avec le système que vous préconisez vous allez la changer. Les conseils municipaux ! mais ils vont précisément briser par leurs divergences naturelles et inévitables cette unité de la patrie dont vous parlez, et à laquelle vous tenez tous. Et vous voulez vous en rapporter aux conseils municipaux? Mais, vous aurez quelquefois autant de directions qu'il y aura de conseils municipaux; cela n'est pas possible.

L'initiative privée, dit l'orateur, répond à tout, il y a partout une instruction suffisante.

On prétend, dit-il, que sous l'ancien régime l'instruction n'était pas répandue, dans le dix-huitième siècle, il y a plus de femmes supérieures qu'il n'y en a aujourd'hui.

L'orateur cite Mme Geoffrin, Mlle de Lespinasse, Mme Deffand, qui, au point de vue intellectuel, sont supérieures aux femmes d'aujourd'hui. « Et d'où sortaient-elles, ces femmes-là? Est-ce qu'elles sortaient de vos internats? Allons donc ! Seulement, elles représentaient la fausse science que vous allez enseigner dans vos internats. »

La conclusion de l'orateur est que l'on n'a pas besoin d'écoles nouvelles, que l'on n'a pas besoin surtout d'internats pour les femmes.

La politique, continue l'orateur, se glisse partout, aujourd'hui. On a dit: « Nous voulons la femme. » Oui, mais c'est que la femme ne se donne pas comme cela, légèrement... (Hilarité générale), surtout elle ne se donnera pas à M. Jules Ferry, non! non! (Nouveaux rires). Pouvez-vous me trouver, en cherchant dans les milliers de pétitions dont ont été saisis depuis dix ans l'ancienne Assemblée nationale, la Chambre des

députés et le Sénat actuels, trois pétitions, trois, demandant la
création d'écoles secondaires, et surtout d'internats pour les
filles? Si vous me produisez ici trois pétitions demandant cela,
je me déclare vaincu.

M. le président du conseil. J'ai des demandes de villes
plein mon dossier.

M. de Gavardie. Voyons; montrez-les-moi, monsieur le
ministre. A quelle époque se sont-elles produites?

M. le président du conseil. Elles sont de cette année.

M. de Gavardie. Ah! je crois bien, de cette année. Mais
avant?

L'orateur termine en disant que c'est le Gouvernement qui,
depuis l'exécution des décrets, « qui sont la honte du monde
civilisé, » a obligé les femmes chrétiennes qui ne s'occupaient
pas de politique à s'en occuper aujourd'hui ; elles en feront
et si elles n'en faisaient pas, si elles n'y étaient pas portées par
le mouvement d'indignation de leur âme, nous les forcerions à
s'en occuper.

M. le colonel Meinadier. Je demande la parole pour faire
maintenir dans le projet la faculté pour les communes et les départements d'établir des internats.

M. le président. Vous avez la parole.

M. le colonel Meinadier. Messieurs, je n'ai que de courtes
observations à vous présenter. L'internat vient d'être attaqué
très violemment ; et l'on vous demande de l'interdire d'une manière absolue. Il est cependant des circonstances particulières
où l'internat peut être utile et même indispensable. La Commission a introduit la possibilité de l'internat lorsque les communes s'entendraient avec le ministre et que des villes croi-
raient devoir établir un internat à côté d'un externat qui serait
la règle générale.

L'externat est certainement meilleur dans la plupart des
circonstances, mais vous ne contesterez pas, messieurs, que
l'externat sera facile à établir et ne rendra de grands services
que dans les grandes villes, dans les localités riches. Quelle
part ferez-vous aux besoins des habitants des campagnes,
qui voudront faire bénéficier leurs filles de l'enseignement
supérieur ?

C'est donc en faveur des filles des habitants des campagnes
éloignées des grands centres, qui n'ont pas le moyen de les
faire élever dans de petites localités, que je vous demande de
voter l'article du projet de loi qui donne la possibilité d'établir
l'internat avec le concours des villes et après entente avec le
Gouvernement.

M. le président. Je mets aux voix le paragraphe 2, qui est ainsi conçu :

« Des internats pourront y être annexés sur la demande et sous la responsabilité des conseils municipaux, et après entente entre eux et l'Etat. »

Il y a trois demandes de scrutin.

(Le scrutin a lieu. — MM. les secrétaires opèrent le dépouillement des votes.)

M. le président. Il y a lieu à pointage.

(Il est procédé à cette opération.)

M. le président. Voici le résultat du scrutin :

Nombre de votants. . . .	264
Majorité absolue.	133
Pour l'adoption. . .	137
Contre.	127

Le Sénat a adopté.

M. le président. Le Sénat ayant successivement voté les deux paragraphes de l'article 2, je vais mettre aux voix l'ensemble de cet article.

M. le rapporteur. Je demande la parole, monsieur le président.

M. le président. La parole est à M. le rapporteur.

M. le rapporteur. Le Sénat vient d'adopter l'article dans son principe. Mais sa rédaction ayant paru présenter quelques imperfections, la Commission, en seconde délibération, vous proposera un texte modifié. (Adhésion à gauche.)

M. le président. L'article pourra être modifié entre la première et la seconde délibération, mais je dois le mettre dans son ensemble avec sa rédaction nouvelle.

(Le vote a lieu. — Après deux épreuves déclarées douteuses, il est procédé au scrutin. — MM. les secrétaires effectuent le dépouillement des votes.)

M le président. Voici le résultat du scrutin :

Nombre des votants. . . .	260
Majorité absolue.	131
Pour l'adoption. . .	143
Contre.	117

Le Sénat a adopté.

« Art. 3. — Il sera fondé par l'Etat, les départements et les villes, au profit des internes et des demi-pensionnaires, tant élèves qu'élèves-maîtresses, des bourses dont le nombre sera déterminé dans le traité constitutif qui interviendra entre le

ministre, le département et la ville où sera créé l'établissement. »
— (Adopté.)

» Art. 4. — L'enseignement comprend :

» 1° L'enseignement moral ;

» 2° La langue française, la lecture à haute voix, et au moins une langue vivante ;

» 3° Les littératures ancienne et moderne ;

» 4° La géographie et la cosmographie ;

» 5° L'histoire nationale et un aperçu de l'histoire générale ;

» 6° L'arithmétique, les éléments de la géométrie, de la chimie, de la physique et de l'histoire naturelle ;

» 7° L'hygiène ;

» 8° L'économie domestique et les travaux à l'aiguille ;

» 9° Des notions de droit usuel ;

» 10° Le dessin ;

» 11° La musique ;

» 12° La gymnastique. »

MM. Chesnelong, Desbassayns de Richemont et le baron de Ravignan ont proposé un amendement à l'article 1er, consistant à mettre au lieu de : « l'enseignement moral » les mots : « l'enseignement moral et religieux. »

M. Chesnelong. Je demande la parole.

M. le président. La parole est à M. Chesnelong.

M. Chesnelong. Messieurs les sénateurs, le projet de loi admet que la religion pourra être enseignée, à certains jours déterminés, par les ministres des divers cultes aux élèves pour lesquels les familles auront réclamé cet enseignement spécial ; absolument comme s'il s'agissait d'un cours accessoire ou d'un art d'agrément sans connexité avec le fond même de l'éducation. Mais il ne comprend dans les matières obligatoires de l'enseignement scolaire que l'enseignement moral séparé de l'enseignement religieux. Je viens combattre ce système et soutenir un amendement que j'ai eu l'honneur de présenter de concert avec deux de mes honorables amis, et qui a pour objet de substituer ces mots : « L'enseignement moral et religieux » aux mots : « L'enseignement moral » qui se trouve dans le projet de loi.

Je ne crois pas, messieurs, qu'une question plus grave puisse s'agiter devant cette Chambre.

Plusieurs sénateurs à droite. C'est vrai !

M. Chesnelong. Elle touche aux droits les plus essentiels de la religion et de la société.

On défend le système du projet de loi au nom de la liberté de conscience ; c'est précisément en me plaçant sur le terrain de la liberté de conscience que j'essaierai d'abord de le combattre.

L'honorable M. Henri Martin nous disait avant-hier qu'il n'y a plus, en France, de religion d'État, que nous vivons sous le

régime de la liberté de conscience et de la liberté des cultes. Je
le sais. J'en conclus que dans les lieux où il y a un nombre suffisant de familles appartenant à un culte autre que le culte
catholique, on doit établir des écoles qui répondent aux
croyances particulières de ces familles. J'en conclus encore, que
dans les écoles où au milieu d'enfants catholiques, se trouvent
quelques enfants qui ne le sont pas, des précautions doivent
être prises pour sauvegarder pleinement la liberté de conscience
de ces derniers.

Mais, je n'en conclus pas que l'enseignement religieux doit
être supprimé; car, lorsque des droits contraires sont en présence, la justice exige qu'on les concilie dans une liberté réciproque. Vous ne devez pas, je l'admets, imposer aux enfants
non catholiques, un enseignement dogmatique contraire à leurs
croyances, mais vous ne devez pas davantage refuser aux enfants catholiques un enseignement conforme à leur foi. Des
deux côtés, il y aurait oppression. (Approbation à droite.)

Là, oppression de la minorité; ici, oppression de la majorité.

Entre les deux, il y a le droit de la majorité s'exerçant avec
le respect du droit de la minorité et faisant à celui-ci sa place
légitime.

Eh bien, messieurs, c'est tout ce que nous demandons, et
j'ajoute que les membres des autres cultes ne demandent rien
au delà.

M. le baron de Lareinty. Non, rien de plus! (Approbation
à droite.)

M. Chesnelong. La question, en effet, ne se pose pas entre
eux et nous. A ne considérer que les croyants des divers cultes,
la paix religieuse existe dans notre pays et nous la considérons
tous comme un grand bien. (Nouvelle marque d'approbation sur
les mêmes bancs).

Nul, je l'affirme pour nous, et je le reconnais pour les croyants
des autres cultes, nul, ni parmi eux, ni parmi nous, ne songe et
ne cherche à la troubler; mais nul non plus, ni parmi eux, ni
parmi nous, ne veut d'une éducation sans religion, d'une morale
indépendante de Dieu. (Très bien! très bien! à droite).

La question, messieurs, a été — je ne dirai pas : introduite
dans le Parlement, — mais mise en circulation dans l'opinion
publique par ceux qui, n'ayant aucun culte, ne veulent pas
qu'on fasse à la religion une part quelconque dans l'enseignement de nos écoles. Mais, messieurs, combien sont-il?... Si
je consulte le dernier recensement de la population française,
ils sont 82,000 sur 36,000,000 d'habitants (Mouvements).

J'admets qu'ils aient fait quelques recrues, vous reconnaîtrez
au moins qu'ils sont à l'état d'infime minorité. Quand ils
viennent nous dire que si l'on enseigne la religion dans les

écoles, à si petite dose que ce soit, on en exclut leurs enfants,
nous leur répondons que si on ne l'enseignait pas, on exclurait
les nôtres. (Très bien ! très bien ! à droite).

Dans ces conditions, messieurs, que doit faire l'Etat ? Il n'a
évidemment qu'à choisir entre ces deux partis : ou bien ne pas
se mêler de l'enseignement, ou bien, s'il s'en mêle, concilier la
liberté qui est due à la conscience des dissidents avec l'obligation qu'il ne peut décliner de faire à la religion de l'immense
majorité des Français, la part qui lui appartient dans un enseignement donné au nom du pays. (Très bien ! à droite).

Mais on ne veut, messieurs, ni de l'une, ni de l'autre de ces
deux solutions. Ce qu'on veut, ce qu'on demande, ce qu'on a
malheureusement obtenu de la majorité de la Chambre des
députés, ce que, je l'espère, on n'obtiendra pas de la majorité du
Sénat, c'est que l'Etat se serve du budget pour organiser des
écoles d'où la religion sera bannie (Approbation à droite), c'est
que l'école publique devienne comme une sorte de forteresse où
l'incroyance s'embusquera pour tenir la religion en échec, au
mépris du vœu des familles.

En cela, messieurs, vous dépassez votre droit.

La liberté de conscience ne doit pas être un vain mot... (Vive
approbation à droite. — Interruptions à gauche).

Quel est donc, messieurs, le sens de ces interruptions ? Je dis
que la liberté de conscience ne doit pas être un vain mot (Très
bien ! très bien ! à droite), et j'ajoute qu'elle serait un vain mot
si vous la faisiez aboutir à l'oppression des consciences chrétiennes sous une domination sectaire. (Rumeurs à gauche. —
Nouvelle approbation à droite.)

Un Gouvernement, quel que soit son nom et quelle que soit
sa forme, n'a pas le droit, en abaissant à une œuvre de parti
la majesté de la loi, de tourner contre la religion du pays un
enseignement dont il assure la direction et dont il prend la responsabilité. (Très bien ! à droite.)

Il n'a pas le droit, dans une nation chrétienne et en se servant
des ressources qui sont fournies par des contribuables chrétiens,
de faire officiellement la guerre au christianisme dans un enseignement qu'il donne au nom et aux frais du pays. (Nouvelle
approbation sur les mêmes bancs.)

Montesquieu, dans son *Esprit des lois*, distingue trois modes
de gouvernements : le monarchique, le républicain et le despotique. Au-dessus de ce dernier, il en signale un quatrième qu'il
considère comme une excroissance presque monstrueuse et
qu'il met en dehors des régimes normaux et réguliers.

Permettez-moi de le dire, un Gouvernement qui directement
ou indirectement, par la violence ou par la ruse, se poserait en
ennemi et en destructeur de la religion d'un pays, se placerait
de lui-même dans cette catégorie répudiée.

Je ne dirai rien de plus de la question de droit public; j'ajoute maintenant que votre système est une très grande nouveauté.

L'honorable M. Ferrouillat nous disait, dans son discours d'avant-hier, qu'il s'agit de l'enseignement secondaire et que vous vous bornerez après tout à procéder, pour les lycées de filles à créer, comme on procède pour les lycées de garçons déjà établis. Or, dans ces lycées, les aumôniers donnent sans doute un enseignement religieux en dehors des classes, mais dans les classes, les professeurs ne le donnent pas.

Que, dans une certaine mesure, il en soit ainsi dans les lycées de garçons, je ne le conteste pas et je ne crois pas que vous ayez à vous en féliciter beaucoup.

Savez-vous comment M. de Lamartine appréciait ce dualisme qui se produit dans l'enseignement de vos lycées?

« L'enseignement du professeur, disait-il, ne concorde pas avec l'enseignement du sacerdoce. Il faudrait à l'enfant deux âmes, et il n'en a qu'une. Les deux enseignements se la disputent. Le trouble et le désordre se mettent dans ses idées. Il ne lui reste d'une pareille éducation que juste assez des deux principes opposés pour que l'âme du jeune homme soit une guerre intestine de pensées contraires et pour qu'il ne puisse pas vivre en paix avec lui-même, dans une vie qui a commencé par l'inconséquence et qui finit par la contradiction. »

M. de Lamartine appréciait avec cette sévérité le dualisme de l'enseignement dans les lycées de garçons; je me demande ce qu'il penserait de celui que vous voulez établir dans vos lycées de filles.

M. le président du conseil. M. de Lamartine était pour la séparation de l'Eglise et de l'Etat.

M. Chesnelong. Voilà comment il appréciait le système que vous préconisez. Le passage est d'une clarté qui ne se prête à aucune équivoque.

Toutefois, je croirais être injuste envers le régime passé de l'Université si je l'assimilais à celui qu'on nous prépare. Dans l'Université, jusqu'ici, la religion n'avait pas sans doute toute la place qui lui appartient, mais elle n'en était pas exclue.

Dans les basses classes, on mettait entre les mains de l'enfant le catéchisme, l'histoire sainte, le Nouveau-Testament. Les maîtres les expliquaient avec respect.

Dans les classes élevées, les sciences et les lettres, la philosophie et l'histoire confinaient de toutes parts à la religion et la rencontraient souvent. On n'était pas tenu de l'éliminer et en fait on ne l'éliminait pas.

Parmi les maîtres, les uns en parlaient avec l'adhésion d'une foi convaincue, d'autres avec cette impartialité que les grandes choses inspirent toujours aux esprits sérieux; l'hostilité ne se traduisait que par le silence; et quand elle éclatait dans un enseignement anti-chrétien, une réprobation sévère rappelait le professeur à une réserve commandée par le devoir.

Désormais, il n'en sera plus ainsi. Vous excluez totalement la religion de l'enseignement scolaire ; — cela veut dire que l'hostilité s'y montrera à découvert et que le respect ne s'y traduira que par le silence. On pourra y attaquer la religion et on l'y attaquera à loisir ; il ne sera plus permis de la défendre, encore moins de la louer. Ne faut-il pas respecter, en effet, les scrupules et les susceptibilités ombrageuses de l'incroyance ?

Je n'admets donc pas que l'honorable M. Ferrouillat puisse se prévaloir du régime passé de l'Université pour couvrir l'entreprise actuelle.

Il a encore invoqué l'exemple des nations étrangères. Voyons donc à quoi ces exemples se réduisent.

En ce qui concerne les écoles de filles, dit l'orateur, je ne connais rien qui ressemble à la création d'Etat qu'on nous propose.

Quant à l'enseignement primaire il y a eu des essais d'école neutre ; ils n'ont pas en général réussi.

... On a parlé de l'Angleterre : on y trouve en effet des écoles subventionnées par l'Etat, mais la Bible y est lue dans chaque classe...

On a parlé des Etats-Unis ; on y trouve en effet à côté des écoles confessionnelles beaucoup d'écoles neutres ; mais la Bible y est le fond de l'éducation.

... On a cité l'exemple de l'Italie. Les municipalités peuvent, il est vrai, établir des écoles neutres ; peu de municipalités sont entrées dans le système des écoles neutres : et même dans ces écoles l'enseignement religieux occupe une large place.

... En Prusse on a essayé des écoles laïcisées. Le ministre a déclaré qu'il n'en établirait pas et le Parlement l'a approuvé.

... La Hollande a fondé des écoles neutres, mais le maître ne peut faire ou permettre dans les écoles, quoi que ce soit de contraire au respect dû aux opinions religieuses.

... La Belgique a voulu laïciser des écoles en 1879. La désertion dans certaines écoles, a été, dans certains lieux, presque complète. Le ministère pour arrêter la désertion, a, par une circulaire qui est en quelque sorte un désaveu de la loi, enjoint aux instituteurs de réciter les prières d'usage au commencement et à la fin de chaque classe et faire réciter le catéchisme.

... Dans les autres pays, l'enseignement religieux est en tête des matières obligatoires de l'enseignement.

... Il y a toutefois un précédent. En 1793, la Convention a établi la séparation absolue de la religion et de l'école ; après dix ans de ce régime, Portalis disait qu'avec cet enseignement privé de la religion, on avait détruit la morale, que les enfants étaient

21

sans notion du juste et de l'injuste, que les mœurs étaient farouches et barbares, le peuple féroce.

Pouvez-vous, au moins, continue l'orateur, vous autoriser de l'opinion d'hommes considérables, qui aient préparé, préconisé, pressenti l'émancipation laïque des écoles, telle que vous la comprenez aujourd'hui ? Etes-vous des continuateurs, entrant dans une voie qui a été explorée par de grands initiateurs, ou bien êtes-vous des novateurs téméraires, vous mettant en contradiction avec le sentiment général de tous les hommes d'Etat, et de tous les hommes de génie de tous les temps et de tous les pays ?

Ici encore votre hardiesse m'étonne ; car vous êtes seuls, absolument seuls ; seuls, il est vrai, avec votre majorité de la Chambre des députés ; mais cela ne suffit pas pour faire le contre-poids de cette série illustre qui, depuis Platon jusqu'à Bossuet, depuis Charlemagne jusqu'à Napoléon, et dans un rang moins élevé, mais avec une autorité plus spéciale en matière d'éducation, depuis Quintilien jusqu'à Rollin, ont tous considéré que la religion est la base nécessaire de toute éducation. (Très bien ! très bien ! à droite).

Vous me direz peut-être que ces hommes, si grands qu'ils soient, n'ont pas eu la prescience des temps nouveaux. Je pourrais vous répondre que, pour les choses qui touchent au fond de la nature humaine, la vérité n'a pas de date et est toujours actuelle. (Vive approbation sur les mêmes bancs.)

Mais je laisse le passé, et je m'en tiens au présent.

Voici trois témoignages contemporains, absolument modernes, absolument laïques, qui ne peuvent être ni accusés de vétusté, ni suspects de parti pris.

Le premier est d'un illustre protestant, le second d'un illustre philosophe, le troisième est d'un poète de génie. Je dois dire, pour rendre hommage à la vérité, que le protestant s'honora par de fortes convictions chrétiennes et par un respect impartial et élevé des grandeurs de l'Eglise catholique.

Je dois dire aussi qu'on peut trouver dans les écrits du philosophe la trace de l'impression profonde que la beauté morale du christianisme avait faite sur son grand esprit.

Quant au poète, il m'écoute de trop près pour que je me permette d'exprimer à son égard un autre sentiment que celui de mon admiration pour son génie. (Approbation sur tous les bancs.)

M. Guizot disait donc en 1851, dans un discours à la société d'encouragement des écoles primaires protestantes, — et en cela il était fidèle aux principes qu'il avait toujours soutenus comme ministre dans la discussion des lois d'enseignement : « On le dit partout et tous les jours ; et on ne le dit pas, on ne le croit pas assez. L'instruction n'est rien sans l'éducation. A quoi il faut ajouter aussitôt : Il n'y a point d'éducation sans religion... L'âme ne se forme et ne se règle qu'en présence et sous l'empire du Dieu qui l'a créée et qui la jugera. »

Cela est beau, et, en même temps, comme cela est profondément vrai !

Et maintenant, M. Cousin disait, non pas en 1850, c'est-à-dire à une époque où vous pourriez l'accuser d'avoir été plus ou moins dominé par ce que vous appelez la réaction religieuse de ce temps, mais en 1831, au plus fort et au plus vif du mouvement un peu anti-chrétien de cette époque, il disait, dans un rapport qu'il adressait au ministre de l'instruction publique :

« Le christianisme doit être la base de l'instruction du peuple. L'instruction populaire doit être religieuse, c'est-à-dire chrétienne.... Que nos écoles soient donc chrétiennes! Qu'elles le soient sincèrement et sérieusement !... »

Et, plus tard, M. Cousin disait encore à la tribune de la Chambre des pairs :

« L'autorité religieuse doit être représentée d'office dans l'éducation de la jeunesse, tout comme l'autorité civile. Nous ne voulons pas mêler le moins du monde la religion aux choses de la terre ; mais il est question ici de la chose religieuse elle-même. Nous sommes les premiers à vouloir que la religion reste dans son domaine ; mais l'école publique est un sanctuaire aussi, et la religion y est au même titre que dans l'église et au temple. »

Vous l'avez entendu, messieurs, l'enseignement, d'après M. Cousin, c'est la chose religieuse elle-même. Hélas ! que nos ministres sont loin de cette conception large et élevée du rôle de l'éducation et de sa dignité ! (Approbation à droite.)

Enfin, voici une troisième citation plus belle, s'il est possible, et plus significative encore que les deux précédentes :

« L'enseignement religieux est aujourd'hui plus nécessaire que jamais. Plus l'homme grandit, plus il doit croire. Il y a un malheur dans notre temps ; je dirai presque, il n'y a qu'un malheur : c'est une certaine tendance à tout mettre dans cette vie. En donnant à l'homme pour but la vie terrestre, la vie matérielle, on aggrave toutes ses misères par la négation qui est au bout. On ajoute à l'accablement des malheureux le poids insupportable du néant, et de ce qui n'est que la souffrance, c'est-à-dire une loi de Dieu, on fait le désespoir. » (Très bien ! très bien ! à gauche. Applaudissements sur un grand nombre de bancs.)

« De là de profondes convulsions sociales. Ce qui allège la souffrance, ce qui sanctifie le travail, ce qui fait l'homme bon, fort, sage, patient, bienveillant, juste, à la fois humble et grand, digne de l'intelligence, digne de la liberté, c'est d'avoir devant soi la perpétuelle vision d'un monde meilleur, rayonnant à travers les ténèbres de cette vie... Je veux donc sincèrement, je dis plus, je veux ardemment l'enseignement religieux. » (Nouvelles marques d'approbation.)

Je n'ai pas besoin, messieurs, de nommer l'auteur de ces magnifiques paroles. A l'éclat de la pensée comme à la splendeur du style, vous avez reconnu M. Victor Hugo. (Applaudissements sur un grand nombre de bancs.)

Je ne puis, messieurs, résister au désir de faire une dernière citation. Elle émane de l'honorable M. Barthélemy Saint-Hilaire (Ah! ah! à droite) et il ne m'en voudra pas de le citer en si illustre compagnie.

M. Barthélemy Saint-Hilaire, *ministre des Affaires étrangères.* Au contraire je vous en remercie.

M. Chesnelong. M. Barthélemy Saint-Hilaire, non pas dans cette Assemblée législative de 1849 (qu'on a quelquefois appelée, comme l'Assemblée de 1871, une assemblée de malheur), mais dans l'Assemblée Constituante de 1848, qui était en immense majorité républicaine, M. Barthélemy Saint-Hilaire était président et rapporteur d'une Commission chargée d'examiner un projet de loi présenté par l'honorable M. Carnot sur l'instruction primaire. Voici ce qu'il disait pour son compte et aussi au nom de cette Commission qui était en très grande majorité composée de républicains.

« Dans le programme des écoles primaires, votre Commission a établi, à l'unanimité et sans discussion, l'instruction morale et religieuse. La République aurait tort en ce délicat sujet d'entrer dans une voie nouvelle que peuvent conseiller sans doute de graves motifs, mais qui, au fond, n'est pas la bonne. Dans les pays mêmes où, par un respect scrupuleux pour la liberté de conscience, on a posé des limites à l'enseignement religieux, cette interdiction ne porte que sur les points des dogmes controversés par les sectes : c'est ainsi qu'en Hollande, tout en prescrivant l'enseignement d'opinions particulières, on impose cependant à toutes les écoles un enseignement chrétien dont les principes sont acceptés par toutes les églises sans distinction. » (Très bien! très bien! à droite.)

M. Bertauld. Très bien!

M. Chesnelong. Vous approuvez, monsieur Bertauld! J'en suis charmé. Vous approuvez tout, sans doute, même la première phrase, dans laquelle M. Barthélemy Saint-Hilaire demandait, au nom de la Commission, unanime dans ses vues, que l'on introduisit dans la loi le principe de l'instruction morale et religieuse. Tant mieux! Cela me donne une grande espérance pour le vote que vous allez émettre tout à l'heure, et je me félicite d'obtenir pour mon amendement un si puissant concours. (Rires approbatifs et applaudissements à droite.)

Quant à l'instituteur, l'honorable M. Barthélemy Saint-Hilaire ajoutait :

« En dehors de l'école, ses opinions, dans les limites des convenances, restent libres comme celles de tout autre citoyen ; dans l'école, elles ne le sont pas. Il doit les soumettre loyalement aux limites que lui trace la société et qui résultent du contrat même passé entre elle et lui. Que si sa conscience n'accepte point ces conditions, toutes sages qu'elles sont, il ne lui reste qu'à quitter une carrière pour laquelle il n'est point fait et qu'il ne devrait point embrasser. » (Vive approbation sur les mêmes bancs.)

Je laisse à l'honorable M. Barthélemy Saint-Hilaire le soin de se mettre d'accord avec l'honorable M. Ferry ; quant à moi, je ne m'en charge pas (Très bien ! à droite.)

M. Barthélemy Saint-Hilaire. Mais nous sommes d'accord.

M. Chesnelong. Votre thèse est donc condamnée par le droit public, par l'expérience générale, par les plus hautes autorités. Que vaut-elle par elle-même ? C'est ce qui me reste à examiner.

Je dis qu'elle est impossible et j'ajoute qu'elle est funeste.

Elle est impossible d'abord dans les écoles primaires, c'est-à-dire à l'époque de la première formation de l'enfance.

En effet, il ne s'agit pas seulement alors d'éveiller l'intelligence de l'enfant, d'orner sa mémoire, de lui communiquer les premiers éléments du savoir humain ; il faut aussi, apparemment, former son cœur, régler sa volonté, faire pénétrer dans sa conscience l'amour et la notion du devoir. A cette œuvre sublime, l'homme, quel qu'il soit, — qu'il s'agisse du père ou qu'il s'agisse du maître, — ne peut pas suffire sans la collaboration de Dieu (Très bien ! très bien ! à droite.)

Dans l'enseignement secondaire, votre œuvre est tout aussi impossible, car la nature même des choses s'y oppose.

Demandez donc au professeur d'histoire de remonter au berceau du monde, sans rencontrer le récit de la Genèse ! Demandez-lui de parler de ce petit peuple qui garda intacte, au milieu de l'idolâtrie universelle, la notion du monothéisme, sans examiner le caractère providentiel de sa vocation !

Demandez-lui de parler de la formation et du développement progressif des sociétés européennes, sans toucher au christianisme, à son divin fondateur, au rôle de l'Eglise et de la papauté dans le monde, à leur influence sur les idées, les mœurs, les aspirations généreuses de notre civilisation ! — Demandez-lui surtout de montrer ce que fut la France, sans parler de cette solidarité qui lia toujours les destinées de la France et les destinées de l'Eglise ! (Nouvelle approbation à droite.)

Et puis, demandez donc au professeur de lettres de parler du style sans s'occuper de la pensée ; de cultiver l'intelligence sans élever l'âme ; d'éveiller le goût du beau sans inspirer le sentiment du bien et, finalement, de montrer à ses élèves les voies du vrai, du beau, du bien, sans nommer le grand être qui en est le principe et la substance ! (Applaudissements sur les mêmes bancs.)

Et ainsi de tout le reste. On rencontre Dieu, qu'on le veuille ou qu'on ne le veuille pas, à l'origine comme au terme de toute étude. Le passer sous silence, systématiquement et de parti pris, c'est une négation doublée de mépris.

La neutralité religieuse que vous proclamez n'est qu'une chimère, et votre éducation sans Dieu deviendrait, par la force des choses, une éducation contre Dieu. (Très bien ! à droite.)

Voilà pourquoi votre entreprise serait profondément funeste.

Quand vous pénétrez, messieurs, dans une école chrétienne, primaire ou secondaire, de garçons ou de filles, peu importe, vous savez d'avance l'enseignement qui y est donné.

Le catéchisme, ce modeste petit livre qui renferme des vérités et des préceptes que les plus grands génies de l'antiquité avaient à peine entrevus, le catéchisme est le fond même de l'enseignement doctrinal de nos écoles. On n'enseigne rien en deçà ; on n'enseigne rien au delà des principes qu'il renferme. Rien n'est voilé, tout est à découvert.

Vous voulez supprimer l'enseignement du catéchisme. Par quoi le remplacerez-vous ? Vous voulez supprimer la morale du catéchisme. Par quoi la remplacerez-vous ?

Messieurs, c'est la question même du projet de loi, car enfin nous ne pouvons pas voter sur des mots, sur des équivoques ; il faut que nous sachions quel est le sens que ces mots renferment.

Je connais une morale qui, sans se rattacher aux religions révélées, garde cependant les principes de la religion naturelle : d'un côté, Dieu, l'infini, la Providence ; de l'autre, l'âme, sa spiritualité, sa liberté, sa responsabilité, son immortalité. Je ne parlerai assurément de cette morale qu'avec un grand respect ; il me sera seulement permis de dire que la morale chrétienne possède, à mon sens, intégralement tous les principes que la morale de la religion naturelle ne possède qu'imparfaitement, et qu'en tous cas elle y ajoute par surcroît des forces qui lui sont propres.

Mais, est-ce par l'enseignement de la religion naturelle que vous voulez remplacer l'enseignement du christianisme ? Est-ce par la morale de la religion naturelle que vous voulez remplacer la morale de l'Evangile ?

La Commission a dit oui tout à l'heure par l'organe de son rapporteur.

Au banc de la commission. Non !

M. Chesnelong. J'avais cru cependant comprendre que l'honorable M. Henri Martin entendait bien que la morale qui serait enseignée dans les écoles serait une morale spiritualiste, fondée sur l'idée de Dieu, et non pas une morale athée et matérialiste.

J'avais cru que M. le rapporteur parlait au nom de la Commission ; j'étais convaincu de sa sincérité et de celle de ses honorables collègues. Je croyais rendre hommage à la Commission en interprétant ainsi sa pensée. Je voulais seulement vous dire, messieurs de la Commission, que plusieurs des maîtres du jour n'étaient pas d'accord avec vous ; mais les réclamations qui partent de vos bancs me prouvent que vous n'êtes pas même d'accord entre vous.

Un sénateur à gauche. C'est une perpétuelle équivoque !

M. le rapporteur. Il s'agit de la morale qui s'enseigne dans l'Université.

M. Chesnelong. Vous nous avez dit, Monsieur le rapporteur, que la morale qui s'enseigne dans l'Université était fondée sur l'idée de Dieu.

Vous avez parlé du cours de théodicée qui, dans l'enseignement de la philosophie, succède au cours de morale. J'ai pris vos paroles, comme vous les disiez, et j'ai cru qu'elles étaient parfaitement sincères.

M. le rapporteur. Elles l'étaient.

M. Chesnelong. Je le crois encore, et vous ne les reniez pas. J'ai donc le droit de dire, non pas avec la Commission, puisqu'un de ses membres proteste, mais avec M. le rapporteur qui l'affirme...

M. le rapporteur. J'ai cité des faits.

M. Chesnelong. ...que c'est cette morale qu'il voudrait voir enseignée dans les écoles de filles.

Eh bien ! je me permets de dire à M. le rapporteur de la Commission : Prenez garde ; vous verrez s'élever contre ce minimum de vérités religieuses toutes les attaques qui sont dirigées aujourd'hui contre les vérités chrétiennes (très bien ! à droite), et les libres-penseurs qui ne croient ni à Dieu, ni à l'âme, ni à la responsabilité d'outre-tombe, viendront vous sommer, au nom de la liberté de leurs consciences, de chasser de vos écoles ces restes de mythologie dont ils ne veulent plus. (Nouvelle approbation sur les mêmes bancs.)

Après avoir abandonné le principe de l'enseignement religieux, que pourrez-vous leur répondre ?

M. le rapporteur. Ce n'est pas difficile.

M. Chesnelong. Ne vous récriez pas ; vous en viendrez-là ; je me trompe, vous y êtes déjà.

J'ai recherché quelle pouvait être sur ce point la pensée du conseil municipal de Paris. (Exclamations à gauche : — Pourquoi pas à droite !)

Pourquoi pas en effet ? le conseil municipal de Paris est une puissance (Très bien ! très bien ! à droite.) M. le préfet de la

Seine nous a dit un jour, avec émotion, à cette tribune, combien il l'aimait. (Rires ironiques sur les mêmes bancs.) Le Gouvernement l'aime peut-être un peu moins, mais il a pour lui des ménagements infinis...

M. le président du conseil. Le Gouvernement annule ses délibérations.

M. Chesnelong. ...et s'il casse quelques-unes de ses délibérations, il seconde le plus souvent ses vues. Oui ! le conseil municipal de Paris est une puissance avec laquelle vous comptez dès aujourd'hui, et qui peut-être demain ne comptera pas avec vous. (Vive approbation à droite.)

Il importe donc de savoir ce que pense le conseil municipal de Paris.

L'honorable sénateur cite un article du journal *le Temps* qui raconte qu'une Commission du conseil municipal de Paris, chargée d'examiner les livres à donner en prix dans les écoles municipales, a éliminé les ouvrages traitant de religion naturelle ou révélés.

A la Chambre, ajoute M. Chesnelong, un député prenant part à la discussion du projet soumis à nos délibérations déclarait, aux applaudissements des gauches, que l'enseignement moral dans les écoles secondaires de jeunes filles serait dégagé de toute croyance religieuse et de toute idée métaphysique. Et le rapporteur de la loi sur l'enseignement primaire est encore plus explicite.

Il a eu occasion, dans ce rapport, continue l'orateur, de dire comment il comprenait l'enseignement moral dans les écoles.

Il a fait d'abord une très longue énumération des devoirs de l'homme envers lui-même et envers ses semblables ; c'est à merveille, je n'ai rien à dire à cela. Mais le rapport ajoute que « l'enseignement moral de l'école formera des esprits libres de préjugés, difficiles à séduire, et sur lesquels n'auront pas facilement prise d'où qu'elles viennent, les sorcelleries et les superstitions » des esprits qui, « n'ayant pas à se défendre contre les folles terreurs et les niaises crédulités, et qui ayant vu le caprice » — c'est-à-dire le miracle — « chassé de la nature comme inutile et dangereux, seront peu disposés à lui reconnaître, dans un autre domaine, quelque autorité et surtout quelque utilité. (Très bien ! à gauche.)

Vous approuvez, messieurs ; moi je commence à comprendre ; sous l'appareil de ce langage scientifique, je sens le mépris de tout ce que je révère. Cela veut dire, en langage clair, qu'on apprendra aux enfants à ne voir dans les peines de l'autre vie que de folles terreurs ; dans les miracles de l'Évangile, que de vaines crédulités ; dans les mystères chrétiens, que des sorcelleries ou des superstitions. (C'est cela ! Très bien et applaudissemehts à droite.)

Mais, au moins fera-t-on une part à Dieu et à l'âme dans cet enseignement? La Commission du Sénat le voudrait, je le crois; l'honorable M. Henri Martin, du moins, le voudrait, si j'ai bien compris ses paroles; mais la Commission de la Chambre des députés n'a pas cru devoir prescrire qu'on en parlât aux enfants, parce que ses membres « n'avaient pas à prendre parti, comme législateurs, dans les querelles éternelles des métaphysiciens. » (Eh ! bien, c'est juste! à gauche.)

Ainsi cela est bien clair : l'homme a-t-il des devoirs envers Dieu ? La morale de l'école ne s'en enquerra pas. Dieu est-il le maître de nos vies et le juge de nos actions? La morale de l'école ne le recherchera pas ! Y a-t-il une vie future qui remettra dans l'ordre et rétablira dans la justice les responsabilités? Entre le néant et l'immortalité, la morale de l'école n'a pas de parti à prendre ! Ce sont là querelles de métaphysiciens.

Eh! bien, lorsque vous supprimez Dieu et la vie future, je dis qu'il n'y a plus de morale. (Applaudissements à droite.)

Je dis que le devoir est sans fondement, que l'obligation morale est sans racines. L'honorable rapporteur de la Commission de la Chambre des députés parle, dans son rapport, de la fraternité, de la générosité, de la reconnaissance, du dévouement, de la protection pour les faibles. Ce sont là sans doute de beaux sentiments; mais, sans une loi supérieure qui les impose comme des devoirs, sans un juge souverain qui en soit l'arbitre et au besoin le vengeur, sans la croyance à une vie future où la loi trouve une sanction qui lui fait souvent défaut ici-bas, quelle autorité aurez-vous, je vous le demande, pour faire accepter ces sentiments qui, dans une certaine mesure, comportent tous un sacrifice de soi?

Une pareille morale est une convention arbitraire dont on se joue impunément lorsqu'on se sent le plus fort. (Vive approbation à droite.)

Je n'oublie pas que l'honorable M. Ferrouillat nous disait avant-hier : Nous ne chasserons pas l'enseignement religieux de l'école ; seulement nous le mettons à sa place et nous mettons dans l'école l'enseignement moral, qui seul doit s'y trouver.

J'ai l'honneur de lui répondre qu'en supposant même que l'enseignement moral de l'école conservât une neutralité absolue à l'égard des croyances religieuses — et je viens de vous prouver tout à l'heure que cet enseignement ne serait pas neutre, qu'il serait hostile, qu'il serait notoirement et radicalement hostile, — l'abstention elle seule suffirait pour chasser la religion de l'âme de l'enfant.

Comment donc ! le prêtre, d'un côté, dira à l'enfant qu'il ne peut rien sans Dieu, et, à l'école, on lui parlera du devoir sans lui parler de Dieu ? Mais, messieurs, ne faisons pas une nature humaine de fantaisie ; prenons-la, si vous le voulez bien, comme elle est, avec les instincts d'indépendance et de révolte qu'elle porte en elle-même et qui se déchaînent facilement chez l'enfant, s'ils ne sont pas réglés et contenus par une forte éducation morale et religieuse.

Placé entre ces deux influences contraires du prêtre et de l'école, que fera l'enfant ? Il laissera dire le prêtre, mais le plus souvent il fera ce qu'on fait à l'école, il mettra Dieu de côté. Il considérera la religion comme une doctrine spéculative, bonne tout au plus pour attiser la curiosité de l'esprit, mais il ne lui fera aucune place dans la conduite de la vie.

Ce qui sortira de cette éducation — il faut bien le dire, messieurs, la question est trop grave pour que nous n'apportions pas la plus grande sincérité et la plus grande franchise dans nos paroles, — ce sont des générations athées et matérialistes, au moins pratiquement, et par conséquent, à les prendre dans leur ensemble, absolument ingouvernables, et prédestinées d'avance à tous les désordres et à tous les malheurs. (Applaudissements à droite.)

Nous sommes mal placés pour nous rendre compte de tous ces périls. Nous vivons dans une atmosphère chrétienne, et personne n'échappe à son influence. Les hommes mêmes qui sont séparés du christianisme par leurs idées gardent dans leurs sentiments, dans leur vie, dans leur façon de comprendre et de pratiquer le devoir beaucoup plus de christianisme qu'ils ne pensent. (C'est très vrai ! à droite.)

Mais reportons-nous à un demi-siècle en avant de l'heure où nous sommes.

Supposons un instant, ce qui ne sera pas, que l'œuvre de démolition qui se poursuit soit accomplie, que l'enseignement chrétien ait succombé dans la lutte, que les générations qui seront alors la France aient été préparées dans des écoles dont la religion ait été bannie, et dans lesquelles le crucifix n'ait pas été mis sous les yeux des enfants comme un symbole de justice et d'amour ; supposons que la France, conduite à l'apostasie par un tel enseignement, ait cessé d'être chrétienne. Je m'adresse à votre patriotisme et je vous demande : que deviendrait la France ? (Vifs mouvements et applaudissements à droite. — Murmures à gauche.)

Vous lui aurez donné la science, je le veux bien, mais une science inutile et incomplète qui retiendra l'âme humaine à terre et ne lui permettra pas de regarder plus haut et plus loin, une science qui n'affranchira pas le peuple de ses peines et de ses labeurs, et qui, selon la pensée exprimée dans les plus magnifiques termes par l'honorable M. Victor Hugo, lui ravira avec la foi en Dieu, la consolation et l'espérance. Cette France, elle garderait encore des apparences d'ordre, mais elle serait sur la pente des catastrophes : elle garderait des marques extérieures de civilisation, mais elle serait frappée au cœur et condamnée à toutes les décadences. (Nouveaux applaudissements à droite. — Très bien! très bien!)

Il y a, en effet, deux sortes de barbarie : il y a la barbarie qui naît de l'ignorance, puis il y a la barbarie qui naît d'une certaine science... (Oh! oh! à gauche.)

Laissez-moi achever. Je veux parler d'une science qui se fait centre, au lieu d'être le rayon d'une lumière plus haute, qui s'abaisse dans la proportion où elle s'exalte, qui renie Dieu pour diviniser la matière et qui matérialise l'homme, sous prétexte de l'affranchir! (Très bien! à droite.)

Or, messieurs, on se relève de la première de ces barbaries, mais l'histoire est là pour prouver le châtiment que la Providence réserve toujours à la seconde. (Applaudissement à droite.) Au moment où l'on vous demande de faire un pas vers elle, je vous en conjure, songez au pays et ne le livrez pas aux hasards d'une expérience qui s'attaquerait au fond même de sa vie. (Applaudissements sur les mêmes bancs.)

Ce premier pas serait d'autant plus grave que c'est de l'éducation des filles qu'il s'agit. Elever les femmes françaises en dehors de toute croyance chrétienne, voilà l'énormité qu'on nous propose.

Au milieu de toutes nos révolutions, la femme française et chrétienne est restée, messieurs, ce qu'elle fut toujours, fidèle à son Dieu et à sa foi, commandant le respect par ses vertus, attirant les cœurs par sa bonté, soutenant les courages, adoucissant les colères et éveillant les générosités. Il faut, messieurs des femmes chrétiennes à la France et, à ces femmes, il faut la religion ; non pas une morale vague, un sentiment vide, mais la religion vivante et la morale de l'Evangile. (Très bien! à droite.)

Le christianisme a fait assurément de grandes choses dans le monde. Il a relevé la dignité humaine ; il a complété la justice par la charité ; il a établi le droit sur la base imprescriptible du devoir, il a fondé des âmes libres, des foyers honorés, des sociétés puissantes et respectées ; j'ose dire qu'il n'a jamais rien fait de plus noble, de plus pur, de plus socialement bienfaisant que la femme chrétienne. (Vive approbation sur les mêmes bancs.)

Et c'est contre elle que vous dirigez vos premières attaques, c'est elle que vous dénoncez comme une sorte de péril social, et nous en sommes réduits à vous demander grâce pour la mémoire de nos mères et pour la foi de nos filles! (Très bien! très bien! — Applaudissements à droite.)

Messieurs, on parle, M. Henri Martin vous a parlé dans son

discours de l'unité morale des familles à rétablir, absolument comme dans une autre discussion on a parlé de l'unité nationale à reconstituer. (Bruits à gauche. — Bravos à droite.)

Toujours les mêmes grands mots, pour couvrir des destructions qui se rattachent au même plan !

Eh bien, les exceptions ne sont pas la règle, et l'unité morale des familles n'est pas aussi brisée qu'on le prétend. Il y a beaucoup de familles, grâce à Dieu, où l'accord est complet sur les choses de la foi. Et quant à celles où cet accord n'existe pas au même degré, ce n'est pas, tant s'en faut, la guerre intestine dont on parle. Nous connaissons beaucoup de pères de famille qui, ayant assez peu de foi pour leur compte, — tiennent à donner une éducation très religieuse à leurs enfants. (Approbation à droite.) Ne les blâmez pas de cette contradiction apparente. La conscience du père de famille est ainsi faite, qu'il a pour ses enfants des soucis, des scrupules et des délicatesses qu'il n'a pas pour lui-même.

Et, puisqu'il s'agit des filles dans ce projet de loi, quand le père de famille voit sa jeune enfant priant avec sa mère, s'agenouillant dans le temple, mettant sa candeur et sa pureté sous la garde de sa foi et de sa piété, si peu croyant, soit-il, croyez-vous qu'il s'en inquiète ? songe-t-il à troubler la douce paix de son enfant ? Non, il la contemple avec une douce joie attendrie, et vous risqueriez singulièrement de vous tromper en comptant sur lui pour le recrutement de vos futurs lycées. (Très bien ! à droite.)

Je fais appel à la sagesse et à la modération du Sénat; je fais appel à sa raison et à son patriotisme, et je le supplie de s'inspirer des vrais sentiments du pays. Non, il n'est pas vrai que les hommes qui, en France, vivent plus ou moins dans la distraction des idées religieuses, nourrissent contre le christianisme des pensées violentes et farouches. Ceux-là mêmes qui peuvent être séparés de lui par leurs opinions, s'y rattachent encore par le respect des vertus qu'il suscite et des bienfaits qu'il répand. Et, quant aux sophistes qui méditent sa ruine, ils sont à l'état d'infime minorité.

Ah ! oui, ils sont habiles et ils sont acharnés ; ils rencontrent dans les régions officielles des concours qui les secondent et des complicités qui les servent. Ils peuvent faire et ils font, en effet, beaucoup de mal; c'est une tempête qui passe.

Mais quand la France aura compris quel est le véritable état de la question, quand elle aura vu qu'il y va de sa vie et de son avenir, quand elle aura reconnu que la question se pose entre la religion et ceux qui veulent la détruire...

Voix nombreuses à gauche. Allons donc !

A droite. C'est cela ! c'est vrai !

M. Chesnelong. Ce jour-là, messieurs, un mouvement de

répulsion générale s'élèvera dans son grand cœur, et nous assisterons au réveil de la France chrétienne! (Applaudissements répétés à droite).

(L'orateur en retournant à son banc reçoit les félicitations d'un grand nombre de ces collègues.)

M. le président. La parole est à M. le président du conseil.

M. le président du conseil. — Messieurs les sénateurs, entre cette attaque si véhémente, si éloquente, (Ah! Ah! à droite.) — personne n'admire plus que moi l'éloquence de mon honorable contradicteur, — et la réalité des choses, j'ose même dire la modestie du sujet qui est soumis en ce moment aux délibérations du Sénat...

Un sénateur à droite. Il est très grave !

M. le président du conseil.... il y a une disproportion qui doit frapper tous les hommes de bonne foi et de bon sens. (Applaudissements à gauche.)

Comment! il serait possible qu'un projet de loi qui tend à relever modestement, je le répète, et sans emphase, par des moyens pratiques...

Un sénateur à droite. Et sans religion !

M. le président du conseil.... l'éducation des femmes dans ce pays-ci...

M. le baron Le Guay. En la décapitant !

M. le président. Il est impossible de discuter avec ces interruptions continuelles. Je vous prie, messieurs, de garder le silence.

M. le président du conseil. Comment! il serait possible qu'un projet qui est excellent, qui n'est point ambitieux — et je ne blesse, j'en suis sûr, en aucune façon son auteur en disant que c'est un projet modeste et non pas un projet révolutionnaire, — il serait possible, dis-je, que ce projet de loi, qui a pour but de relever l'éducation des femmes dans notre pays, soit une campagne contre l'Eglise! (Interruptions à droite.)

Chercher à relever l'instruction des filles, à la mettre au niveau de l'instruction des garçons, c'est attaquer l'Eglise, c'est menacer la foi !

M. de Carayon-Latour. Ce n'est pas la question ! (Exclamations à gauche.)

M. le président du conseil. La question, c'est ainsi qu'on la pose: Parler aux jeunes filles de France de l'histoire de leur pays ; tâcher d'introduire dans leur esprit les éléments des sciences naturelles; leur donner, ce à quoi nous visons par-dessus tout, l'habitude de se servir de leur raison ; les entretenir de la morale, de l'éternelle morale, de la morale des philosophes (Ah! Ah! à droite), de la morale de l'humanité...

Un sénateur à droite. Pourquoi pas de la religion ?

M. le président du conseil. ...tout cela, c'est la guerre à l'Eglise, c'est un coup porté à la foi de nos pères !...

Un sénateur à droite. Mais oui ! (Applaudissements ironiques à gauche.)

M. le président du conseil. ...c'est une entreprise d'irreligion !

Enfin, avoir soigneusement placé dans un domaine plus relevé, plus libre, plus indépendant, l'enseignement religieux, le remettre dans les mains les plus compétentes, dans celles qui sont les seules compétentes pour le donner, c'est bannir de l'école l'enseignement religieux ! (Applaudissements à gauche.)

Il y a là, messieurs, malgré toute l'éloquence de l'honorable M. Chesnelong, une puissance de paradoxe devant laquelle je ne puis que m'incliner ! (Nouveaux applaudissements sur les mêmes bancs.)

De quoi s'agit-il ? De bannir des établissements d'enseignement secondaire pour les filles l'enseignement religieux ? Non...

Voix à droite. Acceptez l'amendement alors !

M. le président du conseil. ...il s'agit de décider une bonne fois que l'enseignement religieux appartient aux pasteurs de l'Eglise et que les laïques sont incompétents pour le donner. (Très bien ! à gauche.)

Sont-ils compétents ou sont-ils incompétents ? Est-ce l'honorable M. Chesnelong qui soutiendra ici que les laïques sont compétents pour donner l'enseignement religieux ? Ne sait-il pas, mieux que moi, qu'il est absolument interdit aux instituteurs, lorsqu'ils donnent l'enseignement religieux, de faire autre chose que de faire réciter la lettre du catéchisme et de l'histoire sainte ? Eh bien, cela prouve que l'instituteur n'est réellement pas compétent et que le véritable professeur de religion, compétent celui-là, c'est le prêtre ; c'est lui qui a la mission surnaturelle, et non pas le laïque, investi par la société d'un pouvoir purement civil. (Très bien ! et applaudissements à gauche.)

Je proteste donc, messieurs, et de toute mon énergie, contre ces formules que je rencontre si brûlantes dans le discours de l'honorable M. Chesnelong : « bannir l'enseignement religieux de l'école, déclarer officiellement la guerre au christianisme, faire la guerre à Dieu, supprimer le catéchisme ! » Mais non, messieurs, le catéchisme n'est pas supprimé ; seulement il sera enseigné, à des heures déterminées, par le seul fonctionnaire de l'Etat qui ait mission de l'enseigner, par le prêtre que l'Etat salarie et qui a été investi à cet effet par l'autorité religieuse d'une compétence particulière. (Interruptions à droite.)

M. le comte Desbassayns de Richemont. Permettez, monsieur le ministre ; dans les externats il ne sera pas enseigné !

M. le président. Messieurs, veuillez ne pas interrompre.

M. le président du conseil. Je dis que placer l'enseignement religieux dans ces mains-là, c'est non seulement le mettre dans la meilleure situation et le confier aux mains les plus compétentes, mais c'est lui donner, en même temps, pour interprète, l'esprit et le cœur les plus sincères. On oublie dans tout ceci un des termes de la question. L'honorable M. Chesnelong admet bien, — et il faisait cette concession au commencement de son discours, je l'ai retenue et je m'en empare, — que la liberté de conscience doit être sauvegardée chez l'élève. Mais est-ce qu'elle ne doit pas l'être aussi chez le maître ?

Est-ce que vous n'avez jamais été frappés de ce qu'il y a de peu digne pour le dogme lui-même et aussi d'humiliant, de peu exemplaire, dans le spectacle d'un instituteur qui ne croit pas et qui est obligé d'enseigner des choses auxquelles il ne croit pas comme s'il y croyait ? Est-ce que c'est un beau spectacle que cela ? Est ce que la liberté de conscience du maître n'est pas la première condition de sa dignité ?

Et que serait l'enseignement public si la dignité du maître n'était pas la première et la plus sacrée des préoccupations du législateur ? (Très bien ! très bien ! à gauche.) Eh bien, il n'y a ni honorabilité pour le maître, ni liberté pour sa conscience, ni, j'ose le dire, dignité même pour l'enseignement religieux, à le placer dans la bouche et sur les lèvres d'un incrédule, à qui par force...

M. le baron de Lareinty. Ne prenez pas d'incrédules !

M. le président du conseil... et par décret on imposerait l'obligation d'enseigner des choses auxquelles il ne peut croire. Ainsi, ce n'est pas seulement la liberté de conscience de l'élève, c'est la liberté de conscience du maître, c'est la dignité même de l'enseignement qui veut que cette confusion trouve enfin un terme, et que l'enseignement religieux soit placé dans les conditions de grande dignité, de grand honneur, de grande sincérité à laquelle il a droit, tandis que le maître laïque restera le précepteur des choses laïques, de la science laïque, des choses qu'il croit et qu'il a le droit et le devoir d'enseigner, car on n'a le devoir et le droit d'enseigner que les choses que l'on croit. (Approbation à gauche.)

Messieurs, on cherchera vainement une réponse à cette objection qui, à mon avis, détruit par la base toute l'argumentation de l'honorable M. Chesnelong. Non, encore une fois, nous ne chassons pas l'enseignement religieux des écoles secondaires de filles : nous l'y organisons autrement, avec une liberté, une dignité, une compétence supérieures.

L'honorable M. Chesnelong a dit dans son discours : « Mais

il n'y pas de précédent à une pareille prétention ! mais c'est
une intolérable nouveauté que vous nous apportez là ! » et il
contestait le précédent américain, le précédent belge, le précédent hollandais ; et en les contestant, il vous en faisait sentir
toute la gravité.

Vraiment je n'ai pas besoin de ces précédents. Je vous demande
tout simplement de vous en rapporter au précédent que notre
législation elle-même a conçu, exécuté et organisé pour l'enseignement secondaire des garçons. (Très bien ! à gauche.) Est-ce
que dans les collèges, dans les lycées de garçons, l'enseignement
religieux est donné par les maîtres laïques ? Jamais, messieurs !
Il est donné par des fonctionnaires spéciaux qu'on appelle des
aumôniers. Eh bien, indiquez-moi une différence quelconque,
si minime qu'elle soit, entre l'état de choses que je viens de
décrire et l'état de choses que le projet de loi de la Commission vous propose de constituer. N'est-ce pas la même situation, et que pouvez-vous y objecter ? (Très bien ! très bien ! à
gauche.)

Vous avez objecté — je suis bien aise de ne pas avoir oublié
cette partie de votre discours — une opinion, un témoignage
considérable, c'est celui de M. de Lamartine. Vous avez cité
quelques mots éloquents, que je connaissais, que j'avais lu bien
des fois. Je me suis permis de vous dire de ma place : « Vous
oubliez que Lamartine était un partisan très décidé de la séparation de l'Église et de l'État. » Et vous avez oublié de dire au
Sénat que cette page est tirée d'une très éloquente dissertation
contre les cultes officiels, contre les religions payées. (Très bien !
très bien ! et rires à gauche.)

Voulez-vous vous placer sur ce terrain, mon honorable contradicteur ? Vous savez que je ne vous y suivrai pas. J'ai dit, dans
une précédente discussion, quels sont sur ce point les sentiments très arrêtés du Gouvernement, quels sont, depuis longtemps, mes sentiments personnels. Je suis opposé à cette séparation, je la trouve une chimère ; je ne la trouve bonne ni pour
la religion, ni pour l'État. (Très bien ! très bien ! à gauche.) Seulement, qu'on cesse enfin d'apporter dans les discussions de cet
ordre des arguments empruntés à la thèse de la séparation ; et,
comme je vous le disais l'autre jour, si vous n'êtes pas pour la
séparation, ne raisonnez pas en séparatistes. Placez-vous sur le
terrain de la situation actuelle, telle qu'elle est réglée par d'anciens contrats que nous maintenons scrupuleusement. On peut
dire que l'organisation de l'enseignement religieux dans les
lycées de l'État est comme un reflet de ce contrat. Oui, il y a un
devoir pour ceux qui enseignent au nom de l'État ; oui, par cela
seul qu'il y a des religions reconnues, qu'il y a des cultes sala-
riés, ces différents cultes ont droit de la part des représentants
de l'État au plus absolu respect.

Voilà en quoi la situation d'un pays dans lequel l'Eglise n'est pas séparée de l'Etat diffère de la situation qui serait faite à l'enseignement public dans un pays où l'Etat et l'Eglise seraient séparés. Oh ! alors, liberté entière de pensée, de conception et d'exposition chez celui qui professe au nom de l'Etat ; mais dans la situation actuelle, vous avez raison, celui qui professe au nom de l'Etat français doit être souverainement respectueux de la foi catholique, de la foi protestante, de la foi israélite. (Très bien ! à gauche.)

Je vous l'accorde donc — je me trompe en disant que je vous l'accorde, — je le reconnais, je l'ai déclaré et je n'ai jamais hésité à le déclarer ; je l'ai dit ces jours-ci à l'autre Chambre et j'ai tenu à le dire : il n'y a pas en France de religion d'Etat, mais il n'y a pas non plus en France d'irréligion d'Etat. (Très bien ! très bien ! sur un grand nombre de bancs.)

Cette irréligion d'Etat, je vous défie de la trouver dans l'enseignement de l'Université ; aussi ne dites-vous pas qu'on l'y a rencontrée, vous vous bornez à affirmer qu'on l'y rencontrera. On attaquera, dites-vous, les dogmes catholiques, ou protestants, ou juifs.

Permettez-moi de vous déclarer que tant que l'administration supérieure de l'enseignement sera dans mes mains (exclamations à droite) — admettons que ceci soit peu de chose, — mais tant qu'elle sera dans les mains du Conseil supérieur de l'Université, tel qu'il a été constitué par des lois récentes, ce respect des croyances établies sera rigoureusement et scrupuleusement maintenu. (Très bien ! très bien ! à gauche).

Mais, pour qu'il soit maintenu, pour qu'il n'y ait pas là comme une barrière contre laquelle un assaut perpétuel serait donné, il faut que l'enseignement religieux soit mis à la place qu'il doit occuper ; il faut, pour que vous n'ayez pas à redouter cette guerre de la science contre la foi dont vous parliez tout à l'heure, que la science soit maîtresse chez elle ; il faut qu'elle soit à côté de la religion, respectueuse de la religion, mais indépendante de de la religion.

Et c'est ici, Monsieur Chesnelong, qu'apparaissent entre nous la profonde divergence et le fossé qu'on ne comblera pas, car ce que vous voulez, vous, ce que veut le parti théocratique auquel vous appartenez, c'est la science asservie. (Protestations à droite. Très bien ! très bien ! et applaudissements à gauche.) Oui, c'est la science asservie ! c'est, comme on le disait au Moyen âge, la science servante de la théologie. Depuis trois siècles, l'humanité a fait du chemin, elle a conquis pour l'esprit humain la liberté, elle a conquis l'indépendance de la science. Et que serions-nous, nous les représentants, nous les chefs de l'Université, si nous n'étions pas essentiellement les gardiens de cette liberté, de cette indépendance de la science, qui est l'indépen-

22

dance et la liberté même de la raison humaine? (Très bien! très bien! à gauche.)

Voilà de quel esprit, messieurs, nous voulons pénétrer les nouvelles écoles de filles : c'est de cet esprit-là, et non d'un autre. Nous ne voulons pas faire des femmes savantes, des femmes incrédules, non, mais des femmes qui sachent raisonner... (Interruptions à droite.)

... Nous voulons que l'habitude du raisonnement, que les méthodes scientifiques pénètrent un peu plus qu'elles ne l'ont fait jusqu'à présent l'éducation des femmes. Je ne crois pas dire là rien de bien nouveau, ni surtout rien qui puisse être blessant pour la plus belle moitié du genre humain. (Exclamations à droite. — Très bien! et rires à gauche.) Ainsi, messieurs, si vous voulez faire au projet de loi le reproche de tendre à constituer une éducation plus rationnelle pour les femmes, vous avez raison; mais quand vous dites que ce projet de loi tend à constituer une éducation irréligieuse, je vous réponds avec l'article 5 de la loi, qui organise, comme je vous l'ai dit, l'enseignement religieux.

Je crois que j'en ai fini avec l'argumentation de l'honorable M. Chesnelong. Je l'ai dégagée de la partie historique. J'aurais pu discuter avec lui le précédent d'Amérique, le précédent de Belgique...

Celui de Belgique me paraît pourtant dans cette affaire une bien grande autorité. S'il a été altéré, si, après avoir établi la séparation de l'Eglise et de l'école, le Gouvernement belge a été dans la nécessité de faire rentrer l'enseignement religieux dans l'école, vous savez aussi bien que moi, monsieur Chesnelong, la raison de cette transformation; c'est que le parti clérical belge, l'épiscopat belge, avait jeté l'interdit sur toutes les écoles de l'Etat parce que ces écoles étaient neutres, montrant ainsi une fois de plus ce qui est la vérité historique sur le parti dont vous êtes un des plus éloquents représentants : à savoir que, lorsque ce parti n'a pas la domination, il se plaint de subir la tyrannie. (Vifs applaudissements à gauche.)

Eh bien, vous ne ferez pas croire à ce pays, au Sénat, que cette loi, qui fait une si large place à l'enseignement religieux; que cette loi qui est une loi de liberté de conscience aussi bien pour le maître que pour l'élève; que cette loi que vous allez, j'en suis sûr, voter tout à l'heure, soit une loi de tyrannie pour la conscience catholique. Non, messieurs, c'est une loi d'avenir, c'est une loi de liberté, et j'espère que vous la voterez à une très grande majorité. (Très bien! très bien! et applaudissements répétés à gauche.)

M. le président. La parole est à M. Desbassayns de Richemont.

M. Desbassayns de Richemont dit qu'il faut, avant que le Sénat se prononce, écarter toute équivoque. M. le président du

Conseil dit que l'enseignement religieux n'est pas supprimé ; qu'il est confié aux ministres des différents cultes.

Il est vrai, continue l'orateur, que l'article 5 dit, en effet, que dans les internats l'enseignement religieux sera donné, sur la demande des parents, par les ministres des différents cultes, et il ajoute que les élèves externes qui fréquenteront ces établissements pourront assister aux leçons. Mais lorsque nous discutions la question des internats, il nous a été dit, et l'honorable président du Conseil nous l'a répété tout à l'heure, que ces internats ne devaient être qu'une exception, que lui-même il était de cet avis, que l'internat était, sinon un mal nécessaire, au moins un mal qu'il faudrait accepter quelquefois, mais qu'enfin, il ferait tous ses efforts pour que ces exceptions fussent extrêmement rares.

La règle, ce sera l'externat ; c'est le principe de l'externat qui est consacré avant tout, par la loi, c'est lui qu'on fondera partout.

Eh bien, dans l'externat, cela est parfaitement clair quand on lit la loi, et ressort du reste de toutes les discussions qui ont eu lieu dans le sein de la Commission, l'enseignement religieux sera totalement supprimé, il n'y aura que l'enseignement moral, ou plutôt un enseignement qui aura la prétention de l'être et variera avec chaque ministre. (Marques d'approbation à droite.)

Voix diverses à gauche. Il se fera dans les familles.

M. le président du Conseil. L'enseignement religieux est laissé aux familles.

M. le comte Desbassayns de Richemont. Il s'agit donc au fond de la création d'établissements qui seront complètement privés de l'enseignement religieux.

Plusieurs sénateurs à gauche. Mais non !

M. le comte Desbassayns de Richemont. J'entends bien que M. le président du Conseil me dit : Nous laissons l'enseignement religieux aux familles ; mais c'est là une réponse qui ne me satisfait en rien.

Comment ! vous croyez, messieurs, que les jeunes filles qui auront passé toute leur journée au lycée, pourront trouver encore le temps de recevoir chez elles non seulement l'enseignement religieux élémentaire, mais un enseignement complet et d'accord avec l'instruction élevée que vous désirez pour elles dans les sciences profanes. Vous croyez que cela sera possible ; que cela sera possible, en particulier, pour les jeunes filles appartenant aux classes laborieuses que votre intention — l'honorable M. Ferrouillat l'a avoué — est d'appeler dans les nouveaux établissements.

Messieurs, je dis que c'est là un rêve et que la réalité sera, — ce qui est du reste le but véritable de la loi, — la suppression de l'enseignement religieux lui-même.

Je me résume. Personne ne veut ici d'équivoque. Je supplie donc tous mes collègues de se rappeler, en votant, que le système développé par M. le président du Conseil, quelque défectueux qu'il soit, ne s'applique lui-même qu'aux internats et que les internats seront l'exception.

La règle, ce sera les externats et dans ces externats, si l'amendement ne passe pas, on fera le premier essai pratique en France le la morale indépendante, et qui oserait dire qu'elle ne sera pas demain non-seulement indépendante de l'évangile, mais indépendante de Dieu. (Très bien ! très bien ! à droite.)

M. le président du Conseil. Exactement comme dans les externats des lycées, c'est la même chose !

M. le président. Je mets aux voix l'amendement de M. Chesnelong.

M. de Gavardie. Je demande à dire un mot pour proposer l'ajournement.

M. le président. Vous avez la parole.

M. de Gavardie demande l'ajournement afin de pouvoir trouver, dit-il, que l'enseignement, dans certaines écoles, ne respecte pas les croyances religieuses.

M. le président du Conseil demande à M. de Gavardie de faire la preuve des faits qu'il articule en disant que, lorsque l'on porte de pareilles assertions à la tribune, il faut les justifier.

M. de Gavardie persiste à demander l'ajournement de la discussion.

L'ajournement, mis aux voix, n'est pas adopté.

M. le président. La discussion continue. M. Jules Simon a la parole.

M. Jules Simon. Messieurs, ce n'est pas pour entrer dans la discussion, c'est pour expliquer ma situation d'esprit personnelle au sujet de la question qui vous préoccupe que je prends la parole.

Tout à l'heure, on parlait de dissiper une équivoque. Il en resterait peut-être encore une si je ne disais pas deux ou trois mots. Je vous prie de les écouter avec impartialité.

Ces questions sont très délicates. Ainsi, tout à l'heure on s'occupait de l'internat ; la Commission proposait de donner la possibilité de faire, dans certains cas, des internats lorsqu'ils paraîtraient nécessaires à l'autorité locale. C'était, en vérité, un minimum. Et la Commission, en formulant ainsi son opinion, laissait voir qu'en principe elle ne désirait pas les internats ; dans cette question, j'ai voté avec elle.

Car, non seulement pour les filles, mais encore pour les garçons, je ne suis pas en principe partisan de l'internat. Si l'on pouvait s'en passer, j'en serais très-heureux, et je voudrais contribuer à faire disparaître de nos habitudes françaises cette propension qu'on a trop dans les familles à se débarrasser du gouvernement de l'enfant. (Très bien ! très bien !)

Il y avait là une difficulté. Il en est de même de la question qui vous préoccupe en ce moment. Quand j'ai entendu parler de l'enseignement religieux dans les écoles de filles, j'ai considéré qu'il s'agissait d'une classe où l'enseignement religieux serait donné.

Eh bien ! je le dis très sincèrement, je suis très opposé à l'existence d'une pareille classe, ainsi qu'à l'installation d'un professeur qu'on nommerait dans les collèges de filles et qui donnerait l'enseignement religieux, à moins que ce ne soit l'aumônier de la maison lui-même. (Très bien ! très bien ! à droite et au centre.)

Il faut donc éclaircir avec précision ce point. Quand la Commission ne veut pas mettre l'enseignement religieux au nombre des matières qui seront enseignées, elle entend qu'il n'y aura pas de professeur spécial chargé de donner cet enseignement.

J'ai fait partie de la Commission et j'ai entendu les délibérations. Les personnes qui sont favorables aux idées religieuses disaient : « Mais si ce n'est pas l'aumônier qui donne cet enseignement, il fera plus de mal que de bien. »

Pour moi, messieurs, je vais plus loin dans cette voie. Je vais dire quelque chose que peut-être je ne devrais pas dire, parce qu'il faudrait pouvoir développer amplement une pareille opinion, et je n'ai l'intention que de prononcer quelques mots : je pense que même l'enseignement de la morale, si vous entendez par là un cours spécial et théorique, m'inspire quelque inquiétude.

Vous aurez grand'peine à trouver l'excellent professeur qui fera un bon cours de morale.

C'est à cause de cette préoccupation que je comprends parfaitement qu'on ne mette pas l'enseignement religieux dans le projet de loi. J'avoue que si on n'y mettait pas l'enseignement de la morale, je n'en serais pas trop mécontent. (Marques d'approbation sur divers bancs.)

M. le duc de Broglie. C'est vrai ! cela vaudrait mieux !

M. Jules Simon. Maintenant, l'honorable M. de Richemont disait, tout à l'heure, avec raison : « Il y aura des aumôniers pour les internats, et les internats seront l'exception, mais il n'y en aura pas pour les externats. »

Je ne serais pas fâché qu'il y eût des aumôniers pour les externats, et quand l'honorable M. Desbassayns de Richemont disait : Si vous occupez les enfants toute la journée, quand elles rentreront chez elles, ayant donné toute la somme d'application que doit donner l'enfant, et ayant besoin de se distraire, est-ce sur ce temps de vacances que vous allez prendre le temps nécessaire pour les envoyer écouter des exercices religieux ? Je crois que M. Desbassayns de Richemont avait raison, et qu'on fera bien, dans les règlements, de s'arranger de telle sorte que les enfants aient amplement le temps de suivre les cours de leur religion.

Je répète que la religion doit être enseignée par le véritable maître de la religion et qu'on ne doit jamais charger un laïque de remplir cette fonction ; à peine aurait-il commencé à enseigner un dogme religieux que les plaintes s'élèveraient de tous côtés et qu'elles viendraient légitimement.

Je ne voudrais pas que la suppression des mots : « l'enseignement religieux » pût être considéré comme une attaque à la religion.

Que Dieu me préserve de rien voter qui soit contre la conscience humaine et contre la morale religieuse. (Très bien ! à droite et au centre.) Quand je prononce, moi philosophe, ce mot de morale religieuse, tout le monde sait bien que je ne renonce pas à la parfaite et complète indépendance de la raison humaine. Quant à ces tendances dont vous nous parlez, à cet avenir d'athéisme, d'irréligion dont notre pays est menacé, non ! non ! vous ne les attaquerez jamais avec plus de violence que je ne pourrais le faire, car contre celles-là je veux et je sais au besoin être violent, et il faut l'être. (Nouvelles marques d'approbation sur les mêmes bancs.)

Je dis qu'il faut être violent contre les tendances irréligieuses : je le suis et je ne m'en cache pas, moi, philosophe.

Mais il faut, en même temps, reconnaître que personne ne veut arriver à cette irréligion, que non seulement on ne le veut pas, mais que dans l'administration de l'instruction publique il y a une volonté ferme de s'y opposer. Et ce n'est pas seulement aux Conseils de l'instruction publique qu'on doit attribuer cette pensée, mais, je puis le dire, au corps enseignant tout entier. Il m'est permis de parler du corps enseignant, j'en ai fait partie pendant 43 ans de ma vie comme membre actif. Eh bien, il n'y a pas dans ce corps les éléments d'un enseignement irréligieux. Je ne dis pas qu'on ne viendra pas un jour dire dans les écoles . N'enseignez pas la morale, enseignez les doctrines contraires à la religion ! Qui peut savoir ce qui viendra demain ? Mais je dis que ce corps, tel qu'il est constitué et tel qu'il se constituera, ne consentira jamais à obéir à un pareil ordre, et que vous avez là une force de résistance contre laquelle rien ne prévaudrait.

Et pourquoi, messieurs ? C'est précisément par la raison que vous donniez tout à l'heure, quand vous disiez que la France ne voulait pas de l'irréligion. Le corps universitaire représente la France ; les vieilles doctrines que j'ai vues dans l'Université, il y a cinquante ans, y sont encore aujourd'hui, elles y seront encore dans cinquante ans.

J'ai donc la ferme conviction que vos terreurs sont bien exagérées ; je me permets de le dire au nom de l'Université dout, je le répète, j'ai fait si longtemps et dont je fais encore partie.

Il y a un dernier point sur lequel je vous demande aussi de faire une rectification, quoiqu'elle ait eté déjà faite et parfaitement faite ; mais je la crois nécessaire. Dans ces sortes d'argumentations, on passe fréquemment d'un point de vue à un autre. On commence par vous dire : Vous n'enseignez pas le catholicisme et on en conclut ceci : Vous n'enseignez pas le spiritualisme. Vous faites la guerre au catholicisme, que vous n'enseignez pas, et vous faites la guerre à bien autre chose qu'au catholicisme, vous faites même la guerre à Dieu.

Un sénateur à gauche. C'est une calomnie !

M. Jules Simon. Eh bien ! non, messieurs ; personne ne fait la guerre à Dieu ; personne ne la fera ; personne ne fait la guerre à la morale : personne ne l'abandonnera.

Je crois, en conscience, que le ministre avait raison de nous dire tout à l'heure qu'on exagère la question et qu'on y met plus de métaphysique qu'elle n'en comporte.

On a voulu créer des collèges pour former l'esprit des filles, et, dans ces collèges, on sera respectueux de tout ce qui est respectable ; il n'y a personne qui ne le veuille et les anathèmes qu'on a prononcés avec tant d'éloquence et d'émotion portent sur des pensées et sur des volontés que personne ici, que personne surtout dans la Commission, et personne dans l'Université, ne représente. C'est là la seule observation que j'avais à présenter. (Approbation sur un grand nombre de bancs.)

M. le président. Je mets aux voix l'amendement de M. Chesnelong qui consiste à mettre dans l'article ces mots : « l'Enseignement moral et religieux. » Dans le cas où cet amendement ne serait pas adopté, je mettrais aux voix la rédaction de la Commission.

Puisque c'est précisément la jonction des deux mots « moral et religieux » qui est demandée par M. Chesnelong, je crois qu'il vaut mieux voter d'abord sur l'amendement, sauf à voter ensuite sur le texte de l'article, tel qu'il est présenté par la Commission, si cet amendement n'est pas adopté. (Assentiment.)

Il y a deux demandes de scrutin.

Il va être procédé au vote.

(MM. les secrétaires opèrent le dépouillement des votes.)

M. le président. Il y a lieu à pointage.

(Il est procédé à cette opération.)

M. le président. Voici le résultat du scrutin :

Nombre des votants..................... 268

Majorité absolue..................... 135

Pour........................... 126

Contre........................... 142

Le Sénat n'a pas adopté.

Je vais mettre aux voix maintenant le paragraphe 1er de la Commission, qui est ainsi conçu : « 1° l'enseignement moral ».

La parole est à M. Jules Simon.

M. Jules Simon. Messieurs, je parlais tout à l'heure de présenter un amendement; mais c'est bien inutile. Les personnes qui croient qu'un cours spécial de morale offrirait plus d'inconvénients que d'avantages auront, en effet, satisfaction en votant contre le paragraphe 1er.

Il faut cependant que j'ajoute un mot pour que personne ne s'y trompe. On se trompe quelquefois d'une façon si étonnante qu'il faut aller au devant des erreurs même les plus invraisemblables. En supprimant un enseignement spécial de morale, un professeur de morale faisant un cours technique, théorique, on ne supprime pas la morale de l'enseignement.

Un sénateur. Au contraire ! (Rires.)

M. Jules Simon. Quelqu'un dit que c'est le contraire. C'est aller bien loin et je ne vais pas aussi loin que mon honorable interrupteur, mais je fais remarquer que l'enseignement moral accompagne l'enseignement tout entier, depuis le jour où il commence jusqu'au jour où il finit.

Il y a un enseignement de la morale jusque dans les salles d'asile; il y a un enseignement de la morale dans l'enseignement de l'écriture, dans le modèle que le professeur donne à copier. Les inscriptions que l'on met sur les murs des salles sont un enseignement de la morale. Quiconque a l'instinct de l'éducation n'enseigne jamais l'histoire sans faire ressortir la grandeur de la morale, la nécessité, la conception et l'accomplissement du devoir. De même, quand on enseigne la littérature, on est incapable de faire sentir les beautés d'un morceau de littérature française ou étrangère, si on ne fait pas voir en même temps que tous les sentiments de l'âme y sont exprimés et que le plus grand de tous les sentiments, celui qui se rattache au devoir et à Dieu, produit aussi les plus purs chefs-d'œuvre de l'art littéraire.

Donc, l'enseignement, depuis le premier jour jusqu'au dernier, sera un enseignement moral, qui fera mieux pénétrer les doctrines de la morale dans l'âme des élèves qu'un enseignement métaphysique, et qu'un enseignement casuistique.

Par conséquent, je désire que le premier paragraphe de l'article disparaisse. Ce n'est pas un amendement que je propose, c'est simplement une suppression que je sollicite.

M. le président. Je vais mettre aux voix le paragraphe 1er de la commission, qui est ainsi conçu :

« L'enseignement comprend :

» 1° L'enseignement moral. »

Plusieurs sénateurs. Quel est l'avis de la Commission ?

M. le rapporteur. Je dirai seulement quelques mots en réponse à M. Jules Simon.

La Commission apprécie certainement ce que l'honorable M. Jules Simon vient de dire sur la nécessité de faire pénétrer l'enseignement de la morale dans toutes les parties du programme; elle ne croit pas, cependant, qu'il soit possible de le supprimer en tant qu'enseignement spécial (C'est cela! très bien! à gauche).

Vous remarquerez, messieurs, que c'est la seule partie de l'enseignement philosophique qui subsiste dans ce projet de loi relatif à l'instruction secondaire des jeunes filles; tous les autres chapitres de l'enseignement philosophique du programme des lycées et collèges en ont disparu; c'est là, la dernière partie, et, en quelque sorte, tout ce qui reste, tout ce qu'il est indispensable de conserver, et je crois qu'il n'est pas possible d'y renoncer (Approbation à gauche).

M. le président. Il m'a été remis deux demandes de scrutin.

Plusieurs sénateurs. Expliquez le vote, monsieur le président.

M. le président. Ce que je mets aux voix c'est le paragraphe 1er de l'article 4 du projet de la Commission; il est ainsi conçu :

« L'enseignement comprend :

1° L'enseignement moral. »

M. Batbie. Je demande la parole.

M. le président. La parole est à M. Batbie.

M. Batbie. Messieurs, je n'ai que quelques mots à dire pour appuyer la proposition de M. Jules Simon. Il demande la suppression du paragraphe 1er de l'article.

Je m'appuierai sur un motif qui a été invoqué par M. le ministre de l'instruction publique.

Il vous disait, pour s'opposer à l'amendement de M. Chesnelong, que la morale religieuse ne pourrait pas être introduite dans le programme obligatoire de l'enseignement secondaire des jeunes filles, sans qu'il en résultât une atteinte non seulement à la liberté de conscience des élèves, mais aussi à la liberté de conscience des professeurs. Il se demandait avec inquiétude comment on pourrait contraindre, sans violenter sa conscience, ses croyances, un professeur à enseigner la morale d'une religion à laquelle il ne croirait pas.

Cet argument a, selon moi, plus de portée que ne paraît le croire M. le ministre de l'instruction publique. En effet, la morale est-elle, comme on l'a dit quelquefois, indépendante non seulement de la religion, mais des doctrines métaphysiques ? Presque tous les philosophes qui ont écrit sur la philosophie morale se rallient à cette proportion : « Telle métaphysique, telle morale. » Oui, les philosophes, en grande majorité, soutiennent que la morale n'est pas indépendande de la métaphysique.

L'enseignement moral du panthéisme n'est pas le même que celui du théisme et le spiritualisme n'est pas, sur ce point, d'accord avec le matérialisme. J'ai toujours vu que les fondements et les applications de la morale différaient suivant la doctrine métapyhsique à laquelle on les rattachait.

Il peut parfaitement se faire que le programme de morale philosophique qui sera arrêté par le Conseil supérieur de l'instruction publique froisse les croyances d'un professeur (Exclamation à gauche.) Comment ! si vous avez un professeur panthéiste, — il faut bien admettre que cette hypothèse n'est ni impossible ni invraisemblable puisque vous voulez pour votre personnel enseignant une liberté scientifique entière, — si vous avez, dis-je, un professeur panthéiste, je demande si vous pouvez, sans froisser sa conscience, l'obliger à enseigner une morale théiste qui aura été décrétée après délibération du Conseil supérieur de l'instruction publique. (Exclamation à gauche. — Assentiment à droite).

Il est, selon moi, impossible, si vous voulez conserver une liberté pleine et entière à vos professeurs pour l'enseignement de la morale, que vous décrétiez un programme qui pourrait être contraire aux opinions philosophiques de quelques-uns. Ainsi, par le motif même que tout à l'heure invoquait M. le ministre de l'instruction publique, je demande que le paragraphe 1er soit supprimé. (Applaudissements à droite.)

M. le président du Conseil. Messieurs, l'honorable M. Batbie me paraît se faire du programme du cours de morale, tel qu'il sera édicté par le Conseil supérieur, une idée qui n'est pas exacte. Ce programme de morale ne sera pas un programme de métaphysique ; ce ne sera ni la partie du cours de philosophie qu'on appelle la métaphysique, ni celle qu'on appelle la théodicée. L'honorable M. Batbie disait : Si l'on est panthéiste, spiritualiste, matérialiste ou positiviste, on a une morale différente. C'est un point de vue auquel je ne saurais en aucune façon me rallier. (Très bien ! très bien ! à gauche.) Je m'élève, au contraire contre cette affirmation. S'il y a beaucoup d'espèces de métaphysique et de philosophie, il n'y a qu'une seule morale (Vifs applaudissements sur les mêmes bancs.)

M. de Gavardie. Il y a la morale ministérielle. (Hilarité.)

M. le président du Conseil. Le programme de ce cours de morale, messieurs, ne peut pas être esquissé à cette tribune. Ce sera l'œuvre du Conseil supérieur de l'instruction publique. Nous n'avons pas la prétention et personne ne peut avoir l'espérance de constituer un cours de morale qui aurait l'étendue et les proportions d'un cours d'histoire, par exemple. Nous ne vous disons pas que le cours de morale exigera vingt ou trente leçons. Il pourra peut-être, tenir en dix ou douze leçons. C'est l'affaire du Conseil supérieur.

Quant à la difficulté de formuler cet enseignement et de trouver des professeurs, je suis convaincu que ces professeurs, pour donner satisfaction au vœu de la loi et pour constituer dans ce pays un bon enseignement moral, n'auront qu'à recourir à des livres, quelques-uns très anciens, d'autres tout à fait modernes, aux beaux livres de morale, par exemple, de l'honorable M. Jules Simon, qui a, toute sa vie, été professeur de morale, et qui, il me permettra de le lui dire, n'a pas tout à fait bonne grâce à venir demander aujourd'hui, à cette tribune, la suppression de la morale. (Applaudissements à gauche.)

M. le président. Le vote porte sur les mots « l'enseignement moral ».

Ceux qui voudront adopter l'amendement de l'honorable M. Jules Simon voteront contre le paragraphe. (Réclamations sur quelques bancs.)

Une suppression n'est pas un amendement.

(Il est procédé au scrutin. — MM. les secrétaires opèrent le dépouillement du vote.)

M. le président. Voici le résultat du scrutin :

Nombre des votants.	265
Majorité absolue.	133
Pour l'adoption.	138
Contre.	127

Le Sénat a adopté.

Je donne lecture de la suite de l'article 4 :

« 2° La langue française, la lecture à haute voix, et au moins une langue vivante ;

» 3° Les littératures anciennes et modernes ;

» 4° La géographie et la cosmographie ;

» 5° L'histoire nationale et un aperçu de l'histoire générale ;

» 6° L'arithmétique, les éléments de la géométrie, de la chimie, de la physique et de l'histoire naturelle ;

» 7° L'hygiène;

» 8° L'économie domestique et les travaux à l'aiguille ;

» 9° Des notions de droit usuel ;

» 10° Le dessin;

» 11° La musique;

» 12° La gymnastique. » — (Adopté.)

Je mets aux voix l'ensemble de l'article.

(L'article 4 est adopté.)

M. le président. « Art. 5. — L'enseignement religieux sera

donné, sur la demande des parents, par les ministres des différents cultes, dans l'intérieur des établissements où se trouvent
des élèves internes ou demi-pensionnaires. Les élèves externes
seront autorisés à suivre cet enseignement.

« Les ministres des différents cultes seront agréés par le ministre de l'instruction publique.

« Ils ne résideront pas dans l'établissement. »

(L'article 5 est adopté.)

M. le président. C'est à cet article que s'appliquent les
réserves de M. Bérenger.

« Art. 6. — Il pourra être annexé aux établissements d'enseignement secondaire un cours de pédagogie. »

« Art. 7. — Aucune élève ne pourra être admise dans les établissements d'instruction secondaire sans avoir subi un examen
constatant qu'elle est en état de suivre les cours. » — (Adopté.)

« Art. 8. — Il sera, à la suite d'un examen, délivré un diplôme aux jeunes filles qui auront suivi les cours des établissements publics d'enseignement secondaire. » — (Adopté.)

« Art. 9. — Chaque établissement est placé sous l'autorité
d'une directrice.

» L'enseignement est donné par des professeurs hommes ou
femmes munis de diplômes réguliers. » — (Adopté.)

Je consulte le Sénat sur la question de savoir s'il entend
passer à une seconde délibération.

(Le Sénat, consulté, décide qu'il passera à une seconde délibération).

PROJET VOTÉ EN 1ʳᵉ DÉLIBÉRATION PAR LE SÉNAT.

Article premier.

Il sera fondé par l'État, avec le concours des départements et
des villes, des établissements destinés à l'enseignement secondaire des jeunes filles.

Art. 2.

Ces établissements seront des externats.

Des internats pourront y être annexés sur la demande et sous
la responsabilité des conseils municipaux, et après entente entre
eux et l'Etat.

Art. 3.

Il sera fondé par l'Etat, les départements et les villes, au profit des internes et des demi-pensionnaires, tant élèves qu'élèves-maîtresses, des bourses dont le nombre sera déterminé dans le traité considératif qui interviendra entre le ministre, le département et la ville où sera créé l'établissement.

Art. 4.

L'enseignement comprend :

1° L'enseignement moral ;
2° La langue française, la lecture à haute voix, et au moins une langue vivante ;
3° Les littératures anciennes et modernes ;
4° La géographie et la cosmographie ;
5° L'histoire nationale et un aperçu de l'histoire générale ;
6° L'arithmétique, les éléments de la géométrie, de la chimie, de la physique et de l'histoire naturelle ;
7° L'hygiène ;
8° L'économie domestique et les travaux à l'aiguille ;
9° Des notions de droit usuel ;
10° Le dessin ;
11° La musique ;
12° La gymnastique.

Art. 5.

L'enseignement religieux sera donné, sur la demande des parents, par les ministres des différents cultes, dans l'intérieur des établissements où se trouvent des élèves internes ou demi-pensionnaires. Les élèves externes seront autorisés à suivre cet enseignement.

Les ministres des différents cultes seront agréés par le ministre de l'instruction publique.

Ils ne résideront pas dans l'établissement.

Art. 6.

Il pourra être annexé aux établissements d'enseignement secondaire un cours de pédagogie.

Art. 7.

Aucune élève ne pourra être admise dans les établissements d'enseignement secondaire sans avoir subi un examen constatant qu'elle est en état de suivre les cours.

Art. 8.

Il sera, à la suite d'un examen, délivré un diplôme aux jeunes filles qui auront suivi les cours des établissements publics d'enseignement secondaire.

Art. 9.

Chaque établissement est placé sous l'autorité d'une directrice.

L'enseignement est donné par des professeurs hommes ou femmes munis de diplômes réguliers.

SCRUTIN

Sur le deuxième paragraphe de l'article 2 de la proposition de loi relative à l'enseignement secondaire des jeunes filles (internats).

Nombre des votants...................... 264
Majorité absolue...................... 133

Pour l'adoption.............. 137
Contre...................... 127

Le Sénat a adopté.

ONT VOTÉ POUR :

MM. Adam (Seine-et-Marne). Anglade. Arago (Emmanuel). Arbel.

Barne. Barthélemy Saint-Hilaire. Bazille (Gaston). Bernard. Bertauld. Billiot (général). Blanc (Xavier). Bonnet. Bozérian. Brun (Charles).

Callen. Calmon. Camparan. Carnot. Cazot (Jules). Chabron (général de). Challemel-Lacour. Chardon. Charton (Edouard). Chaumontel. Chavassieu. Claude. Combescure. Corbon. Cordier. Cuvinot.

Dauphin. Dauphinot. Delacroix. Delord. Demôle. Denis (Gustave). Desmazes. Dufay. Dumesnil. Dupouy. Dutilleul (Jules).

Faidherbe (général). Faye. Ferrouillat. Foubert. Foucher de Careil. Fourcand. Fournier (Casimir). Fournier (Indre-et-Loire). Freycinet (de).

Gailly. Garnier (Joseph). Gaulthier de Rumilly. Gazagne. George. Gilbert-Boucher. Gresley (général). Grévy (Albert). Grévy (général). Griffe. Guiffrey (Georges). Guillemaut (général). Guinot. Guyot-Lavaline.

Hébrard. Herold. Honoré. Huguet. Humbert.

Issartier.

Jobard.

Krantz.

Labiche (Emile). Labiche (Jules). Lacomme. Lafayette (Edmond de). Lafayette (Oscar de). Lagache (Célestin). Laget. Lamorie. Laserve. Laurent-Pichat. Le Bastard. Leblond. Lelièvre. Lemoinne (John). Lenoël (Emile). Le Royer. Littré. Lucet. Lur-Saluces (comte Henri de).

Magnin. Malens. Martin (Henri). Massé. Massiet du Biest. Masson de Morfontaine. Massot (Paul). Mathey (Alfred). Mazeau. Meinadier (colonel). Merlin (Charles). Michal-Ladichère. Milleud (Edouard).

Ninard.

Oudet.

Parent (Savoie). Pelletan (Eugène). Peyrat. Pin (Elzéar). Pomel. Pons. Pothuau (amiral).

Rampont (Yonne). Rémusat (Paul de). Ribière. Robin. Roger-Marvaise. Ronjat. Roques.

Saint-Pierre (vicomte de). Salneuve. Schérer. Scheurer-Kestner. Schœlcher. Simon (Jules).

Tenaille-Saligny. Testelin. Thurel. Tolain. Toupet des Vignes. Vallier. Varroy. Victor Hugo. Vigarosy. Vissaguet. Vivenot.

ONT VOTÉ CONTRE :

MM. Adnet. Alexandry (baron d'). Ancel. Andigné (général marquis d'). Audiffret-Pasquier (duc d'). Audren de Kerdrel.

Baragnon (Numa). Barante (baron de). Barrot (Ferdinand). Bérenger. Bertrand. Bocher. Boffinton. Boisse. Bondy (comte de). Bosredon (de). Brémond d'Ars (général marquis de). Broglie (duc de). Brun (Lucien). Brunet (Joseph). Buffet.

Caillaux. Canrobert (maréchal). Carayon-Latour (Joseph de). Carné (marquis de). Cazalas. Chabaud La Tour (général baron de). Chadois (colonel de). Champagny (vicomte Henri de). Chantemerle (de). Chesnelong. Clément (Léon). Corne. Cornulier (comte de). Cornulier-Lucinière (comte de).

Daguenet. Daussel. Delbreil (Isidore). Delsol. Desbassayns de Richemont (le comte de). Dieudé-Defly. Dompierre d'Hornoy (amiral de). Dubrulle. Du Chaffaut (comte). Dufaure. Dufournel. Dumon. Dupuy de Lôme. Duval.

Espinasse. Espivent de la Villesboisnet (le général comte). Eymard-Duvernay.

Flers (comte de). Forsanz (vicomte de). Fourichon (amiral). Fournier (Henry) (Cher). Fourtou (de). Frébault (général). Fresneau.

Galloni-d'Istria. Gaudineau. Gavardie (de). Gontaut-Biron (vicomte de). Gouin. Grandperret. Granier (de Vaucluse).

Halgan. Haussonville (comte d').

Joubert (Achille). Jouin.

Kolb-Bernard

Lacave-Laplagne. Ladmirault (général de). La Jaille (général vicomte de). Lambert de Sainte-Croix. Larcy (baron de). Lareinty (baron de). La Roncière Le Noury (amiral baron de). La Sicotière (de). Lavrignais (de). Le Guay (baron). Lorgeril (vicomte de). Luro.

Maleville (marquis de). Martenot. Mayran. Mérode (comte de). Michel. Monjaret de Kerjégu. Monneraye (comte de la). Monnet. Montaignac (amiral marquis de).

Pajot. Parieu (de). Paris. Paulmier. Pélissier (général). Piétri. Poriquet, Pouyer-Quartier, Preissac (comte de).

Rainneville (vicomte de), Raimes (de), Ravignan (baron de). Rivière (duc de). Robert (général). Robert-Dehault. Robert de Massy. Rosamel (de). Roy de Loulay. Rozière (de).

Saisy (Hervé de), Soubigou.

Tailhand. Taillefert. Talhouët (marquis de). Théry. Trévenenc (comte de). Tréville (comte de). Tribert.

Vallée (Oscar de). Vast-Vimeux (baron). Veauce (baron de). Vétillart. Viellard-Migeon. Voisins-Lavernière (de).

Wallon.

N'ONT PAS PRIS PART AU VOTE :

MM. Andlau (général comte d'). Arnaudeau (général). Batbie. Baze. Béraldi. Chanzy (général). Cherpin. Cissey (général de). Denormandie. Duboys-Fresney (le général). Duclerc (E.). Dufresne. Fayolle. Feray. Jauréguiberry (amiral). Jaurès (amiral). Laboulaye. Lasteyrie (Jules de). Mangini. Palotte. Perret. Rampon (le comte). Say (Léon). Teisserenc de Bort. Waddington.

ABSENTS PAR CONGÉ :

MM. Douhet (comte de). Lafond de Saint-Mur (baron). Lestapis. Martel. Roger du Nord (comte) Roussel (Théophile). Saint-Vallier (comte de).

SCRUTIN

Sur l'ensemble de l'article 2 de la proposition de loi relative à l'enseignement secondaire des jeunes filles.

Nombre des votants.................. 260
Majorité absolue.................... 131

Pour l'adoption................ 143
Contre........................ 117

Le Sénat a adopté.

Ont voté pour :

Les sénateurs qui ont voté le deuxième paragraphe de l'article 2 [1].

Ont de plus voté l'ensemble de l'article 2 :

1º MM. Bérenger, Frébault, Pélissier, Robert-Dehault, Robert de Massy qui avaient voté contre le § 2 de l'article 2.

2º MM. Duclerc, Dufresne, Jauréguiberry, qui s'étaient abstenus lors du vote du § 2 de l'article 2,

MM. Michal-Ladichère et Ronjat qui avaient voté le deuxième paragraphe de l'article 2 sont portés comme n'ayant pas pris part au vote sur l'ensemble.

SCRUTIN

Sur l'amendement de M. Chesnelong au premier paragraphe de l'article 4 de la proposition de loi relative à l'enseignement secondaire des jeunes filles.

Nombre des votants.................... 268

Majorité absolue..................... 135

Pour l'adoption................. 126

Contre......................... 142

Le Sénat n'a pas adopté.

Ont voté contre cet amendement les sénateurs qui ont voté pour le deuxième paragraphe de l'article 2 [2] sauf les exceptions suivantes :

MM. Cherpin, Duclerc, Dufresne, Jaureguiberry, Mangini, qui n'avaient pas pris part au vote et MM. Pélissier, Robert-Dehault, Rozières, qui avaient voté contre le deuxième paragraphe de l'article 2, ont voté pour l'amendement de M. Chesnelong.

MM. Jules Simon et Toupet des Vignes qui ont voté pour le deuxième paragraphe de l'article 2 ont voté pour l'amendement de M. Chesnelong.

M. Fournier (Indre-et-Loire), qui avait voté pour le deuxième paragraphe de l'article 2, est porté comme n'ayant pas pris part au vote.

[1] Voir page 350.
[2] Voir page 350.

SCRUTIN

Sur le premier paragraphe de l'article 4 de la proposition de loi relative à l'enseignement secondaire des jeunes filles.

Nombre des votants..................... 265
Majorité absolue...................... 133

Pour l'adoption.................... 138
Contre............................ 127

Le Sénat a adopté.

Ont voté pour ce premier paragraphe les sénateurs qui ont voté le deuxième paragraphe de l'article 2 [1], sauf les exceptions suivantes :

1° MM. Béraldi, Dufresne, Frébault, Jauréguiberry, Mangini, Robert-Dehault, Robert de Massy, Rozières qui ont voté contre le deuxième paragraphe de l'article 2 ont voté le § 1 de l'article 4.

2° MM. John Lemoinne, Lenoël, Jules Simon, Toupet des Vignes, qui ont voté pour le deuxième paragraphe de l'article 3 ont voté contre le premier paragraphe de l'article 4.

MM. Dauphinot, Denis et Faye qui ont voté le deuxième paragraphe de l'article 2 figurent dans le scrutin relatif au § 1er de l'article 4 parmi les sénateurs qui n'ont pas pris part au vote.

[1] Voir page 350.

RAPPORT SUPPLÉMENTAIRE

Fait par la Commission [1] chargée d'examiner le projet de loi, adopté par la Chambre des députés, sur l'enseignement secondaire des jeunes filles,

Par M. HENRI MARTIN

SÉNATEUR

Messieurs,

Les observations présentées par plusieurs de nos honorables collègues, soit au cours de la première délibération, soit par voie d'amendements, ont amené votre Commission à un nouvel examen et à quelques modifications qui n'altèrent point le caractère et laissent intactes les bases du projet sur lequel notre collègue si regretté, M. Paul Broca, avait rédigé un si remarquable rapport, véritable testament d'un homme supérieur, aussi dévoué au bien public qu'à la science.

Sur le premier article, notre honorable collègue, M. Paulmier, a proposé un amendement qui substituerait à notre rédaction : « Il sera fondé par l'État, avec le concours des départements et des villes, des établissements, etc., » cette autre forme : « Il pourra être fondé par l'État, etc. »

Votre Commission a pensé que cette nouvelle rédaction imprimerait à la loi un caractère trop éventuel et trop peu affirmatif; que les termes de l'article laissaient à l'État une latitude suffisante relativement au temps et aux lieux. Quant aux départements et aux communes, la Commission n'a pas jugé nécessaire

---

[1] Cette Commission est composée de MM. Carnot, président ; de Rozière, secrétaire ; Jules Simon, Honnoré, Gaston Bazille, colonel Meinadier, Merlin, comte Deshassayns de Richemont. Henri Martin.

d'exprimer que leur concours serait facultatif ; si elle eût entendu investir l'État du droit de leur imposer cette nouvelle et grave obligation, elle n'eût pas manqué de l'énoncer en termes exprès. Les départements et les communes resteront juges de leurs intérêts à cet égard.

Nous vous proposons de substituer, dans les articles 1 et 3, le terme légal de commune au terme de ville, qui n'appartient point à la langue précise de la législation.

Votre Commission avait pris l'engagement de modifier le second paragraphe de l'article 2.

Notre honorable collègue, M. de Voisins-Lavernière, a présenté un amendement qui, en statuant que les établissements dont il s'agit ne pourraient être que des externats, supprimerait entièrement le second paragraphe.

Votre Commission n'a point pensé qu'il convînt d'interdire la fondation d'internats là où les conseils municipaux réclameraient cette fondation au nom des nécessités locales et où l'État en apprécierait l'utilité.

La Commission s'est arrêtée à la rédaction qui suit :

« ARTICLE 2. — Ces établissements seront des externats.

» Des internats pourront y être annexés sur la demande des conseils municipaux et après entente entre eux et l'État.

» Les internats seront soumis au même régime que les collèges communaux. »

Cette nouvelle rédaction détermine la part de direction et de responsabilité qui reviendra soit à l'État, soit aux corps municipaux. C'est un régime connu et éprouvé, qu'on appliquera aux nouveaux établissements. On sait que si, dans les collèges communaux, l'État conserve et la nomination des professeurs, et le droit et le devoir de surveillance, les corps municipaux ont là, au point de vue pécuniaire et au point de vue administratif, des attributions considérables que l'État se réserve dans les lycées.

A l'article 4, qui contient le programme de l'enseignement, notre honorable collègue, M. Garnier, propose une addition : ce serait d'ajouter aux notions de droit usuel des notions d'économie sociale.

Tout en appréciant l'importance de cet enseignement, la Commission a craint de porter quelque atteinte à ce qu'on peut appeler la modestie de notre programme d'études. Il lui a paru que des notions élémentaires d'économie sociale seraient nécessairement associées en fait à l'enseignement de l'économie domestique et aux notions de droit usuel. Les lois générales sur lesquelles reposent les sociétés humaines devront, là, être indiquées dans la mesure qui convient, tandis que, d'autre part, l'économie domestique et l'hygiène impliqueront des connaissances pratiques indispensables. Il faut que, dans leur enseignement, soit compris tout ce qui importe, afin d'assurer la liberté de l'esprit par le bon entretien du corps, et particulièrement ce qui concerne la saine alimentation, qui influe à un si haut degré sur le sort des familles et des nations.

Sur l'article 5 notre honorable collègue, M. Bérenger, a proposé la rédaction suivante pour le premier paragraphe :

« L'enseignement religieux sera donné, sur la demande des parents, par les ministres des différents cultes », en supprimant le reste du paragraphe ; c'est-à-dire qu'il n'y aurait pas de différence à cet égard entre l'externat et l'internat.

Votre Commission avait pensé qu'on pouvait n'appliquer cette introduction facultative de l'enseignement religieux qu'aux établissements où se trouveraient des internes ou demi-pensionnaires.

Plusieurs de nos collègues ont insisté, en assurant que, dans leurs départements, il n'était pas douteux que les parents, par des motifs divers, ne désirassent faire donner l'enseignement religieux à leurs filles, même externes, dans l'intérieur des établissements.

Il a semblé à votre Commission qu'il pouvait être déféré à ce vœu sans inconvénient, à la condition qu'il fût bien entendu que l'enseignement religieux serait donné en dehors des heures de classes. Il ne s'agit ni de rien ajouter au programme des études, ni d'introduire dans les établissements de nouveaux professeurs nommés par l'État, mais seulement d'accorder une facilité de plus aux familles.

La rédaction que vous propose la Commission serait donc celle-ci, pour le premier paragraphe de l'article 5 :

« L'enseignement religieux sera donné, sur la demande des parents, par les ministres des différents cultes, dans l'intérieur des établissements, en dehors des heures des classes. »

Votre Commission ne propose point de modifications aux articles 6 à 9.

PROPOSITION DE LOI.

Article premier.

Il sera fondé par l'État, avec le concours des départements et des *communes*, des établissements destinés à l'enseignement secondaire des jeunes filles.

Art. 2.

Ces établissements seront des externats.

Des internats pourront y être annexés sur la demande des conseils municipaux et après entente entre eux et l'Etat. *Ils seront soumis au même régime que les collèges communaux.*

Art. 3.

Il sera fondé par l'Etat, les départements et les *communes*, au profit des internes et des demi-pensionnaires, tant élèves qu'é-lèves-maitresses, des bourses dont le nombre sera déterminé dans le traité constitutif qui interviendra entre le ministre, le département et la commune où sera créé l'établissement.

Art. 4.

L'enseignement comprend :
1° L'enseignement moral ;
2° La langue française, la lecture à haute voix et au moins une langue vivante ;
3° Les littératures ancienne et moderne ;
4° La géographie et la cosmographie ;
5° L'histoire nationale et un aperçu de l'histoire générale ;
6° L'arithmétique, les éléments de la géométrie, de la chimie, de la physique et de l'histoire naturelle ;
7° L'hygiène ;
8° L'économie domestique ;
9° *Les travaux à l'aiguille ;*
10° Des notions de droit usuel ;
11° Le dessin ;
12° La musique ;
13° La gymnastique.

Art. 5.

L'enseignement religieux sera donné, sur la demande des parents, par les ministres des différents cultes, dans l'intérieur des établissements, *en dehors des heures des classes.*

Les ministres des différents cultes seront agréés par le ministre de l'instruction publique.

Ils ne résideront pas dans l'établissement.

Art. 6.

Il pourra être annexé aux établissements d'enseignement secondaire un cours de pédagogie.

Art. 7.

Aucune élève ne pourra être admise dans les établissements d'instruction secondaire, sans avoir subi un examen constatant qu'elle est en état d'en suivre les cours.

Art. 8.

Il sera, à la suite d'un examen, délivré un diplôme aux jeunes filles qui auront suivi les cours des établissements publics d'enseignement secondaire.

Art. 9.

Chaque établissement est placé sous l'autorité d'une directrice.

L'enseignement est donné par des professeurs hommes ou femmes munis de diplômes réguliers.

SÉNAT

DEUXIÈME DÉLIBÉRATION SUR LA PROPOSITION DE LOI RELATIVE A L'ENSEI-
GNEMENT SECONDAIRE DES JEUNES FILLES.

PRÉSIDENCE DE M. LÉON SAY.

M. le président. L'ordre du jour appelle la 2ᵉ délibération
sur la proposition de loi, adoptée par la Chambre des députés,
sur l'enseignement secondaire des jeunes filles.

Je donne lecture de l'article 1ᵉʳ :

« Il sera fondé par l'Etat, avec le concours des départements
et des communes, des établissements destinés à l'enseignement
secondaire des jeunes filles ».

La parole est à M. Poriquet.

M. Poriquet. Messieurs, le but de la loi est la création d'é-
tablissements d'instruction secondaire pour les filles, dirigés
par l'Etat, et créés aux frais des contribuables, cela va sans
dire. Le but de la loi — c'est l'honorable M. Ferrouillat qui nous
le dit, — serait simplement de faire cesser l'inégalité choquante
qui existe en France entre l'homme et la femme au point de
vue de l'instruction. M. le président du Conseil, reprenant la
même idée, la précisant et la développant, nous dit à son tour :
La question est très simple, modeste : il s'agit simplement de
parler aux jeunes filles de France de l'histoire de leur pays, de
tâcher d'introduire dans leur esprit — M. le président du Conseil
ne paraît pas avoir une entière confiance dans l'intelligence des

jeunes filles, — de tâcher d'introduire dans leur esprit les éléments des sciences naturelles, de leur donner, — c'est ici, messieurs, que la question se complique, — de leur donner, ce à quoi nous visons par dessus tout, l'habitude de se servir de leur raison.

Messieurs, en vérité, je suis confondu, et je serais presque tenté de m'effrayer des révélations qu'on nous apporte.

Comment ! nos femmes, nos sœurs, comme nos mères, comme nos filles, seraient restées jusqu'à ce jour dans un tel état d'ignorance barbare, que l'intervention de la République serait nécessaire (Sourires à droite. — Rumeurs à gauche.) pour leur apprendre quelques pages d'histoire, les éléments des sciences naturelles, et pour en faire des femmes raisonnables, des femmes sachant se servir de leur raison ! (Rires d'approbation à droite.)

M. Paris. Des femmes qui raisonnnent !...

M. Foucher de Careil. Fénelon l'a dit aussi !

M. Poriquet. J'avoue, messieurs, quant à moi, que je ne m'en étais pas aperçu jusqu'ici.

Je vis dans un monde où je rencontre journellement une foule de femmes de toutes les classes et de toutes les conditions ; j'ouvre les yeux le plus grands que je puis, et je ne puis apercevoir ce fossé profond qui crée les inégalités choquantes qui froissent les susceptibilités de l'honorable M. Ferrouillat.

J'irai plus loin, messieurs : à mon sens, je le dis avec une entière conviction, les femmes, à l'âge où elles entrent dans la vie du monde, au sortir de la première jeunesse, à l'âge, enfin, que vise l'instruction secondaire, me paraissent, sous le rapport du développement de l'intelligence et de l'instruction, plutôt supérieures qu'inférieures aux hommes. (Marques d'adhésion à droite.)

M. Buffet. Cela est très vrai.

M. Poriquet. Je sais bien que le collégien, à la sortie du lycée, sait du grec et du latin, des x et des mathématiques, mais à l'égard de toutes les autres branches des connaissances humaines, la littérature, les beaux-arts, les langues modernes, l'histoire même, la femme me paraît avoir une supériorité incontestable.

A droite. Très bien !

M. Poriquet. C'est une question de fait, je le sais, qui ne se prouve pas et qui appartient à l'observation individuelle, mais j'ai une telle conviction d'être dans la vérité, dans la vérité la plus modérée, que je livre la solution de la question avec la plus entière confiance à l'appréciation éclairée de mes collègues. (Très bien ! très bien ! à droite.)

Je ne méconnais pas que, dans les années qui suivent l'époque de la vie de la femme dont je viens de parler, une certaine inégalité se produit, mais, permettez-moi de le dire, elle est absolument inévitable. C'est la nature qui la veut et qui l'impose et aucune loi ne saurait la combler.

La jeune fille, devenue femme, me paraît avoir d'autres devoirs à remplir que de suivre des cours, et, quant à moi, il ne me déplaît pas de la voir surtout assidue auprès de ses enfants et soucieuse du foyer domestique. (Approbation sur les mêmes bancs.) L'honorable M. Ferrouillat nous a parlé avec beaucoup d'esprit, comme toujours, du bon Chrysale et des femmes de Molière : qu'il me permette de lui faire observer que la terre a tourné depuis le temps du bon Chrysale, et que les choses ne se passent pas de nos jours exactement comme elles se passaient du temps de Molière.

Que mon honorable collègue daigne abaisser ses regards sur notre société moderne et sur les faits réels, sur ceux, en définitive, que nous avons à apprécier, et il me reste quelque espérance qu'il voudra bien convenir avec moi que les femmes, à l'époque où nous sommes, savent autre chose que reconnaître un pourpoint d'avec un haut-de-chausses. (Très bien ! à droite). Je lui avouerai même que, pour moi, le modèle de la femme, le type, s'il le veut, de la femme française, même améliorée par la République (Sourires à droite), ce n'est pas la femme savante, électeur et orateur, la Louise Michel du présent et de l'avenir. (Rires d'approbation sur les mêmes bancs.)

Non, messieurs, le tableau que l'on vous a présenté de l'état intellectuel de la femme n'est pas un tableau ressemblant. Je n'y reconnais pas le modèle; c'est un tableau de circonstance et de pure fantaisie, un tableau bon tout au plus pour les besoins de la cause. Mais je n'insisterai pas, cela me paraît absolument inutile, car le but de la loi, son but réel, sérieux, n'est pas, selon moi, le développement de l'instruction des femmes.

La loi a une autre portée ; elle a d'autres visées, et si le Sénat veut bien le permettre, je le dirai, et je le dirai très nettement dans quelques instants. (Parlez ! parlez ! à droite.)

A l'époque où nous sommes, messieurs, dans les parages gouvernementaux comme parmi les puissants du jour, maints esprits sont hantés par une idée fixe : s'emparer de l'esprit de la jeunesse pour le pétrir, loin des influences de la famille, à leur gré et à leur image.

C'est l'idée qui préside au choix du personnel pour l'instruction primaire; c'est l'idée qui a présidé à ces nombreuses lois d'instruction publique, dont quelques-unes vous ont été apportées, et dont les autres vous le seront à bref délai. C'est aussi l'idée qui a présidé à la rédaction de la loi qui nous occupe. (C'est vrai ! à droite.) C'est la principale, la véritable et, j'ose le dire, l'unique raison d'être de cette loi. (Assentiment sur les mêmes bancs.)

Messieurs, j'ai hâte de vous en donner la preuve.

Je prie le Sénat de vouloir bien porter, un instant, toute son attention sur les paroles de M. le président du Conseil, que j'ai déjà eu l'honneur de citer.

« Ce à quoi nous visons par dessus tout, nous dit M. le président du Conseil, c'est de donner aux femmes l'habitude de se servir de leur raison. »

Eh mais ! et l'histoire de France ? et les sciences naturelles ? il n'en est déjà plus question. Ce ne sont déjà plus que choses secondaires et accessoires.

M. le ministre, continuant l'énumération et l'aveu des choses auxquelles il vise par dessus tout, ajoute :

« Ce dont il s'agit, c'est de les entretenir (les jeunes filles) de la morale, de la morale éternelle, de la morale de l'humanité, de la morale des philosophes. »

Voilà bien des épithètes ! Je dois avouer cependant que, malgré leur accumulation, mon esprit reste perplexe sur la nature, la valeur et la qualité des leçons qu'on entend donner aux filles. Je ne suis ni un savant ni un maître en pédagogie. Je ne puis voir et juger les choses qu'avec les yeux et le langage des gens du monde ; mais à ce point de vue, qui, si je ne me trompe, est le point de vue du très grand nombre et du plus grand nombre, je crois voir, dans notre pauvre société, bien des morales, et de bien étranges morales ! (Sourires d'approbation à droite.)

Tenez, monsieur le président du Conseil, ma morale à moi, comme votre morale à vous, — permettez-moi de les réunir toutes deux pour un instant, et soyez sans inquiétude, ce ne sera pas pour longtemps...

M. Jules Ferry, *président du Conseil, ministre de l'instruction publique*. J'ai dit que la morale était uniforme !

M. Poriquet. Nos deux morales, à vous et à moi, ne sont pas la même chose que cette morale qui s'étale journellement dans ces trop nombreuses réunions que vous tolérez, au grand scandale et à la grande douleur des citoyens honnêtes et paisibles. (Vive approbation à droite.)

M. Poriquet. Tant que l'honorable M. Jules Ferry restera à la tête du département de l'instruction publique, je pourrai, je l'avoue, conserver une certaine quiétude relative ; mais enfin qui peut répondre de l'avenir ? M. le président du Conseil n'a pas la prétention d'être éternel, il ne pourrait me dire ni quel sera son successeur, ni quelle sera la morale de son successeur. Sera-ce la morale éternelle, de l'humanité, des philosophes, ou cette morale sans nom des réunions dont je viens de parler.

M. le président du Conseil. Alors il changera la morale, mon successeur ?

M. Poriquet. Je crois, messieurs, que le Sénat ne se méprend déjà plus sur la valeur et la portée de la loi qui lui est soumise. Mais enfin, s'il pouvait lui rester quelque doute, je le prierais de vouloir bien arrêter quelques instants son attention sur les commentaires de la loi donnés par l'honorable M. Ferrouillat ; ils sont instructifs.

M. Ferrouillat, nous parlant de la situation des familles à l'heure actuelle, nous dit, — je cite textuellement :

« Ils (le mari et la femme) sont vis-à-vis l'un de l'autre comme des étrangers qui ne parleraient pas la même langue ; je me trompe : ils sont dans une situation pire, car ils se comprennent assez pour se quereller sans trêve ni merci... » (Rires à droite.) Le seul moyen — continue l'honorable M. Ferrouillat — le seul moyen de remédier à ce déplorable état de choses, c'est d'adopter la loi, messieurs.

Et M. Ferrouillat ajoute : « Et par là, vous aurez tué le divorce ! (Exclamations ironiques sur les mêmes bancs.)

Ainsi, messieurs, il n'y a plus de doute : le but principal de la loi, son but essentiel, son but dominant, ce à quoi elle vise par dessus tout, c'est de rétablir la concorde et la paix dans les ménages, je ne dirai pas républicains, mais dans les ménages sous la République... (Rires à droite)... c'est de remédier à ces scènes conjugales, assurément fâcheuses, dont l'honorable M. Ferrouillat nous a tracé le tableau ; et ce moyen, c'est de créer des écoles où seront élevées des jeunes filles qui n'auront point de ces scrupules qui troublent l'harmonie républicaine des ménages.

Nous voici loin, messieurs, si je ne me trompe, et bien loin, de la loi simple et modeste qui nous était annoncée au début ; de cette loi simple et modeste qui ne visait que le développement de l'instruction des femmes ! Loi simple et modeste ! une loi qui a la prétention de faire régner une paix perpétuelle dans les ménages, une loi qui a la prétention de tuer le divorce. Ah ! monsieur le ministre, vous n'avez pas été juste pour la loi, et vous ne l'avez pas qualifiée comme elle méritait de l'être.

L'idée de s'emparer de l'esprit de la jeunesse pour le façonner au goût du jour, à la mode ministérielle et gouvernementale, pour le redresser et le réformer, diront les uns, pour le déformer et le gauchir, pourront dire d'autres, n'est pas une idée nouvelle. Elle a inspiré presque tous les gouvernements absolus et autoritaires, et je ne m'étonne pas de ce que nous a appris l'un de nos honorables collègues, que cette idée, on la retrouve dans les annales de la Convention. Soit ; mais est-ce que, par hasard, on a l'intention de reprendre les doctrines et les théories de la Convention ? Ah ! s'il en est ainsi, il serait bon de le dire.

Le pays aurait intérêt à le savoir. Mais enfin, le Gouvernement actuel, le Gouvernement qui nous régit, la République de 1880 doit-elle s'inspirer de la pensée d'exercer une pression, une direction, si vous le préférez, sur l'esprit public de la jeunesse en France?

Eh! bien, je réponds hardiment : Oui, elle le doit, si elle a l'intention d'asservir le pays à ses idées et de les lui imposer *per fas et nefas* ; non, mille fois non, si elle veut rester un Gouvernement respectueux de la volonté nationale, si elle veut rester un Gouvernement de liberté et de progrès. (Vive approbation à droite.)

Mais, nous dit-on, presque tous les Etats du monde ont des lois semblables, des établissements semblables.

Mon Dieu! personnellement, je ne sais pas ce qu'il en est, mais peu m'importe ; il me semble que nous ne sommes pas absolument condamnés à imiter servilement, sans examen, sans discernement, toutes les institutions étrangères.

Ah! si dans les pays dont on nous parle, l'instruction des filles ne trouvait pas de ressources suffisantes, oui, je comprends parfaitement qu'on y eût créé de nouvelles écoles ; mais si chez nous, l'initiative privée, les établissements libres suffisent à l'éducation des filles, je dis que nous aurions tort de faire appel à l'intervention inutile de l'Etat, intervention qui n'est légitime — et c'est vous, messieurs, de ce côté (l'orateur désigne la gauche) qui me l'avez surtout appris — qu'autant qu'elle a pour but de suppléer à l'insuffisance de l'initiative privée. (Très bien! à droite.)

J'ajouterai que les établissements que l'on vous demande, ce n'est pas absolument ceux qui existent à l'étranger. Les établissements étrangers dont on nous parle ne sont purement et simplement que des foyers de lumières et d'instruction, mais ceux qu'on nous demande — on l'a avoué d'une manière si claire, que l'on ne saurait le contester — ne seraient que des foyers de propagande pour élever la femme à la hauteur des plus hardis sceptiques, pour établir la paix et l'harmonie dans les ménages, en y introduisant des femmes sans préjugés, comme sans croyance et sans Dieu. (Très bien! à droite.)

Et voilà comment, messieurs, vous entendez tuer le divorce! Ah! permettez-moi de le dire, le procédé me paraît bizarre et original.

L'intervention du Gouvernement, en tout état de cause, est toujours chose délicate, mais elle est particulièrement redoutable lorsqu'elle doit s'exercer, côte à côte, parallèlement à l'initiative privée usant d'un droit aussi précieux et aussi délicat que la liberté d'enseignement.

Permettez-moi de vous rappeler un passé d'hier. Son histoire vous dira, mieux que je ne pourrais le faire, les dangers de l'intervention de l'Etat, surtout en matière d'enseignement public.

L'Etat proposait des établissements d'instruction secondaire pour les garçons ; à côté se sont fondés des établissements libres, également d'instruction secondaire pour les garçons. Ces établissements ont grandi, prospéré, se sont développés et ont fini par faire aux établissements de l'Etat une concurrence dangereuse. Les Etats, en général, et la République en particulier, sont de leur nature peu tolérants : une concurrence les gêne, il paraît simple et naturel d'user de la force que l'on a en mains, pour supprimer la concurrence. Les établissements qui faisaient la concurrence la plus dangereuse étaient tenus, en général, par les membres des congrégations. Vous avez apporté l'article 7, article qui n'aurait pas eu de sens, s'il n'avait pas été une arme de combat contre la concurrence des établissements libres.

Vous avez repoussé cet article 7, on vous a répondu par les décrets.

M. le colonel Meinadier. Parlez de l'article premier !

M. Poriquet. Veuillez envisager l'enchaînement naturel des choses, et voyez comment, pour la défense des établissements de l'Etat, on est arrivé aux odieuses persécutions que vous savez. (Très bien ! à droite.)

Je ne prétends pas, messieurs, que cette préoccupation de concurrence scolaire soit, bien entendu, la cause première des décrets ; je veux simplement établir qu'elle a été la cause déterminante qui les a fait rendre, la goutte d'eau qui a fait déborder le vase.

M. le président du Conseil nous a dit que, quant à lui, personnellement, il n'avait aucun sentiment hostile contre les choses de la religion. J'avoue que j'ai entendu cette déclaration avec une vive satisfaction, car j'avais, — je m'en accuse, — certaines préventions injustes, je le reconnais bien, à cette heure. Enfin, M. le ministre nous assure qu'il n'a aucune intention hostile contre les choses religieuses.

Je le crois, d'abord parce qu'il le dit, et encore parce que je le tiens pour un politique trop avisé, trop clairvoyant pour ne pas avoir compris qu'un Gouvernement ne se heurte pas impunément et sans graves périls au sentiment religieux de tout un grand pays. Mais ce que ne pourra méconnaître M. le président du Conseil, c'est qu'autour de lui, à côté de lui, ne s'agitent des haines aveugles et des passions ardentes contre les institutions religieuses. Et il comprendra que beaucoup d'esprits aient pu craindre que ces haines et ces passions n'aient exercé une pression funeste sur les décisions du Gouvernement. M. le président du Conseil nous assure que la seule raison d'être des décrets a été le désir de maintenir la direction des consciences au clergé séculier, au clergé concordataire.

J'avoue, messieurs, que je ne savais pas le Gouvernement aussi préoccupé des questions de direction de conscience. Mais enfin de tout ceci je ne veux retenir qu'une chose : les incertitudes et les hésitations qui ont précédé l'expulsion des congrégations d'hommes, les incertitudes et les hésitations de l'heure actuelle. (Interruptions à gauche.)

M. le colonel Meinadier. Et l'article premier !

Voix nombreuses à droite. Parlez ! parlez !

M. Poriquet... à l'égard des congrégations de femmes et je veux constater... (Nouvelles interruptions à gauche.)

Un sénateur à droite. C'est ainsi que vous entendez la liberté de la tribune !

M. le duc de Broglie. On ne peut plus parler de rien maintenant ! Demandez encore la question préalable, demandez-la !

M. le colonel Meinadier. Cela n'a aucun rapport avec l'article premier.

M. Poriquet. Je parle sur l'article premier.

M. le président. L'article premier est un article de principe.

M. Poriquet. Je ne veux retenir que ceci : les incertitudes et les hésitations qui ont précédé l'expulsion des congrégations d'hommes, les incertitudes et les hésitations de l'heure actuelle en ce qui concerne les congrégations de femmes, et constater que les dernières hésitations, les dernières incertitudes, les dernières résistances et les derniers scrupules en ce qui concerne les congrégations d'hommes, ont été vaincus le jour où le Gouvernement s'est trouvé en face d'une simple question de concurrence scolaire. (Très bien ! très bien ! à droite.)

Eh bien, messieurs, ceci posé et reconnu, je me demande ce qu'il adviendrait si, sur les bancs de vos nouvelles écoles, n'accourait pas un nombre suffisant de jeunes filles pour vous rassurer pleinement sur la paix à venir des ménages sous la République. Je me demande si nous pourrions avoir la confiance que le Gouvernement ne se laisserait pas entraîner à la tentation d'employer, à l'égard des écoles libres de filles, les procédés dont il a déjà fait usage à l'égard des écoles libres de garçons. (Approbation à droite.)

Les mêmes haines existent, messieurs, les mêmes passions subsistent, la même pression s'exerce, et soyez assurés qu'une même situation amènerait inévitablement les mêmes conséquences et les mêmes fautes. (Nouvelle approbation sur les mêmes bancs.)

La pente, messieurs, est fatale, elle est glissante ; soyez assurés que, si vous concédez les nouvelles écoles de filles, vous verrez, à bref délai, jeter dans le pays de nouveaux éléments de trouble et de désordre plus dangereux, grandement plus dangereux, que ceux que nous avons eu déjà à déplorer. (Très bien ! à droite.)

Je crois, messieurs, avoir démontré que les écoles qui vous sont demandées ne sont point nécessaires, qu'elles ne sont pas même utiles, et qu'elles présenteraient, par les entraînements auxquels elles pourraient conduire, les plus sérieux dangers.

J'ai hâte d'ajouter, qu'au début, le Gouvernement lui-même, il me semble, était absolument de mon avis. Un Gouvernement soucieux des intérêts dont il a la garde ne se laisse pas devancer par personne et ne laisse à personne le soin de demander au Parlement les institutions utiles et nécessaires. Or, le projet de loi qui vous est présenté n'émane pas du Gouvernement ; il émane de l'initiative parlementaire. Je suis donc fondé à dire que jusqu'au jour où l'auteur de la loi a parlé, le Gouvernement n'avait pas même conscience, ni de l'utilité, ni de la nécessité des écoles qu'il nous demande. (Très bien ! à droite.)

Oh ! je sais que le Gouvernement s'y est rallié, c'est très vrai ; mais permettez-moi de vous dire que le Gouvernement s'est rallié à tant de choses (Sourires à droite), que son adhésion, tardive, il me semble, ne saurait prouver ni la bonté de la loi, ni même son désir ardent de la voir voter.

Je supplie le Sénat de venir au secours du Gouvernement en lui refusant le présent funeste que lui présente l'iniative parlementaire et que, dans son imprudence, il n'a pas le courage de repousser.

Non, messieurs, ne mettez pas aux mains du Gouvernement une arme dangereuse qui ne serait pour lui qu'un embarras et un péril. Ne mettez pas dans ses mains un instrument dangereux qui blesserait, soyez-en sûrs, la liberté d'enseignement et la liberté de conscience, ainsi que notre pauvre pays que nous devons toujours aimer, défendre et servir, quels que soient ses gouvernements.

Il n'est pas sans péril, messieurs, de s'engager derrière une pareille loi, et l'honorable M. Henri Martin me paraît en avoir fait l'expérience, lorsque, pour sa défense, il s'est laissé entraîner aux théories, qu'il me permette de le dire, malheureuses que le Sénat a entendues. Le Sénat n'a pas, en effet, oublié les efforts faits à cette tribune par l'honorable M. Martin, l'éminent historien que vous connaissez, pour s'efforcer de diviser la France en Frances de toutes qualités dont il prétendait doser le patriotisme capricieusement, arbitrairement, au gré des besoins de sa discussion.

J'ai eu le tort d'interrompre à ce moment ; je le regrette et je m'en excuse. Mais je ne puis terminer cette discussion sans répéter, du haut de cette tribune, la protestation qui m'est alors échappée. Non, il n'y a pas plusieurs Frances. Il n'y a pas de Frances de diverses qualités et de patriotismes différents : il n'y a qu'une France, qu'une patrie également chère à tous ses en-

fants, quels que soient les dissentiments politiques qui les divisent, et les faits protestent avec moi.

Nul ici n'a oublié les tristes jours de l'invasion, et personne
ne me démentira lorsque j'affirmerai qu'à cette douloureuse
époque tous les cœurs en France, les cœurs de tous les hommes
comme les cœurs de toutes les femmes françaises, de toute
classe et de toute condition, battaient à l'unisson d'un même
sentiment de haine contre l'envahisseur. (Très bien! très bien!
et applaudissements à droite.)

M. le président. M. Paulmier a présenté sur l'article premier
un amendement ainsi conçu:

« Il pourra être fondé par l'Etat, » — au lieu de : « Il sera
fondé par l'Etat ».

M. Paulmier a la parole.

M. Paulmier. Messieurs, je n'ai qu'un mot à dire pour expliquer le sens et la portée de mon amendement.

L'article premier s'exprime ainsi :

« Il sera fondé par l'Etat, avec le concours des départements
et des villes, des établissements destinés à l'enseignement secondaire des jeunes filles. »

Je crains que les termes impératifs de l'article premier ne
puissent faire supposer que le concours qu'on demandera aux
départements et aux villes doive être obligatoire et forcé.

M Henri Martin, *rapporteur, et plusieurs autres sénateurs à
gauche.* Non! non!

M. Paulmier. Or, il paraît que telle n'est pas la pensée de la
loi, que telle n'est pas du moins celle de l'honorable rapporteur
qui, en répondant à mon amendement, s'exprime ainsi dans le
rapport supplémentaire qui nous a été distribué : « Quant aux
départements et aux communes, la Commission n'a pas jugé
nécessaire d'exprimer que leur concours serait facultatif; si elle
eût entendu investir l'Etat du droit de leur imposer cette nouvelle et grave obligation, elle n'eût pas manqué de l'énoncer en
termes exprès. Les départements et les communes resteront
juges de leurs intérêts à cet égard.

Mon amendement ne demande qu'une chose, c'est de formuler
dans la loi la pensée qui est exprimée dans le rapport, car quand
on viendra demander aux conseils généraux et aux villes des
centimes additionnels et leur concours pour subventionner des
collèges de jeunes filles, ils pourront, en lisant l'article 1er, en
voyant les termes impératifs dans lesquels il est conçu, croire
que ces centimes sont obligatoires et que le concours qu'on leur
demande est forcé.

Je vous demande donc de substituer dans l'article les mots :
« Il pourra être fondé par l'Etat » à ceux-ci : « Il sera fondé par
l'Etat. » Ou, comme la Commission semblerait le préférer, de

24

mettre au lieu de ces mots : « ...avec le concours des départements et des communes », ceux-ci : « avec le concours facultatif... » Si le Gouvernement et la Commission acceptent cette dernière modification, je retirerai mon amendement.

M. Henri Martin, *rapporteur*. Messieurs, je ne répondrai que quelques mots à l'honorable orateur qui descend de cette tribune. La Commission est tout à fait d'accord avec lui sur le sens de l'article 1er. Elle n'a pas cru qu'il fût nécessaire de l'exprimer ; il est évident qu'on ne peut pas imposer, implicitement, une obligation aussi grave, et que si la Commission en avait l'intention, elle le déclarerait formellement.

Veuillez relire cet article. Est-il possible de croire que le Gouvernement puisse imposer obligatoirement, non seulement à tous les départements, mais à toutes les communes d'établir des institutions secondaires de jeunes filles ?...

M. Buffet. Il faut le dire !

M. Mayran. Pourquoi ne pas le dire ?

M. le président du Conseil. Parce que c'est dit.

M. le duc de Broglie. Le texte est impératif !

M. le rapporteur. Il n'est pas impératif ; s'il voulait être impératif, il dirait qu'il impose l'obligation. Il ne l'impose pas. La Commission ne pense pas qu'il y ait une raison de le déclarer...

MM. le duc de Broglie et Buffet. Acceptez l'amendement !

M. Paris. Vous ne faites alors aucune différence entre : il sera établi et on pourra établir ?

M. le président. L'honorable M. Paulmier propose de mettre le mot : pourra, au lieu du mot : sera.

M. le rapporteur. Nous ne pensons pas que cette expression « il pourra être établi », suffise. Le Gouvernement a une latitude suffisante, quant au temps et quant aux lieux. Il ne serait pas suffisant de dire que l'Etat pourra créer...

M. Buffet. Pardon, c'est suffisant.

M. le rapporteur. Ce n'est pas là le langage de la loi. L'Etat devra le faire, il a le loisir de choisir le temps et le lieu ; il n'est pas obligé de le faire partout, c'est de toute évidence. La Commission ne croit pas qu'il y ait lieu de modifier la rédaction de l'article. (Approbation à gauche.)

M. Paris. Messieurs, le texte d'une loi ne doit renfermer aucune obscurité...

M. le président du Conseil. Il n'y en a pas.

M. Paris. M. le président du Conseil me dit qu'il n'y en a pas ; cependant les termes dont la Commission s'est servie pour la rédaction de l'article 1er du projet ont un caractère impératif, tandis que, dans son intention, qui est aussi l'intention du Gouvernement, l'Etat et les communes auront simplement

la faculté de créer des lycées de filles. Mettons donc les termes
de la loi en harmonie avec la pensée qui l'inspire, substituons
par conséquent les termes proposés par l'honorable M. Paulmier
à la rédaction du projet.

Cette modification fort simple fera disparaître toute ambiguïté.
La loi répondra au but annoncé par ses auteurs et aux vues des
membres du Sénat qui sont disposés à la voter. (Très bien !
très bien ! à droite.) J'appuie, par conséquent, l'amendement de
M. Paulmier.

M. le président du Conseil. Messieurs, je trouverais tout
à fait fâcheux de modifier une rédaction qui est claire par elle-
même...

MM. le duc de Broglie, Buffet et Mayran. Non ! non !

Voix à gauche. Ecoutez !

M. le président du Conseil. ...je tiens cette rédaction pour
parfaitement claire ; la loi dit : « Il sera fondé des établissements... » Assurément, messieurs, vous n'entendez pas qu'a-
près le vote de la loi le ministre de l'instruction publique oppose
un veto absolu à toutes les propositions qui lui seront présentées ? La formule est donc des plus modestes, elle est facultative, elle dit : « il sera fondé des établissements », elle ne dit
pas combien, ni dans quelles conditions. La formule est facultative pour l'Etat, elle est facultative pour les communes et les
départements.

M. Mayran. Il faut le dire dans la loi !

M. le président du Conseil. Cela est dit ; cela résulte de
cette phrase : « Il sera fondé par l'Etat, avec le concours des
départements et des communes... » ; par cette raison très simple que quand l'Etat veut rendre le concours des communes et
des départements obligatoire, il explique dans quelles limites,
à quelles conditions, et il établit une sanction dans la loi.
(C'est cela ! — Très bien ! à gauche.) Il donne au Gouvernement
le droit d'imposer des centimes d'office. Il n'y a rien de pareil
ni dans la loi, ni dans notre pensée, et la modification... (Interruptions et bruit à droite.)

Messieurs, la Commission serait arrivée avec la rédaction « il
pourra », au lieu de la rédaction « il sera », cela n'aurait pas eu
d'importance, il y a quelques minutes...

MM. Mayran et Buffet. Eh bien ! alors ?

M. le président du Conseil. Permettez-moi de vous dire que
le changement emprunterait son importance à l'insistance que
vous mettez à le demander... (Exclamations à droite. — Rires et
applaudissements à gauche), à l'insistance qu'y mettent les
adversaires du principe de la loi.

M. Mayran. Nous voulons que la loi soit nette et non pas
ambiguë.

M. le président du Conseil. Si votre insistance faisait

adopter ce changement, on en concluerait une sorte de défaveur de la part du Sénat pour les nouveaux établissements. (Approbation à gauche.)

M. le président. Il y a dans l'amendement une autre expression qui n'est pas d'accord avec le projet de la Commission ; je ne sais pas si elle est intentionnelle. La Commission emploie le mot « communes » et M. Paulmier le mot « villes. »

M. le rapporteur. C'est le mot « communes » qui a été employé dans la nouvelle rédaction.

M. Paulmier. J'ai pris le terme de la première délibération, c'est dans la seconde que la Commission a substitué le mot commune au mot ville ; mais ce n'est pas de mon fait.

M. le président. Alors le vote portera seulement sur le mot « pourra » :

Je mets aux voix l'amendement de M. Paulmier, ainsi conçu :

« Art. 1er. — Il pourra être fondé par l'Etat, avec le concours des départements et des villes, des établissements destinés à l'enseignement secondaire des jeunes filles. »

Il y a une demande de scrutin.

(Le scrutin a lieu. — MM. les secrétaires effectuent le dépouillement des votes.)

M. le président. Voici le résultat du scrutin :

Nombre des votants. 262
Majorité absolue. 132

Pour l'adoption. 126
Contre. 136

Le Sénat n'a pas adopté.

Je mets aux voix l'article tel qu'il est proposé par la Commission. Il est ainsi conçu :

« Art. 1er. — Il sera fondé par l'Etat, avec le concours des départements et des communes, des établissements destinés à l'enseignement secondaire des jeunes filles. »

(L'article 1er, mis aux voix, est adopté.)

M. le président. « Art. 2. — Ces établissements seront des externats.

» Des internats pourront y être annexés sur la demande des conseils municipaux et après entente entre eux et l'Etat. Ils seront soumis au même régime que les collèges communaux. »

Il y a, sur le premier paragraphe de cet article, un amendement de M. de Voisins-Lavernière. Il est ainsi conçu : « Modifier ainsi le premier paragraphe de l'article 2 : « Ces établisse- » sements ne pourront être que des externats. »

M. de Voisins-Lavernière a la parole.

M. de Voisins-Lavernière. Messieurs, je sais qu'un orateur, qui n'est plus un orateur dès qu'il lit, n'a pas le droit de demander l'attention du Sénat. Néanmoins, celle que je sollicite n'est que de quelques minutes et, même pour ce court espace de temps, je ne veux pas me livrer aux hasards et aux aventures de l'improvisation.

Je n'ai qu'une sympathie limitée et combattue pour la loi en discussion et principalement pour l'article 2, sans préjudice de mes réserves sur une lacune de l'article 4.

J'avais d'abord présenté un premier amendement sur l'article 2, j'ai cru devoir le retirer. Dans ce premier amendement, je cherchais à atténuer la portée et les dangers du deuxième alinéa de l'article 2, qui prévoit la transformation d'un externat en internat. Quelques bienveillantes observations de la Commission, qui a bien voulu m'entendre, m'ont fait comprendre que je me heurtais à une difficulté à peu près insoluble ; je demande au Sénat la suppression de cet alinéa.

J'apporte aussi une légère modification dans la rédaction du premier alinéa de l'article 2. Il dit : « Ces établissements sont des externats. » Je propose au Sénat la rédaction suivante : « Ces établissements ne pourront être que des externats. »

Vous le voyez, messieurs, le but de mon amendement est de formuler dans une rédaction plus ferme cette disposition de la loi qui limite aux seuls externats le droit de l'Etat, des départements et des communes, à fonder des établissements d'enseignement secondaire de jeunes filles ; il tend aussi à fortifier le Gouvernement contre toute faiblesse qu'il pourrait nourrir pour l'internat et à le défendre contre les sollicitations des départements et des communes qui demanderaient des subsides pour établir des internats.

Si l'article 2 avait été limité au premier alinéa : « Ces établissements sont des externats, » malgré ce que cette formule a d'un peu flottant, je me serais rassuré et n'aurais pas proposé d'amendement ; mais le deuxième alinéa revenant sur un principe repoussé dans le premier, suppose que les départements et les communes demanderont à annexer des internats aux externats ; il les y encourage, puisqu'il leur promet des allocations et des bourses ; c'est-à-dire qu'il entr'ouvre la porte que le paragraphe 1er avait fermée.

Il faut cependant qu'une porte soit ouverte ou fermée, surtout la porte de la loi, car par ses fissures... (Rires approbatifs à droite et au centre.) ...ne passe jamais que l'arbitraire. Sachons bien ce que nous voulons et ce que nous ne voulons pas : la question en vaut bien la peine.

Sommes-nous favorables à l'internat? disons-le hardiment dans la loi, au lieu de donner à penser le contraire; le jugeons-nous dangereux, repoussons-le sans hésitation et n'encourageons pas les départements et les communes à en établir, en leur ouvrant un crédit sur le budget. (Très bien sur les mêmes bancs.) Ne laissons pas faire à d'autres ce que nous ne voudrions pas faire nous-mêmes, ne déplaçons pas les responsabilités.

Voilà, messieurs, une contradiction choquante ; elle doit disparaître, puisqu'elle prête à une équivoque et qu'elle nuit à la clarté et à la dignité de la loi.

Ce n'est pas, je vous prie de le croire, pour la vaine satisfaction de relever des contradictions dans l'article 2, que je demande au Sénat de le remplacer par mon amendement ; c'est parce que je voudrais effacer de la loi le nom même de l'internat que je n'aime nulle part, ni dans les écoles libres, ni dans les couvents, que je redouterais davantage dans les maisons d'État ; c'est parce que je crains que ce nom, jeté dans la loi comme par hasard, ne soit la pierre d'attente sur laquelle viendra bientôt s'établir l'internat d'État que vous repoussez encore. De sérieux motifs condamnent les internats : des nécessités de position peuvent obliger une mère à chercher au dehors, pour sa fille, une instruction qu'elle ne peut lui donner elle-même et que sa fortune ne lui permet pas de lui faire donner par des répétiteurs. Mais, après ces heures de classe où se donne l'instruction, il est moral, il est sain, il est indispensable que la mère garde sa fille auprès d'elle, car c'est dans la famille, et dans la famille seulement, qu'elle reçoit l'éducation plus utile pour elle et pour la société que l'instruction, à laquelle les externats suffisent. (Nouvelles marques d'approbation à droite et au centre.) Ne cherchons pas à dégager la femme de ses premiers devoirs, ceux de cultiver le cœur de son enfant et d'éclairer ses sentiments moraux et religieux.

Je crois l'internat toujours nuisible aux intérêts de la jeune fille ; elle y reçoit une éducation étroite et fausse. En rentrant dans sa famille, après en avoir été longtemps séparée, elle y apporte des idées, des goûts, des habitudes, des façons d'être et des pensées qui ne sont pas en harmonie avec le milieu où elle doit vivre. Elle est instruite peut-être, mais elle ne sait rien de la vie qu'elle doit vivre, où elle entre avec ses préjugés. C'est dans la famille seulement que sera pour elle l'école de la vie.

C'est que l'éducation ne se donne pas d'une façon didactique et pédagogique, elle n'est pas comprise dans un certain nombre de formules, elle ne s'enseigne pas, elle naît de l'exemple, l'enfant la respire dans le milieu où il vit. (Très bien ! à droite.)

A la présence de la jeune fille au foyer domestique, il y a profit pour tous : pour la mère qui, retenue par les plus doux et les plus impérieux des devoirs, donne moins de temps aux futilités mondaines ; pour le père, qu'un attrait de plus ramène au foyer ; pour la jeune fille qui, destinée à devenir épouse, mère et maîtresse de maison, s'initie aux devoirs, aux exigences, aux sacrifices de la vie de famille.

Permettez-moi d'ajouter un mot. Je ne donne à la loi, prise en elle-même, qu'une importance secondaire ; je ne partage ni les craintes excessives ni la confiance exagérée de ses adversaires ou de ses défenseurs. Je serais bien plus rassuré si elle devait être, dans la pensée de ses promoteurs, une loi définitive ; et je ne crains pas que les maisons d'État, où l'enseignement religieux ne sera donné que sur autorisation spéciale, dépeuplent les établissements libres, congréganistes ou laïques.

Ouvrir des écoles aux enfants dont les parents répugnent à tout enseignement religieux n'est peut être ni sage ni sain ; mais c'est logique et c'est juste, puisque l'État prend dans l'enseignement toute la part qu'il devrait laisser à la liberté. Cette part il la doit à tous. Ma liberté à moi est respectueuse de la liberté des autres, et lorsque je lui ai donné tout ce que je lui dois, je ne prends plus à ma charge des responsabilités qui ne m'appartiennent plus.

Mais ce que je crains, messieurs, c'est que cette loi ne soit une menace et un symptôme, c'est qu'elle ne soit une étape de plus sur ce chemin que les partisans de l'État enseignant veulent suivre jusqu'au bout, et qui nous conduira de l'enseignement libre à son asservissement, et au despotisme de l'État. (C'est vrai ! Très bien ! à droite.)

Je m'écarterais des considérations qui ressortent directement de mon amendement si je relevais tout ce qu'il y a d'étrange et de vain dans cette prétention d'élever la femme jusqu'à nous, et par un procédé d'éducation spéciale, de la jeter dans notre moule d'impressions, de croyances et de sentiments. Je ne sais pas si je devrais la féliciter de cette transformation : elle n'y gagnerait rien ni en dévouement, ni en courage. Elle y perdra peut-être sa foi, ce qui ne me semble ni une conquête enviable, ni la garantie d'un accord entre elle et nous, accord qui ne me semble pas aussi menacé que vous voulez bien le dire. (Très bien ! à droite.)

Je recommande mon amendement non pas à la bienveillance, mais à l'attention du Sénat. (Marques très vives d'approbation à droite.)

M. le colonel Meinadier. Je demande la parole.

M. le président. La parole est à M. le colonel Meinadier.

M. le colonel Meinadier. Messieurs, je ne viens pas traiter la question générale, elle l'a été suffisamment ; je viens, à propos de l'internat, vous adresser quelques observations et vous demander de rendre la loi utile, non seulement pour les villes, mais encore pour les campagnes dénuées de tous les moyens d'instruction secondaire. (Très bien ! c'est la question ! à gauche.)

On nous a parlé de l'internat, de sa valeur, de son infériorité relativement à l'externat. Je ne combattrai, je ne discuterai pas ces affirmations qui peuvent avoir beaucoup de vrai, mais que je trouve cependant trop absolues. Je vous dirai seulement que je m'étonne d'entendre attaquer si violemment les internats de ce côté de l'Assemblée qui professe une bien grande sympathie pour les couvents, qui sont cependant de véritables internats. (Très bien ! à gauche.)

Je me hâte d'ajouter que je comprends très bien cette confiance dans les couvents.,. (Interruptions à droite.) Je la comprends parfaitement ; pourquoi, me direz-vous ? parce que, pour tout ce qui concerne l'internat, tout dépend surtout, tout est subordonné à la confiance que peut inspirer la direction de l'établissement. Dans telle localité, où une personne d'un grand mérite sera placée à la tête de l'école, les parents n'hésiteront pas à lui confier leurs filles. La valeur de l'internat sera donc d'autant plus grande, que son personnel offrira plus de garanties, et c'est cette composition du personnel qui fera dire si l'internat est bon ou mauvais.

Ne discutons pas la question d'internat ou d'externat, rendons-les possibles l'un comme l'autre, et laissons aux circonstances de déterminer l'espèce d'établissement à choisir. Le projet de loi établit partout l'externat, c'est la règle générale ; ce projet accorde, en outre, une faculté pour le cas où il sera possible d'en user, et il dit ? « Des internats pourront y être annexés... »

C'est cette faculté que M. de Lavernière veut faire disparaître de la loi ; il ne veut que l'externat. Mais à qui l'externat donne-t-il satisfaction ? Aux habitants des villes et des grandes villes, eux seuls bénéficieront de l'instruction.

Comment voulez-vous que les habitants des campagnes puissent envoyer leurs filles à un externat situé à une distance de 10, 15, 20, 50 kilomètres et plus ? Ils seront obligés de les placer chez des amis, habitants de la ville privilégiée, ou, à défaut de famille amie, chez des industriels entrepreneurs de logement et de nourriture.

Nous n'avons pas, en France, les habitudes qu'on trouve dans d'autres pays. La jeune fille, chez nous, n'a pas la même liberté d'allures, — permettez-moi d'employer cette expression sans aucune mauvaise pensée. — elle ne sort pas seule et, autant que possible, elle est accompagnée de sa mère, d'une institutrice, d'une parente, d'une amie. Déjà nous avons dans quelques grandes villes des cours publics auxquels les mères conduisent leurs filles et qui produisent de très bons résultats.

Voulez-vous que les jeunes filles aillent isolément et sans protection aucune, qu'elles se montrent isolées dans les rues et même au besoin sur les grands chemins, si leur famille habite la banlieue ?

Quelles ressources auront les habitants des campagnes, les habitants des villes, qui n'auront pas d'établissement secondaire ?

Vous me direz que les parents placeront leurs enfants chez des amis qui habiteront la ville ; mais des amis assez éprouvés, inspirant toute confiance, on les trouvera difficilement — telle famille très recommandable, très digne, très honorable peut ne pas convenir pour cette mission importante qui consiste à remplacer la mère — et chez nous, ce ne sera pas, je le répète encore, comme dans des pays voisins : cette mission, difficile à remplir, sera aussi souvent très difficilement acceptée, parce qu'elle impliquerait une trop grande responsabilité. Je crois que nombre de familles aimeront mieux confier leurs enfants à des établissements offrant les garanties de l'Etat et de la commune, dirigés par des maîtresses habiles et d'une moralité incontestable et incontestée.

Il se formera, me dira-t-on, pour faciliter l'accès des externats, des établissements privés. Remarquez, messieurs, que ces sortes d'établissements seront, je l'ai déjà dit, des entreprises de logements et de nourriture pour les jeunes filles. Il y a un terme qui sert à désigner cette sorte d'industrie, lorsqu'elle est exercée pour les garçons. Eh bien, on pourra quelquefois appliquer justement le même terme aux maisons qui s'établiront pour recevoir les jeunes filles. Ces établissements seront même, en général, inférieurs aux établissements analogues destinés à recevoir des pensionnaires qui seront conduits aux cours des lycées, — car dans ces derniers établissements on surveille les élèves, non pas seulement au point de vue de leur conduite, mais aussi au point de vue de leur instruction. Vous voulez sans doute que l'on fonde, sur ce modèle, de petits internats à côté des externats ; ce sera une grande difficulté.

Messieurs, ne nous attachons pas à une règle trop absolue, surtout à une règle exclusive, mais reconnaissons qu'il sera impossible aux campagnes éloignées des villes de bénéficier des externats, et qu'il faut par conséquent accorder aux villes et aux départements la faculté d'établir des internats quand ils seront possibles et nécessaires. En votant la loi, nous donnons cette faculté ; nous n'allons pas plus loin, nous n'entrons dans aucune autre explication. Il est nécessaire, dans tous les cas, que l'argent de l'Etat, qui servira à fonder ces établissements d'instruction secondaire ne bénéficie pas uniquement, exclusivement, aux villes, et aux grandes villes, mais qu'il profite également aux petites villes et aux campagnes. (Très bien ! très bien ! à gauche.)

M. le président. La parole est à M. le comte Desbassayns de Richemont.

M. le comte Desbassayns de Richemont. Messieurs, je

n'ai nullement l'intention de passionner ce débat; je veux seulement appuyer en quelques mots l'amendement qui vous est soumis, sans sortir du cercle restreint qui lui appartient, et en laissant à la question toute sa simplicité, j'allais dire sa sérénité. Je demande donc au Sénat, et en particulier à ceux de mes collègues qui siègent de ce côté (la gauche), de vouloir bien m'accorder pendant quelques instants seulement leur attention.

J'ai essayé, messieurs, dans une autre discussion, d'exposer au Sénat les motifs d'ordre scolaire et d'ordre social pour lesquels un grand nombre de mes amis et moi nous étions opposés au principe même de la fondation de lycées de jeunes filles par l'Etat. Je n'y reviendrai pas. Le Sénat, en votant l'article 1er, a tranché la question contre nous. Tout est dit sur ce point.

Mais c'est là un motif de plus pour que ma parole recouvre sa liberté tout entière; car, après le vote du principe, les questions politiques, sociales, religieuses, qui nous préoccupaient diversement, ont disparu pour un moment de la scène. Nous nous trouvons maintenant en face d'une simple question de morale, dans le sens le plus précis du mot, et je ne saurais me résoudre à croire que, les choses en étant réduites à ce point, nous ne puissions arriver à nous mettre d'accord.

Je ne reviendrai pas, messieurs, sur les choses excellentes qui ont été dites, tout à l'heure, par l'honorable M. de Voisins-Lavernière. Ses paroles graves, sincères, convaincues, sont dans la mémoire de tous. Je veux, seulement, vous supplier de vous rappeler que c'est de vos rangs comme des nôtres qu'est sortie la réaction croissante qui s'est faite depuis vingt ans contre le système de l'internat. C'est vous, aussi bien que nous, ce sont les hommes de l'Université aussi bien que ceux de l'enseignement libre, qui ont signalé et l'oppression de l'intelligence, et les vices de l'hygiène, et les dangers de la vie commune, dans ces espèces de casernes scolaires dont on a demandé avec tant de persévérance la destruction. C'est un des vôtres, enfin, c'est un universitaire éminent, qui a écrit ces paroles que je ne crains pas de répéter, car on ne saurait jamais les entendre sans une émotion profonde :

« Dans l'internat, si l'élève échappe à la contagion, il perd au moins cette pureté de l'esprit qui devait être la fleur de sa jeunesse! » (Très bien! à droite.)

Je ne veux être ni exclusif ni injuste : Que des tempéraments soient nécessaires, lorsque dans un pays, un système est depuis de longues années à peu près universel, que des obstacles multiples s'opposent à la transformation, surtout à la transformation complète, des lycées de garçons, il n'y a là ni motif de surprise, ni occasion de reproche.

Mais que, lorsqu'on saisit si bien les lacunes, les vices, les

périls d'une institution, on cherche à en répandre les germes
dans un champ absolument nouveau ; qu'on ne redoute pas les
désastres possibles — je devrais peut-être dire probables —
dans ce que j'appellerai la dernière réserve de la pureté et de la
morale au milieu de nous, c'est là ce que vous ne voudriez,
messieurs, ni autoriser, ni tolérer. (Très bien ! à droite.)

Et qu'on ne nous oppose pas, comme le faisait tout à l'heure
l'honorable colonel Meinadier, l'existence d'internats libres. Car,
d'une part, on ne saurait raisonnablement invoquer une organisation défectueuse pour en autoriser une autre ; et, en second
lieu, personne ne saurait contester que le danger sera double,
lorsqu'à la liberté absolue du choix, qui est le privilège inalié-
nable des établissements libres, seront substituées les obligations égalitaires auxquelles ne pourra pas échapper l'Etat. Dans
le premier cas, c'est la liberté qui domine et qui permet le refus
de toutes les élèves qu'on soupçonne ; dans le second, c'est
l'égalité qui s'impose et qui oblige à l'acceptation de toutes
celles qu'on ne peut ouvertement condamner.

C'est là, la vérité, messieurs, en dehors de toute espèce de parti
pris, en dehors de toute question d'opinion et de préférence.
(Approbation à droite.)

Mais ce n'est pas moi seulement qui dis cela ; c'est vous, — j'en
suis persuadé — qui le pensez avec moi. Car, messieurs, je ne
viens pas ici chercher à faire une majorité en faveur de l'amendement. Non ! Cette majorité, je suis convaincu, je le répète,
qu'elle existe ; je suis convaincu qu'il y a sur ces bancs une majorité contre l'internat. Mon seul but, mon seul vœu, ma seule
ambition, c'est d'obtenir qu'elle se manifeste et qu'elle se
montre ; oui, qu'elle se montre, et qu'elle ne s'arrête pas aux
deux motifs qu'on invoque pour essayer de neutraliser ou d'atténuer ses répugnances.

Ces deux motifs, les voici :

On dit d'abord : l'internat sera l'exception, il y en aura très
peu, aussi peu que possible. On dit ensuite : en assimilant les
internats aux collèges communaux on diminue dans une très
large mesure l'action de l'Etat, et on fait une grande part, au
contraire, à l'initiative et à l'influence des conseils municipaux.

Il y aura très peu d'internats ? Je consentirais peut-être à le
croire, si M. le ministre de l'instruction publique qui, je le reconnais, a manifesté très nettement son peu de goût pour ces
institutions, devait être toujours parfaitement libre d'agir à sa
guise ; s'il ne fallait pas compter avec les circonstances, les nécessités, les pressions parlementaires, voire même les pressions
municipales, qu'on peut juger diversement, mais dont aucun
homme politique ici ne contestera la portée.

Mais ce n'est pas tout. Si les lois ne sont pas éternelles, — et
certes, depuis quelques années surtout, on se garde bien de

nous le laisser oublier, — M. le ministre ne me contredira pas si je dis qu'elles le sont au moins un peu plus que les Cabinets, fussent-ils même très solidement assis. Eh bien ! nul n'ignore qu'il existe dans le Parlement, surtout dans l'autre Chambre, un nombre important d'hommes qui, dans le cas présent, sont les amis de l'internat. L'auteur même du projet voulait que l'internat fût le principe, et il a combattu très énergiquement, pendant deux séances, pour faire triompher sa pensée. Or, si ce groupe d'esprits est représenté un jour dans les Conseils du Gouvernement — et qui pourrait dire qu'il n'en sera pas ainsi demain ? — il est évident qu'il cherchera, dans la mesure du possible, à appliquer ses idées, et qu'il profitera pour cela des moyens très faciles et très commodes que lui fournirait l'article 2 de la loi, si l'amendement dont vous êtes saisis n'est pas adopté. Et alors quel sera le résultat ? C'est que, par une voie détournée, mais non moins sûre, l'internat, qu'on semble aujourd'hui vouloir au moins laisser dans l'ombre, reprendra tout naturellement une place d'honneur. Il n'y a, messieurs, qu'un moyen d'empêcher qu'une porte entrebâillée soit ouverte : c'est de la fermer. Fermez-la donc, je vous en supplie. Je vous le demande, si c'était mon rôle, laissez-moi vous le dire, je vous le conseillerais pour vous, car, par cette porte, pourra pénétrer un vent assez fort pour ébranler et pour renverser tout l'édifice. Voilà pour le premier motif.

Quant aux garanties supérieures qu'on espère pour l'esprit qui régnera dans ces établissements, de l'influence des conseils municipaux des villes, — des grandes villes surtout, c'est de celles-là dont il s'agit — vraiment, quand je considère le moment où je parle et les faits qui nous enveloppent de toute part... je ne crois pas nécessaire d'insister sur la sécurité qu'on peut en attendre, et sur la protection qu'on peut en espérer.

Que le Gouvernement trouve dans l'intervention de ces conseils une atténuation — rien de plus — à sa responsabilité, c'est possible ; mais que la société doive y trouver des garanties supérieures à celle de l'Etat, moi, qui ne suis pas cependant un admirateur exagéré des bienfaits de l'Etat, je me refuse absolument à l'admettre.

Je ne veux pas retenir plus longtemps l'attention du Sénat ; j'ajouterai seulement, si vous le permettez avant de descendre de la tribune, — et bien que les faits ne s'y prêtent guère, hélas ! — une parole de paix.

Messieurs, depuis bien longtemps, sous l'empire de sentiments sincères, mais ardents, et trop souvent hostiles, nous avons lutté sur tous les terrains et nous avons fait arme de tout pour vous combattre... Puisse l'avenir ne pas nous montrer que nous avons engagé dans nos luttes jusqu'au bonheur de nos fils !... Mais aujourd'hui, je vous en conjure, faisons une trêve d'une heure — ce sera la trêve de Dieu — et ne nous battons pas avec la vertu de nos filles. (Très bien ! très bien ! à droite. — Aux voix ! aux voix ! à gauche.)

M. le président. La parole est à M. Wallon.

M. Wallon. Je parle dans le même sens que M. de Richemont.

M. le président. L'amendement de M. de Voisins-Lavernière est conçu dans les termes suivants : Modifier ainsi le premier paragraphe de l'art. 2 : « Ces établissements ne pourront être que des externats. »

Il y a deux demandes de scrutin.

M. le président du conseil. Je demande la parole.

M. le président. M. le président du conseil a la parole.

M. le président du conseil. Messieurs, je voudrais dire seulement au Sénat — et cela même est peut-être superflu, — que ni la Commission ni le Gouvernement ne sauraient accepter l'amendement de l'honorable M. de Voisins-Lavernière. Je voudrais aussi écarter le dernier mot qu'a prononcé à cette tribune l'honorable M. Desbassayns de Richemont.

Je ne crois pas, ainsi qu'il l'a dit, que le débat actuel porte sur la vertu de nos filles. Ce sont là de bien gros mots, des mots fâcheux qui dépassent certainement la portée de la pensée de l'honorable M. de Richemont. (Très bien ! à gauche.)

M. Buffet. Mais non !

M. le président du conseil. M. de Richemont, à coup sûr, ne soutiendrait pas à cette tribune que l'internat est nécessairement pour les filles un péril, qu'il porte une atteinte directe ou indirecte à leur vertu...

M. Desbassayns de Richemont. J'ai dit qu'il y avait un péril qu'il fallait éviter...

M. le président du conseil. ... car il serait obligé de condamner en bloc tous les internats, aussi bien ceux qui lui sont chers que ceux dont il redoute l'établissement. (C'est cela ! à gauche.) L'honorable M. Desbassayns de Richemont n'est point si adversaire de l'internat qu'il en a l'air, qu'il me permette de le lui dire : je le crois très partisan des internats ecclésiastiques. (Rires à gauche.)

Une voix à droite. C'est évident !

M. le ministre. Je prends acte de l'aveu. Je ne voulais pas provoquer d'autre déclaration de la part des honorables sénateurs qui siègent de ce côté. (M. le ministre désigne la droite.) Ce n'est pas la question de l'internat, à vrai dire, qui se discute ici, c'est la question de l'internat ecclésiastique qui, dans votre pensée, a des vertus et procure des garanties que l'internat laïque, à aucun prix, ne peut offrir. (Très bien ! à gauche.)

M. le comte Desbassayns de Richemont. Je n'ai parlé ni d'internats ecclésiastiques ni d'internats laïques. J'ai dit seulement que les internats libres offraient beaucoup moins de dangers que n'en présenteraient ceux de l'Etat.

M. le président du conseil. Eh bien, moi, qui ne suis partisan d'aucun internat, qui n'aime ni l'internat laïque ni l'internat ecclésiastique, je soutiens qu'il y a tel ensemble de circonstances où l'internat est une nécessité. Il est très beau, très juste, très touchant de nous faire le tableau de la mère de famille entourée de ses filles, leur donnant l'éducation, les conduisant elle-même au cours. Mais, messieurs, il y a des filles qui n'ont pas de mère ; il y a des foyers privés de la mère de famille ; il y a des mères de famille qui ont à porter le poids du jour, qui sont entraînées par le courant des affaires ; il y a des circonstances exceptionnelles et que vous connaissez tous, qui nécessitent l'établissement d'internats.

Quand, dans l'autre Chambre, nous avons résisté au principe général de l'internat, nous avons agi comme une administration qui n'a pas le droit de douter d'elle-même, mais qui a pourtant le sentiment de ses responsabilités.

Nous avons trouvé que la responsabilité était un peu lourde, mais cela ne va pas jusqu'à dire que nous soyons incapables, que l'Université soit incapable d'organiser, avec mesure, sur certains points du territoire, des maisons d'éducation indiquées par la loi, des internats créés dans des conditions qui donnent à la vertu de nos filles des garanties suffisantes. L'Université est à la hauteur de cette tâche, mais nous n'avons pas voulu qu'on la lui imposât sur une grande échelle, nous n'avons pas voulu qu'on cédât à un entraînement qui peut avoir ses motifs, motifs honorables mais sur lesquels l'opinion publique portera de nouveau son attention ; nous avons demandé qu'on y mît de la mesure et qu'on ne nous imposât pas un fardeau que nous trouvons lourd ; mais nous n'avons pas dit que le fardeau était au-dessus de nos forces et que nous ne pouvions donner aux familles les garanties qu'elles ont le droit de réclamer.

Je prie le Sénat de s'en tenir à la rédaction adoptée par la Commission. Assurément celle que vous propose l'honorable M. Desbassayns de Richemont aurait pour effet de dégager le ministre d'aujourd'hui, ou celui de demain, d'une très grave responsabilité, et de lui permettre d'opposer un veto absolu à toutes les demandes qui viendront l'assaillir ; ce n'est pas pour l'agrément, pour la facilité du Gouvernement que nous vous demandons de rejeter l'amendement, mais parce que la rédaction de la Commission est une transaction très juste entre des besoins que personne ne peut nier et des nécessités, des théories d'éducation auxquelles nous tenons.

Nous ne voulons pas, — et je ne crois pas que vous ayez à redouter ce péril, — donner aux internats de filles le développement qu'a reçu dans notre pays, sous l'impulsion sociale et gouvernementale, l'internat des garçons, mais nous vous demandons de les établir honorablement, modérément, avec le concours très explicitement déterminé, non seulement au point de vue financier, mais au point de vue moral, des départements ou des communes qui nous adresseront des demandes. (Très bien! et applaudissements à droite.)

M. **Wallon.** Messieurs, je suis partisan autant que personne des mesures que l'on peut prendre pour élever l'enseignement des jeunes filles ; les professeurs de l'Université y ont toujours apporté leur concours. Il y a treize ans, une association de professeurs a fondé, dans la Sorbonne, sous le patronage d'un ministre, un ensemble de cours d'enseignement secondaire pour les jeunes filles. Cet enseignement s'est maintenu sous tous les ministres de la République. Aujourd'hui encore, alors que le nombre de nos cours et de nos conférences déborde hors de la Sorbonne et nous fait chercher de nouvelles salles dans les baraquements construits au dehors, cet enseignement des filles a été maintenu dans l'intérieur.

Indépendamment de ces cours de jeunes filles à la Sorbonne, il y en eut d'autres en différents quartiers de Paris. On en a même établi en province, et M. le ministre, depuis qu'il est au pouvoir, s'est empressé d'étendre cette institution ; il a fait appel au zèle des professeurs des lycées, et un très grand nombre de cours d'enseignement secondaire des jeunes filles ont été ouverts dans les départements.

Il est regrettable que cette institution n'ait pas été éprouvée davantage et qu'on la délaisse avant qu'elle ait porté ses fruits. Va-t-elle recevoir son complément dans la loi qui vous est proposée ? Je crains, au contraire, qu'elle n'y trouve des entraves.

En effet, il y a, dans les cours, un avantage particulier, c'est que les mères y peuvent accompagner leurs filles : c'est qu'elles peuvent suivre leur travail et même le diriger. Si vous fondez des collèges, ce n'est plus cela. Des classes seront évidemment substituées aux cours. Les jeunes filles seront seules dans la classe ; et quand bien même, comme nous le demandons, les internats seraient prohibés, on serait amené à y établir des externats surveillés. Et ce sont, pour une grande partie, les inconvénients des externats.

Qui dit collège dit une réunion d'élèves venus de tous les côtés. Quand une mère est forcée de ne pas s'occuper elle-même de l'éducation de sa fille, elle ne l'abandonne pas volontiers dans une société qu'elle ne connaît pas bien. — (Interruptions à gauche. — Très bien! à droite.) Vous pouvez répondre des maîtres, vous ne pouvez pas répondre aussi bien des élèves : il y a là une inconnue qui fera réfléchir ; et, à mon sens, une mère prudente n'enverra pas sa fille au collège. (Très bien! à droite — Réclamations à gauche.)

Il y a sans doute des nécessités de situation qui s'imposent. Toutes les mères ne peuvent pas garder leurs filles auprès d'elles, comme il serait désirable. Il faut donc des pensionnats. M. le ministre l'a dit : il y a eu des pensionnats dans tous les temps, et il y en aura encore. Mais il pensait que l'opposition à ces internats venait surtout de la préoccupation des couvents. Je crois, pour moi, qu'ils sont hors de cause.

A droite. Parfaitement !

Plusieurs sénateurs à gauche. Mais non !

M. Wallon. La clientèle des couvents ne sera pas entamée par les collèges. (Rumeurs à gauche.)

Mais il y a autre chose que les pensionnats des couvents : il y a les pensionnats laïques, c'est ce dont je me préoccupe en ce moment et ce pourquoi je suis monté à la tribune. Devenir maîtresse de pension est le très légitime objet de l'ambition d'une institutrice; cette espérance est ce qui la soutient dans sa carrière très pénible, très laborieuse, et qui exige un grand dévouement. La direction d'un pensionnat est en quelque sorte la récompense de ce dévouement.

Il y a un grand nombre de pensionnats laïques; il y en a de grands et de petits. Pour moi, les petits sont préférables aux grands, parce qu'ils offrent davantage la vie de famille. Seulement une chose peut leur manquer : ce sont les ressources de l'instruction. Un pensionnat qui compte peu d'élèves n'a pas le moyen de faire venir les professeurs réclamés par les besoins de l'enseignement. Eh bien, ce que M. le ministre avait établi, ce qu'il cherchait à fonder dans les départements, pouvait précisément répondre à ce défaut. Les professeurs des lycées ou des collèges se réunissant pour faire des cours d'enseignement secondaire consacrés aux jeunes filles, les pensionnats peuvent y envoyer leurs élèves et compléter ainsi leur enseignement.

Avec les collèges que vous voulez établir, si ce sont purement des collèges d'externes, ces pensionnats pourront encore durer et envoyer leurs élèves aux classes, tout en les gardant le reste du temps. Mais si vous créez des collèges, vous serez amenés à y établir, au moins, des externats surveillés. Or, des collèges avec externats surveillés et, à plus forte raison, avec des internats, feront à ces établissements privés une concurrence ruineuse; vous supprimerez ces maisons que les familles peuvent connaître, où elles peuvent envoyer leurs enfants avec toute sécurité et en toute confiance. (Très bien ! à droite.)

Vous supprimerez des maisons de famille et pour y substituer quoi? des casernes... (Très bien ! très bien ! à droite)... des casernes de jeunes filles !

Je vous laisse sous l'impression de ce mot-là. (Nouvelle approbation sur les mêmes bancs.)

M. le président. Il y a sur l'amendement deux demandes de scrutin :

M. le président. Voici le résultat du scrutin :

Nombre des votants.......... 276
Majorité absolue............. 139

Pour............... 125
Contre............. 151

Le Sénat n'a pas adopté.

Je mets aux voix le paragraphe premier, rédigé par la commission.

« Ces établissements seront des externats. »

(Le paragraphe premier, mis aux voix, est adopté).

M. le président. Paragraphe 2 : Des internats pourront y être annexés, sur la demande des conseils municipaux, après entente entre eux et l'Etat; ils seront soumis au même régime que les collèges communaux.

Je mets aux voix le paragraphe 2.

(Le paragraphe 2 est adopté.)

M. le président. Il y a un paragraphe additionnel, présenté par M. Fresneau. Il est ainsi conçu :

« Néanmoins, aucun internat de filles ne pourra être créé, aucune concession de bourse ni subvention quelconque ne pourra être accordée pour des externats de filles, par les municipalités, sans une enquête préalable ouverte à la mairie pendant cinq jours, et dans laquelle tous les chefs de famille domiciliés dans la commune, appelés à donner leur avis au scrutin secret et par oui et par non, se seront prononcés à la majorité des voix en faveur des institutions ou allocations proposées.

» Les familles privées de leur chef par le décès, l'absence déclarée, l'interdiction ou l'incapacité du père, seront représentées par les tuteurs ou curateurs, ou par un délégué de la mère, si elle exerce la tutelle. »

M. Fresneau. Je me réfugie, messieurs, sous une autorité un peu démodée, un peu arriérée, fortement entachée de réaction pour s'être un jour inclinée devant l'Etre Suprême, mais après tout, moins suspecte que la mienne.

Le 13 juillet 1793, Maximilien de Robespierre, parlant au nom du comité d'enseignement, dont il était membre, lisait les lignes suivantes :

« Les pères de famille ont tout à la fois et le droit et le devoir de couver continuellement des regards de la tendresse ces intéressants dépôts de leur plus douce espérance.

» Je propose que, tous les ans, les pères de famille choisissent pour chaque maison d'éducation nationale qui sera établie, un conseil de cinquante-deux pères pris dans leur sein. Chacun des

25

membres du conseil sera obligé de donner dans tout le cours de l'année sept jours de son temps et chacun fera sa semaine de résidence dans la maison d'institution pour suivre la conduite et des enfants et des maîtres. Une fois tous les mois, le conseil des cinquante-deux pères de famille s'assemblera, et chacun y rendra compte. »

Robespierre, dit l'orateur, en agissant ainsi, subissait les traditions de l'ancienne France.

En 1789, Mirabeau rappelait avec admiration que dans les vigueries de Provence tout était délibéré par foyers domestiques et, de nos jours, dans la Commission de décentralisation dont j'ai eu l'honneur, dit l'orateur, de faire partie à la dernière Assemblée Nationale, les républicains demandaient que dans chaque mairie il y eût un livre d'or où les noms des enfants, la profession des parents seraient inscrits ; et quand arriva la loi de l'instruction publique, la Commission, nommée à une immense majorité par l'Assemblée Nationale, demanda que les instituteurs fussent choisis par les pères de famille, à l'exclusion de ceux qui disposent des enfants des autres, et eux-mêmes n'en ont pas.

Vous voyez donc, continue l'orateur, qu'il existe des précédents et qu'il n'y a rien d'extraordinaire à ce que je fasse intervenir les familles lorsqu'il s'agit de savoir si ceux pour qui on veut faire de très grands sacrifices, désirent ces sacrifices et les demandent. La loi vous propose des internats et des externats. Vous avez vu le peu de goût et de confiance que le Gouvernement lui-même avait pour la première de ces institutions. Je n'en ai pas beaucoup plus pour la seconde. (Très bien ! et rires approbatifs à droite.)

Mais ce qu'il y a de commun aux deux sortes d'établissements, messieurs, c'est que les uns et les autres sont subventionnés, entretenus aux frais des contribuables, aux frais du public. (Bruit de conversations à gauche.)

M. le président. Messieurs, veuillez faire silence.

M. Fresneau. Puisque, après tout, ce ne sont pas les municipaux qui paient, mais les contribuables, les familles, et qu'on ne peut pas ouvrir une rue ni faire un chemin sans consulter les intéressés, je ne vois pas ce qu'il y a de si étrange à demander des garanties pour déterminer la route que l'on fera suivre à la partie la plus intéressante et la plus délicate de la famille, et pour que les populations soient elles-mêmes consultées. (Très bien ! très bien ! à droite.)

Ici, en effet, messieurs, je suis obligé de vous avouer qu'il existe pour moi une raison décisive, qui semble n'en être plus une à l'époque où nous sommes. Entré dans la vie publique il y a longtemps et formé à une école autre que celle des financiers d'aujourd'hui, je ne comprends rien à la manière dont nous votons les lois... (Rires à gauche.)

On demande aujourd'hui : ne pensez-vous pas que telle institution ferait bien !... que telle dépense serait agréable ou utile?... — et on vote ! — Mais, y a-t-il de l'argent?... Où est-il cet argent?... Combien coûtera-t-il cet argent?... Qui est-ce qui paye ?

L'orateur parle du budget de la ville de Paris et du budget de la France.

La dette de Paris, à la fin de 1847, était de 6 millions ; elle est aujourd'hui de 106 millions.

À la fin de la Restauration le budget était de 900 et quelques millions. Le budget ordinaire est aujourd'hui de 2,900,000,000.

L'orateur se demande si, dans ces conditions, on a le droit de prélever sur le nécessaire du pauvre, l'indispensable de l'ouvrier, « pour donner de belles connaissances aux demoiselles de la bourgeoisie ». (Rires à gauche. — Très bien ! à droite.)

L'orateur parle ensuite de l'augmentation croissante des charges qui pèsent sur le pauvre et l'ouvrier, de la grève du faubourg Saint-Antoine, des Congrès de Marseille et du Havre. Un ouvrier a dit : « Nous périssons par les octrois; c'est une manière de plumer la poule sans la faire crier. »

Cette métaphore m'a plu, continue l'orateur, parce qu'elle me rappelait un grand roi.

Je la continue donc pour rendre ma pensée, et je dis : Je ne me reconnais aucun droit d'aller fouiller le pot de l'ouvrier pour y chercher les débris de la poule qui n'y est plus, pour en faire des présents à la classe aisée. (Marques d'approbation sur les mêmes bancs.)

Voilà ma première raison pour demander une enquête. Si vous ne la trouvez pas sérieuse, j'espère que le pays ne sera pas de votre avis.

La seconde est encore bien plus grave.

Vous voulez créer des bourses, et faire aux frais de l'Etat et des communes non consultées des cours non de philosophie, mais de toute sorte de sciences, y compris même peut-être l'économie sociale. M. Garnier le propose par un article additionnel. D'autres proposeront d'ajouter encore au programme. Enfin, vous voulez un système d'éducation que, non pas ici mais dans l'autre Chambre, on a manifesté l'intention d'assimiler à l'enseignement secondaire des garçons ; je dis que, à part ce que vous éduquerez gratuitement, vous ne recruterez personne. (Interruption à gauche.)

Et c'est pour cela qu'avant de faire la dépense de vos fondations, je veux m'assurer si elles sont demandées et désirées par ceux qui, dites-vous, ont hâte de s'en servir.

Un sage à qui l'on disait, ce que vous m'objecterez sans doute : Qu'en savez-vous? répondait : — Je n'en sais rien du tout; mais, j'en suis sûr.

Eh! bien, moi aussi, j'en suis sûr et je vais vous dire pourquoi?

On ne viendra pas à vous, parce que, comme vous l'expliquait tout à l'heure d'un seul mot un ancien ministre de l'instruction publique, qui montrait par cette parole profondément juste sa connaissance pratique des faits, vos établissements et tout votre enseignement secondaire de filles seront ce que les familles redoutent le plus au monde, l'inconnu!

On s'étonne que les ouvriers et, dans une classe plus riche, des hommes qui sont sortis de l'Université, de l'Ecole polytechnique, s'obstinent à confier leurs enfants, ceux-là aux frères, ceux-ci aux congrégations religieuses, à ces mêmes frères, à ces mêmes congrégations contre lesquelles et les classes riches et les classes populaires votent parfois dans les luttes électorales.

Moi, je n'en suis pas surpris du tout, parce que j'en comprends admirablement la cause : Elever, quel mot, messieurs! soit un homme, soit une femme, c'est modeler, façonner cet homme ou cette femme sur un type, et partout où l'éducation ecclésiastique ou laïque est chrétienne, déclarée chrétienne, les familles savent sur quel type, vers l'imitation de quel idéal l'éducation est dirigée. (Très bien! très bien! à droite.)

Mais quand vous engagez vos enfants sans règle aucune dans les enseignements multiples de cette philosophie scientifique, qui est votre unique garantie, et que vous vous énumérez à vous-mêmes tous les systèmes qui doivent inspirer confiance, dites-vous, à la mère, vous me rappelez, messieurs, qu'en 1848, j'étais le collègue de M. Considérant, qui était un savant, et le meilleur disciple de Fourier, qui était aussi un savant; et les lois de l'attraction, qu'ils donnaient comme une découverte moderne, étaient aux yeux de ces savants une science, et cette science avait des déductions que je ne jugerais pas de la dignité de cette tribune de rappeler ici. Il y avait aussi, il y a encore une autre science qui s'appelle la science matérialiste, la science positiviste, il y a enfin, aujourd'hui, grâce à un pas de plus, la science darwiniste. Et vous vous imaginez que les femmes qui ont le *mens divinior*, que selon Tacite nos ancêtres reconnaissaient aux femmes gauloises, *mens divinior*, qui devient deux fois plus sagace quand la femme est doublée de la mère, iront risquer leurs filles dans ces casernes, c'est le nom qu'on leur a donné tout à l'heure, — hantées par toutes ces sciences nouvelles et anciennes!

Vous vous feriez cette illusion lorsque spiritualiste à telle ou telle heure, le ministre du moins semble le dire et M. H. Martin l'espère, le professeur sera peut-être exactement le contraire ce soir ou demain ? Vous croyez que vous aurez les mères ? Non vous n'aurez pas les mères. Et quand vous me répétez : Qu'en savez-vous ? Je vous réponds : J'en suis sûr et je veux que vous me donniez la preuve du contraire, avant que je vous laisse dépenser l'argent du pays.

Je demande si cela plaît aux familles et leur convient ; mon amendement n'est pas plus malin que cela ; mais il n'est pas moins juste.

Et s'il n'était qu'inconnu, votre système ! Mais c'est qu'il est incompréhensible, absolument incompréhensible, depuis que le ministre de l'instruction publique l'a défini. (Rires à droite.)

Comment ! M. le ministre est venu nous dire que vous pouviez compter sur un bon cours de morale un solide cours de morale. Ce qui me rappelait ce seigneur économe immortalisé par Molière, qui voulait, lui aussi, pour nourrir les corps, une forte nourriture, de ces bons mets solides après lesquels on n'a plus faim.

Il avait raison ce seigneur économe, monsieur le ministre, et vous avez raison aussi de vouloir un bon et solide cours de morale après laquelle l'âme n'aura plus faim. Mais avec quoi l'alimenterez-vous, votre cours de morale ? Vous nous présentez un arbre dont vous supprimez les racines, un rayon que vous séparez du foyer lumineux d'où il émane.

On a cité aussi, Dieu me pardonne, Zoroastre, Confucius, M. Guizot, Jouffroy. On les a cités en mettant en pratique le système de Laubardemont, qui ne demandait que quatre lignes d'écriture pour faire pendre un homme.

M. Guizot, qui était pénétré de ce que son âme devait au christianisme, et qui protesterait de toute l'énergie de cette âme contre l'étrange usage qu'on fait de son nom !

Et le pauvre Jouffroy, qui a consumé mélancoliquement sa vie entière à démontrer l'immortalité de l'âme et l'existence de Dieu pour appuyer sa morale et son droit naturel ! vous avez découvert, après sa mort, qu'il n'avait que faire de ses recherches et possédait l'art de s'en passer, ce qui rendrait sa vie absolument incompréhensible. Mais tout cela est insensé ! (Très bien ! très bien ! à droite.) Que voulez-vous faire de votre Zoroastre et de votre Confucius, chrétiens trois mille ans, dites-vous, avant le Christ, à moins que ce ne soit pour rendre nos enfants moraux comme des Chinois et nos filles et nos femmes pures comme des Manichéennes ou comme des Templiers ? (Rires approbatifs à droite.) Vous nous aurez rendu un beau service quand vous les aurez formées sur ces types ou bien encore quand vous les aurez rendues stoïciennes comme les dames de la société romaine, décrites par Juvénal et par Perse !

Laissons, messieurs, votre système de morale sans théodicée, sans métaphysique et sans religion. Les mères n'y comprennent rien et, quand les mères n'y comprennent rien, soyez sûrs que les pères y comprendront moins encore. (Très bien ! très bien ! à droite.)

Oui, messieurs, c'est une des grandeurs de notre nation française que plus que partout ailleurs la femme y conserve, par le sentiment, les traditions dont les hommes, à force de raisonner, ont perdu la notion dans le dédale de leurs pensées. La femme est supérieure à l'homme en France ; elle est supérieure, parce qu'elle a gardé toutes les clartés et comme le fruit de la tradition, dont bien des hommes n'aperçoivent plus que l'écorce.

Voilà mes raisons de douter de l'assentiment des populations et mes motifs pour demander que toute dépense faite pour nous gratifier de cette sorte de bienfaits soit précédée d'une enquête.

Votre système est inconnu, votre système est inintelligible, j'ajoute qu'il est absolument inexpérimenté. On a parlé de l'Allemagne, de l'Angleterre, et on a voulu chercher des exemples et des précédents dans les autres pays. Mais il y a encore, ce que vous semblez oublier, une chrétienté dans le monde, et ces peuples que vous citez peuvent se permettre des hardiesses qui ne sont pas à votre usage, parce qu'ils ont des religions d'Etat. Non seulement ils ont des religions d'Etat, mais ils savent ce qu'ils leur doivent. Vous avez vu avec quelque émotion, comme moi peut-être, ce vieil empereur d'Allemagne, reconnaissant enfin de quoi étaient chargées les armes des Hœdel et des Nobiling, s'interroger lui-même dès sa première sortie devant le bourgmestre de Francfort et se demander à la face du monde s'il avait fait ce qu'exigeait le salut de son âme, et si l'ensemble de l'éducation était suffisamment religieuse.

Ne me citez donc ni l'Angleterre où l'on commence les séances par la prière et où on les termine par la prière, ni les Etat-Unis qui ordonnent des jeûnes publics, et Dieu sait si nous aurions besoin qu'on en ordonnât chez nous ! (Rires à droite.)

Ne me citez pas même la Suisse, car la Suisse commence sa Constitution comme commençait la vôtre en 1848, par ces mots : « En présence de Dieu... » Mettez-les, vous, en tête de la vôtre, si vous l'osez ! (Applaudissements à droite.)

M. de Gavardie. En présence de M. Jules Ferry. (Rire général.)

M. Fresneau. Je cherche dans le monde entier des précédents, je n'en trouve pas.....

Je vais, dit l'orateur, vous faire une question captieuse. Y aura-t-il des crucifix dans vos établissements ? et il se demande quelle sera la position de la jeune fille élevée dans un établissement où il n'y aura ni crucifix, ni croix, ni religion chrétienne.

La jeune fille, continue l'orateur, sort dans la société et y respire une atmosphère chrétienne; elle rentre dans vos maisons et y trouve je ne sais quoi, un mécanisme, un système, quelque chose enfin qui a la prétention de se passer de culte — mais c'est un supplice infernal que vous lui préparez, un supplice aux frais de l'Etat, aux frais des contribuables, aux frais des communes et des départements, aux frais d'un pays qui succombe, comme on vous le démontrera, sous le poids de ses charges! Vous ne le pouvez pas. Ce droit n'est pas le vôtre. (Très bien! très bien! à droite.)

Vous voyez, messieurs, que mon enquête sommaire se justifie. Je sais parfaitement que vous pouvez me dire : Nous n'en avons pas besoin, nous avons les municipalités qui sont la commune et qui nous renseignent.

Oh! messieurs, aussi longtemps que vous me répondrez cela, je vous répondrai à mon tour ce que sir Robert Peel a répété à M. Guizot six ans avec une importunité prophétique : « Défiez-vous des fictions constitutionnelles. »

Ce n'est pas moi, ne craignez rien, qui rendrai responsables ni le Gouvernement ni les institutions de ce qui se passe dans nos élections municipales et autres. Ce n'est pas moi qui vous rendrai responsables de la criminelle bêtise de ces prétendus conservateurs qui, parce qu'ils ont quelques douzaines de députés et de sénateurs qu'ils chargent de défendre leur foi, leurs enfants, leurs droits, leurs libertés, leurs intérêts, se croient quittes de tout, et n'ont ni l'esprit ni le facile héroïsme d'assurer le succès de leurs convictions en faisant cinq cents pas pour jeter l'expression de ces convictions dans le secret d'une urne.

Ce n'est pas votre faute. Je sais quels sont les coupables, et vous voyez que je fais retomber sur qui de droit les responsabilités ; mais il ne m'est pas possible, cependant, de méconnaître les faits.

L'orateur parle alors des dernières élections de Saint-Etienne, de Toulouse, du nombre d'abstentions.

..... L'orateur se demande pourquoi l'ouvrier vote contre les établissements religieux qui instruisent ses enfants.

C'est parce qu'il obéit à un mot d'ordre.

L'orateur rappelle ensuite que M. Jules Ferry reçu franc-maçon le 7 juillet 1875 a fait « un éloge d'une éloquence admirable du positivisme ».

Et qu'est-ce que cela être positiviste? se demande l'orateur. Ah! messieurs, je le sais très bien, moi. (Exclamations ironiques à gauche.) Oui, je le sais très bien, continue l'honorable sénateur, c'est mon métier, je suis un clérical dont la vie s'est passée dans l'étude des systèmes philosophiques anciens et modernes. Un positiviste, ce n'est pas du tout un homme qui nie Dieu ! Ce n'est pas du tout un homme qui nie l'âme ! gardez-vous bien de le croire.

C'est un homme qui révoque l'un et l'autre, en doute, comme antiscientifique. Il ne dit pas: Dieu n'existe pas, l'âme n'existe pas. Il n'a ni le besoin, ni le droit de prier, car on ne prie pas ce qu'on ignore ; mais s'il priait il ferait comme ceci : Mon Dieu, si vous existez, sauvez mon âme, si j'en ai une (Rires à droite.)

Il ne va pas plus loin, mais il ne va pas moins loin, et c'est ainsi qu'il entend former les grands peuples. Eh bien, messieurs, un grand maître de l'Université positiviste, cela méritait d'être prévu car cela est grave. Au-dessus, en effet, de toutes les questions confessionnelles, au-dessus de toutes les questions politiques de république, de monarchie et d'empire qui nous séparent, se pose ou plutôt s'impose un problème qui divisait peu autrefois, qui semble diviser davantage aujourd'hui tous les hommes qui s'occupent d'instruction publique et qui mérite, en effet, au suprême degré, leur attention, car ce problème n'est autre que sous sa forme la plus redoutable et appliqué à la chose la plus émouvante qui soit ici-bas, l'éducation, le problème de la destinée humaine.

Les uns pensent comme nous le pensions en 1850, comme je le pense encore, que la tradition est un élément de la pensée; qu'un peuple est avant tout une religion ; et de même qu'on nous rendrait un très mauvais service si on voulait, sous prétexte de nous rendre plus libres, supprimer la colonne d'air qui pèse sur nos têtes, car on détruirait la condition du mouvement de l'équilibre et de la vie, cette atmosphère de l'âme, que j'appelle la tradition, ne nous est pas moins nécessaire. (Très-bien ! très bien ! à droite.) Et s'il y a quelque chose de plus insensé que la prétention de la détruire, c'est l'hypocrisie ridicule avec laquelle on affecte de ne pas voir qu'il y a toujours une atmosphère, qu'il y a toujours une tradition ; et que ceux qui se déclarent les ennemis de la nôtre, substituent simplement, leur propre doute, leurs propres systèmes, leurs propres inventions, leurs propres recherches, à ce qui était le patrimoine moral de la nation. Ne vouloir être rien en religion, c'est avoir la prétention d'être quelque chose. La Loge prêche, et la preuve qu'elle prêche, c'est qu'elle veut prêcher toute seule.

On nous demande, dit l'orateur, de nous associer à un acte de positivisme, à une loi qui n'est autre chose qu'une loi de sectaires. (Vive approbation à droite.)

De deux choses l'une : ou bien les ministres, poursuit M. Fresneau, qui ont — je ne dirai pas inventé cette loi, — non, ils ne l'ont pas inventée — mais qui l'ont, que sais-je ? ramassée, endossée, subie, je ne connais pas le secret des dieux, — ou les ministres enfin qui présentent cette loi, ne sont pas sincères, et alors il ne

faut pas les écouter ; ou ils sont sincères, et alors il ne faut pas
les suivre parce qu'ils ne savent ni ce qu'ils font, ni ce qu'ils
disent. (Très bien! et rires à droite.) Ils ne savent pas ce qu'ils
disent, parce que si Dieu n'existe pas, s'il n'est qu'un point d'in-
est tout naturel qu'on en fasse abstraction dans l'enseignement
terrogation, il de la littérature, de l'histoire, de toutes les sciences
morales possibles. Rien n'est plus naturel ni plus simple.

Mais s'il existe, élever la jeunesse en faisant abstraction de
lui, en apprenant à ne le point prier, à se passer de lui, à ne
point penser à lui, à tout expliquer, si explication il y a,
sans lui...

Un sénateur à gauche. Une fois par semaine.

M. Fresneau. Une fois par semaine, comme vous dites très
bien, par le maître de la religion. (Eh bien? à gauche.) Mais le
reste du temps, non! — Eh bien! suivre ce programme ; faire
abstraction dans toutes les sciences laïques, de ce point d'interrogation, c'est donner le contraire de ce que, dans toutes les
langues imaginables, tous les peuples possibles appellent un
enseignement religieux! Quand vous aurez promené la jeunesse
dans les ténèbres de l'ingratitude ; quand vous l'aurez accou-
tumée à lire l'histoire de France, non pas sous l'inspiration de
cette vieille formule : « *Gesta Dei per Francos*, mais en traduisant
Gesta Franciæ sine Deo; » quand vous lui aurez enseigné à ne
rien rapporter au créateur, et à comprendre notre histoire sans
le Christ, eh bien, votre maître de religion, que ce soit un
israélite, un protestant ou un catholique, pourra se dispenser
de venir, parce qu'il n'aura plus rien à faire. Vous aurez tari la
source du sentiment religieux ; vous aurez fermé les intelligences au sens des choses divines! (Très bien! à droite.)

Les vérités religieuses ne se découvrent qu'à genoux. Le peuple qui a cessé de prier cesse promptement de croire. Et quand
il en est là, Dieu, qu'il a oublié, l'oublie à son tour, et n'a plus
pour le punir qu'à le livrer à ses hommes d'Etat, avec leur cor-
tège, de lois violées, de libertés mutilées, de provinces démem-
brées, en lui laissant, pour toute consolation, les victoires télé-
graphiques que ses dictateurs de rencontre remportent dans
leurs guerres à outrance. (Approbation à droite.) Voilà ce que
vous aurez préparé. Et il m'importe très peu qu'avec le maître
de dessin et le maître de danse, le maître facultatif de catéchisme vienne, le septième jour, à la demande des parents, voir
si tout n'a pas été défait dans les six jours qui précèdent. (Très
bien! très bien! sur les mêmes bancs.)

De là, messieurs, mon amendement.

Voix nombreuses à gauche. Ah! ah! Il est temps d'y revenir.

M. Fresneau. Le voilà, il est expliqué. Il est bien clair qu'il
ne me satisfait pas, que si je pouvais supprimer la loi... — et
tenez quand je vois ces scrutins qui se multiplient, ces hésita-

tions qui s'emparent d'une foule d'intelligences généreuses, quand je vois ces doutes, je ne suis pas bien sûr que cette loi détestable passe ou passe à une grande majorité. Mais enfin il faut tout prévoir, et je vous dis : Vous avez décapité l'enseignement; je demande l'appel au peuple. (Rires.) Ces deux choses-là, hélas! ne sont pas toujours compatibles, elles le sont ici et mon allusion ne rabaisse rien, au contraire, car c'est décapiter encore plus qu'un roi de France qu'enlever à un peuple son enseignement religieux.

Je demande, par conséquent, que les familles, au lieu d'intervenir, comme Robespierre le voulait, d'une manière permanente, se prononcent avant chaque création, une fois pour toutes; que, avant de lancer le bâtiment à la mer, les familles soient consultées sur la question de savoir si dans l'état où sont vos finances générales — nous examinerons ce point dans une autre circonstance — et dans celui de vos finances municipales, il leur plaît ou leur déplaît de faire cette dépense.

Je n'ajoute plus qu'un mot. Soyez assez bons pour reconnaître que les problèmes soulevés par cette malencontreuse loi sont bien au-dessus de toutes les questions politiques qui nous divisent habituellement; que l'on ne sera pas révolutionnaire en votant avec vous (l'orateur désigne la gauche), comme on ne sera pas contre-révolutionnaire en votant avec nous, car ces mots n'ont plus de sens du tout dans la grave affaire sur laquelle vous êtes appelés à vous prononcer.

La Révolution a eu deux mots de passe qui ont fait son succès en France et en Europe : la liberté et la démocratie.

Avec ces deux mots-là, à la magie desquels le passé de la France n'est point étranger, tous ces succès se comprennent. Mais quand vous faites des lois aussi absolument anti-démocratiques et absolument anti-libérales... (Très bien! très bien! à droite)... que celle que vous nous proposez, vous renversez les rôles : vous n'êtes plus avec l'esprit de la Révolution, à son début, dans ce qu'elle avait de généreux et de légitime : vous êtes les pires contre-révolutionnaires du pire ancien régime! (Bravos et applaudissements à droite. — Protestations à gauche.)

En conséquence, je vous déclare que votre loi n'est pas amendable, que je ne la voterai sous aucune forme... Mais enfin nous avons été tant de fois trompés, — non, je retire le mot, je ne veux pas dire qu'il y ait eu intention de tromper, — mais nous avons été si souvent traités comme des jeunes gens que nous ne sommes plus; on s'est tellement servi des votes qu'on avait obtenus de nous, pour en tirer des conséquences inattendues, qu'il se pourrait faire encore qu'on obtînt celui-là.

Dans la prévision de cette possibilité, j'essaye par mon amendement de limiter les effets de la loi. Je me replie sur la nation pour trouver appui en elle contre la dictature des loges, et, en même temps, je fais de cet amendement une protestation contre ce que cette malheureuse loi a de révoltant pour le patriotisme, pour la raison et pour la conscience. (Bravos et applaudissements à droite. — L'orateur, en descendant de la tribune, reçoit les félicitations d'un grand nombre de ses collègues de la droite.)

M. le président. Je mets aux voix l'amendement de M. Fresneau.

Il y a une demande de scrutin.

Il va être procédé au scrutin.

(Le scrutin a lieu. — MM. les secrétaires opèrent le dépouillement des votes.)

M. le président. Voici le résultat du scrutin :

Nombre des votants. . . 237

Majorité absolue. . . . 119

Pour l'adoption. . 103

Contre. 134

Le Sénat n'a pas adopté.

Je mets aux voix l'ensemble de l'article 2.

(L'ensemble de l'article 2 est adopté.)

M. le président... « Art. 3. — Il sera fondé par l'Etat, les départements et les communes, au profit des internes et des demi-pensionnaires, tant élèves qu'élèves-maîtresses, des bourses dont le nombre sera déterminé dans le traité constitutif qui interviendra entre le ministre, le département et la commune où sera créé l'établissement. — (Adopté.)

» Art. 4. — L'enseignement comprend :

» 1º L'enseignement moral ;

» 2º La langue française, la lecture à haute voix et au moins une langue vivante ;

» 3º Les littératures anciennes et modernes ;

» 4º La géographie et la cosmographie ;

» 5º L'histoire nationale et un aperçu de l'histoire générale ;

» 6º L'arithmétique, les éléments de la géométrie, de la chimie, de la physique et de l'histoire naturelle ;

» 7º L'hygiène ;

» 8º L'économie domestique ;

» 9º Les travaux à l'aiguille ;

» 10º Des notions de droit usuel ;

» 11º Le dessin ;

» 12º La musique ;

» 13º La gymnastique.

M. Paris. On a oublié l'escrime ! (Rires à droite.)

M. le duc de Broglie. J'aurais quelques observations à présenter; je demande la remise à demain. (Non! non! à gauche. — Protestations à droite.)

Le Sénat, consulté, décide que la suite de la discussion est renvoyée à la séance suivante.

SCRUTIN

Sur l'amendement de M. Paulmier, à l'article 1er de la proposition de loi, adoptée par la Chambre des députés, sur l'enseignement secondaire des jeunes filles.

Nombre de votants........	262
Majorité absolue..........	132
Pour l'adoption....	126
Contre.............	136

Le Sénat n'a pas adopté.

Ont voté contre l'amendement les sénateurs qui ont voté pour le deuxième paragraphe de l'article 2 [1], sauf les exceptions suivantes :

MM. Eymard-Duvernay, Frébault, Robert-Dehault, Robert de Massy, de Voisins-Lavernière qui ont voté contre le deuxième paragraphe de l'article 2 et MM. Duboys-Fresnay, Dufresnes, Jauréguiberry, Fayolle, Perret, Teisserenc de Bort, qui s'étaient abstenus, ont voté contre l'amendement de M. Paulmier.

MM. Blanc, Krantz, Pons, Roques qui ont voté pour le deuxième paragraphe de l'article 2, ont voté pour l'amendement de M. Paulmier.

MM. Barthélemy Saint-Hilaire, Cazot, Cordier, Fournier (Indre-et-Loire) qui ont voté le deuxième paragraphe de l'article 2 figurent au nombre des sénateurs qui, dans le scrutin sur l'amendement de M. Paulmier, n'ont pas pris part au vote.

SCRUTIN

Sur l'amendement de M. de Voisins-Lavernière au premier paragraphe de l'article 2 de la proposition de loi, adoptée par la Chambre des députés, sur l'enseignement secondaire des jeunes filles.

Nombre des votants........	276
Majorité absolue..........	139

---

[1] Voir page 380.

> Pour l'adoption........ 125
> Contre............... 151

Le Sénat n'a pas adopté.

Ont voté contre l'amendement les sénateurs qui ont voté pour le deuxième paragraphe de l'article 2 [1].

Ont de plus voté contre l'amendement de M. Voisins-Lavernière :

1º MM. Corne, Luro, Pélissier, Robert-Dehault, Robert de Massy qui avaient voté contre le deuxième paragraphe de l'article 2 ;

2º MM. d'Andlau, Béraldi, Cherpin, Duclerc, Dufresne, Fayolle, Feray, Jauréguiberry, Mangini, Palotte, Perret, comte Rampont, Teisserenc de Bort, Waddington qui dans le scrutin relatif au paragraphe 2, de l'article 2, figurent au nombre des sénateurs qui n'ont pas pris part au vote.

Remarquons toutefois que M. Krantz a voté l'amendement.

MM. Cordier, Lemoinne n'ont pas pris part au vote.

M. Charton figure au nombre des sénateurs absents par congé.

SCRUTIN

Sur l'amendement de M. Fresneau tendant à ajouter un paragraphe additionnel à l'article 2 de la proposition de loi, adoptée par la Chambre des députés, sur l'enseignement secondaire des jeunes filles.

> Nombre des votants....... 237
> Majorité absolue......... 119
>
> Pour l'adoption.... 103
> Contre 134

Ont voté contre l'amendement les sénateurs qui ont voté pour le deuxième paragraphe de l'article 2 [2].

Ont de plus voté contre cet amendement :

1º MM. Bérenger, Chadois, Eymard-Duvernay, Frébault, Luro, Pélissier, Robert de Massy, Rozières qui avaient voté contre le deuxième paragraphe de l'article 2.

2º MM. d'Andlau, Béraldi, Cherpin, Duclerc, Dufresne Fayolle, Feray, Jauréguiberry, Jaurès, Palote, Waddington qui s'étaient abstenus lors des scrutins relatifs au deuxième paragraphe de l'article 2.

[1] Voir page 350.
[2] Voir page 350.

3° M. Roussel qui était, lors de ce vote, absent par congé.

Remarquons que parmi les sénateurs qui ont voté pour le deuxième paragraphe de l'article 2 MM. Cordier, Fournier (Indre-et-Loire), Pin, Toupet des Vignes figurent au nombre des sénateurs qui n'ont pas pris part au vote dans le scrutin relatif à l'amendement de M. Fresneau.

M. Charton était absent par congé.

***

SÉANCE DU 10 DÉCEMBRE 1880.

SUITE DE LA DEUXIÈME DÉLIBÉRATION SUR LE PROJET DE LOI RELATIF À L'ENSEIGNEMENT SECONDAIRE DES JEUNES FILLES.

***

PRÉSIDENCE DE M. LÉON SAY.

M. le président. L'ordre du jour appelle la suite de la deuxième délibération sur la proposition de loi, adoptée par la Chambre des députés, sur l'enseignement secondaire des jeunes filles.

Nous en sommes arrivés à l'article 4.

M. le duc de Broglie a la parole.

M. le duc de Broglie. Mon intention, Messieurs, est simplement de reproduire ici, avec quelques développements nouveaux, les objections qu'ont déjà fait valoir dans la première délibération l'honorable M. Jules Simon et l'honorable M. Batbie, contre le paragraphe 1ᵉʳ de l'article 4. Je voudrais rappeler au Sénat les inconvénients que nous trouvons à un cours d'enseignement moral, donné à des jeunes filles, dans les conditions tout à fait nouvelles qu'établit le projet de loi.

Je dis que ce sont des conditions tout à fait nouvelles, car c'est la première fois, absolument la première fois, dans notre système d'éducation publique, qu'on voit un cours d'enseignement moral qui prétend être également indépendant de toute doctrine religieuse et de toute doctrine philosophique.

M. Jules Ferry, *ministre de l'instruction publique et des beaux-arts, président du Conseil.* Je demande la parole.

M. le duc de Broglie. Par des raisons tirées de la liberté de conscience, que je ne trouve pas probantes, mais que je ne veux pas discuter, vous avez retranché de l'enseignement obligatoire des jeunes filles l'instruction religieuse. Par conséquent, le cours d'enseignement moral que vous avez conservé sera indépendant de toute doctrine religieuse.

Par d'autres raisons qui ne sont pas expliquées dans le projet de loi, mais que je crois deviner et que j'approuve, vous avez retranché également l'enseignement philosophique. Il en résulte que le cours d'enseignement moral que vous constituez se trouve, comme je le disais tout à l'heure, entièrement indépendant de toute doctrine religieuse et de toute doctrine philosophique.

C'est du reste ce qu'a établi en propres termes, dans la discussion précédente, l'honorable ministre de l'instruction publique. Suivant lui, il convient que la morale reste distincte, non seulement de la religion, mais de la philosophie, par cette raison, nous a-t-il dit, qu'il y a plusieurs doctrines philosophiques, tandis qu'il n'y a qu'une seule morale.

Je dis que c'est la première fois qu'un cours de morale se présente dans ces conditions. A l'heure qu'il est, et jusqu'à ce que la loi qu'on discute à la Chambre des députés ait été votée ici, — ce qui, j'espère, n'arrivera pas — dans l'éducation primaire, l'instruction morale est confondue avec l'instruction religieuse. Dans l'éducation secondaire, la morale fait partie d'un cours de philosophie complet, et d'un cours de philosophie qui est astreint à une doctrine parfaitement définie. Le cours de philosophie des lycées est un cours de philosophie spiritualiste, dont la doctrine est parfaitement claire, qui affirme l'existence de Dieu, l'immortalité de l'âme, la distinction de l'âme et du corps, la liberté humaine, tous les points, en un mot, de la doctrine spiritualiste : et sur tous ces points ce cours est conforme à la doctrine chrétienne.

Le cours de morale des lycées fait partie de cette philosophie ; il y est encadré et comme enchâssé ; il est empreint de son esprit ; en un mot, ce n'est autre chose que, dans l'ordre actif, l'application des solutions données par la philosophie spiritualiste à tous les problèmes intellectuels dans l'ordre spéculatif. Voilà ce qu'est aujourd'hui le cours de morale des lycées.

Ce que l'on nous propose pour les jeunes filles est tout autre chose ; c'est un cours de morale qui, comme on nous l'a dit, ne devra relever ni de la religion ni de la philosophie. J'ajoute que je ne connais pas un ouvrage de morale considérable, ayant une renommée dans l'histoire des opinions humaines, qui ait jamais été conçu dans de pareilles conditions ; je ne connais pas un ouvrage de morale considérable qui ne prétende relever d'aucune doctrine philosophique.

L'honorable ministre de l'instruction publique, dans les délibérations précédentes, a cité avec de justes éloges les beaux ouvrages de notre collègue M. Jules Simon sur la morale. Je crois que notre collègue ne me contredira pas si je dis que ces ouvrages portent la forte empreinte d'une doctrine philosophique qui a toujours été la sienne, la doctrine du spiritualisme, et qu'il n'a jamais eu l'intention de faire un cours de morale auquel cette doctrine philosophique serait étrangère. Je crois qu'il ne me contredira pas si je dis, par exemple, que ses deux livres : *la Religion naturelle* et *le Devoir*, sont deux enfants jumeaux sortis d'une même pensée et qui porte l'empreinte d'une même doctrine. (Très bien ! à droite.)

J'ai donc le droit de dire que c'est là une entreprise absolument nouvelle ; nouvelle dans l'éducation et nouvelle même dans l'histoire des opinions humaines.

C'est une entreprise sans aucun précédent ; nous en faisons l'expérience. Je ne dis pas que nous la faisons *in animâ vili*, mais peut-être aurait-il mieux valu, pour faire une expérience, ne pas commencer par la faire sur quelque chose d'aussi délicat que l'âme et l'esprit des jeunes filles !

Mais, enfin, c'est une expérience que nous faisons, et nous devons par conséquent, puisqu'on nous fait mettre le pied dans une voie nouvelle, regarder avec soin où elle nous conduit. C'est là mon excuse pour demander au Sénat quelques instants d'attention sur ce point si important. (Très bien ! — Parlez ! à droite.)

La principale raison qu'on nous donne pour tenter cette expérience, pour faire un cours de morale parfaitement distinct de la religion et de la philosophie, c'est celle que je rappelais tout à l'heure et qu'a donné M. le ministre de l'instruction publique. Il a dit très-nettement : il y a plusieurs opinions religieuses, il y a plusieurs opinions philosophiques ; il n'y a qu'une seule morale, et pour imposer un cours, pour le rendre obligatoire et pour ne pas faire violence ni à la conscience des professeurs ou à celle des élèves, il faut se borner à des opinions qui ne soient pas controversées, c'est-à-dire à la morale que tout le monde admet.

Il y a, dit-on, plusieurs métaphysiques, il y a plusieurs religions : il n'y a qu'une seule morale. M. le ministre de l'instruction publique est revenu plusieurs fois sur ce point. Il n'y a qu'une seule morale ! Messieurs, c'est bientôt dit. Il n'y a qu'une seule morale, si on prend le mot dans la plus superficielle, la plus vulgaire, je ne voudrais pas dire la plus grossière de ses acceptions.

Il est certain, par exemple, qu'il n'y a qu'un code pénal

Il n'y a qu'une définition du vol et du meurtre ; on pourrait bien quelquefois en douter, quand on entend faire certaines apologies de l'assassinat que le parquet, si susceptible sur d'autres choses, se montre si lent à réprimer. (Très bien ! à droite.)

Mais enfin, j'accorde qu'il n'y a qu'une seule définition possible du meurtre et du vol, j'accorde qu'il n'y a qu'un seul code pénal. Aussi, si le cours de morale se réduisait à un commentaire de droit criminel, vous auriez raison de dire qu'il n'y a qu'une seule morale. Mais j'imagine que, quand vous instituez un cours de morale, vous voulez fonder autre chose qu'un commentaire du code pénal. Une morale qui se réduirait au code pénal serait singulièrement imparfaite, et pour les jeunes personnes, en particulier, une morale qui ne leur défendrait que ce que le code pénal interdit, les placerait dans un état de moralité qui laisserait beaucoup à désirer. (Rires d'approbation à droite.)

Vous voulez donc faire autre chose qu'un cours du code pénal ; vous voulez remonter aux sources élevées de la morale, vous voulez que l'enseignement que vous donnerez raffermisse les principes moraux dans les intelligences, épure, échauffe, anime les sentiments moraux dans les cœurs. Vous voulez faire un cours de morale, remontant à des principes élevés. Or, je dis que dès que vous faites un cours de morale de cette nature, vous rencontrez immédiatement — que vous le vouliez ou non — des questions qui ne peuvent être tranchées que par la religion ou par la philosophie. (Adhésion sur les mêmes bancs.) Vous rencontrez des questions qui s'imposent à vous et sur lesquelles il faut que vous donniez une solution ou religieuse ou philosophique.

Si vous ne donnez pas ces solutions, vous n'aurez qu'un cours de morale insignifiant, pâle et vide.

Un sénateur à droite. Ridicule !

M. le duc de Broglie. ...consistant en lieux communs sans prise sur les esprits ; ou bien ce qui serait pire, vous serez obligé d'avoir recours à un artifice ; vous aurez écarté les questions religieuses et philosophiques de votre programme, mais pour les y faire rentrer ensuite par une porte détournée, sous une forme et avec des solutions que vous ne voudrez pas avouer. (Très bien ! à droite.)

Je voudrais, messieurs, donner la preuve de ce que j'avance, sans faire ici moi-même l'esquisse de ce que peut être un cours de morale. Vous diriez que je le fais à ma fantaisie, et que je l'étends précisément pour soulever des questions métaphysiques qui n'y sont pas engagées. Je ferai quelque chose de plus simple. Je prendrai le cours de morale tel qu'il est donné dans l'Université et tel qu'il résulte du programme du baccalauréat. Il n'est guère possible de trouver un programme plus élémentaire.

M. le ministre de l'instruction publique disait que le programme du cours de morale, comme il l'entend pour les jeunes

filles, comprendrait tout au plus vingt à trente leçons. Le cours
de morale, tel que je le trouve dans le programme du baccalauréat que j'ai sous les yeux, comprend douze têtes de chapitre, ce qui, à deux leçons par tête de chapitre, donne vingt-
quatre leçons, et rentre bien dans le plan de M. le ministre.

D'ailleurs, on nous dit tous les jours que le but du projet de
loi est de mettre l'éducation des jeunes filles sur le même pied
que celle des jeunes garçons. On nous dit que c'est ainsi qu'on
veut arriver à mettre plus tard, dans la vie, les deux sexes
eux-mêmes sur un pied d'égalité qui n'existe pas aujourd'hui.

Donner aux jeunes filles une éducation qui se rapproche de
l'éducation des garçons, mettre les deux sexes sur un pied d'é-
galité au point de vue de l'enseignement, nous ne sommes pas
frappés, nous, de ce côté (l'orateur désigne la droite), de cette
nécessité. Nous avons eu le bonheur de rencontrer des mères,
des femmes, des sœurs qui n'étaient inférieures à nous sur aucun point, et qui nous étaient même supérieures sur beaucoup.
Il paraît que, ailleurs, c'est autrement! (Très bien! et rires à
droite.)

Il paraît qu'il y a un mal auquel on veut remédier; et ce
qu'on nous demande pour y porter remède, c'est de mettre
l'éducation des filles sur le même pied que celle des garçons.
On ne trouvera donc pas mauvais que j'applique à l'éducation
des filles un des programmes du baccalauréat qui sert aux garçons; or, il me suffira d'en lire quelques articles pour vous
faire voir que ce programme est tout plein, fourmille en quelque
sorte de questions qui ne peuvent être résolues que par la religion ou par la philosophie, sur lesquelles, par conséquent, il
faudra ou que votre cours demeure dans un doute ridicule ou
qu'il sorte de sa neutralité philosophique.

Je prends le premier point de ce programme, celui qui est
naturellement placé en tête. C'est la question de savoir au nom
de quelle autorité la morale commande, d'où vient son droit de
commander à l'homme; quelles raisons l'homme a d'y obéir :
en un mot, quel est le principe sur lequel la morale se fonde.
C'est évidemment le premier point à éclaircir, et il est difficile
de commencer un cours de morale autrement.

Mais dès qu'on touche à ce fondement de la morale, la fa-
meuse unité morale dont on nous parlait disparaît et on voit se
dresser devant soi une de ces questions si controversées sur
lesquelles les écoles ne s'entendent pas ; sur lesquelles la religion a une solution, et sur lesquelles les diverses écoles philosophiques en ont de différentes.

Vous le savez, messieurs, et le programme des lycées le mentionne expressément, il y a trois grands systèmes en présence
sur le fondement de la morale; il y a le système de l'obligation,
le système de l'utilité et le système du sentiment. Le premier

fonde la morale sur une obligation divine gravée dans le cœur de l'homme et dont la conscience est l'interprète. Le second ne voit dans la morale qu'un calcul d'intérêt bien entendu au point de vue social ou individuel. Le troisième système, enfin, fait reposer la morale sur l'effusion d'un sentiment plus ou moins généreux, comme la sympathie, l'admiration, l'enthousiasme répondant aux mouvements élevés de l'âme humaine. Voilà les trois grands systèmes de morale : la doctrine de l'obligation, la doctrine utilitaire, et la doctrine sentimentale.

Sur ces questions de doctrine purement philosophique ou religieuse, que fera votre cours de morale, que feront vos professeurs ?

N'en diront-ils rien ? Alors leur morale sera sans fondement, et, dès lors, je demande comment elle pourra se tenir debout.

Adoptent-ils un système, le voilà en dehors de la neutralité philosophique, et si c'est l'autorité qui le leur impose, que devient cette liberté de conscience des professeurs dont M. le ministre a fait le principe même de la loi nouvelle ?

Et croyez-vous que cette question du fondement de la morale soit une question abstraite, indifférente, sur laquelle on puisse éviter de se prononcer parce qu'elle n'a pas d'intérêt ni de retentissement aujourd'hui ? Non, messieurs, c'est au contraire une question plus vivement agitée aujourd'hui que jamais. La morale utilitaire, comme on l'entendait au dix-huitième siècle, a bien perdu faveur, j'en conviens, depuis quelques années ; mais elle vient de retrouver beaucoup de vogue sous une forme toute nouvelle qu'on appelle la morale de l'évolution.

L'honorable ministre de l'instruction publique la connaît parfaitement puisqu'il a contribué à populariser dans les bibliothèques et dans les établissements publics les ouvrages d'un célèbre philosophe anglais qui est l'inventeur de ce système. C'est un système qui établit que les idées morales se sont fondées par l'habitude, par l'expérience, qu'elles se sont enracinées parce que les nations qui les ont pratiquées, se trouvant plus fortes que d'autres, ont, par l'effet de ce qu'on appelle la concurrence vitale, survécu à celles qui les ont négligées et fini par les remplacer ; si bien qu'en définitive ces nations ont réduit et converti en obligation les pratiques dont une longue expérience leur avait démontré l'utilité.

Est-ce que un cours de morale peut être indifférent à un problème de cette nature, agité tous les jours dans les écoles et dans les livres ?

Est-ce qu'il pourra n'en rien dire ?

Vous vous trouverez donc, sur ce premier point, en présence d'une question philosophique qu'il faudra résoudre dans un sens ou dans l'autre, car si vous ne la résolvez pas, votre morale, je le répète, sera sans fondement, et je ne sais ce que vous pourrez élever sur un édifice dépourvu de base. (Approbation à droite.)

Je continue, messieurs, je suis mon cours de baccalauréat, et j'y trouve une autre question qui a bien son importance : c'est la question de savoir quel est le moyen qu'a l'homme de pratiquer la morale qu'on lui commande : s'il est libre, oui ou non, d'obéir à la morale ; est-il responsable, oui ou non quand il l'offense ? Cela s'appelle la question de la liberté morale. Or, je suis obligé de dire à M. le ministre que, bien loin qu'il y ait unanimité sur cette question, il n'y en a jamais eu de plus controversée, non seulement entre les philosophes, mais longtemps entre les théologiens eux-mêmes.

M. le président du conseil. En métaphysique.

M. le duc de Broglie. Non pas en métaphysique, monsieur le président du Conseil, mais en morale, car il n'y a pas un livre de morale digne de ce nom qui ne commence par discuter le problème de la liberté morale de l'homme. Il y a des écoles qui ont fait résolument le sacrifice de cette liberté. Il y en a, ce sont les écoles religieuses et spiritualistes, qui l'ont énergiquement revendiquée. Entre ces écoles diverses votre cours de morale va-t-il prendre un parti ? Le voilà alors qui fait de la philosophie. N'en prendra-t-il point ? Quel singulier professeur de morale ce sera que celui qui ne dira pas à ses élèves s'ils sont libres ou non d'accomplir les actes qu'il leur commande ?

Et remarquez ici, encore, que ce n'est pas une question oisive, abstraite, sans intérêt. Il n'y en a pas, au contraire, qui excite plus d'intérêt aujourd'hui dans les écoles, qui suscite plus de controverses. Ce n'est pas la vieille opinion du fatalisme ou de la prédestination, comme elle pouvait se débattre dans les derniers siècles : c'est un système rajeuni qui porte un nom nouveau, le déterminisme. Depuis que la science a reconnu que l'organisation humaine est soumise dans tous ses accidents à des lois fixes comme celles qui régissent la nature, on soutient que l'exercice de la liberté humaine ne peut trouver sa place dans cet ordre immuable et que tous les actes de l'homme sont déterminés à son insu par les accidents de son organisation physique. C'est le système qui règne principalement dans les écoles scientifiques ; et, parmi les jeunes maîtres qui soutiennent aujourd'hui les lois d'instruction du Gouvernement, vous trouveriez, j'en suis sûr, plus d'un adepte de ces doctrines qui, s'ils avaient à faire un cours de morale, n'en voudraient pas professer d'autre.

Voici donc deux questions, deux grandes questions nécessaires à votre cours de morale, et qui ne comportent pas la neutralité philosophique que vous prétendez établir.

Mais je reprends mon cours du baccalauréat et j'y trouve un

peu plus loin un mot qui soulève une bien autre question encore. J'y trouve ces deux mots : sanction de la morale! Et, effectivement, puisque la morale est une loi, il faut qu'elle ait une sanction. On ne comprend guère une loi qui en serait dépourvue. Le code pénal a pour sanction des peines matérielles. Le plus humble règlement ministériel a des sanctions disciplinaires. Il n'y a pas jusqu'aux règlements de nos Assemblées qui n'aient pour sanction ces censures et ces rappels à l'ordre que nous voyons appliquer tous les jours.

Il n'y a donc pas de loi ou de règlement quelconque qui n'ait sa sanction. Il serait bien singulier que la loi morale fût la seule à n'en pas avoir.

Ce serait bien étrange, et pourtant c'est encore sur cette question de la sanction de la loi morale que les écoles philosophiques se divisent et que votre cours de morale, s'il veut rester dans sa neutralité philosophique, va se trouver plus que jamais dans l'embarras.

Quelle sanction donnera-t-il à la loi morale ? Sera-ce le bonheur de la vie présente qu'il promettra à ceux qui l'observent et le malheur dont il menacera ceux qui l'enfreignent! Un professeur de morale qui ferait de telles promesses exposerait ses élèves à de grandes surprises et à de cruelles déceptions! Leur parlera-t-il seulement du remords qui tourmente l'âme du criminel, et de la paix de la conscience qui survit, au contraire, chez l'homme de bien, même au sein des épreuves, et peut servir, à elle seule, de récompense à la vertu? Ce serait digne, ce serait fier, mais peut-être pas tout à fait consolant. Est-ce que, par hasard, il irait jusqu'à dire que la sanction de la loi morale, il ne faut pas l'attendre dans cette vie, mais que c'est au-delà de la vie, dans une autre économie, que le vice aura son châtiment et la vertu sa récompense? Ah ! c'est pour le coup qu'il serait en pleine philosophie et même en pleine théologie, et cependant, sérieusement, est-ce qu'il est possible de faire un cours de morale sans laisser entrevoir la perspective de la vie future, de l'immortalité de l'âme? Est-ce possible ? Est-ce que vous concevez un cours de morale dans lequel on ne dise pas à l'homme ce qu'il peut penser de la vie future, si, oui ou non, quand il enfreint la loi morale, il sera puni dans une autre existence, et si, oui ou non, quand il l'observe, il recevra une récompense qui l'attend ailleurs ?

Et cependant c'est sur cette question de l'immortalité de l'âme et de la vie future qu'il sera le plus difficile à un professeur de morale, comme vous l'entendez, de prendre un parti, car c'est là qu'il rencontrerait en ce moment l'opposition d'autorités très importantes au moins politiquement...

Voix diverses. Plus haut ! on n'entend pas.

M. le duc de Broglie. Je dis que c'est sur cette question de la vie future qu'on rencontre aujourd'hui l'opposition d'autorités très importantes, au moins politiquement, qui paraissent prendre plaisir à contester à l'homme tout espoir d'immortalité.

L'honorable M. Paul Bert a pris plaisir à la tribune l'autre jour de se rallier agréablement de ceux qui ont la faiblesse de croire à la justice de Dieu dans une autre vie.

Je crains qu'il ne faille compter M. le ministre lui-même parmi les opposants à toute idée de vie future et d'immortalité, car dans cette scène qu'a rappelée hier l'honorable M. Fresneau, où M. le ministre a donné, au nom de la franc-maçonnerie, l'accolade au positivisme...

M. le président du Conseil. Vous vous trompez sur les faits.

M. Laserve. Vous ne la connaissez pas, la franc-maçonnerie! (Rires.)

M. le président du Conseil. Je n'ai donné l'accolade à personne !

M. le duc de Broglie. M. le ministre conteste-t-il les paroles que l'honorable M. Fresneau a portées hier à la tribune? S'il les conteste, je les retire immédiatement.

M. le président du Conseil. Je ne les conteste pas; mais elles n'ont pas la portée et la conséquence que vous y attachez. Vous faites de moi un pontife; je ne suis pontife d'aucune religion.

M. le duc de Broglie. Je n'ai pas prononcé le mot de pontife; j'ai dit que, au nom de la franc-maçonnerie, vous aviez donné l'accolade au positivisme.

M. le président du Conseil. Je n'ai jamais reçu personne, n'ayant pas le droit de recevoir qui que ce soit. J'ai été reçu en même temps que l'honorable M. Littré, sénateur.

M. Eugène Pelletan Et M. Jules Simon.

M. le duc de Broglie. Ce sont là des détails qui importent peu. Mais dans cette scène, dont le fond n'est pas contesté, dans cette scène, je crois me souvenir que l'honorable ministre a félicité le positivisme d'avoir délivré l'homme de la crainte de la mort dans des termes tels qu'il semblait le féliciter aussi de l'avoir délivré de l'espoir de l'immortalité.

De telle sorte que je doute que si on prend les professeurs des cours de morale parmi ceux qui appuient M. le ministre et ses projets de loi, je doute qu'on en trouve beaucoup, qui s'exposent à enseigner l'existence d'une vie future et l'immortalité de l'âme.

En revanche, il y en a d'autres qui ne consentiront jamais à les passer sous silence. Parmi ceux qui croient à l'existence de la vie future, à la persistance de l'âme après la mort, vous ne trouverez personne qui, professant la morale, consente à ne pas

appeler à son aide ce puissant appui, cette sanction souveraine
de la vie future ; vous n'en trouverez pas qui consente, croyant
à l'existence d'une vie à venir, à n'en pas parler pour encourager
la vertu malheureuse, ou menacer le crime prospère.

Vous n'en trouverez pas qui consentent à faire taire ce cri de
la conscience qui fait depuis tant de siècles la consolation de
tous les opprimés et la terreur de tous les oppresseurs... (Très
bien ! très bien ! à droite), vous n'en trouverez pas qui ne soit
pressé de faire appel du jour de l'épreuve au jour de la justice,
du ciel à la terre et du temps à l'éternité. (Vifs applaudissements à droite.)

De sorte qu'entre ceux qui ne voudront jamais parler de la
vie future, et ceux qui ne voudront jamais s'en taire, votre cours
de morale aura de la peine à maintenir sa neutralité.

Je continue, messieurs, et je vais finir. Je passe au dernier
article de votre programme de baccalauréat, et c'est là le comble :
car, dans l'un des derniers articles, je rencontre un nom qui
n'est guère compatible avec la neutralité religieuse et philosophique, un nom qu'on prononce encore quelquefois au Sénat,
mais jamais a la Chambre des députés, le nom de Dieu. (Interruptions à gauche.)

M. le colonel Meinadier. C'est trop fort.

M. le duc de Broglie. Le programme énumère, parmi les
devoirs, les devoirs envers Dieu, et il n'y a pas moyen, cette
fois-ci, de faire l'erratum ingénieux dont s'est servi naguère dans
un de ses discours M. le directeur des beaux-arts. Il n'y a pas
moyen de mettre, comme M. Turquet, à la place de « devoirs
envers Dieu », « devoirs envers la nature ». Cela ne serait pas du
tout la même chose, et pour de mauvais plaisants, cela aurait un
tout autre sens. (Rire général). Mais, devoirs envers Dieu : voyez
donc ce que cela suppose. Il y a donc un Dieu ! Et ce Dieu a
donc des rapports avec les hommes, et puisque les hommes ont
des devoirs envers lui, il y a donc une Providence qui prend soin
des hommes ! La nature n'est donc pas une puissance abstraite
et inanimée ! Dieu, s'il existe, n'est donc pas l'âme du monde, et
la substance immanente de l'Univers ? Que de questions philosophiques et religieuses tranchées par ces seuls mots : devoirs
envers Dieu.

Et puis, ces devoirs eux-mêmes, quels sont-ils ? Qu'y com-
prenez-vous ? Mettrez-vous le culte, mettrez-vous la prière au
rang de ces devoirs ? Si vous le faites, vous êtes non-seulement
en pleine philosophie, mais en pleine religion, et votre œuvre de
morale, qui a commencé par une question de philosophie, va se
terminer par une prescription de politique religieuse.

Je sais bien que, pour vous tirer de peine, vous avez la ressource de ne pas parler de tous ces points délicats. Mais quel
étrange cours de morale ce serait donc que celui qui ne parlerait

ni des fondements de la morale, ni de sa sanction, ni de toute une branche de ses plus importants devoirs ; dites-moi de grâce ce qui en resterait, et si je n'avais pas eu raison de dire en commençant que ce serait un résidu de lieux communs, informe et incolore, et sans aucune efficacité pratique.

Croiriez-vous d'ailleurs éviter la difficulté par ces prétéritions prudentes? Non, vous le savez, il y a des omissions qui équivalent à des négations positives.

En fait de morale surtout, on s'affranchit par le fait de tous les devoirs qu'on ne s'impose pas. Si vous retranchez les devoirs envers Dieu, pour ne pas vous compromettre dans la question délicate de l'existence divine, ceux qui affirment et même adorent cette existence divine ne consentiront jamais à vous laisser passer Dieu sous silence.

Les mères chrétiennes que vous n'avez pas encore affranchies des préjugés de leur enfance chrétienne, quand elles verront qu'on ne parle pas de Dieu dans votre cours de morale, savez-vous ce qu'elles diront? Elles diront que votre morale est une morale athée.

M. Buffet. Elles auront raison.

M. le duc de Broglie. Et elles auront raison, comme on dit. Et vous aurez mis au frontispice de vos écoles nouvelles l'affiche de l'athéisme. C'est à vous de voir si c'est un moyen de les accréditer.

Voilà, messieurs, les réflexions très simples que j'ai cru devoir vous présenter. Croyez-moi, il faut prendre un parti, avoir le courage et tirer les conséquences de ses opinions. Si vous voulez faire de la morale, reprenez la vieille morale, celle du catéchisme, celle qui consiste dans ces mots si simples: « Aimer Dieu de tout son cœur et son prochain comme soi-même. » Reprenez cette morale à la fois si simple et si féconde, qui depuis des siècles a fait la consolation du pauvre et la lumière de l'ignorant, en même temps qu'elle nourrissait la méditation des sages et enflammait le dévouement des saints, et dont personne, ni les tribunaux, ni les pères de famille, ni les maris ne se sont jamais plaints. (Rires et approbation à droite.) Reprenez-là, tenez-vous y. Si vous n'en voulez plus, eh bien, n'essayez pas de dogmatiser, voire même au nom d'une morale nouvelle. Vous risqueriez d'ouvrir l'accès des jeunes intelligences à des négations détestables et à d'inextricables controverses.

Plusieurs sénateurs à gauche. Quelle est votre conclusion?

M. le duc de Broglie. Ma conclusion, c'est la suppression du premier paragraphe, comme l'avait demandé, l'autre jour, M. Jules Simon. (Très bien! très bien! et applaudissements à droite. — L'orateur en descendant de la tribune est vivement félicité par un grand nombre de ses collègues.)

M. le président du Conseil. Messieurs, avant d'entrer dans l'examen des observations que l'honorable duc de Broglie vient d'apporter à cette tribune, — examen qui sera très bref comme ses observations mêmes, — je tiens à rappeler, — une fois pour toutes, pourrais-je dire, — quelle est la situation du ministre de l'instruction publique dans les débats de cette nature ; et quand j'aurai précisé cette situation, j'aurai, je crois, écarté, par cela même, toute une partie très vive, très piquante, très personnelle aussi, de l'argumentation de l'honorable préopinant. (Très bien ! à gauche.)

Le ministre de l'instruction publique est le chef d'un des grands services de l'Etat ; il n'est ni un philosophe d'une secte quelconque, ni un théologien ; il a le droit de demander aux Assemblées politiques, par la confiance desquelles il se maintient de séparer dans sa personne, comme il les sépare scrupuleusement dans sa conduite, les doctrines et les opinions qui peuvent être le secret de sa conscience et ses actes comme homme politique placé par le pays, par la confiante des représentants du pays, à la tête du service de l'instruction publique. (Très bien ! très bien ! — Applaudissements à gauche.)

Il faudrait être le moins scrupuleux des hommes ou le plus passionné des sectaires (C'est cela ! — Très bien ! à gauche), pour ne pas comprendre, le jour où l'on reçoit de la confiance des Chambres, un tel fardeau, quel devoir supérieur de neutralité, d'impartialité, de sérénité philosophique ce fardeau nous impose. (Très bien ! très bien ! sur les mêmes bancs.)

J'écarte donc de ce débat tout ce qui peut tendre à porter à cette tribune des paroles que j'aurais prononcées, qu'on a mal reproduites, ou qu'on a mal comprises, des doctrines sur lesquelles je n'ai pas à m'expliquer, parce qu'ici ma personne n'est rien et que ma charge est tout. (Applaudissements à gauche.)

Que vous demandons-nous par le projet actuel ? Est-ce que je suis ici un chef de secte sollicitant le Sénat d'édicter le programme d'un cours de morale ? Est-ce que je demande aux Chambres de formuler une morale d'Etat ?

Messieurs, je n'ai jamais conçu et je ne concevrai jamais une idée aussi sacrilège. Permettez-moi de vous dire qu'imposer à l'Etat des systèmes philosophiques, théologiques ou métaphysiques, c'est faire la besogne la plus triste, la plus impuissante et la plus infructueuse à laquelle un homme d'Etat de notre époque puisse se livrer.

Je suis le chef d'un corps enseignant qu'on appelle l'Université : vous avez le droit de demander à l'Université, qui sera chargée de cet enseignement moral, compte de ses doctrines. Je suis tout prêt à vous rendre ce compte, et je suis ici pour cela.

M. le duc de Broglie. J'ai dit à plusieurs reprises que ces doctrines étaient très bonnes aujourd'hui.

M. le président du Conseil. Messieurs, l'honorable duc de Broglie a dit, en commençant, que cette proposition d'introduire dans l'enseignement secondaire des filles un enseignement de la morale détaché de tout enseignement confessionnel.....

M. le duc de Broglie... et philosophique.

M. le président du Conseil... détaché de tout enseignement confessionnel...

M. le duc de Broglie. Et philosophique.

Plusieurs sénateurs à gauche. Ecoutez donc ! — Laissez parler !

M. le président du Conseil. J'ai dit de tout enseignement confessionnel ; je n'ai pas dit autre chose, le projet ne dit pas autre chose, et j'ajoute qu'aucun homme de bon sens ne peut soutenir autre chose... (Très bien ! très bien ! à gauche), car dire que l'enseignement moral sera dégagé de tout enseignement philosophique, ce serait dire que cet enseignement se place en dehors de la philosophie, et l'honorable duc de Broglie fait, je pense, l'honneur à son adversaire de croire qu'il n'est pas assez dénué de bon sens pour soutenir qu'il y a une morale qui ne soit pas dans la philosophie. Je viens vous démontrer ici que, la morale étant dans la philosophie, il s'agit de la dégager de ces hautes conceptions métaphysiques auxquelles vous avez fait allusion tout à l'heure, et sur lesquelles les théologiens et les philosophes sont en désaccord depuis six mille ans ; qu'il s'agit de ne montrer aux jeunes intelligences que cette véritable et pure lumière qui, depuis l'origine du monde, suivant une grande parole, est « la lumière qui éclaire tous les hommes », qui rayonne sur l'humanité et éclaire sa marche. (Très bien ! très bien ! et applaudissements à gauche.)

Vous dites que c'est une entreprise nouvelle qu'un cours de morale séparé de la métaphysique et que cela ne s'est jamais vu ? Messieurs, cela s'est vu, il y a quinze ans. Sous ce rapport, j'ai encore un précurseur. Je tiens beaucoup à couvrir ma faiblesse de l'autorité de mes précurseurs ; je le fais toutes les fois que j'en ai l'occasion, et je ne me suis guère engagé dans aucune difficulté sans avoir pris mes précautions et sans avoir constaté, par une étude attentive, que je n'apportais pas aux Chambres de regrettables nouveautés. (Très bien ! très bien ! à gauche.)

Je l'ai fait pour cet enseignement de la morale ; et ici, mon précurseur, quel est-il ? C'est un homme que j'ai souvent nommé et souvent loué, bien que je n'aie avec lui aucun lien politique, c'est un des derniers ministres de l'instruction publique de l'Empire, c'est M. Duruy.

Ce cours de morale, vous dites que nous l'avons inventé, dans je ne sais quel accès de colère contre la morale religieuse. Eh bien, le programme de ce cours de morale a été constitué par l'honorable M. Duruy, en 1865. Il figure en tête du programme de l'enseignement spécial de la troisième et de la quatrième année. Je crois utile de mettre sous les yeux du Sénat les motifs qui ont amené cet éminent ministre de l'instruction publique à constituer l'enseignement de la morale détaché de la métaphysique. Dans les explications qui précèdent les programmes et qui sont assurément, messieurs, une œuvre pédagogique de la plus grande portée, voici ce que je lis :

« Le cours de morale privée et sociale a pour but de donner aux élèves la connaissance raisonnée des devoirs que nous avons tous à remplir.

» L'apprentissage de ces devoirs, qui commence pour l'homme dès que les premières lueurs de la raison apparaissent en lui, doit se prolonger durant toute l'éducation et même pendant toute la vie. Il n'est pas un maître ayant le sentiment de sa mission véritable qui ne consacre ses soins à développer dans l'âme de l'élève le sens moral et l'amour du bien. Mais ces notions du devoir, qui s'acquièrent, pour ainsi dire au jour le jour... »

Voici la notion didactique, voici le cours de morale : — « ont besoin d'être coordonnées et présentées dans leur ensemble, appuyées des motifs qui les justifient, les confirment, les rendent inébranlables et en font l'un des meilleurs guides de la conscience. Tel est le but de ce nouvel enseignement qui couronne et complète l'enseignement spécial... »

M. Buffet. Eh bien ?

M. le président du Conseil. « On a reproché à l'industrie de développer à l'excès le goût du bien-être matériel et de tourner exclusivement les idées vers ses progrès. Nos élèves, rappelés sans cesse à la forte conviction de leurs obligations morales envers eux-mêmes, envers la société et envers Dieu...

MM. le duc de Broglie *et plusieurs autres sénateurs à droite.* Ah ! ah !

M. Chesnelong. Il y est !

Voix à gauche. Eh bien ? — C'est évident !

M. Foucher de Careil. C'est vous qui ne laissez plus prononcer ce nom-là, ce n'est pas nous !

M. le président du Conseil, *s'adressant à la droite.* Est-ce que vous avez entendu sortir de ma bouche une seule parole qui soit en contradiction avec celles-là ?

« ...sont prémunis contre ce danger.

» Ce cours est moins une série de leçons philosophiques qu'une morale en action expliquée par la science, puisque le professeur s'applique à faire comprendre les préceptes par des exemples, comme Cicéron le fait si bien dans son beau traité des Devoirs. La mission du maître est de ne rien négliger, ni par ses leçons, ni par l'exemple, pour fortifier dans le cœur des enfants le respect d'eux-mêmes, la piété filiale, l'amour du pays et l'obéissance aux lois. L'Université ne peut pas oublier que la morale ne s'enseigne pas comme une science exacte. et que la parole du maître, pour être pénétrante, doit être appuyée surtout par l'autorité de sa vie ». (Très bien ! très bien à droite.)

Et ces belles paroles servent de préface à un programme que je vous propose tout simplement d'adopter pour le programme de l'enseignement moral dans les écoles secondaires de filles.

M. Buffet. Et qu'est-ce qu'il comprend ?

M. le président du Conseil. Ce programme est étendu ; je ne fatiguerai pas le Sénat d'une aussi longue lecture, mais vous pourrez le lire dans le volume de 1865, et vous le retrouverez fonctionnant, agissant depuis dix ans...

M. Oudet. Depuis quinze ans !

M. le président du Conseil. ...dans le cours de troisième et de quatrième année de l'enseignement secondaire spécial des garçons. Ce programme se développe sous les rubriques suivantes : Définition de la morale, morale générale, morale individuelle, morale sociale, devoirs envers l'État, morale religieuse.

M. Buffet. Parfaitement !

M. le duc de Broglie. Très bien ! (Rires à gauche.)

Un autre sénateur sur les mêmes bancs. Mettez-la dans votre loi !

M. le duc de Broglie. Vous avez retranché ces mots de la loi !

M. le président du Conseil. Tout y est !

M. Buffet. Nous ne demandons que cela.

M. le président du Conseil. J'ai déjà eu l'honneur de dire au Sénat que les Assemblées politiques ne sont pas chargées de faire le programme des cours de morale...

M. Buffet. Il est bon de savoir ce qu'ils disent !

M. le président du Conseil. ...et qu'il existe un Conseil supérieur de l'instruction publique dont c'est la mission (Interruptions à droite.)

Messieurs, c'est vraiment un procédé de discussion très commode, mais contre lequel il faut que les Assemblées se mettent en garde, que celui qu'a employé l'honorable duc de Broglie. On dresse un échafaudage, on évoque des chimères, de véritables monstruosités philosophiques, et puis l'on place l'Assemblée en face de ces périls et de ces chimères.

Je vous place, moi, en présence de quelque chose de connu, d'existant, qui n'est pas à faire, de quelque chose qui est fait et qui est établi par la loi : c'est l'Université, représentée par le Conseil supérieur, qui fera le programme de morale.

Si l'honorable duc de Broglie avait bien voulu se rappeler...

M. Buffet. Le Conseil supérieur laissera-t-il leur initiative à chaque maître ?

M. le président du Conseil. Le Conseil supérieur, de tout temps, et plus encore en ce temps-ci qu'en aucun autre, tout en traçant les cadres aux maîtres, leur laisse une large part de leur individualité. Voilà ce que j'ai à répondre à M. Buffet. Mais ce n'est pas tout à fait la question.

M. Buffet. Mais si, tout à fait !

M. le président du Conseil. Il s'agit d'un programme ; qui le fera ? C'est le Conseil supérieur de l'instruction publique.

Si vous avez pris la peine de parcourir le rapport du très regretté M. Broca, vous avez pu lire que ce programme du cours de morale si difficile à faire, suivant vous, était, dans la pensée du rapporteur et de la Commission, compris dans le programme même des cours de philosophie des lycées. Je ne fais que reprendre les idées du rapporteur et de la Commission, et je vous dis : Pour juger cet enseignement de la morale, pour savoir s'il mérite les foudres de l'honorable duc de Broglie, il suffit de le formuler, puisqu'il est entendu que c'est la partie morale du cours de philosophie. Eh bien, ce n'est pas le Conseil supérieur d'autrefois, c'est le Conseil supérieur d'aujourd'hui qui a réglé, ainsi qu'il suit, le programme du cours de morale, et, par une rencontre qui n'a rien d'extraordinaire, il se trouve que ce programme, que je vais vous lire parce qu'il est court, condense en quelques lignes la même série d'idées que le programme du cours de morale rédigé pour l'enseignement secondaire spécial par l'honorable M. Duruy.

Voilà la question bien posée : l'enseignement moral que M. le duc de Broglie voudrait défendre aux professeurs des lycées d'enseigner aux jeunes filles.....

M. le duc de Broglie. Mais pas du tout, au contraire ; je proteste ; je n'ai pas dit cela !

M. le président du Conseil. Vous en demandez la suppression : je veux faire voir au Sénat ce que vous voulez supprimer.

M. le duc de Broglie. Mais non !

M. le président du Conseil. La suppression a été demandée et, tout à l'heure encore, interpellé par plusieurs membres de ce côté (la gauche) qui lui demandaient quelle était sa conclusion, l'honorable duc de Broglie a dit : « Je conclus à la suppression du paragraphe premier, enseignement moral ». Or voici ce que vous voulez supprimer : — « Morale spéculative : la conscience, le bien, la liberté... »

M. Schérer, *ironiquement.* La liberté, oui ! (Rires à gauche.)

M. le président du Conseil. ...le devoir.

M. le duc de Broglie. J'approuve tout cela.

M. le président du Conseil. « Diverses conceptions du souverain bien : doctrines utilitaires et sentimentales.

» Doctrine de l'obligation.

» Le devoir et le droit. — Valeur absolue de la personne.

» La vertu. — La responsabilité et la sanction.

» Morale pratique. — La morale personnelle, tempérance, sagesse, courage, dignité humaine et relation avec les êtres inférieurs.

» La morale domestique : la famille.

» La morale sociale : la justice ou respect du droit. — Les droits. — La charité.

» Eléments de la société : notions de l'Etat.

» Distinction du droit naturel, du droit civil, du droit politique. — Vote. — Obéissance à la loi. — Service militaire. — Dévouement à la patrie.

» La morale religieuse. — Devoirs envers Dieu. » (Très bien ! très bien ! et rires à gauche.)

Voilà ce que vous voulez supprimer ! Voilà les doctrines qui mettront en péril, comme disait hier l'honorable M. Desbassayns de Richemont, la vertu de nos filles ! (Nouveaux rires et applaudissements à gauche.)

Messieurs, ce n'est pas là seulement un programme à l'état de simple programme, car depuis cette année, depuis six mois, il a donné naissance à quantité de manuels de philosophie morale.

Sans plonger dans les profondeurs de la théodicée, sans soulever de près ni de loin le problème du déterminisme et de la liberté humaine, sans toucher du bout du doigt à toutes ces questions qui, vous le savez aussi bien que moi, sont, pour les théologiens comme pour les philosophes, des sujets de controverses inextricables et jamais résolues, ces livres donnent un enseignement moral sous forme de leçons écrites, fort bien écrites et fort distinguées. L'étude que j'ai faite de la question, à l'annonce qui m'était faite d'une opposition toute particulière de l'honorable duc de Broglie, m'a amené à recueillir ces manuels, ces essais, provenant, les uns de professeurs de haut renom et de vieille expérience comme M. Adolphe Franck, — ce n'est pas un matérialiste ni un positiviste, — les autres de jeunes professeurs qui sont l'honneur de la jeune philosophie et que leurs collègues ont envoyés siéger au Conseil supérieur de l'instruction publique, comme ce jeune professeur de Henri IV, M. Marion, dont j'ai là les « Devoirs et droits de l'homme ». Ces livres constituent une série de leçons, c'est-à-dire, comme j'avais l'honneur de l'indiquer dernièrement, de douze, quinze, vingt leçons sur les principaux points touchés par le programme que je viens de vous lire.

Vous permettrez bien au chef de l'Université de faire savoir au public quelle morale elle professe, de quels principes elle s'inspire, à quelle source sont puisés ses enseignements. (Très bien ! à gauche.) Vous verrez que l'Université est fidèle à l'idéal et qu'elle ne fait aucune concession à d'autres doctrines avec lesquelles vous essaierez vainement de la solidariser. (Nouvelles marques d'approbation sur les mêmes bancs.) Elle est idéaliste, l'Université. Voulez-vous que je vous lise ce que M. Marion, par exemple, dit au dernier chapitre, « morale religieuse, devoirs envers Dieu? »

« Et quand le spectacle des choses ne nous révèlerait pas un Dieu, notre conscience le proclamerait encore et crierait vers lui de toutes ses forces. Car, si nous ne reconnaissons pas sa puissance et son intelligence dans les lois de la nature, comment ne pas reconnaître son autorité suprême et la majesté de son commandement dans cette loi du devoir qui parle si haut au dedans de nous? (Très bien ! très bien ! à droite.) Et quand nous voyons triompher les méchants et souffrir les bons contre toute justice; quand l'innocence est méconnue ou persécutée, l'hypocrisie honorée... (Très bien ! très bien ! à droite), le droit écrasé par la force, comment croire que la plainte des faibles ne sera jamais entendue et qu'un jour ne viendra pas où il sera fait à chacun selon ses œuvres? (Nouvelles marques d'approbation à droite.) Sans cette croyance au triomphe final de la justice, combien cette vie serait sombre et désolée!

» Mais notre raison ne peut admettre un seul instant que le monde soit ainsi abandonné à la force brutale, à l'aveugle hasard. (Très bien ! très bien ! sur les mêmes bancs.)

» Voilà pourquoi, depuis qu'il y a des hommes qui pensent, l'humanité croit à une Justice cachée et s'incline devant une Bonté divine. Le sentiment religieux n'est autre que la disposition de notre cœur à adorer ce Dieu bon et juste, et à l'aimer, à le bénir pour ses bienfaits... » (A droite : Très bien ! très bien ! — Bravo !)

J'ai l'honneur d'apprendre aux honorables sénateurs qui siègent de ce côté (L'orateur désigne la droite) que le jeune professeur de philosophie qui a écrit ces lignes éloquentes, et qui est un professeur de morale, a été appelé par le chef de l'Université à enseigner la morale à l'élite des jeunes filles qui doivent se consacrer à l'enseignement et que nous réunissons en ce moment-ci dans un établissement spécial de haute pédagogie, à Fontenay-aux-Roses (Très bien ! à gauche !)

M. Buffet Ce n'est pas de l'enseignement laïque cela !

M. le président du Conseil. Ah ! vous ne le trouvez pas laïque... (Rires à gauche.)

Messieurs, voilà de quoi il s'agit, voilà sur quoi porte le débat.

M. le duc de Broglie. Pas du tout !

M. le président du Conseil. Voilà les doctrines dangereuses que l'honorable duc de Broglie veut expulser du sein de l'Université! (Vives protestations à droite. — Très bien ! très bien ! à gauche.)

Je crois, messieurs, que ces constatations de fait répondent suffisamment à la première objection de l'honorable M. de Broglie, et qui consiste à dire : Ce que vous faites, c'est une nouveauté sans précédent dans l'Université.

M. le duc de Broglie. Parfaitement !

M. le ministre. Mais il a ajouté : C'est une nouveauté sans précédent dans la philosophie. Ah ! je pourrais ici invoquer, si ce n'était pas trop indiscret, quelques-uns des philosophes qui siègent sur ces bancs ; je pourrais vous rappeler qu'il a été fait de beaux livres qui ont réchauffé nos cœurs dans les heures funèbres de notre histoire, qu'ils ont été faits, il y a quelque vingt ans, par des philosophes qui avaient déjà la prétention d'être affranchis de toute doctrine confessionnelle... (Vives marques d'approbation à gauche.)

M. le duc de Broglie. Il ne s'agit pas de confessions, mais de philosophie !

M. le président du Conseil. C'est à eux de monter à cette tribune et de répondre à cette étrange assertion qu'il n'y a pas d'unité dans la morale et que la morale est battue en brèche par toutes les théories métaphysiques, par tous les déterminismes, par toutes les doctrines théologiques ou philosophiques...

M. Buffet. Et matérialistes...

M. le président du Conseil. ...qui depuis cinq mille ans s'attaque à la doctrine même de la liberté morale. Oui ! messieurs, ces doctrines existent, elles continueront à exister tant que l'humanité subsistera.

Eh bien, malgré ces doctrines, malgré ces métaphysiques divergentes, tant que l'humanité subsistera, il y aura une morale, une morale marchant avec elle et progressant avec elle, parce qu'elle a une base qui est fondée sur la conscience humaine et non sur les rêveries du cerveau des hommes. (Très bien ! et applaudissements à gauche.)

Quelle serait la conséquence de la théorie qu'a apportée ici l'honorable duc de Broglie ? Il faut la voir de près et serrer le débat. Il n'est pas permis d'apporter ici des doctrines qui peuvent flatter certains sentiments, certaines rancunes, qui peuvent plaire aux adversaires de l'Université par exemple, mais il faut voir où ces doctrines nous mènent.

Si la morale ne peut être détachée des théories théologiques et métaphysiques, qui donc aura le droit de l'enseigner ? Personne ! car, de deux choses l'une : ou bien il y a un enseignement moral, dégagé des doctrines sur lesquelles se sont fondées les religions positives ou les différentes métaphysiques qui se partagent les esprits depuis qu'il y a des esprits qui raisonnent, une morale distincte de toutes ces théories changeantes à l'infini ou revêtant des formes nouvelles — car au fond ce sont toujours les mêmes luttes dans l'esprit humain ; ou bien il n'y a pas de morale, car ce n'est pas en 1880 que vous revendiqueriez pour un culte, à l'exclusion de tous les autres, le droit à l'enseignement de la morale. (Applaudissements à gauche.)

Par conséquent on peut dire que la vérité est exactement le contrepied de la doctrine apportée à cette tribune par l'honorable duc de Broglie. Que s'il y a controverse dans les solutions métaphysiques, il y a, depuis le commencement du monde, unité dans les solutions de la morale, parce que la morale est la vie même de la société ; la société n'aurait pas vécu si elle n'avait pas eu la force d'enfanter une puissance morale et une vérité morale supérieure à tous les changements de doctrines et à toutes les controverses. (Nouveaux applaudissements à gauche.)

L'honorable duc de Broglie s'est attaqué, avec beaucoup de vivacité, à certaines doctrines philosophiques qui, faisant abstraction des notions métaphysiques dont se compose la théodicée, cherchent à donner à la morale, aux notions de droit et de devoir, aux relations qui existent entre les hommes vivant en société, ce que leurs adeptes appellent une base scientifique. Oui, cette école existe. C'est l'école positiviste, que vous me semblez très mal connaître. Son enseignement, — et il n'a pas d'autre but ni d'autre portée, — se résume ainsi : Nous avons vu les différentes sciences mathématiques, physiques, chimiques, biologiques, nous avons vu toutes les connaissances humaines dans ces divers ordres, arriver à l'état de démonstration scientifique ; il faut que la morale, à son tour, arrive à l'état de démonstration scientifique. Les philosophes qui professent cette doctrine sont, dites-vous, de véritables criminels ; il faut les afficher au pilori de cette tribune !

Mais, messieurs, où est le mal, où est le danger de cet effort ? Chercher à démontrer aux hommes que la morale a des bases aussi certaines que l'hygiène, par exemple, est-ce faire une mauvaise action ?

M. Fresneau. Quelles bases ?....

M. le président du Conseil. Je ne suis pas ici pour en établir.

M. Fresneau. C'est commode !

M. le président du Conseil. Je dis que cet effort de la philosophie, loin d'être dédaigné, méprisé, attaqué à cette tribune ou ailleurs, est digne d'encouragement et d'estime ; que des hommes d'Etat, qui doivent se préoccuper par dessus tout de la nécessité supérieure de vivre qui s'impose à la société, devraient chercher à consolider en elle le fondement de la loi morale des droits et des devoirs, et qu'ils doivent recevoir de toutes mains le concours offert : qu'il vienne du côté de la science ou du côté de la théologie, ils doivent l'accepter. (Très bien ! très bien ! à gauche.)

M. Chesnelong. C'est un éclectisme d'un nouveau genre !

M. le président du Conseil. Eh bien, messieurs, je me demande, après toutes ces réflexions, quel peut être le but de l'honorable duc de Broglie et des autres membres de la droite du Sénat, en faisant à cette formule de l'enseignement moral une guerre si étrange, si ardente, si passionnée ?

Qu'est-ce que vous voulez démontrer ? Voulez-vous démontrer qu'il ne peut pas y avoir, pour la société française, d'enseignement moral en dehors de l'enseignement théologique et de l'enseignement catholique ?... (Applaudissements répétés à gauche), et voudrait-on, par hasard, de ce côté, dans un temps où nul n'a plus le pouvoir de s'emparer des consciences par la force... (Exclamations et vives protestations à droite. — Cris : à l'ordre ! — Bravos à gauche.)

M. le baron de Lareinty, *au milieu du bruit.* Monsieur le président, je demande la parole. Cela ne s'est jamais vu !

M. le président du Conseil. J'ai dit qu'il y avait des croyances sincères... (Exclamations à droite.) Je ne discute la sincérité de personne.

M. le baron de Lareinty *et plusieurs membres à droite.* Vous avez désigné la droite. (Bruit prolongé.)

M. le président du Conseil. Je dis qu'il y a parmi vous, messieurs...

A droite. Du tout ! ce n'est pas cela.

M. le président du Conseil... des croyants sincères, des catholiques sincères. (Dénégations à droite.)

M. le baron de Lareinty. Vous avez dit : la droite.

M. le président. Monsieur de Lareinty, vous n'avez pas la parole.

M. le président du Conseil. J'ai dit qu'il y avait de ce côté... (Interruptions à droite.)

J'ai dit une chose très simple et qui ne vaut pas toute cette émotion ; je vais vous l'expliquer.

Il y a de ce côté (M. le ministre désigne la droite) des croyants sincères, des catholiques sincères... (A droite : Oui, oui !) qui, vivant dans une société qui respecte la liberté de conscience et ne permet plus de faire violence aux consciences, espèrent prendre l'esprit public par la famine, c'est-à-dire lui refuser l'enseignement moral, lui refuser les règles de la morale. (Nouvelles et violentes réclamations à droite. — A l'ordre !)

M. le baron de Lareinty. Vous avez dit par la force.

M. le président du Conseil. Je dis que cette tactique est connue, qu'elle est celle d'un parti qui a des organes dans les deux Chambres, auquel nous opposons, quant à nous, les traditions de l'humanité elle-même. (Nouvelles interruptions à droite.)

M. le baron de Lareinty. Retirez le mot « par la force ».

M. le président du Conseil. Je ne vous dis pas, monsieur de

Lareinty, que vous avez dessein de vous emparer des consciences par la force.

M. le baron de Lareinty. Vous l'avez dit. (Agitation.)

Plusieurs sénateurs à droite. Retirez le mot !

M. le président. Veuillez attendre le silence, monsieur le
ministre.

M. le président du Conseil. Je vous ai dit, m'en prenant à
des doctrines, qu'il y a des doctrines religieuses, exclusives,
qui ne peuvent plus s'emparer des consciences par la force...
(Nouvelles rumeurs à droite.)

M. le baron de Lareinty. Vous avez désigné tout ce côté de
l'Assemblée. (Oui ! oui ! à droite.)

M. le président du Conseil. ...veulent s'emparer de l'esprit
public par la famine...

Plusieurs sénateurs à droite. Retirez le mot ! retirez le mot
(Protestations à gauche.)

M. le président du Conseil. ...c'est-à-dire voudraient persuader au pays. (Nouvelles et violentes réclamations à droite)...
voudraient persuader au pays qu'en dehors d'une doctrine religieuse exclusive, il n'y a ni morale ni religion. (Protestations à
droite.)

Eh bien, messieurs, si ce ne sont pas là vos doctrines, je
vous en félicite et j'en félicite mon pays.

Voix nombreuses à droite. Retirez le mot ! retirez le mot !

M. le président du Conseil. Je n'ai rien à retirer. (Applaudissements à gauche. — Nouveaux cris : A l'ordre ! à l'ordre !)

J'adresse, en terminant, cette prière au Sénat. Ne faites pas à
l'Université, à laquelle vous allez confier l'organisation de l'enseignement secondaire des filles, cette espèce d'injure publique,
qui consisterait à lui dire : Vous pouvez tout enseigner, les mathématiques, l'histoire naturelle, l'histoire même du pays ; mais
la morale, vous en êtes incapable. (Très bien ! très bien ! à
gauche.)

Je supplie le Sénat, puisqu'il est décidé et qu'il a voté le principe de l'enseignement secondaire des filles, de ne pas décou-
ronner cet enseignement en lui retirant l'enseignement de la
morale. (Vifs applaudissements à gauche.) — M. le président du
Conseil, en retournant à son banc, reçoit les félicitations d'un
grand nombre de sénateurs de la gauche.)

M. le président. La parole est à M. le duc de Broglie.

M. le duc de Broglie. Je n'ai, messieurs, que deux mots à
dire.

L'honorable ministre de l'instruction publique ne réussira pas
j'espère, à vous persuader que j'aie voulu porter la moindre
atteinte à la doctrine professée aujourd'hui par l'Université.

Je me suis, à cet égard, expliqué très nettement — et de manière à ne prêter à aucune méprise.

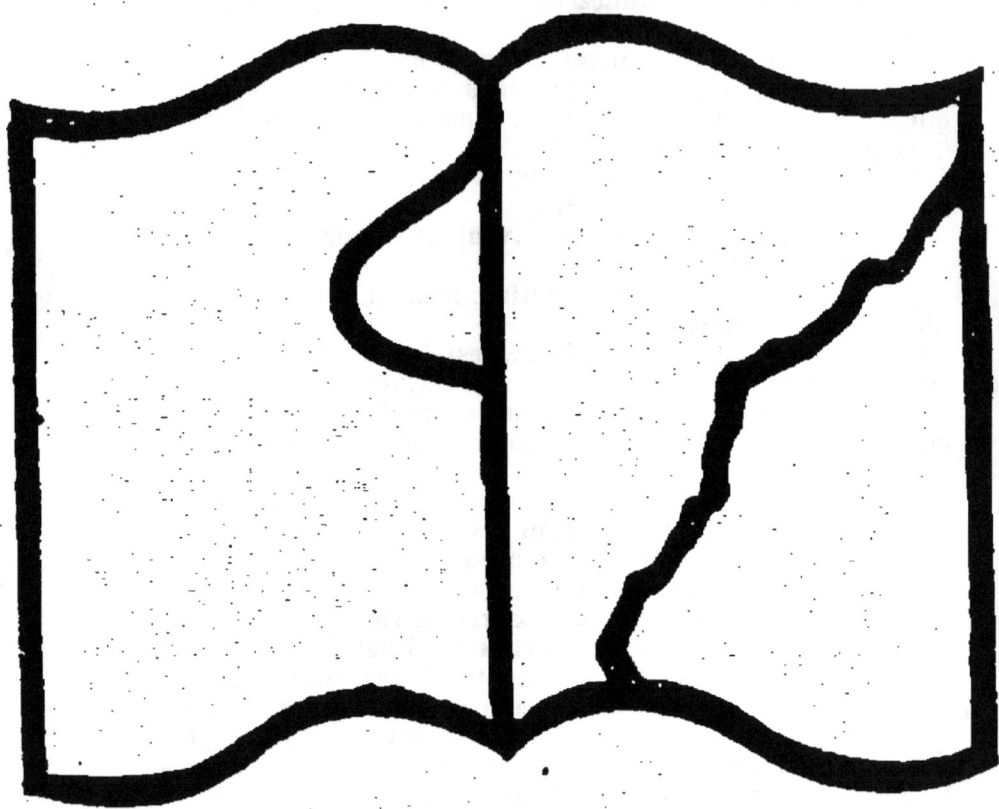

Texte détérioré — reliure défectueuse

NF Z 43-120-11

Je mets aux voix la rédaction de la Commission :

« N° 10° des notions de droit usuel ; 11° le dessin ; 12° la musique ; 13° la gymnastique. »

(Ces quatre derniers numéros sont adoptés.)

M. le président. Je mets aux voix l'ensemble de l'article 4.

(L'article 4, mis aux voix, est adopté.)

M. le président. « Art. 5. — L'enseignement religieux. » — je vous prie d'écouter, messieurs, il y a un changement de rédaction — « sera donné, sur la demande des parents, par les ministres des différents cultes, dans l'intérieur des établissements, en dehors des heures des classes.

» Les ministres des différents cultes seront agréés par le ministre de l'instruction publique.

» Ils ne résideront pas dans l'établissement. »

Il y avait sur cet article un amendement de M. Bérenger.

M. Bérenger. Il a été adopté par la Commission.

Plusieurs sénateurs à droite. Quel était cet amendement ?

M. le général Robert. On demande une explication.

M. le président. La rédaction première était ainsi conçue :

« L'enseignement religieux sera donné, au gré des parents, dans l'intérieur de l'établissement, aux élèves internes, par les ministres des différents cultes, etc...

A l'origine, M. Bérenger avait proposé un amendement portant que l'enseignement religieux serait donné, sur la demande des parents, à tous les élèves internes et externes.

Cet amendement ayant été adopté par la Commission, voici la nouvelle rédaction de l'article 5:

« Art. 5. — L'enseignement religieux sera donné, sur la demande des parents, par les ministres des différents cultes, dans l'intérieur des établissements, en dehors des heures des classes... »

M. le président. « ...Les ministres des différents cultes seront agréés par le ministre de l'instruction publique.

» Ils ne résideront pas dans l'établissement. »

Je mets aux voix l'article 5 ainsi modifié.

(L'article 5 est adopté.)

« Art. 6. — Il pourra être annexé aux établissements d'enseignement secondaire un cours de pédagogie. » — (Adopté.)

» Art. 7. — Aucune élève ne pourra être admise dans les établissements d'instruction secondaire, sans avoir subi un examen constatant qu'elle est en état d'en suivre les cours. » — (Adopté.)

» Art. 8. — Il sera, à la suite d'un examen, délivré un diplôme aux jeunes filles qui auront suivi les cours des établissements publics d'enseignement secondaire. » — (Adopté.)

« Art. 9. — Chaque établissement est placé sous l'autorité d'une directrice.

M. le président du Conseil. C'est l'Université qui réglera cet enseignement (Assentiment à gauche.)

M. le duc de Broglie. Dites-vous qu'il aura pour base les devoirs envers Dieu, l'immortalité de l'âme et sa spiritualité ? Viendrez-vous le dire ici et êtes-vous prêt à l'aller redire à la Chambre des députés ? (Applaudissements à droite.)

Irez-vous le dire à l'honorable M. Paul Bert ?

C'est dans l'intérêt de l'Université elle-même, qui fera vos programmes, comme on l'a dit, que je désire vous voir vous expliquer nettement sur ce point. Puisqu'elle est chargée d'appliquer nos lois, le moins que nous lui devions est de lui envoyer des lois applicables. S'il n'est pas parfaitement clair, parfaitement certain que le programme moral qu'elle doit faire doit être fondé sur l'existence de Dieu, sur l'immortalité de l'âme, sur le spiritualisme en un mot. (Nouvelle et vive approbation sur les mêmes bancs), nous lui tendons un piège et nous lui envoyons une équivoque. C'est par égard pour elle que je sollicite une explication parfaitement nette.

M. le comte Desbassayns de Richemont. Je suis, moi, pour l'enseignement religieux et moral. Mais que M. le président du conseil réponde donc d'une manière catégorique à cette question : Sera-t-il obligatoire, oui ou non, d'enseigner dans la morale de l'école l'existence de Dieu et l'immortalité de l'âme ? Dans une si grave matière on ne peut rester dans l'équivoque.

M. le président. M. le duc de Broglie demande la suppression du premier paragraphe de l'article 4. Il va être procédé au scrutin sur ce paragraphe.

J'ai reçu une demande de scrutin.

(Le scrutin est ouvert ; MM. les secrétaires opèrent le dépouillement des votes.)

M. le président. Voici le résultat du scrutin :

Nombre des votants.................. 276
Majorité absolue..................... 494

Pour l'adoption............... 458
Contre..................... 139

Le paragraphe 4er est adopté.

Je mets aux voix les paragraphes suivants, ainsi conçus :

« 2° La langue française, la lecture à haute voix et au moins une langue vivante;

» 3° Les littératures anciennes et modernes;

» 4° La géographie et la cosmographie;

» 5° L'histoire nationale et un aperçu de l'histoire générale;

» 6° L'arithmétique, les éléments de la géométrie, de la chimie, de la physique et de l'histoire naturelle;

» 7° L'hygiène;

» 8° L'économie domestique ;

» 9° Les travaux à l'aiguille ; »

(Ces paragraphes sont adoptés.)

M. le président. Je donne lecture du 10° paragraphe :

« 10° Des notions de droit usuel ; »

Il y a, sur ce paragraphe, un amendement de M. Joseph Garnier, ainsi conçu :

« Art. 4. — 10° — Avant les mots : « des notions de droit usuel, » mettre ceux-ci : « Des notions d'économie industrielle et... »

La parole est à M. Joseph Garnier.

M. Joseph Garnier. Messieurs, j'avais proposé d'introduire dans ce paragraphe à côté des mots « notions de droit usuel », la formule « notions d'économie sociale ».

Je n'ai pas voulu employer le terme « économie politique » à cause du mot politique. J'ai pensé que j'avais ainsi plus de chances de faire accepter mon amendement ; mais on m'a dit que le mot « social », au contraire, faisait naître différentes objections.

Je me suis alors décidé pour cette rédaction : « notions d'économie industrielle et de droit usuel ».

Cela dit absolument la même chose, car aujourd'hui ces formules : économie industrielle, économie politique et économie sociale signifient également l'étude de l'organisation de la société laborieuse. On peut faire des programmes plus ou moins étendus, s'occuper de questions plus ou moins faciles ; mais il y a là un fonds commun où l'on peut trouver la matière de cours extrêmement intéressants et utiles, et, en outre, avantageux pour la paix publique.

En même temps, je crois que ces quelques cours d'économie industrielle qui précèderaient les notions de droit usuel faciliteraient l'étude de celles-ci. En effet, quand on étudie les codes, on voit qu'ils sont rangés dans un certain ordre, dans un ordre méthodique ; mais le professeur est obligé de s'arrêter pour donner des explications, pour indiquer des points qui seront traités plus tard.

Je m'appuie sur la pratique, car je suis professeur de droit usuel et d'économie politique, et je vois que, dans mon enseignement, il m'est extrêmement avantageux, en même temps que plus court, de commencer par des notions d'économie industrielle. Ces leçons, à mon sens, fortifieraient beaucoup le cours de droit usuel, et elles ne seraient pas inutiles à l'étude de l'histoire et de la morale.

. . . .

Il est évident que le professeur peut, comme je le disais tout à l'heure, se restreindre ou s'étendre beaucoup ; c'est une question de mesure et de bon sens ; mais je crois qu'on peut compter sur les professeurs qu'on nommera, à quelque sexe qu'ils appartiennent, pour donner des leçons convenables.

Je dois faire remarquer que les notions économiques, lorsqu'elles sont étudiées par les femmes et exposées par elles, le sont avec beaucoup d'intelligence et de clarté ; elles le sont quelquefois avec plus de clarté que par les hommes.

J'ai eu l'occasion, dans ces derniers temps, d'assister aux examens subis par des jeunes filles qui suivaient les cours de comptabilité de la ville de Paris. A propos de comptabilité, le professeur a eu l'heureuse idée de leur donner quelques leçons d'économie politique. Eh bien, je n'ai pas constaté de différence entre les réponses faites par les jeunes gens et celles que faisaient les jeunes filles, si ce n'est peut-être que ces dernières répondaient d'une façon supérieure.

M. le président. La parole est à M. le rapporteur.

M. Henri Martin, *rapporteur.* Messieurs, nous sommes parfaitement d'accord avec l'honorable M. Joseph Garnier sur l'utilité de donner aux jeunes filles quelques notions générales sur les phénomènes qui président à l'économie des sociétés ; mais il ne nous paraît pas indispensable d'ajouter pour cet objet un paragraphe spécial.

Les notions générales que désire avec raison, voir donner aux jeunes filles l'honorable M. Joseph Garnier, leur seront nécessairement données à propos du droit usuel, à propos de l'économie domestique. D'autre part, si le terme d'économie sociale politique a paru d'abord un peu trop ambitieux à l'honorable auteur de l'amendement, celui d'économie industrielle serait peut-être au contraire trop restreint ; car il serait nécessaire, dans ce cas, d'y ajouter l'économie agricole et d'autres encore. Nous pensons donc qu'à l'occasion de l'économie domestique et du droit usuel, il y aura nécessité de donner aux jeunes filles des notions suffisantes...

A droite. De cuisine !

M. le rapporteur. ...des phénomènes généraux qui tiennent à l'économie sociale. Nous ne croyons donc pas qu'il y ait lieu de modifier la rédaction proposée par la Commission.

M. le president. J'ai reçu une demande de scrutin.

Il va être procédé au scrutin.

(Le scrutin a lieu. — MM. les secrétaires opèrent le dépouillement des votes.)

Nombre des votants 170
Majorité absolue 86

Pour l'adoption............ 44
Contre.................... 126

Le Sénat n'a pas adopté.

J'ai affirmé, et c'est même là ma première parole, que jusqu'à présent la doctrine philosophique de l'Université était la doctrine spiritualiste, pleinement compatible avec la doctrine chrétienne, et que c'était dans le sens et dans le sein de cette doctrine que je demandais que la morale fût maintenue. (Très bien ! très bien ! à droite.)

Je l'avais dit de manière à ne prêter à aucun ambage, et je ne puis croire que M. le ministre de l'Instruction publique s'y soit mépris.

Seulement j'ai cru et je crois encore que le cours de morale qu'on nous propose est quelque chose d'essentiellement différent du cours de morale professé jusqu'ici dans l'Université... (C'est cela ! — Parfaitement ! à droite) ; je l'ai cru et je le crois encore. Je l'ai cru d'après les paroles de M. le ministre de l'Instruction publique dans la séance dernière, paroles que je vais lui lire :

« Notre programme de morale ne sera pas un programme de métaphysique, ce ne sera ni la partie du programme du cours de philosophie qu'on appelle la métaphysique ni celle qu'on appelle la théodicée. L'honorable M. Batbie disait : Si l'on est panthéiste, spiritualiste, matérialiste et positiviste, on a une morale différente. C'est un point de vue auquel je ne saurais me rallier. Je m'élève au contraire contre cette affirmation. »

Je demande si ces assertions sont compatibles avec le programme purement, exclusivement spiritualiste dont M. le Ministre a très justement félicité l'Université.

Je demande en particulier si les réflexions si belles et si profondes de ce jeune philosophe qu'a cité M. le Ministre, et que nous avons tous eu plaisir à applaudir, pourraient être exprimées par un matérialiste. (Vive approbation à droite.)

Je demande si ce n'est pas là, au contraire, la négation même du matérialiste. J'avais donc cru, et j'avais raison de croire que ce que l'on nous demande est quelque chose de tout nouveau, de contraire même à la pratique actuelle de l'Université, — j'avais cru et j'avais raison de croire, que la morale qu'on veut faire est une morale nouvelle qui prétend ne relever d'aucune doctrine, — non pas d'aucune doctrine confessionnelle, comme vous vous plaisez à dire, monsieur le ministre, — mais d'aucune doctrine philosophique, ce qui est très différent, — une morale qui s'accommoderait aussi bien du matérialisme que du spiritualisme, une morale enfin sans principe et sans croyance. (Vive approbation à droite.)

Voilà, d'après vos paroles mêmes, ce que j'ai cru que vous vouliez faire. Ne le voulez-vous plus, monsieur le ministre ?

Dites-vous que vous ne le voulez plus ? Dites-vous que le cours de morale que vous allez faire sera conforme à celui de l'Université d'aujourd'hui ?

» L'enseignement est donné par des professeurs hommes ou femmes munis de diplômes réguliers. » — (Adopté.)

Je mets aux voix l'ensemble du projet de loi.

Il va être procédé au scrutin.

(Le scrutin a lieu. — MM. les secrétaires opèrent le dépouillement des votes.)

M. le président. Voici le résultat du scrutin.

$$\begin{array}{lr}
\text{Nombre des votants} & 278 \\
\text{Majorité absolue} & 140 \\
\end{array}$$

$$\begin{array}{lr}
\text{Pour l'adoption} & 161 \\
\text{Contre} & 117 \\
\end{array}$$

Le Sénat a adopté.

PROJET DE LOI VOTÉ PAR LE SÉNAT

EN DEUXIÈME DÉLIBÉRATION.

Art. 1er.

Il sera fondé par l'Etat, avec le concours des départements et des communes, des établissements destinés à l'enseignement secondaire des jeunes filles.

Art. 2.

Ces établissements seront des externats.

Des internats pourront y être annexés, sur la demande des conseils municipaux et après entente entre eux et l'Etat ; ils seront soumis au même régime que les collèges communaux.

Art. 3.

Il sera fondé par l'Etat, les départements et les communes, au profit des internes et des demi-pensionnaires, tant élèves qu'élèves-maîtresses, des bourses dont le nombre sera déterminé dans le traité constitutif qui interviendra entre le ministre, le département et la commune où sera créé l'établissement.

Art. 4.

L'enseignement comprend :

1° L'enseignement moral;

2° La langue française, la lecture à haute voix et au moins une langue vivante ;

3° Les littératures anciennes et modernes;

4° La géographie et la cosmographie ;

5° L'histoire nationale et un aperçu de l'histoire générale;

6° L'arithmétique, les éléments de la géométrie, de la chimie, de la physique et de l'histoire naturelle ;

7° L'hygiène;

8° L'économie domestique ;

9° Les travaux à l'aiguille.

Art. 5.

L'enseignement religieux sera donné, sur la demande des parents, par les ministres des différents cultes, dans l'intérieur des établissements, en dehors des heures des classes.

Les ministres des différents cultes seront agréés par le ministre de l'instruction publique;

Ils ne résideront pas dans l'établissement.

Art. 6.

Il pourra être annexé aux établissements d'enseignement secondaire un cours de pédagogie.

Art. 7.

Aucune élève ne pourra être admise dans les établissements d'instruction secondaire sans avoir subi un examen constatant qu'elle est en état d'en suivre les cours.

Art. 8.

Il sera, à la suite d'un examen, délivré un diplôme aux jeunes filles qui auront suivi les cours des établissements publics d'enseignement secondaire.

Art. 9.

Chaque établissement est placé sous l'autorité d'une directrice.

L'enseignement est donné par des professeurs hommes ou femmes, munis de diplômes réguliers.

SCRUTIN

Sur le premier paragraphe de l'article 4 de la proposition de loi adoptée par la Chambre des députés, sur l'enseignement secondaire des jeunes filles.

Nombre des votants......... 276
Majorité absolue............. 194

Pour l'adoption........... 158
Contre. 139

Le Sénat a adopté.

Ont voté pour ce paragraphe[1] :
Les sénateurs qui ont voté pour le deuxième paragraphe de l'article 2.
Ont de plus voté le paragraphe de l'article 4.
1° MM. Bérenger, Chadois, Corne, Eymard-Duvernay, Frébault, Luro, Pélissier, Robert-Dehault, Robert de Massy, Rozière, de Voisins-Lavernière qui avaient voté contre le deuxième paragraphe de l'article 2 ;
2° MM. d'Andlau, Béraldi, Cherpin, Dubois-Fresney, Dufresne, Fayolle, Feray, Jauréguiberry, Mangini, Palotte, Perret, comte Rampon, Teisserenc de Bort, Waddington, qui, dans le scrutin relatif au paragraphe 2 de l'article 2 figurent au nombre des sénateurs qui n'ont pas pris part au vote ;
3° MM. Lafond de Saint-Mür et Roussel, absents lors du vote du paragraphe 2 de l'article 2.

Remarquons toutefois que M. Lemoinne, qui avait voté le paragraphe 2 de l'article 2, a voté contre le paragraphe de l'article 4.

MM. Fournier (Indre-et-Loire), Laurent-Pichat, Roques, Jules Simon, qui avaient voté le deuxième paragraphe de l'article 2, se sont abstenus dans le vote relatif au paragraphe 4.

[1] Voir page 350.

SCRUTIN

Sur l'amendement de M. Joseph Garnier au paragraphe 10 de l'article 4 de la proposition de loi, adoptée par la Chambre des députés, sur l'enseignement secondaire des jeunes filles.

Nombre des votants............................ 170
Majorité absolue................................ 86

Pour l'adoption.................... 44
Contre............................... 126

Le Sénat n'a pas adopté.

ONT VOTÉ POUR :

MM. Arago (Emmanuel).
Barne. Bernard. Billot (général). Bonnet. Brun (Charles).
Combescure (Clément). Corbon.
Desmazes. Dieudé-Defly. Duclerc (E). Dumesnil.
Fayolle. Foucher de Careil. Fournier (Casimir).
Garnier (Joseph). Gaulthier de Rumilly. Griffe.
Humbert.
Jobard.
Lacomme. Lafayette (Edmond de). Lafond de Saint-Mûr (baron). Lagache (Célestin). Laserve. Le Bastard. Lemoiune (John). Le Royer. Littré. Lucet.
Massot (Paul). Mathey (Alfred). Mazeau. Millaud (Edouard).
Peyrat. Pin (Elzéar).
Rampont (Yonne). Robin.
Scheurer-Kestner. Schœlcher.
Teisserenc de Bort.
Vallier. Victor Hugo. Vissaguet.

Les autres sénateurs ont voté contre ou n'ont pas pris part au vote.

SCRUTIN

Sur l'ensemble de la proposition de loi adoptée par la Chambre des députés, sur l'enseignement secondaire des jeunes filles.

Nombre des votants................. 273
Majorité absolue................... 140

Pour l'adoption............ 161
Contre.................... 117

Le Sénat a adopté.

ONT VOTÉ POUR :

MM. Adam (Seine-et-Marne). Andlau (général comte d'). Anglade. Arago (Emmanuel). Arbel.

Barne. Barthélemy Saint-Hilaire. Bazille (Gaston). Béraldi. Bérenger. Bernard. Bertauld. Billot (général). Blanc (Xavier). Bonnet. Bozérian. Brun (Charles).

Callen. Calmon. Camparan. Carnot. Cazot (Jules). Chabron (général de). Chadois (colonel de). Challemel-Lacour. Chardon. Chaumontel. Chavassieu. Cherpin. Cissey (général de). Claude. Combescure (Clément). Corbon. Corne. Cuvinot.

Dauphin. Dauphinot. Delacroix. Delord. Demôle. Denis (Gustave). Desmazes. Duboys-Fresnay (général). Duclerc (E.). Dufay. Dufresne. Dumesnil. Dupouy. Dutilleul (Jules).

Eymard-Duvernay.

Faidherbe (général). Faye. Fayolle. Feray. Ferrouillat. Foubert. Foucher de Careil. Fourcand. Fournier (Casimir). Frébault (général). Freycinet (de).

Gailly. Garnier (Joseph). Gaulthier de Rumilly. Gazagne George. Gilbert-Boucher. Gresley (général). Grévy (Albert). Grévy (général). Griffe. Guiffrey (Georges). Guillemaut (général). Guinot. Guyot-Lavaline.

Hébrard. Honnoré. Huguet (A.). Humbert.

Issartier.

Jauréguiberry (amiral). Jobard.

Krantz.

Labiche (Emile). Labiche (Jules). Lacomme. Lafayette (Edmond de). Lafayette (Oscar de). Lafond de Saint-Mür (baron). Lagache (Célestin). Laget. Lamorte. Laserve. Lasteyrie (Jules de). Laurent-Pichat. Le Bastard. Leblond. Lelièvre. Lemoinne (John). Lenoël (Emile). Le Royer. Littré. Lucet. Luro. Lur-Saluces (comte Henri de).

Magnin. Malens. Mangini. Martin (Henri). Massé. Massiet du

Biest. Masson de Morfontaine. Massot (Paul). Mathey (Alfred). Mazeau. Meinadier (colonel). Merlin (Charles). Michal-Ladichère. Millaud (Edouard).

Ninard.

Oudet.

Palotte. Parent (Savoie). Pélissier (général). Pelletan (Eugène). Perret. Peyrat. Piu (Elzéar). Pons. Pothuau (amiral).

Rampon (comte). Rampont-(Yonne). Rémusat (Paul de). Ribière. Robert-Dehault. Robert-de-Massy. Robin. Roger-Marvaise. Ronjat. Roussel (Théophile). Rozière (de).

Saint-Pierre (vicomte de). Salneuve. Schérer. Scheurer-Kestner. Schœlcher Simon (Jules).

Tesserenc de Bort. Tenaille-Saligny. Testelin. Thurel. Tolain. Toupet des Vignes.

Vallier. Varroy. Victor Hugo. Vigarosy. Vissaguet. Vivenot. Voisins-Lavernière (de).

Waddington.

ONT VOTÉ CONTRE :

MM. Adnet. Alexandry (baron d'). Ancel. Andigné (général marquis d'). Arnaudeau (général). Audiffret-Pasquier (duc d'). Audren de Kerdrel.

Baragnon (Louis-Numa). Barante (baron de). Barrot (Ferdinand). Batbie. Bertrand. Bocher. Boffinton. Boisse. Bondy (comte de). Bosredon (de). Brémond d'Ars (général marquis de). Broglie (duc de). Brun (Lucien). Brunet (Joseph). Buffet.

Caillaux. Canrobert (maréchal). Carayon-Latour (Joseph de). Carné (marquis de). Cazalas. Chabaud La Tour (général baron de). Champagny (vicomte Henri de). Chantemerle (de). Chesnelong. Clément (Léon). Cornulier (comte de). Cornulier-Lucinière (comte de).

Daguenet. Daussel. Delbreil (Isidore). Delsol. Desbassayns de Richemont (comte). Dieudé-Defly. Dompierre d'Hornoy (amiral de). Dubrulle. Dufaure. Dufournel. Dumon. Dupuy de Lôme. Duval.

Espinasse. Espivent de la Villesboisnet (général comte).

Flers (comte de). Forsanz (vicomte de). Fourichon (amiral). Fournier (Henry) (Cher). Fourtou (de). Fresneau.

Galloni-d'Istria. Gaudineau. Gavardie (de). Gontaut-Biron (vicomte de). Gouin. Grandperret. Granier (Vaucluse).

Halgan (Stéphane). Haussonville (comte d').

Joubert (Achille).

Kolb-Bernard.

Laboulaye. Lacave-Laplagne. Ladmirault (général de). La Jaille (général vicomte de). Lambert de Sainte-Croix. Larcy (baron de). Lareinty (baron de). La Roncière Le Noury (amiral (baron de). La Sicotière (de). Lavrignais (de). Le Guay (baron). Lorgeril (vicomte de).

Maleville (marquis de). Martenot. Mayran. Mérode (comte de). Michel. Monjaret de Kerjégu. Monneraye (comte de la). Monnet. Montaignac (amiral marquis de).

Pajot. Parieu (de). Paris. Paulmier. Piétri. Poriquet. Pouyer-Quertier. Préissac (comte de).

Rainneville (vicomte de). Raimes (de). Ravignan (baron de). Rivière (duc de). Robert (général). Rosamel (de). Roy de Loulay. Saisy (Hervé de). Soubigou.

Tailhand. Taillefert. Talhouët (marquis de). Théry. Tréveneuc (comte de). Tréville (comte de). Tribert.

Vallée (Oscar de). Vast-Vimeux (baron). Veauce (baron de). Vétillart. Viellard-Migeon.

Wallon.

N'ONT PAS PRIS PART AU VOTE :

MM. Baze. Chanzy (général). Cordier. Farre (général). Fournier (Indre-et-Loire). Herold. Jaurès (amiral). Jouin. Pomel. Roques. Say (Léon).

ABSENTS PAR CONGÉ :

MM. Charton (Edouard). Denormandie. Douhet (comte de). Du Chaffaut (comte). Lestapis (de). Martel. Roger du Nord (comte). Saint-Vallier (comte de).

CHAMBRE DES DÉPUTÉS

PRÉSIDENCE DE M. GAMBETTA.

La parole est à M. Camille Sée pour le dépôt d'un rapport.

M. Camille Sée. Messieurs, j'ai l'honneur de déposer sur le bureau de la Chambre le rapport fait au nom de la Commission chargée d'examiner la proposition de loi sur l'enseignement des jeunes filles, modifiée par le Sénat.

Sur plusieurs bancs. Lisez ! Lisez !

M. Camille Sée, *rapporteur, lisant.* Messieurs, la proposition de loi relative à l'enseignement secondaire des jeunes filles a été, sauf de légères modifications, adoptée par le Sénat.

La première de ces modifications porte sur le deuxième paragraphe de l'article 2.

Le paragraphe 1er, vous vous en souvenez, dispose que les écoles seront des externats, et le paragraphe 2 ajoute que des internats pourront être établis près des externats, sur la demande des conseils municipaux et après entente entre eux et l'Etat.

Le Sénat a adopté cette rédaction. Mais pour bien préciser les conditions dans lesquelles seront créés et administrés les internats, il les a soumis, par une disposition additionnelle, « au régime des collèges communaux ».

Il restera à déterminer, par un règlement fait en Conseil supérieur, les conditions de ce régime qui ne peut être, on le comprend, en ce qui concerne les jeunes filles, absolument calqué sur celui des jeunes gens.

La seconde modification porte sur la rédaction de l'article 5 relatif à l'enseignement religieux.

La question que soulève cet article touche à la plus précieuse de nos libertés : à la liberté de conscience.

La Chambre sait avec quel soin scrupuleux nous nous sommes préoccupés d'en assurer le respect.

Nous avons, d'une part, laissé au père de famille le soin de régler tout ce qui est du domaine de la conscience ; nous avons, d'autre part, écarté de notre programme tout enseignement de nature à blesser des opinions ou des croyances particulières.

Nous n'avons pas mentionné dans notre article 5 la jeune fille élevée dans la famille, parce que nous avons pensé que l'enseignement religieux doit être abandonné aux parents.

Nous ne nous sommes préoccupés que de la jeune fille qui est obligée, pour s'instruire, de quitter la maison paternelle. Nous avons fait en sorte de lui assurer l'enseignement qu'elle ne pouvait pas recevoir dans la famille, en insérant dans la loi l'article 5, qui dispose que l'enseignement religieux sera, sur la demande des parents, donné aux jeunes filles internes.

Le Sénat a pensé qu'il valait mieux poser une règle unique et dire que l'enseignement religieux pourrait, sur la demande des parents, être donné aussi bien aux jeunes filles externes qu'aux jeunes filles internes.

Cette modification apportée, par le Sénat, à l'article 5 laisse au père de famille la faculté de déléguer son droit alors même qu'il peut l'exercer lui-même.

Mais cette modification laisse intact le principe qui a dicté la solution de la Chambre préoccupée à si juste titre d'assurer la liberté de conscience.

Le Sénat, comme la Chambre, a décidé que l'enseignement religieux ne saurait trouver place dans le programme de nos écoles secondaires.

C'est la réserve qu'il a expressément formulée en disant que l'enseignement religieux serait donné sur la demande des parents, « et en dehors des heures de classe ».

La troisième modification porte sur l'article 6 relatif au cours de pédagogie.

Le Sénat a maintenu la faculté d'annexer aux établissements secondaires un cours de pédagogie.

Comme la Chambre, le Sénat a pensé que la femme est appelée à être institutrice parce qu'elle est appelée à être mère.

Mais il n'a pas voulu que ce cours servît à recruter le personnel enseignant ; il n'a pas voulu que l'école normale pût se confondre avec l'école secondaire. C'est la pensée qu'il a exprimée en effaçant les mots « spécial » et « élèves-maîtresses ».

Remarquons que cette modification aurait dû entraîner dans la rédaction de l'article 3 la suppression des mots : « tant élèves qu'élèves-maîtresses ».

28

Voilà les trois modifications qui appelaient les explications de la Commission et que cette dernière devait donner à la Chambre.

Il en est d'autres qui ne méritent pas un seul instant, messieurs, d'attirer votre attention.

C'est ainsi que :

Le mot « ville » dans les articles 1 et 3 a été remplacé par le mot « commune ».

La lecture à haute voix, la cosmographie ont été ajoutées au programme de l'article 4. Le modelage est supprimé.

La formule un peu ambitieuse peut-être du paragraphe 6 : « Les sciences mathématiques, physiques et naturelles » a été remplacée par la formule plus modeste : « L'arithmétique, les éléments de la géométrie, de la chimie, de la physique et de l'histoire naturelle. »

Une disposition (art. 8, § 3) relative à la surveillance des classes, a été supprimée comme rentrant dans le domaine réglementaire.

Une autre disposition, relative aux examens d'entrée, a pris place dans la suite de l'article 6. Peut-être pourrait-on faire observer que cette disposition, aussi bien que celle qui a été supprimée, ne constitue qu'une disposition réglementaire.

Quoi qu'il en soit, messieurs, et sans nous arrêter davantage à ces modifications, nous vous demandons de vouloir bien sanctionner par votre vote le projet tel qu'il a été amendé par le Sénat et nous vous prions, d'accord avec le Gouvernement, de passer à la discussion immédiate de la proposition de loi. (Très bien ! très bien ! à gauche et au centre).

M. le président. Je mets aux voix la déclaration d'urgence.

(La déclaration d'urgence est mise aux voix et prononcée.)

La Chambre décide ensuite qu'il sera passé à la discussion immédiate de la proposition de loi.

M. le président. Personne ne demande la parole pour la discussion générale ?...

Je consulte la Chambre pour savoir si elle entend passer à la discussion des articles.

(La Chambre, consultée, décide qu'elle passe à la discussion des articles.)

« Art. 1er. — Il sera fondé par l'État, avec le concours des départements et des communes, des établissements destinés à l'enseignement secondaire des jeunes filles. »

(L'article 1er est mis aux voix et adopté.)

« Art. 2. — Ces établissements seront des externats.

» Des internats pourront y être annexés sur la demande des conseils municipaux, et après entente entre eux et l'État. Ils seront soumis au même régime que les collèges communaux. »
— (Adopté.)

« Art. 3. — Il sera fondé par l'Etat, les départements et les communes, au profit des internes et des demi-pensionnaires, tant élèves qu'élèves-maîtresses, des bourses dont le nombre sera déterminé dans le traité constitutif qui interviendra entre le ministre, le département et la commune où sera créé l'établissement. » — (Adopté.)

« Art. 4. — L'enseignement comprend :

» 1° L'enseignement moral ;

» 2° La langue française, la lecture à haute voix et au moins une langue vivante ;

» 3° Les littératures anciennes et modernes ;

» 4° La géographie et la cosmographie ;

» 5° L'histoire nationale et un aperçu de l'histoire générale ;

» 6° L'arithmétique, les éléments de la géométrie, de la chimie, de la physique et de l'histoire naturelle ;

» 7° L'hygiène ;

» 8° L'économie domestique ;

» 9° Les travaux à l'aiguille ;

» 10° Des notions de droit usuel ;

» 11° Le dessin ;

» 12° La musique ;

» 13° La gymnastique. » — (Adopté.)

« Art. 5. — L'enseignement religieux sera donné, sur la demande des parents, par les ministres des différents cultes, dans l'intérieur des établissements, en dehors des heures des classes.

» Les ministres des différents cultes seront agréés par le ministre de l'instruction publique.

» Ils ne résideront pas dans l'établissement. » — (Adopté.)

« Art. 6. — Il pourra être annexé aux établissements d'enseignement secondaire un cours de pédagogie. » — (Adopté.)

« Art. 7. — Aucune élève ne pourra être admise dans les établissements d'enseignement secondaire, sans avoir subi un examen constatant qu'elle est en état d'en suivre les cours. » — (Adopté.)

« Art. 8. — Il sera, à la suite d'un examen, délivré un diplôme aux jeunes filles qui auront suivi les cours des établissements publics d'enseignement secondaire. » — (Adopté.)

« Art. 9. — Chaque établissement est placé sous l'autorité d'une directrice.

» L'enseignement est donné par des professeurs hommes ou femmes munis de diplômes réguliers. » — (Adopté.)

(L'ensemble de la proposition de loi est ensuite mis aux voix et adopté.)

(La loi a été promulguée le 21 décembre 1880.)

PART CONTRIBUTIVE DE L'ÉTAT

DANS LES DÉPENSES DE CONSTRUCTION ET D'ENTRETIEN DES ÉCOLES SECONDAIRES DE JEUNES FILLES

QUESTION POSÉE AU MINISTRE PAR M. CAMILLE SÉE

(Séance du 10 juillet 1881).

. . . .

M. le président. « Chap. xxviii. — Frais généraux de l'instruction secondaire, 447,000 fr.

Sur ce chapitre, M. Camille Sée a déposé un amendement ainsi conçu :

« Chap. xxviii. — Frais généraux de l'instruction secondaire.

» Art. 6. — (Subvention pour l'enseignement secondaire des jeunes filles.)

» Réduire à 200,000 fr. le crédit de 300,000 francs.

» Art. 7 (nouveau). — Inscrire un crédit de 2 millions sous la rubrique : « Part contributive de l'Etat dans la construction des écoles secondaires de jeunes filles. » (Exécution de la loi du 21 décembre 1880) ».

M. Camille Sée a la parole.

M. Camille Sée. Messieurs, l'amendement, comme le dit fort bien M. le président, a pour objet l'inscription au budget d'une somme de 2 millions destinée à faire face, pendant l'exercice 1882, aux dépenses qui incombent à l'Etat dans la construction des écoles secondaires de jeunes filles.

Au moment où j'ai présenté cet amendement, c'est-à-dire le 12 février, aucun crédit ni au projet de budget, ni dans un projet spécial, n'était proposé pour mettre l'Etat à même de faire face aux obligations qui lui incombent aux termes de la loi du 21 décembre 1880.

Depuis cette époque, le 12 mai, M. le ministre a déposé un projet de loi par lequel il demande un crédit de 120 millions de francs pour augmenter la dotation de la caisse des lycées, collèges et écoles primaires. Sur ce crédit figure une somme de

20 millions payables en six annuités destinées, moitié à titre d'avances, moitié à titre de subvention, à répondre — ce sont les termes mêmes de l'exposé des motifs, — aux premiers besoins auxquels devra faire face l'Etat aux termes de la loi sur l'enseignement secondaire des jeunes filles.

Mon amendement est désormais sans objet et je ne puis que remercier M. le ministre d'avoir bien voulu favoriser les efforts des municipalités qui, malgré des sacrifices considérables consentis pour l'instruction, ont, aussitôt la loi du 21 décembre 1880 promulguée — et, messieurs, avec un empressement qui, je tiens à le dire à cette tribune, leur fait le plus grand honneur — décidé la création de lycées de jeunes filles. Notre honorable collègue M. Duvaux, dans son rapport sur le budget de l'instruction publique, cite seize villes qui ont décidé la création d'écoles secondaires de jeunes filles, et adressé dans ce but des demandes au ministre de l'instruction publique ; je constate, avec une certaine satisfaction, que toutes ces villes, sauf une ou deux, demandent la création d'écoles destinées à la fois aux jeunes filles internes et externes.

Je crois que M. le ministre sera saisi à bref délai de demandes nouvelles.

Il est enfin des municipalités qui attendent que le ministre se soit prononcé sur la part de la dépense que l'Etat prendra à sa charge.

J'ai, en conséquence, l'honneur de prier M. le ministre de l'instruction publique de bien vouloir faire connaître à cette tribune la part que prendra l'Etat et dans la dépense de construction et dans la dépense d'entretien des écoles secondaires de jeunes filles. (Très bien !)

M. le ministre de l'Instruction publique. Messieurs, ainsi que l'honorable M. Camille Sée vient de le dire, j'ai eu l'honneur de demander, par un projet de loi spécial, qui, je l'espère, pourra être voté avant la séparation des Chambres, un crédit de 120 millions destinés à la caisse des écoles, savoir : 100 millions pour les écoles, 20 millions pour les lycées de filles. Ces 20 millions se répartiront ainsi : 10 millions en fonds d'emprunts et 10 millions en subventions.

J'ai de plus, sur le fonds de subvention, demandé à la Chambre de réserver un cinquième à la disposition du ministre pour que, sur les points qui lui paraîtront le mieux choisis, le Gouvernement puisse fonder des établissements modèles sans avoir besoin d'y être incité par les municipalités.

Je dois dire, du reste, que, en cette matière, comme en général, quand il s'agit des écoles, le zèle des municipalités est tout à fait remarquable. Il y a un très grand mouvement, qui sera certainement surexcité par le vote du projet dont j'ai l'honneur de vous entretenir. Pour le moment, il y a non pas seize villes, mais dix-huit villes, qui font des propositions très importantes. (Approbation.)

M. Camille Sée demande au Gouvernement dans quelle mesure il a l'intention de coopérer aux œuvres dont les villes ont formé le projet. En général, comme je l'ai fait connaître par différentes communications, le Gouvernement est prêt à contribuer aux frais de premier établissement des lycées de filles par un sacrifice égal à la moitié de la dépense totale. Quant à la dépense d'entretien, la part qu'y prendra le Gouvernement sera, vous pouvez y compter, la plus large possible. Elle n'est pas susceptible d'être réglée dans une formule une fois donnée ; cela dépend des ressources des villes et de l'intérêt que présenteront les établissements. Mais c'est avec une générosité dont vous êtes, messieurs, les premiers auteurs et dont vous aurez tout l'honneur, que l'administration prendra sa part dans ces intéressantes créations. (Très bien ! très bien !)

M. Camille Sée se dirige vers la tribune. (Aux voix ! aux voix !)

M. le président. Vous oubliez, messieurs, qu'on peut toujours répondre à un ministre ; de plus, M. Camille Sée a à faire connaître à la Chambre son intention relativement à son amendement.

M. Camille Sée a la parole.

M. Camille Sée. Je viens remercier M. le ministre de sa déclaration...

Sur divers bancs. Eh bien, alors ?

M. Camille Sée. M. le ministre est venu confirmer officiellement à cette tribune la réponse qu'il avait bien voulu me faire officieusement au mois de février dernier, lorsque je l'ai interrogé sur la part que prendra l'Etat dans la dépense de construction des écoles secondaires des jeunes filles ; je demanderai à M. le ministre d'interpréter en faveur des villes dans le sens le plus large, la règle qu'il vient de poser, et cela, messieurs, pour deux raisons ; les villes, je viens de le dire, sont obérées ; elles ont consenti des sacrifices considérables pour tous les services et en particulier pour ceux de l'instruction publique. Je ferai remarquer de plus que lorsque les lycées de garçons ont été créés, un grand nombre de bâtiments, tels que couvents, abbayes, collèges de jésuites, séminaires, ont été dans ce but abandonnés aux villes par l'Etat.

Ils ont pu, depuis cette époque, être agrandis, reconstruits, en tout ou en partie, mais il n'en est pas moins vrai qu'à l'origine grand nombre de villes n'ont eu, sous ce rapport, aucun sacrifice à consentir pour la création de leurs lycées.

Il n'y a guère que quinze ou seize lycées qui ont été créés dans des conditions autres que celles que j'indique. Je crois que les raisons que j'ai données tout à l'heure appellent de la part de l'Etat, surtout dans les premiers temps, les contributions les plus larges dans la dépense de construction des écoles secondaires de jeunes filles.

Je ferai la même observation pour les dépenses d'entretien ; j'espère que M. le ministre y contribuera dans une large mesure. Il devra faire pour les lycées de jeunes filles ce qu'il fait pour les lycées de jeunes gens.

Quelques membres à droite. Assez ! assez ! — Aux voix ! aux voix !

M. Camille Sée, *se tournant vers la droite.* Comment ! assez ?

Je fais remarquer, en effet, qu'il s'agit de lycées et non pas de collèges de jeunes filles. On emploie dans la conversation indistinctivement les deux mots. Il ne saurait en être ainsi à cette tribune, car cette confusion pourrait avoir, au point de vue de l'exécution de la loi, des conséquences désastreuses.

L'article 72, si je ne me trompe, de la loi du 15 mars 1850 établit d'une façon très claire la différence entre le lycée et le collège.

Le lycée est créé et entretenu par l'Etat avec le concours du département et des villes ; le collège est créé et entretenu par les communes, et l'Etat n'intervient que par voie de subvention et encore son concours n'est-il que facultatif. (Bruit.)

M. le président. Veuillez écouter, messieurs !

M. Camille Sée. Messieurs, je veux établir seulement ceci : qu'il ne s'agit pas de collèges de jeunes filles, mais de lycées de jeunes filles...

Au banc de la Commission. Mais ce n'est pas contesté !

M. Camille Sée. Si ce point n'est pas contesté, et si ce ne l'est pas surtout par M. le ministre, je n'insiste pas. J'ai voulu présenter ces observations pour bien établir qu'il s'agit de lycées de jeunes filles, dans la pensée que ces observations, faites devant la Chambre qui a voté la loi sur l'enseignement secondaire des jeunes filles, au nom de la Commission qui l'a élaborée, dissiperaient des doutes et mettraient fin à des interprétations de nature à fausser ou à restreindre singulièrement l'application de la portée d'une loi appelée à exercer une influence salutaire sur la nature. (Très bien ! très bien. — Aux voix ! aux voix !)

M. le président. Maintenez-vous votre amendement, monsieur Camille Sée ?

M. Camille Sée. Non, monsieur le président. J'ai déclaré que je le retirais.

M. le président. L'amendement est retiré.

PROPOSITION DE LOI

Ayant pour objet la création par l'État d'une École normale destinée à préparer des professeurs-femmes pour les Écoles secondaires de jeunes filles,

PAR M. CAMILLE SÉE

DÉPUTÉ

SÉANCE DU JEUDI 3 MARS 1881.

PRÉSIDENCE DE M. GAMBETTA.

M. le président. Le parole est à M. Camille Sée pour le dépôt d'une proposition de loi.

M. Camille Sée. J'ai l'honneur de déposer sur le bureau de la Chambre une proposition de loi ayant pour objet la création, par l'État, d'une école normale destinée à préparer des professeurs-femmes pour les écoles secondaires de jeunes filles. (Lisez ! très bien ! très bien ! sur divers bancs, lisez ! lisez votre proposition.)

M. Camille Sée lisant :

« Messieurs,

» Vous avez, par la loi du 21 décembre 1880, créé l'enseignement secondaire des jeunes filles.

» J'ai l'honneur, comme conséquence de cette loi, de vous » proposer la création d'une Ecole normale destinée à préparer » des professeurs-femmes.

» L'Ecole pourrait être ouverte dans l'un des palais dont dis-» pose l'Etat, et qui figurent au nombre à la fois et des proprié-

» tés improductives et des propriétés qui ne sont affectées à
» aucun service public.

» Compiègne se prêterait admirablement à l'œuvre que nous
» voulons fonder. On pourrait installer l'internat dans les ailes,
» l'école dans le rez-de-chaussée du château.

» Les jeunes filles seraient internes, les places gratuites et
» données au concours.

» Nous nous bornons à indiquer ces dispositions sans vous
» demander de les inscrire dans la loi. Elles trouveront place
» dans un règlement qui fixera en même temps les dispositions
» relatives au programme, au personnel, aux bourses, aux con-
» ditions d'admission et aux examens de sortie. »

(Suit la proposition de loi.)

« J'ai l'honneur de demander l'urgence pour cette proposi-
» tion. » (Très bien ! très bien !)

L'urgence est déclarée.

RAPPORT

Fait au nom de la Commission[1] chargée d'examiner la proposition de loi de M. Camille Sée, ayant pour objet la création par l'État d'une École normale destinée à préparer des professeurs-femmes pour les Écoles secondaires de jeunes filles,

(Urgence déclarée)

Par M. CAMILLE SÉE
député

Messieurs,

La Commission a été unanime à reconnaître la nécessité, pour l'État, de créer une Ecole normale exclusivement destinée à préparer des professeurs-femmes pour l'enseignement secondaire des jeunes filles.

La Commission propose aussi à l'unanimité, que les jeunes filles soient admises par voie de concours et entretenues gratuitement à l'Ecole.

Il ne s'est produit de divergence que sur la question de l'internat.

Votre Commission demande que l'école ne soit ouverte qu'aux jeunes filles internes ; la Commission a pensé que l'internat est la condition d'autant plus nécessaire de la création que nous proposons qu'il s'agit d'une école normale, et d'une école normale qui sera unique en France.

Ajoutons que s'il importe de donner aux futurs professeurs une instruction étendue et solide, il importe autant pour le moins, de former leur caractère et de les habituer à une vie sévère et recueillie. L'Etat doit savoir à qui il se fie. Les jeunes

---

[1] Cette Commission est composée de MM. Logerotte, président ; Bastid, secrétaire , Bousquet, Maze (Hippolyte), Faure (Hippolyte), Duvaux, Dubost (Antonin), Couturier, Chauveau (Franck), Bamberger, Sée (Camille).

filles au sortir de l'Ecole normale auront charge d'âmes à leur tour. Elles enseigneront à leurs élèves, outre les sciences écrites sur le programme, la science de la vie, qui est la plus difficile et la plus nécessaire de toutes.

Ce sont les raisons pour lesquelles votre Commission a repoussé la proposition faite par quelques-uns de nos collègues d'admettre, à titre même exceptionnel, des jeunes filles externes.

D'abord le législateur n'a pas à s'occuper des exceptions, et ensuite les raisons qui nous font, dans l'espèce, désirer l'internat ne permettent pas le régime mixte. La présence sur les mêmes bancs d'élèves internes et externes aurait divers inconvénients. Les unes pourraient envier la liberté ; les autres pourraient apporter dans l'école des habitudes, des idées, des distractions qui ne seraient pas conformes à la haute direction morale que nous avons dessein de lui donner.

Le projet ne comprend que deux articles :

L'art. 1er pose le principe de la création de l'école, avec la mention que les jeunes filles y seront internes, et admises gratuitement et au concours.

L'art. 2 abandonne à un règlement d'administration publique tout ce qui concerne le programme, la durée des études, le personnel, les conditions d'admission et les examens de sortie.

Tel est, Messieurs, le projet que, d'accord avec le Ministre, nous avons l'honneur de soumettre à la sanction de la Chambre.

PROJET DE LOI.

Article 1er.

Il sera fondé par l'Etat une école normale d'internes destinée à recruter des professeurs-femmes pour les Ecoles secondaires de jeunes filles.

Les jeunes filles seront admises par voie de concours et entretenues gratuitement à l'Ecole.

Art. 2.

Tout ce qui concerne le programme, la durée des études, le personnel, les conditions d'admission, les examens de sortie sera déterminé par un règlement délibéré en Conseil supérieur de l'Instruction publique.

Le projet a été voté sans discussion, le 14 mai.

SÉNAT

RAPPORT

Fait au nom de la Commission [1] chargée d'examiner la proposition de loi, adoptée par la Chambre des députés, ayant pour objet la création, par l'État, d'une École normale destinée à préparer des professeurs-femmes pour les Écoles secondaires de jeunes filles,

PAR M. FERROUILLAT

SÉNATEUR

Messieurs,

La loi relative à l'enseignement secondaire des jeunes filles que vous avez votée à la fin de l'année dernière, en appelait naturellement une autre, qui devait avoir pour objet la fondation d'une école normale destinée à former les professeurs-femmes de cet enseignement. En effet, s'il existe d'autres moyens de recrutement pour le professorat, on peut dire qu'il n'en est pas de meilleur, ni de plus sûr, que les écoles normales. C'est un principe que vous avez déjà consacré en imposant aux départements la création des écoles normales relatives à l'enseignement primaire des filles, et vous n'hésiterez certainement pas à en faire aujourd'hui une nouvelle application, en décidant la fondation par l'Etat d'une école normale supérieure, ayant pour but de préparer le personnel de l'enseignement secondaire.

---

[1] Cette commission est composée de MM. Carnot, président; De Fourtou, secrétaire; Ferrouillat, rapporteur; Edmond de Lafayette, Pelletan, Ribière, Merlin, de la Sicotière, le colonel Meinadier.

Le projet qui vous est soumis n'a soulevé aucune discussion devant la Chambre des députés. Il n'a pas non plus rencontré d'opposition dans le sein de votre Commission.

Le régime de l'internat, si vivement critiqué quand il s'agit de l'éducation des élèves, est, au contraire, considéré sans conteste comme une nécessité dans les écoles normales qui forment les professeurs.

Un seul point a donné lieu à un échange d'observations plutôt qu'à un débat, c'est celui de savoir si, dans ces établissements qui ont pour base l'internat, des externes seront cependant admises à suivre les cours.

Après avoir entendu Monsieur le Ministre de l'Instruction publique, la Commission n'a pas cru devoir accorder cette autorisation.

Une école normale ne vaut que par la discipline qui y règne et qui peut seule préparer les élèves-maîtresses à la vie austère du professorat, qui doit être la leur. Il importe donc d'en écarter avec soin tout ce qui pourrait altérer le caractère de recueillement indispensable à ce noviciat laïque. L'introduction d'élèves externes aurait évidemment cet inconvénient, en apportant dans cette vie de retraite et d'étude, l'image et les échos du monde, et en jetant peut-être dans ces jeunes âmes, encore mal affermies, le germe de ces vagues regrets qui énervent les caractères.

On a proposé, il est vrai, de n'autoriser l'entrée de l'école qu'à titre exceptionnel, en faveur de quelques externes déjà munies d'un brevet, et d'isoler ce personnel venu du dehors de manière à ce qu'il ne pût avoir aucune communication avec les élèves internes. Mais, n'est-ce pas juger la concession même qu'on sollicite que de reconnaître la nécessité de l'entourer d'un appareil de précautions, qui serait une grande gêne pour le bon fonctionnement de l'école, sans jamais être une garantie efficace contre les inconvénients que l'on redoute ?

Ce serait, d'ailleurs, mal comprendre l'enseignement d'une école normale que de croire en communiquer les avantages aux externes qui seraient admises à en suivre les cours. — Les cours ne constituent qu'un des éléments de cette éducation professionnelle, et ils seraient certainement insuffisants s'ils n'étaient complétés par les conférences et par cette action directe, presque continue, de la maîtresse sur l'élève, que l'internat peut seul permettre. L'admission d'élèves externes serait donc à la fois nuisible à la bonne tenue de l'école et peu profitable à celles qui seraient appelées à en jouir.

L'enseignement lui-même pourrait en souffrir, car les professeurs ne résisteraient peut-être pas toujours assez à la tentation de briller aux yeux de cet auditoire un peu mondain, de faire redire leur nom par ces messagères de renommée, et ce que leurs leçons gagneraient en éclat, elles risqueraient de le perdre en solidité.

Enfin, il n'est pas jusqu'au recrutement de l'école qui ne pût être atteint et compromis, si l'externat offrait aux aspirantes maîtresses la possibilité de concilier les exigences de l'apprentissage professionnel avec les avantages de la liberté.

Tels sont les principaux motifs qui n'ont pas permis à votre Commission d'ouvrir la porte de l'Ecole normale à des externes. Mais cette exclusion ne lui est nullement inspirée par la pensée de réserver aux élèves de cette école le monopole de l'enseignement. Pour l'enseignement secondaire des jeunes filles comme celui des garçons, d'autres voies pourront conduire au professorat. Votre Commission considère même cette concurrence comme désirable. Elle n'a voulu qu'une chose, maintenir à l'Ecole normale son caractère propre et les qualités spéciales qui font de ces établissements modèles les régulateurs de l'enseignement.

Les deux articles dont se compose le projet de loi s'expliquent et se justifient d'eux-mêmes. Nous n'y ajouterons aucun commentaire inutile, et nous ne doutons pas que le Sénat ne veuille, en les adoptant, marquer une fois de plus sa haute sollicitude pour l'œuvre si importante de l'instruction des femmes.

PROPOSITION DE LOI.

Art. 1er.

Il sera fondé par l'Etat une Ecole normale d'internes destinée à recruter des professeurs-femmes pour les Ecoles secondaires de jeunes filles.

Les jeunes filles seront admises par voie de concours et entretenues gratuitement à l'Ecole.

Art. 2.

Tout ce qui concerne le programme, la durée des études, le personnel, les conditions d'admission, les examens de sortie, sera déterminé par un règlement délibéré en Conseil supérieur de l'Instruction publique.

SÉANCE DU MARDI 19 JUILLET 1881.

PRÉSIDENCE DE M. LÉON SAY.

M. le président. L'ordre du jour appelle la première délibération sur la proposition de loi, adoptée par la Chambre des députés, ayant pour objet la création, par l'Etat, d'une école normale destinée à préparer des professeurs-femmes pour les écoles secondaires de jeunes filles.

La Chambre des députés ayant déclaré l'urgence sur cette proposition, aux termes du règlement je consulte le Sénat sur l'urgence.

(Le Sénat, consulté, déclare l'urgence.)

M. le président. Quelqu'un demande-t-il la parole dans la discussion générale ?...

M. de Gavardie. Je demande le renvoi de ce projet, qui n'a aucune espèce d'urgence; et indirectement, en vous demandant le renvoi, je puis, en effet, traiter cette question d'urgence.

De quoi s'agit-il ? Il s'agit de créer un institut d'une espèce nouvelle.

Un séminaire laïque de jeunes filles, qu'on appelle des professeurs-femmes; je ne connais pas ce monstre. (Rires.)

D'abord pour parler français, il faudrait dire : professeurs femelles. (Exclamations à gauche.) Oui, messieurs, c'est comme cela qu'il faut traiter un projet de loi de ce genre. Il ne faut pas traiter sérieusement les choses qui ne sont pas sérieuses.

On vous demande de fonder une école normale de professeurs femmes; vous avez, en France, des institutrices par milliers, des institutrices plus intelligentes et plus aptes au professorat que les instituteurs; cela est incontestable pour quiconque s'est occupé de pédagogie.

Il vous serait très facile de trouver un personnel pour vos écoles normales secondaires de filles. Alors, pourquoi voulez-vous, sans nécessité et dans l'état actuel de vos finances, créer un établissement, à l'égard duquel il faut bien que je demande à la Commission des finances un renseignement important. Que doit coûter la création de ce nouvel établissement ?

C'est sur ce point, messieurs, que j'appelle les explications catégoriques de la part de la Commission et de la part du Gouvernement. Il est absolument nécessaire de savoir ce que coùtera cette création. (Très bien! à droite.) Elle n'est pas, vous le voyez, assez urgente et assez nécessaire pour justifier une dépense qui peut être relativement considérable.

C'est là-dessus que je demande des explications.

M. le président. M. le rapporteur a la parole.

M. Ferrouillat, *rapporteur.* Messieurs, le Sénat n'attend pas de moi que je vienne répondre aux vivacités de langage que l'honorable M. de Gavardie a cru pouvoir se permettre à l'égard d'un projet de loi voté déjà par la Chambre des députés, et qui est la conséquence naturelle et directe d'un vote que vous avez rendu vous-mêmes, lorsque vous avez sanctionné la loi relative à l'enseignement secondaire des jeunes filles. Je viens seulement dire un mot relativement à la question qui touche aux dépenses, non pas que j'apporte une réponse décisive, ni probablement satisfaisante, à l'honorable M. de Gavardie, mais je désire lui faire remarquer que l'honorable ministre de l'instruction publique, qui n'assiste pas à la séance, parce qu'il est retenu à la Chambre des députés par une interpellation, serait peut-être embarrassé lui-même pour préciser ce que coûtera la création de cette école normale.

En effet, la dépense qu'elle entraînera se compose d'éléments divers, impossibles à déterminer dès aujourd'hui... (Réclamations et bruit à droite.)... Où sera établie cette école normale? Si le Gouvernement parvient à la localiser dans des bâtiments appartenant à l'Etat, la dépense sera moindre; s'il est obligé de construire, elle sera plus lourde. Enfin, quant à l'entretien des élèves, la gratuité est la base de cette création. La gratuité est un principe que vous avez consacré ces jours derniers, lorsque vous avez voté la gratuité des écoles normales primaires...

A droite. Primaires, et non pas secondaires!

M. le rapporteur. J'entends que l'on me dit : primaires. Je comprendrais la distinction s'il s'agissait de la gratuité pour les écoles primaires proprement dites.

On pourrait débattre la question de savoir si la gratuité des écoles primaires doit s'étendre aux écoles secondaires; mais lorsque vous avez voté la loi du 16 juin dernier, vous avez appliqué le principe de la gratuité non seulement aux écoles primaires qui reçoivent les élèves, mais encore aux écoles normales qui doivent préparer les maîtresses. (Très bien! à gauche.)

M. Testelin. C'est évident!

M. le rapporteur. Vous avez donc senti qu'il était nécessaire de mettre la gratuité à la base des institutions que vous fondiez pour préparer le personnel enseignant des écoles primaires.

Eh bien, ce que vous avez fait il y a quelques jours pour les écoles normales de l'enseignement primaire, la loi actuelle vous propose de le faire pour l'enseignement secondaire, c'est-à-dire pour l'école normale qui doit pourvoir au recrutement du personnel de l'enseignement secondaire des jeunes filles.

Je ne crois pas me tromper, messieurs, en disant que la gratuité est la base de l'enseignement de l'école normale supérieure des garçons, elle n'existait pas complètement avant 1818, mais sur l'initiative de notre honorable collègue M. Carnot, elle y a été établie d'une manière absolue.

C'est ce même principe que la loi vous demande d'étendre à la création de l'école normale supérieure des jeunes filles. Qui veut la fin, messieurs, veut les moyens. Vous avez voté l'enseignement secondaire des jeunes filles. Le seul moyen d'organiser sérieusement cet enseignement, c'est d'y pourvoir par la fondation d'une école normale.

Je ne veux pas recommencer ici le débat sur les écoles normales. Vous savez très bien qu'elles sont reconnues indispensables pour créer un bon personnel enseignant. L'enseignement libre peut donner des brevetés, mais il manque des conditions nécessaires pour former les caractères et développer les vocations par les épreuves soutenues d'une bonne discipline pédagogique. Eh bien, la loi a pour but de créer par les soins de l'État une pépinière de professeurs-femmes sans laquelle vous n'auriez pas assuré l'enseignement secondaire des jeunes filles. Que coûtera cette création ? Je suis, aujourd'hui, hors d'état de vous le dire. Mais voulez-vous toute ma pensée ?

Eh bien, j'ai une appréhension, c'est qu'elle ne coûte pas assez cher. (Très bien ! à gauche.) Car ce qui importe avant tout, c'est d'avoir de bons professeurs.

L'article 2 du projet de loi dispose que les conditions d'admission dans cette école seront déterminées par un règlement du Conseil supérieur de l'instruction publique ; il est certain qu'elles seront assez sévères. Il faudra des concours. Probablement même les postulantes devront être munies du brevet supérieur d'instruction primaire.

D'après cela, ce qui me parait le plus à craindre, c'est que, pendant un certain temps, il y ait trop peu d'aspirantes satisfaisant aux exigences du règlement.

Ma préoccupation, je le répète, n'est donc pas que la charge que cette fondation imposera au budget soit trop lourde, mais au contraire qu'elle soit peut-être au début trop légère. (Approbation à gauche.)

M. de Gavardie. Je demande la parole. (Exclamations à gauche. — Aux voix ! aux voix !)

M. de Gavardie. Messieurs, notre honorable rapporteur vient de mêler à la question une question de gratuité que je ne comprends pas.

Il n'importe pas de savoir si, comme il le disait tout à

l'heure, la gratuité sera la base de cette création nouvelle. La gratuité ! Il faut bien que quelqu'un paye. Ce ne sera pas, si vous le voulez, les communes d'après une décision qui vient d'être rendue par la Chambre, et qui pourrait être, ce me semble, appliquée ici à la question, mais c'est l'Etat : il faut que l'Etat paie et l'Etat paie avec quoi? avec l'argent des contribuables. (Approbation à droite.) Par conséquent, votre question de gratuité n'a pas de sens. (Nouvelle approbation sur les mêmes bancs.) Laissons donc de côté cette question.

Je demande l'ajournement ; je ne vous demande pas, quant à présent, de repousser la loi. A la fin d'une session, je trouve vraiment qu'une discussion très longue peut avoir des inconvénients dans ces questions qui touchent à des questions si graves et si délicates. Il faudrait une séance pour discuter comme elle le comporterait cette question beaucoup plus grave qu'elle ne paraît, qui touche aux éléments de l'éducation de cet élément essentiel de la société française, la femme menacée d'être atteinte dans ce qu'il y a de plus noble, de plus délicat... (Exclamations à gauche.) Mais oui, messieurs, ceci est plus grave que vous ne le pensez ! Vous allez changer des traditions qui avaient fait de la femme française ce qu'il y a de plus exquis, ce qu'il y a de plus élevé, ce qu'il y a de plus noble dans notre histoire.

Oh ! elle n'a pas besoin de vos écoles, certes ; de quelque côté que nous nous tournions dans tous les champs de l'activité et de la charité, la femme française peut nous présenter des exemples. (Voix à gauche : Assez !) Mais, messieurs, vous voyez bien que je ne puis pas aborder le fond de cette discussion, c'est absolument impossible dans les conditions actuelles. Je vous demande le renvoi. (Très bien ! à droite.) Je demande que M. le ministre de l'instruction publique soit présent avant que cette question soit définitivement résolue.

M. le président. Vous demandez l'ajournement ; je vais le mettre aux voix.

Je consulte le Sénat sur l'ajournement, il y a deux demandes de scrutin signées :

Voici le résultat du scrutin sur la demande d'ajournement :

Nombre de votants	273
Majorité absolue.	137
Pour l'adoption.	116
Contre	157

(Le Sénat n'a pas adopté).

M. le président. Personne ne demandant la parole pour la discussion générale, je consulte le Sénat sur la question de savoir s'il entend passer à la discussion des articles.

Il n'y a pas d'opposition ?...

Je donne lecture des articles :

« Art. 1er. — Il sera fondé par l'Etat une école normale d'internes destinée à recruter des professeurs femmes pour les écoles secondaires de jeunes filles.

» Les jeunes filles seront admises par voie de concours et entretenues gratuitement à l'école. »

(L'article 1er, mis aux voix, est adopté.)

M. le président. « Art. 2. — Tout ce qui concerne le programme, la durée des études, le personnel, les conditions d'admission, les examens de sortie, sera déterminé par un règlement délibéré en conseil supérieur de l'instruction publique. »

M. de Gavardie a la parole.

M. de Gavardie. Vous voyez, messieurs, les inconvénients qu'il y a à se hâter, comme vous voulez le faire, dans le vote d'une loi. Voilà, en effet, un règlement d'administration publique qui est toute la loi ; vous allez voter un principe dont vous ne pouvez apprécier en ce moment l'application. Le règlement d'administration publique qui touche à une organisation excessivement compliquée et très délicate, vous échappe complètement. Vous n'avez pas un aperçu, un simple aperçu de l'organisation qui sera définitivement adoptée ; je suppose que le principe de votre loi soit bon, il peut devenir détestable par l'application.

Voulez-vous voter une loi dans ces conditions ? Cela n'est pas possible ! (Interruptions à gauche. — Approbation à droite.)

Quand on renvoie ordinairement une loi à un règlement d'administration publique, c'est qu'il ne s'agit plus que de simples détails ; mais ici, votre principe général n'est rien ! C'est l'application qui est tout ! Vous allez voter en aveugles une loi, dont les conséquences peuvent avoir, je le répète, de très graves inconvénients.

Eh bien, messieurs, pourquoi ne voudriez-vous pas permettre de discuter sérieusement à une autre époque... (Réclamations à gauche.)

Voix diverses à gauche. Le Sénat a voté contre l'ajournement.

M. le président. Veuillez, messieurs, faire silence.

M. de Gavardie. La question d'ajournement peut être reproduite.

A gauche. Il y a un vote du Sénat !

M. le président. On peut demander le renvoi à tout moment.

M. de Gavardie. C'est évident ! On peut toujours en appeler du Sénat renseigné au Sénat renseigné mieux encore !

Actuellement, messieurs, il n'y a pas un très grand nombre d'écoles normales de filles.

A droite. Il n'y en a pas du tout!

M. de Gavardie. ...je crois même qu'il n'y en a pas une seule!

M. Testelin. Il ne s'agit pas d'écoles normales supérieures, mais d'écoles secondaires.

M. de Gavardie. Il s'agit d'écoles normales secondaires. Vous voulez créer des professeurs précisément pour la direction des écoles normales de filles.

A gauche. Mais non!

Un sénateur à gauche. Vous n'y êtes pas du tout!

M. de Gavardie. Alors qu'on nous explique la loi!

A gauche. Lisez-la!

M. de Gavardie. Vous voyez bien que si j'explique mal l'objet de la loi... (Nouvelle interruption à gauche) ...c'est qu'en définitive, quand on apporte des lois de cette importance, à la fin d'une session, on est pris au dépourvu.

Un sénateur à gauche. Vous n'avez pas lu le rapport.

M. de Gavardie. On a donc besoin d'une discussion ample, détaillée, précisément pour comprendre toute la portée d'une loi, à supposer que j'aie mal saisi le sens de celle-ci.

Ce n'est pas ainsi qu'on fait les lois. Quand il s'agit d'une innovation aussi importante, on ne peut pas, messieurs, à la légère et à la fin d'une session, je le répète, traiter d'une manière aussi précipitée des questions de cette importance. Je vous supplie donc de vouloir bien réfléchir encore, et je vous demande une seconde fois d'ajourner la discussion de la loi.

A gauche. On a voté! — Aux voix! aux voix!

M. le président. Je suis obligé de consulter le Sénat sur l'ajournement, puisqu'il est proposé. (Interruptions à gauche.)

On a toujours le droit de demander l'ajournement sur tous les articles. M. de Gavardie l'a demandé au moment de la discussion générale et il a été repoussé. Il le demande à propos de l'article 2; je suis obligé de consulter le Sénat.

(L'ajournement, mis aux voix, n'est pas prononcé.)

M. le président. Je consulte le Sénat sur l'article 2.

(L'article 2, mis aux voix, est adopté.)

M. le président. Je consulte le Sénat sur l'ensemble de la loi.

M. de Gavardie. Je demande la parole.

M. le vicomte de Tréveneuc. Nous ne sommes pas en nombre.

M. de Gavardie. On fait remarquer que nous ne sommes pas en nombre; je n'avais pas pensé à cet argument, mais je m'en empare avec plaisir.

Il est certain que le Sénat n'est pas en nombre.

Un sénateur à droite. Il est facile de s'en convaincre !

M. de Gavardie. Il n'y a en effet qu'à jeter un coup d'œil sur les bancs du Sénat. Je demanderai tout à l'heure le scrutin à la tribune.

On me disait, il y a un instant : Vous n'avez pas lu la loi, et ce qui le prouve, c'est que vous l'expliquez mal. C'est une raison de plus, messieurs, pour qu'on me l'explique. (Interruptions à gauche.)

M. Testelin. Le rapport est déposé depuis trois semaines.

M. le président. Veuillez faire silence, messieurs, et ne pas interrompre.

M. de Gavardie. Attendez ! Vous allez voir que je la comprends bien ; je vais vous montrer que c'est vous, au contraire, qui ne la comprenez pas. Par conséquent, j'établirai la nécessité où vous êtes de ne pas voter dès à présent une loi mal étudiée ; nous l'étudierons ensemble...

A gauche. Mais ce sera un troisième ajournement.

Plusieurs sénateurs à droite. Mais nous ne sommes pas en nombre !

M. de Gavardie. On me fait remarquer de nouveau que nous ne sommes pas en nombre. Une discussion qui a lieu dans ces conditions est complètement irrégulière, et je demande formellement que M. le président consulte le Bureau pour savoir si, oui ou non, nous sommes en nombre.

M. le président. On demande l'appel nominal ; le vote à la tribune est de droit, mais l'appel nominal n'aura lieu que si le Sénat le décide.

Je consulte le Sénat.

(Le Sénat, consulté, décide que le vote aura lieu par appel nominal.)

M. le président. Le nombre des votants étant de 125 seulement, le scrutin est nul.

En conséquence, au commencement de la séance prochaine, il y aura, sur l'ensemble de la loi, un scrutin public ordinaire, à moins que le scrutin à la tribune ne soit demandée, dans les formes réglementaires.

SÉANCE DU VENDREDI 23 JUILLET 1883.

PRÉSIDENCE DE M. LÉON SAY.

M. le président. L'ordre du jour appelle le deuxième tour de scrutin sur l'ensemble de la proposition de loi, adoptée par la Chambre des députés, ayant pour objet la création, par l'Etat, d'une école normale destinée à préparer des professeurs femmes pour les écoles secondaires de jeunes filles.

Il s'agit d'un deuxième tour de scrutin prévu par le règlement.

M. de Gavardie. Je demande à faire une observation.

M. le président. Sur quoi, monsieur de Gavardie? Je ne peux pas vous donner la parole sur la question.

M. de Gavardie. C'est pour un rappel au règlement.

M. le président. Alors vous avez la parole pour un rappel au règlement. (Rumeurs à gauche.)

M. de Gavardie soutient que l'épreuve n'est pas commencée, et qu'il a dans ces conditions le droit de présenter au Sénat des observations générales avant le vote.

M. le président rappelle les faits et établit que l'épreuve est commencée et qu'elle va continuer.

M. de Gavardie insiste et proteste.

M. le président. Vous avez parlé sur le règlement, je vous ai répondu et vous n'avez plus la parole.

M. de Gavardie. J'ai le droit de répondre aux observations de M. le président. (Non! non! à gauche.) Comment! je n'ai pas le droit de répondre à des observations qui me paraissent contraires au règlement!

Il me semble que c'est parfaitement mon droit. (Vives rumeurs à gauche.)

M. le président fait une fausse application du règlement.

J'ai bien le droit, je le répète, de présenter une observation sur ce point. Remarquez que ce qui s'est passé peut se représenter d'un moment à l'autre. Il ne faut pas, en définitive, étouffer ainsi la discussion. (Exclamations à gauche.)

J'ai, par exemple, un document à produire qui constate si je me suis trompé ou non.

M. le président. Vous ne pouvez pas rentrer dans la discussion.

M. de Gavardie. Je n'y rentre pas, monsieur le président.

M. le président. J'ai établi que le Sénat avait émis un pre-

mier vote sur la loi, et que nous allions procéder à un second
tour de scrutin.

M. de Gavardie. Mais, monsieur le président, j'ai demandé
la parole...

M. le président. Vous n'avez pas la parole entre deux
épreuves.

Voix nombreuses à gauche. A l'ordre! à l'ordre!

M. de Gavardie. Mais, messieurs...

M. le président. Monsieur de Gavardie, je vous rappelle à
l'ordre et vous prie de descendre de la tribune.

M. de Gavardie. Comment! monsieur le président, j'ai demandé la parole pour un rappel au règlement et vous me rappelez à l'ordre! C'est inouï.

M. le président. Il n'y a rien là d'inouï. Vous avez eu la
parole pour un rappel au règlement, je vous ai répondu; vous
n'avez plus la parole.

M. de Gavardie. Il s'agit de faire exécuter le règlement...

M. le président. Monsieur de Gavardie, je vous rappelle une
seconde fois à l'ordre.

Veuillez quitter la tribune et regagner votre place.

M. de Gavardie. Mais vous faites une fausse appréciation du
règlement!

M. le président. Vous avez été rappelé deux fois à l'ordre,
je vous invite de nouveau à descendre de la tribune.

(M. de Gavardie prononce quelques paroles au milieu du
bruit. — M. le président agite vivement la sonnette dont le bruit
couvre la voix de l'orateur. — M. de Gavardie descend de la tribune. — Rires et applaudissements à gauche.)

M. le président. Le Sénat est appelé à procéder à un second
tour de scrutin sur le projet de loi relatif à la création, par l'Etat,
d'une école normale destinée à préparer des professeurs-femmes
pour les écoles secondaires de jeunes filles.

Ceux qui voudront adopter la loi mettront dans l'urne un bulletin blanc; ceux qui seront d'un avis contraire mettront dans
l'urne un bulletin bleu.

Le scrutin est ouvert.

(Le scrutin a lieu. — MM. les secrétaires opèrent le dépouillement des votes.)

M. le président. Voici le résultat du scrutin :

Nombre des votants........	277
Majorité absolue.............	139
Pour l'adoption........	170
Contre	107

Le Sénat a adopté.

(La loi a été promulguée le 29 juillet 1881.)

SCRUTIN

*Sur la demande d'ajournement de la proposition de loi adoptée par
la Chambre des députés ayant pour objet la création par l'État
d'une école normale destinée à préparer des professeurs-femmes
pour les écoles secondaires de jeunes filles.*

Nombre des votants................. 265
Majorité absolue.................... 133

Pour l'adoption............. 109
Contre...................... 156

Ont voté contre la demande d'ajournement les sénateurs qui
ont voté pour l'ensemble de la loi sur l'enseignement secondaire des jeunes filles sauf les différences suivantes :

MM. d'Andlau, Corne, Fayolle, Feray, de Lasterye, Luro,
Saint-Pierre, de Voisins-Lavernière, qui avaient voté pour l'ensemble de la loi, n'ont pas pris part au vote.

MM. Barne, Béranger, Cherpin, Frébault, Lafond de Saint-Mür,
qui ont voté pour l'ensemble de la loi, étaient, au moment du
vote, absentés par congé.

MM. Cordier, Farre, Hérold, Pomel, Roques qui n'avaient pas
pris part au vote, MM. Chardon et Denormandie qui étaient absents au moment du vote sur l'ensemble, ont voté contre l'ajournement.

M. Tribert qui avait voté contre l'ensemble de la loi a voté
contre l'ajournement.

M. de Cissey qui avait voté pour l'ensemble a voté pour
l'ajournement.

Il faut retrancher MM. Littré, Oscar de Lafayette, décédés entre
les deux scrutins.

Il convient d'ajouter à la liste des sénateurs qui ont voté
contre l'ajournement.

MM. Deschanel, Didier, Victor Lefranc élus sénateurs entre les
deux scrutins.

SCRUTIN

Sur l'ensemble de la proposition de loi, adoptée par la Chambre des députés, ayant pour objet la création par l'État d'une école normale destinée à préparer des professeurs-femmes pour les écoles secondaires de jeunes filles.

Nombre des votants.................. 265
Majorité absolue..................... 133

Pour l'adoption.............. 162
Contre...................... 103

Le Sénat a adopté.

ONT VOTÉ POUR :

MM. Adam (Seine-et-Marne). Anglade. Arago (Emmanuel . Arbel.

Barthélemy Saint-Hilaire. Bazille (Gaston). Béraldi. Bernard. Berthelot. Billot (général). Blanc (Xavier). Bonnet. Bozérian. Brun (Charles).

Callen. Calmon. Camparan. Carnot. Cazot (Jules). Chabron (général de). Chadois (colonel de). Challemel-Lacour. Chardon. Charton (Edouard). Chaumontel. Chavassieu. Claude. Combescure (Edouard). Corbon. Cordier. Corne. Cuvinot.

Dauphin. Dauphinot. Delacroix. Delord. Demôle. Denis (Gustave). Denormandie. Deschanel. Desmazes. Didier (Henri). Duboys-Fresney (général). Duclerc (E.). Dufay. Dufresne. Dumesnil. Dupouy. Dutilleul (Jules).

Eymard-Duvernay.

Faidherbe (général). Farre (général). Faye. Ferrouillat. Foubert. Foucher de Careil. Fourcand. Fournier (Casimir). Fournier (Indre-et-Loire). Freycinet (de).

Gailly. Garnier (Joseph). Gaulthier de Rumilly. Gazagne. George. Gilbert-Boucher. Gouin. Gresley (général). Grévy (Albert). Grévy (général). Griffe. Guiffrey (Georges). Guillemaut (général). Guinot. Guyot-Lavaline.

Hébrart. Herold. Honnoré. Huguet (A.). Humbert.

Issartier (Henri).

Jauréguiberry (amiral). Jaurès (amiral). Jobard. Jouin. Krantz.

Labiche (Emile). Labiche (Jules). Laboulaye. Lacomme. Lafayette (Edmond de). Lagache (Célestin). Laget. Lamorte. Laserve. Laurent-Pichat. Le Bastard. Le Blond. Lefranc (Victor). Le

Lièvre. Lemoinne (John). Lenoël (Emile). Le Royer. Lucet. Luro. Lur-Saluces (comte Henri de).

Magnin. Malens. Mangini. Martin (Henri). Massé. Massiet du Biest. Masson de Morfontaine. Mathey (Alfred). Mazeau. Meinadier (colonel). Merlin (Charles). Michal-Ladichère. Millaud (Edouard).

Ninard.

Oudet.

Palotte. Parent (Savoie). Pélissier (général). Pelletan (Eugène). Perret. Peyrat. Pin (Elzéar). Pomel. Pons. Pothuau (amiral).

Rampon (comte). Rampont (Yonne). Rémusat (Paul de). Ribière. Robert de Massy. Robin. Roger-Marvaise. Ronjat. Roques. Roussel (Théophile), Rozière (de).

Salneuve. Scherer. Scheurer-Kestner. Schœlcher. Simon (Jules).

Teisserenc de Bort. Tenaille-Saligny. Testelin. Thurel. Tolain. Toupet des Vignes. Tribert.

Vallier. Varroy. Victor Hugo. Vigarosy. Vissaguet. Vivenot. Voisins-Lavernière (de).

Waddington.

ONT VOTÉ CONTRE :

MM. Adnet. Alexandry (baron d'). Ancel. Andigné (général marquis d'). Arnaudeau (général). Audiffret-Pasquier (duc d'). Audren de Kerdrel.

Baragnon (Louis-Numa). Barante (baron de). Barrot (Ferdinand). Batbie. Bertrand. Bocher. Boffinton. Boisse. Bondy (comte de). Bosredon (de). Brémond d'Ars (général marquis de). Broglie (duc de). Brun (Lucien). Brunet (Joseph). Buffet.

Caillaux. Canrobert (maréchal). Carayon-Latour (Joseph de). Carné (marquis de). Cazalas. Champagny (vicomte Henri de). Chantemerle (de). Chesnelong. Clément (Léon). Cornulier (comte de). Cornulier-Lucinière (comte de).

Daussel. Delbreil (Isidore). Delsol. Desbassayns de Richemont (comte). Dieudé-Defly. Dompierre-d'Hornoy (amiral de). Douhet (comte de). Dubrulle. Du Chaffaut (comte). Dufournel. Dumon. Dupuy de Lôme. Duval.

Espinasse. Espivent de la Villesboisnet (général comte).

Fers (comte de). Forsanz (vicomte de). Fourichon (amiral). Fournier (Henry) (Cher). Fourtou (de). Fresneau.

Galloni d'Istria. Gaudineau. Gavardie (de). Gontaut-Biron (vicomte de). Granier (Vaucluse).

Halgan (Stéphane). Haussonville (comte d').

Joubert (Achille).

Kolb-Bernard.

Lacave-Laplagne. Ladmirault (général de). Lambert de Sainte

Croix. Larcy (baron de). Lareinty (baron de). Lavrignais (de). Le Guay (baron). Lorgeril (vicomte de).

Martenot. Mayran. Mérode (comte de). Michel. Monjaret de Kerjégu. Monneraye (comte de la). Monnet. Montaignac (amiral marquis de).

Pajot. Parieu (de). Paris. Piétri. Preissac (comte de).

Rainneville (vicomte de). Raismes (de). Ravignan (baron de). Rivière (duc de). Robert (général). Rosamel (de). Roy de Loulay.

Saisy (Hervé de). Soubigou.

Tailhand. Talhouët (marquis de). Théry. Tréveneuc (comte de). Tréville (comte de).

Vallée (Oscar de). Vast-Vimeux (baron). Veauce (baron de). Vétillart. Viellard-Migeon.

N'ONT PAS PRIS PART AU VOTE :

MM. Andlau (général comte d'). Bertauld. Chabaud La Tour (général baron de). Chanzy (général). Cissey (général de). Daguenet. Fayolle. Feray. Grandperret. La Sicotière (de). Lasteyrie (Jules de). Lestapis (de). Maleville (marquis de). Martel. Paulmier. Poriquet Pouyer-Quertier. Saint-Pierre (vicomte de). Say (Léon). Taillefert. Wallon. Wurtz.

ABSENTS PAR CONGÉ :

MM. Barne. Bérenger. Cherpin. Frébault (général). Gayot (Emile). Lafond de Saint-Mûr (baron de). Lajaille (général vicomte de). Saint-Vallier (comte de).

FIN.

DÉCRETS

ARRÊTÉS, CIRCULAIRES, ETC.

DÉCRETS, ARRÊTÉS, CIRCULAIRES, ETC.

DÉCRET RELATIF AU RÈGLEMENT D'ADMINISTRATION PUBLIQUE POUR L'APPLICATION DE LA LOI SUR L'ENSEIGNEMENT SECON-DAIRE DES JEUNES FILLES (28 juillet 1881).

(Conditions de la création des établissements.)

LE PRÉSIDENT DE LA RÉPUBLIQUE FRANÇAISE,

Sur le rapport du Président du Conseil, Ministre de l'Instruction publique et des Beaux-Arts ;

Vu la loi du 21 décembre 1880, concernant l'enseignement secondaire des jeunes filles ;

Vu la loi du 15 mars 1850 ;

Vu la loi du 27 février 1880 ;

Vu l'arrêté du 30 mars 1863 ;

Le Conseil supérieur de l'Instruction publique entendu ;

Décrète :

ART. 1er. — Les établissements publics d'instruction secondaire pour les jeunes filles, institués par la loi du 21 décembre 1880, sont ou des lycées de l'Etat, ou des collèges communaux. Leur régime est l'externat.

Des internats peuvent y être annexés, sur la demande des conseils municipaux et après entente entre eux et l'Etat. Ces internats sont au compte des municipalités.

ART. 2. — Pour obtenir la fondation d'un lycée, les villes devront, conformément à la loi du 15 mars 1850 (art. 73), faire les dépenses de construction et d'appropriation requises à cet effet, fournir le mobilier et les collections nécessaires à l'enseignement, assurer l'entretien et la réparation des bâtiments.

Les villes qui voudront établir un pensionnat près du lycée devront fournir le local et le mobilier nécessaires, et fonder pour dix ans, avec ou sans le concours du département, un nombre de bourses fixé de gré à gré avec le Ministre. A l'expiration des dix ans, les villes et les départements seront libres de supprimer les bourses, sauf le droit acquis aux boursiers en jouissance de leur bourse.

ART. 3. — Pour établir un collège communal de jeunes filles, toute ville doit, conformément aux prescriptions de la loi du 15 mars 1850 (art. 74), satisfaire aux conditions suivantes : fournir un local approprié à cet usage et en assurer l'entretien ; placer et entretenir dans ce local le mobilier nécessaire à la tenue des cours et à celle du pensionnat, si l'établissement doit recevoir des élèves internes.

Elle garantira, en outre, pour une période de dix ans au moins, les traitements fixes du personnel chargé soit de l'Administration, soit de l'enseignement. Ces traitements seront considérés comme une dépense obligatoire pour la commune, en cas d'insuffisance des revenus propres de l'établissement.

ART. 4. — L'État et les départements pourront concourir, par une subvention fixe, aux frais de première installation des lycées et des collèges. Les bâtiments ainsi construits seront la propriété des villes qui auront réclamé le concours de l'État et du département, sous la réserve de leur affectation permanente au service de l'instruction publique. Si cette condition n'était plus remplie, la ville aurait à tenir compte à l'État et au département des subsides qu'elle en aurait reçus.

ART. 5. — La comptabilité et le mode de contrôle en usage pour la gestion financière des lycées et collèges de garçons sont applicables aux établissements d'enseignement secondaire de jeunes filles.

ART. 6. — Les rétributions à exiger des familles dans chaque établissement, pour frais d'externat, sont fixées par le décret d'érection, sur la proposition des recteurs, après avis du conseil académique et du conseil municipal.

ART. 7. — Les bourses, soit d'internat, soit d'externat, fondées par l'État, les départements et les communes, seront concédées dans les mêmes conditions que celles accordées aux élèves des lycées et collèges de garçons, et pourront de même être fractionnées.

ART. 8. — Le Conseil supérieur de l'instruction publique arrêtera le programme des examens à subir par les candidats aux bourses de l'État, des départements et des communes.

ART. 9. — Un décret spécial déterminera le taux des bourses de l'État, et, s'il y a lieu, le prix et la composition du trousseau.

ART. 10. — Le traité constitutif à intervenir entre le Ministre, le département et la commune où sera créé l'établissement d'enseignement secondaire de jeunes filles fixera le taux des rétributions à exiger des familles pour les frais d'études, de l'externat ; déterminera la composition du personnel et le taux minimum des traitements, le nombre minimum des bourses à entretenir par chacune des parties, et le montant des subventions à fournir par la ville, le département et l'État, tant pour les frais de première installation que pour les dépenses annuelles ; enfin, il indiquera si le mode de gestion sera la régie, ou si l'établissement sera administré au compte de la directrice.

ART. 11. — Dans les collèges communaux de jeunes filles, l'Administration municipale est responsable du payement des traitements des professeurs et des autres fonctionnaires de l'établissement, quel que soit le mode de gestion. Si le collège est en régie, elle est responsable également de tout déficit qui se produirait dans la gestion.

ART. 12. — Un programme rédigé, après avis du Conseil supérieur de l'Instruction publique, déterminera :

1° Le nombre des années d'études ;

2° Les objets de l'enseignement dans chaque classe ;

3° L'emploi du temps (classes, études, récréations, repas, etc.).

ART. 13. — Le Ministre de l'Instruction publique pourra annexer des cours de pédagogie aux lycées et aux collèges de jeunes filles. Ces cours seront rétribués par l'État.

ART. 14. — Les classes primaires destinées à préparer des élèves pour les cours secondaires pourront être annexées aux lycées et collèges de jeunes filles.

ART. 15. — Au moment de l'entrée dans le lycée ou collège, chaque élève aura à subir, devant une commission composée de la directrice et de deux professeurs ou maîtresses, un examen constatant quelle classe elle est en état de suivre. Il y aura, en outre, à la fin de chaque année scolaire, des examens de passage.

ART. 16. — Les directrices des lycées et collèges de jeunes filles sont nommées par le Ministre, sur la proposition des recteurs, après entente avec l'Administration locale.

ART. 17. — Le personnel enseignant est également nommé par le Ministre. Toutefois, en cas d'urgence, le recteur peut pourvoir aux vacances, par délégation du Ministre et à la condition d'en référer immédiatement à l'Administration supérieure.

ART. 18. — Les traitements des directrices et des professeurs ou maîtresses seront soumis aux retenues pour le service des pensions civiles.

ART. 19. — Les lycées et collèges de jeunes filles sont placés dans les attributions et sous l'autorité des inspecteurs généraux, des recteurs et des inspecteurs d'académie.

ART. 20. — Près de chaque établissement secondaire de jeunes filles, il sera institué une commission investie des attributions des bureaux d'administration institués près des lycées et collèges. Les membres de cette commission seront nommés, pour trois ans, par le Ministre. Des dames en feront nécessairement partie.

ART. 21. — Le Président du Conseil, Ministre de l'Instruction publique et des Beaux-Arts, est chargé de l'exécution du présent décret.

Fait à Paris, le 28 juillet 1881.

JULES GRÉVY.

Par le Président de la République :

Le Président du Conseil,
Ministre de l'Instruction publique et des Beaux-Arts,

JULES FERRY [1].

PREMIER RAPPORT

PRÉSENTÉ AU CONSEIL SUPÉRIEUR PAR M. H. MARION

Membre du Conseil, professeur au lycée Henri IV et à l'École normale primaire supérieure de jeunes filles de Fontenay.

Messieurs,

Les Chambres ayant voté, en décembre 1880, sur la proposition de M. Camille Sée, une loi relative à l'enseignement secondaire des jeunes filles, il s'agit d'appliquer cette loi : le règlement d'administration publique destiné à la

CIRCULAIRE y annexée (25 août 1881).

Monsieur le Recteur,

Je vous transmets ci-joint un certain nombre d'exemplaires d'un décret, en date du 28 juillet dernier, concernant l'organisation des établissements publics d'enseignement secondaire pour les jeunes filles.

Les prescriptions de ce décret, rendu en exécution de la loi du 21 décembre 1880, vous serviront de règle dans vos négociations avec les administrations municipales qui voudront créer des lycées ou des

faire passer dans la pratique, vous est soumis sous la forme d'un projet de décret.

Le rôle de votre Commission était simple, elle n'avait qu'à s'inspirer exactement de l'esprit de la loi, et souvent qu'à en reproduire les termes. En beaucoup d'endroits, la loi du 21 décembre 1880 vise elle-même les lois ou règlements antérieurs ; on a préféré, dans tous ces cas, reprendre *in extenso* les articles ainsi visés, de peur qu'en se contentant d'y renvoyer, on ne vînt à faire un règlement obscur et d'un maniement difficile.

De la sorte, le projet de décret que nous vous soumettons n'est presque fait que d'emprunts à des textes déjà en vigueur. Cependant, quelques modifications de détail sont apportées à certains de ces textes, que la loi ne visait que d'une manière générale, elles rendront nécessaire la sanction du Conseil d'État.

Le plus souvent, on a appliqué simplement aux établissements secondaires de jeunes filles les règlements d'organisation des lycées et collèges de garçons. Je vais signaler les points principaux sur lesquels on a dû s'en écarter. Quelques-uns de ces changements étaient prescrits par les termes mêmes de la loi ; d'autres ont paru bons, comme conformes à l'esprit du législateur en même temps qu'aux intentions générales du Conseil.

A ce titre, votre attention se portera tout d'abord sur l'article 1er du projet. Le législateur a voulu, on le sait, que le régime des établissements publics d'instruction secondaire pour les jeunes filles fût principalement, sinon exclusivement, *l'externat*. Nous nous sommes appliqués à rendre aussi ferme que possible, par la rédaction adoptée, l'expression de cette intention excellente. Le paragraphe 1 de l'article porte que ces établissements, lycées de l'État ou collèges communaux, seront toujours des externats ; le paragraphe 2 ajoute que des internats *peuvent* y être annexés sur la demande des Conseils municipaux et après entente entre eux et l'État, mais qu'alors ces internats sont *au compte des municipalités*. La Commission a cru devoir maintenir ainsi énergiquement, contre les tendances et les habitudes fâcheuses qui nous portent de plus en plus vers l'internat, toutes les restrictions contenues explicitement ou implicitement dans la loi. Il est entendu que l'établissement principal sera partout l'externat, que l'internat y sera annexé, c'est-à-dire subordonné, que la direction appartiendra au chef de l'externat. Celui-ci sera expressément invité par l'Administration supérieure à ne pas se laisser absorber par le soin de l'internat, même quand il n'y aura qu'un seul et même local, ce qui sera l'ordinaire, on peut le craindre.

Le pensionnat d'ailleurs, partout où il existera, étant à la charge des communes, étant soumis, par suite, au régime des *collèges* communaux, même quand il sera annexé à un *lycée* d'externes, la directrice des lycées de jeunes filles se trouvera, par cela même, allégée de la plupart des soins et préoccupa-

collèges de jeunes filles, et dans les propositions que vous aurez à m'adresser à cet effet.

Lorsque le concours de l'Etat sera réclamé pour les frais de première installation, l'article 4 vous autorise à le promettre. La loi du 2 août 1881, qui ajoute une dotation de 20 millions de francs à la caisse des lycées et collèges, dont 10 millions pour subventions et 10 millions pour avances, nous permettra de venir largement en aide aux villes. Toutefois le subside du service de l'instruction publique ne pourra excéder la moitié de la dépense prévue, et comme le fonds de dotation ne sera mis à ma disposition qu'en 1882, c'est seulement à partir du 1er janvier prochain que des allocations ou des avances pourront être accordées.

Vous voudrez bien faire parvenir un exemplaire de la présente circulaire et du décret qui l'accompagne à MM. les Inspecteurs d'académie de votre ressort et à MM. les Maires des villes en instance pour obtenir la création de lycées et de collèges de jeunes filles.

Recevez, Monsieur le Recteur, l'assurance de ma considération très distinguée.

Le Ministre de l'Instruction publique et des Beaux-Arts,

JULES FERRY.

tions qui, actuellement, détournent nos proviseurs de ce qui devrait être leur seule fonction, savoir : la direction des études et la surveillance de l'enseignement.

Afin de maintenir autant que possible cette séparation entre les attributions de la directrice du lycée et celles de l'administration du pensionnat, placée à côté et au-dessous d'elle, la Commission a été d'avis que l'Etat n'intervînt en rien pour fixer le prix de la pension ; il est juste que les villes, qui auront les internats à leur charge, restent libres de déterminer la rétribution à exiger des familles. L'Etat n'aura donc à donner son approbation que pour les frais de l'externat (Art. VI) ; et il déterminera seulement le taux de ses propres bourses (Art. IX). Votre Commission a cru agir selon le vœu et la tendance du Conseil en allégeant autant que possible la tâche de l'Administration centrale et la responsabilité de l'Etat.

On ne peut toutefois se dissimuler que, en fait, l'opinion publique inclinera toujours à faire l'Etat responsable, non sans raison puisqu'il s'agit d'établissements publics, bénéficiant, comme tels, du crédit de l'Etat et de la confiance qu'il inspire. C'est pourquoi la nomination du personnel dirigeant et enseignant est, par les articles XVI et XVII, réservée au Ministre. — Seulement nous demandons que cette nomination soit faite « sur la proposition des Recteurs, après entente avec l'administration locale ». Le but de cette addition est d'empêcher, s'il se peut, que le personnel des lycées et collèges de jeunes filles ne devienne ce qu'est le personnel masculin, une armée de fonctionnaires errants, le plus souvent sans attaches solides à aucune région déterminée, déplacés sans cesse du Nord au Midi, et plus d'une fois contre leur gré, attendant leur sort d'un bureau du ministère, dont la besogne est accablante et la responsabilité trop grande, et où il est difficile que tous soient également bien connus.

Telles sont, Messieurs, les dispositions les plus intéressantes du projet que votre Commission vous invite à approuver. Beaucoup d'autres explications seront utiles ; mais elles ne pourront venir qu'au fur et à mesure, selon qu'on vous lira les articles.

ARRÊTÉ relatif au certificat d'aptitude a l'enseignement des langues vivantes dans les lycées et collèges de jeunes filles (8 novembre 1881).

Le Ministre de l'Instruction publique et des Beaux-Arts,

Vu l'arrêté du 27 juillet 1860, relatif au certificat d'aptitude à l'enseignement des langues vivantes ;

Arrête :

Art. 1er. — Des cours de langues vivantes dans les lycées et collèges de jeunes filles pourront être confiés à des dames qui justifieront du certificat d'aptitude à cet enseignement.

Art. 2. — Les aspirantes au susdit certificat devront produire, indépendamment de leur acte de naissance constatant qu'elles ont au moins vingt-un ans, soit le brevet de capacité primaire supérieur, soit le brevet de capacité de l'enseignement secondaire spécial, soit un diplôme d'université étrangère reconnu équivalent à l'un de ces brevets.

Art. 3. — Elles subiront les épreuves préparatoires et les épreuves définitives déterminées dans l'arrêté du 27 juillet 1860.

Art. 4. — Les présentes dispositions sont exécutoires à partir de 1882.

Fait à Paris, le 8 novembre 1881.

Jules Ferry.

DÉCRET relatif au programme de l'enseignement secondaire des jeunes filles (14 janvier 1882).

(Répartition de l'enseignement en cinq années et deux périodes.)

Le Président de la République Française,

Sur le rapport du Ministre de l'Instruction publique et des Cultes;

Vu la loi du 21 décembre 1880 concernant l'Enseignement secondaire des jeunes filles ;

Vu le décret du 28 juillet 1881 ;

Le Conseil supérieur de l'Instruction publique entendu ;

Décrète :

Art. 1er. — L'enseignement secondaire des jeunes filles comprend cinq années d'études.

Il est divisé en deux périodes.

La première période est de trois années ; la seconde de deux années.

ART. 2. — Dans la première période, les cours sont tous obligatoires. Dans la deuxième période, un certain nombre de cours sont obligatoires, les autres sont facultatifs.

ART. 3. — La répartition des matières de l'enseignement sera fixée par un arrêté ministériel, après avis du Conseil supérieur de l'Instruction publique.

ART. 4. — A la fin de chaque année d'études, les élèves devront subir un examen pour passer dans une classe supérieure. Cet examen devra être également subi par les élèves qui viendront du dehors.

ART. 5. — L'examen passé après la troisième année permettra de conférer un « certificat d'études secondaires ».

ART. 6. — Le « diplôme de fin d'études secondaires » institué par l'article 8 de la loi du 21 décembre 1880, sera délivré à la suite d'un examen portant sur les matières obligatoires de l'enseignement des deux dernières années et sur celles des matières facultatives que désignera l'élève.

Le programme de cet examen et celui de l'examen d'entrée institué par l'article 7 de la loi précitée, seront établis par arrêtés ministériels, après avis du Conseil supérieur de l'Instruction publique.

ART. 7. — Le ministre de l'Instruction publique et des Cultes est chargé de l'exécution du présent décret.

Fait à Paris, le 14 janvier 1882.

JULES GRÉVY.

Par le Président de la République :

Le Ministre de l'Instruction publique et des Cultes,

PAUL BERT.

ARRÊTÉ FIXANT LA RÉPARTITION DES MATIÈRES DE L'ENSEIGNEMENT (14 janvier 1882).

LE MINISTRE DE L'INSTRUCTION PUBLIQUE ET DES CULTES,

Vu la loi du 21 décembre 1880 ;
Vu le décret du 28 juillet 1881 (article 12) ;
Vu le décret du 14 janvier 1882 ;
Le Conseil supérieur de l'Instruction publique entendu ;

Arrête :

ART. 1er. — Les matières de l'enseignement secondaire des jeunes filles seront réparties comme il suit dans les cinq années d'études :

PREMIÈRE PÉRIODE.

1re ANNÉE (12-13 ans, âge maximum).

Langue et littérature françaises.........................	5 heures.
Langues vivantes (anglais ou allemand)	3
Histoire générale et nationale ; géographie.............	4
Calcul et géométrie...................................	2
Histoire naturelle : zoologie et botanique..............	1
Dessin et écriture.....................................	3
Musique vocale..	2
	20

2e ANNÉE (13-14 ans).

Langue et littérature françaises [1]	5 heures.
Langues vivantes.....................................	3
Histoire générale et nationale. — Géographie...........	4
Arithmétique et géométrie plane......................	2
Histoire naturelle : zoologie, botanique et géologie.......	1
Dessin..	3
Musique vocale.......................................	2
	20

3e ANNÉE (14-15 ans).

Morale	1 heure.
Langue et littérature françaises [1] littératures anciennes...	4
Langues vivantes.....................................	3
Histoire générale et nationale ; géographie.............	3
Arithmétique et géométrie............................	1
Physique et chimie...................................	3
Physiologie, économie domestique et hygiène...........	1
Musique vocale	1
Dessin..	3
	20

DEUXIÈME PÉRIODE.

4e ANNÉE (15-16 ans).

Cours obligatoires.

Morale..	1 heure.
Langue et littérature françaises [1] ; littératures anciennes..	4
Langues vivantes ; littératures étrangères..............	3
Histoire sommaire de la civilisation jusqu'à Charlemagne.	2
Cosmographie...	1
Physiologie animale et végétale.......................	1
	12

[1] La lecture à haute voix fait partie du cours de langue et littérature françaises.

Cours facultatifs.

Littératures anciennes...	3 heures.
Eléments de langue latine..................................	3
Mathématiques..	3
Physique...	1
Musique vocale..	1
Dessin..	3
	14

5° ANNÉE (15-16 ans).

Cours obligatoires.

Eléments de psychologie appliquée à l'éducation.........	1 heure.
Langue et littérature françaises [1] ; littératures anciennes..	3
Langues vivantes; littératures étrangères...............	3
Histoire de la civilisation de Charlemagne à nos jours....	2
Notions de droit usuel. — Economie domestique.........	1
Physique et chimie..	2
	12

Cours facultatifs.

Littératures anciennes	2 heures.
Eléments de la langue latine..............................	1
Géographie économique.....................................	1
Mathématiques..	2
Physiologie animale et végétale	2
Musique vocale	1
Dessin	3
	12

ART. — La durée des classes sera d'une heure : il y aura deux classes le matin et deux le soir, tous les jours de la semaine, sauf le jeudi et le dimanche.

Trois fois par semaine, après la classe du matin : travaux à l'aiguille et gymnastique.

Fait à Paris, le 14 janvier 1882.

Le Ministre de l'Instruction publique et des Cultes,

PAUL BERT.

---

[1] La lecture à haute voix fait partie du cours de langue et littérature françaises.

CIRCULAIRE Y ANNEXÉE.

Paris, le 14 janvier 1882.

Monsieur le Recteur,

Le moment est venu de prendre un parti décisif au sujet du plan d'organisation des lycées et collèges de jeunes filles. La loi du 21 décembre 1882 a établi en principe (art. 1er) la fondation « par l'Etat, » avec le concours des départements et des communes d'établisse- » ments destinés à l'enseignement secondaire des jeunes filles ».

L'article 2 porte :

1º Que ces établissements seront des *externats*, mais que « des *inter-* » *nats* pourront y être annexés sur la demande des conseils municipaux » et après entente entre eux et l'Etat ».

2º Que les internats « seront soumis au même régime que les col- » lèges communaux ».

Voilà les principes qui doivent régler la matière.

Le décret du 28 juillet 1881, sur l'avis du Conseil supérieur de l'Instruction publique, précise le sens de la loi du 21 décembre 1880. Il distingue (art. 1er) les *lycées de l'Etat* et les *collèges communaux*.

§ 1er. LYCÉES (EXTERNATS).

L'établissement immédiat d'un certain nombre de lycées (externats libres ou externats surveillés) est un des premiers et des plus pressants devoirs de l'Etat; il répond aux nécessités urgentes de la situation. Ces lycées seront répartis sur toute la surface du territoire de la République. J'ai l'intention en principe, d'en créer un par département. Mais cette règle souffrira des exceptions. Tel département très populeux pourra en posséder deux ou trois : ailleurs deux départements d'importance moindre pourront être groupés et n'avoir ensemble qu'un seul lycée. Il vous appartient de rechercher avec le soin le plus scrupuleux quel est le siège naturel de chacun de ces établissements. Vous n'oublierez pas qu'ils doivent être des types, des modèles d'un enseignement nouveau, et que chacun d'eux doit répandre en quelque sorte la lumière sur toute une région. Vous ferez appel au concours des assemblées communales, et si le choix entre plusieurs villes présentait quelque doute à votre esprit, vous vous décideriez pour celle qui consentirait aux sacrifices les plus importants.

L'article 2 du décret précité marque nettement la part de dépenses afférentes aux villes pour ce genre de fondations. Conformément à la circulaire du 25 août 1881, le concours de l'Etat pour les frais de construction et d'aménagement ne saurait, en aucun cas, excéder la moitié de la dépense prévue. Au surplus, comme tous les frais d'enseignement incomberont à l'Etat, et que les bâtiments resteront propriétés communales (art. 4), les villes privilégiées n'auraient-elles pas mauvaise grâce à nous marchander leur contribution financière?

Je me propose de demander aux Chambres les crédits nécessaires pour le fonctionnement (enseignement et administration) des lycées de jeunes filles. Par conséquent, les engagements pris avec les villes restent, jusqu'à nouvel ordre, subordonnés au vote de ces crédits.

Quant aux programmes, ils seront prochainement rédigés dans leurs détails. Un projet d'organisation générale de l'enseignement a été tout d'abord soumis à l'examen du Conseil supérieur de l'instruction publique dans sa dernière session, et les principes fondamentaux se trouvent désormais fixés par le décret et l'arrêté du 14 janvier qui accompagnent la présente circulaire.

§ 2. COLLÈGES (EXTERNATS).

Les collèges seront établis dans les centres moins importants.

L'article 3 du décret du 22 juillet 1881, assimilant, suivant la loi, ces collèges de filles aux collèges de garçons, porte que les villes devront fournir un local, en assurer l'entretien, y placer et y entretenir le mobilier nécessaire, garantir enfin, pendant une période de dix ans au moins, les traitements fixes du personnel.

Pour les collèges, comme pour les lycées, la construction et l'aménagement des locaux incombent donc aux villes. Mais je pourrai, sous les réserves indiquées plus haut, contribuer à ces dépenses par une allocation.

Je suis disposé d'ailleurs à concourir aux frais de l'enseignement par des subventions variables suivant les cas et distribuées, en général, comme dans les collèges de garçons sous forme de créations de chaires.

§ 3. INTERNATS.

Pour les lycées comme pour les collèges, l'internat est facultatif. Il appartiendra aux municipalités d'en demander la création, suivant les nécessités locales. Lorsque ces nécessités me paraîtront bien démontrées, je ne refuserai pas de concourir aux frais de construction des bâtiments de pensionnat.

§ 4. BOURSES.

Les bourses peuvent être, d'après la loi, art. 3, « fondées par l'État, » les départements et les communes au profit des internes et des demi-» pensionnaires, tant élèves, qu'élèves-maîtresses ». En ce qui concerne les bourses d'État, j'ai demandé un crédit aux Chambres. Suivant une disposition nouvelle, un certain nombre de ces bourses pourraient, sous le nom de *bourses familiales,* être accordées à des élèves qui, tout en suivant les cours des lycées ou collèges, demeureraient chez leurs parents ou seraient logées et nourries soit dans des familles, soit dans des institutions libres. Il est bien entendu que ces familles et ces institutions devraient être agréées par l'administration et que les boursières seraient soumises à sa surveillance.

§ 5. CHOIX DES DIRECTRICES.

Les articles 16 et 17 du décret précité portent que les directrices seront nommées par le Ministre, sur votre proposition, après entente avec l'Administration municipale. En principe, elles devront être munies de diplômes, et, pour le moins du brevet supérieur de l'enseignement primaire. Cependant, lorsque vous trouverez des personnes qui conviendraient parfaitement à la direction d'un établissement secondaire de jeunes filles et pourraient contribuer à son succès, soit par l'autorité acquise dans l'enseignement libre, soit par une grande influence personnelle, l'absence de grades élevés ne serait pas un obstacle absolu à leur nomination. Vous me les présenteriez en qualité de déléguées, et je verrais à leur donner plus tard un titre définitif.

Il pourrait en être de même des institutrices que vous jugeriez utile de charger d'une partie de l'enseignement. Lorsque l'École normale de Sèvres aura formé le personnel qui manque jusqu'ici, il sera temps de se montrer plus exigeant au point de vue des grades.

§ 6. INSTALLATIONS PROVISOIRES.

En terminant, Monsieur le Recteur, j'appelle de la manière la plus instante votre attention sur la nécessité d'organiser, sans délai, l'enseignement secondaire des jeunes filles partout où il a quelque chance de succès. Il serait regrettable de perdre une année pour attendre l'aménagement d'un local définitif. Il faut courir au plus pressé, et le plus pressé est d'instruire. Je suis disposé, après avoir pris l'avis de la Section permanente du Conseil supérieur, à conclure des traités conditionnels avec les villes qui prendraient des engagements pour l'installation définitive : je consentirais alors à accepter des bâtiments provisoires : quelques salles pourraient suffire. Je sais que dans plusieurs villes on a procédé ainsi, et que les cours fonctionnent dès maintenant d'une manière satisfaisante.

Il n'est pas nécessaire non plus que l'enseignement reçoive tout d'abord une organisation complète. On pourra se contenter au début de deux ou trois années de cours, auxquelles viendront s'ajouter successivement des classes plus élevées.

J'espère, Monsieur le Recteur, que la prompte exécution de ces différentes mesures nous permettra de répondre à l'attente du pays et à la confiance du Parlement.

Recevez, Monsieur le Recteur, l'assurance de ma considération très distinguée.

Le Ministre de l'Instruction publique et des Cultes,

PAUL BERT.

DÉCRET CRÉANT UN LYCÉE NATIONAL DE JEUNES FILLES A MONTPELLIER (10 janvier 1882).

(Autorisation d'annexer un internat au lycée). — Pour les frais d'études voir le décret du 17 août 1882 [1].

----

[1] Page 526.

DÉCRET créant un lycée national de jeunes filles a Rouen (18 mars 1882).

Régime de l'établissement : externat simple avec externat surveillé. Faculté d'annexer un demi-pensionnat.

Rétributions annuelles.	Externat simple.	Externat surveillé.	Demi-pension.
Classes primaires.....................	80 fr.	140 fr.	475 fr.
Enseignement secondaire { 1re période ..	100	160	525
2e période...	125	185	575

DÉCRET portant création d'un collège communal de jeunes filles a Auxerre (3 mai 1882).

Externat simple avec externat surveillé.

DÉCRET portant création d'un collège communal de jeunes filles a Lons-le-Saulnier [1] (4 juillet 1882).

Externat simple avec externat surveillé.

DÉCRET portant création d'un collège communal de jeunes filles a Grenoble (17 juillet 1882).

Externat simple avec faculté d'y annexer un externat surveillé.

DÉCRET portant règlement pour la collation des bourses dans les lycées et les collèges de jeunes filles (27 juillet 1882).

Le Président de la République française

Vu la loi du 21 décembre 1880, article 3 ;
Vu le décret du 19 janvier 1881 ;

[1] Voir l'arrêté du 20 octobre 1884, autorisant l'annexion provisoire d'un internat.

Vu le décret du 28 juillet 1881, article 7 ;

Sur la proposition du Ministre de l'instruction publique et des Beaux-Arts ;

Le Conseil supérieur de l'Instruction publique entendu ;

Décrète :

ART. 1er. — Les bourses d'enseignement secondaires, entretenues par l'Etat, les départements et les communes dans les lycées et collèges de jeunes filles, sont partagées en trois catégories :

1° Bourses d'internat ;

2° Boursès de demi-pensionnat ;

3° Bourses d'externat.

ART. 2. — Les bourses d'internes et de demi-pensionnaires pourront être fondées, soit dans les pensionnats annexés par les villes aux lycées ou aux collèges, soit, à défaut de ces internats municipaux, dans des institutions libres ou dans des familles agréées par le Ministre.

ART. 3. — Les bourses de l'Etat ne sont accordées qu'après enquête constatant l'insuffisance de fortune de la famille. Elles sont conférées aux enfants qui se sont fait remarquer par leurs aptitudes, et particulièrement à celles dont la famille a rendu des services au pays.

Les bourses des départements et des communes sont concédées dans les mêmes conditions.

ART. 4. — Suivant les titres et la situation de fortune des postulants, les bourses de l'Etat, des départements et des communes sont ou entières, ou fractionnées de la manière suivante :

Les bourses d'internat et de demi-pensionnat, en demi-bourse ou en trois quarts de bourses ;

Les bourses d'externat, en demi-bourse.

ART. 5. — Les aspirantes aux bourses d'enseignement secondaire doivent justifier, par un examen préalable, qu'elles sont en état de suivre la classe correspondant à leur âge.

Les départements et les communes peuvent ouvrir un concours pour les bourses entretenues à leurs frais, mais à la condition que les aspirantes aient préalablement subi l'examen réglementaire.

ART. 6. — Un arrêté ministériel, rendu sur l'avis du Conseil supérieur, détermine les conditions, le programme et l'époque de l'examen.

ART. 7. — L'examen est subi devant une commission spéciale de cinq membres, nommés par le Recteur de l'académie et siégeant au chef-lieu du département. Deux dames au moins font partie de cette commission.

ART. 8. — Les aspirantes aux bourses fondées par des particuliers doivent avoir subi l'examen réglementaire dans les formes déterminées par les articles 6 et 7, à moins que l'acte de fondation ne contienne une disposition expressément contraire.

ART. 9. — Les boursières de l'Etat sont nommées, sur la proposition du Ministre de l'Instruction publique, par le Président de la République.

ART. 10. — Les boursières des départements sont nommées par les conseils généraux ; les boursières des communes sont nommées par les conseils municipaux, avec approbation des préfets.

Le Recteur de l'académie intervient comme délégué du Ministre de l'Instruction publique, afin de constater l'exécution des règlements scolaires.

ART. 11 [1]. — Le Ministre pour les boursières de l'État, le préfet pour les boursières départementales et les boursières communales, peuvent accorder des promotions de bourses aux élèves inscrites au tableau d'honneur spécial, dressé à la fin de chaque année scolaire par les directrices des lycées et collèges, après avis des professeurs.

ART. 12. — Les boursières de l'État, des départements et des communes restent en possession de leur bourse jusqu'à l'âge de dix-huit ans accomplis. Si elles atteignent cet âge avant l'expiration de l'année classique, leur bourse est prorogée de plein droit jusqu'à la fin de ladite année.

Une prolongation d'études peut être accordée aux boursières inscrites au tableau d'honneur. Une seconde prolongation peut être accordée à celles qui ont été déclarées admissibles à l'École normale secondaire de Sèvres.

ART. 13. — Des bourses peuvent être concédées sans examen à des élèves ayant plus de dix-sept ans et moins de vingt ans, si elles sont pourvues du grade de bachelier ou du diplôme de fin d'études secondaires.

ART. 14. — En cas de faute grave, les directrices de lycée et de collège ont le droit de rendre provisoirement une boursière à sa famille, sauf à en référer immédiatement au Recteur de l'académie.

En cas d'insubordination habituelle ou d'incapacité notoire, l'élève boursière peut, après deux avertissements notifiés à la famille, être de sa bourse.

La déchéance de la bourse, quelle qu'en soit l'origine, est prononcée par le Ministre.

ART. 15. — Le Ministre de l'Instruction publique et des Beaux-Arts est chargé de l'exécution du présent décret, qui sera inséré au *Journal Officiel*.

JULES GRÉVY.

Par le Président de la République :

Le Ministre de l'Instruction publique et des Beaux-Arts,

JULES FERRY.

DÉCRET PORTANT CRÉATION D'UN LYCÉE DE JEUNES FILLES A BESANÇON (28 juillet 1882).

Régime de l'établissement : externat avec externat surveillé. Faculté d'annexer un demi-pensionnat.

[1] L'article 11 a été modifié par un décret en date du 28 juillet 1883. (Voir ce décret, p. 532.)

Rétributions annuelles.		Externat simple.	Externat surveillé.	Demi-pension.
Classes primaires......................		80 fr.	140 fr.	425 fr.
Enseignement secondaire	1re période..	100	160	475
	2e période...	125	185	525

DÉCRET PORTANT CRÉATION D'UN COLLÈGE COMMUNAL [1] DE JEUNES FILLES A MONTAUBAN (28 juillet 1882).

Externat simple avec externat surveillé. Faculté d'annexer un demi-pensionnat.

DÉCRET PORTANT CRÉATION D'UN COLLÈGE COMMUNAL DE JEUNES FILLES A SAUMUR (28 juillet 1882).

Faculté d'annexer un internat.

ARRÊTÉ RELATIF A L'EXAMEN POUR L'OBTENTION DES BOURSES DANS LES LYCÉES ET LES COLLÈGES DE JEUNES FILLES (28 juillet 1882).

LE MINISTRE DE L'INSTRUCTION PUBLIQUE ET DES BEAUX-ARTS,

Vu le décret en date du 28 juillet 1882 portant règlement pour la collation des bourses nationales, départementales et communales dans les lycées et les collèges de jeunes filles ;

Vu les programmes adoptés par arrêtés ministériels des 14 janvier et 28 juillet 1882 ;

Le Conseil supérieur de l'Instruction publique entendu ;

Arrête:

ART. 1er. — Les commissions chargées d'examiner les aspirantes aux bourses nationales, départementales et communales pour l'enseignement secondaire des jeunes filles sont composées d'un inspecteur d'académie, président, et de quatre membres choisis par le Recteur

---

[1] Le collège a été érigé en lycée par décret en date du 22 décembre 1883. Voir le décret page 547.

parmi les professeurs ou anciens professeurs des facultés, des lycées et des collèges de garçons ou de filles. Un professeur de langues vivantes est adjoint au jury pour les catégories où les langues vivantes sont exigées. Dans les départements où il n'existe pas de lycée ou de collège de jeunes filles, les deux dames qui doivent faire partie de la commission peuvent être choisies en dehors de l'enseignement secondaire.

ART. 2. — Les examens ont lieu chaque année, du 1er au 15 avril et du 1er au 15 juillet, au chef-lieu de chaque département.

Les aspirantes doivent être inscrites du 15 au 30 mars ou du 15 au 30 juin, au secrétariat de la préfecture de leur résidence ou de la résidence de leur famille [1].

La demande d'inscription est accompagnée : 1° de l'acte de naissance de l'enfant ; 2° s'il y a lieu d'un certificat de bonne conduite délivré par la directrice de l'établissement où elle a déjà fait des études primaires ou secondaires.

ART. 3. — Les aspirantes sont distribuées en autant de séries qu'il y a d'années de cours dans l'enseignement secondaire. Le résultat de l'examen est valable aussi longtemps que l'aspirante appartient, par son âge, à la série dans laquelle elle a été examinée.

ART. 4. — Les aspirantes doivent avoir pour entrer :

Dans la 1re année de cours, moins de 13 ans accomplis au 1er octobre de l'année où l'examen est subi ;

Dans la 2° année de cours, moins de 14 ans accomplis au 1er octobre de l'année où l'examen est subi ;

Dans la 3e année de cours, moins de 15 ans accomplis au 1er octobre de l'année où l'examen est subi ;

Dans la 4° année de cours, moins de 16 ans accomplis au 1er octobre de l'année où l'examen est subi ;

Dans la 5e année de cours, moins de 17 ans accomplis au 1er octobre de l'année où l'examen est subi ;

ART. 5. — Les aspirantes sont interrogées, savoir :

Pour la classe de première année, sur les matières du cours moyen de l'enseignement primaire (obligatoire) ;

Pour la classe de deuxième année, sur les matières du programme de la classe première année, et ainsi de suite jusqu'à la classe de cinquième année.

ART. 6. — L'examen comprend deux épreuves : une épreuve écrite, une épreuve orale.

L'épreuve écrite est éliminatoire ; elle comprend :

Pour la première série, une dictée française et une composition sur une des matières du cours moyen de l'enseignement primaire obligatoire.

Pour la deuxième et la troisième série, deux compositions : l'une littéraire, l'autre scientifique, sur les matières des cours de première et de deuxième année ;

Pour la quatrième et la cinquième série, deux compositions : l'une littéraire ou historique, l'autre scientifique, sur les matières des

---

[1] Le § 2 de l'article 2 a été modifié par l'arrêté du 11 avril 1883. (Voir cet arrêté page 528.)

cours de troisième et de quatrième année, et une version de langue vivante.

Art. 7. — Le nombre maximum de points à compter pour chaque épreuve écrite est de 20. Pour être admise à l'épreuve orale, l'aspirante doit obtenir au moins la moyenne des points dans l'ensemble des épreuves écrites.

Art. 8. — Les épreuves orales portent sur les matières suivantes, savoir :

Première série : grammaire, calcul, histoire, géographie.

Deuxième et troisième séries : langue française, histoire et géographie, mathématiques, histoire naturelle.

Quatrième série : littérature, histoire et géographie, science, langues vivantes.

Cinquième série : morale et littérature, histoire, sciences, langues vivantes ; les élèves de cette cinquième série peuvent demander à être interrogées, en outre, sur les matières facultatives du cours de quatrième année.

Une note de 0 à 10 est attribuée à chacune des quatre épreuves orales de chaque série. Nulle ne peut être définitivement admise qu'avec la moyenne des points.

Art. 9. — Le nombre des points obtenus dans chacune des épreuves sera consigné au procès-verbal et inscrit sur le certificat d'aptitude.

Art. 10. — MM. les Recteurs d'académie sont chargés de l'exécution du présent arrêté.

Jules Ferry.

ARRÊTÉ relatif aux programmes des cours primaires et aux examens d'admission aux cours secondaires dans les lycées et collèges de jeunes filles (28 juillet 1882).

Le Ministre de l'Instruction publique et des Beaux-Arts,

Vu la loi du 21 décembre 1880, article 7 ;
Vu le décret du 28 juillet 1881, article 15 ;
Vu le décret du 13 janvier 1882, articles 4 et 5 ;
Le Conseil supérieur de l'Instruction publique entendu ;

Arrête :

Art. 1er. — Les programmes des cours primaires annexés aux lycées et collèges de jeunes filles seront préparés par la directrice et les professeurs de l'établissement et approuvés par le recteur de l'académie.

Art. 2. — Les examens d'admission aux cours secondaires dans les lycées et collèges de jeunes filles seront subis devant une commission composée de la directrice et de deux professeurs de l'établissement.

ART. 3. — Ces examens seront oraux. Ils porteront :

Pour la première année, sur les matières du programme du cours moyen de l'enseignement primaire obligatoire ;

Pour les 2º, 3º, 4º et 5º années, sur les matières comprises dans les programmes des 1ʳᵉ, 2ᵉ, 3ᵒ et 4ᵉ années.

ART. 4. — Le certificat d'aptitude aux bourses dispensera de l'examen d'admission.

JULES FERRY.

ARRÊTÉ CRÉANT UN CERTIFICAT D'ÉTUDES SECONDAIRES DE TROISIÈME ANNÉE POUR LES ÉLÈVES DES LYCÉES ET COLLÈGES DE JEUNES FILLES (28 juillet 1882).

LE MINISTRE DE L'INSTRUCTION PUBLIQUE ET DES BEAUX-ARTS,

Vu la loi du 21 décembre 1880 ;

Vu le décret du 14 janvier 1882, articles 4, 5 et 6 ;

Le Conseil supérieur de l'Instruction publique entendu ;

Arrête :

ART. 1ᵉʳ. — Il sera délivré un certificat d'études secondaires de troisième année à toute élève des lycées et collèges de jeunes filles qui aura satisfait aux épreuves de l'examen de passage de troisième en quatrième année.

ART. 2. — Cet examen sera subi à la fin de la troisième année scolaire, à l'intérieur du lycée ou du collège, devant les professeurs de troisième année de l'établissement, réunis sous la présidence d'un délégué de l'administration académique, assisté de la directrice.

En cas d'empêchement ou d'ajournement, l'examen pourra avoir lieu au début de la quatrième année.

ART. 3. — Les élèves seront interrogées sur les matières du programme de troisième année. L'examen ne comprendra que des épreuves orales ; mais il sera déposé sur le bureau, pour chaque jeune fille, un dossier comprenant les compositions qu'elle aura faites et les notes qu'elle aura obtenues pour ses devoirs au cours de l'année.

ART. 4. — La nullité absolue dans une des épreuves sera une cause d'exclusion.

L'exclusion sera également prononcée pour trois notes *mal*.

La note pour chaque épreuve sera proposée par l'interrogateur et fixée par tous les membres du jury d'examen. L'admission au certificat sera prononcée à la majorité des voix.

ART. 5. — Le certificat d'études secondaires de troisième année, sera délivré par le recteur. Il portera l'indication des notes obtenues par l'élève pour chaque matière ; et si elle a obtenu l'unanimité des suffrages, mention spéciale en sera faite.

Art. 6. — Lorsqu'une élève, possédant déjà le certificat d'études secondaires de troisième année, aura subi avec succès, à la fin de la première année de la deuxième période, l'examen de passage de quatrième année en cinquième, ce résultat fera l'objet d'une mention supplémentaire ajoutée audit certificat.

Jules Ferry.

ARRÊTÉ instituant près des lycées et collèges de jeunes filles un jury chargé d'examiner les élèves qui se présenteront pour l'obtention du diplome de fin d'études (28 juillet 1882).

Le Ministre dl l'Instruction publique et des Beaux-Arts,

Vu l'article 8 de la loi du 21 décembre 1880 ;
Vu l'article 6 du décret du 14 janvier 1882 ;
Le Conseil supérieur de l'Instruction publique entendu ;

Arrête :

Art. 1er. — il est institué près de chaque établissement public d'enseignement secondaire pour les jeunes filles (lycée ou collège), un jury chargé d'examiner les élèves qui se présenteront pour le diplôme de fin d'études.

Art. 2. — Ce jury, nommé par le Ministre sur la proposition du recteur, se réunit à la fin de l'année scolaire. Il est composé de six membres, ainsi qu'il suit :

Un délégué de l'administration académique, président ;
La directrice du lycée ou du collège ;
Deux professeurs de l'établissement et un professeur d'un autre établissement d'enseignement secondaire ;
Un professeur de langues vivantes ;
Un examinateur spécial pourra être appelé à donner la note sur celles des matières facultatives que le jury ne serait pas en mesure d'apprécier.

Art. 3. — Nul examen isolé ou collectif ne peut avoir lieu à une autre époque que celle qui est déterminée ci-dessus.

Art. 4. — Toute aspirante doit déposer ou faire déposer, dans les délais fixés, au secrétariat de l'académie dans le ressort de laquelle est placé l'établissement public dont elle suit les cours, les pièces énumérées ci-après :

1° L'acte de naissance constatant qu'elle aura seize ans accomplis avant le 1er août de l'année où elle se présente.

2° Un certificat de la directrice constatant que l'aspirante a suivi régulièrement les cours de quatrième et de cinquième année.

Dans le cas où une aspirante n'aurait pas suivi les cours des deux dernières années dans un même établissement, elle subira les épreuves là où elle aura terminé ses études, et devra justifier de la scolarité complète.

Art. 5. — L'aspirante doit, au moment de son inscription, désigner les matières facultatives pour lesquelles elle opte.

Art. 6. — Le registre d'inscription sera ouvert vingt jours et clos cinq jours avant le commencement de la session.

Art. 7. — L'examen comprend des épreuves écrites et des épreuves orales.

Les épreuves écrites sont éliminatoires ; elles portent sur les matières des cours de quatrième et de cinquième année ; elles sont au nombre de trois : 1° une composition littéraire ; 2° une composition scienti-, fique ; 3° un thème et une version de langue vivante.

Trois heures sont accordées pour chacune de ces compositions. Les deux premières ont lieu le même jour, à trois heures d'intervalle ; la composition de langues vivantes a lieu le lendemain. Les sujets sont donnés par le recteur.

Les aspirantes sont placées sous la surveillance d'un des membres du jury autre que la directrice.

Il n'est laissé à la disposition des aspirantes d'autres livres que les lexiques autorisés.

Les compositions, corrigées chacune par un membre du jury, sont jugées par le jury tout entier, qui décide quelles sont les aspirantes admises à subir les épreuves orales.

La nullité des trois épreuves ou deux notes *mal* entraînent l'ex-clusion.

L'*examen oral* porte sur l'ensemble des matières obligatoires et sur celles des matières facultatives désignées par l'aspirante (deux au moins).

La nullité absolue d'une épreuve orale sur les matières des cours obligatoires entraîne l'ajournement ; il en est de même pour trois notes *mal* sur l'ensemble de l'examen oral.

L'ajournement ne peut être prononcé qu'en vertu d'une délibération du jury.

Art. 8. — Les diverses épreuves écrites ou orales donnent lieu à des suffrages qui sont exprimés de la manière suivante :

Nul. 0
Mal. 1
Passable 2
Assez bien 3
Bien. 4
Très bien. 5

Art. 9. — L'admission est prononcée à la majorité des voix. Le diplôme fait mention des matières facultatives sur lesquelles les aspi-rantes ont été interrogées. Lorsque l'ensemble de l'examen a donné pour résultat les notes *bien*, *très bien*, mention en est également faite sur le diplôme.

Art. 10. — Le président du jury, s'il découvre quelque fraude, est tenu de porter immédiatement les faits à la connaissance du recteur dans un rapport spécial.

Art. 11. — Les certificats d'aptitude avec les pièces déposées par les aspirantes, sont transmis au recteur pour recevoir son visa.

Le président du jury lui adresse en même temps le procès-verbal de chaque séance, signé de tous les juges, et un rapport sur l'ensemble des examens et sur la force relative des épreuves. Il y joint les compositions faites par chaque aspirante, corrigées et annotées par les membres du jury.

Si le recteur estime qu'il y a défaut de forme dans la réception des aspirantes, il refuse son visa aux certificats d'aptitude et fait connaître au ministre les motifs de son refus en lui transmettant les certificats délivrés par le jury.

ART. 12. — Les diplômes sont conférés par le ministre dans la forme établie.

ART. 13. — Nul diplôme n'est remis à l'impétrante qu'après que celle-ci a apposé sa signature tant sur l'acte même que sur le registre spécial qui sert à constater la remise du diplôme, ou sur un récépissé, qui doit être annexé à ce registre.

Tout diplôme qui ne porte point la signature de l'impétrante et celle du fonctionnaire qui a fait remise de l'acte, est considéré comme sans valeur.

JULES FERRY.

ARRÊTÉ RELATIF A LA RÉPARTITION DES MATIÈRES DE L'ENSEIGNEMENT SECONDAIRE DES JEUNES FILLES (28 juillet 1882).

Vu la loi du 21 décembre 1880 ;
Vu le décret et l'arrêté du 14 janvier 1882 ;
Le Conseil supérieur de l'Instruction publique entendu ;

Arrête :

L'enseignement de la physique, inscrit au nombre des cours facultatifs pour l'enseignement secondaire des jeunes filles (4° année), est reporté aux cours obligatoires.

Les matières d'enseignement seront réparties comme il suit :

4° ANNÉE (15-16 ans).

Cours obligatoires.

Morale..	1 heure.
Langue et littérature française ; littératures anciennes.....	4
Langues vivantes ; littératures étrangères...............	3
Histoire sommaire de la civilisation jusqu'à Charlemagne.	2
Cosmographie.....................................	1
Physiologie animale et végétale......................	1
Physique..	1
	13

Cours facultatifs.

Littératures anciennes.............................	3 heures.
Éléments de la langue latine........................	1
Mathématiques....................................	3
Musique vocale...................................	1
Dessin..	3

JULES FERRY.

PROGRAMMES
DE L'ENSEIGNEMENT SECONDAIRE DES JEUNES FILLES.

28 juillet 1882.

Le Ministre de l'Instruction publique et des Beaux-Arts,

Vu la loi du 21 décembre 1880 ;
Vu le décret du 28 juillet 1881 ;
Vu le décret du 14 juillet 1882 ;
Vu les arrêtés des 14 janvier et 28 juillet 1882 ;
Le Conseil supérieur de l'Instruction publique entendu,

Arrête ainsi qu'il suit les programmes de l'enseignement secondaire des jeunes filles.

*Le Ministre de l'Instruction publique
et des Beaux-Arts,*

JULES FERRY.

PROGRAMME
DE LANGUE ET LITTÉRATURE FRANÇAISE ET LITTÉRATURES ANCIENNES.

PREMIÈRE PÉRIODE
Trois Années, de 12 à 15 ans.

PREMIÈRE ANNÉE.
AGE, 12 ANS.
(Cinq heures par semaine.)

Langue et littérature françaises

Lectures à haute voix expliquées et commentées en classe (vers et prose).

Récitation d'auteurs français.

Grammaire française; les sons, les mots, les parties du discours.

Exercices oraux et écrits de langue et d'orthographe françaises. — Analyses grammaticales. — Dictées sur des sujets variés et instructifs.

Exercices élémentaires sur le vocabulaire et sur la formation des mots. Substantifs tirés d'adjectifs, de verbes; adjectifs tirés de substantifs, de verbes, etc.; verbes tirés de substantifs et d'adjectifs, etc. — Etude de quelques préfixes et de quelques suffixes. — Trouver les dérivés et les composés d'un verbe, d'un nom simple, et les encadrer dans de petites phrases, etc.; exemples de familles de mots, etc.

Compositions d'après un récit fait en classe et reproduit d'abord oralement par les élèves.

Auteurs.

La Fontaine, *Fables*, les six premiers livres.

Fénelon, *Télémaque, Dialogues des morts.*

Buffon, *Morceaux choisis.*

Racine, *Esther.*

Morceaux choisis de prosateurs et de poètes français du XVIIe au XIXe siècle. Notions d'histoire littéraire à propos des auteurs étudiés.

DEUXIÈME ANNÉE.

AGE, 13 ANS.
(Cinq heures par semaine.)
Langue et littérature françaises.

Lectures à haute voix expliquées et commentées en classe (vers et prose).

Récitation d'auteurs français.

Révision de la première partie de la grammaire. — Syntaxe.

Continuation des exercices oraux et écrits de langue et d'orthographe, mais croissant en importance et en difficulté. Dictées d'orthographe. Études des mots difficiles et des exceptions. — Exercices sur la syntaxe ; propositions affirmatives, interrogatives, conditionnelles. — — Exercices sur les synonymes ; encadrer les synonymes dans de petites propositions qui en fassent ressortir la signification.—Continuation des exercices sur le vocabulaire ; notions très sommaires d'étymologie française, mots d'origine savante, d'origine populaire ; doublets.

Compositions françaises (reproduction ou imitation libre d'un morceau lu, d'un sujet expliqué, développé en classe, des remarques, jugements émis par le professeur, etc.)

Auteurs.

La Fontaine, *Fables*, les six derniers livres.

Racine, *Iphigénie, les Plaideurs*.

Boileau, *le Lutrin, les Satires*.

Sévigné, *Lettres choisies*.

Bossuet, *Histoire universelle*, 3e partie.

Morceaux choisis de prosateurs et de poètes français du xvie au xixe siècle.

Notions d'histoire littéraire à propos des auteurs lus et étudiés.

TROISIÈME ANNÉE.

AGE, 14 ANS.
(Quatre heures par semaine.)
Langue et littérature françaises.

Révision de la grammaire française. — Étude de la période. — Assembler en une ou plusieurs périodes les diverses circonstances d'un récit. — Réunir deux ou trois propositions en une seule. — Remplacer un complément par une proposition, et réciproquement. — Emploi des temps et des modes.

Notions sommaires de versification. — Vers à retourner ; vers à mettre en prose ; etc.

Notions sommaires de composition. — Distinguer et analyser les différents genres littéraires (vers et prose).

Compositions écrites, avec matières de moins en moins développées. — Analyses et appréciations littéraires, d'abord orales, puis mises par écrit.

Notions d'histoire de la littérature française depuis le xvie siècle ; insister spécialement sur le xviie et le xviiie siècle.

Cours sommaire sur les littératures anciennes : principales époques et principaux auteurs.

Auteurs

Fénelon, *Éducation des Filles*.

Voltaire, *Siècle de Louis XIV*, spécialement chap. 31-34.

Bossuet, *Oraisons funèbres d'Henriette de France et d'Henriette d'Angleterre*.

Boileau, *Art poétique*.

Corneille, *Le Cid, Horace*.

Molière, *Les Femmes savantes*.

Morceaux choisis de prosateurs et de poètes français du xie au xixe siècle (la part faite au moyen âge doit être restreinte, et les textes doivent être accompagnés de traductions ; la part faite au xvie siècle plus considérable).

Notions d'histoire littéraire à propos des auteurs lus et étudiés.

DEUXIÈME PÉRIODE OU COURS SUPÉRIEUR
(Deux Années, de 15 à 17 ans.)

PREMIÈRE ANNÉE

AGE, 15 ANS.
(Quatre heures par semaine.)
Enseignement obligatoire.

Notions générales sur l'histoire de la langue française.

Cours de grammaire historique de la langue française. — Expliquer par l'histoire de la langue les principales règles de la grammaire moderne. — Traduction en français moderne de textes français du moyen âge et du xvi° siècle.

Règles de composition. — Invention, disposition, élocution. — Qualités du style.

Exercices oraux : lectures commentées ; récitations. — Analyse et appréciation de passages d'auteurs. — Corrections de devoirs par les élèves.

Exercices écrits : compositions littéraires, narrations, lettres, discours, parallèles, analyses littéraires, exposés.

Histoire abrégée de la littérature française, des origines à la Renaissance. — Histoire de la littérature française, de la Renaissance à Corneille.

Histoire de la littérature grecque. — Lectures à l'appui.

Auteurs.

Fragments de la *Chanson de Roland*.
Villehardouin, Joinville.
Fénelon, *Lettre à l'Académie*.
Bossuet, *Oraison funèbre du prince de Condé*.
La Bruyère, *Les Caractères*.
Voltaire, *Charles XII*.
Corneille, *Cinna*.
Morceaux choisis d'auteurs français, des origines à nos jours.
Morceaux choisis d'auteurs grecs tirés des meilleures traductions.

COURS SUPÉRIEUR

DEUXIÈME ANNÉE

AGE, 16 ANS.
(Trois heures par semaine.)
Enseignement obligatoire.

Révision du cours de grammaire historique. — Étude de la prosodie française.

Histoire de la littérature française, de Corneille à nos jours. — Insister sur les chefs-d'œuvre.

Règles des divers genres littéraires en vers et en prose. — Exemples principaux ; analyses.

Exercices oraux : lectures avec commentaires. — Récitations. — Appréciations littéraires, etc.

Exercices écrits : — Portraits, discours, dissertations, dialogues, développements de pensées, questions de littérature, de morale, d'histoire, etc.

Histoire de la littérature latine. — Lectures à l'appui.

Auteurs.

Pascal, *Provinciales*, *I*, *IV*, *XIII* ; *Pensées choisies*.
Bourdaloue, Massillon, *Morceaux choisis*.
Bossuet, *Sermons choisis*.
Racine, *Athalie*.
Corneille, *Polyeucte*.
Molière, *Le Misanthrope*.
Buffon, *Discours sur le style*.
Voltaire, *Lettres choisies*.
Rousseau, *Morceaux choisis*.
Morceaux choisis de prosateurs et poètes français, des origines à nos jours.
Morceaux choisis d'auteurs latins tirés des meilleures traductions.

PROGRAMME DE MORALE

Le cours de morale ne sera pas fait uniquement sous forme didactique. Le professeur y mêlera de nombreux exemples et récits.

TROISIÈME ANNÉE

(Une heure par semaine.)

Notions préliminaires.

La responsabilité morale : la Liberté ; le Bien ; le Devoir ; le Droit ; la Vertu.

Morale pratique.

DEVOIRS DOMESTIQUES. — Devoirs des enfants envers les parents, des frères et sœurs entre eux, des époux entre eux, des parents envers les enfants, des maîtres et des serviteurs. L'esprit de famille.

DEVOIRS CIVIQUES. — La patrie. L'État et les citoyens. L'autorité publique : la Constitution et les lois.

Devoirs des citoyens : obéissance aux lois, service militaire, impôt, vote.

Devoirs des gouvernants ; les grands pouvoirs publics.

Le patriotisme.

DEVOIRS DES NATIONS ENTRE ELLES. — Notions sur le droit des gens.

DEVOIRS GÉNÉRAUX DE LA VIE SOCIALE. — 1° La Justice. — Respect des personnes. Respect de la personne dans sa vie, dans sa liberté, dans son honneur et sa réputation, dans ses croyances et ses opinions, dans ses biens, etc .. Respect des contrats et des promesses.

Justice distributive et rémunérative. Équité.

2° La Charité. — Bienveillance et bienfaisance ; aumône, bonté, solidarité. La politesse.

Devoirs à l'égard des animaux.

DEVOIRS PERSONNELS. — Respect de soi-même ; véracité, modestie, prévoyance, courage, empire sur soi-même.

Développement de toutes nos facultés : le travail.

DEVOIRS RELIGIEUX ET DROITS CORRESPONDANTS. — Rôle du sentiment religieux en morale.

Liberté des cultes.

Les sanctions de la morale : rapports de la vertu et du bonheur. La vie future et Dieu.

QUATRIÈME ANNÉE.

(Une heure par semaine.)

Morale théorique et Notions historiques.

Le devoir et le plaisir : vrai rôle du plaisir et du sentiment en morale.

Le devoir et l'intérêt : rapports de l'intérêt privé et public avec la morale.

Le devoir pur.

Étude critique des grands systèmes de morale. Examen de la morale d'Épicure, de la morale de la sympathie, de la morale utilitaire et de la morale de Kant.

Lectures et analyses de quelques ouvrages de morale.

CINQUIÈME ANNÉE.

(Une heure par semaine.)

Éléments de psychologie appliquée à l'éducation.

La psychologie. — Son objet et sa méthode ; son rôle dans l'art de l'éducation.

Les faits de conscience et les facultés — Action réciproque des facultés les unes sur les autres ; instruction et éducation.

L'activité. — Activité instinctive et physique. Éducation du mouvement : jeux, exercices, promenades, gymnastique.

Activité volontaire : liberté et personnalité.

Le caractère : formation et développement du caractère ; empire sur soi-même.

L'habitude. Ses lois ; applications à l'éducation.

La sensibilité. — Les inclinations naturelles : utiliser ces inclinations dans l'enfant ; instinct d'imitation ; instinct de curiosité ; émulation, etc. Développement des sentiments sympathiques. Culture du sens moral, du sens du vrai, du sens du beau.

Les émotions : plaisir et douleur ; leur rôle dans l'éducation ; deux excès : complaisance et dureté. — Le jeu dans ses rapports avec le travail.

L'intelligence. — La conscience ; retour sur soi-même ; art de se connaître ; examen de conscience.

Les sens. Éducation des sens ; art de voir et art d'entendre ; le dessin et la musique.

Mémoire. Lois de la mémoire ; diverses espèces de mémoire. Utilité et abus de la mnémotechnie. Loi d'association : association des idées entre elles, des idées et des sentiments, des sentiments et des mouvements. Rapports de l'association et de l'habitude. Conséquences pratiques et pédagogiques.

L'imagination. Son utilité et ses dangers ; moyens de la développer et de la contenir.

Attention et réflexion. Importance de ces facultés dans la conduite de la vie : la prévoyance, la persévérance, la suite dans les idées.

La comparaison. Étendre les idées de l'enfant ; leçons de choses, voyages, lectures, conversations.

Facultés intellectuelles proprement dites. — Raison, abstraction et généralisation ; jugement et raisonnement ; induction et déduction. Usage de ces facultés.

L'expression. — Signes, langage, parole, écriture.

L'erreur. — Causes et variétés de l'erreur : fausses associations ; préjugés, influence des passions ; esprit de contradiction ; abus de langage, etc. Moyens correctifs.

Conclusion. — Différence de l'homme et de l'animal.

Matérialisme et spiritualisme ; le problème de la destinée humaine ; importance de ces questions pour la dignité et l'élévation de l'âme.

PROGRAMME D'HISTOIRE

PREMIÈRE PÉRIODE

PREMIÈRE ANNÉE

Histoire nationale et Notions sommaires d'Histoire générale.

Les anciens Gaulois, leurs établissements au dehors.

Conquête de la Gaule par les Romains.

La Gaule romaine. Grandes villes, monuments, écoles.

Le christianisme en Gaule.

Les Barbares. Mœurs. Géographie de l'empire romain et du monde barbare.

Les invasions. Principaux États fondés par les Barbares. Chute de l'empire romain d'Occident.

Les Francs en Gaule. Clovis. La Neustrie et l'Austrasie. Dagobert.

L'empire d'Orient sous Justinien.

Les Arabes. Mahomet. Les Arabes en Espagne.

Les maires du palais. La famille d'Héristal. Les moines en Germanie.

Charlemagne et son temps.

Démembrement de l'empire de Charlemagne. Traité de Verdun.

Invasions des Normands.

Avènement de la famille Capétienne. Hugues Capet et ses premiers successeurs. Puissance et activité des grands vassaux.

Le régime féodal; l'Église.

La papauté et l'empire. Grégoire VII.

La civilisation orientale. Éclat de l'islamisme. — Sciences, arts. Les grands monuments de l'Espagne.

La civilisation occidentale. Trouvères et troubadours; la langue française. L'art roman.

Conquête de l'Angleterre par les Normands.

Première croisade. Le royaume de Jérusalem.

Premiers progrès de la royauté. Louis VI, Louis VII et Suger. Les populations des villes et des campagnes. Les communes.

L'Allemagne et l'Italie. Frédéric Barberousse.

Les Plantagenets en Angleterre. — Philippe Auguste, Richard Cœur de Lion et Jean sans Terre. La grande charte.

Innocent III. Quatrième croisade. L'empire latin de Constantinople. Guerre des Albigeois.

Saint Louis et son temps. Les dernières croisades. Résultats généraux des croisades.

Grandeur du xiiie siècle. Mœurs. — L'Université de Paris. L'art gothique. Le commerce et l'industrie.

Lutte de la papauté contre Frédéric II. Conquête du royaume de Naples par Charles d'Anjou.

Philippe le Bel. Les légistes, les premiers États généraux. Boniface VIII. Les Templiers.

Avènement des Valois. Première partie de la guerre de Cent ans. Les récits de Froissart. Les États généraux et Étienne Marcel.

Charles V et Du Guesclin. Paris au xive siècle.

État de l'Europe à la fin du xive siècle. Le grand schisme d'Occident. Wiclef et Jean Huss.

Commencement de la Renaissance en Italie. Activité des villes de la Péninsule. — Dante; Giotto; Pétrarque.

La poudre à canon, la boussole, le papier, l'imprimerie.

Charles VI. Reprise de la guerre de Cent ans. La maison de Bourgogne.

Charles VII et Jeanne d'Arc. Jacques Cœur. Institutions de Charles VII. Reconstitution de l'unité territoriale de la France.

Les Turcs à Constantinople.

Résumé rapide des principales phases de notre histoire depuis les origines jusqu'au milieu du xv⁰ siècle.

DEUXIÈME ANNÉE

Depuis le milieu du XV⁰ siècle jusqu'à la mort de Louis XIV.

État de l'Europe vers le milieu du xv⁰ siècle, Ferdinand le Catholique et Isabelle; Henri VII; Maximilien.

Louis XI et Charles le Téméraire.

Les grandes découvertes géographiques du xv⁰ et du xvi⁰ siècle. Les Espagnols en Amérique. Les Portugais en Afrique et aux Indes.

Charles VIII. Louis XII. Guerre d'Italie. Les papes Jules II et Léon X.

Rivalité de la France et de la maison d'Autriche. Charles-Quint, François I⁰ʳ, Henri II.

Accroissements du pouvoir royal sous François I⁰ʳ et Henri II. Institutions.

La Renaissance en Italie depuis le commencement du xv⁰ siècle jusqu'à la fin du xvi⁰. Lettres, arts. L'église Saint-Pierre et le Vatican. Rôle des Médicis et des papes.

La Renaissance en France.

La Réforme en Allemagne, en Suisse, en Angleterre.

Le concile de Trente, la Société de Jésus.

Luttes religieuses en Europe. Philippe II, Élisabeth, Marie-Stuart.

La république des Provinces-Unies.

Les guerres de religion en France. Le chancelier de l'Hospital. Les Guises. Henri III, la Ligue.

Henri IV et Sully. Pacification et restauration de la France.

Industrie, commerce, agriculture.

Louis XIII; Richelieu. Accroissement de l'autorité monarchique.

La guerre de Trente-Ans. Traité de Westphalie.

L'Angleterre sous les Stuarts. Révolution de 1648. Cromwell.

Minorité de Louis XIV. La Fronde. Mazarin.

Gouvernement personnel de Louis XIV.

Colbert, Louvois, Vauban. Industrie, commerce et colonies.

Guerres et traités jusqu'à la paix de Nimègue.

Les chambres de réunion. Les affaires religieuses.

Deuxième révolution d'Angleterre. Guillaume III. Déclaration des droits, Guerre de la ligue d'Augsbourg.

Guerre de la succession d'Espagne. Traité d'Utrecht. État de la France à la mort de Louis XIV.

Le siècle de Louis XIV. Influence de Richelieu et de Louis XIV. Les mœurs et les idées. La société du xvii⁰ siècle. L'Académie française. Les autres Académies. Lettres, sciences et arts en France et en Europe. Le palais de Versailles.

Lutte de Charles XII et de Pierre le Grand; État de l'Europe vers 1715.

TROISIÈME ANNÉE

Depuis la mort de Louis XIV jusqu'en 1875.

Louis XV. La Régence. Le système de Law. Guerre de la succession de Pologne.

Frédéric II et Marie Thérèse. Guerre de la succession d'Autriche; guerre de Sept-Ans.

Les colonies françaises au xviii° siècle. Lutte maritime entre la France et l'Angleterre. Les Indes et le Canada.

Choiseul. État de l'opinion en France. Les jésuites et les Parlements.

Le régime parlementaire en Angleterre : orateurs; écrivains. Essor commercial et industriel. Conquête des Indes. Soulèvement des colonies d'Amérique.

Catherine II. La Pologne, la Suède, la Turquie.

Louis XVI. Turgot, Necker. Guerre d'Amérique.

Assemblée des notables.

Progrès des sciences. Les philosophes, les économistes. Mouvement des idées en France et en Europe. Les souverains réformateurs en dehors de la France.

État de la France à la fin du xviii° siècle. Le Roi, la Cour et le Gouvernement.

L'organisation sociale. La Noblesse, le Clergé, le Tiers-État.

Convocation des États généraux ; les États généraux et la Constituante. Journée du 14 juillet et nuit du 4 août.

La Constitution de 1791 et les réformes.

La Législative. La première coalition.

La Convention. Le Comité de salut public ; le 9 Thermidor. Créations de la Convention.

Histoire des guerres sous la Convention. Traités de Bâle.

Le Directoire. Campagne d'Italie, expédition d'Égypte. Deuxième coalition. Le 18 brumaire.

Bonaparte. Constitution de l'an VIII. Institutions du Consulat. Le Code civil. Le Concordat. Traités de Lunéville et d'Amiens.

L'Empire. Guerres. Traités de Presbourg, de Tilsitt, de Vienne. La France et l'Europe en 1810. États fondés par Napoléon. Caractère du gouvernement impérial.

Guerre de Russie. Campagnes de 1813 et de 1814.

Première Restauration. La charte. Les Cent jours. Traités de Paris et congrès de Vienne.

Deuxième Restauration. Louis XVIII et Charles X. Gouvernement parlementaire.

La Sainte-Alliance ; les congrès indépendance de la Grèce.

Prise d'Alger. Les ordonnances Juillet.

La Révolution de 1830.

Progrès des sciences, de l'industrie et du commerce depuis le commencement du siècle.

Les lettres et les arts. Le romantisme.

La monarchie de Louis-Philippe. Indépendance de la Belgique.

Le régime parlementaire de 1830 à 1848.

La question d'Orient.

Conquête de l'Algérie.

La littérature, les sciences et les arts.

Révolution de 1848 ; contre-coup en Europe. Le deux décembre.

Le second Empire. Guerres de Crimée, d'Italie, du Mexique.

Guerre de 1870-71. Traité de Francfort.

La troisième République. Constitution de 1875.

Les grandes puissances européennes au xix° siècle : la Russie ; ses progrès en Europe et en Asie ; émancipation des serfs. — La Turquie et ses démembrements ; le traité de Berlin. — L'Angleterre; développement de son empire colonial. — L'empire d'Allemagne, ses origines, sa formation. — L'Autriche-Hongrie, le dualisme. — Établissement du royaume d'Italie.

Amérique. Formation des Républiques de l'Amérique du Sud, l'Empire du Brésil. Les États-Unis ; leurs agrandissements. Guerre de sécession. Abolition de l'esclavage.

La Chine et le Japon ; leurs relations avec les Européens.

DEUXIÈME PÉRIODE

QUATRIÈME ANNÉE

Histoire sommaire de la civilisation jusqu'à Charlemagne.

1º Les âges préhistoriques. Ages de la pierre, du bronze, du fer.

2º Grandes divisions de l'histoire; histoire ancienne ; histoire moderne.

Histoire ancienne de l'Orient.

Source d'informations pour l'histoire des civilisations antiques. Les langues, les monuments. Les inscriptions.

Égyptiens. — Memphis et Thèbes. La religion et les arts. — Les récits d'Hérodote ; les découvertes de Champollion et de ses successeurs.

Assyriens ; Babyloniens. — Babylone et Ninive d'après les récits anciens et les découvertes modernes.

Les Aryas de l'Inde. La Société brahmanique. Le bouddhisme.

Les Iraniens et les Perses. — La religion de Zoroastre. L'empire perse. Persépolis, Suse.

Les Phéniciens. — Leur commerce et leurs colonies. L'alphabet. — Tyr et Carthage.

Les Hébreux. — Leur religion. Jérusalem, le Temple. Leurs destinées après la dispersion.

Histoire grecque.

Ioniens et Doriens. Athènes et Sparte.

La religion ; mythologie. Les oracles, les amphictyonies et les jeux solennels.

Opposition du monde oriental et du monde grec. Guerres médiques. Lutte des Grecs entre eux.

Le siècle de Périclès. Les arts à Athènes. Principaux monuments. Les lettres, le théâtre, les orateurs.

Alexandre. Conquête de l'Asie. Diffusion de l'esprit grec en Orient. Alexandrie et Pergame.

Conquête de la Grèce par les Romains. Diffusion de l'esprit grec en Occident.

Histoire romaine.

Anciennes populations de l'Italie. Les Étrusques.

Rome. La religion. La famille. La cité. Période républicaine. Patriciens et plébéiens. Les comices, le sénat, les magistratures.

Organisation militaire. Colonies.

Conquêtes des Romains. Caractère et conséquences des conquêtes. Le domaine public. Lois agraires. Les esclaves.

Transformation des mœurs à Rome sous l'influence de la Grèce et de l'Orient.

Causes de la décadence de la République.

Période impériale. Époque d'Auguste et des Antonins. Étendue de l'empire au IIᵉ siècle de l'ère chrétienne. Institutions impériales.

La littérature et l'art. La ville de Rome.

Le christianisme. Les catacombes.

Transformation du gouvernement sous Dioclétien et Constantin. Constantinople.

État du monde barbare au IVᵉ siècle. Causes diverses qui ont facilité les invasions. La Gaule ; la vie municipale.

Moyen Âge.

L'empire romain d'Orient ; Justinien ; la législation ; l'art byzantin ; le schisme grec.

Mahomet et le Coran ; l'islamisme.

Action du christianisme et de la civilisation romaine sur les Germains.

Charlemagne empereur d'Occident.

CINQUIÈME ANNÉE

Histoire de la civilisation depuis Charlemagne jusqu'à nos jours.

1° Moyen Âge (Suite).

Démembrement de l'Empire de Charlemagne.

Le régime féodal. Les ordres de chevalerie.

L'Église et les ordres monastiques au xi° siècle. La papauté ; son influence ; lutte avec l'empire.

Les croisades ; leurs résultats. Contact entre l'Orient et l'Occident.

Civilisation orientale (musulmane et grecque) : lettres, sciences, arts, industrie, commerce.

Civilisation occidentale ; la littérature ; l'art romain.

Progrès de la royauté et des classes populaires jusqu'au xiii° siècle. Émancipation des communes ; transformation graduelle du servage.

Le xiii° siècle. Saint Louis. Prépondérance intellectuelle de la France. L'Université de Paris. L'art gothique.

Les institutions de Philippe le Bel. La grande charte en Angleterre. Les cités de Flandre et d'Italie.

2° Renaissance et Temps modernes.

Les papes à Avignon et le grand schisme d'Occident.

Chute de l'empire d'Orient. Conséquences pour l'Europe occidentale.

La poudre à canon, la boussole, le papier, l'imprimerie.

Les découvertes géographiques. Leurs résultats. La traite des noirs.

Progrès du pouvoir royal. Tendance vers l'unité et vers la centralisation en France et en Europe.

La Renaissance au xvi° siècle en Italie, en France et dans le reste de l'Europe.

La Réforme, ses origines. Différentes formes du protestantisme.

Réorganisation du catholicisme.

La société française au xvi° siècle : Noblesse, Clergé, Bourgeoisie.

La monarchie absolue en France. Louis XIII. Richelieu. Louis XIV.

Les traités de Westphalie. Le droit des gens. La diplomatie et l'équilibre européen.

La littérature, les sciences, les arts en France et en Europe au xvii° siècle.

Modifications dans l'équilibre européen au xviii° siècle. La Prusse, la Russie, le royaume de Sardaigne. Décadence de la Turquie et de la Pologne.

Développement constitutionnel de l'Angleterre au xvii° et au xviii° siècle.

Le régime colonial au xviii° siècle. Émancipation des colonies anglaises d'Amérique.

Progrès des sciences. Les économistes. Les philosophes. Idées nouvelles. Mouvement de réforme en Europe. L'ancien régime à la fin du xviii° siècle en France.

3ᵉ Période contemporaine.

Les principes de 1789 et l'œuvre de la Révolution ; changements apportés dans l'ordre politique, social, économique.

Influence des idées et des principes de la Révolution française sur l'état de l'Europe.

Le régime parlementaire en France et en Angleterre. Progrès des idées constitutionnelles en Europe.

La révolution de 1848 et les questions sociales.

Abolition de l'esclavage.

Progrès des idées démocratiques.

Le mouvement littéraire et artistique depuis la fin du xviiiᵉ siècle.

Progrès des sciences, de l'industrie, de l'agriculture, du commerce. La vapeur et l'électricité.

Transformations économiques. Les traités de commerce, les expositions universelles et les grandes entreprises internationales.

Expansion de la civilisation européenne. Voyages d'exploration.

État actuel de l'Europe et du monde. Caractères de la civilisation contemporaine.

PROGRAMME DE GÉOGRAPHIE

PREMIÈRE PÉRIODE

PREMIÈRE ANNÉE

Notions élémentaires de Géographie générale.

Globes et planisphère. Cartes de géographie. L'atmosphère. Vents alizés et vents variables, moussons, cyclones. — Climats.

La mer, marées, courants. Le fond des mers. Régions polaires.

Les continents.

Comparaison des principaux traits de la géographie physique dans les cinq parties du monde. Montagnes, plateaux et plaines; fleuves, lacs.

Les races humaines.

Les cinq parties du monde. Configuration et limites. Mers. Golfes. Détroits. Caps. Iles. Presqu'îles.

Relief du sol. Grandes chaînes de montagnes. Fleuves et lacs. Animaux et plantes remarquables.

Principaux Etats. Capitales et villes principales. Grands ports de commerce. Colonies européennes. Les grandes lignes de navigation.

Histoire sommaire des découvertes géographiques.

DEUXIÈME ANNÉE

Géographie de l'Europe.

1° *Géographie générale de l'Europe.* — Configuration. Limites. Dimensions. Les mers. Description des côtes.

Relief du sol. Variété des formes. Système orographique. Des principales chaînes. Plateaux et plaines.

Fleuves et rivières. Lacs.

Climats maritimes et continentaux.

2° *Description particulière des États de l'Europe.* — Géographie physique et politique. Notions de géographie économique (agriculture, mines, industrie, voies de communication, commerce).

Races, langues, religions, forces militaires.

TROISIÈME ANNÉE

Géographie de la France.

Configuration, dimensions, superficie de la France.

Mers qui la baignent. Description des côtes.

Ports de commerce et ports militaires.

Les frontières de la France. Défenses naturelles et places fortes.

Relief du sol. Chaînes de montagnes. Plateaux et plaines. Régime des eaux. Climat. Température. Vents dominants.

Formation territoriale de la France. Anciennes provinces. Organisation actuelle : communes, cantons, arrondissements, départements.

Pouvoirs publics, administration centrale; les ministères.

Routes. Chemins de fer. Canaux.

Algérie et possessions coloniales de la France.

DEUXIÈME PÉRIODE

CINQUIÈME ANNÉE

Géographie économique des cinq parties du monde.

1° *Afrique, Asie, Océanie et Amérique.* — Populations, émigrations.

Colonies européennes.

Productions les plus importantes de l'agriculture, des mines, de l'industrie. Voies de communication. Commerce.

2° *Europe.* — Agriculture. Mines. Industrie. Commerce. Voies de communication fluviales, continentales et maritimes.

Superficie comparée des États. Leurs principales productions.

Densité des populations.

3° *France.* — Agriculture : zones, régions agricoles, rapports de l'agriculture avec la géologie et le climat. Productions.

Industries. Mines. Carrières. Les grandes industries françaises. Voies de communication : canaux, routes, chemins de fer. Postes et télégraphes. Population : densité ; mouvement. Influence de l'état physique ou économique des régions sur le groupement de la population. Description économique de l'Algérie et des colonies françaises. Relations avec la métropole.

INSTRUCTION

POUR LA LECTURE A HAUTE VOIX

L'étude de la lecture à haute voix n'a toute son utilité que si elle se mêle à toutes les autres études.

Tout ce que dit, tout ce que lit, tout ce que récite, tout ce que raconte l'élève doit être prononcé conformément aux règles de l'art de la diction.

L'étude de la lecture doit donc commencer dès la première année : d'abord parce qu'on ne saurait s'y prendre trop tôt pour empêcher les enfants de contracter de mauvaises habitudes de diction, et pour les accoutumer à en contracter de bonnes ; en second lieu, parce que plus les enfants sont jeunes, plus l'organe de la voix a de souplesse et par conséquent se plie de lui-même à toutes les délicatesses, à toute la justesse des intonations. La voix de l'enfant est l'instrument qui s'accorde et se désaccorde le plus facilement.

L'étude de la lecture à haute voix doit avoir sa place dans les cinq années du cours ; elle s'élève en même temps que tous les autres objets d'enseignement et peut venir en aide au développement de toutes les facultés : la mémoire, l'intelligence et l'imagination.

Apprendre à bien lire, c'est apprendre à apprendre et à retenir.

Apprendre à bien lire, c'est avant tout apprendre à comprendre.

Le cours de *première année* devra être presque entièrement technique. L'explication et l'application des règles de *la prononciation*, de *l'articulation*, de *la respiration*, le rempliront utilement.

L'étude des règles pratiques donnera lieu à des exercices intéressants pour les enfants : exercices pour développer la voix ; exemples pour amener à distinguer les différences d'intensité, de hauteur, de timbre, dont un son est susceptible ; différence d'accentuation, de mouvement d'un même mot, suivant le milieu où il se trouve et la pensée qu'il exprime, etc.

Les élèves devront être exercés à fournir elles-mêmes les exemples, à trouver suivant les cas, l'intonation juste.

Dans cette même année se place naturellement la correction de tous les vices et de toutes les défectuosités de prononciation : *accent, bégayement, blaisement, grasseyement,* que l'enfant tient ou de son pays, ou de sa famille, ou de sa conformation.

Les premiers exercices de lecture portant naturellement sur des phrases ou sur des passages choisis, ces phrases ou passages devront être très simples, courts, et plutôt en prose qu'en vers.

Les professeurs de tous les cours devront exiger de leurs élèves l'observance des règles fondamentales de la diction ; l'étude de la lecture n'est bonne à rien, si elle ne fait pas partie de tout.

Dans *la deuxième et la troisième année*, sans abandonner complètement le travail technique de la lecture, et en ayant soin de le rappeler sans cesse à l'élève, on abordera ce qu'on peut appeler l'art de la diction.

Le choix des morceaux est ici très important. Les qualités qu'on veut développer chez les élèves sont des qualités de justesse, de clarté, de vérité : on doit avoir en vue de faire des *lecteurs* et des *diseurs* non des *déclamateurs* et des *comédiens*. On devra prendre pour sujets d'exercice des passages écrits avec simplicité et naturel, des récits de faits réels, des fragments d'histoire ou d'histoire naturelle. Le ton de la narration est un ton particulier dans l'art de la lecture, et il n'en est pas qui soit une meilleure gymnastique pour l'enfant, parce que la réalité du fait amène forcément l'élève à la vérité du débit. La poésie ne sera pas exclue de cette seconde et de cette troisième année ; elle aura sa place, mais au second rang. La lecture de la poésie est un art dans un art ; il ne faut y arriver qu'en dernier lieu.

Bannissez absolument les gestes, les effets de regard, tout l'attirail mimique.

Le lecteur ne doit se servir que d'un seul moyen d'expression, la voix.

Ne choisissez jamais des pièces de vers qui dépassent l'intelligence ou la mesure des sentiments de l'enfant. On ne lit bien, et on ne doit lire que ce qu'on sait, ce qu'on comprend ou ce qu'on sent.

Avec *la quatrième et la cinquième année*, on entre en plein dans le domaine de l'art. L'étude du beau devient le principal objet. L'imagination réclame son droit de culture, comme l'intelligence.

Un bon cours de lecture doit être en raccourci un cours de littérature. Chaque grand écrivain, ayant un style propre, exige une diction particulière. Apprendre à le bien lire, ce sera pénétrer dans le secret de son talent ; et ainsi l'étude successive, réfléchie et comparée, de tous nos grands écrivains au point de vue de la lecture deviendra l'étude du génie français.

Un bon maître de lecture doit être le collaborateur de tous les autres maîtres.

PROGRAMME DE DROIT USUEL

—

Préambule.

Le cours de droit usuel doit avoir un but essentiellement pratique. Le professeur s'interdira les discussions abstraites, les commentaires et les analyses qui ne conviennent qu'à des juristes. Après avoir établi le caractère et l'autorité de la loi, pour en inspirer le respect, il développera surtout les points dont la connaissance peut être plus particulièrement utile à une femme et qui sont indiqués en italique.

CINQUIÈME ANNÉE

I.

Le pouvoir législatif Confection et publication des lois.

II Notions de Droit civil.

1. *La famille et l'état des personnes* L'état civil et les actes de l'état civil. *Le mariage.* — *Conventions matrimoniales :* exposé des divers régimes matrimoniaux. — *La puissance paternelle,* la minorité, *la tutelle* et l'émancipation.

2. *Le régime des biens.* — Diverses classes de biens. — La propriété. — Les modes de transfert de la propriété. Les servitudes, *l'usufruit.*

3. *Les successions, les donations et les testaments.* — Successions *ab intestat.* — Testaments. — Donations entre vifs, *donations entre époux, partages d'ascendants,* — Limites apportées à la liberté de tester ou de donner.

4. *Des obligations.* — Les contrats et la liberté des conventions. — Responsabilité à raison d'actes ou de négligences volontaires et dommageables à autrui. — Notions sur les différents contrats. — Les sûretés réelles et le régime hypothécaire : *l'hypothèque légale des femmes mariées.*

III. Notions d'Organisation judiciaire.

Juridictions civiles et répressives. Juridictions commerciales. Tribunaux administratifs. — Composition, fonctionnement et compétence des diverses juridictions.

IV. Notions de Droit commercial.

Les commerçants. — Les sociétés de commerce. — La lettre de change, le billet à ordre et le chèque.

V. Notions générales sur l'Administration.

Les grands services de l'État : impôts et finances, armée, instruction publique. — Tableau d'ensemble de l'administration départementale et communale.

PROGRAMME DE MATHÉMATIQUES

PREMIÈRE ANNÉE

(Deux heures par semaine.)

Calcul.

Numération des nombres entiers.
Addition. — Soustraction. — Multiplication.
Division. (Pour la division, on se bornera à la pratique de l'opération.)
Fractions ordinaires. — Simplifications les plus faciles.

Opérations.
Nombres décimaux rattachés aux fractions.
Système métrique. — Quelques mesures anciennes et étrangères.

Géométrie.

Emploi de la règle et du compas.
Mesure des angles.
Diverses espèces de triangles et de quadrilatères.

Montrer des modèles de parallélépipède, de cube, de prisme, de cylindre de pyramide, de cône, de sphère.

DEUXIÈME ANNÉE

(Deux heures par semaine.)

Arithmétique.

Révision des notions de calcul données dans l'année précédente; on y ajoutera l'étude des questions suivantes:
Divisibilité par 2, 5, 4, 9, 3.
Nombres premiers ; décomposition d'un nombre en ses facteurs premiers.

Réduction de plusieurs fractions au plus petit dénominateur commun.
Racine carrée des nombres entiers. (Règles pratiques.)
Rapports et proportions.
Règles de trois, de société, d'alliage, d'intérêt, etc.

TROISIÈME ANNÉE

(Une heure par semaine.)

Géométrie plane.

Des angles. — Cas d'égalité des triangles.
Perpendiculaires et obliques. — Parallèles.

Du parallélogramme.
Somme des angles d'un polygone.
Circonférence. — Arcs et cordes. — Tangente.

Polygones réguliers. — Assemblages formés avec des polygones réguliers.

Mesure de la circonférence. (Règle pratique.)

Mesure des aires. — Rectangle, parallélogramme, triangle, trapèze, polygone régulier, cercle.

Carré de l'hypoténuse.

Des lignes proportionnelles. — Triangles semblables.

Problèmes relatifs aux lignes proportionnelles.

Rapport des aires de deux figures semblables.

QUATRIÈME ANNÉE

1° COURS OBLIGATOIRES.

(Une heure par semaine.)

Cosmographie.

La terre. — Forme et dimensions. — Rotation ; pôles ; équateur ; méridiens ; parallèles. — Longitude et latitude.

Aplatissement.

Du soleil. — Ses dimensions, sa distance à la terre. — Constitution physique, rotation, taches. — Lumière zodiacale.

Planètes — Loi de l'attraction universelle. — Mouvement de translation de la terre.

Notions sur les planètes. — Mercure, Vénus, Mars, Jupiter, Saturne, Uranus, Neptune.

Des satellites. — Lois de leur mouvement.

De la lune. — Son mouvement autour de la terre. — Phases. — Constitution physique.

Des comètes. — Détails sur les plus importantes.

Étoiles filantes, bolides.

Des étoiles. — Principales constellations.

Nébuleuses. — Voie lactée.

Étoiles doubles, étoiles variables ou temporaires.

2° COURS FACULTATIFS.

(Trois heures.)

Arithmétique.

Révision détaillée ; on insistera sur les raisonnements et on ajoutera les questions suivantes :

Recherche directe du plus grand commun diviseur et du plus petit commun multiple de deux nombres.

Conversion d'une fraction ordinaire en fraction décimale.

Progressions arithmétiques et géométriques.

Logarithmes.

Algèbre.

Notions sommaires sur le calcul algébrique.

Résolution des équations numériques du premier degré.

Équations du second degré.

Représentation de la variation des fonctions les plus simples par une courbe.

Géométrie plane.

Des angles, des triangles.
Des perpendiculaires et des obliques.
Des parallèles. — Somme des angles d'un polygone.
La circonférence. — Arcs et cordes. — Tangente au cercle. — Positions relatives de deux circonférences.
Mesure des angles.
Problèmes de construction.
Des lignes proportionnelles. — Triangles et polygones semblables.

Théorème relatif aux sécantes dans le cercle. — Relations métriques entre les côtés d'un triangle.
Problèmes sur les lignes proportionnelles.
Polygones réguliers.
Aires planes. — Problèmes sur les aires.
Définition des lignes trigonométriques d'*un angle*.

CINQUIÈME ANNÉE

COURS FACULTATIFS.

(Deux heures.)

Géométrie dans l'espace et courbes usuelles.

Plan. — Droites et plans parallèles.
Droites et plans perpendiculaires. —
Angles dièdres. — Plans perpendiculaires.
Angles polyèdres.
Des polyèdres.

Les prismes. — Le parallélépipède.
— La pyramide.
Les corps ronds.
Cylindre. — Cône. — Sphère.
Symétrie et similitude.
Ellipse. — Définition et tracé. —
Parabole. — Hyperbole.

Cosmographie.

Sphère céleste. — Mouvement diurne.
— Détermination de la longitude et de la latitude d'un lieu. — Mesure du temps. — Jour sidéral.
Déplacement du soleil sur la sphère céleste. — Écliptique. — Zodiaque. —
Équinoxes. — Solstices.
Temps solaire vrai et moyen.
Inégalité des jours et des nuits. —

Saisons. — Climats. — Zones.
Année tropique. — Année civile. —
Calendrier. — Corrections julienne et grégorienne.
De la lune.
Phases. — Lumière cendrée.
Notions sur les éclipses. — Marées.
Planètes. — Lois de Képler. — Gravitation universelle. — Étoiles doubles.

Révision des théories d'arithmétique et d'algèbre données pendant l'année précédente.

PROGRAMME DE PHYSIQUE

TROISIÈME ANNÉE

Propriétés générales des corps.

Pesanteur. — Chute des corps (étude expérimentale).

Poids des corps. — Balances. — Poids spécifiques.

Equilibre des liquides. — Surface libre d'un liquide eu repos. — Pressions sur le fond et sur les parois des vases (étude expérimentale).

Vases communiquants. — Applications. — Exception présentée par les tubes capillaires.

Transmission des pressions dans les liquides. — Presse hydraulique.

Principe d'Archimède. — Corps flottants. — Aréomètre de Nicholson.

Propriétés générales des gaz.

Pression atmosphérique. — Baromètre.

Loi de Mariotte.

Machine pneumatique. — Pompes.— Siphon.

Aérostats.

Notions très élémentaires de mécanique. — Machines simples.

QUATRIÈME ANNÉE

Chaleur.

Dilatation des corps par la chaleur. — Thermomètre. — Température.

Changement d'état des corps. — Fusion. — Solidification.

Vaporisation. — Tension de la vapeur. — Vapeurs saturantes et non saturantes.

Évaporation. — Ébullition. — Distillation. — Froid produit par l'évaporation. — Production de la glace. — Mélanges réfrigérants.

État hygrométrique de l'air.—Brouillards. — Pluie. — Neige. — Rosée.

Principe de la machine à vapeur.

Propagation de la chaleur par rayonnement et par conductibilité. — Conductibilité des corps pour la chaleur.

Chauffage des appartements.

Acoustique.

Production des sons. — Vitesse du son dans l'air, dans les solides et dans les liquides.

Réflexion du son. — Écho.

Qualité du son. — Mesure de la hauteur d'un son. — Intervalles musicaux. — Gamme.

Propriétés des cordes vibrantes et des tuyaux sonores établies expérimentalement.

CINQUIÈME ANNÉE

Magnétisme.

Aimants naturels et artificiels. — Pôles. — Attractions et répulsions.

Action directrice de la terre sur les aimants. — Méridien magnétique. — Déclinaison. — Inclinaison. — Boussole de déclinaison.

Procédés d'aimantation.

Electricité.

Production de l'électricité par le frottement. — Corps conducteurs. — Corps isolants. — Attractions et répulsions. Electrisation par influence. — Electroscopes.

Pouvoirs des pointes.

Machine électrique. — Effets.

Condensateur. — Bouteille de Leyde.

Électricité atmosphérique. — Eclairs. — Tonnerre. — Effets de la foudre.

— Paratonnerre.

Pile électrique. — Principales piles. — Effets calorifiques, chimiques et lumineux du courant électrique. — Galvanoplastie. — Éclairage électrique.

Action du courant sur l'aiguille aimantée. — Galvanomètre.

Aimantation par courant. — Électro-aimants. — Télégraphe électrique. — Téléphone.

Optique.

Propagation de la lumière — Ombre. — Pénombre.

Réflexion de la lumière. — Propriétés des miroirs plans et courbes établies expérimentalement.

Réfraction de la lumière. — Prisme. — Réflexion totale, chambre claire.

Propriétés des lentilles établies expérimentalement.

Décomposition et recomposition de la lumière. — Spectre solaire. — Arc-en-ciel.

Chambre noire. — Œil. — Loupe. Microscope. — Lunette terrestre. — Lorgnette de spectacle.

PROGRAMME DE CHIMIE

TROISIÈME ANNÉE

(Une heure par semaine pendant un semestre.)

Eau. — Oxygène et hydrogène.
Air. — Oxygène et azote. — Combustion.
Corps simples et corps composés. — Nomenclature.
Charbon. — Acide carbonique.

Soufre. — Phosphore. — Chlore.
Silice.
Notions sommaires sur les acides, les métaux usuels, les bases, les sels et les matières organiques.

CINQUIÈME ANNÉE

(Une heure par semaine.)

Révision.
Notions générales sur la combinaison chimique.
Composés oxygénés de l'azote. — Ammoniaque.
Acides sulfureux, sulfurique, sulfhydrique.
Oxyde de carbone. — Acide carbonique. — Les trois carbures d'hydrogène gazeux fondamentaux. — Gaz d'éclairage.
Potasse. — Soude. — Sel marin. — Poudre.
Chaux et ses sels. — Alumine : poteries. — Verres.
Fer. — Zinc. — Cuivre. — Plomb. — Argent. — Mercure.
Composition élémentaire des matières organiques. — Analyse et synthèse.
Classification d'après la fonction chimique.
Notions sommaires sur :
Les carbures d'hydrogène ;
Les alcools (alcool ordinaire et éthers) ;
— les fermentations (vin, bière, cidres) ;
— la glycérine ; les corps gras neutres ;
Les sucres, l'amidon, les corps ligneux, le papier ;
Les aldéhydes (essence d'amandes amères, camphre) ;
Les acides (acides volatils, acides fixes, acides gras) ;
Les alcalis végétaux et animaux ; — les amides ; — les principes albuminoïdes.

PROGRAMME DES SCIENCES NATURELLES

ZOOLOGIE ET BOTANIQUE

L'étude des sciences naturelles commence, en première année, par des notions élémentaires sur les animaux et les plantes. Ces notions seront données à l'aide d'objets mis entre les mains des élèves, et avec des dessins exécutés sous leurs yeux. Elles seront très utilement accompagnées d'excursions. On exercera les élèves à l'usage du microscope. — Le premier semestre est consacré à l'étude des animaux et le second est réservé à la botanique, afin qu'on puisse examiner des plantes vivantes dans l'ordre de leur floraison.

PREMIÈRE ANNÉE

I. Zoologie.

(Une heure par semaine pendant le premier semestre.)

Différences des êtres vivants et des corps inanimés. — Les animaux et les végétaux.

ANIMAUX. — Animaux ayant des os. — Animaux dépourvus d'os et formés d'anneaux. — Animaux à peau molle avec ou sans coquille. — Animaux ayant l'apparence de plantes.

Les grandes divisions du règne animal.

Vertébrés. — Mammifères, oiseaux, reptiles, batraciens, poissons. — Conformation générale du corps adapté au mode d'existence aérienne ou aquatique.

Invertébrés. — Annelés, mollusques, rayonnés, protozoaires.

Insister plus particulièrement sur les insectes vulgaires.

Leurs métamorphoses. — Histoire des abeilles, des fourmis, du ver-à-soie, des papillons.

II. Botanique.

(Une heure par semaine pendant le second semestre.)

On devra étudier la botanique avec des plantes vivantes.

NOTIONS SUR LES PARTIES ESSENTIELLES DE LA PLANTE. — Examen d'une plante fleurissant au printemps (telle que la Giroflée). — Ses principaux organes : racine, tige, feuille, fleur.

Germination d'une graine (telle que la graine du Pois, du Haricot ou du Blé). Premier développement des organes de la plante : racine, tige, feuilles, feuilles nourricières cotylédons).

RACINE, TIGE, FEUILLE. — Comparer entre elles quelques plantes prises pour exemple (telles que : Giroflée, Pois, Primevère, Jacinthe) et y faire reconnaître les organes analogues.

FLEUR. — Comparer entre elles quelques plantes (telles que : Giroflée, Primevère, Fraisier) ; y faire reconnaître les parties analogues de la fleur : calice, corolle, étamines, pistil, ovules.

FRUIT. — Indiquer la forme du fruit et la disposition des graines (Pois, fruit du Colza, Prune, Pomme).

DÉVELOPPEMENT DE LA PLANTE. — Formation dans la plante de provisions de nourriture : dans la racine (Betterave, Carotte, etc.) ; dans la tige (Pomme de terre) ; dans les feuilles (Oignons, etc.). — Herbes, arbres. — Plantes annuelles, bis-annuelles, vivaces.

LES DIVERSES PLANTES. — Comparer une plante à fleurs et une plante sans fleurs. — Examiner successivement un certain nombre de plantes vivantes dans l'ordre de leur floraison et indiquer, à propos de chacune d'elles, quelles sont les plantes voisines les plus connues et quelles en sont les applications.

On pourrait adopter, par exemple, l'ordre suivant :

Pomme de terre. — Primevère. — Lamier blanc. — Muflier. — Bluet. — Salsifis. — Marguerite. — Girollée. — Coquelicot. — Vigne. — Fraisier. — Pois. — Chêne. — Pin. — Sapin. — Lis. — Iris. — Orchis. — Blé. — Seigle. — Orge. — Avoine. — Maïs. — Fougère. — Prêle. — Mousses. — Champignon. — Varechs. — Lichens.

Détermination des plantes dans les excursions botaniques.

Notions sommaires sur les principaux groupes végétaux : Dycotylédones, Monocotylédones, Cryptogames.

DEUXIÈME ANNÉE

I. Géologie.

(Une heure par semaine pendant le premier semestre)

PRINCIPAUX MATÉRIAUX QUI CONSTITUENT LE SOL. — *Calcaires.* — Pierre à bâtir, marbre, craie. — Applications.

Pierre à plâtre. — Fabrication du plâtre.

Argile. — Terre à brique, à poterie, à porcelaine. — Marnes ; leur application à l'agriculture.

Cristal de roche. — Agate, silex.

Sables. — Fabrication du verre.

Granit (mica, feldspath, quartz) ; porphyre, diamant et pierres précieuses.

Houille, lignite, tourbe ; leur emploi.

Sel gemme.

Carrières, minerais et mines.

Terre végétale. — Sa composition, sa formation.

PHÉNOMÈNES ACTUELS. — Action destructive de l'eau : ravinement par les torrents, creusement des vallées ; action de la mer sur les falaises. — Eau d'infiltration, sources, puits, puits artésiens. — Pluies, torrents, rivières, fleuves, lacs, mers.

Terrains formés par les eaux ; alluvions : cailloux roulés, limon, sable. — Deltas.

Glaciers : formation et mouvement.

Fossiles : animaux et végétaux enfouis dans le sol, parties conservées.

Formation de la tourbe et de la houille.

Volcans et éruptions, etc.

Sources thermales.

Mouvements lents du sol, mouvements brusques ; tremblements de terre.

PHÉNOMÈNES ANCIENS. — Les phénomènes anciens rapprochés des phénomènes actuels.

PÉRIODES GÉOLOGIQUES. — Caractères tirés de la disposition relative des couches ; fossiles qu'elles renferment.

Revue rapide des terrains primaires, secondaires, tertiaires, quaternaires.

II. Zoologie et Botanique.

(Une heure par semaine pendant le second semestre.)

LES ANIMAUX UTILES. — Animaux domestiques auxiliaires. — Animaux alimentaires. — Animaux à fourrures. — Animaux à laines. — Animaux utiles à l'agriculture.

Pêche de la baleine, des huîtres perlières, du corail, des éponges.

LES ANIMAUX NUISIBLES. — Animaux parasites. — Animaux nuisibles à l'agriculture et aux produits industriels.

LES PLANTES UTILES. — Plantes alimentaires. — Plantes industrielles. — Plantes fourragères. — Arbres forestiers.— Quelques plantes médicinales.

LES PLANTES NUISIBLES. — Plantes vénéneuses. — Plantes nuisibles à l'agriculture.

Distribution des animaux et des plantes. — Régions polaires, tempérées, tropicales. — Variations avec l'altitude et la latitude.

TROISIÈME ANNÉE

NOTIONS DE PHYSIOLOGIE

destinées à servir de préliminaires à l'étude de l'Économie domestique et de l'Hygiène qui doivent être enseignées dans le cours de la même année.

Notions sur la nutrition.

Absorption. Apport des aliments digérés dans la circulation.

La circulation. La respiration.

La sensibilité. Le système nerveux périphérique. Le système nerveux central. Transmission des impressions sensitives de la périphérie au centre. Transmission des incitations motrices du centre à la périphérie.

Le mouvement. Les leviers passifs du mouvement ou les os. Les agents actifs du mouvement ou les muscles.

Les organes des sens. La voix.

QUATRIÈME ANNÉE

PHYSIOLOGIE ANIMALE ET VÉGÉTALE

Physiologie animale.

(Une heure par semaine pendant le premier semestre.)

LES FONCTIONS DE NUTRITION.

La digestion. — Bouche, dents, mastication, salive, suc gastrique, suc pancréatique, suc entérique. Action des sucs digestifs sur les matières albuminoïdes, féculentes, sucrées et grasses de l'alimentation.

Les fonctions du foie.

La circulation. — Le sang et les globules. Coagulation du sang hors des vaisseaux. Le cœur, les artères, les capillaires, les veines. Grande et petite circulation. Les vaisseaux lymphatiques, leur circulation.

La respiration. — Les poumons, la poitrine, l'inspiration, l'expiration. L'absorption d'oxygène, l'exhalation d'acide carbonique, le sang artériel, le sang veineux, l'asphyxie.

Les combustions organiques. La chaleur animale. L'élimination par le foie, les reins, la peau.

LES FONCTIONS DE RELATION. — Les rapports de l'être vivant avec le monde extérieur.

Le mouvement. — Le squelette, les os, les articulations, les muscles. Relation des muscles avec le système nerveux central et périphérique. La station. La locomotion.

La voix. — L'instrument de la voix ou le larynx. La voix, le chant, la parole.

Les organes des sens. — Les nerfs spéciaux de ces organes. Rôle du système nerveux central dans la sensation.

Le toucher, la peau; diverses sensations tactiles. L'odorat, le goût, l'ouïe. La vue, le globe de l'œil, les muscles qui le meuvent, les organes qui le protègent. La rétine et le cristallin; accommodation de l'œil pour la vision aux diverses distances. Myopie, presbytie.

Physiologie végétale.
(Une heure par semaine pendant le deuxième semestre.)

Absorption par les racines. Sève ascendante; sève nourricière; transpiration; respiration; assimilation; désassimilation.

Formation des matériaux de la plante à l'aide des matières inorganiques.

Mode d'accroissement des tiges et des racines.

Germination. Conditions relatives à la graine; conditions extérieures essentielles (eau, air, chaleur).

CINQUIÈME ANNÉE

Cours facultatifs.

PHYSIOLOGIE ANIMALE ET VÉGÉTALE
(Deux heures par semaine pendant toute l'année.)

Pendant le cours facultatif de la cinquième année, les divers groupes du règne animal et du règne végétal pourront être étudiés dans leur organisation, leur développement et leurs fonctions, au double point de vue de leurs caractères communs et de leurs différences.

Des classifications zoologiques et botaniques. (La classe, la famille, le genre, l'espèce, la variété.)

On pourra compléter ces leçons de morphologie et de biologie comparée par l'étude de quelques animaux et plantes fossiles correspondant aux diverses périodes géologiques.

PROGRAMME DES LANGUES VIVANTES

ALLEMAND ET ANGLAIS

Premier cours.

Exercices oraux et écrits.
Insister sur l'accent tonique.
Lecture à haute voix.
Conversations au moyen des tableaux habituellement employés pour les leçons de choses.
Petits exercices de calcul.
Poésies apprises par cœur.
Exercices accompagnés de gestes pour faire connaître les mots indiquant les directions.
Eléments de grammaire : les premiers paradigmes.

Auteurs anglais.

L. M. Alcott, *Petites femmes*, *Petits hommes*, *Une demoiselle à la vieille mode*.

Miss Yonge, *La colombe dans le nid de l'aigle*, *Le chapelet de perles.*
East, *Poésies amusantes.*
Miss Edgeworth, *Contes choisis.*
Aikin et Barbauld, *Soirées à la maison.*
Morceaux choisis (vers et prose).
Miss Corner, *Wittington et son chat.*
Charles Dickens, *Petite histoire d'Angleterre* (les premiers chapitres).

Auteurs allemands (1).

Schmid, *Contes.*
Krummacher, *Paraboles.*
Niebuhr, *Temps héroïques de la Grèce.*
Morceaux choisis (vers et prose).

Deuxième cours.

Continuation des exercices de l'année précédente.
Conversations à propos de tableaux d'histoire naturelle, de cartes géographiques, d'objets usuels, etc.
Étude méthodique des formes grammaticales.
Exercices sur les constructions négatives et interrogatives.
Traduction des verbes : falloir, devoir, pouvoir, vouloir.
Versions orales et écrites.
Dictées.

Thèmes oraux et écrits.

Auteurs anglais (1).

Choix de fables simples de Gay, Pope, Cowper, etc.
Miss Planché, *Histoire d'un rayon de soleil.*
Walter Scott, *Récits d'un grand-père.*
De Foë, *Robinson Crusoë.*
Charles Kingsley, *Héros grecs.*
Morceaux choisis (vers et prose).

Auteurs allemands (1).

Herder et Liebeskind, *Feuilles de palmier*.

Campe, *Le jeune Robinson*.

Lessing, *Fables*.

Benedix, Comédies choisies dans le *Théâtre de famille*.

Morceaux choisis (vers et prose).

Troisième cours.

Continuation des exercices de l'année précédente.

Conversations.

Etude de vocabulaire : mots groupés par ordre de matière.

Lecture cursive de morceaux faciles.

Lecture commentée de textes préparés.

Les verbes irréguliers.

La syntaxe.

Auteurs anglais (1).

J. Habberton, *Les Enfants d'Hélène*.

Washington Irving, *Voyages de Christophe Colomb*.

Charles Lamb, *pièces de Shakespeare*, racontées en prose.

Charles Dickens, *Contes de Noël*, *La petite Dorrit*.

Miss Mulock. *John Halifax, gentleman*, *Une noble vie*.

Tennyson, *La grand'mère*.

Morceaux choisis (vers et prose.)

Auteurs allemands (1).

Grimm, *Contes populaires*.

Chamisso, *Pierre Schlemihl*.

Schiller, *Oncle et Neveu*.

Ottilie Wildermuth, *Romans choisis*.

Musæus. *Contes*.

Morceaux choisis (vers et prose).

Quatrième cours.

Continuation des exercices de l'année précédente.

Idiotismes.

Compositions sur des sujets faciles et pratiques ; lettres familières.

Monnaies, poids et mesures.

Lectures expliquées et commentées dans la langue de l'auteur.

Études de vocabulaire : formation et dérivation des mots : mots groupés par familles.

Éléments de prosodie.

Mettre en prose une pièce de vers.

Auteurs anglais (1).

Macaulay, *Histoire d'Angleterre* (tome I).

Charles Dickens, *Magasin d'antiquité*, *David Copperfield*.

Walter Scott, *Romans choisis*.

Tyndall, *L'Eau et ses formes*.

Longfellow, *Evangeline*.

Morceaux choisis (vers et prose).

Auteurs allemands (1).

Schiller, *La révolte des Pays-Bas*, *Guillaume Tell*.

Gœthe, *Iphigénie en Tauride*.

Poésies choisies de Schiller et de Gœthe.

Lectures historiques et géographiques.

Morceaux choisis (vers et prose).

Cinquième cours.

Continuation des exercices de l'année précédente.

Conversations et compositions sur des sujets empruntés à toutes les matières enseignées dans le cinquième cours.

Histoire de la littérature.

Origines et époques principales de la langue.

Auteurs anglais (1).

Macaulay, *Essais biographiques.*
Shakespeare Édition de famille).
Milton (Édition de famille).

Byron, Extraits.
Tennyson, Extraits.
Longfellow, Poèmes.

Auteurs allemands (1).

Poésies choisies de Schiller et de Gœthe.

Schiller, *Guerre de Trente Ans, La Mort de Wallenstein.*

Gœthe, *Hermann et Dorothée.*

Poésies lyriques du xviiie et du xixe siècle.

Voyages, sciences, beaux-arts.

---

(1) Il n'est pas interdit de prendre en dehors de ces listes des ouvrages du même genre.

PROGRAMME DE DESSIN

PREMIÈRE ANNÉE

(Deux heures de dessin par semaine.)

La leçon doit être orale : le professeur au tableau, les enfants sur des bancs devant le tableau. Les élèves se serviront de l'ardoise ou, ce qui est mieux pour les jeunes filles, qu'il convient de faire tenir peu penchées, se serviront du carton à la ficelle, qui a l'avantage de présenter un plan presque parallèle à celui du tableau où opère le professeur.

Du point. — De la ligne droite, de ses divisions appréciées à l'œil. — Des angles, des surfaces inscrites dans des droites. Des courbes.

Le professeur trace les figures au tableau et donne l'explication. Les élèves reproduisent la figure. — Le professeur passe dans les rangs et corrige ; puis il appelle les élèves au tableau après avoir effacé la figure modèle, et exige le tracé de mémoire. Il fait rectifier au besoin par une autre élève.

La seconde partie de la leçon est employée par les élèves à reproduire sur un cahier les tracés qu'elles ont faits sous la direction du professeur, de tel sorte qu'il y ait toujours : 1° explication ; 2° copie ; 3° reproduction de mémoire au tableau ; 4° rendu définitif.

On continue ensuite pour les solides en ayant soin de montrer le modèle en même temps que le tracé au tableau, de manière à faire comprendre aux élèves les déformations apparentes ; leçon sur la ligne d'horizon, le point de vue, etc., etc.

Même méthode pour une série simple d'ornements faciles, dont on explique l'origine, l'usage et le caractère, pour des feuilles naturelles dont on expose avec soin et très sommairement l'anatomie.

DEUXIÈME ANNÉE

(Trois heures par semaine.)

Dessin d'ornement d'après la bosse. Les rectangles. — La série des ornements grecs et romains les plus simples. Étude de la plante sur des feuilles et feuillages naturels.

Copie de bonnes estampes pour l'étude de la tête. (Ne pas employer encore la bosse de tête.) Continuation de la perspective pratique.

TROISIÈME ANNÉE

(Trois heures par semaine.)

Dessin d'ornement et de figure d'après la bosse, en alternant. — Dessin de fleurs d'après nature.

Conférence chaque fois qu'on change le modèle. Le professeur explique ; il appelle les élèves au tableau et s'assure qu'elles ont vu juste avant de commencer le dessin.

Perspective. — Dessin géométral.

On devra varier le procédé d'exécution et employer tantôt le fusain, tantôt le crayon sec.

QUATRIÈME ANNÉE

(Trois heures par semaine.)

Notions d'architecture. — Perspective et ombres.

Dessin de figure. Ensembles d'après l'estampe d'abord, puis d'après la bosse. Leçon orale sur l'anatomie, les proportions, les caractères de la beauté. — Copie de fleurs et feuillages combinés.

Composition d'ornement. — Explication sur les styles : exercices au tableau, reproduits ensuite sur les cahiers.

CINQUIÈME ANNÉE.

(Trois heures par semaine.)

Dessin d'après le plâtre. Dessin d'après la nature pour les fleurs. Composition d'ornement. — Céramique, éventails, étoffes, broderies, meubles.

PROGRAMME DE L'HISTOIRE DE L'ART

(Cet enseignement doit être surtout pratique et accompagné de visites aux musées et aux monuments.)

TROISIÈME ANNÉE

Sur l'histoire de l'art français depuis le xiii° siècle.

Ce que l'on entend par œuvre d'art.

Grandes divisions de l'histoire de l'art.

Antiquité. — L'art égyptien et l'art assyrien.

L'art grec : art grec archaïque; siècle de Périclès; siècle d'Alexandre.

Les grandes écoles d'art dans le monde hellénique, après Alexandre.

L'art étrusque.

L'art romain. Comment Rome a compris l'art grec.

Moyen âge. — L'art chrétien à Rome. L'art byzantin.

L'art arabe en Syrie, en Espagne en Egypte.

L'art roman.

L'art ogival, en France, en Allemagne, en Italie, en Espagne, en Angleterre.

L'architecture civile et militaire au moyen âge.

Renaissance. — Origines de la Renaissance. La Renaissance principalement en Italie et en France. Les diverses écoles.

L'art au xvii° siècle (France, Flandre, Hollande, Espagne).

L'art au xviii° siècle (France, Angleterre).

L'art au xix° siècle

PROGRAMME D'ÉCONOMIE DOMESTIQUE

TROISIÈME ANNÉE

Notions élémentaires d'économie domestique.

Emploi du temps. — Soins du ménage.

Entretien du mobilier, des étoffes et du linge.

Lessive et repassage.

Notions élémentaires de cuisine.

Comptabilité du ménage.

CINQUIÈME ANNÉE

Introduction.

Du rôle de la femme dans la famille: sa part dans l'administration de la maison.

Nécessité de l'ordre, de la prévoyance et de l'économie. — Emploi du temps.

DE L'HABITATION. — Choix et disposition de l'habitation.

DE L'AMEUBLEMENT ET DES VÊTEMENTS. — Entretien du mobilier, des étoffes et du linge. — Raccommodage.

Emploi des machines à coudre.

Lessive et repassage.

DES ACHATS EN GÉNÉRAL. — Provenance des principaux objets de consommation usuelle; époques auxquelles il convient de faire les achats.

DE L'ALIMENTATION. — Ordre et composition des repas. — Notions élémentaires de cuisine.

GOUVERNEMENT DE LA MAISON. — Choix et surveillance des serviteurs.

Choix et direction du personnel dans les maisons nombreuses, les exploitations agricoles ou industrielles, les maisons de campagne, etc.

COMPTABILITÉ DU MÉNAGE. — Budget des recettes et des dépenses. — Dépenses nécessaires. — Dépenses inutiles. — Livres à tenir. — Epargne; assurances sur la vie.

Du luxe; ses dangers. — Du goût dans la tenue de la maison. — Dignité du foyer domestique.

PROGRAMME D'HYGIÈNE

—

TROISIÈME ANNÉE

De l'hygiène. — Son but. — Son utilité.

Hygiène de la première enfance.

Hygiène scolaire. — Influence des attitudes sur les déformations du corps. — Action de l'éclairage sur la vue.

Hygiène de la voix. — La parole, la lecture, le chant.

Hygiène de la vie sédentaire.

Hygiène des professions manuelles. (Citer quelques exemples.) — Travail des enfants dans les manufactures.

De l'air.

Impuretés de l'air : poussières, substances gazeuses, miasmes.

Des climats.

Des divers éléments, qui entrent dans la constitution des climats.

Température. — Courants atmosphériques et maritimes. — Influence de l'altitude. — Variations annuelles de la température. — Variations diurnes. — Influence de l'humidité, des pluies.

Des eaux potables.

Moyens pratiques de conserver et de purifier les eaux.

Des eaux impures et malsaines.

Des aliments et de l'alimentation.

Aliments d'origine minérale, végétale et animale.

Aliments usuels : farine; pain; viande; œufs; lait; beurre; graisses; huiles; légumes; fruits; alcool; vin; bière; cidre; thé; café; chocolat. — Leurs qualités nutritives.

Préparation et conservation des aliments. — Leurs altérations. — Poisons métalliques dans les conserves.

Des vêtements. — Adaptation. — Le vêtement, véhicule des germes morbides.

Des cosmétiques. — Leurs dangers.

Des bains. — De la propreté corporelle.

De l'exercice. — Son influence sanitaire.

De la marche, de la course, de l'équitation.

Des habitations. — Sol. — Exposition et disposition des maisons.

Cube d'air. — Ventilation — Chauffage.

Éclairage naturel et artificiel. — Matières éclairantes. — Gaz. — Éclairage électrique.

Action sur l'œil des rayons diversement colorés.

Du mode de transmission de quelques maladies contagieuses.

Précautions à prendre pour les prévenir. — Isolement et désinfection.

PROGRAMME DE GYMNASTIQUE (1)

PREMIÈRE ET DEUXIÈME ANNÉES

(Deux heures par semaine, par année.)

Gymnastique sans appareils.

Attitudes scolaires.
Formation de la section de marche.
Stature régulière du corps.
Mouvements de la tête, du tronc, des
bras, des jambes.

Mouvements combinés.
Marches rythmées, évolutions.
Courses au pas gymnastique.
Équilibres.
Mouvements de natation.

TROISIÈME ANNÉE

Les mêmes exercices que dans les années précédentes,

Gymnastique avec appareils.

Exercices élémentaires avec instruments.
Haltères.

Bâton.
Canne à deux élèves.

QUATRIÈME ET CINQUIÈME ANNÉES

Les mêmes exercices de gymnastique avec appareils qu'en troisième année.

Exercices aux agrès.

Échelle de corde.
Échelles de bois, horizontale, inclinée,

orthopédique.
Barres parallèles.

---

(1) Les exercices auront lieu conformément au Manuel de gymnastique approuvé pour les écoles normales d'institutrices et les écoles de jeunes filles.

(2)   SECOND RAPPORT

PRÉSENTÉ AU CONSEIL SUPÉRIEUR PAR M. H. MARION

Membre du Conseil, professeur au lycée Henri IV et à l'École normale primaire supérieure de jeunes filles de Fontenay.

Messieurs,

L'enseignement secondaire des jeunes filles, institué par la loi du 21 décembre 1880, a déjà fait l'objet d'un règlement d'administration publique, soumis au Conseil dans sa dernière session et rendu exécutoire par décret du 28 juillot dernier.

L'article 12 de ce décret porte, qu'un programme rédigé après avis du Conseil supérieur de l'instruction publique déterminera :

1° Le nombre des années d'études ;

2° Les objets de l'enseignement dans chaque classe ;

3° L'emploi du temps (classes, études ; récréations, repas).

C'est ce programme que votre Commission avait à élaborer et, sur ces divers points, elle vous apporte ses propositions.

Pour base de ses délibérations, elle avait un projet préparé par la direction de l'enseignement secondaire et amendé par la section de permauence : elle s'est livrée à un examen approfondi de ce projet, en s'inspirant avant tout de l'esprit de la loi, puis en tâchant de satisfaire à tous les besoins auxquels l'enseignement nouveau doit répondre, sans justifier, s'il se pouvait, aucun des reproches que d'avance on lui adresse. Pour cela, elle n'a négligé aucun moyen d'information, heureuse de mettre à profit toutes les indications utiles ; elle en a trouvé surtout dans un travail préparatoire très solide dû à la Société pour l'étude des questions d'enseignement secondaire.

Le premier point à fixer était la durée de l'enseignement que nous avons à organiser.

D'un commun accord on a pensé qu'il devait commencer vers 12 ans et se prolonger jusqu'à 17, mais que cette durée normale de cinq années serait utilement divisée en deux périodes. Dans une première période de trois années, seraient donnés les enseignements strictement obligatoires, afin que les jeunes filles, nombreuses on peut le craindre, que leurs familles reprendront vers l'âge de 15 ans, ne quittent pas le collège sans avoir reçu le bénéfice réel de l'instruction secondaire. Elles emporteraient un ensemble bien lié de connaissances bien digérées, et de bonnes habitudes d'esprit ; un examen permettrait de s'en assurer et un certificat en ferait foi.

La deuxième période serait de deux années, dans lesquelles les jeunes filles qui auraient du temps et du zèle recevraient une culture plus relevée.

Seul, l'enseignement de la première période sera donné *dans* des *classes* proprement dites ; celui de la deuxième consistera en *cours*, dont une partie seulement sera obligatoire et commune ; le reste sera facultatif, pour permettre à chaque élève de chercher sa voie, de choisir selon ses aptitudes et ses besoins.

Votre Commission a dû, toutefois, se demander s'il n'y aurait pas lieu d'introduire un certain ordre jusque dans ces cours facultatifs, en indiquant par exemple à l'élève deux directions dominantes, l'une littéraire, l'autre scientifique. Cette division a paru désirable par la bonne discipline de l'esprit, pour l'unité et le sérieux des études, à condition d'éviter avec soin tout ce qui pourrait la faire ressembler à la bifurcation, si justement décriée. Tous les cours principaux, tant scientifiques que littéraires, demeurent obligatoires jusqu'au bout ; les cours facultatifs eux-mêmes seront disposés de telle sorte, qu'une jeune fille puisse à la rigueur les suivre tous ; les élèves enfin seront conseillées, guidées dans leurs choix, jamais contraintes. En un mot, tout en subordonnant la liberté des familles aux nécessités d'une éducation méthodique, la Commission s'est prononcée hautement pour cet essai de liberté, depuis longtemps réclamé. Elle estime que c'était le cas ou jamais, dans la constitution d'un enseignement nouveau, de faire cette heureuse innovation.

Voilà, Messieurs, les dispositions fondamentales de notre projet, quant à la durée et aux grandes divisions de l'enseignement secondaire des jeunes filles. A la fin de la cinquième année, un diplôme sera délivré (c'est la loi même qui le veut), nous ajoutons : sera délivré à la suite d'un examen portant sur les matières obligatoires, avec interrogations sur les matières des cours facultatifs suivis par l'élève. Le vœu unanime de la Commission est qu'on ne laisse pas dégénérer cet examen en une sorte de baccalauréat, exigeant au dernier moment un effort de mémoire, et comportant par suite une préparation plus ou moins hâtive. Elle conçoit un simple diplôme de fin d'études, donné dans l'intérieur de la maison, sous le contrôle d'un représentant de l'Etat. On le méritera presque sûrement par le seul fait d'avoir suivi tout le cours d'études, si dès le commencement ont lieu, comme nous le demandons, de sérieux examens de passage. Ces examens de passage devront porter sur toutes les matières étudiées par l'élève, y compris les matières facultatives dans la période qui en comporte.

Conformément à l'art. 6 de la loi et à l'art. 13 du décret, une sixième année pourra être ajoutée à ce cours normal d'études ; elle aura pour objet de préparer à des écoles ou à des carrières spéciales. Il a paru superflu d'en arrêter dès à présent le programme.

Mais la loi et le décret nous imposaient l'examen d'une autre question générale : comment arrivera-t-on à l'enseignement secondaire, quelles études devront le précéder? L'article 14 du décret du 28 juillet 1881 dit que « *des classes primaires, destinées à préparer des élèves pour les cours secondaires, pourront être annexées aux lycées et aux collèges de jeunes filles* ». Elles *pourront* l'être, mais elles ne le seront pas nécessairement. Nous n'avons donc pas à organiser l'enseignement de ces classes préparatoires. Mais, d'autre part, aux termes de l'art. 7 de la loi du 21 décembre 1880, « aucune élève ne pourra être admise » dans les établissements d'enseignement secondaire sans avoir subi un examen » constatant qu'elle est en état d'en suivre les cours ». — Cet examen d'entrée appelle nécessairement un programme. Il sera ultérieurement rédigé. Vous aurez à déterminer à quelles conditions il faut satisfaire pour suivre avec fruit l'enseignement secondaire.

Ce programme devra se faire attendre le moins possible ; il est nécessaire, pour guider les familles, pour guider les maîtres, quels qu'ils soient, qui prépareront des élèves pour nos lycées et collèges. Un grand nombre de ces établissements voudront sans doute s'annexer des classes élémentaires, afin de former eux-mêmes leurs recrues, et de peur que trop d'élèves, faute de cela, ne leur échappent ; mais nous devons croire que la plupart des jeunes filles feront leurs premières études, jusqu'à douze ans, soit dans leur famille, soit dans les écoles primaires, soit dans les institutions libres, et il est urgent d'indiquer à quelles exigences précises et communes elles devront satisfaire, pour être admises à recevoir l'enseignement secondaire des lycées.

Etant ainsi fixées les limites de l'enseignement nouveau, restait à en régler la distribution dans ces limites. Ici encore tous les points essentiels ont trouvé votre Commission unanime. Classes et cours de une heure seulement. Jamais plus large part faite au repos ; le jeudi rigoureusement réservé à la famille et au travail libre ; le temps de l'enseignement proprement dit réduit le plus possible au profit des exercices jusqu'ici réputés accessoires. Résolus à subordonner les matières de l'enseignement au temps disponible, et à ne plus subir à aucun prix la nécessité inverse de trouver du temps, bon gré mal gré, pour tous les enseignements dignes d'intérêt, nous devions évidemment commencer par nous faire une idée précise de l'emploi de la journée.

Le Conseil, je l'espère, ne nous saura pas mauvais gré de lui donner sur ce point des détails minutieux, décidé, comme il paraît l'être, à éviter ici coûte que coûte cette surcharge des programmes, cet accablement des élèves, trop justement reproché à nos lycées de garçons.

Voici donc comment votre Commission concevrait la journée de l'enfant. Il n'est question, bien entendu, que des externes libres ou surveillées, l'Etat de-

vant le moins possible assurer la responsabilité de l'internat. — L'élève arrive
au collège vers 8 heures. De 8 heures à 9 heures, classe, de 9 h. à 9 h. 1/4, récréation ; de 9 h. 1/4 à 10 h. 1/4, classe. A de certains jours, les externes libres
rentrent alors dans leur famille, et les externes surveillées, après 1/4 d'heure de
récréation, sont en étude de 10 h. 1/2 à midi ; mais trois fois par semaine les
externes libres restent elles-mêmes jusqu'à midi, et cette même heure 1/2 (de
10 h. 1/2 à midi) est consacrée aux travaux à l'aiguille et aux exercices de gymnastique. — A midi, repas et récréation jusqu'à 1 heure 1/2 ; une demi-heure
d'étude pour les externes surveillées, classe de 2 à 3 ; récréation de 3 à 3 h. 1/4 ;
de 3 à 4 h. 1/4, classe. A ce moment les externes libres quittent la maison : les
externes surveillées, après 3/4 d'heure de repos, ont 1 ou 2 heures d'étude pour
leurs devoirs, et ne se retirent qu'à 6 ou 7 heures, suivant la région, la saison
et le désir des familles.

Cela posé, nous pouvions procéder à la répartition des matières. Nous avons
de la sorte 4 heures de classe par jour, soit 20 heures par semaine, le jeudi et
le dimanche étant toujours saufs ; — puis trois fois la semaine 1 h. 1/2 d'exercices en commun, soit 4 h. 1/2 par semaine, en tout 24 h. 1/2 à répartir entre
les divers enseignements.

De ces 24 heures, la Commission vous propose d'en accorder au maximum 15
ou 16 à l'enseignement proprement dit, et d'en réserver au moins 8 ou 9 aux
exercices dits accessoires. En cela surtout notre projet diffère de celui qui nous
était soumis, lequel imposait 20 heures d'enseignement dès la première année, et
reléguait en dehors le dessin, la musique, la gymnastique, les travaux à
l'aiguille. Nous avons tenu à ce que tous ces exercices eussent leur place marquée dans le tableau de chaque année, place prise sur le temps même des
classes pour ceux qui supposent une certaine contention d'esprit (musique et
dessin), et sur le temps de l'étude pour la gymnastique et la couture.

Vous voyez, Messieurs, quelle est l'économie générale du projet ; j'achèverai
de vous faire connaître l'esprit des résolutions que nous avons l'honneur de vous
soumettre, en vous signalant, pour chaque période, les principaux points sur
lesquels s'est portée notre attention.

Dans les cinq années, figurent au premier rang les études littéraires : langue
et littérature françaises, — langues vivantes, — histoire générale et nationale.
C'est l'ordre établi par la loi, et il nous a semblé qu'en effet, si quelque chose
constitue essentiellement l'enseignement secondaire, et doit le distinguer de l'enseignement primaire supérieur, c'est la culture littéraire, si propre à élargir et à
assouplir l'esprit.

Il est dit en note que la lecture à haute voix fera partie de l'enseignement de
la langue et de la littérature française : la Commission aurait cru aller contre
l'intention du législateur en faisant une place à part à cet enseignement délicat,
qui ne serait pas sans danger, le jour où, de simple moyen qu'il est pour l'intelligence plus fine de la langue et la culture du goût, il deviendrait une fin par
lui-même.

Les langues vivantes, obligatoires d'un bout à l'autre, et que nous ne sépa-
rons pas des littératures étrangères, seront dès le début enseignées dans des
cours, où les élèves seront groupées selon leur force. Chaque élève pourra apprendre deux ou plusieurs langues, mais successivement plutôt qu'à la fois.
Une part sera faite à l'enseignement de l'italien et de l'espagnol, mais nous
vous invitons à exiger d'abord l'anglais ou l'allemand, vu la supériorité incontestée de ces deux langues, au point de vue, principal ici, de la gymnastique
intellectuelle.

Peut-être vous étonnerez-vous de trouver répétée, pour les deux premières
années, cette même formule : *histoire naturelle (notions de zoologie et de bota-*

nique). — On a voulu que la botanique pût être enseignée durant deux belles saisons.

En troisième année commence l'enseignement de la morale. La loi le prescrit en première ligne ; mais il suppose d'autre part des esprits d'une certaine maturité, de là la place qu'on lui assigne. L'étude des littératures anciennes commence au même moment pour des raisons analogues. La physique et la chimie, ajournées jusque-là à dessein, au profit du calcul et des sciences naturelles, ont réclamé dans cette année trois heures ; on les leur a accordées sans conteste. Enfin on n'a pas cru pouvoir reculer plus loin les notions d'hygiène et d'économie domestique. Ces nécessités diverses ont conduit à donner dans cette 3ᵉ année 16 heures au lieu de 15 à l'enseignement. Une heure a paru pouvoir être prise sans inconvénients sur le temps précédemment accordé à la musique.

Notre première période se présente donc ainsi :

Examen d'entrée prescrit par l'art. 6 de la loi du 21 décembre 1880, d'après un programme qui sera rédigé ultérieurement.

Première année.

Langue et littérature française........................... 3 heures

(La lecture à haute voix fait partie de l'enseignement de la langue et de la littérature française.)

Langues vivantes (anglais ou allemand)................... 3
Histoire générale et nationale. Géographie............... 4
Calcul et géométrie élémentaire......................... 2
Histoire naturelle (notions de zoologie et de botanique)....... 1

Total.................... 15 heures

d'enseignement proprement dit.

Dessin et écritures.................................... 3 heures
Musique vocale....................................... 2

Total................. 20 heures

Trois fois par semaine, après la classe du matin : Travaux à l'aiguille et gymnastique.
Travaux à l'aiguille, 1 heure........................... 3 heures
Gymnastique, 1/2 heure................................ 1   1/2

En tout................ 24 heur. 1/2

EXAMEN DE PASSAGE

Deuxième année, comme au projet que vous avez sous les yeux.

Troisième année, id.

Vous remarquerez, Messieurs, que dans les deux premières années, l'enseignement de l'écriture est adjoint à l'enseignement du dessin.

N'entrent dans la deuxième période que les élèves munies du certificat délivré au terme de la première. Ici commencent les cours au lieu des classes ; mais les cours obligatoires occupent encore 12 heures. Nous vous proposons, j'ai dit pourquoi, de diviser les cours facultatifs en deux séries parallèles : Série A (plutôt littéraire) — 4 heures ; Série B (plutôt scientifique) — 4 heures. Soit 16 heures d'enseignement pour la majorité des élèves, qui ne suivront qu'une des deux séries ; — 20 heures pour celles qui, par exception, voudraient mener de front tous les cours.

Mais quelles matières convenait-il de mettre dans ces cours facultatifs ? Fallait-il y faire une place aux langues anciennes ? Le grec a été écarté sans débat ; le latin n'a été défendu que comme utile pour la connaissance du français. Mais à ce titre, nous vous proposons de donner, dans les deux dernières années, 1 heure par semaine à l'étude facultative des éléments de la langue latine. Il nous a semblé que de futures mères de famille seraient heureuses plus tard de se trouver à même de surveiller les premières études de leurs fils. Quant aux littératures anciennes, elles obtiennent une place même dans les cours obligatoires, et une place principale dans les cours facultatifs de toute cette première période.

La morale, commencée en troisième année, est reprise en quatrième ; puis nous plaçons en cinquième année des notions de psychologie appliquée à l'éducation. Cet enseignement n'est pas indiqué par la loi ; mais il a paru de nature à être compris et goûté des jeunes filles, et très propre à compléter leur culture.

Quant aux exercices accessoires, les travaux à l'aiguille et la gymnastique restent seuls obligatoires jusqu'à la fin ; la musique et le dessin deviennent facultatifs. Une jeune fille qui en aura pris le goût n'aura garde d'y renoncer ; celles, au contraire, qui décidément n'y auraient point de disposition, seraient inutilement contraintes.

La deuxième période s'offre donc à nous comme voici :

Quatrième année.

COURS OBLIGATOIRES.

Morale..	1 heure
Langue et littérature françaises. Éléments de littérature ancienne..	4
Langues vivantes et littératures étrangères................	3
Histoire sommaire de la civilisation jusqu'à Charlemagne.....	2
Astronomie et cosmographie...............................	1
Physiologie animale et végétale...........................	1
	12 heures

d'enseignement obligatoire.

Travaux à l'aiguille et gymnastique, trois fois par semaine, de 10 heures 1/2 à midi.

COURS FACULTATIFS

Série A.........	Littératures anciennes.............	3	4 heures.
	Éléments de langue latine..........	1	
Série B.........	Mathématiques....................	3	4 heures.
	Physique..........................	1	
Musique..		1	heure
Dessin...		3	

Cinquième année.

Comme au projet que vous avez sous les yeux.

Par ces mots : *Histoire de la civilisation*, nous entendons simplement l'histoire générale, reprise au point de vue des mœurs, des coutumes, des institutions, des arts.

Pour tous ces enseignements, des programmes devront être rédigés. L'Administration n'a pu encore les préparer. Vous aurez sans doute à les arrêter dans une prochaine session.

On peut se contenter, jusqu'à nouvel ordre, de ces indications générales ; mais le personnel actuellement existant demande plutôt à recevoir une direction qu'à être livré à lui-même. Au reste, votre Commission ne s'exagère pas la vertu des programmes. L'avenir de l'enseignement que vous allez constituer est avant tout dans l'Ecole normale supérieure de Sèvres.

Tel est, Messieurs, le projet que nous avons l'honneur de vous présenter. Avec quelque soin qu'il ait été discuté, il vous paraîtra sans doute soulever encore bien des objections ; mais nous espérons que la plupart auront été prévues et pesées. A mesure qu'elles se produiront, votre Commission tâchera de vous expliquer les résolutions qu'elle vous apporte.

Signé : HENRI MARION,

DÉCRET PORTANT FIXATION DES CAUTIONNEMENTS DES ÉCONOMES DES LYCÉES DE JEUNES FILLES (31 juillet 1882).

LE PRÉSIDENT DE LA RÉPUBLIQUE FRANÇAISE,

Sur le rapport du ministre de l'Instruction publique et des Beaux-Arts,

Vu la loi du 8 août 1847 (article 14) ;
Vu le décret du 31 octobre 1849 ;
Vu la loi du 21 décembre 1880 ;
Vu le décret du 28 juillet 1881 (article 5) ;
Vu l'avis du ministre des finances ;

Décrète :

ART. 1er. — Les lycées-externats de jeunes filles sont au compte de l'Etat. Les économes de ces établissements sont assujettis à l'obligation de fournir un cautionnement en garantie de leur gestion.

ART. 2. — Les cautionnements de ces agents comptables seront fixés à 5 pour 100 de l'ensemble des recettes de la dernière année expirée.

ART. 3. — Le montant des cautionnements sera déterminé par l'arrêté de nomination ; la quotité en sera révisée à chaque mutation ; il ne sera pas tenu compte des coupures de recettes qui ne correspondront pas à une fraction de cautionnement de 500 francs. — Les fonds seront versés en numéraire dans les caisses du Trésor.

Art. 4. — Lorsque l'économe d'un lycée-externat de jeunes filles sera choisi pour remplir les mêmes fonctions dans l'internat annexe, lequel est au compte de la ville, il devra fournir pour cette seconde gestion un nouveau cautionnement distinct du premier.

Art. 5. — Les récépissés des cautionnements des économes des lycées de filles seront transmis au ministre des finances par le Ministre de l'instruction publique en exécution de l'arrêté du 24 germinal an VIII.

Art. 6. — Le Ministre de l'instruction publique et des beaux-arts et le Ministre des finances sont chargés, chacun en ce qui le concerne, de l'exécution du présent décret.

JULES GRÉVY.

Par le Président de la République :

Le Ministre de l'Instruction publique et des Beaux-Arts,
JULES FERRY.

Le ministre des finances.
LÉON SAY.

ARRÊTÉ AUTORISANT L'OUVERTURE PROVISOIRE [1] D'UN COLLÈGE DE JEUNES FILLES, AVEC INTERNAT, A LOUHANS (5 août 1882).

DÉCRET FIXANT LES TARIFS DES FRAIS D'ÉTUDES DES EXTERNES LIBRES AU LYCÉE DE JEUNES FILLES DE MONTPELLIER (17 août 1882).

Classes primaires......................		100 fr. par an.	
Enseignement secondaire	1re période...	150	—
	2e période....	200	—

ARRÊTÉ AUTORISANT L'OUVERTURE PROVISOIRE [2] D'UN LYCÉE DE JEUNES FILLES A NANTES (18 septembre 1882).

---

[1] Collège créé par décret en date du 14 décembre 1882. (Voir le décret p. 527.)

[2] Lycée créé par décret en date du 28 juillet 1883. (Voir le décret page 533.)

DÉCRET PORTANT CRÉATION D'UN COLLÈGE COMMUNAL DE JEUNES LILLES A LA FÈRE (14 décembre 1882).

Faculté d'annexer un internat.

———

DÉCRET PORTANT CRÉATION D'UN COLLÈGE COMMUNAL DE JEUNES FILLES A LOUHANS (14 décembre 1882).

Faculté d'annexer un internat.

———

DÉCRET PORTANT CRÉATION D'UN COLLÈGE DE JEUNES FILLES A LILLE (30 décembre 1882).

Faculté d'annexer un internat.

———

DÉCRET PORTANT CRÉATION D'UN LYCÉE DE JEUNES FILLES A LYON (10 janvier 1883).

Régime de l'établissement : externat et externat surveillé. Faculté d'annexer un demi-pensionnat.

Rétributions annuelles.	Externat simple.	Externat surveillé.	Demi-pension.
Classes primaires....................	100 fr.	160 fr.	500 fr.
Enseignement secondaire 1re période..	120	180	550
2e période...	110	200	600

———

ARRÊTÉ MODIFIANT L'ARTICLE 2 DE L'ARRÊTÉ DU 28 JUILLET 1882 RELATIF A L'EXAMEN POUR L'OBTENTION DES BOURSES DANS LES LYCÉES ET COLLÈGES DE JEUNES FILLES (11 avril 1883).

Le Président du Conseil, ministre de l'instruction publique et des beaux-arts,

Vu le décret du 28 juillet 1882, portant règlement pour la collation des bourses dans les lycées et collèges de jeunes filles ;

Arrête :

L'article 2 de l'arrêté du 28 juillet 1882 (paragraphes 1 et 2), est modifié ainsi qu'il suit : « Les examens ont lieu chaque année du 1er au 15 mars et du 1er au 15 juin, au chef-lieu de chaque département.

» Les aspirantes doivent être inscrites du 15 au 28 février ou du 15 au 31 mai, au secrétariat de la Préfecture de leur résidence ou de la résidence de leur famille. »

JULES FERRY.

CIRCULAIRE RELATIVE A LA COLLATION DES BOURSES DANS LES LYCÉES ET COLLÈGES DE JEUNES FILLES (15 avril 1883).

Monsieur le Recteur,

Aujourd'hui que l'enseignement secondaire des jeunes filles est constitué et en voie de rapide développement, grâce aux libéralités du Parlement et à l'initiative des municipalités, le moment est venu de faire connaître aux familles à quelles conditions et dans quel esprit l'Administration supérieure se propose de répartir le crédit de 100,000 fr. qui figure au budget de l'instruction publique pour les bourses dans les lycées et collèges de jeunes filles.

Le principe de la création des bourses est inscrit à l'article 3 de la loi du 21 décembre 1880. Conformément aux dispositions de cet article, chaque fois que l'Etat a eu à traiter avec une ville pour la fondation d'un lycée ou d'un collège, il a été stipulé que des bourses seraient entretenues par chacune des parties contractantes. J'ai l'intention d'augmenter le nombre des bourses nationales, suivant les besoins constatés et dans la limite du crédit porté au budget. Elles seront concédées dans la forme ordinaire après obtention d'un certificat d'aptitude et enquête sur les services rendus au pays par les familles.

Le décret du 28 juillet consacre une innovation sur laquelle je dois appeler votre attention : aux termes de l'article 2, des bourses peuvent, à défaut de pensionnats annexés aux lycées ou collèges, être concédées dans des institutions libres ou dans des familles *agréées par le ministre.*

Pour obtenir tous les résultats qu'on est en droit d'attendre de cette mesure, on ne saurait apporter trop de circonspection dans le choix des personnes auxquelles seront confiées nos élèves. Il importe que je sois renseigné non seulement sur les garanties morales offertes par les pensionnats privés ou les familles qui recevront les boursières, mais encore sur les conditions matérielles dans lesquelles celles-ci y seront installées. En principe le choix de l'Administration se portera de préférence sur les institutions laïques dont les élèves suivent déjà les cours des établissements universitaires.

Les dames faisant partie des commissions administratives voudront bien, au moyen d'inspections fréquentes, veiller à ce que toutes les conditions exigées par les règlements soient rigoureusement observées. Si quelque abus se produisait, vous n'hésiteriez pas à m'en référer.

L'Etat ne devant pas accorder de bourses d'externat simple, les externes boursières seront admises de droit à la surveillance sans avoir aucune rétribution à payer de ce chef. De même, les boursières internes jouiront de la gratuité des frais d'études et auront droit aux fournitures scolaires, à la literie, au blanchissage et au raccommodage.

Les règlements en usage pour la collation des bourses dans les établissements de garçons sont applicables aux écoles secondaires de filles.

Vous remarquerez, Monsieur le recteur, que la plupart des dispositions du décret et de l'arrêté du 28 juillet 1882 reproduisent textuellement celles du décret du 19 janvier et de l'arrêté du 20 janvier 1881. Il me semble dès lors inutile d'en analyser successivement les articles.

J'ai toutefois à vous présenter quelques observations au sujet de l'article 3 du décret précité.

Aux termes de cet article, les principaux titres à l'obtention d'une bourse, sont l'insuffisance des ressources de la famille, l'aptitude constatée de la postulante, les services rendus au pays par sa famille. Dans ma circulaire du 9 février dernier, j'ai appelé particulièrement votre attention sur l'intérêt que présente l'appréciation de l'aptitude des candidats aux bourses dans les lycées et les collèges de jeunes gens.

Dans la concession des bourses aux jeunes filles il est tout aussi nécessaire de tenir le plus grand compte des aptitudes et de l'intelligence.

Le vœu du législateur à cet égard a été formellement exprimé dans le rapport présenté à la Chambre des députés au nom de la Commission chargée de l'examen de la proposition de loi de M. Camille Sée.

L'honorable rapporteur déclare que la Commission « revient à la » pensée de Condorcet qui voyait dans l'institution des bourses un » moyen de remédier à l'inégalité sociale résultant de l'inégalité des » fortunes et de procurer au pays un plus grand nombre de citoyens » capables de le servir, à la pensée de Lakanal, à la pensée de Carnot.»

Pour atteindre ce but, il importe que les administrations locales ne perdent pas de vue le principe qui a présidé à l'institution des bourses.

Les recommandations particulières devront être adressées à ce sujet aux conseils généraux et aux municipalités. Vous leur rappellerez notamment les dispositions de l'article 3 [1] du décret du 28 juillet 1882.

[1] Voici le texte de cet article : « Les bourses de l'Etat ne seront accordées qu'après enquête constatant l'insuffisance de fortune de la famille. Elles

Peut-être même y aurait-il avantage à organiser d'une manière générale les concours mentionnés au deuxième paragraphe de l'article 5. Vous voudrez bien étudier cette question avec soin et me faire part des observations que son examen vous aura suggérées.

Pour les bourses nationales, les demandes seront instruites d'après les règles tracées dans la circulaire du 14 décembre 1880.

Les demandes seront adressées aux préfets avec les pièces nécessaires, savoir :

1° L'acte de naissance de la postulante ;

2° Le procès-verbal de l'examen correspondant à son âge, accompagné du certificat de bonne conduite délivré par le chef de l'établissement où l'enfant se trouvait en dernier lieu, et des autres documents énumérés plus loin ;

3° Un état, certifié par le maire de la commune, des ressources et des charges de la famille ;

4° Un état certifié des services rendus par les parents ;

5° L'engagement souscrit par ceux-ci de payer la portion des frais de pension et les frais de trousseau qui, en cas de nomination, resteraient à leur charge ;

Après avoir vérifié la régularité des pièces fournies et procédé à une enquête sur les titres et la position de la famille, le préfet transmet le dossier au recteur, qui me le fait parvenir.

Un arrêté, en date du 11 avril courant, modifie les deux premiers paragraphes de l'article 2 de l'arrêté du 28 juillet 1882; il dispose que les sessions d'examen des aspirantes aux bourses auront lieu du 1er au 13 mars et du 1er au 15 juin; les aspirantes seront inscrites au secrétariat de la Préfecture, du 15 au 28 février ou du 15 au 31 mai.

Cette année, comme les sessions extraordinaires ont été autorisées précédemment, les prochains examens seront remis au mois de juin.

Au moment de l'inscription, les aspirantes auront à produire, conformément à la circulaire du 9 février, outre les pièces exigées par l'article 2 de l'arrêté du 28 juillet, paragraphe 3, les documents ci-dessus, certifiés par le chef de l'établissement qu'elles ont fréquenté : 1° un relevé sommaire des notes qui leur ont été données pour le travail et l'aptitude dans les cours de l'année précédente ; 2° Une liste des places qu'elles ont obtenues dans les compositions, avec l'indication du nombre des élèves de la classe ; 3° une liste de leurs prix et accessits ;

Si l'élève sort d'une école primaire, les mêmes pièces sont fournies par l'instituteur qui y joint, s'il y a lieu, le certificat d'études primaires. MM. les inspecteurs d'académie devront également vous envoyer, pour être annexé par vous aux dossiers, les compositions écrites des postulantes admises au certificat d'aptitude.

En ce qui concerne la composition des commissions d'examen les programmes et le nombre des épreuves, la division des élèves par séries, vous vous reporterez à l'arrêté du 28 juillet. Je dois ajouter que si, dans un département où il n'existe pas d'établissement secondaire

> seront conférées aux enfants qui se seront fait remarquer par leurs aptitudes
> et particulièrement à celles dont la famille a rendu des services au pays. Les
> bourses des départements et des communes seront concédées dans les mêmes
> conditions. »

de jeunes filles, des aspirantes demandent à subir l'examen réglemen-taire, vous devrez constituer la commission chargée de les examiner.

Je vous prie de m'accuser réception de la présente circulaire et de prendre les mesures nécessaires pour en assurer l'exécution.

Recevez, Monsieur le Recteur, l'assurance de ma considération très distinguée.

Le Président du Conseil,
Ministre de l'Instruction publique et des Beaux-Arts,

Jules Ferry.

DÉCRET portant création d'un lycée de jeunes filles
au Havre (17 juillet 1883).

Régime de l'établissement : externat simple avec externat surveillé et demi-pensionnat.

Rétributions annuelles.	Externat simple.	Externat surveillé.	Demi-pension.
Classes primaires......................	100 fr.	150 fr.	475 fr.
Enseignement secondaire (1re période ..	120	170	525
(2e période...	180	230	575

CIRCULAIRE relative aux examens du certificat d'études
de troisième année et du diplôme de fin d'études dans
les lycées et collèges de jeunes filles (27 juillet 1883).

Monsieur le Recteur,

Les arrêtés du 28 juillet 1882 ont déterminé les conditions dans les-quelles doivent être subis les examens du certificat d'études secon-daires de 3e année, et du diplôme de fin d'études par les élèves des lycées et collèges de jeunes filles.

Pour répondre à une question qui m'a été posée par plusieurs de vos collègues, je crois devoir vous rappeler que, seules, les élèves qui sui-vent les cours des établissements publics peuvent être admises aux examens dont il s'agit. Les dispositions de l'article 8 de la loi du 21 décembre 1880, des articles 1 et 2 de l'arrêté du 28 juillet 1882 concernant le certificat d'études, et de l'article 1er de l'arrêté de la même date, relatif au diplôme de fin d'études ne peuvent laisser aucun doute à ce sujet ; elles établissent nettement que le législateur et, après lui, le Conseil supérieur de l'Instruction publique ont voulu con-férer aux lycées et collèges universitaires un privilège exclusif.

Aux termes de l'article 5 de l'arrêté du 28 juillet 1882, le certificat d'études est délivré par le recteur ; il m'a paru désirable que ce certificat fût rédigé, dans toutes les académies, d'une manière uniforme, et je vous envoie à cet effet, un modèle auquel on devra se conformer.

Vous trouverez également sous ce pli des modèles imprimés :

1° Pour les procès-verbaux des jurys chargés des examens du diplôme de fin d'études ;

2° Pour les certificats d'aptitude à ce diplôme.

Les modèles pour les certificats d'aptitude mentionnent le nombre des suffrages qu'il convient d'attribuer à chaque épreuve ; ce nombre est de deux pour les compositions littéraire et scientifique à l'examen écrit, pour les interrogations sur la langue et la littérature françaises et sur les sciences physiques et naturelles à l'examen oral ; toutes les autres épreuves ne comptent que pour une unité.

Je vous prie de m'accuser réception de la présente circulaire.

Recevez, Monsieur le Recteur, l'assurance de ma considération très distinguée.

> *Le Président du Conseil,*
> *Ministre de l'Instruction publique et des Beaux-Arts,*
> JULES FERRY.

DÉCRET PORTANT MODIFICATION DE L'ARTICLE 11 DU DÉCRET DU 28 JUILLET 1882 RELATIF A LA COLLATION DES BOURSES DANS LES LYCÉES ET COLLÈGES DE JEUNES FILLES (28 juillet 1883).

LE PRÉSIDENT DE LA RÉPUBLIQUE FRANÇAISE,

Sur le rapport du Président du Conseil, Ministre de l'Instruction publique et des Beaux-Arts,

Vu le décret du 28 juillet 1882, relatif à la collation des bourses nationales, départementales et communales, dans les lycées et collèges de jeunes filles ;

Vu l'article 45 de la loi du 10 août 1871 sur l'administration départementale.

Le Conseil supérieur de l'Instruction publique entendu ;

Décrète :

ART. 1er. — L'article 11 du décret du 28 juillet 1882 est modifié ainsi qu'il suit :

Le Ministre, pour les boursières de l'État : les Conseils généraux et les Conseils municipaux, pour les boursières des départements et des communes, peuvent accorder des promotions de bourse aux élèves inscrites au tableau d'honneur spécial, dressé à la fin de chaque année scolaire par les directrices des lycées et collèges, après avis des professeurs.

Art. 2. — Le Ministre de l'Instruction publique et des Beaux-Arts est chargé de l'exécution du présent décret.

JULES GRÉVY.

Par le Président de la République :

Le Président du Conseil,
Ministre de l'Instruction publique et des Beaux-Arts,
JULES FERRY.

DÉCRET PORTANT CRÉATION D'UN LYCÉE DE JEUNES FILLES A AMIENS (28 juillet 1883).

Régime de l'établissement : externat simple, externat surveillé et demi-pensionnat.

Rétributions annuelles.		Externat simple.	Externat surveillé.	Demi-pension
Classes primaires..................		70 fr.	130 fr.	425 fr.
Enseignement secondaire	1re période..	100	160	450
	2e période...	125	185	475

DÉCRET PORTANT CRÉATION D'UN LYCÉE DE JEUNES FILLES A GUÉRET (28 juillet 1883).

Faculté d'annexer un internat.

Rétributions annuelles.		Externat simple.	Externat surveillé.
Classes primaires..................		70 fr.	120 fr.
Enseignement secondaire	1re période...	100	150
	2e période ...	120	170

DÉCRET PORTANT CRÉATION D'UN LYCÉE DE JEUNES FILLES A NANTES [1] (28 juillet 1883).

Régime de l'établissement : externat simple, externat surveillé et demi-pensionnat.

[1] Ouvert provisoirement par arrêté du 18 septembre 1882.

Rétributions annuelles.		Externat simple.	Externat surveillé.	Demi-pension.
Classes primaires......................		100 fr.	160 fr.	500 fr.
Enseignement secondaire	1re période...	120	180	550
	2º période ...	140	200	600

DÉCRET PORTANT CRÉATION D'UN LYCÉE DE JEUNES FILLES A NICE (28 juillet 1883).

Régime de l'établissement : externat simple, externat surveillé et demi-pensionnat.

Rétributions annuelles.		Externat simple.	Externat surveillé.	Demi-pension.
Classes primaires......................		100 fr.	160 fr.	400 fr.
Enseignement secondaire	1re période ..	125	185	450
	2º période ...	150	210	500

DÉCRET PORTANT CRÉATION D'UN LYCÉE DE JEUNES FILLES A ROANNE (28 juillet 1883).

Régime de l'établissement : externat simple, externat surveillé. La ville est autorisée à annexer un internat à l'établissement.

Rétributions annuelles.		Externat simple.	Externat surveillé.
Classes primaires......................		70 fr.	130 fr.
Enseignement secondaire	1re période...	100	160
	2ª période ...	120	180

DÉCRET PORTANT CRÉATION D'UN LYCÉE DE JEUNES FILLES A CHARLEVILLE (27 août 1883).

Régime de l'établissement : externat simple et externat surveillé. La ville est autorisée à annexer un internat à l'établissement.

Rétributions annuelles.		Externat simple.	Externat surveillé.
Classes primaires.....................		70 fr.	130 fr.
Enseignement secondaire	1re période...	100	160
	2e période...	120	180

DÉCRET PORTANT CRÉATION D'UN LYCÉE DE JEUNES FILLES A BOURG (4 septembre 1883).

Régime de l'établissement : externat simple, externat surveillé, demi-pensionnat.

Rétributions annuelles.		Externat simple.	Externat surveillé.	Demi-pension.
Classes primaires.....................		60 fr.	110 fr.	350 fr.
Enseignement secondaire	1re période...	90	140	400
	2e période...	120	170	450

DÉCRET PORTANT CRÉATION D'UN LYCÉE DE JEUNES FILLES A MOULINS (4 septembre 1883).

Régime de l'établissement : externat simple et externat surveillé. Faculté d'annexer un internat.

Rétributions annuelles.		Externat simple.	Externat surveillé.
Classes primaires.....................		80 fr.	140 fr.
Enseignement secondaire	1re période...	100	160
	2e période...	130	190

DÉCRET PORTANT CRÉATION D'UN LYCÉE NATIONAL DE JEUNES FILLES A SAINT-ÉTIENNE (4 septembre 1883).

Régime de l'établissement : externat simple et externat surveillé. La ville est autorisée à annexer un internat au lycée.

Rétributions annuelles.		Externat simple.	Externat surveillé.
Classes primaires.....................		80 fr.	140 fr.
Enseignement secondaire	1re période...	100	160
	2e période...	140	200

DÉCRET portant création d'un collège communal de jeunes filles a abbeville (4 septembre 1883).

La ville est autorisée à annexer un internat au collège.

DÉCRET fixant les traitements des directrices, professeurs et maitresses des lycées et des collèges de jeunes filles (13 septembre 1883).

Le Président de la République française,

Sur le rapport du Président du Conseil, Ministre de l'Instruction publique et des Beaux Arts,

Vu la loi du 21 décembre 1880 ;

Vu le décret du 28 juillet 1881 ;

Décrète :

ART. 1er. — Les traitements annuels des directrices, professeurs titulaires, maitresses chargées de cours, institutrices primaires et maitresses répétitrices des lycées de jeunes filles des départements, sont fixés de la manière suivante :

DÉSIGNATION.	1re CLASSE.	2e CLASSE.	3e CLASSE.	4e CLASSE
Directrices — Agrégées....................	6.500	6.000	5.500	5.000
Licenciées ou pourvues, soit du certificat d'aptitude à l'enseignement secondaire des jeunes filles, soit du certificat d'aptitude à l'enseignement des langues vivantes....................	6.000	5.500	5.000	4.500
Pourvues d'un brevet de l'enseignement primaire......	5.500	5.000	4.500	4.000
Professeurs titulaires (agrégées)...........	4.200	3.800	3.400	3.000
Maitresses chargées de cours — Licenciées ou pourvues, soit du certificat d'aptitude à l'enseignement secondaire des jeunes filles, soit du certificat d'aptitude à l'enseignement des langues vivantes....................	3.400	3.100	2.800	2.500

DÉSIGNATION.	1re CLASSE	2e CLASSE	3e CLASSE	4e CLASSE
Institutrices primaires { Pourvues d'un baccalauréat, du diplôme de fin d'études secondaires ou du brevet supérieur de l'enseignement primaire	2.700	2.400	2.100	1.800
Maîtresses répétitrices (logées, non nourries)	2.400	2.100	1.800	1.500

ART. 2. — Les traitements alloués aux membres du personnel administratif ou enseignant des lycées de jeunes filles de Paris, seront, pour chaque classe et pour chaque catégorie de fonctionnaires, supérieurs de 500 francs aux chiffres indiqués dans le tableau ci-dessus.

ART. 3. — Les traitements annuels des directrices, professeurs titulaires, maîtresses chargées de cours, institutrices primaires et maîtresses surveillantes des collèges de jeunes filles, sont fixés comme ci-après :

DÉSIGNATION.	1re CLASSE	2e CLASSE.	3e CLASSE	4e CLASSE.
Directrices	4.000	3.500	3.000	2.600
Professeurs titulaires { Licenciées ou pourvues, soit du certificat d'aptitude à l'enseignement secondaire des jeunes filles. soit du certificat d'aptitude à l'enseignement des langues vivantes.................	3.400	3.100	2.800	2.500
Maîtresses chargées de cours { Pourvues d'un baccalauréat, du diplôme de fin d'études secondaires ou du brevet supérieur de l'enseignement primaire	2.700	2.400	2.100	1.800
Institutrices primaires..................	2.400	2.000	1.800	1.600
Maîtresses surveillantes de l'externat (logées, non nourries)................	Minimum : 1.400 francs.			

ART. 4. — Des promotions à une classe supérieure pourront être accordées, en fin d'année, sur la proposition des recteurs, aux fonctionnaires qui auront passé cinq ans au moins dans la classe inférieure.

ART. 5. — Les professeurs titulaires et les maîtresses chargées de cours des lycées et des collèges de jeunes filles ne seront tenues qu'à un service de seize heures de classe par semaine ; ce nombre d'heures hebdomadaires sera réduit à quinze pour les fonctionnaires chargées de l'enseignement des sciences physiques et naturelles.

ART. 6. — Les heures supplémentaires qui pourront être demandées aux professeurs titulaires et aux maîtresses chargées de cours, en outre du service normal mentionné à l'article 5, donneront lieu au payement de rémunérations spéciales qui seront calculées de la manière suivante :

1° Dans les lycées de Paris, 200 francs pour chaque heure supplémentaire par semaine pendant dix mois :

2° Dans les lycées des départements, 150 francs pour chaque heure supplémentaire par semaine pendant dix mois ;

3° Dans les collèges, 125 francs pour chaque heure supplémentaire par semaine pendant dix mois.

ART. 7. — Le Président du Conseil, Ministre de l'Instruction publique et des Beaux-Arts, est chargé de l'exécution du présent décret.

JULES GRÉVY.

Par le Président de la République :

Le Président du Conseil,
Ministre de l'Instruction publique et des Beaux-Arts,

JULES FERRY.

CIRCULAIRE CONCERNANT LES TRAITEMENTS ALLOUÉS AUX FONCTIONNAIRES DES LYCÉES ET COLLÈGES DE JEUNES FILLES ET LE SERVICE HEBDOMADAIRE DES PROFESSEURS ET MAITRESSES DE CES ÉTABLISSEMENTS (14 septembre 1883).

Monsieur le Recteur,

J'ai l'honneur de vous envoyer ci-joints plusieurs exemplaires d'un décret, en date du 13 septembre courant, portant fixation des traitements des directrices, professeurs titulaires et maîtresses diverses des lycées et collèges de jeunes filles.

Les fonctionnaires de chaque catégorie seront réparties en 4 classes ; une période totale de 15 ans au minimum leur sera nécessaire pour parvenir de la 4e classe à la 1re et atteindre les traitements maxima déterminés par le décret.

Eu égard à la différence d'importance des établissements, les directrices de lycée recevront une rémunération plus élevée que les directrices de collège.

Les professeurs agrégés des lycées auront droit à des traitements fixes variant de 3,000 francs à 4,200 francs ; mais il ne leur sera pas accordé l'indemnité d'agrégation, le taux de leurs rémunérations étant notablement supérieur au chiffre des traitements des maîtresses chargées de cours (différences en plus : 500 francs pour la 4° classe, 600 fr. pour la 3e, 700 francs pour la 2ᵉ et 800 francs pour la 1ʳᵒ.

Vous remarquerez qu'aucune distinction n'est établie entre les lycées des départements et que tous les collèges sont placés sur le même pied ; en outre, les maîtresses chargées de cours des lycées et les professeurs titulaires des collèges, qui devront d'ailleurs être pourvues des mêmes grades, auront droit aux mêmes avantages pécuniaires. On a voulu prévenir ainsi, autant que possible, les demandes de changement de résidence, et donner au personnel enseignant des lycées et collèges de jeunes filles une stabilité dont profiteront à la fois les établissements et les fonctionnaires.

Toutefois il a été jugé nécessaire de créer une catégorie spéciale pour les lycées qui seront fondés à Paris : la différence de 500 francs en plus pour chaque traitement est justifiée par la cherté des vivres et des loyers dans cette ville.

Suivant le désir exprimé par quelques-uns de vos collègues, le service des professeurs titulaires et des maîtresses chargées de cours, a été fixé uniformément à 16 heures de classe par semaine, tant dans les collèges que dans les lycées, et quel que soit l'ordre d'enseignement. Cependant il a paru équitable de réduire ce chiffre à 15 heures pour les fonctionnaires chargées d'enseigner les sciences physiques et naturelles, en raison du surcroît de travail qu'exigent, dans l'intervalle des classes, la préparation des expériences scientifiques et la surveillance du cabinet de physique.

La durée du service hebdomadaire des institutrices primaires sera déterminée par vous, Monsieur le Recteur, après entente avec la directrice de chaque établissement, conformément à l'esprit de l'article 1ᵉʳ de l'arrêté du 28 juillet 1882.

Lorsqu'il y aura lieu de demander des heures supplémentaires aux professeurs titulaires et aux maîtresses chargées de cours, ces fonctionnaires auront droit aux indemnités désignées à l'article 6 du décret. Mais ces rémunérations additionnelles ne pourront être payées qu'aux professeurs et aux maîtresses donnant d'autre part en totalité le nombre d'heures exigible, et lorsqu'on aura préalablement complété à 16 heures ou à 15 heures, selon les cas, le service des autres dames chargées d'une partie de l'enseignement. Si, d'ailleurs, une maîtresse ou un professeur de lettres, de sciences ou de langues vivantes n'avait pas son maximum d'heures, il n'y aurait aucun inconvénient à lui confier, dans une des classes où elle ferait déjà des cours, une ou plusieurs leçons portant sur des matières qui ne rentreraient pas dans sa spécialité, mais pour l'enseignement desquelles la directrice lui reconnaîtrait les aptitudes nécessaires. On éviterait ainsi des dépenses inutiles et d'autre part on obvierait, dans une certaine mesure, à l'inconvénient de confier la direction d'une même année à un trop grand nombre de professeurs.

Les dispositions du décret du 13 septembre courant devront être observées dans les *lycées* à partir du mois d'octobre prochain ; vous voudrez bien m'adresser, dans le courant du 4° trimestre 1883, au 3ᵉ bureau de la Direction de l'Enseignement secondaire, les demandes de crédits nécessaires pour couvrir les augmentations de dépenses qui pourront résulter de l'application des nouvelles mesures. Je vous serai obligé d'envoyer en même temps des propositions pour le classement des directrices et des maîtresses actuellement en exercice dans les lycées de jeunes filles de votre académie.

En ce qui concerne les *collèges communaux*, qui sont régis par des traités dont les clauses présentent quelques différences avec les articles du décret, aucune modification ne sera provisoirement apportée aux arrangements actuels ; mais, après la rentrée des classes, lorsque les années d'enseignement secondaire dont la création est à l'étude auront été instituées dans ces établissements, vous aurez à examiner, de concert avec les administrations municipales, et à me faire connaître les dispositions qu'il conviendra de prendre pour régulariser, s'il y a lieu, les traitements et le service des professeurs et des maîtresses.

Je vous prie de communiquer la présente circulaire et le décret ci-joint à MM. les Inspecteurs d'académie et à MMᵉˢ les Directrices des lycées et collèges de votre ressort, ainsi qu'à MM. les Maires des villes qui possèdent des collèges de jeunes filles.

Recevez, Monsieur le Recteur, l'assurance de ma considération très distinguée.

> *Le Président du Conseil,*
> *Ministre de l'Instruction publique et des Beaux-Arts,*
>
> JULES FERRY.

DECRET PORTANT CRÉATION D'UN LYCÉE DE JEUNES FILLES A PARIS (18 septembre 1883).

Régime de l'établissement : externat, externat surveillé et demi-pensionnat.

Rétributions annuelles.[1]		Externat simple.	Externat surveillé.	Demi-pension.
Classes primaires....................		150 fr.	250 fr.	550 fr.
Enseignement secondaire	1ʳᵉ période...	200	300	625
	2ᵉ période ...	250	350	700

ARRÊTE AUTORISANT L'OUVERTURE PROVISOIRE[2] D'UN LYCÉE DE JEUNES FILLES A BORDEAUX (22 septembre 1883).

Externat, externat surveillé.

[1] Modifié par le décret du 10 septembre 1887. Voir le décret.

[2] L'ouverture définitive a été autorisée par décret en date du 10 novembre 1883. Voir le décret page 542.

Rétributions annuelles.		Externat simple.	Externat surveillé.
Classes primaires......................		100 fr.	180 fr.
Enseignement secondaire { 1re période...		130	210
2e période ...		170	250

DÉCRET PORTANT CRÉATION D'UN COLLÈGE COMMUNAL DE JEUNES FILLES A ARMENTIÈRES (24 septembre 1883.

La ville est autorisée à annexer un internat au collège.

DÉCRET PORTANT CRÉATION D'UN COLLÈGE COMMUNAL DE JEUNES FILLES A CAMBRAI (24 septembre 1883).

La ville est autorisée à annexer un internat au collège.

ARRÊTÉ AUTORISANT L'OUVERTURE PROVISOIRE D'UN COLLÈGE DE JEUNES FILLES A VIC-BIGORRE[1] (12 octobre 1883).

La ville est autorisée à annexer un internat au collège.

ARRÊTÉ PORTANT OUVERTURE PROVISOIRE [2] D'UN COLLÈGE DE JEUNES FILLES A VITRY-LE-FRANÇOIS (23 octobre 1883).

La ville est autorisée à annexer un internat au collège.

---

[1] Voir le décret du 30 mai 1884 portant création définitive du collège.
[2] Voir le décret du 12 janvier 1884 portant création définitive du collège.

DÉCRET PORTANT CRÉATION DÉFINITIVE D'UN LYCÉE DE
JEUNES FILLES A BORDEAUX [1] (10 novembre 1883).

La ville est autorisée à annexer un internat au lycée.

Les frais annuels restent fixés au taux indiqué par le décret du
23 septembre pour l'externat et l'externat surveillé. Le décret du
10 novembre les fixe en outre pour le demi-pensionnat de la façon
suivante :

Classes primaires...................... 475 fr.

Enseignement secondaire { 1ʳᵉ période.. 525
{ 2ᵒ période .. 575

DÉCRET FIXANT LES TRAITEMENTS ET DÉTERMINANT LE MODE
DE RECRUTEMENT DES ÉCONOMES DES LYCÉES DE JEUNES
FILLES (10 novembre 1883).

LE PRÉSIDENT DE LA RÉPUBLIQUE FRANÇAISE

Sur le rapport du Président du Conseil, Ministre de l'Instruction publique et des Beaux-Arts,

Vu la loi du 21 décembre 1880;
Vu le décret du 28 juillet 1881 (art. 5);
Vu le décret du 31 juillet 1882;
Vu l'arrêté du 30 mars 1863 (titre 1ᵉʳ, art. 10 et 11);

Décrète :

ART. 1ᵉʳ. — Les fonctions d'économe ne peuvent être confiées, dans
les lycées de jeunes filles, qu'à des personnes ayant fait dans les bureaux d'économat de ces établissements un stage de deux ans et subi
avec succès les examens institués par l'arrêté du 30 mars 1863.

ART. 2. — Les stagiaires à l'économat des lycées de jeunes filles
devront être pourvues au moins du diplôme de fin d'études secondaires
ou d'un brevet de l'enseignement primaire; elles seront choisies de
préférence dans le personnel des maîtresses répétitrices de ces établissements

ART. 3. — Les économes des lycées de jeunes filles *des départements*
recevront les traitements annuels déterminés ci-après :

1ʳᵉ classe................... 3,600 fr.
2ᵉ — 3,200
3ᵉ — 2,800
4ᵒ — 2,400

A *Paris*, ces chiffres seront augmentés de 500 francs.

[1] Ouvert provisoirement par arrêté du 22 septembre 1883.

Les traitements des économes des lycées de jeunes filles seront passibles des retenues pour le service des pensions civiles.

Art. 4. — Nulle ne pourra être promue à une classe plus élevée qu'après avoir passé cinq ans au moins dans la classe inférieure.

Art. 5. — Lorsque l'économe d'un lycée de jeunes filles sera chargée en outre de la gestion de l'internat municipal annexé à l'établissement, le traitement supplémentaire qu'elle recevra pour ce surcroît de travail sera, comme le traitement principal, soumis aux retenues pour pensions de retraite.

Art. 6. — En attendant la formation d'un personnel d'économes-femmes possédant toutes les connaissances professionnelles nécessaires et remplissant les conditions exigées par les articles 1 et 2 ci-dessus, la gestion de chaque nouveau lycée de jeunes filles sera confiée, soit à l'économe du lycée de garçons situé dans la même ville, soit, à défaut, à un commis d'économat de lycée.

Art. 7. — Le Président du Conseil, Ministre de l'Instruction publique et des Beaux-Arts, est chargé de l'exécution du présent décret.

JULES GRÉVY.

Par le Président de la République :

Le Président du Conseil,
Ministre de l'Instruction publique et des Beaux-Arts.

JULES FERRY.

ARRÊTÉ FIXANT LES TRAITEMENTS DES MAITRESSES-ADJOINTES ET MAITRESSES SURVEILLANTES DE L'ÉCOLE NORMALE SECONDAIRE DE SÈVRES (12 novembre 1883).

LE PRÉSIDENT DU CONSEIL, MINISTRE DE L'INSTRUCTION PUBLIQUE ET DES BEAUX-ARTS,

Vu la loi du 26 juillet 1881 ;
Vu l'arrêté du 9 novembre 1881 ;

Arrête :

Art. 1er. — Les maîtresses adjointes et les maîtresses surveillantes de l'Ecole normale secondaire de Sèvres ont droit gratuitement à la nourriture, au logement et au blanchissage. Elles reçoivent les traitements fixes déterminés ci-après :

	MAITRESSES ADJOINTES	MAITRESSES SURVEILLANTES
Maîtresses pourvues de l'agrégation......	2.500 fr.	» fr.
Maîtresses pourvues de la licence ou du certificat d'aptitude à l'enseignement secondaire des jeunes filles.....................	2.000	1.600
Maîtresses pourvues d'un baccalauréat ou du brevet supérieur de l'enseignement primaire..	»	1.200

Ces traitements sont soumis aux retenues pour le service des pensions civiles.

Art. 2. — M. le Vice-Recteur de l'Académie de Paris est chargé de l'exécution du présent arrêté.

JULES FERRY.

CIRCULAIRE CONCERNANT LE MODE DE RECRUTEMENT, LES TRAITEMENTS ET LE CAUTIONNEMENT DES ÉCONOMES DES LYCÉES DE JEUNES FILLES (15 décembre 1883).

Monsieur le Recteur,

J'ai l'honneur de vous transmettre ci-joint un décret, en date du 10 novembre 1883, fixant les traitements et le mode de recrutement des économes des lycées de jeunes filles. Ce document est accompagné de : 1° du décret du 31 juillet 1882, concernant le cautionnement desdits économes; 2° des programmes des deux examens que doivent subir les stagiaires à l'économat.

Les dispositions du décret du 31 juillet 1882 sont conformes à l'esprit du décret du 31 octobre 1849, qui règle les questions relatives au cautionnement des économes des lycées de garçons. Les seules différences résultent des dispositions de l'article 2 du nouveau décret, qui ne détermine pas un minimum pour le cautionnement des comptables des lycées de jeunes filles, et de l'article 4 qui prescrit de faire verser deux cautionnements distincts par l'économe chargé de gérer à la fois un lycée de l'Etat et un internat municipal y annexé; les chiffres des deux cautionnements à fournir dans ce cas seront fixés par le Ministre de l'Instruction publique pour le lycée-externat, et par le Conseil mu-

nicipal pour l'internat annexe. — Sauf ces deux exceptions; toutes les
règles adoptées pour la fixation, le versement et le remboursement des
cautionnements des économes des lycées de garçons sont applicables
aux cautionnements des économes des lycées de jeunes filles.

Le décret du 10 novembre 1883 a pour objet d'assurer, dès le début,
le bon fonctionnement des services économiques des nouveaux établissements, et de préparer un personnel d'économes-femmes possédant
les connaissances professionnelles nécessaires ; on atteindra ce double
but en chargeant les économes des lycées de garçons du soin d'organiser les services financiers et matériels des lycées de jeunes filles ; ils
initieront en même temps aux règles et à la pratique de la comptabilité publique une des répétitrices de l'établissement, admise sur sa
demande à faire le stage réglementaire, et choisie de préférence parmi
les maîtresses non chargées de la surveillance d'une étude. En mettant
à profit l'expérience des économes des lycées de garçons, on se trouvera dans les conditions les plus favorables pour que les recettes soient
régulièrement effectuées, les dépenses réglées avec ordre et économie,
et les comptes annuels rédigés conformément aux prescriptions légales; on trouvera en outre dans cette combinaison l'avantage de placer auprès de la directrice de chaque nouvel établissement un conseil
qu'elle pourra consulter utilement pour la solution des questions administratives.

Le taux de l'indemnité annuelle qui devra être payée à l'économe
d'un lycée de garçons pour la gestion d'un lycée de jeunes filles sera
déterminé par l'arrêté de nomination. Cette indemnité payable trimestriellement et par dizièmes, ne sera pas soumise aux retenues pour les
pensions civiles; elle sera de 1,500 francs à Paris, et variera, selon les
cas, de 1,000 à 1,200 francs dans les départements.

Les stagiaires à l'économat pourront aussi recevoir, quand il y aura
lieu, dans les mêmes conditions que les économes, une indemnité complémentaire dont la quotité ne dépassera pas en général 300 francs dans
les départements et 400 francs à Paris. La durée du stage est fixée à
deux ans.

Aux termes du décret du 28 juillet 1881, article 5, « la comptabilité
» et le mode de contrôle en usage pour la gestion financière des lycées
» et collèges de garçons sont applicables aux établissements d'instruc-
» tion secondaire pour les jeunes filles ». En conséquence, il a paru
inutile de rédiger un programme spécial pour l'examen des stagiaires
à l'économat des lycées de jeunes filles; l'article 1er du décret du
10 novembre 1884 spécifie que ces maîtresses devront se présenter aux
deux examens institués pour les commis aux écritures et les commis
d'économat par l'arrêté du 30 mars 1863.

Les stagiaires devront se mettre en mesure, autant que possible, de
passer ces deux examens, simultanément ou successivement, avant
l'expiration de leur deuxième année de stage. Lorsqu'elles n'auront pu
subir ces épreuves devant MM. les Inspecteurs généraux en tournée,
vous pourrez m'adresser des propositions tendant à constituer, pour y
suppléer, une Commission composée de trois membres : l'inspecteur
d'académie, le proviseur et l'économe du lycée de garçons. Les procès-
verbaux des examens me seront soumis; ils me permettront d'apprécier s'il est possible de confier immédiatement à la stagiaire la direction
d'un économat, ou s'il est nécessaire d'augmenter la durée de son stage

et par suite de prolonger la mission confiée à l'économe du lycée de garçons.

Ce dernier fonctionnaire fournira à la fin de chaque trimestre, sur le travail, l'aptitude et les progrès de la stagiaire, des notes qui seront contresignées par la directrice et que vous voudrez bien me faire parvenir, avec vos observations; au premier rapport sera jointe une déclaration par laquelle la stagiaire fera connaître qu'elle se destine à la carrière de l'économat et qu'elle sera en mesure de verser un cautionnement lorsqu'un emploi de comptable lui sera confié.

Lorsqu'une stagiaire recevra une nomination d'économe, elle sera rangée dans la quatrième classe de son emploi; elle aura droit au logement; le traitement de 2,400 francs qui lui sera attribué pourra être augmenté de 400 francs tous les cinq ans, jusqu'au chiffre maximum de 3,600 francs correspondant à la première classe. Les économes des lycées de jeunes filles de Paris recevront, à classe égale, un traitement supérieur de 500 francs à celui des économes des lycées des départements.

Le décret du 28 juillet 1881 stipule, article 18, que « les traitements » des *directrices* et des *professeurs* ou *maîtresses* seront soumis aux rete- » nues pour le service des pensions civiles ». Les *économes* étaient omises dans cette énumération; la lacune est comblée par le dernier alinéa de l'article 3 du décret du 10 novembre 1883.

Lorsque l'économe d'un lycée-externat sera chargé en outre de la gestion de l'internat municipal annexe, elle recevra le traitement spécial déterminé par le traité constitutif intervenu entre la ville et l'État pour la création de l'établissement. La partie de ses émoluments à la charge de la municipalité devra être versée dans la caisse du lycée et la totalité du traitement sera passible des retenues pour pensions de retraite.

Si un lycée de jeunes filles était créé dans une ville qui ne posséderait pas de lycée de garçons, la gestion de l'établissement serait confiée provisoirement à un commis d'économat de lycée, qui recevrait le traitement fixe déterminé par l'arrêté de nomination, subirait les retenues règlementaires, et resterait en fonctions jusqu'à l'époque où il aurait formé une stagiaire capable de le remplacer.

Les économes-femmes seront autorisées à se faire seconder dans la tenue des écritures et dans la surveillance du service intérieur par des maîtresses-répétitrices, qui seront admises à travailler comme stagiaires dans les bureaux de l'économat, et qui pourront être nommées économes dans d'autres établissements, lorsqu'elles rempliront les conditions requises au point de vue des examens et de la durée du stage.

Je vous prie de communiquer la présente circulaire, avec les décrets et programmes ci-joints, à MM. les Inspecteurs d'Académie, à MM. les Proviseurs, à Mmes les Directrices et à MM. les Économes des lycées de votre ressort, ainsi qu'à MM. les Maires des villes qui ont annexé ou se proposent de joindre un internat à leur lycée de jeunes filles.

Recevez, Monsieur le Recteur, l'assurance de ma considération très distinguée.

Le Ministre de l'Instruction publique et des Beaux-Arts,

A. FALLIÈRES.

DÉCRET ÉRIGEANT EN LYCÉE LE COLLÈGE COMMUNAL [1] DE JEUNES FILLES DE MONTAUBAN (22 décembre 1883).

Régime de l'établissement : externat et externat surveillé. Autorisation d'annexer un internat.

Rétributions annuelles.		Externat simple.	Externat surveillé.
Classes primaires......................		70 fr.	130 fr.
Enseignement secondaire	1re période...	90	150
	2e période ...	110	170

ARRÊTÉ CONCERNANT LES ÉLÈVES ADMISES A L'ÉCOLE NORMALE SUPÉRIEURE D'ENSEIGNEMENT SECONDAIRE DES JEUNES FILLES (29 décembre 1883).[2]

LE MINISTRE DE L'INSTRUCTION PUBLIQUE ET DES BEAUX-ARTS,

Vu les lois du 21 décembre 1880 et du 26 juillet 1881 ;
Le Conseil supérieur de l'Instruction publique entendu ;

Arrête :

ART. 1er. — Les élèves définitivement admises à l'Ecole normale de Sèvres doivent, dans les huit jours de leur entrée à l'école, produire l'engagement, ratifié par leurs familles, si elles sont mineures, de se vouer pendant dix ans à l'enseignement public. — Les frais de leur séjour peuvent leur être réclamés, si l'engagement n'est pas tenu.

Le montant annuel de la pension à reverser par les élèves ou leurs familles, en cas de rupture de l'engagement décennal, est fixé à 700 francs.

Les élèves de nationalité étrangère ont à payer une pension annuelle fixée également à 700 francs.

A. FALLIÈRES.

ARRÊTÉ RÉGLANT LES CONDITIONS D'ADMISSION A L'ÉCOLE NORMALE SUPÉRIEURE D'ENSEIGNEMENT SECONDAIRE DES JEUNES FILLES (4 janvier 1884).

Le Ministre de l'Instruction publique et des Beaux-Arts,

Vu les lois du 21 décembre 1880 et du 26 juillet 1881 ;

[1] Le collège a été créé par décret en date du 28 juillet 1882.
[2] Voir le décret du 23 novembre 1835 réglant les conditions d'admission, de séjour et de sortie des élèves de l'école normale de Sèvres (article 4).

Le Conseil supérieur de l'Instruction publique entendu ;

Arrête :

Art. 1er. — Pour prendre part au concours d'admission à l'Ecole normale supérieure d'enseignement secondaire des jeunes filles, les aspirantes doivent être âgées de 24 ans au plus et de 18 ans au moins, et justifier, soit du diplôme de fin d'études secondaires de jeunes filles, soit d'un diplôme de bachelier, soit du brevet supérieur de l'enseignement primaire.

Art. 2. — La date du concours est fixée chaque année par le Ministre.

Les inscriptions sont reçues au secrétariat de chaque académie.

Les aspirantes produisent, en s'inscrivant : 1° leur acte de naissance ; 2° l'un des diplômes ci-dessus spécifiés ; 3° une notice individuelle ; 4° un certificat de médecin constatant leur aptitude physique aux fonctions de l'enseignement. Elles font connaître en même temps si elles se présentent pour la section des lettres ou pour la section des sciences.

Art. 3. — L'examen se compose d'épreuves écrites et d'épreuves orales.

Les épreuves écrites se font au chef-lieu de chaque académie.

Art. 4. — Les épreuves écrites comprennent :

1° Pour la section des lettres, une composition
Sur la langue et la littérature française. durée 4 heures ;
Sur l'histoire et la géographie.......... Idem. 4 heures ;
Sur les éléments de la morale......... Idem. 3 heures ;
Sur les langues vivantes (allemand ou anglais,
    thème et version). .... Idem. 4 heures ;

2° Pour la section des sciences, une composition
Sur l'arithmétique et la géométrie.......durée 4 heures ;
Sur la physique et la chimie.. ....Idem. 4 heures ;
Sur l'histoire naturelle............... Idem. 3 heures ;
Sur un sujet de littérature ou de morale..Idem. 3 heures ;
Sur les langues vivantes (allemand ou anglais,
    thème et version) ....Idem. 4 heures ;

Art. 5. — L'admissibilité est prononcée, d'après l'ensemble des compositions écrites, par les jurys d'examen, soit des lettres, soit des sciences, composés des professeurs et de la directrice de l'Ecole normale, sous la présidence de l'Inspecteur général, directeur des études.

Les jurys fixent, préalablement à la correction, le coefficient attribué à chaque épreuve, soit écrite, soit orale.

Art. 6. — L'examen oral porte sur les mêmes matières que les épreuves écrites et sur la diction. Il a lieu devant les commissions instituées par l'article 5.

Art. 7. — Les programmes des épreuves écrites et orales sont arrêtés chaque année par le Ministre et publiés avant le 1er octobre.

Il sera tenu compte aux aspirantes des connaissances spéciales dont elles feront preuve dans la langue latine et dans une seconde langue vivante.

Art. 8. — L'admission est prononcée par arrêté ministériel, sur la proposition des jurys d'examen, d'après l'ensemble des épreuves écrites et des examens oraux.

ART. 9. — Des frais de route et de séjour seront alloués aux aspirantes déclarées admissibles et appelées des départements pour subir l'examen définitif d'admission.

Fait à Paris, le 4 janvier 1884.

Signé: A. FALLIÈRES.

DÉCRET RELATIF A L'AGRÉGATION POUR L'ENSEIGNEMENT SECONDAIRE DES JEUNES FILLES (5 janvier 1884).

LE PRÉSIDENT DE LA RÉPUBLIQUE FRANÇAISE,

Sur le rapport du Ministre de l'Instruction publique et des Beaux-Arts,

Vu les lois du 21 décembre 1880 et du 26 juillet 1881 ;

Vu le décret du 13 décembre 1883 ;

Le Conseil supérieur de l'Instruction publique entendu ;

Décrète :

ART. 1er. — Un concours aura lieu chaque année pour l'agrégation de l'enseignement secondaire des jeunes filles dans l'ordre des lettres et dans l'ordre des sciences.

Les épreuves de ce concours seront déterminées par arrêté ministériel, sur l'avis du Conseil supérieur de l'Instruction publique.

ART. 2. — Le ministre de l'Instruction publique et des Beaux-Arts est chargé de l'exécution du présent décret.

Fait à Paris, le 5 janvier 1884.

JULES GRÉVY.

Par le Président de la République :

Le Ministre de l'Instruction publique et des Beaux-Arts,

A. FALLIÈRES.

ARRÊTÉ RELATIF A L'AGRÉGATION POUR L'ENSEIGNEMENT SECONDAIRE DES JEUNES FILLES (5 janvier 1884).

LE MINISTRE DE L'INSTRUCTION PUBLIQUE ET DES BEAUX-ARTS,

Vu les lois du 21 décembre 1880 et du 26 juillet 1881 ;

Vu le décret du 13 décembre 1883 ;

Vu le décret en date du 5 janvier 1884, portant ouverture d'un concours annuel pour l'agrégation de l'enseignement secondaire de jeunes filles ;

Vu le statut du 27 février 1869 ;

Le Conseil supérieur de l'Instruction publique entendu ;

Arrête :

ART. 1er. — Pour prendre part aux épreuves du concours de l'agré-·gation de l'enseignement secondaire des jeunes filles, les aspirantes doivent être pourvues, depuis un an au moins, soit du certificat d'aptitude à l'enseignement secondaire des jeunes filles, soit de l'une des licences ès sciences ou ès lettres.

ART. 2. — La date du concours est fixée chaque année par arrêté ministériel.

Les inscriptions sont reçues au secrétariat des académies. Les aspirantes produisent en s'inscrivant : 1° leur acte de naissance ; 2° l'un des diplômes ci-dessus spécifiés ; 3° une notice individuelle.

Elles font connaître en même temps si elles se présentent dans l'ordre des lettres ou dans l'ordre des sciences.

La liste des aspirantes est arrêtée définitivement par le ministre.

ART. 3. — L'examen comprend des épreuves écrites et des épreuves orales.

Les épreuves écrites sont éliminatoires.

Elles se font au chef-lieu de chaque académie.

Deux compositions écrites ne peuvent avoir lieu le même jour.

Les épreuves orales sont subies à Paris.

ART. 4. — Toutes les épreuves, écrites et orales, concourent au classement définitif.

ART. 5. — La nature et la durée des épreuves dans l'ordre des lettres sont déterminées ainsi qu'il suit :

	DURÉE MAXIMUM de l'épreuve.	TEMPS POUR LA PRÉPARATION en lieu clos.
ÉPREUVES ÉCRITES.		
1° Une composition littéraire (dissertation, narration, lettre, etc.)............	4 heures.	»
2° Une composition sur un sujet de langue française....................	Idem.	»
3° Une composition sur un sujet d'histoire moderne..................	Idem.	»
4° Une composition sur les langues vivantes (allemand ou anglais, thème et version)	Idem.	»
ÉPREUVES ORALES.		
1° Lecture et explication d'un texte français (avec commentaire grammatical, littéraire et historique)...........	1/2 heure.	1 heure. (Sans livres ni notes.)

	DURÉE MAXIMUM de l'épreuve.	TEMPS POUR LA PRÉPARATION en lieu clos.
2° Correction d'un devoir de littérature ou de grammaire	20 minutes.	1/2 heure.
3° Leçon sur un sujet d'histoire........	1/2 heure.	3 heures. (Sans autre secours qu'un dictionnaire d'histoire et de géographie, autorisé par le jury.)
4° Leçon sur un sujet de géographie avec croquis au tableau, s'il y a lieu...	Idem.	2 heures. (Sans autre secours que le dictionnaire historique.)
5° Leçon sur un sujet de morale.......	Idem.	2 heures.
6° Interrogation sur les langues vivantes (allemand ou anglais)	20 minutes.	»

Les textes à expliquer seront choisis dans des ouvrages portés au programme de l'enseignement secondaire des jeunes filles.

Les leçons seront tirées au sort parmi les questions énumérées au même programme.

Les interrogations de langues vivantes porteront sur les auteurs désignés audit programme (4° et 5° années.)

Le jury tiendra compte aux aspirantes de leurs aptitudes pour la diction.

ART. 6. — La nature et la durée des épreuves dans l'ordre des sciences sont déterminées ainsi qu'il suit :

	DURÉE MAXIMUM de l'épreuve.	TEMPS POUR LA PRÉPARATION en lieu clos.
ÉPREUVES ÉCRITES.		
1° Une composition de mathématiques ..	4 heures.	»
2° Une composition de physique et chimie	Idem.	»
3° Une composition d'histoire naturelle...	Idem.	»
4° Une composition littéraire.	Idem.	»
ÉPREUVES ORALES.		
1° Une leçon de mathématiques........	3/4 d'heure au plus.	
2° Une leçon de physique ou chimie (avec expériences)	Idem.	3 heures. (Sans livres ni notes.)
3° Une leçon d'histoire naturelle (avec démonstration)	Idem.	
4° Une interrogation sur les langues vivantes (allemand ou anglais) avec thème au tableau.	1/2 heure.	»

Les épreuves écrites et les leçons porteront sur des sujets énoncés au programme de l'enseignement secondaire des jeunes filles.

Les leçons seront tirées au sort.

Les interrogations de langues vivantes porteront sur les auteurs désignés audit programme (4e et 5e années.)

Le jury tiendra compte aux aspirantes de leurs aptitudes pour la diction.

ART. 7. — MM. les recteurs sont chargés de l'exécution du présent arrêté.

Fait à Paris, le 5 janvier 1884.

A. FALLIÈRES.

DÉCRET RELATIF AU CERTIFICAT D'APTITUDE POUR L'ENSEIGNEMENT SECONDAIRE DES JEUNES FILLES (7 janvier 1884).

LE PRÉSIDENT DE LA RÉPUBLIQUE FRANÇAISE,

Sur le rapport du Ministre de l'Instruction publique et des Beaux-Arts ;

Vu les lois du 21 décembre 1880 et du 26 juillet 1881 ;

Vu le décret du 13 septembre 1883 ;

Le Conseil supérieur de l'Instruction publique entendu ;

Décrète :

ART. 1er. — Une session d'examens aura lieu chaque année pour la délivrance du certificat d'aptitude à l'enseignement secondaire des jeunes filles dans l'ordre des lettres et dans l'ordre des sciences.

Le programme de ces examens sera déterminé par arrêté ministériel, sur l'avis du Conseil supérieur de l'Instruction publique.

ART. 2. — Le ministre de l'Instruction publique et des Beaux-Arts est chargé de l'exécution du présent décret.

Fait à Paris, le 7 janvier 1884.

JULES GRÉVY.

Par le Président de la République :

Le Ministre de l'Instruction publique et des Beaux-Arts,

A. FALLIÈRES.

ARRÊTÉ RELATIF AU CERTIFICAT D'APTITUDE A L'ENSEIGNEMENT SECONDAIRE DES JEUNES FILLES (7 janvier 1884).

LE MINISTRE DE L'INSTRUCTION PUBLIQUE ET DES BEAUX-ARTS,

Vu les lois du 21 décembre 1880 et du 26 juillet 1881 ;

Vu le décret du 13 septembre 1883 ;

Vu le décret du 7 janvier 1884, portant ouverture d'une session annuelle d'examens pour la délivrance du certificat d'aptitude à l'enseignement secondaire des jeunes filles ;

Le Conseil supérieur de l'Instruction publique entendu ;

Arrête:

ART. 1er. — Pour se présenter aux examens du certificat d'aptitude à l'enseignement secondaire des jeunes filles, les aspirantes doivent produire, soit le diplôme de fin d'études secondaires de jeunes filles, soit un diplôme de bachelier, soit le brevet supérieur de l'enseignement primaire.

ART. 2. — Les examens ont lieu à la fin de l'année scolaire ; la date en est fixée par le Ministre.

Les inscriptions sont reçues au secrétariat des académies.

Les aspirantes produisent en s'inscrivant : 1º leur acte de naissance constatant qu'elles ont vingt ans accomplis au 1er juillet de l'année où elles se présentent; 2º l'un des diplômes ci-dessus spécifiés ; 3º une notice individuelle.

Elles font connaître en même temps si elles se présentent pour les lettres ou pour les sciences.

ART. 3. — L'examen comprend des épreuves écrites et des épreuves orales.

Les épreuves écrites sont éliminatoires.

Toutes les épreuves, écrites et orales, concourent au classement définitif.

ART. 4. — Les épreuves écrites se font au chef-lieu de chaque académie. Deux compositions ne peuvent avoir lieu le même jour.

Les épreuves orales sont subies à Paris.

ART. 5. — La nature et la durée des épreuves dans l'ordre des lettres sont déterminées ainsi qu'il suit :

	DURÉE MAXIMUM de l'épreuve	TEMPS POUR LA PRÉPARATION en lieu clos
ÉPREUVES ÉCRITES		
1° Une composition sur un sujet de langue française..........................	4 heures.	
2° Une composition sur un sujet de littérature ou de morale............	Idem.	
3° Une composition sur un sujet d'histoire	Idem.	
4° Une composition sur les langues vivantes (allemand ou anglais, thème et version)....................	Idem.	
ÉPREUVES ORALES		
1° Lecture d'un texte français (avec commentaire historique, grammatical et littéraire). Le jury tiendra compte aux aspirantes de leurs aptitudes pour la diction...................	1/2 heure.	20 minutes. (Sans livres ni notes)
2° Leçon, suivie d'une interrogation, sur l'histoire....................	Idem.	2 heures. (Sans autre secours qu'un dictionnaire d'histoire et de géographie désigné par le jury.)
3° Interrogation sur la géographie (avec croquis au tableau, s'il y a lieu),..	20 minutes.	
4° Interrogation sur la morale........	Idem.	
5° Interrogation sur les langues vivantes (allemand ou anglais)..........	Idem.	

La liste des ouvrages dans lesquels seront choisis les textes à expliquer et sur lesquels porteront les interrogations relatives à la diction sera arrêtée chaque année par le Ministre.

La composition écrite et la leçon d'histoire porteront sur un sujet tiré de l'histoire de France et des principaux États de l'Europe pendant la période de 1515 à 1815; les interrogations sur l'ensemble du programme de l'enseignement secondaire des jeunes filles.

Le sujet de la leçon sera tiré au sort.

Les interrogations de géographie porteront sur la géographie générale des cinq parties du monde.

Les interrogations de morale porteront sur les questions énoncées au programme de l'enseignement secondaire des jeunes filles; les interrogations de langues vivantes, sur les auteurs désignés audit programme (4e et 5e années).

ART. 6. — La nature et la durée des épreuves dans l'ordre des sciences sont déterminées ainsi qu'il suit :

	DURÉE MAXIMUM de l'épreuve
ÉPREUVES ÉCRITES	
1° Une composition de mathématiques....................	4 heures.
2° Une composition de physique et chimie.................	Idem.
3° Une composition d'histoire naturelle....................	Idem.
4° Une composition sur un sujet de littérature ou de morale...	4 heures.
ÉPREUVES ORALES	
1° Interrogation sur les mathématiques....................	1/2 heure.
2° Interrogation sur la physique et la chimie...............	Idem.
3° Interrogation sur l'histoire naturelle...................	Idem.
4° Lecture d'un texte français. (Le jury tiendra compte aux aspirantes de leurs aptitudes pour la diction)..........	20 minutes.
5° Interrogation sur les langues vivantes (allemand ou anglais) avec thème au tableau.............................	1/2 heure.

Les épreuves écrites scientifiques et les interrogations porteront sur les sujets énoncés au programme de l'enseignement secondaire des jeunes filles.

Les interrogations de langues vivantes porteront sur les auteurs désignés audit programme (4° et 5° années).

ART. 7. — MM. les Recteurs sont chargés de l'exécution du présent arrêté.

Fait à Paris, le 7 janvier 1884.

A. FALLIÈRES.

DÉCRET PORTANT CRÉATION DÉFINITIVE [1] D'UN COLLÈGE COMMUNAL DE JEUNES FILLES A VITRY-LE-FRANÇOIS (12 janvier 1884).

La ville est autorisée à annexer un internat.

---

[1] Ouvert provisoirement par arrêté du 23 octobre 1883.

CIRCULAIRE RELATIVE AUX EXAMENS DE L'AGRÉGATION ET DU CERTIFICAT D'APTITUDE POUR L'ENSEIGNEMENT SECONDAIRE DES JEUNES FILLES (24 janvier 1884).

Monsieur le Recteur,

J'ai l'honneur de vous transmettre les décrets et arrêtés adoptés par le Conseil supérieur, dans sa session de décembre 1883, pour les examens d'aptitude au professorat dans les lycées et collèges de jeunes filles et pour le concours d'admission à l'École normale supérieure de Sèvres. J'ai cru devoir y joindre le texte du rapport présenté au Conseil au nom de la Commission de l'enseignement secondaire. Ce document fait connaître d'une manière précise l'esprit qui a présidé à la rédaction et au vote des nouveaux règlements, et le but qu'on s'est proposé d'atteindre ; il rend compte de la discussion à laquelle a donné lieu l'examen des projets soumis par l'Administration et des motifs pour lesquels ils ont été approuvés définitivement, après quelques légères modifications.

Parmi ces modifications, il en est une que je dois vous signaler : il s'agit de la composition littéraire qui a été ajoutée aux épreuves écrites de l'agrégation et du certificat d'aptitude de l'ordre des sciences. Pour couper court à certaines appréhensions qui se sont déjà manifestées, il suffira de rappeler que les aspirantes de l'ordre des sciences, comme celles de l'ordre des lettres, ont eu à justifier antérieurement, soit dans les examens du diplôme de fin d'études, soit dans ceux du brevet supérieur ou du baccalauréat, de connaissances littéraires suffisantes pour leur permettre de faire une composition sur un sujet littéraire. J'ajouterai que si le Conseil supérieur a reconnu « l'utilité qu'il y aurait à ne » pas laisser trop étrangères aux exercices de littérature ou à l'art » d'écrire les jeunes filles qui suivent la carrière des sciences », il a admis que le sujet de composition ne serait pas commun à la section des lettres et à la section des sciences ; un sujet commun aurait eu l'inconvénient d'être « ou trop facile » pour l'une « ou trop difficile » pour l'autre. Il est inutile d'insister davantage sur ce point.

D'autres craintes d'une nature beaucoup plus grave m'ont été exprimées. Les programmes de l'agrégation et du certificat d'aptitude comprennent des compositions écrites et des interrogations sur les langues vivantes. Un très grand nombre d'aspirantes en cours d'études se trouveront dans l'impossibilité de subir ces épreuves. Afin que les nouveaux règlements n'aient pas, contrairement aux intentions du Conseil supérieur, un effet rétroactif, j'ai décidé que les épreuves de langues vivantes ne seront obligatoires, dans les examens de l'agrégation et du certificat d'aptitude, qu'à partir des sessions de 1886. Jusque-là, elles seront simplement facultatives et les jurys tiendront compte aux aspirantes qui demanderaient à être interrogées sur cette partie du programme, des connaissances dont elles auront fait preuve.

Vous voudrez bien notifier immédiatement cette décision à MM. les Inspecteurs d'Académie de votre ressort et leur adresser des exemplaires des documents ci-joints, ainsi qu'à MM.^{es} les directrices des lycées et collèges de jeunes filles.

Je vous prie de m'accuser réception de la présente circulaire.

Recevez, Monsieur le Recteur, l'assurance de ma considération très distinguée.

Le Ministre de l'Instruction publique et des Beaux-Arts,

A. FALLIÈRES.

DÉCRET PORTANT CRÉATION D'UN LYCÉE DE JEUNES FILLES A TOULOUSE (29 janvier 1884),

Régime de l'établissement : externat, externat surveillé. Faculté de recevoir des demi-pensionnaires. La ville est autorisée à annexer un internat.

Rétributions annuelles.	Externat simple.	Externat surveillé.
Classes primaires............................	80 fr.	150 fr.
Enseignement secondaire { 1re période...	110	180
2e période...	140	210

DÉCRET PORTANT CRÉATION D'UN LYCÉE NATIONAL DE JEUNES FILLES A REIMS (19 mai 1884).

Régime du lycée : externat simple avec externat surveillé et demi-pensionnat.

Rétributions annuelles.	Externat simple.	Externat surveillé.	Demi-pension.
Classes primaires......................	80 fr.	140 fr.	400 fr.
Enseignement secondaire { 1re période...	100	160	425
2e période...	130	190	450

DÉCRET CONCERNANT LA COMPTABILITÉ DE L'ÉCOLE NORMALE DE SÈVRES (Du 30 mai 1886).

LE PRÉSIDENT DE LA RÉPUBLIQUE FRANÇAISE,

Sur le rapport du Ministre de l'Instruction publique et des Beaux-Arts;

Vu la loi du 26 juillet 1881, portant création d'une école normale destinée à préparer des professeurs-femmes pour les lycées et les collèges de jeunes filles ;.

Vu le décret du 12 juin 1882 affectant les bâtiments de l'ancienne manufacture nationale de Sèvres (Seine-et-Oise) à l'installation de l'école normale d'enseignement secondaire des jeunes filles ;

Vu le décret du 6 novembre 1872, assimilant aux lycées, au point de vue de la comptabilité, l'école normale d'enseignement secondaire spéciale établie à Cluny,

DÉCRÈTE :

ART. 1. L'école normale d'enseignement secondaire pour jeunes filles, à Sèvres, est placée sous l'autorité du vice-recteur de l'Académie de Paris.

ART. 2. Les règlements sur la comptabilité et le service économique des lycées sont applicables à ladite école normale de Sèvres.

ART. 3. Le Ministre de l'Instruction publique et des Beaux-Arts est chargé de l'exécution du présent décret.

JULES GRÉVY.

Par le Président de la République :
Le Ministre de l'Instruction publique et des Beaux-Arts,
A. FALLIÈRES.

DÉCRET PORTANT CRÉATION DÉFINITIVE D'UN COLLÈGE COMMUNAL DE JEUNES FILLES A VIC-EN-BIGORRE (30 mai 1884).

La ville est autorisée à annexer un internat au collège.

DÉCRET PORTANT CRÉATION D'UN LYCÉE NATIONAL DE JEUNES FILLES A TOURNON (2 juin 1884).

Régime du lycée : externat simple, externat surveillé. La ville est autorisée à annexer un internat.

Rétributions annuelles.		Externat simple.	Externat surveillé.
Classes primaires......................		50 fr.	100 fr.
Enseignement secondaire {	1ʳᵉ période....	100	150
	2ᵉ période....	150	200

ARRÊTÉ PORTANT RÈGLEMENT POUR LES LYCÉES DE JEUNES FILLES (28 juillet 1884).

Le Ministre de l'Instruction publique et des Beaux-Arts,
Vu la loi du 21 décembre 1880 ;

Vu les décrets du 28 juillet 1881, des 14 janvier et 31 juillet 1882, des 13 septembre et 10 novembre 1833, des 5 et 7 janvier 1884;

Vu les arrêtés des 14 janvier et 28 juillet 1882;

Le Conseil supérieur de l'instruction publique entendu.

Arrête:

TITRE PREMIER

DU PERSONNEL ADMINISTRATIF ET ENSEIGNANT.

ARTICLE PREMIER. — Le personnel administratif et enseignant des lycées de jeunes filles se compose de la directrice, de l'économe, des professeurs titulaires ou délégués, des maîtresses chargées de cours, des institutrices primaires et des maîtresses répétitrices.

Ces fonctionnaires sont nommés par le Ministre.

La Directrice. — ART. 2. — Peuvent être nommées directrices d'un lycée les personnes pourvues de l'un des titres suivant:' agrégation pour l'enseignement secondaire des jeunes filles, certificat d'aptitude pour le même enseignement, licence ès lettres ou ès sciences, certificat d'aptitude à la direction des écoles normales, diplôme de fin d'études secondaires des jeunes filles, brevet primaire supérieur.

Les personnes pourvues seulement du diplôme de fin d'études ou du brevet primaire supérieur ne peuvent être nommées que si elles comptent au moins dix ans de services dans l'enseignement.

ART. 3. — La directrice est chargée de l'administration générale du lycée.

Elle prend part à l'enseignement.

Les autres fonctionnaires lui sont subordonnés.

ART. 4. — La directrice doit surveiller, par un contrôle régulier et personnel, l'exécution des mesures prescrites par les règlements, la conduite et le travail des élèves, la marche et la bonne direction des études.

Elle visite les classes et les salles d'étude.

Elle examine chaque jour le journal de classe sur lequel les professeurs inscrivent les notes des élèves, et une fois par semaine les cahiers de texte.

ART. 5. — Elle préside les réunions mensuelles des professeurs. Ces assemblées ne peuvent traiter que de questions relatives à la discipline et à l'enseignement.

Elle dresse, de concert avec l'assemblée des professeurs, les tableaux d'honneur mensuels des élèves et le tableau d'honneur de fin d'année spécial aux boursières.

Elle arrête, en assemblée des professeurs, la liste des ouvrages destinés à être donnés en prix et celle de livres classiques.

ART. 6. — La directrice désigne au recteur les personnes qui peuvent être proposées au Ministre pour l'emploi d'institutrice primaire ou de maîtresse répétitrice.

Elle choisit les maîtres d'art d'agrément, avec l'assentiment du recteur.

ART. 7. — Elle est seule chargée de la correspondance administrative du lycée.

Elle correspond avec le recteur, par l'intermédiaire de l'inspecteur d'académie.

Si un incident grave vient à se produire dans le lycée, elle en informe immédiatement le Ministre, et avise en même temps le recteur, ainsi que l'inspecteur d'académie.

ART. 8. — La directrice envoie deux fois par mois au recteur un rapport sur la situation du lycée.

Le premier des rapports de l'année contient le procès-verbal de présence à la rentrée des classes ; le dernier, le procès-verbal de présence à la distribution des prix.

La directrice adresse tous les trois mois au recteur, pour être transmis au Ministre, un rapport sur la situation morale des élèves boursières de l'Etat, des départements et des communes. Ce rapport est accompagné d'un état nominatif, mentionnant les notes obtenues par chaque élève pour la conduite, l'application et les progrès, ainsi que ses places dans les diverses compositions.

ART. 9. — La directrice est chargée de la conservation des archives. Elle a la haute surveillance de la bibliothèque générale et des bibliothèques de quartier. Elle peut déléguer la fonction de bibliothécaire à un professeur ou à une des maîtresses de l'établissement.

Elle tient : 1° un livre journal d'entrée et de sortie des élèves ; 2° un livre d'inscription d. s élèves par catégorie.

Elle doit veiller, de concert avec l'économe, à ce que la rétribution due par les familles soit payée d'avance dans les premiers jours de chaque trimestre.

ART. 10. — La directrice remplit les fonctions d'administrateur-ordonnateur. En cette qualité, elle surveille toutes les parties du service économique et ordonnance les payements dans la limite des crédits. Elle est tenue de se conformer aux règlements sur les dépenses des lycées (instruction du 1er novembre 1812, art. 2 et 4; règlement du 16 décembre 1841, art. 6 ; instruction du 30 décembre 1868, art. 15).

Elle vérifie à la fin de chaque mois le registre de magasin et trois fois par mois la caisse de l'économe ; le dernier jour de chaque trimestre, elle assiste à l'inventaire qui doit être fait en présence des délégués du recteur.

ART. 11. — Elle rend chaque année, avant le 1er mai, pour l'exercice précédent, un compte d'administration qui est soumis à l'examen du Conseil académique et au jugement du Ministre.

Lorsqu'elle quitte le lycée, elle est tenue de rendre à sa remplaçante un compte d'ordre présentant la situation économique et comptable de l'établissement.

L'économe. — ART. 12. — Les économes et les stagiaires à l'économat des lycées de jeunes filles sont nommées dans les conditions prescrites par le décret du 10 novembre 1883.

ART. 13. — L'économe est comptable des deniers et des matières. Elle répond des recettes, de la validité des payements, de la qualité, de la quotité et de l'emploi des fournitures. Elle est chargée de la caisse, de la tenue des registres et de la rédaction des pièces de comptabilité. Le mobilier ainsi que le magasin et les approvisionnements de toute nature sont entièrement à sa garde.

La responsabilité de l'économe est directe et absolue en ce qui concerne les fonds en caisse, les objets de consommation et les objets mobiliers affectés au service de l'établissement. Pour le mobilier des fonctionnaires, les bibliothèques, les instruments de physique et les collections, cette responsabilité est garantie par celle des fonctionnaires chez lesquels le mobilier est placé ou qui sont chargés de la conservation des bibliothèques et de tous les objets relatifs aux sciences.

Les comptes de gestion de l'économe sont jugés par la Cour des comptes.

Art. 14. — L'économe est chargée, sous l'autorité de la directrice, de tous les détails du service intérieur. Elle choisit, avec l'agrément de la directrice, les domestiques et agents inférieurs, à l'exception du concierge, qui est nommé par le recteur, sur la proposition de la directrice.

Art. 15. — Lorsqu'une économe est remplacée, la directrice, en installant sa remplaçante, arrête conjointement avec l'ancienne et la nouvelle économe tous les registres de comptabilité, tant en matières qu'en espèces, et constate par un procès-verbal que les écritures ont été laissées au courant par l'ancienne économe.

Les Professeurs. — Art. 16. — Les professeurs titulaires des lycées de jeunes filles sont choisies parmi les agrégées. Des professeurs de l'enseignement supérieur et de l'enseignement secondaire peuvent être délégués dans un cours.

Art. 17. — Les maîtresses chargées de cours doivent être pourvues, soit du certificat d'aptitude à l'enseignement secondaire des jeunes filles, soit de l'une des licences ès lettres ou ès sciences, soit du certificat d'aptitude à l'enseignement des langues vivantes.

Art. 18. — Les institutrices primaires sont nommées, sur la présentation de la directrice et la proposition du recteur.

Elles doivent justifier d'un brevet de capacité de l'enseignement primaire.

Art. 19. — Les professeurs titulaires ou délégués, les maîtresses chargées de cours et les institutrices primaires assistent régulièrement aux réunions qui ont lieu chaque mois, sous la présidence de la directrice.

Art. 20. — Toutes les fois que le professeur impose une punition qui doit avoir lieu hors de sa présence, il en prévient la directrice. Il la prévient également lorsqu'une élève ne se rend pas en classe.

Il remet tous les huit jours à la directrice des notes sur la conduite, le travail et les progrès des élèves.

Art. 21. — Quand les professeurs doivent s'absenter pour cause de maladie ou pour toute autre raison majeure, ils en informent la directrice, qui pourvoit à leur remplacement.

Art. 22. — Les répétitions particulières doivent être autorisées par la directrice et données dans un local désigné par elle.

Les maîtresses répétitrices. — Art. 23. — Les maîtresses répétitrices sont nommées sur la présentation de la directrice et la proposition du recteur; elles doivent être pourvues du diplôme de fin d'études secondaires ou du brevet supérieur de l'enseignement primaire.

Elles veillent à la discipline et sont nécessairement chargées d'un enseignement.

Elles peuvent, selon les besoins du service, remplacer les professeurs malades ou empêchés.

36

Art. 24. — Les maîtresses répétitrices dirigent et surveillent les élèves pendant tout le temps que celles-ci ne sont point avec leurs professeurs.

Dans les salles d'étude, elles contrôlent leur travail. Elles consignent leurs observations sur un cahier qui est remis au professeur au commencement de chaque classe.

Elles tiennent un journal sur lequel elles inscrivent tous les jours les notes que chaque élève a méritées pour la conduite et le travail, et remettent tous les soirs ce journal à la directrice. Elles lui remettent pareillement le samedi soir, le résumé des notes de la semaine.

Art. 25. — Il y a, dans chaque lycée, une maîtresse répétitrice par groupe de trente élèves, demi-pensionnaires ou externes surveillées.

Dans les lycées où le nombre des maîtresses répétitrices dépasse trois, il peut être nommé une répétitrice suppléante.

Art. 26. — En cas de faute grave, les maîtresses répétitrices peuvent être suspendues par le recteur, sur la proposition de la directrice ; la durée de la suspension n'excède pas un mois. Pendant cet intervalle, la maîtresse répétitrice suspendue est libre de se pourvoir auprès du Ministre.

Art. 27. — Dans les lycées qui comptent plus de cent élèves, demi-pensionnaires et externes surveillées, une maîtresse répétitrice peut être, sur la présentation de la directrice et la proposition du recteur, déléguée dans les fonctions de surveillante générale.

La surveillante générale est spécialement chargée du maintien de l'ordre et de la discipline.

Elle supplée la directrice pour ce qui concerne les obligations dont il est question à l'article 9.

Art. 28. — Les professeurs titulaires ou déléguées, les maîtresses chargées de cours et les institutrices primaires peuvent, sur leur demande, être chargées en outre des fonctions de maîtresse répétitrice.

TITRE II.

DISCIPLINE INTÉRIEURE ET EMPLOI DU TEMPS.

Admission des élèves. — Art. 29. — Pour être admise dans un lycée de jeunes filles, l'élève doit être âgée de six ans au moins et subir avec succès l'examen prescrit par l'article 7 de la loi du 21 décembre 1880.

Art. 30. — Les demandes d'admission sont adressées à la directrice ; elles sont accompagnées : 1° de l'acte de naissance de l'élève ; 2° de son certificat de vaccine ; 3° s'il y a lieu, des certificats qui lui ont été délivrés par les directrices des établissements où elle a commencé ses études.

La directrice étant responsable du bon ordre et de la discipline du lycée, a le droit de refuser l'admission d'une élève. Elle rend compte au recteur des motifs de son refus.

Art. 31. — Lorsqu'une élève ne peut pas assister à la classe, sa famille en prévient la directrice et lui fait connaître les motifs de l'absence.

Punitions et récompenses. — Art. 32. — Les seules punitions autorisées dans les lycées de jeunes filles sont les suivantes :

1° La mauvaise note ;

2° La tâche extraordinaire, qui ne peut consister que dans la rédaction d'un devoir ou la récitation d'une leçon ;

3° L'exclusion momentanée de la classe ou de la salle d'étude, avec renvoi devant la directrice ;

4° La réprimande par la directrice ;

5° L'exclusion temporaire du lycée, la durée de l'exclusion ne devant pas excéder huit jours ;

6° L'exclusion définitive.

Les trois premières peines sont infligées, sous la sanction de la directrice, par les professeurs ou par les maîtresses répétitrices.

L'exclusion définitive est prononcée par le recteur, sur la proposition de la directrice.

Lorsque l'élève est titulaire d'une bourse, son exclusion ne peut être prononcée que par le Ministre.

ART. 33. — Indépendamment des prix et accessits auxquels donnent lieu les compositions, les récompenses suivantes peuvent être décernées aux élèves :

1° La bonne note ;

2° L'inscription des devoirs au cahier d'honneur de la classe ;

3° L'inscription au tableau d'honneur mensuel ;

4° Le *satisfecit* délivré au nom de la directrice.

Le tableau d'honneur est dressé par la directrice, en assemblée des professeurs, et affiché seulement dans la classe.

Pour être inscrites au tableau d'honneur spécial, visé par l'article 11 du décret du 28 juillet 1882, les élèves boursières doivent avoir figuré chaque mois au tableau d'honneur ordinaire.

ART. 34. — Tous les samedis, la directrice donne lecture, en classe, du résumé des notes obtenues dans le cours de la semaine.

Emploi du temps. — ART. 35. — L'emploi du temps dans les lycées de jeunes filles est réglé ainsi qu'il suit :

De 8 h. à 9 h. — Classe.
De 9 h. à 9 h. 15. — Récréation.
De 9 h. 15 à 10 h. 15. — Classe.
De 10 h. 15 à 10 h. 30. — Récréation.
De 10 h. 30 à midi. — Etude, exercices, travaux à l'aiguille.
De midi à 1 h. 30. — Dîner, récréation.
De 1 h. 30 à 2 h. — Etude.
De 2 h. à 3 h. — Classe.
De 3 h. à 3 h. 15. — Récréation.
De 3 h. 15 à 4 h. 15. — Classe.
De 4 h. 15 à 5 h. — Récréation et goûter.
De 5 h. à 6 h. — Etude.

Si, dans certains lycées, il est reconnu nécessaire, par suite de convenances locales, de modifier les dispositions qui précèdent sur l'emploi du temps, ces modifications devront être soumises à l'approbation du recteur.

Congés et vacances. — ART. 36. — Les classes vaquent les jeudis, les dimanches et les jours de fêtes réservées.

Des congés extraordinaires sont accordés à l'occasion du jour de l'an et des jours gras, le lundi de la Pentecôte et le 14 juillet.

L'époque et la durée des vacances de Pâques et de fin d'année sont fixées par le Ministre sur la proposition du recteur.

ART. 37. — Les professeurs ont droit aux vacances à partir du lendemain de la distribution des prix. Ils doivent être exactement de retour à leur poste la veille du jour fixé pour la rentrée des classes.

Les maîtresses répétitrices ne peuvent quitter le lycée pendant les vacances qu'avec l'autorisation de la directrice, qui fixe le temps de leur absence.

La directrice et l'économe ne peuvent jamais s'absenter du lycée en même temps.

TITRE III.

EXAMENS, COMPOSITIONS ET PRIX.

Examens. — ART. 38. — Les examens de passage institués par l'article 4 du décret du 14 janvier 1882, sont subis devant les professeurs de la classe, sous la présidence de la directrice.

Ils ont lieu quinze jours au moins avant la distribution des prix.

ART. 39. — Les élèves sont interrogées sur les matières qu'elles ont étudiées au cours de l'année, y compris les matières facultatives. L'examen ne comporte pas d'épreuves écrites, mais il est déposé sur le bureau, pour chaque élève, un dossier comprenant les compositions qu'elle a faites et les notes qu'elle a obtenues pendant toute l'année.

ART. 40. — La note pour chaque épreuve est proposée par l'interrogateur et fixée par tous les membres du jury. L'admission est prononcée à la majorité des voix.

ART. 41. — Les élèves qui n'ont pas satisfait à l'examen de passage peuvent s'y présenter de nouveau à la rentrée des classes.

Celles qui échouent pour la seconde fois doivent doubler l'année.

Les élèves boursières ne peuvent être autorisées que par le Ministre à doubler une classe.

ART. 42. — Les procès-verbaux des examens de passage, accompagnés des listes des élèves admises ou ajournées, sont transmis au recteur.

Compositions. — ART. 43. — Le nombre des compositions dans chaque faculté est fixé par le recteur.

L'ordre des compositions est indiqué dans un tableau dressé par la directrice, de concert avec les professeurs.

ART. 44. — Les points obtenus dans toutes les compositions de l'année comptent pour les prix et accessits de chaque faculté.

Les compositions de fin d'année, spéciales pour les prix ont une valeur double.

ART. 45. — Les sujets des compositions de fin d'année sont choisis par les professeurs.

La durée de chaque composition pour les prix ne doit pas excéder deux heures, dans les cours de 1re, de 2e et de 3e années ; trois heures, dans les cours de 4e et de 5e années.

ART. 46. — Le calcul des points se fait de la manière suivante :

Dans les classes qui réunissent vingt élèves au moins, les dix premières places dans chaque composition concourent pour les prix, la première comptant pour dix points, la seconde pour neuf et ainsi de suite.

Dans les classes qui réunissent moins de vingt élèves, la première place n'est comptée que pour un nombre de points égal à la moitié du nombre total des élèves, si le nombre est pair, et à la moitié du nombre diminué d'une unité, s'il est impair.

Lorsque, par le calcul des points obtenus dans le cours de l'année et à la dernière composition, deux ou plusieurs élèves ont le même nombre de points donnant droit aux prix et accessits, celle des concurrentes qui a eu l'avantage dans la dernière composition obtient le prix ou l'accessit; toute mention *ex æquo* est interdite.

Prix et accessits. — ART. 47. — Le nombre des prix et accessits dans chaque faculté est fixé ainsi qu'il suit : 1 prix pour 4 élèves; 1 prix et 1 accessit, de 4 à 9 élèves; 1 prix et 2 accessits, de 10 à 13 élèves; 1 prix et 3 accessits, de 14 à 19 élèves; 2 prix et 3 accessits, de 20 à 23 élèves; 4 accessits, de 24 à 27 élèves; 5 accessits, de 28 à 31 élèves; 6 accessits, de 32 à 35 élèves; 7 accessits, de 36 à 39 élèves; 8 accessits, de 40 et au-dessus, sans que ce nombre puisse être dépassé.

Distribution des prix. — ART. 48. — La distribution des prix est présidée par le recteur ou par son délégué.

Tous les fonctionnaires du lycée sont tenus d'y assister. Un procès-verbal sur lequel chacun d'eux appose sa signature constate leur présence.

TITRE IV.

DISPOSITIONS GÉNÉRALES.

ART. 49. — Un règlement spécial, délibéré en assemblée des professeurs et approuvé par le recteur de l'Académie, déterminera pour chaque lycée les mesures de détail, à prendre en vue d'assurer l'exécution du présent arrêté.

ART. 50. — Les dispositions des articles 4, 5, 7, 8, 19, 20, 21, 29 à 49 du présent règlement sont applicables aux collèges de jeunes filles.

ART. 51. — MM. les recteurs sont chargés de l'exécution du présent arrêté.

Fait à Paris, le 28 juillet 1884.

Signé : A. FALLIÈRES.

DÉCRET PORTANT CRÉATION D'UN COLLÈGE COMMUNAL DE JEUNES FILLES A BÉZIERS (20 août 1884).

La ville est autorisée à annexer un internat au collège.

ARRÊTÉ AUTORISANT L'OUVERTURE PROVISOIRE D'UN COLLÈGE COMMUNAL DE JEUNES FILLES A AGEN (29 septembre 1884) [1].

La ville pourra annexer un internat au collège.

ARRÊTÉ AUTORISANT L'OUVERTURE PROVISOIRE D'UN COLLÈGE COMMUNAL DE JEUNES FILLES A TARBES [2].

Externat simple avec externat surveillé.

ARRÊTÉ AUTORISANT LE COLLÈGE DE LONS-LE-SAUNIER A ANNEXER PROVISOIREMENT UN INTERNAT A SON COLLÈGE (20 octobre 1884).

DÉCRET PORTANT CRÉATION D'UN COLLÈGE COMMUNAL DE JEUNES FILLES A AGEN (16 janvier 1885).

Faculté pour la ville d'annexer un internat.

DÉCRET PORTANT CRÉATION D'UN COLLÈGE COMMUNAL DE JEUNES FILLES A TARBES (16 janvier 1885).

Externat simple avec externat surveillé. Faculté d'annexer un internat.

CIRCULAIRE CONCERNANT LES DIRECTRICES ET MAITRESSES DE COURS SECONDAIRES DE JEUNES FILLES, SUR LES TRAITEMENTS DESQUELLES DES RETENUES PEUVENT ÊTRE EXERCÉES POUR LE SERVICE DES PENSIONS CIVILES (Du 12 août 1885).

Monsieur le Recteur,

On me demande fréquemment si les émoluments des directrices, professeurs et maîtresses des cours secondaires de jeunes filles doivent être frappés des retenues pour pensions civiles, par application de l'article 18 du décret du 28 juillet 1881.

L'article 1er de ce décret ne reconnaît, comme établissements publics d'enseignement secondaire pour les jeunes filles, que les *lycées* de l'État et les *collèges* communaux ; l'article 18 soumettant aux retenues les trai-

---

[1] Collège créé par décret en date du 16 janvier 1885 (voir p. 566).

[2] Collège créé par décret en date du 16 janvier 1885, avec autorisation d'annexer un internat (voir p. 566).

tements des fonctionnaires de ces établissements ne saurait être appliqué aux *cours*, dont il n'est pas fait mention dans l'article 1er.

Il n'y a donc pas lieu, en principe, d'opérer des prélèvements pour la retraite sur les allocations payées au personnel des cours secondaires. L'application de cette règle n'a soulevé aucune objection pour deux catégories de fonctionnaires : 1º les professeurs-hommes empruntés aux lycées et collèges de garçons et conservant leurs fonctions dans ces établissements ; 2º les dames n'ayant exercé antérieurement aucun emploi dans l'enseignement public.

Mais une difficulté sérieuse se présente en ce qui concerne une troisième catégorie, composée des directrices et des maîtresses ayant subi précédemment les retenues réglementaires en qualité d'institutrices publiques. Plusieurs de vos collègues ont insisté particulièrement sur la nécessité d'assurer dans de bonnes conditions le recrutement du personnel féminin des cours, en laissant, par exception, aux personnes qui appartiennent à cette troisième catégorie, la faculté de continuer à opérer des versements, pour éviter toute interruption dans les services comptant pour la retraite. La question m'a semblé d'avoir été examinée avec le désir de concilier l'intérêt du personnel et les exigences de l'enseignement, Il ne faut pas perdre de vue que les cours secondaires ne sauraient être assimilés à des établissements libres. Bien qu'ils ne soient point, comme les lycées et les collèges, des établissements définitivement constitués, ils ont néanmoins une existence légale. En effet, ils fonctionnent en vertu des lois de finances qui accordent chaque année, depuis 1879, les crédits qui sont nécessaires à leur entretien et auxquels s'ajoutent les sommes allouées par les départements et les villes ; en outre, l'enseignement y est donné, presque partout, conformément aux programmes officiels ; il est donc équitable que les personnes qui sont attachées aux cours secondaires, et dont la nomination est d'ailleurs réservée à l'autorité académique, soient mises, autant que possible, sur le même pied que les fonctionnaires de l'Etat, quand la loi le permet et lorsqu'elles comptent des services antérieurs dans l'instruction publique.

Grâce à une disposition contenue dans l'article 4 de la loi du 9 juin 1853, on peut donner satisfaction aux vœux exprimés en faveur des dames ayant été institutrices communales avant d'appartenir à des cours secondaires. En vertu de cet article, des fonctionnaires de l'Etat peuvent être mis, par l'autorité de laquelle ils dépendent, à la disposition des départements, des villes et même des particuliers, quand l'intérêt public motive la mesure ; ils conservent alors droit à l'avancement et droit à pension, pourvu qu'une mise en disponibilité régulière les rattache, pendant la durée de leur congé, à l'administration dont ils faisaient partie et à laquelle ils ne cessent pas d'appartenir.

Il n'est pas douteux que les cours secondaires de jeunes filles, qui sont subventionnés par l'État, et qui constituent en quelque sorte des lycées ou des collèges provisoires, présentent un caractère d'utilité générale justifiant l'application de l'article 4 de la loi du 9 juin 1853. Rien ne s'opposera donc, Monsieur le Recteur, à ce que vous m'adressiez à l'avenir, lorsque vous le jugerez convenable, après entente avec MM. les Préfets, de qui dépendent les institutrices primaires, des propositions en vue d'admettre à subir des retenues pour pensions civiles les directrices et maîtresses, exclusivement attachées à des cours secondaires, qui auraient obtenu de l'administration préfectorale une mise en disponibilité régulière et de l'autorité académique une délégation spéciale. Ces propositions seraient faites seulement sur la demande des intéressées, qui devraient fournir la preuve qu'elles exerçaient antérieurement des fonctions publiques dans l'enseignement et qu'elles avaient opéré, à ce titre, des versements pour le fonds de retraite. Il importe de remarquer que le droit de subir valablement des retenues résulterait, non des décisions de MM. les Préfets et de MM. les Chefs d'Académie, mais des autorisations que je donnerais, s'il y avait lieu ; en conséquence, aucun prélèvement ne devrait être opéré tant que je n'aurai pas statué sur les demandes.

Si les dispositions de l'article 4 précité ont déjà été appliquées ou vous semblent devoir l'être dès maintenant dans votre ressort, vous aurez, Monsieur le Recteur, à me faire parvenir, en double expédition, un état portant les indications suivantes, pour chacun des cours secondaires de jeunes filles, savoir : 1° le nom, l'âge et les fonctions actuelles des dames auxquelles vous seriez d'avis de confirmer ou d'accorder l'autorisation de subir des retenues, comme fonctionnaires de l'enseignement primaire mises en disponibilité et déléguées dans les cours secondaires ; 2° la date de l'arrêté préfectoral de mise en disponibilité ; 3° la date de la délégation rectorale ; 4° le résumé des services antérieurs avec la désignation de la date précise du premier versement opéré pour la retraite. Vous joindrez à l'état dont il s'agit la copie, certifiée conforme, de l'arrêté préfectoral. Vos propositions me permettront de régulariser, quand il y aura lieu, par des décisions individuelles que vous communiquerez aux intéressées, la situation des personnes qui se trouveront dans les conditions prévues par l'article 4.

Vous devrez, d'ailleurs, me tenir au courant des mutations qui se produiraient en cours d'année et m'envoyer tous les ans, à la fin du mois de décembre (bureau des pensions), l'état récapitulatif des retenues exercées, pendant l'année, sur les traitements des directrices et maîtresses de cours secondaires pour lesquelles ces retenues auront été régulièrement autorisées. En outre, lorsque les dames qui auront été déléguées dans les conditions énoncées ci-dessus solliciteront la liquidation de leur pension, elles seront tenues de produire, sous peine de se voir refuser l'admission de leurs services, l'autorisation spéciale qui leur aura été délivrée.

Il est bien entendu que la disposition de l'article 4 dont il est question ci-dessus ne saurait s'appliquer aux fonctionnaires attachés à des établissements publics d'instruction qui voudraient cumuler leurs fonctions avec un enseignement dans les cours secondaires.

Je vous prie, Monsieur le Recteur, de communiquer la présente dépêche à MM. les Préfets et à MM. les Inspecteurs d'académie, ainsi qu'à MM. les Maires des villes de votre ressort qui possèdent des cours secondaires de jeunes filles et aux Directeurs ou Directrices de ces cours.

Recevez, Monsieur le Recteur, l'assurance de ma considération très distinguée.

Le Ministre de l'Instruction publique, des Beaux-Arts et des Cultes,

René GOBLET.

CIRCULAIRE RELATIVE A L'EXÉCUTION DE L'ARTICLE 27 DE LA LOI DES FINANCES DU 8 AOUT 1885, BOURSES DANS LES LYCÉES ET COLLÈGES DE JEUNES FILLES (28 septembre 1885).

MONSIEUR LE RECTEUR, l'article 27 de la loi de finances du 8 août 1885 a remis en vigueur, avec quelques modifications, la loi du 29 nivôse an XIII, aux termes de laquelle tout père de famille ayant sept enfants vivants pouvait désigner un de ses fils pour être élevé aux frais de l'État.

Cet article est ainsi conçu :

« Une bourse sera concédée dans un établissement secondaire ou d'enseignement primaire supérieur, ou dans une école professionnelle, industrielle, commerciale ou agricole de l'État, à l'enfant âgé de neuf ans révolus au moins, appartenant à un père de famille ayant sept enfants vivants, qui sera désigné par celui-ci.

Toutefois cette bourse ne pourra être concédée qu'après que la situation nécessiteuse de la famille aura été constatée et que l'enfant aura subi les examens préalables exigés par les règlements en vigueur pour l'obtention des bourses de l'État dans les établissements susdésignés. »

L'article 28 porte que « les enfants qui auront obtenu une bourse par application de l'article précédent seront soumis aux décrets et règlements relatifs au régime des boursiers des divers ordres d'enseignement ».

La loi de nivôse réservait exclusivement les bourses aux enfants du sexe masculin; elle imposait en outre aux postulants l'obligation de déclarer leur choix au sous-préfet dans un certain délai, passé lequel la déclaration n'était plus admise. La nouvelle loi a supprimé cette dernière formalité ainsi que la distinction établie quant au sexe; elle a également abaissé d'un an l'âge requis des candidats. Par contre, elle exige que ceux-ci subissent avec succès des examens d'aptitude et que les familles justifient de l'insuffisance de leurs ressources.

Un crédit de 400,000 francs a été inscrit au budget de mon Département sous la rubrique : Bourses à concéder en vertu de l'article 27 de la loi de finances. Jusqu'à ce que le crédit soit épuisé, toutes les demandes qui me parviendront par la voie régulière et qui rempliront les conditions spécifiées plus haut seront accueillies.

J'ai l'intention de consacrer une somme de 200.000 francs à l'entretien des bourses dans les établissements secondaires de garçons et de jeunes filles, et 200,000 francs aux bourses dans les écoles primaires supérieures, professionnelles et autres.

Bourses dans les établissements secondaires. — Les examens à subir par les candidats sont ceux que prescrivent, pour l'obtention des bourses dans les lycées et collèges de garçons, le décret du 19 janvier et l'arrêté du 20 janvier 1881; pour les bourses dans les lycées et collèges de jeunes filles, le décret et l'arrêté du 28 juillet 1882.

MM. les Inspecteurs d'Académie, chargés de la présidence des jurys d'examen, auront donc à se conformer strictement aux dispositions de ces règlements, en ce qui concerne la distribution des aspirants et aspirantes par séries suivant leur âge, les matières des examens, la notation des épreuves, les conditions d'admissibilité, etc.

Quant à l'instruction des demandes, elle se fera d'après les règles tracées dans les circulaires du 14 décembre 1880, du 9 février et du

15 avril 1883; les dossiers seront, comme ceux des autres candidats, constitués dans les préfectures et adressés au Ministre par l'intermédiaire des Recteurs; les pétitionnaires auront à produire, outre les pièces habituelles, un état nominatif de leurs enfants, indiquant l'âge et le sexe de chacun et, s'il y a lieu, sa profession; cet état sera certifié exact par le maire de la commune.

Le crédit étant disponible à partir du 1er janvier 1886, j'ai décidé qu'une session extraordinaire d'examen, exclusivement réservée aux aspirants et aspirantes appartenant à des familles de sept enfants vivants et plus, aura lieu dans tous les départements le jeudi 5 novembre prochain.

Pour cette session, les sujets des compositions écrites, que les candidats aux bourses des lycées de garçons auront à faire, seront fournis par MM. les Inspecteurs d'Académie.

. . . .

Recevez, Monsieur le Recteur, l'assurance de ma considération très distinguée.

Le Ministre de l'Instruction publique,
des Beaux-Arts et des Cultes,
RENÉ GOBLET.

DÉCRET RELATIF AUX TRAITEMENTS DES MAITRESSES CHARGÉES DE L'ENSEIGNEMENT DU DESSIN DANS LES LYCÉES ET COLLÈGES DE JEUNES FILLES (29 septembre 1885).

LE PRÉSIDENT DE LA RÉPUBLIQUE FRANÇAISE,
Sur le rapport du Ministre de l'Instruction publique, des Beaux-Arts et des Cultes ;
Vu la loi du 21 décembre 1880 ;
Vu les décrets des 6 août 1880 et 28 juillet 1881 ;

DÉCRÈTE :

ART. 1er. — L'enseignement du dessin est confié, dans les lycées et collèges de jeunes filles, à des dames pourvues de l'un des deux certificats d'aptitude institués par le décret du 6 août 1880.

ART. 2. — Les traitements de ces maîtresses sont fixés de la manière suivante :

	1re CLASSE	2e CLASSE	3e CLASSE
	fr.	fr.	fr.
Professeurs titulaires, pourvus du certificat du degré supérieur. Lycées de Paris	3.000	2.700	2.400
Lycées des départements et collèges communaux.	2.400	2.100	1.800

Maîtresses chargées de cours, pourvues du certificat du 1er degré. Lycées des départements et collèges communaux : Classe unique. . 1.600 fr.

ART. 3. — Ces traitements seront passibles des retenues pour le service des pensions civiles.

ART. 4. — Des promotions à une classe supérieure pourront être accordées, en fin d'année, sur la proposition des recteurs, aux fonctionnaires qui auront passé cinq ans au moins dans la classe inférieure.

ART. 5. — Les maîtresses de dessin (titulaires ou chargées de cours) des lycées et collèges de jeunes filles seront tenues à un service de *seize* heures (16 h.) par semaine.

Les leçons en sus qui pourront leur être demandées donneront lieu au payement d'indemnités spéciales qui seront calculées de la manière suivante, pour chaque heure supplémentaire par semaine pendant dix mois, savoir :

1° Dans les lycées de Paris, *cent cinquante francs* (150 fr.) ;

2° Dans les lycées des départements et dans les collèges communaux, *cent francs* (100 fr.).

ART. 6. — Le Ministre de l'Instruction publique, des Beaux-Arts et des Cultes est chargé de l'exécution du présent décret.

JULES GRÉVY.

Par le Président de la République :

Le Ministre de l'Instruction publique,
des Beaux-Arts et des Cultes,

RENÉ GOBLET.

ARRÊTÉ AUTORISANT L'OUVERTURE D'UN COLLÈGE DE JEUNES FILLES A CHALON-SUR-SAONE (1er octobre 1885) [1].

CIRCULAIRE CONCERNANT LES BUDGETS ET LES COMPTES ADMINISTRATIFS DES COLLÈGES DE JEUNES FILLES (28 octobre 1885).

MONSIEUR LE RECTEUR, en vertu de l'article 5 du décret du 28 juillet 1881, la comptabilité des établissements d'enseignement secondaire pour les jeunes filles doit être la même que celle des lycées et collèges de garçons.

Dans les lycées de jeunes filles, on a pu facilement se conformer à cette disposition, grâce au concours des économes des lycées de jeunes gens. Mais l'application de l'article 5 précité a présenté des difficultés dans les collèges de jeunes filles, dont les budgets et les comptes administratifs, élaborés par des directrices encore un peu inexpérimentées en matière de comptabilité, ne sont pas toujours rédigés, vous avez eu l'occasion de le constater, Monsieur le Recteur, avec toute la clarté et toute la régularité nécessaires. En vue de prévenir des renvois de pièces et d'éviter les retards qu'entraînent les demandes de renseignements ou de justifications complémentaires, il m'a paru utile de faire établir des cadres spéciaux pour les budgets et les comptes des collèges de jeunes filles, et de donner aux directrices de ces établissements quelques conseils pour la rédaction de ces documents.

[1] Collège créé par décret en date du 26 décembre 1885 (voir le décret, p. 577).

Vous trouverez ci-joints, Monsieur le Recteur, quelques-uns des nouveaux modèles. Ils ont des dimensions un peu plus réduites que les pièces analogues en usage dans les collèges de garçons ; ils en diffèrent, en outre, par quelques dispositions particulières portant sur des points de détail, et motivées par les conditions un peu spéciales dans lesquelles les collèges de jeunes filles fonctionnent, conformément aux traités constitutifs qui président à leur organisation. Vous voudrez bien, Monsieur le Recteur, pour chacun des collèges de jeunes filles de votre ressort, envoyer deux modèles (un du budget et un du compte) à M. le maire et à Mme la directrice et, en outre, à M. le préfet et à M. l'inspecteur d'académie du département où est situé le collège. Vous appellerez en même temps leur attention, et tout particulièrement celle des directrices de collège, sur les observations et indications ci-après :

BUDGET ET COMPTE DE L'INTERNAT ANNEXE.

Pour le budget, comme pour le compte, le nouveau cadre ne prévoit que les opérations financières du collège-externat. Quand un *internat* a été annexé par la ville à l'établissement, il y a lieu de joindre au dossier, en simple exemplaire et seulement à titre de renseignement, le budget ou le compte dudit internat, établi dans la forme qui aura été adoptée par le conseil municipal : le Ministre doit connaître ces documents, mais il n'a pas à les approuver ; il convient de les produire même lorsque l'internat est au compte de la directrice.

BUDGET DE L'EXTERNAT (MODÈLE N° 1).

Le *budget de collège-externat* est disposé de la manière suivante :

Les pages 1 et 2 contiennent des *renseignements généraux* sur les tarifs de la rétribution collégiale et des bourses, l'état des bâtiments et des mobiliers, la répartition des élèves entre les diverses catégories.

Aux pages 3 et 4, le titre des *recettes,* terminé par une récapitulation, comprend 4 chapitres :

CHAPITRE 1. *Recettes provenant de la rétribution collégiale et des bourses* (les chiffres inscrits doivent être le produit exact des tarifs de la 1re page par les nombres d'élèves indiqués à la deuxième).

CHAP. 2. *Recettes provenant de ressources spéciales du collège* (arrérages de rentes, loyers de bâtiments, legs et donations, report de l'excédant de recette d'un exercice antérieur). Lorsque le département accorde au collège une subvention annuelle, le chiffre du subside départemental doit être porté à ce chapitre.

CHAP. 3. *Recette provenant de la subvention communale.* Le subside de la ville peut, pour certains établissements, se subdiviser en trois articles : 1° subvention fixe pour les dépenses ordinaires prévues au traité constitutif ; 2° allocation complémentaire pour frais extraordinaires, à la charge exclusive de la commune, détaillés au chapitre 4 des dépenses ; 3° supplément de subvention pour compléter, quand il y a lieu, la rétribution collégiale au chiffre annuel garanti par la ville.

CHAP. 4. *Subvention de l'État.* — En aucun cas, on ne doit inscrire à ce chapitre une somme supérieure à celle qui a été accordée par le traité constitutif ou par une décision ultérieure du Ministre.

Le titre des *dépenses* (pages 5, 6 et 7) comprend, comme celui des recettes, quatre chapitres et une récapitulation.

Le CHAPITRE 1er a pour objet les *traitements soumis aux retenues pour pensions civiles;* les *indemnités non soumises aux retenues* figurent au CHAPITRE 2. Les noms des fonctionnaires doivent être indiqués à la colonne des observations.

On inscrit au CHAPITRE 3 les *dépenses diverses :* chauffage et éclairage, gages du concierge et des femmes de service, frais des cours de sciences, entretien du matériel d'enseignement, distribution des prix, etc.

Le CHAPITRE 4 est réservé aux *dépenses extraordinaires correspondant à des crédits spéciaux votés par le conseil municipal* (frais de location de l'immeuble, indemnités de logement à la directrice ou aux maîtresses, etc).

Le résumé des recettes et des dépenses présumées termine la page 7; il fait connaître le résultat des prévisions en excédant de recette ou en déficit, et doit être suivi de la signature de la directrice.

La 8e et dernière page est destinée à l'arrêté ministériel portant *approbation du budget;* elle est remplie jusqu'au passage : « Vu l'avis du conseil académique », par la directrice, qui a soin d'indiquer la date de l'engagement décennal contracté par la ville.

Le budget doit être produit en triple expédition. L'un des exemplaires est gardé dans les bureaux de l'Administration centrale; les deux autres sont envoyés, dûment approuvés, au préfet du département et au chef de l'académie, qui en transmettent des copies certifiées au maire de la ville et à la directrice du collège.

Les trois exemplaires du budget doivent être accompagnés des documents suivants, rédigés en simple expédition, savoir :

1o Rapport de la directrice à la commission administrative; les divers articles de recette et de dépense y sont passés en revue, et l'on fait connaître les causes des différences pouvant exister entre les chiffres du budget de l'année courante (2e colonne) et les sommes proposées pour l'année suivante (3e colonne);

2o et 3o Copies des délibérations de la commission administrative et du conseil municipal;

4o et 5o Avis du conseil académique et rapport du Recteur.

Lorsqu'un collège de jeunes filles fonctionne déjà depuis quelques années et possède une organisation complète (2 ou 3 classes primaires et 5 années secondaires), son budget peut être préparé plusieurs mois à l'avance et voté par le conseil municipal dans les sessions de mai ou d'août, en même temps que le budget de la commune. Mais lorsqu'il s'agit d'un établissement de création récent, encore en voie de développement, il est préférable d'attendre, pour régler le budget, que la rentrée des classes soit faite, afin de connaître avec plus de certitude les ressources et les besoins du collège; dans ce cas, la directrice prépare le projet et le soumet à la commission administrative vers la fin du mois d'octobre, et le conseil municipal délibère dans la première quinzaine de novembre; le budget, examiné ensuite par le conseil académique pendant la session d'hiver, peut m'être envoyé dans le courant du mois de décembre; ce qui suffit pour que l'approbation du Ministre soit donnée en temps opportun.

COMPTE ADMINISTRATIF DE L'EXTERNAT (MODÈLE No 2).

Les dispositions du cadre du *compte administratif du collège-externat* sont à peu près les mêmes que celles de l'imprimé du budget. Les principales différences concernent :

1° Le résumé des recettes et des dépenses, qui est placé à la 1re page du compte afin que l'on puisse apprécier dès le premier coup d'œil le résultat de la gestion;

2° Le tableau du nombre des élèves (2e page), qui fait connaître trimestriellement les mouvements de la population scolaire, et annuellement les nombres moyens servant au calcul détaillé du produit des bourses et de la rétribution collégiale (dans ce calcul, le nombre moyen du 3e trimestre ou mois de juillet compte seulement pour 1 dixième, tandis que les nombres moyens des autres trimestres comptent chacun pour 3 dixièmes);

3° Les subventions complémentaires accordées en cours d'exercice (chapitres 3 et 4 des recettes) par la ville et par l'Etat, pour les dépenses reconnues nécessaires postérieurement à l'approbation du budget.

Le compte administratif, produit en deux expéditions, dont l'une est renvoyée à l'établissement, doit être certifié par la directrice. Il reproduit fidèlement toutes les opérations réellement effectuées en recette et en dépense; les mutations des fonctionnaires sont indiquées à la colonne des observations. On y joint en simple exemplaire:

Un rapport de la directrice faisant ressortir et expliquant les différences entre les prévisions budgétaires et les résultats obtenus;

Une copie des délibérations de la commission administrative (mois de mai) et du conseil académique (mois de juin);

L'appréciation du chef de l'académie sur le compte, et son avis sur l'emploi à faire du boni, quand il y a excédant de recette.

Les budgets et les comptes administratifs des collèges de jeunes filles doivent être adressés au 5e *bureau de la direction de l'enseignement secondaire*. Pour prévenir des retards dans leur examen, il faut éviter de les comprendre dans le même envoi que les budgets et les comptes des collèges de garçons.

Les nouveaux imprimés devront être employés dès cette année, pour l'établissement du budget de l'exercice 1886.

Je vous prie, Monsieur le Recteur, de transmettre un exemplaire de la présente circulaire à MM. les préfets et à MM. les inspecteurs d'académie des départements de votre ressort, ainsi qu'à MM. les maires des villes de votre académie qui possèdent des collèges de jeunes filles et à Mmes les directrices de ces établissements.

Recevez, Monsieur le Recteur, l'assurance de ma considération très distinguée.

Le Ministre de l'Instruction publique,
des Beaux-Arts et des Cultes,
RENÉ GOBLET.

DÉCRET APPLIQUANT AUX FONCTIONNAIRES DES LYCÉES DE JEUNES FILLES, POSSÉDANT L'AGRÉGATION DES HOMMES OU ADMISSIBLES A CETTE AGRÉGATION, LES DISPOSITIONS DES DÉCRETS DES 31 DÉCEMBRE 1873 ET 31 DÉCEMBRE 1879 (18 novembre 1885).

LE PRÉSIDENT DE LA RÉPUBLIQUE FRANÇAISE,

Sur le rapport du Ministre de l'Instruction publique, des Beaux-Arts et des Cultes;

Vu les lois de finances des 29 décembre 1873 et 21 décembre 1879 :

Vu les décrets des 31 décembre 1873 et 31 décembre 1879, instituant en faveur des fonctionnaires et professeurs des lycées et collèges de garçons, une indemnité de 500 francs par an lorsqu'ils sont pourvus du titre d'agrégé, et une indemnité annuelle de 300 francs pendant deux ans lorsqu'ils ont été admissibles à l'agrégation.

Vu la loi du 21 décembre 1880 qui dispose art. 9 § 2, que l'enseignement est donné, dans les établissements secondaires de jeunes filles, par des professeurs pourvus de diplômes réguliers,

DÉCRÈTE :

ART. 1. Les dispositions des décrets des 31 décembre 1873 et 31 décembre 1879 sont applicables aux fonctionnaires et professeurs femmes des lycées et collèges de jeunes filles, qui sont munies de l'une des agrégations de l'ordre des lycées de garçons ou ont été admissibles à l'une de ces agrégations,

ART. 2. Les indemnités, soit de 500, soit de 300 francs, allouées aux fonctionnaires ou professeurs femmes qui remplissent ces conditions, ne sont dues qu'aux personnes en activité de service ; elles sont prélevées, comme celles que reçoivent les professeurs des lycées et collèges de garçons, sur les crédits du chapitre 46 du budget de l'instruction publique.

ART. 3. Le Ministre de l'Instruction publique, des Beaux-Arts et des Cultes est chargé de l'exécution du présent décret, qui aura son effet à partir du 1er octobre 1885.

JULES GRÉVY.

Par le Président de la République :
Le Ministre de l'Instruction publique, des Beaux-Arts
et des Cultes,
RENÉ GOBLET.

DÉCRET RÉGLANT LES CONDITIONS D'ADMISSION, DE SÉJOUR ET DE SORTIE DES ÉLÈVES DE L'ÉCOLE NORMALE DE SÈVRES (23 novembre 1885).

LE PRÉSIDENT DE LA RÉPUBLIQUE FRANÇAISE,

Sur le rapport du Ministre de l'instruction publique, des beaux-arts et des cultes ;

Vu la loi du 26 juillet 1881, autorisant la création de l'École normale d'enseignement secondaire pour les jeunes filles, à Sèvres ;

Vu les arrêtés des 14 octobre 1881, 3 avril 1882, 29 décembre 1883 et 11 mai 1885, réglant provisoirement les conditions d'admission à ladite école ;

DÉCRÈTE :

ART. 1. — L'école normale de Sèvres, destinée à former des professeurs-femmes pour les lycées et collèges de jeunes filles, se recrute par voie de concours annuels.

Le Ministre de l'instruction publique fixe les dates des examens et détermine, chaque année, d'après les besoins du service, le nombre des élèves qui seront reçues pour chacune des sections littéraire et scientifique.

ART. 2 — Les aspirantes déclarées admissibles aux épreuves orales et appelées des départements pour subir l'examen définitif reçoivent une indemnité, de six francs (6 fr.) par jour, pendant la durée des épreuves ; les frais de voyage en 2ᵉ classe leur sont en outre remboursés. Les allocations ne sont payées qu'aux aspirantes ayant subi toutes les épreuves orales.

ART. 3 — Le régime de l'établissement est l'internat. Toutes les dépenses (instruction, nourriture, etc.) sont supportées par l'État, à l'exception de la fourniture et de l'entretien du trousseau, qui sont laissés à la charge des familles.

ART. 4. — Dans les huit jours de leur entrée à l'école, les élèves définitivement reçues doivent produire l'engagement, ratifié par leurs parents si elles sont mineures, de se vouer pendant dix ans à l'enseignement public dans les lycées et les collèges de jeunes filles.

En cas de rupture de l'engagement décennal, les élèves ou leurs familles sont tenues de rembourser une somme de mille francs (1,000 fr.) pour chaque année passée à l'école.

ART. 5. — La durée des études est de trois ans.

Ne sont point admises à faire une troisième année, les élèves qui, à l'expiration de la deuxième année d'études, ont échoué à l'examen du certificat d'aptitude à l'enseignement secondaire et par suite ne rempliraient pas les conditions requises pour se présenter un an plus tard au concours d'agrégation ; ces élèves sont placées dans les lycées comme institutrices primaires ou maîtresses répétitrices, ou dans les collèges communaux comme chargées de cours.

ART. 6. — Une allocation fixe de cent francs (100 fr.) est accordée, à titre d'indemnité pour frais de déplacement, aux élèves qui sortent de l'École normale de Sèvres pourvues de l'agrégation ou du certificat d'aptitude et sont nommés professeurs ou chargées de cours dans un établissement des départements. Cette somme est ordonnancée en leur nom dès qu'elles ont été installées dans l'emploi qui leur a été confié.

ART. 7. — Sont abrogées les dispositions des arrêtés susvisés en ce qu'elles ont de contraire aux prescriptions du présent décret.

JULES GRÉVY.

Par le Président de la République,

Le Ministre de l'Instruction publique, des Beaux-Arts et des Cultes,

RENÉ GOBLET.

DÉCRET PORTANT CRÉATION D'UN COLLÈGE COMMUNAL DE JEUNES
FILLES A CHALON-SUR-SAONE (26 décembre 1885).

Externat libre avec externat surveillé. — Faculté d'annexer un internat.

DÉCRET PORTANT CRÉATION D'UN LYCÉE NATIONAL DE JEUNES
FILLES A MACON (5 janvier 1886).

Régime de l'établissement : externat simple avec externat surveillé.
Faculté pour la ville d'annexer un internat.

Rétributions annuelles.	Externat simple.	Externat surveillé.
Classes primaires	60 fr.	110 fr.
Enseignement secondaire { 1re période...	90	140
2e période...	120	170

CIRCULAIRE ET DÉCRET CONCERNANT LES BUREAUX D'ADMI-
NISTRATION DES LYCÉES NATIONAUX ET DES COLLÈGES COMMU-
NAUX DE GARÇONS ET DE JEUNES FILLES (22 janvier 1886).

MONSIEUR LE RECTEUR, les bureaux d'administration des lycées et
collèges de garçons ont été institués par la loi du 11 floréal an X et par
le décret du 4 juin 1809. Les dispositions de cette loi et de ce décret ont
été successivement modifiées ou complétées, en ce qui concerne les lycées, par la loi du 14 juin 1854, le décret du 22 août et la circulaire du
22 novembre de la même année, enfin par l'arrêté du 30 mars 1863.

Pour les collèges, le décret de 1809 est le seul règlement fondamental
auquel on puisse se référer. Mais, dans la pratique et par analogie, les
dispositions concernant les lycées ont été appliquées jusqu'ici aux collèges communaux.

Quant aux lycées et collèges de jeunes filles, aucune règlementation
spéciale n'est intervenue, sauf le décret du 28 juillet 1881 qui porte, article 20 : « Près de chaque établissement d'enseignement secondaire de
jeunes filles, il sera institué une commission investie des attributions
des bureaux d'administration institués près des lycées et collèges. Les
membres de cette commission seront nommés pour trois ans par le Ministre. Des dames en feront nécessairement partie »

Parmi les dispositions des lois, décrets et arrêtés indiqués ci-dessus,
les unes sont tombées en désuétude, d'autres ont donné lieu, de la part
des municipalités et des bureaux eux-mêmes, à des difficultés qu'il est
indispensable de prévenir.

Il a donc paru nécessaire de provoquer un nouveau décret mettant
la nomination et les attributions des bureaux d'administration des établissements publics d'instruction secondaire en harmonie avec les lois et

37

règlements concernant l'instruction publique et donnant satisfaction aux vœux légitimes des autorités municipales.

Tel est le but du décret dont vous trouverez ci-joint un exemplaire, et que j'ai soumis le 20 janvier 1886 à la signature de M. le Président de la République, après avoir pris l'avis du Conseil supérieur.

En vous transmettant ce document, je crois devoir, Monsieur le Recteur, appeler votre attention sur les points suivants.

TITRE I.

LYCÉES NATIONAUX DE GARÇONS.

Le Préfet, membre de droit des bureaux d'administration de tous les lycées situés dans son département, conserve la faculté de se faire remplacer dans le bureau du lycée du chef-lieu par un conseiller de préfecture. Mais cette prérogative n'appartient pas aux sous-préfets, et elle n'a pas paru devoir être étendue aux maires, l'administration municipale se trouvant désormais suffisamment représentée au sein des bureaux d'administration.

En l'absence du Recteur, la présidence sera déférée au Préfet, lorsqu'il assistera personnellement à la séance. Dans les lycées situés au chef-lieu d'un arrondissement, le sous-préfet présidera, en l'absence de l'inspecteur d'académie. Pour les lycées qui ne sont placés ni au chef-lieu du département ni dans un chef-lieu de sous-préfecture, la présidence reviendra au maire, en l'absence de l'inspecteur d'académie.

Quant à la convocation des bureaux d'administration, elle devra toujours être faite par les soins du président de droit, le Recteur, ou, à son défaut, par l'inspecteur d'académie.

Le médecin, pouvant souvent fournir des indications précieuses, sera appelé aux séances, à titre consultatif, pour les questions où sa compétence sera jugée utile.

Le bureau d'administration conserve les attributions qui lui étaient précédemment dévolues en ce qui concerne la surveillance des services matériels. Mais toutes les questions de discipline intérieure, d'études et de personnel ne doivent pas être soumises à son appréciation. Il n'a pas à s'occuper non plus des demandes de crédits pour traitements, indemnités, etc., qui sont réglées directement par le Ministre.

Afin d'éviter toute difficulté, le proviseur ne devra d'ailleurs soumettre aucune affaire au bureau d'administration sans avoir obtenu l'assentiment préalable du Recteur.

Dans un certain nombre de lycées, l'usage des visites mensuelles faites par les délégués du bureau d'administration est tombé en désuétude. Je n'ai pas besoin d'insister sur les avantages que présentent ces visites et sur les garanties qu'elles offrent aux familles. Je vous prie donc de recommander à MM. les Inspecteurs d'académie de ne pas négliger de faire en temps opportun les convocations nécessaires, et je suis convaincu d'avance que les membres du bureau d'administration se prêteront avec empressement à l'accomplissement de cette partie de leurs attributions.

TITRE II.

COLLÈGES COMMUNAUX.

Jusqu'ici la composition des bureaux d'administration des collèges communaux n'a eu aucune uniformité et le nombre des membres a varié selon l'importance des établissements. Dorénavant, ces bureaux devront avoir une composition identique et comprendre, en dehors des quatre membres de droit, quatre membres nommés pour trois ans par le Ministre, sur la présentation du Recteur, après avis du Préfet. Deux de ces membres seront choisis *parmi les conseillers municipaux de la ville où est établi le collège.* J'appelle particulièrement votre attention sur ces dispositions dont l'importance ne vous échappera pas ; vous aurez à en tenir compte lorsqu'il y aura lieu soit de renouveler, soit de compléter les bureaux d'administration des collèges de votre académie.

Je désire également que toutes les prescriptions du décret concernant la convocation, la présidence et le lieu de réunion des bureaux d'administration soient strictement observées.

Quant aux attributions des bureaux d'administration déterminées par les articles 9, 10, 11, 12, 13, elles sont les mêmes que celles des bureaux d'administration des lycées, sauf les différences résultant du mode de gestion par l'État ou par les villes. Vous voudrez bien veiller, Monsieur le Recteur, à ce que les réunions trimestrielles aient régulièrement lieu, ainsi que les visites que les délégués du bureau doivent faire au moins une fois par mois dans les collèges.

TITRE III.

LYCÉES ET COLLÈGES DE JEUNES FILLES.

Les *commissions* administratives instituées auprès des lycées et des collèges de jeunes filles des départements porteront désormais le nom de *bureaux* d'administration.

Ces assemblées comprendront, outre la directrice, deux dames nommées par le Ministre ; c'est en raison de cette particularité que les bureaux d'administration des collèges de jeunes filles seront composés de dix membres comme les bureaux d'administration des lycées, mais il est bien entendu, Monsieur le Recteur, pour des raisons qui seront facilement comprises, que l'on devra éviter avec soin d'avoir dans un même bureau deux personnes de la même famille.

Lorsqu'aucun internat municipal n'aura été annexé au lycée ou au collège, le bureau d'administration exercera, sur la tenue des pensionnats agréés pour recevoir les boursières internes, la surveillance et le contrôle prescrits pour les collèges par l'article 9 du décret.

TITRE IV.

DISPOSITIONS GÉNÉRALES ET TRANSITOIRES.

Des jetons de présence continueront d'être distribués aux membres des bureaux d'administration des lycées.

Par mesure transitoire, les bureaux des lycées et des collèges conserveront leur organisation actuelle jusqu'à l'époque de l'expiration des pouvoirs des membres qui les composent ; mais si des vacances existaient déjà ou venaient à se produire avant cette époque, on y pourvoirait en appelant dans ces assemblées des membres du conseil municipal, jusqu'à concurrence des nombres déterminés par les articles 1, 8 et 14.

Les dispositions antérieures sont abrogées en ce qu'elles ont de contraire aux prescriptions du décret du 20 janvier 1886.

Je vous prie d'envoyer un exemplaire dudit décret et de la présente circulaire à MM. les Inspecteurs d'académie, à MM. les proviseurs et principaux, à Mmes les directrices, à MM. les préfets, les sous-préfets et les maires des villes qui possèdent des lycées ou des collèges de garçons ou de filles.

Recevez, Monsieur le Recteur, l'assurance de ma considération très distinguée.

Le Ministre de l'Instruction publique, des Beaux-Arts et des Cultes,

RENÉ GOBLET.

DÉCRET.

— Du 20 janvier 1886.—

LE PRÉSIDENT DE LA RÉPUBLIQUE FRANÇAISE,

Sur le rapport du Ministre de l'Instruction publique, des Beaux-Arts et des Cultes ;

Vu les articles 15 et 16 de la loi du 11 floréal an X;

Vu l'arrêté du 19 vendémiaire an XII ;

Vu le décret du 4 juin 1809;

Vu les circulaires des 22 mai et 27 juin 1810 et du 19 décembre 1812 ;

Vu la loi du 14 juin 1854, le décret du 22 août et la circulaire du 24 novembre de la même année ;

Vu l'arrêté du 30 mars et la circulaire du 9 avril 1863;

Vu les lois du 15 mars 1850, du 21 juin 1865 et du 21 décembre 1880 ;

Vu le décret du 28 juillet 1881 ;

Le Conseil supérieur de l'instruction publique entendu,

DÉCRÈTE :

TITRE I.

LYCÉES NATIONAUX DE GARÇONS.

ART. 1. Tout lycée national de garçons dans les départements est pourvu d'un bureau d'administration. Ce bureau est composé ainsi qu'il suit, savoir :

L'inspecteur d'académie,
Le Préfet ou le Sous-Préfet,
Le Maire,   } membres de droit ;
Le Proviseur,

Six membres sont nommés pour trois ans par le Ministre, sur la présentation du Recteur, après avis du Préfet. Trois de ces membres sont choisis parmi les conseillers municipaux de la ville où se trouve le lycée; leurs pouvoirs cessent avec ceux du conseil dont ils font partie.

Le Secrétaire est désigné par le bureau.

Le Recteur est président de droit du bureau d'administration de tous les lycées de son ressort académique. En l'absence du Recteur, la présidence revient à l'inspecteur d'académie ; néanmoins, dans ce cas, lorsque le Préfet assiste personnellement à la séance, il prend la présidence.

Le Préfet, membre de droit des bureaux d'administration de tous les lycées situés dans son département, peut se faire représenter dans le bureau du lycée du chef-lieu par un conseiller de préfecture.

En cas de partage, la voix du président est prépondérante.

ART. 2. Le bureau d'administration surveille et contrôle l'administration matérielle des lycées; il vérifie par ses délégués, et conformément à l'article 6, si le service économique est régulièrement organisé, si la maison est tenue avec tout le soin que réclame le bien être des élèves, si les prescriptions réglementaires sur l'hygiène et la nourriture sont scrupuleusement observées, si les fournitures de toute nature sont faites dans de bonnes conditions et soumises à un contrôle efficace.

Un ou deux membres du bureau, désignés par le Recteur, assistent, avec l'inspecteur d'académie, à l'inventaire des approvisionnements qui existent dans les magasins du lycée, et en constatent l'état. Le résultat du contrôle est consigné, avec tous les détails nécessaires, sur le procès-verbal de l'inventaire.

Le médecin du lycée peut être appelé aux séances du bureau, à titre consultatif, pour les questions où sa compétence serait jugée utile.

ART. 3. Le bureau d'administration examine les projets de budgets préparés par le proviseur et y mentionne ses propositions ; le rapport et la délibération sont transmis au recteur avec le projet de budget.

Il exprime son avis sur l'opportunité et sur l'utilité de toutes les demandes de crédits supplémentaires et extraordinaires concernant le service matériel et économique, ainsi que sur les travaux de construction ou de réparation. Ces affaires sont introduites par le proviseur, après autorisation du recteur.

Il vérifie le compte d'administration, ainsi que toutes les pièces de dépense qui s'y rattachent, et expose dans un rapport motivé son opinion tant sur le compte lui-même que sur le résultat de l'administration du proviseur et de la gestion de l'économe pendant l'année écoulée. Dans ce rapport, il mentionne expressément toutes les améliorations qu'il juge utile d'introduire dans les services matériels. Lorsqu'à la suite de l'examen des comptes d'administration, le bureau entre en délibération, le proviseur cesse d'assister à la séance.

Le bureau d'administration discute les modes de marchés proposés par le proviseur et qui doivent être soumis à l'approbation du Conseil académique. Il arrête, sauf approbation du recteur, les cahiers des charges et les clauses et conditions des marchés de toute nature.

Art. 4. Les questions d'études, de discipline intérieure et de personnel ne rentrent pas dans les attributions du bureau d'administration.

Art. 5. Le bureau se réunit au moins une fois tous les trois mois. Il est en outre convoqué par le Président toutes les fois que les besoins du service l'exigent. Les réunions ont lieu dans la salle des actes du lycée.

Il est tenu procès-verbal des séances sur un registre particulier, qui est coté et parafé par le recteur ou l'inspecteur d'académie et qui reste déposé dans l'établissement.

La présence de six membres au moins est nécessaire pour la validité des délibérations du bureau.

Art. 6. Dans les séances trimestrielles, le bureau désigne les délégués qui doivent, au moins une fois par mois, visiter le lycée, accompagnés de l'inspecteur d'académie ou du proviseur.

Il est rendu compte, dans chaque séance, des visites faites depuis la séance précédente ; les observations des délégués et la discussion à laquelle elles peuvent donner lieu sont consignées au procès verbal. Une copie du procès-verbal est adressée au Recteur, qui la transmet, s'il y a lieu, au Ministre, avec ses observations.

Art. 7. Pour l'ensemble des lycées du département de la Seine, les attributions du bureau d'administration sont exercées par une commission admistrative que préside le vice-recteur, conformément à la convention intervenue entre le Ministre de l'instruction publique et la ville de Paris, les 12 et 31 décembre 1884.

TITRE II.

BUREAUX D'ADMINISTRATION DES COLLÈGES COMMUNAUX.

Art. 8. Tout collège communal est pourvu d'un bureau d'administration.

Ce bureau se compose ainsi qu'il suit :

L'inspecteur d'académie, Président, ⎫
Le Préfet ou le Sous-Préfet, ⎬ membres de droit ;
Le Maire, ⎪
Le Principal, ⎭

Quatre membres nommés pour trois ans par le Ministre, sur la présentation du Recteur, après avis du Préfet. Deux de ces membres sont choisis parmi les conseillers municipaux de la ville où est établi le collège ; leurs pouvoirs cessent avec ceux du Conseil dont ils font partie.

Le Recteur est président de droit des bureaux d'administration de tous les collèges communaux de son académie.

Le Secrétaire est choisi par le bureau.

Dans les chefs-lieux de préfecture, le Préfet peut se faire représenter par un délégué ; lorsqu'il assiste personnellement à la séance, la présidence lui appartient, en l'absence du Recteur.

Dans les chefs-lieux de sous-préfecture, en l'absence de l'Inspecteur d'académie, le bureau est présidé par le Sous-Préfet, qui ne peut se faire représenter par un délégué. En l'absence de l'Inspecteur et du Sous-Préfet, le Maire préside.

Dans les villes qui ne sont pas chefs-lieux de département ou d'arrondissement, le Maire préside le bureau, en l'absence de l'inspecteur d'académie.

La présence de cinq membres au moins est nécessaire pour la validité des délibérations du bureau.

En cas de partage des voix, celle du Président est prépondérante.

ART. 9. Le bureau d'administration surveille et contrôle l'administration matérielle des collèges ; il vérifie par ses délégués, et conformément à l'article 13, si le service économique est régulièrement organisé, si la maison est tenue avec tout le soin que réclame le bien-être des élèves, si les prescriptions réglementaires sur l'hygiène et la nourriture sont scrupuleusement observées, si les fournitures de toute nature sont faites dans de bonnes conditions et soumises à un contrôle efficace.

Le médecin du collège peut être appelé aux séances du bureau, à titre consultatif, pour les questions où sa compétence serait jugée utile.

ART. 10. Le bureau d'administration exprime son avis sur l'opportunité et l'utilité des dépenses que peuvent exiger l'entretien et l'amélioration du mobilier scolaire et scientifique, sur les travaux de construction et de réparation, sur la création de nouvelles chaires.

Il examine les projets de budget et donne son avis sur la répartition des fonds accordés par la ville pour l'entretien du collège. Le compte administratif des recettes et des dépenses lui est également soumis chaque année.

Les délibérations du bureau d'administration ne peuvent recevoir leur effet qu'après approbation du Ministre, sur la proposition du recteur.

ART. 11. Les questions d'études, de discipline intérieure et de personnel ne rentrent pas dans les attributions du bureau d'administration.

ART. 12. Le bureau se réunit une fois tous les trois mois. Il est en outre convoqué par l'inspecteur d'académie lorsque les besoins du service l'exigent.

Les réunions ont lieu au collège et, à défaut de local convenable, dans l'une des salles de la mairie.

Il est tenu procès-verbal des séances sur un registre particulier, qui est coté et parafé par l'inspecteur d'académie et reste déposé dans l'établissement.

ART. 13. Dans les séances trimestrielles, le bureau désigne les délégués qui doivent, au moins une fois par mois, visiter le collège, accompagnés de l'inspecteur d'académie ou du principal.

Il est rendu compte, dans chaque séance, des visites faites depuis la séance précédente ; les observations des délégués et la discussion à laquelle elles peuvent donner lieu sont consignées au procès-verbal. Une copie du procès-verbal est adressée au recteur, qui la transmet, s'il y a lieu, au Ministre, avec ses observations.

TITRE III.

LYCÉES NATIONAUX ET COLLÈGES COMMUNAUX DE JEUNES FILLES.

ART. 14. Les lycées nationaux et les collèges communaux de jeunes filles des départements sont pourvus d'un bureau d'administration composé ainsi qu'il suit :

L'inspecteur d'académie,
Le Préfet ou le Sous-Préfet,   membres de droit ;
Le Maire,
La Directrice,

Six membres, dont deux dames et deux membres du conseil municipal, nommés pour trois ans par le Ministre, sur la présentation du Recteur, après avis du Préfet.

A Paris, il sera créé pour l'ensemble des lycées de jeunes filles fondés par l'État une commission composée du vice-recteur, des directrices, qui sont membres de droit, et de douze membres, dont six dames, nommés par le Ministre, conformément à l'article 20 du décret du 28 juillet 1881.

ART. 15. Les dispositions des titres I et II du présent décret sont applicables, selon la nature des établissements, aux bureaux d'administration des lycées nationaux et des collèges communaux de jeunes filles, sauf en ce qu'elles ont de contraire aux prescriptions de l'article 14 ci-dessus.

TITRE IV.

DISPOSITIONS GÉNÉRALES ET TRANSITOIRES.

ART. 16. Des jetons de présence sont remis aux membres des bureaux d'administration ou des commissions administratives des lycées nationaux de garçons et de jeunes filles.

ART. 17. Les bureaux d'administration des lycées et collèges des départements seront renouvelés à l'expiration des pouvoirs des membres qui composent actuellement ces assemblées.

ART. 18. Les dispositions antérieures contraires aux prescriptions ci-dessus sont abrogées.

ART. 19. Le Ministre de l'Instruction publique, des Beaux-Arts et des Cultes est chargé de l'exécution du présent décret.

JULES GRÉVY.

Par le Président de la République :

Le Ministre de l'Instruction publique, des Beaux-Arts
et des Cultes,

RENÉ GOBLET.

———

CIRCULAIRE RELATIVE AUX EXAMENS D'APTITUDE AUX BOURSES DANS LES LYCÉES ET COLLÈGES.

— Du 28 janvier 1886.—

MONSIEUR LE RECTEUR, par arrêté du 15 janvier, j'ai fixé l'ouverture de la première session d'examen d'aptitude aux bourses de l'enseignement secondaire, au jeudi 4 mars prochain pour les garçons et au jeudi 11 pour les filles.

Il n'y aura pas cette année de session spéciale pour l'obtention des bourses instituées par l'article 27 de la loi de finances du 8 août 1885 ; les aspirants et aspirantes appartenant à des familles de sept enfants se présenteront aux sessions ordinaires.

Une circulaire du 31 janvier 1884 avait stipulé que les examens auraient lieu, chaque année, le 1er mars et le 1er juin. Plusieurs de vos collègues m'ont fait observer que, lorsque le 1er tombait un autre jour que le jeudi, les classes des lycées pouvaient être en souffrance, les jurys des départements étant composés presque exclusivement de professeurs en exercice. J'ai décidé en conséquence que les sessions d'examen s'ouvriraient, à l'avenir, le premier jeudi de mars et le premier jeudi de juin pour les garçons, et le jeudi suivant pour les filles.

En notifiant cette décision à MM. les inspecteurs d'académie, vous voudrez bien leur faire savoir qu'ils n'auront plus à fournir les sujets de composition pour les examens des jeunes filles ; suivant la règle adoptée pour les concours des garçons, l'Administration se chargera de l'envoi des textes.

Je vous prie de rappeler en même temps à ces fonctionnaires les dispositions de l'arrêté du 28 juillet 1882, relatif aux bourses dans les lycées et collèges de jeunes filles. J'ai constaté que les procès-verbaux des examens transmis à l'Administration centrale sont souvent irréguliers. En ce qui concerne le classement des élèves par séries, l'article 4 est très précis et, pour éviter tout malentendu, il suffit de consulter les actes de naissance ; il convient toutefois de ne pas perdre de vue que le classement se fait d'après l'âge atteint par l'aspirante au 1er octobre et non au 1er janvier de l'année du concours.

C'est surtout dans la notation des épreuves que des erreurs ont été relevées. D'après l'article 6, l'examen écrit comprend deux épreuves pour la 1re, la 2e et la 3e série ; dans la 4e et la 5e série, il y en a trois : deux compositions, l'une littéraire ou historique, l'autre scientifique ; la troisième consiste en une version de langue vivante. A l'examen oral, le nombre des épreuves obligatoires est uniformément de quatre dans toutes les séries ; il y a lieu d'observer que, dans la 1re série, les interrogations sur l'histoire et sur la géographie forment deux épreuves distinctes et doivent, par conséquent, être notées séparément ; dans les autres séries, au contraire, elles ne donnent lieu qu'à une seule note.

Il résulte des dispositions des articles 7 et 8 que, pour être admissibles à l'examen oral, les aspirantes des trois premières séries doivent avoir obtenu au moins 20 points pour leurs compositions écrites, le maximum étant de 40 points ; les aspirantes des deux autres séries, au moins 30 points (maximum 60). Pour les épreuves orales, quelle que soit la série, le minimum obligatoire est de 20 points.

Aux termes du paragraphe 5 de l'article 8, les aspirantes de la 5e série peuvent demander à être interrogées sur les matières facultatives du cours de quatrième année. Conformément à une règle suivie dans d'autres examens, il ne sera tenu compte des notes obtenues pour ces interrogations supplémentaires que si le chiffre de chacune dépasse 5 points. Dans ce cas seulement, l'excédent pourra parfaire au besoin le minimum obligatoire.

Les sujets de composition pour les examens des jeunes filles devant être communs à tous les départements, il importe que les épreuves écrites se fassent partout aux mêmes heures et que leur durée soit la même. J'ai fait compléter à ce point de vue le tableau qui était annexé à la circulaire du 31 janvier 1884.

Ce tableau a été modifié sur un autre point. Afin d'abréger la durée de l'examen pour un certain nombre de candidats et d'épargner à leurs familles un surcroît de dépenses, j'ai décidé que, dans les quatre premières séries de l'enseignement classique et dans les deux premières séries de l'enseignement spécial, les épreuves écrites auront lieu le matin. Excepté dans les grands centres, où le nombre des copies à corriger est très considérable, les candidats admissibles, appartenant aux séries dont il s'agit, pourront subir l'examen oral le jour même et être congédiés immédiatement après.

Je vous prie de m'accuser réception de la présente circulaire.

Recevez, Monsieur le Recteur, l'assurance de ma considération très distinguée.

Le Ministre de l'Instruction publique, des Beaux-Arts et des Cultes,

René GOBLET.

EXAMENS D'APTITUDE AUX BOURSES

DANS LES LYCÉES ET COLLÈGES DE JEUNES FILLES

(Sessions de mars et de juin.)

TABLEAU DES ÉPREUVES ÉCRITES

SÉRIES	DEUXIÈME JEUDI DE MARS ET DE JUIN			
	A 9 H. LU MATIN	DURÉE de la composition	A 1 H. 1/2 DU SOIR	DURÉE de la composition
1re série.	Dictée......... Composition sur une matière du cours........	(1) 2 heures.	, ,	, ,
2e série.	Composition littéraire.........	Idem.	Composition scientifique..........	2 heures.
3e série.	Idem..........	Idem.	Idem.............	Idem.
4e série.	Composition littéraire ou historique........	Idem.	Composit. scientifique Version de langue vivante.........	Idem. 1 heure.
5e série.	Idem..........	Idem (2)	Composit. scientifique Version de lang. viv.	2 heures. 1 heure.

(1) Le texte est lu, dicté, puis relu; dix minutes sont accordées aux aspirantes pour revoir leurs copies.

(2) Y compris le temps de la dictée.

DÉCRET FIXANT LE TRAITEMENT ET LA DURÉE DU SERVICE DES MAITRESSES DE GYMNASTIQUE DES LYCÉES ET DES COLLÈGES DE JEUNES FILLES (12 avril 1886).

LE PRÉSIDENT DE LA RÉPUBLIQUE FRANÇAISE,
Sur le rapport du Ministre de l'Instruction publique, des Beaux-Arts et des Cultes,
Vu la loi du 21 décembre 1880 (art. 4) ;
Vu les décrets des 3 février 1869 (art. 2) et 28 juillet 1881 (art. 18).

DÉCRÈTE:

ART. 1er. — L'enseignement de la gymnastique est confié à des dames dans les lycées et les collèges de jeunes filles.

ART. 2. — Nulle ne peut être nommée maîtresse de gymnastique dans ces établissements, si elle n'est pourvue du certificat d'aptitude institué par le décret du 3 février 1869, et si elle ne donne au moins douze heures de leçons par semaine.

ART. 3. — Les maîtresses de gymnastique sont divisées en trois classes et leurs traitements sont fixés ainsi qu'il suit :

	1re CLASSE	2e CLASSE	3e CLASSE
	fr.	fr.	fr.
Lycées de Paris....................	2.000	1.800	1.600
Lycées des départements et collèges communaux....................	1.600	1.400	1.200

ART. 4. — Des promotions à une classe supérieure pourront être accordées, en fin d'année, sur la proposition des Recteurs, aux maîtresses qui auront passé cinq ans au moins dans la classe inférieure.

ART. 5. — Les traitements des maîtresses de gymnastique, pourvues d'une nomination ministérielle, sont passibles des retenues pour le service des pensions civiles.

ART. 6. — Seize heures de service par semaine peuvent être demandées aux maîtresses de gymnastique sans augmentation de traitement.

Les heures exigées au delà de ce chiffre seront rétribuées au moyen d'indemnités non soumises aux retenues et calculées à raison de 80 francs par heure et par an.

ART. 7. — Le Recteur délègue, après autorisation du Ministre, les maîtresses de gymnastique qui ne sont pas pourvues du certificat d'aptitude institué par le décret du 3 février 1869, ou dont le service exige moins de douze heures d'enseignement par semaine.

Les émoluments de ces maîtresses déléguées ne sont pas soumis aux retenues pour pensions de retraite ; ils sont fixés par des décisions individuelles.

Art. 8. — Le Ministre de l'Instruction publique, des Beaux-Arts et des Cultes est chargé de l'exécution du présent décret.

JULES GRÉVY.

Par le Président de la République :

Le Ministre de l'Instruction publique, des Beaux-Arts et des Cultes,

RENÉ GOBLET.

CIRCULAIRE CONCERNANT LE TRAITEMENT ET LE SERVICE DES MAITRESSES DE GYMNASTIQUE DES LYCÉES ET DES COLLÈGES DE JEUNES FILLES (20 avril 1886).

MONSIEUR LE RECTEUR, jusqu'à ce jour, des décisions spéciales ont réglé le choix, la rémunération et la durée du service des personnes qui donnent l'enseignement de la gymnastique dans les lycées et collèges de jeunes filles. L'accroissement du nombre de ces établissements et l'augmentation de leur effectif scolaire rendaient indispensable l'adoption de mesures générales pour le règlement de ces diverses questions : à cet effet, j'ai soumis, le 12 avril 1886, à la signature de M. le Président de la République, un décret dont je vous adresse ci-joint copie.

Aux termes de l'article 1er dudit décret, l'enseignement de la gymnastique dans les établissements secondaires de jeunes filles doit être donné par des dames. Je n'ai pas besoin d'insister, Monsieur le Recteur, sur l'importance de cette prescription et sur la nécessité de s'y conformer autant que possible dès maintenant. Lorsque, à défaut d'une maîtresse remplissant les conditions requises, l'autorité académique, par mesure exceptionnelle et *transitoire* sera obligée de faire appel au concours d'un professeur homme, son choix devra être fait avec un soin scrupuleux; elle ne perdra pas de vue que, pour cet enseignement, une maîtresse doit toujours être préférée à un professeur homme.

Les dames, pourvues du certificat d'aptitude institué par l'article 11 du décret du 3 février 1869 et par l'arrêté du 25 novembre suivant, pourront seules recevoir une nomination ministérielle ; cette nomination ne leur sera conférée, après un an au moins d'exercice dans l'établissement, que lorsque leur service comportera un minimum de douze heures de leçons par semaine (art. 2).

Par application de l'article 3, les maîtresses de gymnastique pourvues d'une nomination ministérielle seront divisées en trois classes. Elles pourront, au bout de cinq ans d'exercice dans une classe, être promues à la classe supérieure (art. 4). Les traitements seront, en vertu de l'article 5, soumis aux retenues du premier douzième et du vingtième pour les pensions civiles. — Dans les lycées de Paris, les taux sont, à classe égale, supérieurs de 400 francs aux chiffres alloués pour les lycées des départements et les collèges communaux.

La durée normale du service des maîtresses titulaires variera entre douze heures et seize heures par semaine. Au delà de ce dernier chiffre, les leçons supplémentaires seront rétribuées, sans distinction d'établissements, à raison de 80 francs par an pour chaque heure de service hebdomadaire pendant dix mois (art. 6); les indemnités accordées de ce chef aux maîtresses de gymnastique sont payables par dixièmes et non passibles de prélèvements pour la retraite.

Les dispositions des articles 2, 3, 4, 5 et 6 ne s'appliquent qu'aux maîtresses pourvues d'une nomination ministérielle.

Lorsque l'enseignement de la gymnastique comportera, dans un établissement, moins de douze heures de leçons par semaine, ou quand il ne pourra être confié à une dame munie du certificat d'aptitude, le chef de l'académie pourvoira provisoirement aux besoins du service par délégation, après autorisation du Ministre, conformément à l'article 7.

Les maîtresses déléguées recevront des indemnités dont le chiffre sera déterminé par des décisions individuelles, sur la proposition de MM. les Recteurs, en tenant compte des titres des candidats et de la durée du service à fournir. Ces indemnités ne pourront, en aucun cas, dépasser le traitement qui serait attribué à un professeur titulaire; elles ne seront pas soumises aux retenues et devront être payées par dixièmes.

L'autorité académique m'enverra chaque année des notes sur les maîtresses de gymnastique, titulaires ou déléguées, et sur les résultats qu'elles obtiennent dans leur enseignement.

Vous voudrez bien, Monsieur le Recteur, me soumettre prochainement, s'il y a lieu, des propositions pour le classement des maîtresses de gymnastique actuellement en fonctions; si quelques unes de ces maîtresses recevaient des traitements supérieurs aux chiffres fixés par le décret, une indemnité leur serait accordée à titre personnel pour régulariser leur situation.

Avant de terminer, je juge utile de rappeler brièvement aux directrices les règles d'après lesquelles la gymnastique doit être enseignée dans les lycées et les collèges de jeunes filles.

L'arrêté du 14 janvier 1882, pris sur l'avis du Conseil supérieur de l'Instruction publique, prescrit de donner à chaque groupe d'élèves trois leçons d'une demi-heure chacune par semaine. Cette prescription doit être observée à la lettre; il n'est pas permis, par exemple, de remplacer les trois séances d'une demi-heure par deux séances de trois quarts d'heure : en augmentant la durée règlementaire de chaque leçon, on s'exposerait à transformer en fatigue un exercice salutaire.

D'autre part, l'arrêté précité (art. 2) et le règlement du 28 juillet 1884 (art. 35) spécifient nettement que les leçons de gymnastique doivent être données entre dix heures et demie et midi, les jours de classe; en général, à ce moment de la journée, elles sont précédées ou suivies d'une leçon de couture. On peut aussi les placer, pour les élèves de quatrième et de cinquième année, dans la matinée du jeudi. Elles ne doivent jamais être faites immédiatement après les repas : un intervalle d'une heure et demie au moins est nécessaire; en conséquence on ne saurait employer, pour les exercices gymnastiques, les récréations qui suivent le déjeuner et le goûter, de midi et demi à une heure et demie et de quatre heures un quart à cinq heures. Enfin, pour prévenir toute chance d'accident et assurer aux exercices une surveillance et une direction plus efficaces, on doit éviter de donner les leçons à la lumière.

L'enseignement, qui exclut les exercices violents ou prolongés, est obligatoire pour toutes les élèves. Des dispenses ne peuvent être autorisées, sur la demande écrite des familles et après avis du médecin, qu'en faveur des jeunes filles que leur complexion trop délicate met dans l'impossibilité de prendre part aux leçons. Chacun des groupes devra d'ailleurs être composé d'élèves ayant à peu près le même âge et aptes à exécuter les mêmes exercices; le nombre des jeunes filles composant chaque groupe ne sera pas supérieur à 30 ou 35 au maximum.

Les cours de gymnastique doivent être organisés conformément aux prescriptions du plan d'études du 28 juillet 1882, qui n'autorise, pour les classes inférieures, que des mouvements rhytmés, et réserve aux troisième, quatrième et cinquième années secondaires, les exercices avec appareils et aux agrès. L'autorité académique tiendra la main à ce que la maîtresse suive la méthode d'enseignement détaillée dans le manuel qui a été rédigé par la Commission de gymnastique pour les établissements de jeunes filles, et dont Mmes les Directrices ont reçu chacune un exemplaire : les exercices non indiqués sur ce manuel sont rigoureusement interdits.

Je vous prie, Monsieur le Recteur, de transmettre une expédition de la présente circulaire et une copie du décret du 12 avril courant, à MM. les inspecteurs d'académie, à Mmes les directrices de lycée et de collège et à MM. les maires des villes de votre ressort qui possèdent des établissements réguliers d'enseignement secondaire pour les jeunes filles.

Recevez, Monsieur le Recteur, l'assurance de ma considération très distinguée.

.,   *Le Ministre de l'Instruction publique,*
des Beaux-Arts et des Cultes,

RENÉ GOBLET.

DÉCRET PORTANT CRÉATION D'UN COLLÈGE COMMUNAL DE JEUNES FILLES A ALBI (17 août 1886).

Régime du collège : externat libre avec externat surveillé. Faculté d'ouvrir un internat.

DÉCRET PORTANT CRÉATION D'UN COLLÈGE COMMUNAL DE JEUNES FILLES A CAHORS (17 août 1886).

La ville est autorisée à annexer un internat au collège.

DÉCRET PORTANT CRÉATION D'UN COLLÈGE COMMUNAL DE JEUNES FILLES A SAINT QUENTIN (17 août 1886).

Externat libre avec externat surveillé : faculté d'ouvrir un demi-pensionnat.

DÉCRET PORTANT CRÉATION D'UN COLLÈGE COMMUNAL DE JEUNES FILLES A VALENCIENNES (17 août 1886).

Externat libre avec externat surveillé.

DÉCRET PORTANT CRÉATION D'UN COLLÈGE COMMUNAL DE JEUNES FILLES A CHARTRES (31 août 1886).

La ville est autorisée à annexer un internat au collège.

ARRÊTÉ AUTORISANT L'OUVERTURE PROVISOIRE D'UN LYCÉE DE JEUNES FILLES A NIORT (23 septembre 1886).

Régime de l'établissement : externat simple avec externat surveillé et demi-pensionnat.

Rétributions annuelles.		Externat simple.	Externat surveillé.	Demi-Pension.
Classes primaires...............		60 fr.	110 fr.	350 fr.
Enseignement secondaire	1re période.	90	140	375
	2e période.	120	170	400

ARRÊTÉ AUTORISANT L'OUVERTURE PROVISOIRE D'UN COLLÈGE COMMUNAL DE JEUNES FILLES A MARSEILLE (20 octobre 1886) [1].

Régime de l'établissement : externat libre avec externat surveillé.

Rétributions scolaires.	Externat simple.	Externat surveillé.
Classes primaires.....................	»	150 fr.
Années secondaires	150	200

CIRCULAIRE CONCERNANT LES EXEMPTIONS DE FRAIS D'ÉTUDES, HORS CADRE DANS LES LYCÉES DE GARÇONS ET DANS LES LYCÉES DES JEUNES FILLES (26 octobre 1886).

MONSIEUR LE RECTEUR, des exemptions de frais d'études, hors cadre, sont accordées, dans les lycées de garçons, aux fils, petits-fils et pupilles des fonctionnaires et professeurs des lycées, en exercice dans ces établissements ou en congé temporaire. Aux termes de la circulaire du

[1] Collège créé par décret en date du 12 janvier 1887 (voir ce décret, p. 594).

1er octobre 1883, « l'exemption est accordée à tous ces élèves, sans exa‑ men et sans distinction de classes, dans les établissements dont ils sui‑ vent les cours, quel que soit d'ailleurs le lycée auquel est attaché leur « père, leur aïeul ou leur tuteur ».

Comme complément à cette mesure, j'ai décidé qu'à l'avenir les filles des fonctionnaires et professeurs des lycées de garçons auraient droit, sans examen et sans distinction de classes, à l'exemption des frais d'études dans les lycées de jeunes filles. Par réciprocité, les fils des fonctionnaires et professeurs ou maîtresses des lycées de jeunes filles seront admis gratuitement comme externes dans les lycées de gar‑ çons, sans examen et sans distinction de classes.

Je vous prie de porter immédiatement ces dispositions à la connais‑ sance de MM. les Inspecteurs d'académie, de MM. les proviseurs et de Mmes les directrices de lycées.

Recevez, Monsieur le Recteur, l'assurance de ma considération très distinguée.

Le Ministre de l'Instruction publique, des Beaux-Arts et des Cultes,

René GOBLET.

DÉCRET PORTANT MODIFICATION DES LIMITES DE LA PARTIE DES BAS-JARDINS DE L'ANCIENNE MANUFACTURE DE SÈVRES AFFECTÉE A L'ÉCOLE NORMALE DE L'ENSEIGNEMENT SECON‑ DAIRE POUR LES JEUNES FILLES (8 novembre 1886).

Le Président de la République Française,

Sur le rapport du Ministre de l'Instruction publique, des Beaux-Arts et des Cultes ;

Vu la loi du 26 juillet 1881, créant une école normale pour l'ensei‑ gnement secondaire des jeunes filles ;

Vu le décret du 12 juin 1882, portant ;

1° Affectation, à l'usage exclusif de cette école normale, des bâti‑ ments de l'ancienne manufacture nationale de porcelaine de Sèvres, avec le parc attenant, l'avenue conduisant à la grande route et la partie des bas jardins s'étendant du nouveau marché de Sèvres, à l'Ouest, à la voie qui devait être ouverte à l'Est ;

2° Autorisation d'aliéner le surplus des dépendances de l'ancienne manufacture, à l'exception du moulin ;

Vu l'ordonnance du 14 juin 1833, sur les affectations d'immeubles domaniaux à un service public de l'État, remise en vigueur par le décret du 24 mars 1852 ;

Vu le sénatus-consulte des 1er et 8 mai 1869 ;

Vu le décret du Gouvernement de la Défense nationale, en date du 2 janvier 1871 ;

Vu le procès-verbal de reconnaissance dressé, le 11 février 1886, par les représentants du Ministre des Finances et du Ministre de l'Instruction publique, des Beaux-Arts et des Cultes, procès-verbal destiné à fixer, — en remplacement de la voie prévue dans le décret du 12 juin 1882 et qui ne sera pas ouverte, — la délimitation entre la portion des bas-jardins qui doit être vendue et celle qui sera affectée à l'école normale pour l'enseignement secondaire des jeunes filles ;

Vu les lettres du Ministre de l'Instruction publique, des Beaux-Arts et des Cultes, en date des 18 février et 22 avril 1886, approuvant les termes du procès-verbal du 11 février 1886 ;

Vu la lettre du Ministre des Finances, en date du 19 juillet 1886, acceptant les conclusions dudit procès-verbal,

DÉCRÈTE :

ART. 1er. — La partie située à l'ouest des bas-jardins de l'ancienne manufacture nationale de porcelaine de Sèvres, affectée à l'école normale pour l'enseignement secondaire des jeunes filles, sera séparée de la partie située à l'est de ces bas-jardins, destinée à être aliénée par le Domaine, au moyen d'un mur qui partira de l'angle formé par la rencontre des bas-jardins et de la rue du Petit-Moulin, pour aboutir en ligne droite sur la grande route, à la distance de cinquante-cinq mètres quinze centimètres, de l'extrémité ouest de la caserne de cavalerie de Sèvres ; le tout conformément au plan joint au procès-verbal du 11 février 1866, annexé, avec ce procès-verbal, au présent décret, et sous réserve des dispositions indiquées audit procès-verbal.

ART. 2. — Le Ministre de l'Instruction publique, des Beaux-Arts et des Cultes est chargé de l'exécution du présent décret.

JULES GRÉVY.

Par le Président de la République :

Le Ministre de l'Instruction publique, des Beaux-Arts
et des Cultes,
RENÉ GOBLET.

CIRCULAIRE CONCERNANT L'EXEMPTION DES FRAIS D'EXTERNAT, DANS LES LYCÉES DE JEUNES FILLES, AUX ENFANTS DES FONCTIONNAIRES DES LYCÉES DE GARÇONS (3 décembre 1886).

Monsieur le Recteur, plusieurs de vos collègues m'ont demandé si, en exécution de la circulaire du 26 octobre dernier, les enfants des fonctionnaires des lycées de garçons auraient droit, dans les lycées de jeunes filles, à l'exemption des frais d'externat surveillé (hors cadre) comme à celle des frais d'externat simple.

J'ai décidé qu'il serait procédé à cet égard, dans les lycées de jeunes filles, d'après les mêmes principes que dans les lycées de jeunes gens, où les fils des fonctionnaires de ces établissements sont admis de droit à la surveillance, si leurs parents en expriment le désir.

En conséquence, lorsqu'un professeur de lycée de garçons fera inscrire son enfant dans un lycée de jeunes filles, il pourra opter entre l'externat simple et l'externat surveillé ; s'il choisit ce dernier, il n'aura à payer aucun supplément pour la surveillance, et l'administration collégiale proposera en sa faveur l'exemption complète des frais scolaires.

Je vous prie d'informer de ces dispositions Mmes les directrices et MM. les proviseurs des lycées de votre ressort.

Recevez, Monsieur le Recteur, l'assurance de ma considération très distinguée.

Le Ministre de l'Instruction publique, des Beaux-Arts et des Cultes,

René GOBLET.

DÉCRET PORTANT CRÉATION D'UN COLLÈGE COMMUNAL DE JEUNES FILLES A MARSEILLE. (12 janvier 1887).

Externat libre avec externat surveillé : un demi-pensionnat pourra être organisé.

CIRCULAIRE RELATIVE AUX TRAITEMENTS DES ÉLÈVES NOMMÉES A LEUR SORTIE D'UNE ÉCOLE NORMALE, DANS DES COURS SECONDAIRES DE JEUNES FILLES (22 mars 1887).

Monsieur le Recteur, au mois d'octobre dernier, plusieurs élèves sortant de l'École normale de Sèvres, pourvues du certificat d'aptitude, ont été nommées professeurs dans des cours secondaires de jeunes filles. On m'a demandé s'il serait possible de leur accorder, exceptionnellement, le droit de subir des retenues pour pensions civiles sur les traitements qui leur sont payés pas les villes, ou s'il y aurait lieu de leur appliquer, comme aux autres dames attachées à des cours secondaires, les dispositions de ma circulaire du 12 août 1885.

M. le Ministre des finances, que j'ai consulté à ce sujet, me fait connaître qu'à son avis, les élèves sortant des écoles normales ne sauraient être l'objet d'une mesure d'exception. Quelque intérêt que je porte à ces jeunes personnes, je suis obligé de partager l'opinion de mon honorable collègue. En effet, ces élèves, qui n'ont pas été fonctionnaires, ne remplissent point les conditions exigées pour être admises à opérer les versements autorisés, dans certains cas, par l'article 4 de la loi du 9 juin 1853, comme il est indiqué dans la circulaire du 12 août 1885.

Vous voudrez bien, Monsieur le Recteur, notifier cette décision à MM. les Inspecteurs d'Académie, à MM^{mes} les Directrices de cours secondaires de jeunes filles et à MM. les Maires des villes qui possèdent des établissements de cette nature.

Recevez, Monsieur le Recteur, l'assurance de ma considération très distinguée.

Le Ministre de l'Instruction publique et des Beaux-Arts,

Berthelot.

CIRCULAIRE CONCERNANT LES ÉTATS MENSUELS DE PRÉSENCE DES LYCÉES DE JEUNES FILLES (7 avril 1887).

MONSIEUR LE RECTEUR, l'état mensuel de présence, récemment adopté pour les lycées de garçons, se prête difficilement au dénombrement des élèves des lycées de jeunes filles.

En effet, ces derniers établissements sont seulement des externats et reçoivent des catégories d'élèves qui n'existent pas dans les lycées de jeunes gens : pensionnaires et demi-pensionnaires de l'internat municipal annexé au lycée, boursières internes placées dans les institutions libres, titulaires des bourses familiales entretenues par les villes, les départements et l'Etat.

Il a paru nécessaire de rédiger, pour les lycées de jeunes filles, un état de présence spécial dans lequel tous les cas particuliers à ces établissements ont été prévus et dont vous trouverez ci-joint, Monsieur le Recteur, un certain nombre d'exemplaires.

Cet état, destiné à faire connaître le nombre et la répartition des élèves *à la fin* de chaque mois, devra être certifié par la directrice et par l'économe. Il diffère dans la forme de celui qui était prescrit, pour les lycées de garçons, par l'article 43 de l'Instruction du 30 décembre 1858, mais il est établi d'après les mêmes principes. On doit remarquer qu'il se borne à enregistrer les mouvements de la population scolaire et n'est pas suivi, comme dans le modèle annexé à la circulaire du 1er décembre 1886, du décompte des rétributions à la charge des familles. Ce décompte a été jugé inutile pour les lycées de jeunes filles, qui ne reçoivent point de pensionnaires libres.

Pour le même motif, j'ai décidé que l'état trimestriel de vérification des recettes ne serait pas produit pour ces mêmes établissements ; mais mesdames les directrices devront s'assurer, à la fin de chaque trimestre, que l'état des droits constatés a été régulièrement dressé et elles le certifieront.

Ces dispositions seront applicables à partir du mois d'avril courant. Je vous prie de les notifier à MM. les inspecteurs d'académie et à MMmes les directrices ; vous voudrez bien en même temps leur faire parvenir quelques exemplaires de la présente circulaire et du modèle ci-joint.

Recevez, Monsieur le Recteur, l'assurance de ma considération très distinguée.

Le Ministre de l'Instruction publique et des Beaux-Arts,

BERTHELOT.

CIRCULAIRE RELATIVE AU CAUTIONNEMENT DES ÉCONOMES DES INTERNATS MUNICIPAUX ANNEXÉS AUX LYCÉES DE JEUNES FILLES. (16 mai 1887).

MONSIEUR LE RECTEUR, aux termes de l'article 4 du décret du 31 juillet 1882, lorsque l'économe d'un lycée-externat de jeunes filles est choisi pour remplir les mêmes fonctions dans l'internat municipal annexé à l'établissement, le comptable doit fournir pour cette seconde gestion un cautionnement spécial.

On m'a demandé à quelle caisse devait être versé ce cautionnement spécial et j'ai consulté à ce sujet M. le Ministre des Finances. Mon honorable collègue m'informe que le versement doit être effectué à la Caisse des dépôts et consignations, par analogie avec l'usage adopté pour le cautionnement des économes des collèges communaux.

Je vous prie de communiquer cette réponse à MM. les Préfets, à MM. les Inspecteurs d'Académie, à Mmes les Directrices de lycée et MM. les Maires des villes qui ont annexé un internat à leur lycée de jeunes filles ; vous trouverez ci-joint un certain nombre d'exemplaires de la présente circulaire.

Recevez, Monsieur le Recteur, l'assurance de ma considération très distinguée.

Le Ministre de l'Instruction publique et des Beaux-Arts,

BERTHELOT.

CIRCULAIRE DEMANDANT DES RENSEIGNEMENTS AU SUJET DES LYCÉES ET COURS SECONDAIRES DE JEUNES FILLES (9 juillet 1887).

MONSIEUR LE RECTEUR, je vous prie de m'envoyer dans la deuxième semaine du mois prochain, pour chacun des lycées, collèges et cours secondaires de jeunes filles de votre ressort académique, un rapport faisant connaître, pour l'ensemble de l'année scolaire 1886-1887, l'état de l'installation matérielle, les mouvements de la population scolaire, les améliorations introduites ou projetées dans l'organisation des études, les progrès accomplis par les élèves et les résultats obtenus dans les examens. Chaque établissement devra faire l'objet d'une communication distincte. En ce qui concerne les cours il conviendra d'indiquer les villes dans lesquelles la rétribution scolaire ne serait pas perçue régulièrement et de faire connaître le montant des versements opérés par les familles.

En même temps que vous m'adresserez ces renseignements, vous voudrez bien, Monsieur le Recteur, me donner votre avis et celui de MM. les Inspecteurs d'Académie sur l'opportunité de maintenir les encouragements de l'État à ceux des cours secondaires de votre ressort qui n'ont réuni qu'une faible population scolaire, et à l'organisation desquels il n'a pas été possible d'apporter les améliorations conseillées par la circulaire du 19 juillet 1883. La suppression des cours qui n'ont pas d'avenir permettra de réserver la totalité des subventions de l'État au développement de ceux dans lesquels on applique les programmes de l'enseignement secondaire, et qui ont fait preuve d'une vitalité assez grande pour qu'il soit possible de les transformer bientôt en établissements réguliers.

Le compte des recettes et des dépenses effectuées pour les cours secondaires, pendant l'année scolaire courante, devra m'être envoyé à la fin du mois de septembre prochain. Mesdames les directrices, chargées de rédiger le compte annuel après entente avec MM. les Receveurs municipaux, voudront bien inscrire les divers articles de recette et de dépense dans l'ordre précédemment adopté pour l'établissement des budgets des cours pendant l'année scolaire 1886-1887. Elles joindront au décompte un rapport expliquant les différences qui pourraient exister entre les prévisions budgétaires et les operations effectuées, et elles feront connaître, s'il y a lieu, l'affectation que la ville proposerait de donner au boni réalisé dans la gestion.

Je vous prie d'informer de ces dispositions MM. les Maires et MM. les Inspecteurs d'Académie.

Recevez, Monsieur le Recteur, l'assurance de ma considération très distinguée.

Le Ministre de l'Instruction publique, des Cultes
et des Beaux-Arts,

E. SPULLER.

DÉCRET PORTANT CRÉATION D'UN COLLÈGE COMMUNAL DE JEUNES FILLES A ALAIS (GARD) (23 août 1887)

Faculté d'annexer un internat.

DÉCRET PORTANT CRÉATION D'UN COLLÈGE COMMUNAL DE JEUNES FILLES A AVIGNON (VAUCLUSE) (23 août 1887).

Faculté d'annexer un internat.

DÉCRET PORTANT CRÉATION D'UN COLLÈGE COMMUNAL DE JEUNES FILLES A CARPENTRAS (VAUCLUSE) (23 août 1887).

Faculté d'annexer un internat.

DÉCRET PORTANT RELÈVEMENT DES TARIFS DES RÉTRIBUTIONS SCOLAIRES AU LYCÉE FÉNELON (10 septembre 1887).

Rétributions annuelles		Externat simple.	Externat surveillé.	Demi-Pension.
Classes primaires..............		200 fr.	300 fr.	600 fr.
Enseignement secondaire	1re période.	250	350	700
	2e période.	300	400	800

DÉCRET PORTANT CRÉATION D'UN LYCÉE DE JEUNES FILLES A PARIS (LYCÉE RACINE) (10 septembre 1887).

Rétributions annuelles		Externat simple.	Externat surveillé.	Demi-Pension.
Classes primaires..............		200 fr.	300 fr.	600 fr.
Enseignement secondaire	1re période.	250	350	700
	2e période.	300	400	800

DÉCRET PORTANT CRÉATION D'UN COLLÈGE COMMUNAL DE JEUNES FILLES A ORAN (21 septembre 1887).

Faculté d'annexer un internat au collège.

ARRÊTÉ AUTORISANT L'OUVERTURE PROVISOIRE D'UN LYCÉE DE JEUNES FILLES A TOURS (6 octobre 1887).

Régime de lycée : externat, externat surveillé, demi-pensionnat.

Rétributions annuelles		Externat simple.	Externat surveillé.	Demi-Pension.
Classes primaires...............		80 fr.	130 fr.	375 fr.
Enseignement secondaire	1ʳᵉ période.	110	160	425
	2ᵉ période.	140	190	475

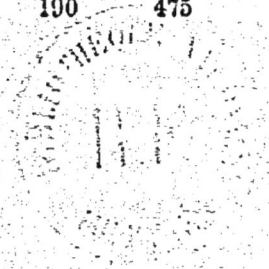

APPENDICE

APPENDICE

PROGRAMMES DU CONCOURS D'ADMISSION A L'ÉCOLE NORMALE SUPÉRIEURE DE L'ENSEIGNEMENT SECONDAIRE DES JEUNES FILLES.

— Du 17 août. —

CONCOURS D'ADMISSION DE 1888.

LE MINISTRE DE L'INSTRUCTION PUBLIQUE, DES CULTES ET DES BEAUX-ARTS,

Vu la loi du 26 juillet 1881,
Vu l'arrêté du 4 janvier 1884 ;

ARRÊTE :

Les programmes du concours d'admission à l'Ecole normale supérieure de l'enseignement secondaire des jeunes filles, en 1888, sont fixés ainsi qu'il suit :

E. SPULLER.

SECTION DES LETTRES.

Langue française.

(Examen écrit et examen oral.)

I. Notions élémentaires sur les origines et l'histoire de la langue française.

II. Grammaire :

1º *Sons.* — Valeur de lettres. Rapports de l'orthographe et de la prononciation.

2º *Mots.* — Dérivation et composition. Famille de mots. Sources diverses du lexique. Doublets. Signification des mots. Définitions et classement des sens. Notions sur la synonymie.

3º *Formes grammaticales.* — Les dix parties du discours.

4º *Syntaxe.* — Syntaxe des diverses parties du discours dans la proposition simple et dans la proposition composée.

III. Explication, au point de vue de la construction de la phrase et de l'emploi ou de la signification des mots, d'un texte choisi parmi les auteurs classiques du XVIIᵉ siècle (1).

---

(1) Les candidats peuvent consulter, avec profit, entre autres ouvrages, les livres suivants :

A. BRACHET. *Dictionnaire étymologique de la langue française*, Hetzel.

MARTY-LAVEAUX. *Cours de langue française; grammaire historique de la langue française.* Paris, Lemerre.

Littérature.

(Examen écrit.)

Composition française sous forme de récit, lettre, discours, dissertation, analyse littéraire, etc.

(Examen oral.)

1° Lecture et explication d'un texte pris dans un des auteurs et des
ouvrages suivants :

BOSSUET. *Oraison funèbre de la duchesse d'Orléans.*
LA BRUYÈRE. Chapitre I : *Des Ouvrages de l'esprit.*
FÉNELON. *Dialogues sur l'éloquence.*
VOLTAIRE. *Choix de lettres.* (Édition Aubertin.)
CORNEILLE. *Polyeucte.*
RACINE. *Britannicus.*
MOLIÈRE. *Les Femmes savantes.*
LA FONTAINE. *Fables:* livres III, IV, V, VI.
Mme DE SÉVIGNÉ. *Choix de lettres.* (Édition Regnier.)
BOILEAU. *Art poétique.*

2° Interrogations sur les matières suivantes:

Notions générales de littérature.

Prose, poésie. Les principaux genres littéraires.

Principes de composition. Invention, disposition; élocution. Qualités
générales et qualités particulières du style.

Notions sommaires de l'histoire des deux littératures classiques de
l'antiquité.

Notions de l'histoire de la littérature française depuis ses origines.

Histoire de la littérature française depuis le commencement du
xviie siècle jusqu'à la fin du premier tiers du xixe siècle.

Histoire nationale et principaux événements de l'histoire de l'Europe.

(Examen écrit et examen oral.)

I.

La Gaule avant la conquête romaine.
La Gaule sous la domination romaine. Le christianisme en Gaule.

F. BRUNOT. *Précis de grammaire historique de la langue française.* Paris,
Masson.

A. LEMAIRE. *Grammaire de la langue française à l'usage des classes supérieures des lettres.* Paris, Delalain, 1 vol. in-8°.

CHASSANG. *Grammaire française, cours supérieur.* Paris, Garnier.

AYER. *Grammaire comparée de la langue française,* 4e édition, 1885, Paris,
Borrani et Fisbacher, in-8°.

Les ouvrages de Littré : *Grammaire historique.* 3 vol. in-8, Didier; Le *Dictionnaire,* etc.; Le *Dictionnaire des synonymes,* de Lafaye. Paris, Hachette.

A. DARMESTETER. *La vie des mots étudiés dans leur signification.* Paris, Dela-
grave, etc.

Les invasions. Principaux États fondés par les barbares.
Clovis. Dagobert.
Justinien. Mahomet.
Pépin d'Héristal. Charles Martel.
Pépin le Bref et Charlemagne. Notions sommaires sur le système de gouvernement de Charlemagne.
Démembrement de l'empire de Charlemagne. Invasions des Normands en France.
Hugues Capet. Démembrement de la France en grands fiefs.
Grégoire VII.
La chevalerie. Conquête de l'Angleterre par les Normands.
La première croisade.
Louis VI, Louis VII et Suger. La révolution communale.
Philippe-Auguste. Le pape Innocent III. La quatrième croisade et la guerre des Albigeois.
Saint-Louis. Idée de la civilisation en France au XIIIᵉ siècle.

II.

Philippe le Bel. Les légistes. Boniface VIII.
La guerre de Cent-Ans. Philippe VI. Jean II. Charles V. Édouard III. Notions très sommaires sur les origines du Parlement anglais.
Les États généraux du XIVᵉ siècle. Étienne Marcel.
Seconde partie de la guerre de Cent-Ans. Charles VI et Charles VII. Henri V d'Angleterre.
Louis XI et Charles le Téméraire.
Découvertes géographiques. Christophe Colomb; Vasco de Gama.
Charles VIII. Louis XII et François Iᵉʳ. Guerres d'Italie.
Les papes Jules II et Léon X.
Charles-Quint. Lutte de la France et de la maison d'Autriche sous François Iᵉʳ et Henri II.
Idée générale de la Renaissance en Italie et en France.
Notions sommaires sur la Réforme. Luther et Calvin.
Les luttes religieuses. Philippe II. Élisabeth; Marie Stuart. Charles IX. Le chancelier de l'Hôpital. La ligue en France et les États généraux.
Henri IV et Sully.
Louis XIII et Richelieu. Concentration du pouvoir monarchique.
La guerre de Trente-Ans et les traités de Westphalie.
Louis XIV et Mazarin. Cromwell.
Gouvernement personnel de Louis XIV. Administration de Colbert et de Louvois. Guerres et traités jusqu'en 1715.
Notions générales sur les lettres, les sciences et les arts au XVIIᵉ siècle.
La révolution de 1688 en Angleterre.
Pierre le Grand et Charles XII.
Louis XV. Le système de Law. Guerres et traités jusqu'en 1774.
Frédéric II et Marie-Thérèse.
Guerres maritimes et coloniales des Français et des Anglais au XVIIIᵉ siècle.
Louis XVI. Guerre de l'indépendance des États-Unis.
Catherine II. Russie, Pologne, Turquie.

Mouvement de réformes en France. Les philosophes. Turgot, Necker.

Notions sommaires sur l'état politique et social de la France à la veille de la Révolution.

La révolution de 1789. Convocation des États généraux. Constituante. Principales réformes.

Législative. Convention, Directoire. Guerre contre l'Europe. Consulat. Principales institutions. Traités.

Empire. Guerres et traités jusqu'en 1815.

III.

L'Europe après les traités de 1815.

Louis XVIII et Charles X. La Sainte-Alliance.

Louis-Philippe. Conquête de l'Algérie.

Notions sommaires sur les lettres, les sciences, les arts, le développement de l'industrie à la fin du XVIII° siècle et au XIX° siècle.

La révolution de 1848 et le gouvernement républicain.

Le second Empire. Guerres de Crimée, d'Italie, du Mexique ; la guerre de 1870.

Résumé sommaire des modifications territoriales et politiques survenues depuis 1815 dans les pays suivants : Allemagne, Autriche-Hongrie, Belgique ; Empire Ottoman ; Russie ; Italie ; États-Unis de l'Amérique du Nord ; Amérique du Sud.

Développement des colonies anglaises. Les Anglais et les Russes en Asie.

Géographie.

(Examen écrit et examen oral.)

I. — GÉOGRAPHIE DÉTAILLÉE DE LA FRANCE.

Description des côtes.

Relief du sol. Principaux groupes de montagnes.

Division de la France en bassins : fleuves et rivières. Indications des principales villes situées sur les cours d'eau.

La nationalité française : groupes ethnographiques et idiomes.

Histoire de la formation territoriale de la France : les anciennes provinces.

Les frontières françaises : leur histoire. Places fortes de terre et de mer.

Notions sur les pouvoirs publics et l'organisation administrative. Divisions administrative, militaire, judiciaire, universitaire, etc.

Nomenclature des départements : chefs-lieux de département et d'arrondissement, villes principales.

Climat.

Agriculture : zones agricoles ; classement des productions.

Industries françaises : centres industriels, ports et villes de commerce.

Canaux et chemins de fer.

Algérie : description physique ; races indigènes et colons européens ;

productions. Relations avec les pays voisins. Gouvernement et divisions administratives.

Sénégal : relations avec la région du Niger.

Possessions françaises dans l'Hindoustan et la Cochinchine : relations avec les États de l'Indo-Chine.

Autres possessions françaises en Amérique, en Afrique et en Océanie.

II. — GÉOGRAPHIE GÉNÉRALE DE L'EUROPE.

Description physique de l'Europe.

Races et religions de l'Europe.

Description des États européens : divisions politiques et principales divisions administratives ; organisation politique ; géographie économique et grandes voies de communication, savoir :

Iles Britanniques ;

États scandinaves : Suède, Norvège, Danemark ;

Empire de Russie et royaume de Pologne ;

Belgique et Pays-Bas;

Confédération suisse ;

Royaume de Prusse et Empire d'Allemagne ;

Autriche-Hongrie ;

Empire Ottoman : principauté de Bulgarie et province de Roumélie orientale ; territoires administrés par l'Autriche ;

Etats indépendants de la péninsule des Balkans : Roumanie, Serbie, Monténégro, Grèce ;

Espagne et Portugal ;

Italie.

III. — GÉOGRAPHIE GÉNÉRALE DES AUTRES PARTIES DU MONDE.

Amérique : géographie physique ; races et religions.

Les États-Unis de l'Amérique du Nord.

Les États de l'Amérique centrale.

Les États de l'Amérique méridionale.

Possessions européennes en Amérique.

Afrique : géographie physique ; races et religions ; divisions en grandes régions.

Maroc. Tunisie. Régence de Tripoli. Egypte et Abyssinie.

Sahara. Région du Soudan. Afrique du Sud.

Possessions européennes en Afrique.

Asie : géographie physique ; races et religions.

Asie russe.

Asie centrale. Chine. Japon.

Turquie d'Asie. Arabie. Perse et autres États de l'Iran.

L'empire anglais dans les Indes. L'Indo-Chine. Possessions portugaises en Asie.

Océanie : géographie physique ; ethnographie.

États indigènes et possessions européennes en Océanie.

Relations commerciales des cinq parties du monde. Lignes de navigation à vapeur, chemins de fer, télégraphie.

Histoire des principales découvertes géographiques dans l'antiquité et au moyen âge ; dans les temps modernes ; au XIXᵉ siècle.

SECTION DES SCIENCES.

Arithmétique et algèbre.

(Examen écrit et examen oral.)

Nombres entiers. Les quatre opérations.
Propriété des facteurs d'un produit.
Divisibilité par 2 5, 4, 25, 3, 9, 11.
Plus grand commun diviseur de deux ou de plusieurs nombres. Tout nombre qui divise un produit de deux facteurs et qui est premier avec l'un d'eux divise l'autre.
Plus petit commun multiple de deux ou de plusieurs nombres.
Décomposition des nombres en facteurs premiers. Formation du plus grand commun diviseur et du plus petit commun multiple de plusieurs nombres décomposés en facteurs premiers.
Fractions ordinaires. Simplification et réduction au même dénominateur. Opérations.
Nombres décimaux. Opérations. Conversion des fractions ordinaires en fractions décimales. Fractions décimales périodiques simples et fractions décimales périodiques mixtes.
Système métrique.
Carré et racine carrée. Formation d'une table de carrés. Racine carrée des nombres entiers, des nombres fractionnaires, des nombres décimaux, à une approximation donnée.
Rapports et proportions. Partage d'un nombre en parties proportionnelles à des nombres donnés.
Règles de sociétés, de mélanges. d'alliages.
Intérêt. Escompte. Rente française.
Progressions arithmétiques et géométriques.
Logarithmes.
Intérêts composés.
Les différentes expressions algébriques. Emploi des lettres. Monômes. Polynômes. Addition, soustraction, multiplication et division des monômes et des polynômes. Fractions algébriques.
Résolution d'une équation du premier degré à une inconnue.
Problème sur le mouvement uniforme.
Résolution d'un système de plusieurs équations du premier degré.
Formule qui donne les racines de l'équation du deuxième degré.

Géométrie.

(Examen écrit et examen oral.)

GÉOMÉTRIE PLANE.

De la ligne droite. Des angles. Perpendiculaire.
Propriétés du triangle isocèle. Cas d'égalité des triangles.
Perpendiculaires et obliques. Parallèles. Somme des angles d'un polygone.

Parallélogramme. Propriétés relatives aux côtés, aux angles, aux diagonales. Rectangle.
Losange. Carré.
Des arcs et des cordes.
Tangente au cercle.
Mesure des angles.
Problèmes relatifs aux perpendiculaires, aux parallèles, aux tangentes.
Figures semblables. Lignes proportionnelles. Propriété de la bissectrice.
Cas de similitude des triangles.
Des lignes proportionnelles dans le cercle.
Relations métriques relatives au triangle.
Polygones semblables.
Problèmes relatifs aux lignes proportionnelles.
Quatrième proportionnelle. Moyenne proportionnelle.
Polygones réguliers. Inscription du carré, de l'hexagone, du triangle équilatéral et du décagone.
Mesures de la circonférence ; figures homothétiques.
Aires du rectangle, du parallélogramme, du trapèze, du triangle.
Aires du polygone régulier et du cercle.
Théorème relatif aux aires de deux polygones semblables.

GÉOMÉTRIE DANS L'ESPACE.

Énoncés relatifs à la définition des solides et à la mesure de leurs surfaces, de leurs volumes.
Prisme. Parallélépipède. Pyramide. Cylindre. Cône. Sphère.

Physique et chimie.

(Examen écrit et examen oral.)

PHYSIQUE.

Pesanteur. Chute des corps. Verticale. Horizontale.
Poids. Balance.
Equilibre des liquides pesants. Surface libre.
Pression sur les parois des vases.
Vases communiquants.
Principe d'Archimède. Corps flottants.
Poids spécifique. Densité.
Pesanteur des gaz. Pression atmosphérique. Baromètres.
Loi de Mariotte.
Machine pneumatique. Aérostats. Pompes.
Chaleur. Dilatation des corps par la chaleur. Thermomètres.
Changements d'état ; fusion, solidification mélanges réfrigérants.
Vaporisation. Vapeurs saturantes.
Ebullition. Distillation.
Brouillards. Nuages. Pluie. Neige. Rosée.
Principe de la machine à vapeur.
Conductibilité pour la chaleur.

Acoustique. Production du son. Vitesse du son dans l'air. Réflexion du son. Échos.

Production de l'électricité par le frottement. Attraction et répulsion. Influence électrique. Électroscopes.

Machines électriques. Électrophore.

Foudre. Paratonnerre.

Aimants. Attraction et répulsion.

Action de la terre sur les aimants. Boussole.

Piles électriques. Effets calorifiques, chimiques et lumineux.

Optique. Propagation de la lumière. Ombre. Réflexion de la lumière Miroirs plans Miroirs sphériques.

Réfraction de la lumière. Prisme.

Décomposition de la lumière. Prisme. Spectre solaire.

Lentille. Leurs effets.

CHIMIE.

Corps simples. Corps composés.

Lois des combinaisons chimiques en poids et en volume.

Oxygène. Hydrogène. Eau. Analyse et synthèse de l'eau.

Azote. Air atmosphérique. Sa composition.

Oxydes d'azote. Acide hypoazotique. Acide azotique. Ammoniaque.

Phosphore. Acide phosphorique. Hydrogène phosphoré.

Arsenic Acide arsénieux. Acide arsénique. Hydrogène arsénié.

Soufre Acide sulfureux. Acide sulfurique. Acide sulfhydrique.

Chlore. Acide chlorhydrique. Brome. Iode.

Acide silicique. Acide borique.

Carbone, ses variétés. Acide carbonique. Oxyde de carbone. Carbures d'hydrogène gazeux. Gaz de l'éclairage. Flamme.

Histoire naturelle.

(Examen écrit et examen oral.)

ZOOLOGIE.

Caractère des êtres vivants. Règne animal et règne végétal.

Caractères extérieurs qui distinguent les grands types du règne animal : zoophytes, articulés, mollusques, vertébrés.

Fonctions de nutrition.

Disposition générale de l'appareil digestif dans le règne animal. Les sucs digestifs et leur action sur les aliments chez l'homme.

Disposition générale de l'appareil respiratoire dans le règne animal. Mécanisme de la respiration chez l'homme. Analogie de la respiration et des combustions.

Disposition générale de l'appareil circulatoire dans le règne animal. Description du cœur de l'homme ; caractères distinctifs des veines et des artères ; capillaires. Définition de la grande et de la petite circulation. Veine porte. Sang ; lymphe.

Fonctions de relation.

Rôle du squelette et des muscles dans la locomotion.

Toucher, goût, odorat. Description générale de l'oreille. Parties principales de l'œil ; formation des images dans l'œil.

Notions élémentaires sur le rôle des nerfs et des centres nerveux.

Idée générale des classifications ; valeur des termes par lesquels leurs divisions sont désignées.

Embranchements du règne animal. Division des vertébrés et des articulés en classes.

BOTANIQUE.

Caractères distinctifs des végétaux. Cryptogames. Phanérogames. Structure générale des végétaux.

Parties composantes d'une plante phanérogame : tiges, racines, feuilles et fleurs.

Description de la tige, ses formes principales.

Formes diverses des racines. Racines adventives. Radicelles. Poils radicaux.

Caractères des feuilles ; parties qui les composent. Feuilles simples.

Parties constitutives d'une fleur complète. Analogie des feuilles et des parties de la fleur. Les fruits et les graines.

Phénomènes généraux de la nutrition des végétaux ; chlorophylle. Absorption par les racines.

Germination ; définition des plantes monocotylédones et dicotylédones.

GÉOLOGIE.

Modification actuelle du globe : érosions ; alluvions ; deltas ; dépôts sous-marins ; dunes. Volcans ; tremblements de terre. Affaissements et soulèvements.

Définition des roches et des terrains. Terrains primitifs. Terrains stratifiés. Notions sur les grandes périodes géologiques. Importance et signification des fossiles.

PARTIE COMMUNE AUX DEUX SECTIONS.

1º ÉLÉMENTS DE LA MORALE.

(Examen écrit et examen oral.)

1. De la psychologie : sa place dans la philosophie, ses rapports avec les autres sciences et spécialement avec la morale.

2. De la sensibilité ; sensations, sentiments, penchants, passions.

3. De l'intelligence : perception extérieure, conscience, raison, opérations intellectuelles, association des idées, mémoire, imagination.

4. De l'instinct.

5. De la volonté.

6. De l'habitude.

7. Du libre arbitre.

8. De la personnalité humaine.

9. De la conscience et du sentiment moral.

10. De la morale du devoir et des faux systèmes de morale.

11. De la responsabilité.

12. Du mérite et des sanctions de la loi morale.

13. Des devoirs envers nous-mêmes.

14. Des devoirs envers nos semblables.

15. Des devoirs envers la famille

16. Des devoirs envers l'État.

17. Des devoirs des peuples envers les peuples.

18. Des devoirs relatifs aux animaux et aux choses.

19. De la culture morale et des moyens de se perfectionner dans la vertu.

20. Notions relatives à l'existence de Dieu, à l'immortalité de l'âme et aux devoirs envers Dieu.

2° LANGUES VIVANTES.

(Examen écrit et examen oral.)

L'épreuve orale consistera en une explication de texte choisi dans les ouvrages qui sont portés au programme de l'enseignement secondaire des jeunes filles (4e année) (1).

3° ÉPREUVE DE DICTION.

Analyse, au point de vue de la diction, d'un morceau littéraire ou scientifique.

Lecture à haute voix (il sera tenu plus de compte dans cette épreuve de la simplicité dans la manière de dire, de la justesse d'intonation, de l'articulation, que du timbre et de la force de la voix.)

L'examen portera sur : *Morceaux choisis des classiques français* par Labbé, cours élémentaire, moyen, supérieur.

CERTIFICAT D'APTITUDE A L'ENSEIGNEMENT SECONDAIRE DES JEUNES FILLES.

Liste des ouvrages dans lesquels seront choisis les textes à expliquer et sur lesquels porteront les interrogations relatives à la diction.

Morceaux choisis de littérature pour l'enseignement secondaire de jeunes filles (cours supérieur), par Lebaigue ;

MALHERBE. — *Prière pour le roi Henri le Grand allant en Limousin.* — *Ode au roi Louis XIII allant châtier la rébellion des Rochellois.* — *Stances à Du Perrier sur la mort de sa fille ;*

CORNEILLE. — *Cinna.*

RACINE. — *Britannicus.*

LA FONTAINE. — *Fables* (Livre IV).

MOLIÈRE. — *L'Avare.*

BOSSUET. — Sermon sur *la justice.*

FÉNELON. — Dialogue sur les morts : XXX, *Démosthène et Cicéron ;* LXVIII, *Henri IV et Sixte-Quint ;* LXXII, *Richelieu et Mazarin.*

Mme DE SÉVIGNÉ. — Lettres choisies, par J. Labbé.

Mme DE MAINTENON. — Extrait de ses lettres et entretiens, par O. Gréard.

VOLTAIRE. — *Siècle de Louis XIV*, chap. XXXII : *Des Beaux-Arts.*

---

(1) Voir la liste des auteurs prescrits pour cette classe dans le plan d'études de l'enseignement secondaire des jeunes filles.

AGRÉGATION DE L'ENSEIGNEMENT SECONDAIRE DES JEUNES FILLES.

(Epreuves orales 1888.)

L'arrêté du 5 janvier 1884, relatif à *l'agrégation de l'enseignement se-condaire des jeunes filles*, a décidé :

1° Que les *textes* à expliquer seront choisis dans des ouvrages portés au programme de cet enseignement ;

2° Que les *leçons* seront tirées au sort parmi les questions énumérées au même programme ;

3° Que les explications et interrogations de *langues vivantes* porteront sur les auteurs désignés audit programme (4° et 5° années).

En conséquence, et sur la proposition du jury d'examen, les textes et sujets qui suivent ont été désignés pour le concours de 1888 :

AUTEURS FRANÇAIS.

1° Recueil de morceaux choisis de prosateurs et de poètes français du XVIᵉ au XIXᵉ siècle.
2° Corneille, *Polyeucte*.
3° Racine, *Les Plaideurs, Athalie*.
4° Molière, *le Misanthrope*.
5° Boileau, *l'Art poétique*.
6° La Fontaine, les trois derniers livres des fables.
7° Bossuet, l'oraison funèbre d'Henriette de France.
8° *Les Caractères* de Labruyère (chapitres *Des Ouvrages de l'esprit, De la Mode, Des Biens de fortune*).
9° Fénelon, *Lettre à l'Académie*.
10° Mᵐᵉ de Maintenon, extraits de ses lettres et entretiens.

LEÇONS D'HISTOIRE.

(Histoire sommaire de la civilisation.)

1° Histoire romaine, depuis la fin des guerres puniques jusqu'à la mort d'Auguste.
2° Histoire du moyen âge, de 395 à 1270.

LEÇONS DE GÉOGRAPHIE.

1° France (sans l'Algérie et les colonies).
2° Amérique du Sud.

LEÇONS DE MORALE.

1° Morale (cours de 3ᵉ et de 4° année).
2° Éléments de psychologie appliquée à l'éducation (cours de 5° année).

LANGUES VIVANTES.

(Anglais.)

1° Morceaux choisis de prose et de vers.
2° Ch. Dickens, *David Copperfield*.
3° Macaulay, *Essais biographiques*.
4° Milton, édition des familles.
5° Longfellow, *Évangéline*.

ALLEMAND.

1° Morceaux choisis de prose et de vers.
2° Schiller, *Guillaume Tell*.
3° Schiller, *la Révolte des Pays-Bas*.
4° Gœthe, *Hermann et Dorothée*.
5° Poésies lyriques du XVIII° et du XIX° siècles.

TABLE DES MATIERES

DÉCRETS, ARRÊTÉS, CIRCULAIRES, ETC.

APPENDICE

VERSAILLES. — IMPRIMERIE CERF ET FILS, 59, RUE DUPLESSIS

L'ENSEIGNEMENT SECONDAIRE

DES

JEUNES FILLES

REVUE MENSUELLE

FONDÉE ET DIRIGÉE PAR

CAMILLE SÉE
Conseiller d'État,
Ancien Député de la Seine.

AVEC LE CONCOURS DE

CARNOT
Sénateur, Ancien Ministre
Membre de l'Institut,

E. LEGOUVÉ
Membre
de l'Académie française

HENRI MARTIN
Sénateur
Membre de l'Académie française,

GERMAIN SÉE
Professeur à la Faculté
Membre de l'Académie de Médecine.

6e ANNÉE

UN AN : FRANCE, **12** FR. ; UNION POSTALE, **13** FR.

On s'abonne *sans frais* dans tous les Bureaux de Poste

ET

A LA LIBRAIRIE LÉOPOLD CERF

13, RUE DE MÉDICIS, PARIS